明治初期国語教育の研究

望月久貴

渓水社

刊行に寄せて

　望月久貴先生が学位論文「明治初期国語教育の研究」をおまとめになり，学位（教育学博士）を取得されたのは，昭和59（1984）年3月であった。論文審査は，先生からのご要請もあり，広島大学教育学部で私が担当させていただいた。

　提出された論文「明治初期国語教育の研究」は，序論で，まず国語教育史研究の意義について述べ，ついで，対象とされた明治初期国語教育の先行研究について精細に述べられ，研究対象とされた近代国語科教育史の史的時期区分を示された。本論は，下記のように7章から構成されていた。

　第1章　学制以前における国語科目（2節）
　第2章　学制小学国語科目の制定（3節）
　第3章　学制期における国語教授法の開発（2節）
　第4章　国語科各種目の教授法と教授資料（2節）
　第5章　国語学力の評価（試験）とその方法（3節）
　第6章　学制期の国語教授実施に伴う諸問題（4節）
　第7章　小学校教則綱領期（2節）
　結　語（本論の要約）
　国語教育参照文献資料（1～4）

　望月久貴先生は，本研究で目ざされたことについて，下記のように述べておられる。

　　「本研究は，本邦国語教育の近代化成立の過程を明らかにすることを主眼とする。そのために，学制教則期から教則綱領期にわたる前後14年がほどは，海外の言語教育説がいかに摂取され，国語観がいかに変遷し，それらが，国語関係教科の目標・教則・教科書・教師・教授法および学力試験法などを，どのように支持し形成したか，文献資料を可能な限り豊かに準備し，究明したいと考える。」（本書，21ページ）

　また，本研究で努められたことについては，下記のように述べておられる。

「近代国語教育の発足と成立の事情を明らかにするとともに，学制期国語教育の実態を捉え，教則上の国語教育への実際的転進を跡付ける努力をした。これをもって，明治初期の国語教育に見る全体像を総合的に捉えて，初等国語教育の研究に，新しい成果をもたらそうと志向した次第である。」（「結語」，516ページ）

　望月久貴先生は，全国大学国語教育学会理事長を務められた。東京で開かれた学会の席上，私に「明治初期の国語教育の研究を800枚にまとめえた。」とお話しくださった。このことは私の胸底に生きつづけ，やがてみごとに完成されたご論文にお目にかかることになった。望月久貴先生から完整された国語教育史研究の典型例をご提示いただいた。学恩に心から感謝申し上げつつ，実践・研究に懸命に取り組み，わが国の国語科教育の充実と発展に尽くしたいと願わずにはいられない。

　望月久貴先生は，昭和62（1987）年２月，歌集『蕨郷感想録』を刊行された。その中に，下記の１首が収められている。

　　ひそかなる成就かしこみいやちこの神おろがまむ花吹雪のもと

　長い年月をかけてまとめられた学位論文によって学位を取得されたことについて，このように詠まれたと思われる。学究としてのきびしく美しい姿勢が感動を誘うてやまない。

　このたびの刊行に当たっては，原典照合・校正について，浜本純逸・宏子ご夫妻に全面的にご協力をいただいた。心から感謝申し上げたい。

　　　平成18（2006）年12月５日

　　　　　　　　　　　広島大学名誉教授
　　　　　　　　　　　鳴門教育大学名誉教授　　野　地　潤　家

明治初期国語教育の研究

目　次

刊行に寄せて ………… 広島大学名誉教授　野　地　潤　家 … i
　　　　　　　　　　 鳴門教育大学名誉教授
凡　例 …………………………………………………………… vii

序論　研究の目的と方法

第1節　国語教育史研究の意義 ………………………………… 3
第2節　明治初期国語教育の先行研究 ………………………… 5
　(1) 国語教育史　5
　(2) 国語教材史　11
第3節　本稿の近代国語科教育史時期区分 …………………… 13
　　　　　　　　　注1〜4 ……………………………… 15

本　論

第1章　学制以前における国語科目 …………………………… 19
　第1節　維新前後諸機関の国語科目 ………………………… 19
　　(1) 維新前，私設機関の国語科目　21
　　(2) 開明期，洋学機関の国語科目　28
　　(3) 言語観の渡来　42
　第2節　学制直前諸学校の国語科目 ………………………… 71
　　(1) 開設準備と海外言語教育資料　71
　　(2) 諸学校の国語科目　76
　　　　　　　　　注1〜91 ……………………………… 94

第2章　学制小学国語科目の制定 …………………………… 100
第1節　学制国語科目 ……………………………………… 100
注1～3 ……………………… 104
第2節　文部省小学教則国語科目 ………………………… 105
(1) 教科目　105
(2) 授業時数　110
(3) 教授法　110
(4) 教科書・教材　111
(5) 小学教則の変遷　125
第3節　師範学校附属小学教則国語科目 ………………… 128
(1) 師範学校附属小学教則の制定　128
(2) 師範学校附属小学教則の変遷　140
注1～38 ……………………… 149

第3章　学制期における国語教授法の開発 ………………… 153
第1節　入門期国語教授法 ………………………………… 154
(1) 海外入門期国語教授法　154
(2) 庶物指教　156
(3) 懸圖（掛図）　168
(4) 入門期読本　176
第2節　入門期国語教授の資料 …………………………… 187
(1) 『小学教授書』　188
(2) 『小学入門』甲号・乙号　190
注1～16 ……………………… 192

第4章　国語科各種目の教授法と教授資料 ………………… 194
第1節　国語科教授の取り扱い …………………………… 195
(1) 仮名・発音・綴字　196
(2) 漢字・語句　216
(3) 談話語　242

iv

(4) 文章読解　253
　　　(5) 作文・書牘　282
　　　(6) 習字　301
　　　(7) 文法　313
　　　　　　　　　注1〜51 ……………………… 324
　　第2節　国語関係科目の教授資料 …………………………… 328
　　　(1) 小学校教授資料の概観　328
　　　(2) 掛図類　332
　　　(3) 教科書類　333
　　　　　　　　　注1〜44 ……………………… 424

第5章　国語学力の評価（試験）とその方法 …………… 428
　　第1節　学制前の国語学力試験 ……………………………… 428
　　第2節　諸府県制定国語学力試験法 ………………………… 429
　　第3節　大学区議定学力試験法 ……………………………… 439
　　　　　　　　　注1〜5 ……………………… 441

第6章　学制期の国語教授実施に伴う諸問題 …………… 442
　　第1節　国語教師（小学）の問題 …………………………… 443
　　第2節　府県小学教則編成と簡易化の問題 ………………… 454
　　第3節　地方巡視実情の問題 ………………………………… 467
　　第4節　教授法研究発足の問題 ……………………………… 478
　　　　　　　　　注1〜31 ……………………… 490

第7章　小学校教則綱領期 ……………………………………… 493
　　第1節　学制教則期の後退 …………………………………… 493
　　第2節　小学校教則綱領期への転換 ………………………… 494
　　　(1) 教育令公布　496
　　　(2) 教育令改正と小学校教則綱領制定　505

v

〔補説〕　府県小学教則と東京師範学校小学教則改正　507
　　　　　　　　　　　　　　注1〜16……………… 512
結　語 ……………………………………………………… 513

国語教育参照文献資料 …………………………………… 517
1　参照文献資料年表 ……………………………………… 518
2　参照原著文献一覧 ……………………………………… 540
3　引用年報雑誌類掲載資料 ……………………………… 551
4　引用参考資料 …………………………………………… 557
　　　　　　　　　　　　　　注1〜18……………… 582

vi

凡　例

1　本稿の章節等は，次の区切りかたによる。

	章	節	款	項	目大	目小
序　論		第1	(1)	ア	①	⑦
本　論	第1	第1	(1)	ア	①	⑦

　すなわち，本稿を序論・本論に大別し，本論のみは，7章に分けた。各編は章・節・款・項・目に分け，目のみは，必要により小目を立てた。
2　原則として，「国語教育」と「国語科教育」の使い分けをした。学制頒布以後，小学校令改正（1900年）までの複合的国語関係科目の時代には，「国語教育」を用い，単一国語科の独立以降には，「国語科教育」を用いた。なお，学制から現在に至るまでの総称としては「国語科教育」を用いた。
3　引用した文献や資料の表記は，なるべく原著のままとした。
4　常用漢字制定以前の旧漢字・旧字体および音訓の用法，旧かなや旧かなづかいなどで，印刷の都合上，現行の字体やかなづかいに従ったものもある。
5　文献の書名は，ふたえかぎ（『　』）を付けることを原則としたが，教科書名の列挙，その他の事情により，ひとえかぎ（「　」）を付けた場合もある。
6　注は，なるべく各章の末尾にまとめて，番号順に配列した。
7　文献・資料の刊行・筆写などは，原則として年月を記し，必要により年月日までを記した場合がある。
8　外国原著の引用にあたり，ローマ字の大文字・小文字や行の布置など，なるべくそのままとしたが，便宜により変更したものもある。

明治初期国語教育の研究

序論　研究の目的と方法

第1節　国語教育史研究の意義

　わが国における近代教育史学の研究は，1877年（明治10年），文部省が「日本教育史略」を刊行したあたりから創始されると思われる。その後，さまざまの教育史観に即して，学校史・教育制度史・教育思想史・教育文化史・教材史・教員史・学生史等々，それぞれに領域を分かって微に入り細をうがつという傾向を呈しており，特に戦後の研究としては，国内地方教育史料の開発と，教育理想像の世界史的立場における探求などに大きな成果をあげつつある。そして，それら二つの傾向は，いわば地方に偏在する資料の発掘という微視的な研究態度と，国際関係資料の比較という巨視的なそれと，一見背反する二律的な研究部面とも受けとられるけれども，それらは必ずしも対立する関係にはないのである。無論，両者の間に直接的な連繋があるとは考えられないが，いかなる教育史的研究も，教育の事実にもとづかない考察はないからである。つまり教育事実から遊離した教育史の研究，およびその編述も成立しないということは，論ずるまでもない（注1）。

　ところで，本邦教育史の研究は，従来の成果についてみると，主として学校教育が中心であり，それを各史観にもとづいて処理したものとなっている。その史家は大体教育学専攻の学徒であってみれば，教育観が明確に措定されており，教育現象としての概括的な捕捉・整理にあざやかな成果を示している。ところで，そのような教育現象が，実は教育課程によって設定された各教科目の教授を発火点としていて，教科の独自性と，教科相互の融和性との調整による，総合的な統一をもたらす営為であるという事実に対する認識が，ややもすれば薄弱になっている場合が少なくない。「教育」の楼閣が，砂上ならぬ教科を中心とした地盤の上に構築されていることの理解は，何等の疑義もなしに確認されなければならない。

しかしながら，学界の現況は，その基盤である教科目の各時期，各様相が，教育史学的に正確に，しかも有効に整理され編述されているかどうか，この点はなはだしく不安を感ずることが多い。むしろ，現在以降においてこそ，そのような態勢が，着々用意されようとしているとみるのがよいのかも知れない。

　したがって，教科教育史研究は，いずれかと言えば，一般教育史研究に先を越されているという印象さえある。なるほど，すでに教科教育史的地盤の粗耕は一応進行し，「国語教育史」を称する著作の結実が，いくつか数えられている。しかしながら，国語教育近代化の動因である教育法規や教材・教授法などが，アメリカ合衆国を主とした海外からの誘導によるところが多大であるとすれば，それとの比較による検討の作業が重視されなければならないから，本稿では本論において，そのための海外資料を整理し，彼我の対比を提示するように相当の紙数を費した。

　国語教育史研究は，上述のように教育史学の研究に寄与するとともに，もう一つの大きな意義が存する。それは，国語教育自身への還元的な貢献である。従来の国語教育史研究は，その視点が目に立つほどには機能し得ていなかったと考える。そのことは，教育の新思潮を，時には定見もなく受け入れ，追いかけ，流動常ならぬ教育思潮の一面を呈した場合などから推察される。このような現象は，ほかならぬ洞察，歴史哲学に支えられた良識が欠如するところに往々見られるからである。国語教育自身に奉仕する国語教育史研究の必要性，それはこれまでも幾度か注目をひいてきたのであったが，国語教育の研究者が，主として小学校・中学校の教師であって，深化した教育史研究に従事する条件に恵まれず，さればとて，大学の教育学講座担当者は，特定の教科にとらわれぬ研究態度に立ってきたから，そのような深まりを持った国語教育史研究が，果たされぬままに放置されるような状態がつづいたのである。国語科教師にとっては，手を着けがたいという距離感が強く，身辺の教材研究には従いながら，それ以上の深入りはしない，いわば教育学への疎隔を余儀なくされていたように見られる。国語科教師に教育史学的な地盤を培養し，教育に関する制度・思潮・内容と方法などに対する，上述の現状を打開していくことも，本研究の意義の一つとされなければならない。

第2節　明治初期国語教育の先行研究

　国語科が，本邦教育制度，その小学校段階で，数科目が単一化して独立したのは，明治も33年の小学校令からであるから，国語科教育という概念が定着するのは，それから程経て後である。33年以前は，国語関係の数科目により複合的に構成されたのであるから，明治期に「国語教育史」としてまとまった研究は見られなかった。それが大正期に至って，問題的な研究に手を着けるようになり，昭和期を迎えることとなった。

　そして，近代史学の立場から見るべき研究業績は，ようやく昭和初年から始まったと言える。

　次に国語教育史と国語教材史（内容）の二分野から，主要な業績を列挙し，その内容を概観してみよう。

(1)　国語教育史

著者	文献	刊年	出典	刊行
①丸山　林平	国語教育学	昭和7年	菊版588PP.	厚生閣
②渡辺　茂	国語教育史	8	国語科学講座XI 81PP.	明治書院
③飛田　隆	国語教育科学史	8	国語科学講座XI 53PP.	明治書院
④海後　宗臣	国語教育問題史	12	講座国語教育IV 53PP.	岩波書店
⑤峯地　光重	読方教育発達史	15	A5判344PP.	啓文社
⑥渡辺　茂	近代国語教育の系譜	25	国語教育の進路32PP.	昭森社
⑦西尾　実	国語教育問題史	26	国語教育講座V 22PP.	刀江書院
⑧渡辺　茂	近代における国語教育の展望	31	同　VIII 28PP.	同
⑨石井　庄司	国語教育研究史論	33	国語教育科学講座1，34PP.	明治図書
⑩石井　庄司	国語教育の変遷と国語観	33	国語講座 I 52PP.	朝倉書店
⑪古田　東朔	近代国語教育小史（明治前期編）	34	250mm×173mm I 70PP.	福岡女大国文研究室
⑫石井　庄司	国語教育の指標	35	B6版285PP.	明治図書

⑬山根安太郎	国語教育史研究	41	Ａ５版456PP.	溝本積善館
⑭望月　久貴	国語教育の改造１	43	Ａ５版198PP.	明治図書
⑮野地　潤家	国語教育通史	49	Ａ５版254PP.	共文社
⑯石井・井上	国語科教育学研究	50	Ａ５版298PP.	学芸図書

　上掲の目録を通覧して感ずることの一つは，国語教育史としての業績の初発が，昭和７年に厚生閣から刊行された「国語教育学」の第二章であること，もう一つは，単行本としてまとめられた業績が少なく，ほとんどが講座・叢書中の分担執筆として刊行されたということである。「国語科学講座」は，国語に関する科学的研究の集大成を目的とした，各領域にわたる大企画であり，その一領域に「国語教育学」が設定されて当時の国語教育学者数名が執筆を依頼された。国語教育を近代的な教育学として研究する傾向は，すでに大正期から見られるのであるが，本講座の刊行によって，その面の理解にいっそうの進展があり，近代史学としての国語教育史研究が，ひとまず功を成して世に業績を示すこととなったのである。ちょうど講座の新刊された前年（７年）には，保科孝一に「国語教育学の建設へ」という提言があり(注2)，丸山林平に「国語教育学」（厚生閣刊・菊判588PP.），西原慶一に「生活・労作／自律・形象実践国語教育学」（南光社刊）などの著作，８年には，斎藤栄治に「史的／直観国語教育実践学」（創文社刊・菊判770PP.）などの著作が目に触れるようになった。時代のこうした動きのひとつとして，国語科学講座でも国語教育学の企画を設定したのであろうが，石山脩平などの教育学者が「国語教育学」を執筆したのも，昭和10年３月のこの講座の１冊においてであった。

　それから，上掲目録中，単行本として出版されたのは，峯地・古田・石井・山根・野地で，他は講座類中に位置している。このことは，史的文献資料の探査と関係することで，博捜して整理し，秩序を与えて記述することは不十分で，比較的薄手の資料にもとづいて立論することとなった場合も指摘できる。この理由としては，国語教育の歴史研究に対する価値認識の問題が存するようにも思われる。次にこれらの業績を概観して感じられることは，国語教育論の史的研究は，時期区分の問題を重視することである。個々の教育論が時期を画して思潮を形成し，旧から新へ，新はやがて

旧となり，次の新を求めつつ，絶えず進展するものであるから，その新旧転変のけじめとなる時期区分は，そのまま思潮の新流路を確認することとなる。したがって，研究者の史観を察知するうえから，時期区分の問題は重要であるために，次の概観は，時期区分に視点をあててゆくこととする。

①丸山林平は，第二章を「国語教育研究の史的考察」として，初めに近世以前の「国語教育略史」を述べ，次いで近代の「国語教育研究史」を，次のように述べた。

　㈠　模倣創業時代　明治5年ごろ～23年ごろ
　㈡　研究着手時代　明治24年ごろ～32年ごろ
　㈢　教則万能時代　明治33年ごろ～明治末年ごろ
　㈣　分科研究時代　大正初年ごろ～現代

末尾の現代を，1．読方教育，2．綴方教育，3．話方教育，4．聴方教育，5．書方教育，6．児童劇の指導に分けて詳述した。

②渡辺茂は，時期区分を中心にして考究し，

　第1期革新時代　明治元年～32年ごろ
　第2期模写時代　明治21年ごろ～大正12年ごろ
　第3期発展時代　大正5年以降

とした。さらに戦後⑥渡辺は，

　第1期革新期　明治元年ごろ～25年ごろ
　第2期模写期　明治20年ごろ～大正10年ごろ
　第3期発展期　大正5年ごろ～昭和15年ごろ
　第4期硬化期　昭和12年ごろ～22年ごろ
　第5期革新期　昭和20年ごろ

のように改めている。時期の分界を新旧両面に重複させているところに特色が認められる。

③飛田隆は，国語教育の科学的研究が，垣内松三の「国語の力」（大正11年5月・不老閣刊）から創始されたとして，それ以後の形象理論展開史を述べようとした。

④海後宗臣は，上掲目録中唯一の教育史家で，国語国文学以外の出身者である。明治初年から30年代後半に至るまでを取扱い，「明治20年代の初めに至って漸くに形を整え，明治30年代に入って充分な運用ができる様に

なった。」(P.4)と述べている点，適正な所論であると思われる。学制頒布当時の国語教育の輪廓，「読物」とその内容の分化，心性開発と国民教化，国家興隆への国語教育，読本の国定へ，などに分けて述べている。

⑤峯地光重は，本邦読方教育の発達を，江戸時代から明治・大正・昭和まで，特に明治以降を詳述したと言い，「多くは比較対照を重んずる文化史的方法」を採用したと言う（凡例）。前編は教科書・教材編，後編は思潮・教法編に分け，問題史的な扱い方をしている。扱った限りは，原資料をよく見ているようである。

⑦西尾実は，明治初年学制頒布から現在の「言語生活指導」を発見するまでの歴史的過程が三期に分けられるとし，

　　第一期　語学教育的各科教授法適用期
　　　　　　　明治初年～末年
　　第二期　文学教育的教材研究期
　　　　　　　大正初年～昭和10年ごろ
　　第三期　言語教育的学習指導期
　　　　　　　昭和11年ごろ～現在

のように区画した。教育対象と方法とを組み合わせたとらえ方をした点にすぐれた特色がある。今日の国語教育においては，この区分に従って問題史的に展望する例が多い。なお，本書には，「国語教育の回顧と展望」という題目で，保科孝一・井上赳・石森延男・芦田恵之助・山口喜一郎等が，時期を分担して，重点的に回顧したものが収められている（注3）。

⑨石井庄司は，保科孝一が雑誌「国語教育」を発刊し，また「国語教授法精義」を出版した大正5年をもって，国語教育研究の創始とした。それ以後，芦田恵之助・垣内松三・西尾実他諸家の研究を重点的に取上げ，関連を明らかにしたもので，この種の著述の先鞭をつけた。

また，⑩同年朝倉の講座に石井が執筆した史的研究は，

　　1　創　始　期　明治5年～
　　2　基本計画期　明治23年ごろ～
　　3　整　備　期　明治33年ごろ～
　　4　発　展　期　明治44年ごろ～　台湾の国語教育・山口
　　5　拡　充　期　大正初年ごろ～　保科・五十嵐・芦田

6　成　熟　期　昭和初年ごろ〜　センテンスメソッドへ
　　　　　　　　　　　　　　垣内・芦田
の6区画により，サクラ読本出現のころ（昭和8年）までを述べている。
　次いで36年，⑫石井は「国語教育の指標」の一書を公刊した。最近40年にわたる国語教育学説を概観して，そこから，今後の国語教育の指標を明らかにしようとした試論であるといい，言語教育と文学教育，問題意識喚起の文学教育，形象理論，随意選題か課題主義か，実践国語教育の歩みという題目で問題史的な取扱いとなっている。
　昭和9年11月，垣内松三が，独立講座「国語教育科学」第5巻『国語教育論史』（P.3序論・国語教育論史の問題）において，「われわれはまだ国語教育史の統一的な叙述を有っていない。」と記述してから，約30年を経過していた（垣内はこの講座の第9巻に「国語教育史」の出版計画を公表していたが，結局実現しないで終わった）。そして，この一連の石井庄司の業績は，近代史学としての国語教育史樹立の基礎を揺ぎないものにしたと言い得るであろう。
　⑪古田東朔は，資料の扱いかたが手堅く，特に国語学的な面にすぐれている。江戸期・維新期・学制期・教育令期と区画して明治前期編とした。
　⑬山根安太郎は，近世から近代への学校の発達，言語教育，国語運動の推移から「国語」科の形成に及び，特に教材（次項）の面に注目を払って論述している。
　⑭望月久貴は，全国大学国語教育学会編集『国語教育の改造』1（P.7）の「国語科教育の目標と内容—歴史的考察」の題目で，国語教育思潮が，学校制度の改善という教育行政的視野によって変遷する事実に徴して，次のようにその時期区分をしている。
　　1　小学校創設期　　明治5年から〜
　　2　明治学校充実期　明治12年から〜
　　3　大正学校期　　　明治40年から〜
　　4　昭和学校変革期　昭和10年から〜
　　5　戦後学校復興期　昭和22年から〜
　すなわち，第1期は，学制頒布からその廃止までの7年間ほどで，合衆国流の言語教育思潮が，当時創立された小学校に導入された。第2期は，

明治12年に学制が廃止され，反動的とも言える教育改革があり，国語関係7科目は一挙に2科目となり，2年後に「小学校教則綱領」の施行を見て，復古的な色彩が加えられた。「教学大旨」の公布もこの時であった。やがて10年後に，『教育勅語』につづき，「小学校教則大綱」が制定され，1900年（明治33年）に小学校令の改定となって，国語科が独立し，明治時代の学校の国語教育は，きわめて充実する気運を迎えた。この時に，ヨミカタ・ツヅリカタ・カキカタ・ハナシカタの分科制が確立して盛り上がった。小学校6か年義務制が布かれたのが明治40年である。第3期は，文芸主義的国語教育期と呼ばれ，やがて言語活動主義が唱導され，昭和8年には画期的な国定「サクラ読本」が編修を見た。第4期は，戦時教育体制に進み，国民学校令が公布され，国民科国語となり，キキカタが国語科の分科に追加されている。第5期以降は，すなわち太平洋戦後，憲法・学校教育法施行，経験主義学習指導要領のきくこと・はなすこと・よむこと・かくことの時代にはいってきたのである。

⑮野地潤家は，「一　近代国語教育史の時期区分」（P.7）において，諸説を概観された後，次の3期の区分による自説を示された。

　　第一期　国語科以前から国語科の成立まで(明治初年から明治32年まで)
　　第二期　国語科の成立から国民科国語の成立・崩壊まで（明治33年から昭和20年まで）
　　第三期　戦後小学校国語科の成立と展開（昭和21年から現在まで）

そして，「第一期は，19世紀後半の国語科教育としての特色が多く，第二・三期は，20世紀の国語教育という色あいが濃い。」（P.13）と述べている。

⑯石井庄司・井上敏夫は，全国大学国語教育学会編『国語科教育学研究』（P.27）の「第三章　国語科教育の史的展望」において，次のような学会研究の時期区分を執筆している。

　　一　近代第一期　（明治元年～同32年）
　　二　近代第二期　（明治33年～昭和9年）
　　三　近代第三期　（昭和10年～同20年）
　　四　近代第四期　（昭和21年以降）

　上記一・二を石井，三・四を井上が分担した。従来の同学会時期区分は，近代第三期を，昭和10年以降として現在までを包括したのであるが，本書

から戦前を第三期，戦後を第四期に分割することとなった。

(2) 国語教材史

国語教材史は，国語教育史の一分野を占める。本稿は，国語教育における教材の重要性を考えて，特に従来の史的業績を探査して表示することとする。この面の歴史研究も，個々の教材に限定した業績は多いけれども，史的な系統を立てたものは少ないようである。

国語教材史

著者	文献	刊年	出典	刊行
①佐々木一二	国語教材の変遷	昭和9年	国語科学講座8 48PP.	明治書院
②井上 赳	小学読本編纂史	12	岩波講座国語教育Ⅴ70PP.	岩波書店
③井上 赳	読本編修三十年	26	国語教育講座Ⅴ	刀江書院
④西原 慶一	日本児童文章史	27	Ａ5判783PP.	東海出版社
⑤古田 東朔	近代における国語教科書の歴史	31	国語教育講座8	明治図書
⑥文部省（古田東朔）	教科書から見た明治初期の言語・文字の教育	32	国語シリーズNo.36 Ｂ6判77PP.	光風出版
	同上（続）	37	同上81PP.	光風出版
⑦井上 敏夫	国語教科書の変遷	33	国語教育科学講座5 70PP.	明治図書
⑧文部省（西原慶一）	国語改善と国語教育	38	国語シリーズNo.55 Ｂ6判175PP.	教育図書
⑨野地 潤家	国語教育通史	49	Ａ5判254PP.	共文社

注　峯地光重著『読方教育発達史』の前編は「教科書・教材編」となっているが，
　(1) 国語教育史に掲載したので，本項には省略した。

①佐々木一二は，上古から王朝期・鎌倉室町期・江戸期を経て，明治期に入り，小学読本で国定の以前・以後に分け，その組織内容，進歩の条々を述べている。教材を取扱った通史として最初の例に属する。

②井上赳は，大正10年から昭和19年までの23年間，文部省図書監修官として一貫した閲歴の持主である。

第1期編纂準備時代　明治5年～18年
　　　第2期編纂確立時代　明治19年～昭和7年
の2区分をして，その間における小学読本につき史的に叙述している。第2期からは，単語・短句・短文という順序で編纂され，昭和8年のサクラ読本の出現により，それが転換したとする。③刀江書院講座においては，井上の従事した読本の部分を，随筆風に史的に述べている。

　④西原慶一は，明治初年から昭和27年に至る85年間の児童の文章を歴史的に配列した。第1編は児童観の変遷，国語教育思潮，文章類型の変遷など，第2編が文章史となり，国語教材史，児童文芸史，児童表現史と分けている。企画が大きく，資料もかなり集められたが，その整理と記述が不満足であり，特に誤植などが目につくのは残念である。

　⑤古田東朔は，小学読本の初期から国定実施までの期間を，
　　1　学制以前　　明治元年～5年
　　2　学制時代　　　　　　～13年
　　3　準検定時代　　　　　～19年
　　4　検定時代　　　　　　～36年
に分けて，その概要を述べている。なお，古田は，文部省国語シリーズとして，⑥正続2冊の明治初期言語・文字教育の概説も出版した。

　⑦井上敏夫は，次のように時期区分をし，国語学習指導入門段階の体系と教材内容の種別に焦点を合わせて述べている。
　　1　自由編纂時代　明治5年～18年
　　2　検定制度時代　明治19年～35, 6年
　　3　国定教科書時代　明治36年～昭和23年
　　4　新検定制度時代　昭和24年～現在
　第1・2期には，多くの教科書が出版されている。それを，本書では重点主義で取扱った。全体的には前述した焦点が有効にはたらいている。

　⑨野地潤家は，『国語教育通史』（P.24）「三　国語科教材の成立と展開」と「1　国語教材史の時期区分」において，前掲井上氏および「近代日本教科書総説解説篇」（海後・仲編，昭和44年・講談社刊）を引用し，また「学制当時の国語教材」・「入門期教科書の成立」・「国定国語読本の成立・展開」・「検定国語教科書の出現」の諸項について概観している。

以上各種の研究業績について，その内容，特に史的時期区分のありかたに留意して，特徴的に略述した。これらは，国語教育を中心とした文献や資料であった。そして，一般の教育史研究業績で国語科に触れた著作も少なくないのであり，中には，吉田熊次の「本邦教育史概説」(大正11年4月・目黒書店刊) や，稲富栄次郎の「明治初期教育思想の研究」(昭和19年12月・創元社刊) などのように，特に国語教育に多くの紙面をさいた著述もあり，また，特殊なものでは，日下部重太郎の「現代国語思潮・正続」(昭和8年$^{6月}_{10月}$・中文館刊) のように，国語教育を裏付ける国語観の，端的な表現である国語国字問題の史的叙述書，近年新資料の発表を続けている倉沢剛の「小学校の歴史Ⅰ・Ⅱ・Ⅲ・Ⅳ」(昭和38年12月〜46年3月・ジャパン・ライブラリー・ビューロー刊) およびその他の論述 (注4) など，いずれも国語教育史研究に関係した部分の多い業績である。

　また，教材史研究の業績としては，さきに仲新の「教科書の発達」(昭和22年12月・河出書房教育文庫11) と「近代教科書の成立」(昭和24年7月・講談社刊) があり，さらに唐沢富太郎の「教科書の歴史」(昭和31年1月・創文社刊) の大著があり，いずれも，国語教科書に関した詳細な論考が見られる。

　以上のほか，朝倉書店 (昭和32年刊・A5版685PP.) や学燈社 (昭和38年刊・B6判413PP.) などの「国語教育辞典」，その他の事典類などの当該項目にも，粗密の差はあるが，それぞれ国語教育史 (西尾実・石井庄司・飛田隆・志波末吉・渋谷宗光等)，国語教材教科書史 (西原慶一・石森延男・望月久貴等) の記述が見られる。また，特定の題目をとらえた歴史的研究，たとえば野地潤家の「国語の力」成立過程の研究 (広島大学教育学部光葉会「国語教育研究」昭和37年第5・6号) その他同類のものは，これを省略した。

第3節　本稿の近代国語科教育史時期区分

　前節の研究業績に徴して，史的時期区分は，歴史的研究の基本的な部面に位置している。本研究においては，既述した従前の文献や資料をも参照

した結果，おもな区画基準を制度の転換に置くこととした。その根拠は，本邦国語教育の大潮流が，つねに文部省の布達する制度上の法規に導かれ，緩急の差はあるが，以前の欠陥を補いつつ以後の流路を決定しているからである。義務的普通教育の宿命は，正にそこにあるのであろう。そして，政治上・経済上・文化上等にわたり，国の内外における情勢への現実的な対処の意味が考慮されなければならない。一箇の勅令・訓令等により，一夜に変転できる教育事実ではないけれども，歴史的な見地に立って大観すれば，やはり，国語を対象とする教科が，そこにどのような位置を与えられたか，すなわち制度上の取扱いが，国語科の進路を決する最大の契機であったと見られる。本研究における史的時期区分は，したがって次のように立てている。

複合教科制期 ｛ 前期　明治5年～18年（14年間）
　　　　　　　　①学制教則期（8年間）　②教則綱領期（6年間）
　　　　　　　後期　明治19年～32年（14年間）

単一教科制期 ｛ 前期　明治33年～昭和21年（47年間）　分科制
　　　　　　　後期　昭和22年～現在（36年間）　　　領域制

　国語という単一教科の成立以前と以後とによって，1世紀に近い国語教育を2分する。明治5年の学制第27章は，下等小学に14教科を列挙し，

　　1　綴字　　2　習字　　3　単語　　4　会話
　　5　読本　　6　書牘　　7　文法

の7教科が言語（国語）に関係している。すなわち，7教科が複合して国語科を形成したと考える。その後，明治12年の教育令第3条は，読書・習字の2科とし，翌13年の改正教育令も，これを踏襲し，14年の小学校教則綱領において，読書の内容を読方および作文の2区分として，読書と習字とにした。明治19年，森文相の改正により，小学校令と「学科及其程度」が発せられ，読書・作文・習字の3「学科」と定められた。国語関係の7教科は，約15年間に3教科に集約されたと言える。そして，この後23年の改正小学校令と翌年の小学校教則大綱においても変化なく，そのまま約13年間経過している。もっとも，明治19年には教育令から小学校令に転換し，教科書の検定制も布達されて，かなり状況に変化があると認められるので，ここを境として複合教科制期を前後期に2分した。明治33年の小学校令と

同施行規則に至ると，初めて「国語」という「教科目」になり，内容が「読ミ方，書キ方，綴リ方」などと分けられ，いわゆる「分科」を示している。そしてこの単一教科制で，しかも分科制をとる方式は，大正期を経て昭和期の終戦にまで及ぶ。次いで学校教育法の施行を見，学習指導要領国語科篇の発行を迎えて，単一教科制は守られながらも，それまでの分科制は採らず，単元学習方式に，「聞くこと・話すこと・読むこと・書くこと」の4領域を設定して以後に及んでいる。この期を領域制期として，分科制期との間に前期・後期の区画をした。

　以上が，本研究における史的時期区分の概略である。時期区分は，もともと特定の史観にもとづくがために，一を採って他を捨てる結果に陥りがちで，この不満と不安とは，上掲区画にも存するのであるが，本研究は，前述の理由により，これに従うこととした。

注1　（参考）唐沢富太郎，日本教育史；昭和28年教職教養シリーズ第15巻誠文堂新光社刊；B6判P.304；二　日本教育史の成立とその教育史観
　　「日本教育史略」は『文部省第五年報，明治十年第一冊』附録第一・文部省編纂図書目（四丁）に「日本教育史略　一冊」と掲載

注2　雑誌「国語教育」12月号（17巻12号）育英書院刊

注3　西尾実は，同じく昭和26年の1月に『国語教育学の構想』（A5判288PP．筑摩書房刊）を出版し，「第一篇　国語教育の問題史的展望」において，全く同じ時期区分をし，つづけて「一　語学教育期」（P.10），「二　文学教育期」（P.16），「三　言語教育期」（P.20）の概説を掲げている。文章も，小異はあるがほとんど同じである。

注4　倉沢剛論文①明治初期における初等中等教育研究の歴史的考察；昭和30年東京学芸大学特別研究報告；倉沢等②明治初期東京府下の小学教育と教員養成；昭和34年東京学芸大学開学十周年記念行事委員会③「学制」以前における小学校成立の過程；昭和36年原田実博士古稀記念教育学論文集『人間形成の明日』④明治初期小学校カリキュラムと授業法の展開；昭和37年教育史学会関東部会

本　論

第1章　学制以前における国語科目

第1節　維新前後諸機関の国語科目

　序論第2節の「明治初期国語教育の先行研究」の内容は，石井庄司などの事例をみると，その主要な対象が，明治末期から昭和初期にかけてのものである。現在の国語教育との関連を考慮に入れれば，そのあたりが研究の中心に選ばれるのが至当であろう。しかし，本邦における国語教科目の発達を解明するためには，やはり学制頒布の当初にまず着手し，時代とともに下降してくるのが正当であると言わなければならない。
　そして，維新当時の混迷から脱して，ほぼ近代化を成立せしめるまでの過程が，実はそれ以降の国語教育の史的発達をうながす基盤となるのであるから，明治5年の学制頒布と，それに続く文部省小学教則の制定から，明治12年教育令，13年改正を経て，14年小学校教則綱領に至るまでの約10年間の研究を主眼とした。
　その後，小学校令発布以降は，国語教育を含めた本邦学校体制が，一段と躍進を示すこととなるが，その基盤は，学制以降の約15年間，右往左往，試行錯誤をも辞せず，官民協力して，その建設と充実にひたすら尽くしたところに養われたと言うことができる。そこで，この15年間を，さらに次のように区分する。学制頒布以後，明治12年，教育令発布までの約8年間は，文部大輔田中不二麿が文教行政の中心に立ち，正に草創の辛苦をつぶさに経験したのであり，それは学制と，それにもとづく小学教則を基本とした時代であるから，これを学制教則期と呼んだ。それに対して，田中の退転により，明治13年文部卿河野敏鎌の手を経て改正教育令が発布せられた。翌14年小学校教則綱領が施行せられて，従前には見ることのなかった教科の整備が行われ，その実施にそれからの数年間が費されて，森文相の小学校令に持ち込まれることとなる。この5年間がほどは，実に小学校教

則綱領の実践期間であったから，これを教則綱領期と呼んだ。

　すなわち，学制以来14年間を，さらに学制教則期の8年間と教則綱領期の6年間とに区分する。教則綱領は，学制教則草創の功を継承して，むしろ守成の功を積み，この14年がほどにわが国語教育は異常な進展をとげた。近世徳川期における国語教育の伝統と，新しく加えた文明開化の要素と，幾多の曲折を経て，ようやく当時の国情に合致させるまでに成長したのであって，国語教育の近代化は，この期間において緒についたとすることができる。

　本研究は，その近代化の成立過程の基底を，上記2区分して考察することを主眼とする。そのためには，成立期間14年における国語教育の目標・教則・教科書・教師・教授法および学力試験法等について，可能な限り細密に調査し，実情を明らかにする必要がある。正しい実態の捕捉は，文献資料を博捜し，それを整理することにより果たされる。そのために，次の諸機関を利用する幸を得た。

① 　東京学芸大学附属図書館所蔵望月文庫・同松浦文庫
② 　内閣文庫
③ 　国立国会図書館
④ 　国立教育研究所附属図書館
⑤ 　東京書籍株式会社附属・東書文庫

　なお，東京都立日比谷図書館・東京都立教育資料館等からも資料を借覧した。それらの閲覧を許され，年報・雑誌類の官版と府県史料は内閣文庫，洋書教育文献と法規類・民間雑誌類は国会図書館，教科書類は東書文庫・国立教育研究所および望月・松浦両文庫と，各方面の閲観の便宜に恵まれている。

　一般教育史研究が，政治・経済・思想など，諸般の国情分析にもとづいた教育現象の解明に中心が置かれるのに対し，国語教育史研究は，それらの解明を土台として，さらに，その直前の時代における伝統的国語観と，それを推し進めるための至大な動力である，海外の言語教育説には，格別の用意をもって検討に当たることが重要である。新しい国語教育は，当代官民が国語をどのようなものとしてとらえるか，つまり形成される国語観の様式によって，国語科の教育課程における位置と規模が決定せられ，教

科としての形態が整備されてくると思われる。

　そのような国語観は，終結的には，当代における民衆の言語生活が基盤となって形成されるのである。しかし，それは近代化の成長した民主社会のありかたであり，本研究の対象とする明治前期の社会においても，近世幕末から維新に突入した直後であるから，民衆の言語生活の集約とまではいけず，官途の誘導に傾斜のかかった言語生活にもとづいて，国語観が形成されたということである。それゆえ，近世の国語観は史的研究の最初の着眼である。

　次に，教育機構中に国語が位置する場合，特に海外諸国の言語教育が媒介してきた事実は，開国以来の文化受容の常例となった観がある。海外に先進文化が常に存在した以上，そのような先例ができあがっても当然ではあるが，それがために，新説摂取後の数年間は，必ず彼我相尅して混乱をひき起こすことも定例となっている。いわば，前進のための停滞であるところに，その意義が見られるのであって，それら一連の動きに見る海外言語教育説の影響は，国語教育史研究の第2の着眼でなければならない。

　要するに，本研究は，本邦国語教育の近代化成立の過程を明らかにすることを主眼とする。そのために，学制教則期から教則綱領期にわたる前後14年がほどに，海外の言語教育説がいかに摂取され，国語観がいかに変遷し，それらが，国語関係教科の目標・教則・教科書・教師・教授法および学力試験法などを，どのように支持し形成したか，文献資料を可能な限り豊かに準備し，究明したいと考える。

(1)　維新前，私設機関の国語科目

　本邦普通教育の近代化が，1872年（明治5年）をもって創始せられるとする史観は，ほとんど異説のないところである。したがって，国語に関する教育の近代化も，その内に含めて考えられることはいうまでもない。本稿は，この国語教育が，いかなる規模をもって，いかなる路線を中心として，その近代的な相貌を現出せしめたのであるか，現在入手しうる文献と資料にもとづいて明確ならしめようとするものである。

　ところで，国語教育における，このような作業は，国語教育の近代性を

21

浮き彫りにすることであるから，その第一着手として，学制頒布以前における近世徳川期の国語教育をうかがい，その性格を定めておくことでなければならないであろう。

徳川期において，国語教育または言語教育と呼びうる事実の存在した場が，主として藩学と寺子屋であったことはいうまでもない。そして，藩学の方は漢籍を用い，士人の子弟を対象にして，斉家・治国・平天下をめざした修身のため，自然と人事を楽しむ文学のための教養を身につけることを目的にした学習であったから，一般の庶民を含まないことが普通であった（注1・2）。したがって，本研究の主旨とずれるものである。本稿の考察は主として寺子屋に向けられることとなる。なお，徳川期における庶民教育の機関として寺子屋（私塾を含む）は，相互の関連や統一を欠いて各個的な発生と経営であった。それに藩国封建の世にある以上，人々の言語意識の範囲は，藩境内の小世界において成立していた。そのような理由で，共通した国語（日本語）意識はまだ成長していないから，本稿では，「国語」教育の表現を避けて，「言語」教育としたのである。

○寺子屋言語の教育の特質

近世庶民教育の機関である寺子屋に関して，その経営者である師匠，教科目，読み書き教材および教科書，読み書き教授法の諸項を3科に分けて概観した結果にもとづいて，近世言語教育の特質を，次のような4点にまとめて考察する（維新前東京私立小学校教育法及維持法取調書大日本教育会編　明治25年刊）。

① 画一的な性格を有する。
② 実学的な性格を有する。
③ 封建的な性格を有する。
④ 形式的な性格を有する。

① 画一的な性格を有する

一般に考察するように，たとえば乙竹岩造の資料に徴してみても，寺子屋の教科目，教科書および教材，習字科の書風など，また，石川謙の資料に徴してみても，寺子屋経営者の身分など，取調書に徴してみても，各科

教授法など，いずれも数字的統計の1位が固まっていて，2位との開きがはなはだしいのである。ところで，上記の取調書の対象は江戸町内であるが，乙竹および石川の資料は全国的な概括であるから，江戸を代表とした全国的な視野において，近世寺子屋，そこの大部分を占めていた言語教育の実情は，ほとんどが大同にして小異，個性に乏しいものであったようである。どこの寺子屋も，習字科を中心とし，それに読書科と作文科が配され，ほぼ同類に近い教材・教科書を用い，類似した教授法のもとに経営されていたと察せられるから，近世の言語教育は，画一的な性格を有するとして，その特質を規定することが可能である。

② 実学的な性格を有する

前述したように，石川謙は日本教育史資料にもとづいて，寺子屋の普及状況を検討し，「寺子屋は幕府や諸藩の保護や干渉をうけたとはいえ，本質的には近代化していく庶民の生産活動，経済活動の要請から，自然発生的にうまれ，育った教育施設である。」と述べている (注3)。寺子屋がこうして普及したとするならば，それ自体が日常当用的な生活の知恵を養おうとした教育機関なのであった。こうみることによって，習字科教授課程の初歩が「いろは歌」であり，次いで町村名尽・国尽・名尽・商賣往来・消息往来であり，さらに書翰文から百姓往来までも挙げられ，証文類から進上物包書にも及ぶことが，いかにも当然な課程として受け取られるのである。寺子屋の中心科目である習字科の教材は，正に実学的な性格を豊かに示しているとみることができる。作文科も簡易な見舞文や職業用文を独力で書けるまでにすることを目標にしていたのであるから，実学の一分野であったことはいうまでもない。読書科だけは教材内容上，他の性格を持っていたようであるが，それとても，庭訓往来・商賣往来が高位（乙竹資料の第2位・第4位）を占めていた点を考えれば，やはり実学的性格が少ないとは言えないのである。この特性を，さらに端的に指摘する資料として『新実語教』があげられる。そこには，「実学ヲ以テ重宝トナス」の用語例が見られる。こうして，寺子屋における言語教育は，実学的な性格を有することをもって，その特質とするものであると言いうる。

③ 封建的な性格を有する

　近世徳川期が封建時代の最盛期であってみれば，その社会思潮が儒教的倫理思想に導かれていたことは当然であり，現象的に士農工商の各階級がそれぞれに知足安分，自己の境涯に安住して，その充実を期することであった。寺子屋においても，「師の影を踏むべからず」（『童子教』）の師弟関係で結ばれ，その読書科教科書に四書や五経が高位を占め（乙竹資料），さらに『実語教』・『童子教』の漢文体教訓書，女子には書き下ろしにした『女実語教』や『女訓孝経』の類が読まれたのであった。

　　人ノ私智有ルハ貴カラズ，義理直キヲ以テ貴シト為ス。文辞ノ学ハ至宝ナラズ，実学ヲ以テ重宝ト為ス。文辞ノ学ハ多ク慢ヲ生ズ，孝弟ノ教ハ無我ナランヲ欲ス。（『新実語教』）
　　夫レ孝ハ百行ノ源，又万善ノ長ナリ。忠ハ孝ヨリ出ヅ，孝ハ至徳ノ要道。（『孝子教』）
　　夫レ貴人，前ニ居レバ，顕露ニ立ツコトヲ得ザレ。道路ニ遇ハバ跪イテ過ギ，召ス事有レバ敬ヒテ承ケヨ。（『童子教』）

上記3書の中，『新実語教』は六言270句，孝子教は五言590句，童子教は五言330句で，いずれも漢文訓点付きのもので，これを毎日素読諳誦せしめたのであるから，仁義忠孝礼智信の儒教道徳を，幼童に薫染する効を期待することが可能であったと思われる。寺子屋は，漢籍中心の私塾と同一ではないが，しかもこのような実情であったのであるから，封建的な性格を有することをもって，近世言語教育の特質とすることが可能であるとみられる。

④ 形式的な性格を有する

　寺子屋の師匠とその寺子との関係は，「海ヨリモ深ク山ヨリモ高キ師恩」をもってつながれた義理のそれであり，時によっては人情的な結びつきにまで発展していった事例が少なくなかった。石川謙は，「ここに師弟関係は親子の関係にしばしばなぞらえられ，悪くすると，親分・子分のような関係となる。」といい，また「師匠の権威といい，愛情というも，それは政策・制度にもとづくものではなく，自然発生的なものであり，家族的なものであった。」（注4）と述べている。そして，師匠は人格実力に根ざす

威信の持主であり，神宮・僧侶・医師・庄屋など，尊敬される職業の片手間に，金銭づくでなく従事され，しかも土着の人であったから，義理人情的な一次集団的親密さをもっていたという石戸谷哲夫（日本教員史研究 p.40）(注5)の所説に対して，石川は「人格実力に根ざす威信」については疑問を投げながらも，全体としては賛意を表している。

こうした両者の関係は，近世寺子屋における一般的な情況として承認されてよいであろう。けれども，都市にあった寺子屋などをみると，米塩の資をかせぐために開業したとしかみられない，浪人ややもめなどの寺子屋も決して少なくはなく，これを諷刺した狂句や川柳なども目に付くほどである。たといそのような経営であっても，一旦師匠となれば，寺子との間柄は上記のようなものになったことも想像されるであろう。いずれにせよ，ここに描かれている師弟の関係は，主として訓育とか徳育の基盤となる面である点注目を要することである。

しかしながら，このような寺子屋の師匠には，さらに深く考えてみなければならない問題が存在するようである。師匠は種々の罰則（同書P.190）をさえ設けてきびしく教えたとしても，これを教育自体の視野から検討するならば，決して教育者として及第する者ばかりではなかったのではなかろうか。座右の「寺子式目」(注6)は，御家流の肉筆をもって書かれ，宝暦五年（1755年）の識語があるものである。筆者未詳であるが，いずれかの寺子屋の学則であったものであろう。そこには，幼童勉学の心得をさとして詳細をきわめていること，次の冒頭の数条によってもうかがわれる。

　一　人と生而物不書非人に是を亡目に縦へたり
　　　且は師之恥且は親の恥都而身の恥辱也三子の心
　　　百迄と云里志を起て恥を不忘手習可被出精事
　一　善悪者友ニよるの間相互に行義を嗜悪事ニ萌
　　　気情を我と責防て筆法ニ心を移し習可被申事
　一　机に憑りて無益の冗談或は欠気し延し或ハ居眠り
　　　鼻を啜り紙をかみ筆の管を喰ふ習人を手本とする事
　　　極悪人の所業な里人は兎もあれ角もあれ其身は神
　　　妙に心を正シ一字々ニ能見入習可被申事
　　（中略）

一　其身の居候廻ニ反古等不可取散す卓の上硯文庫
　　之内迄も奇麗ニ可取置且墨筆翻散び(ママ)ハぬ様ニ可被致事
　（中略）
一　悪豌キ徳有事なし戯の座興ニ長ノ闘論と成候
　　唯常ニ我身乃誤を顧慎肝要候且又相撲腕捍
　　臑捍枕引等児童ニ不似合力業堅無用ニ候事
一　堀端川端井之本縁際石壇登り台総而危処ニ而
　　狂候事大不幸ニ而候其上身を毀不傷を孝の始
　　と申候間身持自在に無之様に相嗜可被申事
（下略）

　〈注　読み下し〉
一　人と生まれて物書かざれば人に非ず。是を盲目に喩えたり。
　　是は師の恥且は親の恥，すべて其身の恥辱なり。
　　　三ツ子の心百までと云えり。志を起こして恥を忘れず，手習に精を出さるべき事。
一　善悪は友によるの間，相互に行儀をたしなみ，悪事にきざす気性を我と責め防ぎて，筆法に心を移し習い申さるべき事。
一　机によりて無益の冗談あるいは欠気(あくび)し延(のび)しあるいは居眠り鼻をすり紙を噛み筆に管をくわう，習う人を手本とする事，極悪人の所業なり。人はともあれかくもあれ，其の身は神妙に心を正しくして一字一字によく見入り習い申さるべき事。
（中略）
一　其の身の居り候まわりに反古等取散らすべからず。卓の上，硯，文庫の内までも奇麗に取置くべし。且又墨筆翻散候はぬ様に致さるべき事。
（中略）
一　悪豌(わるあがき)に徳（得）ある事なし。戯れの座興に長じて闘論と成候。唯常々我身の誤を顧みつつしむこと肝要に候。且又相撲・腕捍(うでおし)・臑捍(すねおし)・枕引(まくらびき)等児童に似合わぬ力業，堅く無用に候事。
一　堀端・井のもと・縁ぎわ・石檀・登り台・すべて危き処にて狂い候事，大不孝にて候。其の上身をそこのう。傷(やぶ)らざるを孝の始と申候間，身持自在に之無き様に相たしなみ申さるべき事。わがまま

(下略)
・右の文中，左の語には朱筆で訓が付けられている。
亡目（もうもく）　嗜（たしなみ）　防（ふせ）　冗談（ぢゃうだん）　欠気（あくび）　延（のび）
喰（くわえ）　悪跪（わるあがき）　腕捍（うでおし）　臑捍（すねおし）　枕引（まくらびき）　自在（わがまま）

　師匠の最大の関心は，寺子の日常の躾（しつけ）であった。厳重な戒告に次いでは体罰が加えられたというふうで，「物書かざれば人に非ず」と言ってきかせ，「師の恥・親の恥」まで出しながら，いかにして習字に興味を持たせるか，何をどのようにして書かせるか，その教材や教科書の選択，教授法や教授技術への着眼は乏しかったとみなければならない。そこには多くの寺子屋で普通に使われている教材や教科書があり，一般の教授法や教授技術が踏襲されただけである。訓育にしたところが同様であって，あくまでも師匠の座を守っていて，巧みに訓導するほどの用意や技術，その新工夫などを伝える資料の，目に触れるものがほとんどないのである。それは，必ずしも教育学的，教育心理学的の研究実践を望ましいとするのではないが，素人教育者にも，それとしての，幼童教導上の個性的な工夫があるはずで，それが積み重ねられることが，少なかったとみるのである。寺子屋の師匠として，世間並みの水準が保たれたというだけで，その教育的な実践が，効果を強く意欲した，計画的な営為の累積となっていなかったように思われる。
　そこで，近世言語教育といっても，幼童の管理訓練面は別として，教授面においては形式の踏襲に終わっていたとされるので，形式的な性格を有することをもって，その特質の一部と考えるのである。

　以上本章において，近世の伝統的な普通言語教育の特質として，画一的・実学的・封建的・形式的な性格を有する4点を抽出列挙した。こうした特質は，やがて明治維新の激動の中に，ある面は変容し，ある面はなお持続して，近代国語教育を形成していくことになるのである。
　物情騒然たる中に維新の号令が一下した。しかし，開国して文明におもむこうとする時代の形勢は，開智と育英のために教育を重視する方向をたどったから，特に育英に力を致した藩学はもとより，洋学により新しい開

智を盛りこんだ私塾，さては郷学や寺子屋に至るまで，いよいよ興隆を見る気運があふれていた。こうして明治5年の学制頒布を迎えることとなった。近世庶民教育の機関である寺子屋は，やがて学制下公立小学校と交替することとなり，近代化教育の一歩を踏み出すに至った。伝統的な近世の言語教育も，この急流の一大水脈として，その形式も内容も一変したかに見える激動であり革新であったといえる。

ところで，国語教育のうえに，この革新をもたらした動力として，まず着目しなければならないのは洋学である。洋学はいうまでもなく西洋語学を基礎として入門したがゆえに，その履修には外国語の習得が前提とされた。そして，この外国語の習得は，それまで言語観の確立，国語観の形成に迂闊無縁であった日本人に，改めて言語や国語を自覚し認識させる契機を提供する結果となった。近世における日本人は，漢学の徒や国学の徒，一握りほどの洋学の輩を除いては，言語はもとより国語への関心も，一般に低級浅薄たるを免れなかったのはいうまでもない。

折しも，文明開化を促進しようとする国是は，海外の言語教育に学ぶ方針をうち出すこととなったから，主としてアメリカ合衆国を経由して，その方法論や技術が続々渡来し，学制頒布後の公教育実施の路線が，これにもとづいて敷設されることとなり，伝統的な近世の言語教育と比べて，かなりちがった規模で，近代の国語教育が創始せられた。

今ここに，その詳細を明らかにしていこうとする。そして，まず本項において，次の2款にわたった考察を進める。
(2) 開明期，洋学機関の国語科目
(3) 言語観の渡来
　① 国語国字に対する関心
　② 国語観の形成

(2) 開明期，洋学機関の国語科目

洋学は西洋諸国の言語文物を研究する学である。オランダとの通商が開けて以来，オランダ人および通詞を媒介として，オランダ語を学び，その文物（科学）を習うことによって，洋学が起こったことは周知のとおりで

ある。早く新井白石・青木昆陽等が手を着け,前野良沢・杉田玄白・中川淳庵等(『解体新書』訳述の同人)が本格的に蘭学を成立せしめ,それは,やがて諸藩にも伝播していった(注7)。初期の洋学は蘭学であり,内容は医学が主で兵学が従であった。そして,こうした学習の基礎は,蘭語の習得によって築かれなければならないから,洋学に志すといっても,大半の労はここに費されたといってよい。たとえば,上記した『解体新書』訳述の作業が,それを物語っている。その同人のひとり,仙台の大槻玄沢が残した『蘭学楷梯』(注8)をみると,本書は上(16丁)下(本文26丁)二巻から成り,上巻には「昆陽青木先生以来蘭學乃来由を詳にし且専ら崎陽の訳司諸輩に伝ふる所に因って其学びかたを」(扉に掲載)明らかにしている。その目次を検するに,

　上巻
　　総説第一　通商第二　裨益第三　精詳第四　慕効第五　興学第六
　　立成第七　禦侮第八　勧戒第九
　下巻
　　文字第十　数量第十一　配韻第十二　比音第十三　修学第十四　訓詁第十五　転釈第十六　訳辞第十七　訳章第十八　釈義第十九　類語第二十　成語第二十一　助語第二十二　点例第二十三　書籍第二十四　学訓第二十五

となっていて,下巻の16項は,すべてオランダ語学習手引の解説によって満たされているのである。下巻には「レッテル」(1丁オ)とか「ウヲールド」(10丁オ)という用語が見られるが,そこには,ローマ字の五十音図,濁音・半濁音図が掲げられており(注9),80余年後の明治5年4月に文部省から正院に宛てて提出された「小学教師教導場建立スルノ伺」(注10)の中に見える。

　　彼ノレッテルハ我イロハニ直シ彼ノオールトハ易ルニ我単語ヲ以テシ
　　　(下略)

と述べたことの先例とされてよいのである。

　ところで,幕府としては,安政2年(1855年)に「洋学所」の設立に着手,翌年には「藩書調所」と改称して江戸九段坂下に開設し,翌4年からオランダ語中心の蘭学教授をもって開校された。それから万延元年(1860

年）に英語学が，さらにフランス語学，ドイツ語学を逐年増科して，語学だけではなく，精練方（化学）・西洋画学・物産学・数学などの研究と教授を加え，外交文書の翻訳や辞書・教科書類の外国語関係出版事業も行なわれるに至っていた。やがて文久3年（1863年）に開成所と改称し，天文学・地理学・窮理学・器械学等にまで及び，明治元年3月，柳河春三・神田孝平が頭取であったとき，幕府瓦解とともに閉鎖された。しかし，同年の12月には，柳河春三，及び川勝近江を頭取として，維新政府は，これを開成学校と改称して復興し，翌2年から外国語中心の普通教育機関として開校，昌平学校を大学校とし，開成学校を大学南校，医学校を大学東校と改名した。明治4年（1871年）には行政機関としての大学を廃止し，南校と東校に改称して，新設の文部省が管轄したのである(注11)。

　したがって，維新前後の本邦洋学の淵叢は蕃書調所・開成所・開成学校であったが，この官立洋学校と対峙して，万丈の気を吐いていたのが福沢諭吉の慶應義塾であったことは周知のとおりである。「芝新銭坐慶應義塾之記」（「明治二年己巳八月」全8丁）に徴すれば，脩心論・万国史・経済説略・窮理書・文典等および，昼夜にわたって洋学教授が実施されていたことが明らかである。後年福沢は「三田演説第百回の記」(注12)において，洋学を歴史的に概観する演説をしたり，「学者の三世相」(注13)において，洋学先生を諷したりしている。そこでどんな下賤の者でも，外国に漂流して帰国すれば珍重されるように，洋学者といえば，政府や諸藩県に雇われて，袷一枚の虱書生が一夜作りの若旦那に変化すると皮肉っているが，当時はそれほどに洋学に飢え，洋学を迎えたのであった。

　ところで，幕末開港以後の洋学は，蘭学よりも，英学・仏学その他に中心が動いていった。そして洋学の範囲が急速に拡張されていたのである(注14)。したがって，それらの語学の学習が新しい時世に対処する流行とさえなったように思われる。語学の学習が盛行すれば，それに即応して，学習指導書が続々と刊行されたのであった。福沢諭吉編『啓蒙手習の文』（「明治4年辛未初夏慶應義塾出版」）下巻（35丁）の書簡文「執行相談の文」（27丁オ）を見ると13歳になった子息の親御が，

　　拝啓愈御清適奉拝賀候　偖近来ハ洋学頻ニ流行翻訳書も夥多出版（下略）

と言い，洋学は急務であるが，先ず5，6年の間は和漢の書を読ませ，自身の志が確立したころに洋学を執行させようと思うがいかがであるかと質問した往信を掲げ，「同返事」（同書27丁ウ）に，洋学と言い和漢学と言っても「元と紙に記しある字を読み其義を解す迄の業にて格別六箇敷事にもあらず」「御令息様御事も丁度勤学の御年齢此時を失はず諸学同時に御入門可然」と答えている。和漢学の後に洋学を学ばせようとするのに反対し，洋学も同時に学ばせるようすすめていることででも，往信の洋学流行という前文を裏書きしていると思われる。

　次に洋学をおさめる手引に関する文献を掲げ，その概況をうかがうこととする。

　『洋学指針　英学部』は幕府開成所頭取である柳河春三，慶応3年の著作である(注15)。まず，「羅瑪体・以太利体・草体」3体の大字小字を示し，「韻母 vowel；子字 consonant」，「一字及ヒ二字ノ英語」，「三字或ハ四五字ノ語」，「数字」，大字を書く定格，各種符号などを解説した後，英語学習の大要を次のように述べている。これにより，当時の洋学学習法一般が想定出来るであろう。

　　英吉利及ヒ米利堅ノ書ヲ読マント欲セバ。先ヅ此書ノ巻首ナル廿六字ノ書体ヲ諳ジ。次ニ字音ヲ諳記シ。数字及ヒ点記符号ヲ識リテ。而シテ後師ニ就テ授読ヲ受ルトキハ。学ビ易ク入リ易クシテ。師弟共ニ労少ク功速ナルベシ。其読ムベキノ書ハ。単語。会話。地学初歩。智環啓蒙。文典。等。皆刻本アリテ。何方ニテモ購求シ得ベシ。又師友無クシテ独学ヲ為サント浴セバ。右等ノ諸書。或ハ注解。或ハ挿訳。国字解等アリテ。逐次（シダイ）ニ出ルガ故ニ。今ハ遠国僻邑ニテモ独学ヲナスニ難カラズ。（下略）

　すなわち本書は，英語学の初歩を示したもので，本書習得後上掲のような単語・会話・地学初歩・智環啓蒙・文典などを，原書や注解・挿訳・国字解等で読むことが，洋学履修の一応のコースであった。

　また，同じ慶応3年には開成所は『法語楷梯』を刊行しているが(注16)，やはり「Alphabet commun, Majuscules; Miniscules; Manuscript; Voyelles; Consonnes; Syllables」が示されており，フランス語の習得も，英語の場合と同様であることがわかる。

基礎的な語学が習得された後，洋学の各科目に進むのであるが，それについては，さきの『啓蒙手習の文』の下巻末尾に楷書小字（他の文章は行書体で）で次のように示されている。
　　　　　洋学ノ科目
　第一　読本　　第二　地理書　　第三　数学　　第四　窮理学
　第五　歴史　　第六　経済学　　第七　脩心学
　上記科目では，前出の「芝新銭坐慶應義塾之記」などと対照してみると，慶應義塾で当時教授していた科目であったと思われる。第一の読本については次のように述べられている。
　　　第一　読本
　　寔（最）モ易キ文章ニテ諸学ノ手引初歩トモナル可キ事ヲ説キタル書ナリ此読本ヲ学フ傍ニ文法書モ読ム可シ　文法ヲ知ラサレハ書ヲ読テ其義ヲ解ス事能ハス　我言葉ヲ以テ我意ヲ達スルニ足ラス　言葉意ヲ達スルニ足ラサル者ハ啞子ニ異ナラス
読本はReaderの訳語であることはいうまでもなく，専門諸学の手引をすることが主要な目的で編集されていたことがわかるとともに，この意味の読本が後々までの本邦小学読本の性格となっている点に注意を要する。もちろん，それは英米あたりのReaderから学んだものである。
　次に示す『洋学道案内』は，特定の語学を主とせず，洋学履修の案内書としてまとまっているから，洋学概観の役割を果したものであろう(注17)。
　まず，「洋学の大意（英語　ホウレン　ラングエージ　独語　オキロッペーセケントニス　仏語　エンストリコクション　エトランジェール)」において，洋学とは「唯外国の文字を記憶し其書籍を読みその文を解しこれを人間日用の事に施し行う迄のこと」であるとし，
　　　綴字書　　読本　　会話書　　文法書　　地理学　　数学
　　　窮理学　　歴史　　経済学　　脩身学　　人体窮理
以上普通学11科目をあげて解説し，「其普通ニ学フヘキモノハ皆先後緩急ノ次序アリテ猶四肢五官ノ人体ニ於ル如ク皆各ノ用ヲ為シテ一モ欠ク可ラス」（自序）と言っている。また，「近来迂遠空理の学問ハ日々退き日用実着の洋学熾んにして」（洋学の大意）とも述べているところから，洋学の普通学は，すなわち実学であるという考え方をしていたことが明らかである。

第1章　学制以前における国語科目

　以上いくつかの文献を総合して，洋学の履修における言語関係の科目を列挙すれば，
　　　文字　　綴字　　単語　　会話　　読本　　文法
などの6科となる。そして，各科についての指導書や案内書の類が，維新前後にそれぞれ続刊されたのであった。以下にその数例を掲げよう。

① 文字
　英学捷径七ツ伊呂波　　碧海阿部為任（友之進）著
　　　　　　　　　　　慶応三年丁卯仲秋播磨屋喜右衛門刊
　　　　　　　　　　　四六判全16丁　東京学大図書館望月文庫所蔵

　自序に「英人著述の日本文法書から抄出した」と述べている。英人アストン（W. G. Aston）が"Japanese Grammar"を著述したのは，本書出版後の明治5年(1872年)のことであり，それ以前には仏人クルチウス（D. Curtius）が"Essai de Grammaire Japonaise"（仏文・日本文典）を，文久元年(1861年)に，米人ヘボン（J. C. Hepburn）が「和英語林集成」を本書と同年に出版している以外，本書以前の該当書が何であるか不明である。「七ツ伊呂波」とは七種の字体で書かれた伊呂波文字の意で，七種とは，ローマ字の印刷体大字・小字，筆写対小字，片仮名，平仮名，万葉仮名2種のことである。濁音や半濁音のあるものは，それも別行に書き加えている。

　〈四オ〉
　　　I　　RO　HA　BA
　　　i　　ro　　ha　　ba
　　　i　　ro　　ha　　ba　（筆写体）
　　　イ　　ロ　　ハ　　バ
　　　い　　ろ　　は　　ば
　　　伊　　呂　　波　　婆
　　　膽　　路　　葉　　羽

末尾には五十音つづりが提示され，
　　si（シ），tsi（チ），tsu（ツ），fu（フ），yi（イ），ye（エ），wi（ヰ），wu（ウ），we（ヱ），wo（ヲ），dsi（ヂ），dsu（ヅ）
などのつづり方がみえる。後年のヘボン式と日本式とを混用したつづり方をしている。

33

英学九体以呂波　JAPANESE AND ENGLISH
捷径　　　　　ALPHABETS IN NINE FORMS

「橋爪貫校訂　　明治四辛未歳壮月（8月也）序
　青山堂梓　　　21丁扉には「伊」呂波。

※上の橋爪貫は，橋爪貫一と同人で，両名を使っていたようである。

　序に「起先(サキ)に英学七ついろはといへる書世に出てより英学に志すの童蒙其の益を得る事少なからずと雖も，今英国撫良翁子(ブラウン)の著せし書によれば文字の綴読に於て纔僅(ツヅカ)の差異あり故に之を更改増訂して」世に問うと述べている。さきの7字体から漢字体を削り，それに大字ゴシック体と，次のように漢字を楷書・行書・隷書の3体に書き分けたものとを加えている。

　　以　（行）　　（隷）
　　路　（行）　　（隷）

その後に，「亜辣比亜数符，羅馬数符，子母五十韻字」を列挙していて，七ツ以呂波と大同小異である。

　要するに，これらはレッテル（letter）を伊呂波に直したものである。

② **綴字**

挿訳綴字書　SPELLING BOOK

「ウエブストル氏著　スペールリングブック
志水洋遊訳　辛未晩冬　第一篇
東京便静居蔵　　　　　　　　　」27丁

「第二集　明治六年第一月発兌」34丁

本邦に伝来した綴字書は，Websterのものが最初であったようであり，合衆国においても，もっとも広く読まれたものであった。本書はその第一篇が明治4年（辛未）に「挿訳」され，つづいて第2集が明治6年に刊行された。

③ **単語**

　単語だけ集めたテキストを単語篇と呼んでいる。語学における単語の部というほどの意であろう。ところで，管見に触れた中では，慶応2年（1866年）開成所刊行の2冊である。この名称は，あるいは開成所の造語であったかも知れない。

英吉利単語篇　「慶応二年刊　開成所」

〈扉〉BOOK FOR INSTRUCTION AT THE SCHOOL KAISEIZIO
IN YEDO VOL. I. FIRST EDITION.
YEDO. ANNO 2. KEIOU

Part I からVまで5区分され,
1. The table.　　　　2. The bench.
3. The pen.　　　　 4. The penknife.
5. Paper.　　　　　 6. Ink.
7. An inkstand.　　　8. A slate.
9. The slate pencil.　 10. The ruler.

のように，番号を付した単語が配列され，末尾には外国河川の固有名詞で，
1486. The Moselle.　　1487. The Rhine.
1488. The Scheldt.　　 1489. The Thames.
1490. The Vistula.

の1490語となっている。

法朗西単語篇　慶応二年刷印　開成所
〈扉〉LIVRE POUR L'INSTRUCTION DANS
L'ÉCOLE KAÏCEIZIO A YEDO VOL. I.
PREMIÈRE ÉDITION. YEDO. EN L'AN2. KEI-AU.

内容は前の英吉利単語篇を仏語に直して，「VOCABULAIRE」から始めており，全く同一である。

Partie I
1. La table.　　　2. Le banc.　　　3. La plume.
4. Le canif.　　　5. Le papier.　　 6. L'encre.
7. Un encrier.　　8. Une règle.

のように始まり，末尾は，
1486. La Moselle.　　1487. Le Rhin.　　1488. L'Escaut.
1489. La Tamise.　　 1490. La Vistule.

翌慶応3年には，その注釈書が刊行された。

英単語篇注解　慶応三丁卯歳五月
仏単語篇注解　開成所校本　開物社

特小　横型　36丁

「此注解ハ只僻遠ニノ師友ニ乏シキ地ノ学生ニ授ケ且幼童ノ遺忘ニ備フルノミナレバ字ノ雅俗ヲ論ゼズ韻誦ジ易キヲ主トス」(凡例)という目的が示してある。

第一篇
一机　二腰掛　三筆(毛筆ニハアラズ)　四筆切小刀　五紙
六墨汁　七墨汁壺　八石盤　九石盤筆　十定規

と始め，末尾は，

一四六　摩細耳河（欧羅巴有名ノ大河）

一四七　菜尼河（日耳曼ト仏蘭西トヲ界スル大河）

一四八　士加尓達河（荷蘭）

一四九　達迷塞河（英吉利）

一四〇　維士都拉河（欧羅巴有名ノ大河）

となっている。

以上の開成所版英仏単語篇と開物社版英仏単語篇注解とを一つに合わせたものが，開成所の教官により翌年刊行された。

英仏単語便覧　上下　開成所仏蘭西学第一等教授方　桂川甫策撰

上巻　慶応四年戊辰（月欠）新鎸　理外無一物桜蔵板　27丁

下巻　明治三年庚午晩夏刻成　27丁　発行山城屋・永楽屋・河内屋・出雲寺

〈1丁オ〉エア　ビベ　スセ　デデ　イエ
　　　　｜｜　｜｜　イイ　イイ　｜｜
　　　　　　　　　　｜　　｜

亜彼泄　A　　B　　C　　D　　E
　　　　a　　b　　c　　d　　e

〈2丁オ〉
以呂華　イロ　ファ　バ　パ　ニ　ホ　ボ　ポ　ヘ　ベ　ペ　ト　ド……
　　　　i　ro　fa　ba　pa　ni　fo　bo　po　he　be　pe　to　do

（英）　　　　（仏）
Part I　　　Partie I　　　第一篇

the table	la table	机ツクヘ
the bench	le banc	橙コシカケ
the pen	la plume	筆フデ（毛筆ニハアラズ）
the penknife	le canif	筆切小刀フデキリコガタナ
⋮	⋮	⋮
Part V	Partie V	第五篇
the meal	le repas	食事ショクジ
breakfast	le déjeuner	朝餐アサメシ
dinner	le dîner	昼膳ヒルメシ
supper	le souper	夜食ヤショク
⋮	⋮	⋮
the scheldt	l'escaut	土加尓達河（荷蘭）
the thames	la tamise	達迷塞河（英吉利）
the vistula	la vistule	維士都拉河（欧羅巴有名ノ大河）

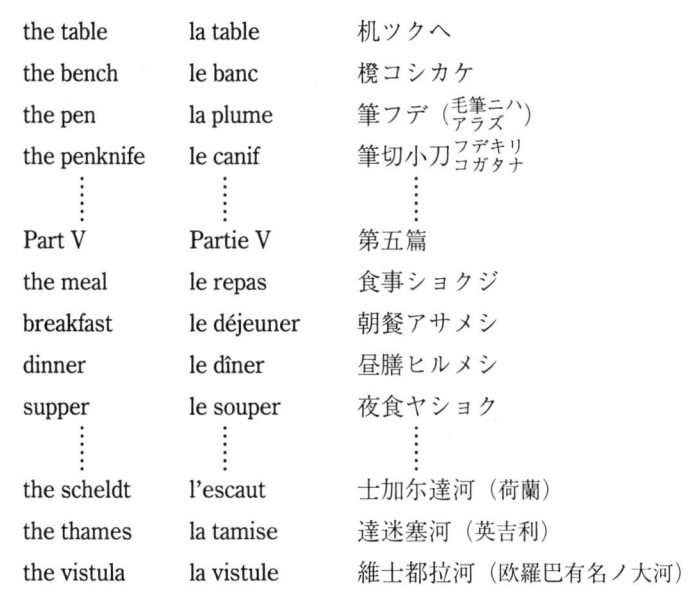

要するに，英仏和対照語彙なのである。原書が開成所版であるから，権威あるものとして，当時かなり読まれたのであろう。次の沼津兵学校の一書もそれである。

洋学単語　LIVRE POUR L'INSTRUCTION DANS L'ÉCOLE DE NOUMAZOU DEUXIÈME ÉDITION. 1870.

内容は開成所版「法朗西単語篇」そのままで，明治3年の出版である。徳川家沼津兵学校のテキストとして使用されたのであろう。

学校用のテキストとしてでなく，一般書（通俗）として出版された事例を次に示す。

通俗英吉利単語篇上　梅浦元善訳　明治四季秋上梓　択善居蔵板中型42丁

　パート　フヲルスト
　Part　　　I
ゼ　テーブル
The table　　　　　机ツクヱ
ゼ　ベンチ
The bench　　　　掛腰コシカケ
ゼ　ペン
The pen（非ニ毛スハ筆）　筆フデ

ゼ　ペンナイフ The penknife	筆^{フデ}小^コ刀^{ガタナ}切^{キリ}
ペープル paper	紙^{カミ}
インキ ink	墨^{スミ}汁
エン　インキスタンド An　　inkstand	墨^{スミ}汁壺^{ツボ}
エ　スレート A　slate	石^{セキ}盤^{バン}

原拠は同じく開成所版である。上巻は開成所版の第三篇までで終わっている。

④　会話

　会話案内書で管見に触れるのは明治5年の刊行からである。単語篇という名称にならって，会話篇とも呼んでいる。以下数例を掲げよう。

　　　英会話独学　　「弘成堂書屋（訳者）　28丁
　　　　　　　　　　　明治壬申（5年）初冬　発兌椀屋喜兵衛」
　「例言」に

　　　方今文運日々開ケ京華諸港ハ素ヨリ僻地ト雖モ洋人ニ面語スル事少カ
　　　ラズ然ルニ彼ノ語法我国語ト大ニ異ニシテ諸人其言語ノ通ヒザル事ヲ
　　　苦ム者甚多シ　故ニ余ガ浅陋ヲ厭ハズ亜国教師ブロヲン（注18）佛国
　　　教師カシヨン両氏ノ会話篇中ヨリ通辨必用ノ処ヲ抄出シ洋人応対ノ手
　　　引ニ供フ　開化ノ君子一本ヲ懐ニシテ朝夕之ニ拠ラバ必洋学玉手箱ノ
　　　珍書タルヲ知ラム

と述べているところから，外人面接の際に備える実学として会話を学んだことがわかる。内容は会話用文章を掲げ，その和訳を付けたものである。文章中の主要語により Alphabet 順に区分している。

スピイキング Speaking	雑^{ヤタラバナシ}談
A	
アル　ユウ　スヲル Are　you　sure? アル　アナタ　ウケアウ	汝^{オウケアイ}ハ承合ナスッタカ

オウルウェス　スピィキ　　ポライテリィ　　マ 確 シ 何 イ
Always　　　speak　　　politely.　　　ス ト ッ 時 ツ
イツデモ　　　ハナス　　　チャント　　　　ト カ デ デ
　　　　　　　　　　　　　　　　　　　　　話 リ モ モ
　　　　　　　　　　　　　　　　　　　　　シ

　　　　　　　　　　　　　イ
　　　　　　　　　　　　　ズ
　　　　　　　　　　　　　レ
　　　　　　　　　　　　　孰　ゴ
アル　　ライト　　　　　　モ　モ
All　　right.　　　　　　御　ット
ミンナ　ゴモットモ　　　　最　モ
　　　　　　　　　　　　　　　ト
　　　　　　　　　　　　　　　モ

　　　　　　　　　　B
Be careful in your business. 汝ノ仕事ニ身ヲ入レラレヨ
　　　　　　　　　　C
Children speak very plainly. 子供等ガ大ヘン　明 ハナシマス
　　　　　　　　　　　　　　　　　　　　ハツキリ
　　　　　　　　　　D
Did you say so? 汝ハ其ノ通リオハナシナスッタカ
Do not mention it. 夫ヤ御案ジナサルナ
　　　　　　　　　　　ソリ
　　　　　　　　　　E
Explain your wish. 汝ノ願事ヲ言イナサイ
　　　　　　　　　　　　　　イ
　　　　　　　　　　Y
Yes.　　　　　　　　　　　　　左様
You speak truly.　　　　　　　汝ハ誠ヲハナシマス
You are right.　　　　　　　　汝ハ最デス
You want too much.　　　　　　汝ハヒドク大ヘン入用デスナ
Are you satisfied with this man?　汝ハ此ノ男ト一所ニ慰ムカ

　　挿訳英吉利会話篇　　　「桂潭島一憙訳
　　　　　　　　　　　　　　林於軒蔵版　袋屋・丸屋発兌」
　　　初編　明治五壬申孟春　30丁
　　　二編　　　　壬申仲春　31丁
　　　三編　　　　壬申二月　30丁
　　　四編　　　　壬申季春　36丁

四編の「跋」は,「于時明治五年夏六月中澣　万巻楼鶴啄謹誌」とあり,落款に「東生蔵版」とあるから,発兌元の袋屋東生亀次郎が書いたものである。跋文に「嘗テ聞クカラタマ氏ノ輯ル所ノ会話編ナル者アリ」(表紙「英吉利会話篇全」,扉「ガラタマ先生閲, 英吉利会話, 江戸渡部氏刷行」)「CONVERSATION OF ENGLISH LANGUAGE; FOR THOSE, WHO BEGIN TO

LEARN THE ENGLISH BY R. VAN DER PYL, THIRD EDITION NUMADZ WATANABE & CO. FOURTH YEAR OF MEIJI」46版50PP. 巻末目録「開成学館教師ガラタマ先生校閲」とある。）「初学輩ノ多クハ此ノ書ヲ以テ談話ノ階梯ト為スト　依テ島氏ニ乞テ之ヲ訳セシメ旧冬稿成ル」と述べている。内容はやはり日常必要な対話用語句を選んで提示し，発音と和訳を付けたものである。

コンヴェルセーシィヲン
CONVERSATION
談ハ　話シ
ナ

グー　デー　　グー　イビニン　　イット　　メー　　ビー　　トリウ
good day.　　good　evening.　　it　　may　　be　　true.
コンニチハ　　　コンバンハ　　　　　　ソレハホントウカモシレナイ

本書は上記に見るとおり，文初に大文字を使用してない。

通俗英吉利会話篇　　「備中　小林好謙訳　明治五壬申（月欠）新鐫　浪華宝文堂発兌　44丁」

「此書は英国会話の尤とも精密なる者にして寒暖は申すに及ハず日々出合の挨拶より商売或ハ別離見舞尽く其部分に従かひ一篇とし終篇まで其字上其国音を掲げ字下我日本訳を加へ文の綜反しに至ってハ語と語の間に一二を以て反りを付けて師を求すして独り彼国人と会話すへて至極用便の書なり」（本書巻末広告文）と述べられていることで，この内容を尽くしているようである。

　　　　ファースト　プァート　エレメンターリー　プレゼス　ミキーグ(ママ)
　　　　First　　part　　elementary　　phrases　　Meeting
　　　　第一　　　部分　　　道始　　　　　一句　　　　会合

　　　グード　モヲーニング　サア
1.　good　morning　sir.　　　　　　　　　〈53題〉
　　㊀ヨキ　　㊁朝サ　　㊂君ヨ

　　　プァーシング
　　　Parting
　　　離別

　　　ア‡　ムスト　ゴー
1.　I　must　go.　　　　　　　　　　　　〈51題〉
　　㊀私カ　㊁子バナラヌ　㊂行ス

　　　アスキング　エンド　サアンキング
　　　Asking　and　thanking
　　　問ヒ　而シテ　礼言フ

1. by   you   leve
   　バヰ　ユーア　ルヰブ　（ママ）
   　㊁因テ㊀汝ノ　㊁許シニ　　　　　　　　　〈40題〉

   Affirming and denying   〈71題〉
   決シテ　而シ　打消シ

   Experessions   of   surprise   〈33題〉
   言ヒ顕シ　　　　　　驚キノ

   Probability   〈30題〉
   誠信ノ教ヘ

   Sorrow   〈23題〉
   悲シミ

   Blame   〈54題〉
   非艱スル事

   Anger   〈15題〉
   怒リ

   joy   〈17題〉
   喜ビ

   consulting   〈53題〉
   評議

   　　　　　　　　　　　（以上）

以上の数列例の序跋によると，当時すでに，ブラヲン氏・カシヨン氏・カラタマ氏等の会話篇が舶来されていたことがうかがわれ，それらの訳述がこうして世に迎えられていたのである。

⑤　読本

　読本は，さきの福沢諭吉の『手習の文』や，総生寛の『洋学道案内』などに徴すれば，文字・綴字・単語などの項目とともに，語学に入門した童蒙に，文章の読み方を学習させる目的で編集され，その教材には，洋学専門科目の手引となるものが選択されている。これを本邦において編集刊行するようになったのは，明治6年・文部省編纂・師範学校彫刻の小学読本などからであるが，それ以前にすでにアメリカ合衆国のReader類が渡来して学習されていたのである。

　文部省の「准刻書目」を見ると，次のような数例が目に触れる。

　　准刻書目・壬申四月（2丁ウ）

41

^{訓蒙}リードル和解　^{反訳出版}共　青木輔清　一冊
　　米国ウィルソン氏著述ノゼフォルスト, リードルト題セル書ノ傍ヘ訳ヲ付ク（注19）
　　准刻書目・壬申五月（8丁ウ）
　　ウイルソンリードル直訳　^{反訳出版}　^{山田専六}_{渋江　保}　二冊
　　ウイルソン氏リードルヘ御国字ヲ以テ音訳和訳ヲ附ク
　　准刻書目・壬申七月（15丁オ）
　　^{英文童子教}　^{著述出板}　^{島治三郎}_{関　思明}　一冊
　　ウキルソンイニョーノリードル中ノ其要ヲ抜萃シ画ヲ加ヘ挿訳ス

　なお前記の文部省小学読本は, 上記ウイルソン読本の翻訳であり, 同類のものには, 福沢英之助初学読本（注20）その他があるが, これらは翻訳であるから, 洋学書というよりも国語学習書とすべきである。

　以上, 洋学に関してほぼ解明し, その普通科目のうち, 言語にかかわる科目5科について略述した。これらの文献は, 参照した座右の洋学資料であって, 本邦国語観の形成上, また学制国語科目の成立上に関連があるものにとどめた。これらを含めた各科目の資料は, さらに当該章節においても取扱う。

(3) 言語観の渡来

① 国語国字に対する関心

　近世徳川期に生を享けた者も, 自分を含めた周囲の言語現象に対し, 折に触れて関心を持つことはあった。しかし, それは当座の用語の選択や使用に関するものが主であって,「ことばは国の手形」という, その藩国中心の意識にもとづいていたのである。それが日本の国語という意識に立って考えられることはなかったようである。すなわち, 国語意識は, 社会意識や国家意識に即して芽生えるからである。

　もっとも, 近世においても, 国語意識をいだいていた者が皆無ではなかった。それは, 和漢洋三学の研究や習得に従事していた学徒たちであった。中でも, 国学はもともと漢字に対抗して発生し,「からごころ」（漢意）を強く排撃して「やまとごころ」（大和魂）の振起を鼓舞したものであった

から，本居宣長を初めとして (注21) 国語意識がきわめて旺盛なものが多かったし，洋学は，階梯として外国語の習得を必要とし，その履修に大半の労力を費やしたから，好む好まぬにかかわらず，新井白石を初めとして (注22) 国語との比較意識を持つ者が生じていた。しかしながら，これら学究の者たちは，当世の一般大衆との数的な割合からすれば，九牛の一毛に過ぎなかったのであるから，大勢は一般に言語に対する関心が乏しく，ましてまとまった国語意識など有するはずがなかった。

こうした事態のもとに明治維新を迎えたのが，わが言語社会であった。時代の一大転換に際し，その思潮，その社会観は大きく革新され，藩国意識は解消の一途をたどり，大日本帝国としての国家観が，次第に明らかにされていく気運にあった。政治的・経済的な識閾の拡張に伴って，国の内外における人事の交流は，急速にその機会を増大していったのであるから，ここに言語の問題が，社会生活上のそれとして取上げられ，外交貿易等国際上のそれとして扱われるようになったのは，きわめて当然の推移というべきであった。

こうした流れにおいて，もっとも積極的な面が，国語国字の改良という方向を示すこととなった。すでに日下部重太郎は，当時なお在世していた往事の改良論者と親しく面接し，広く資料を集めて「現代国語思潮」に収載した (注23)。そこでは「明治維新の曙に」「国語国字問題の第一声」を発した前島密の談話を載せ，「仮名書きの桃太郎などは容易く面白く覚えたが，『性相近，習相遠』などとある三字経の方は，余程苦んでも覚えられなかった。」という前島の甥や，「新教の監督教会の宣教師で，布教のために支那へ渡り，咸豊（中国清文宗1851〜1861）の末まで支那語を学び，支那人が古文体と時文体とを用ひて居る事を如何にも不便利に感じた。(中略) 所が日本文は漢字を音と訓と様々に用ひ，支那文を学ぶよりも困難であるとなげいて居た。」という米国宣教師などの経験談から，漢字廃止論をとなえたと述べている。逓信制度の創始に格別の功績をあげた前島は，漢字廃止論においても後世に影響を与えた。すなわち，慶応2年12月に将軍慶喜に建白した「漢字御廃止之儀」がそれである。前島はさらに明治2年には「国文教育之儀ニ付建議」，5年には「学制御施行ニ先ダチ国字改良相成度卑見内申書」を，前者は明治政府集議院，後者は右大臣岩倉具視

と文部卿大木喬任へ宛ててそれぞれ提出した。

　日下部はまた，南部義籌とも面接している。南部は開成所へ通って蘭学を学んでいたが，たまたま贈与を受けた大庭雪斎の「訳和蘭文語」を読んで，「私は之を読んで大いに感ずる所があり，遂にローマ字採用を主張するようになった。」と述べている。南部は明治2年に大学にはいり漢学を修めていたが，感ずる所あり「修国語論」を認め，大学の判学事松岡時敏を経て大学別当山内豊信（容堂）に差出した。それでは「洋字（ローマ字）を仮りて国語を修むる」がよいという趣旨であった。南部は翌年郷国土佐に帰り，明治4年8月（注24）に文部省に対して「文字を改換スル儀」を提出し，そこにおいて，次の3か条を論じた。
　　第1条　音ヲ正シ文字ヲ定ムル事
　　第2条　文章ヲ解剖シ辞ノ種類ヲ議定スル事
　　第3条　文法書辞書ヲ編制シ且童子ニ読マシムル為メ要用ノ書ヲ綴リ
　　　　　　直ス事
万一ローマ字化することを実現させるとすれば，少なくともこの程度の準備をしてかからなければならないのであるが，さすがに南部の配慮は周到であったと言える。

　以上のような漢字廃止論，かなもじ論やローマ字論などの世論に対処して，文部省は明治5年に田中義廉・大槻修二・久保吉人・小沢圭二郎等に新撰辞書の編集を下命した。これは漢字節減の趣旨であったのであり，やがて漢字選定草案が提出されたまま，大正大震災の際焼失したといわれているが，漢字数は3167字であったという（現代国語思潮p. 84）

　ところで，こうした国字論の行われていたとき，慶應義塾の福沢諭吉の意見は，漢字節減論であった。明治6年8月に刊行した「文字之教」2巻と，同年11月に刊行した「文字之教」附録（第3巻）にその意をうかがうことができる（注25）。福沢も本来は漢字廃止論であったが，当分の間は漢字節減をして，「時節」を待とうというのであった。しかも，積極的に節減を促進する必要があるとして，本書3巻の著作をしたと「端書」で述べ，この3巻の中に使った漢字数は1000字足らず，「一と通りの用便」のためなら，2000字か3000字で「沢山なる可し」と言っている（注26）。それに本書が，そのまま漢字の読み書き用小学教科書になるように編集されている

点は，注目に値する。

「文字之教」が刊行された明治6年，その名を「明六社」と称して，当時文化的な指導者をもって自他ともに任じていた，次の人士の集団が生まれた。

　　西周・西村茂樹・森有礼・箕作麟祥・箕作秋坪・加藤弘之・中村正直・杉亨二・津田真道・清水卯三郎・阪谷素（朗盧）等

そして，翌年から機関誌「明六雑誌」を発刊し，こもごも所見を発表したが，その第1号には西周の「洋字ヲ以テ国語ヲ書スルノ論」がまず載せられた（末尾4⑪明六雑誌収載西周論文に転載）。ローマ字採用の十利三害が述べられたが，十利とは，次のようである。

　　1　本邦ノ語学立ツ
　　2　語種ノ別語音ノ変等，既ニ国語ニ於テ之ニ通ズレバ，他語ハ唯配性ヲ労スル耳
　　3　言フ所書ク所ト其法ヲ同ウス
　　4　児女モ亦男子ノ書ヲ読ミ，鄙夫モ君子ノ書ヲ読ミ，且自ラ其意見ヲ書クヲ得ベシ
　　5　方今洋算法行ハレ……大蔵・陸軍等既ニブウクキーピングノ法ヲ施行ス。之ト共ニ横行字ヲ用ユ
　　6　近日ヘボンノ字書，又仏人ロニノ日本語会アリ。然レドモ直チニ今ノ俗用ヲ記シ，未ダ其肯綮ヲ得ズ……此等亦一致スベシ
　　7　著述・翻訳甚便利ヲ得ン
　　8　印刷ノ便悉ク彼ノ法ニ依リ，其軽便言フ計リナカルベシ
　　9　翻訳中，学術上ノ語ノ如キハ，……訳セズシテ用フベシ。又機械・名物等ニ至テハ……原字ニテ用フベシ
　　10　凡ソ欧州ノ万事，悉ク我トナル。……頗彼ノ膽ヲ寒ヤスニ足ラン

三害とは，次のようである。

　　1　筆墨肆其業ヲ失フ
　　2　紙ノ製改メザルベカラズ
　　3　漢学者流・国学者流，此説ヲ伝聞セバ，頗ル之ヲ厭ヒ嫉ム者アラン

それとても，自分のローマ字化は漸進主義だから，その間に転業が可能で

あるし，中学以上には，欧州のラテン語やギリシャ語の教師のように，漢学者などを位置せしめるのであると言っている。

この第1号「明六雑誌」の西論文につづいて，西村茂樹の「開化ノ度ニ因テ改文字ヲ発スベキノ論」が載せられている（末尾4⑫明六雑誌収載西村茂樹論文に転載）。西村は西のローマ字論に賛しつつも，そうなれば二重の労苦や障害が起こるから，ローマ字論者のように「国字トセシ四十八字ヲ棄テ」ないで，すなわち，かなを生かし，漢字を節減して，「一人モ多ク学問ニ志ザシムルニ在リ」としたものであった。

同じく明六社のひとりである清水卯三郎は，明六雑誌の第7号に「平仮名ノ説」を掲載した（末尾4⑬明六雑誌収載清水卯三郎論文に転載）。まず，清水は維新前後に発言された国字改良論を一々批判し，英語採用説論外であり，和漢雑（混）用説は漢字がむずかしいから不可であり，ローマ字説は新字製作説よりもましであるが，米飯をパンに代替するようなもので，滋養分はあっても不便であり，片かな説は片かなを知る者が少ないから不可であるとして，結局平がなが今日通常の文字であるから，これを主としていくべしと言った。そして，「舎密ノ階」（化学階梯の意）を訳述，自説を実行に移していた（注27）。

明六社同人のひとり森有礼の英語採用説は，同類の意見中もっとも有名であった。それは，森が後年文相までも勤めた政界の雄であったうえ，発言の舞台が合衆国であり，しかもその資料が "Education in Japan" として現存しているためであろう。もっとも，この書物は，東京大学と京都大学に各1本が所蔵されているだけの珍稀本である（注28）。森は明治3年（1870年）に米国在勤を仰せ付けられ，5年4月に中弁務使に任ぜられ，同年10月に官制が変わって代理公使となっている（注29）。

「1872年2月3日アメリカ合衆国日本公使館森有礼」の名前で，「余カ本国ニ駐剳スル事務ノ一部トシテ，特ニ日本ノ教育問題ヲ研究スル任務ヲ持ツノミナラズ，余自身トシテモ日本帝国ノ発展ニ異常ナル興味ヲ持ツモノデアル。余ハコノ問題ニ就イテ貴官ヨリ御指導ノ芳翰ヲ賜ハランコトヲ望ム。」として，次の質問事項を箇条書きにしている（注7同書 p.19）

1. 一国ノ物質的繁栄ニツイテ
2. 一国ノ商業ニ対シテ

3. 一国ノ農業上工業上ニ於ケル利益ニツイテ
4. 国民ノ社会的道徳的身体的状態ニ対シテ
5. 法律統治上ニ於テノ効果

そして，もしもすべての点についての御指示が不可能であれば，そのうちの一つでもよく，「貴翰ヲ直チニ英文及ビ邦文ヲ以テ刊行シ，以テ日本政府及ビ日本人民ニ告ゲント欲スルモノナリ。」と述べて書簡を結んでいる。この文末の決意が，翌年の"Education in Japan"の発刊となったのであろう。本書は，この発信による，「前エール大学総長 Woolsey T. D.」ほか12名の通信を本文とし，森が執筆の日本史の要約を緒言とし，それに附録を添えて刊行された。その附録が「英語を日本に通用せしむることに就いて」という書翰と米国教育局の「アメリカ合衆国における教育に就いて」である。森書簡の末尾に記された決意のもう一つ，和訳本の出版は，J. A. Garfield の返信と，附録の訳文草稿が残っているだけで，ついに実現の機会がなかったらしい。

東京大学所蔵の訳文草稿には，「日本教育策」と題され，「附記　英語ヲ日本ニ通用スルノ論　ウイットニー氏ノ書翰」となっている。この附記の発信人は，

1872年6月29日　コン子ッチカット州新哈汎エール中学校ニ於テ
　　　　　　　　　　　　　　　ダヴルエ・デー・ウイットニー拝

と訳されている。

本文にある質問事項には，英語採用説が見えないから，これは別の機会に Whitney に出した書簡の返信であり，それだから附録に載せたのであろう。もちろん，森の往信は載っていないが，返信中にその質問内容が推定される（同書 p. 105）。

　　茲ニ金音ニ接ス。貴意画一ノ切韻法ニ拠リ，簡雅ナル英語ヲ日本人
　　民ニ適用セント欲ス。

上文によると，問題は二つに整理できる。一つは当時行なわれていた英語そのままでなく，純粋簡雅な英語を一種選定することであり，一つはその英語を日本に広めるということであった。このような質問が Whitney に対して行なわれた理由は，Whitney が当代有名な言語学者であったからであろう（注30）。ところで，Whitney は，第1問に対して，次のように応答

した。
　　旧来ノ語言ヲ改メ英語ヲ用ユル各国ノ間ニ列セント欲セバ，宜シク直チニ現行ノ英語ヲ承用スベク，之ニ刪定芟除ヲ加フベカラズ。

それは在来の英語国民との間に「屛障」を生ずるからだとする。
　第2問に対しては，次のように答える。
　　古今語言ノ史ヲ考フルニ，天然ノ赴向ニ出デズ，人力ヲ以テ言語ヲ遷ストキハ，其効績反テ少ナリ。

森には悲観的な返答であった。そこで Whitney のうち出した案は二であった。
　一つは，次のよう。
　　欧洲ノ字音ヲ以テ日本ノ言文ヲ書シ，之ヲ自国ニ播行スルハ最モ首要ノ策ニシテ功ヲ成シ易キニ似タリ。

すなわちローマ字の採用であった。もう一つは次のよう。
　　先ハ努メテ多ク英語ヲ学ビ，英語ヲシテ多年間日本ニ浸潤セル漢語ノ地位ニ代ラシメ，此ヲ以テ学人儒士ノ語トナシ，此ヲ以テ経史典籍ノ文トナシ凡ソ事物ニ遇フ毎ニ，苟モ英語ノ文詞ヲ用ユベキモノアレバ輒チ之ヲ用ヒ，人ヲシテ英語ノ良効ヲ知ラシムベシ。

ということである。すなわち，漢字の熟語を使用する場面では，それを努めて英語におき代えてつづるようにする。一方日本語自体にも改良を加え，それでも日本語は，「文物の良器」となすことができないと見極められたとき，「徐々」に英語に代替していっても「未ダ晩シトセズ」と述べている。そして末尾において，今後日本のとるべき言語政策の「要領」を，三条にまとめて次のように言った。
　　第一条　英国ノ本土現行ノ英語ヲ用ヒテ日本典籍書冊ノ成文トナス事。
　　第二条　先ヅ正純諧音ノ切韻法ニ依テ書典ヲ製シ，学者ヲシテ純情ノ英語ヲ習フニ便ナラシメ，而シテ後チ又之ニ教ユルニ普通慣用ノ切韻法ヲ以テス。（下略）
　　第三条　英語ノ民，字母若干ヲ転用シテ万様ノ英語ヲ写起スルト同一ナル法ヲ用ヒテ，日本ノ語言ヲ写起シ，努メテ英語及ビ其他各国ノ語言ニ就キ，英ヲ採リ華(クラ)ヲ咀ヒ，以テ日本ノ方言ヲ廓開スベ

シ（注31）。

以上まことに情理を尽した返信となっている。後に安藤正次は森の英語採用説について，「同氏といへども，おそらく，在来の国語を絶滅せしめ得るとは考へてゐなかつたのであらう。按ふに，その期するところは，教養ある社会の言語・文章を一変せしめるにあつたのであらう。もし，その真意がそこにあつたとすれば，実現の結果は，国語・国文の変改といふことにはならずに，国民をして，言語の二重生活を営ましめることになつた筈である（注32）。」と推定しているが，このWhitneyの書簡からうかがうと，必ずしもそのようではなく，むしろ日本語から英語に変改しようとしたもののように思われる。

明治6年，森の著作が公刊されると，そのころ英京ロンドンに滞留中であった馬場辰猪は，次のように述べた（注33）。

> For example, Mr. Mori in his introduction to "Education in Japan", says, "Without the aid of the Chinese, our language has never been taught or used for any purpose of communication. This shows its poverty."

と，さっそく森の著作中にある日本語貧困論を引用し，他国語（支那語）の助けを借りることは承認するとしても，その事は，直ちに日本語が貧困だということにはならない。日本語にも動詞の時（tenses），法（moods），態（voices）などを含めた八品詞（eight parts of speech）がそなわっていると述べ，"Japanese Grammar"の著書を英京ロンドンで刊行した。英語採用論は，無論国内においても反対を受けた。反対者として，学監ダヴィド・モルレー・西村茂樹・西周・大槻文彦等の所論があり，稲富栄次郎（明治初期教育思想の研究；昭和19年12月初刊；昭和31年7月改訂版 p. 51～p. 54福村書店刊）に若干の考察がある。

英語採用説はさらに前進して，実に国際語の提唱をみるに至った。明六社同人のひとり阪谷素（朗盧）がその提唱者である（注34）。阪谷は，現在各国万様の言語を使って，「実ニ五大洲中，開化ヲ妨グルモ亦大ナリ。」と歎じ，このうえは「万国文字言語ヲ一ニセン而已。」と断じた（末尾4⑭明六雑誌収載阪谷素「質疑一則」）。そのために次のように論じた。

今，明六社首唱ノ旗皷ヲ建テ，毎社其規則次序ヲ討論シテ，各国文字言語ノ長ヲ取リ短ヲ舎テ，混一ニ帰スルノ基本ヲ開キ，各国ニ諮詢シ，

勉強・耐忍・百折不レ撓，天地間同文同語ノ大益ヲ成ス，豈万古ノ大愉快ニ非ズヤ。
これはエスペラントの国際語発表よりも13年ほど早い着想であったという（注35）。

　要するに，維新前後における国語国字に対する関心が，急速に高まった証左として，関心のピークともいうべき，国字国語改良論の数例をあげてきた。改良のほこ先が，漢字を主として，これに片仮名を交える，当時の文章表現に，まず向けられたのは当然であった。そして，世論は，着手の方法はちがっていたが，漢字の廃止という点で完全な一致をみたと言ってよい。その場合，漢字で書かれた部分とその他の部分を書記するのは，おもに平がなであった。前島密・清水卯三郎らがそれを唱導している。本邦言語社会を史的に通観すれば，平がなは民間用の文字で，片かなは官公庁用の文字であり，当時の普及情況は，平がなが片かなを圧していたからである。こうした急進的なかな文字論に対し，漸進主義をもって臨むのが，西村茂樹や福沢諭吉らの漢字節減論であった。特に福沢は，1000字足らずの漢字（当時の使用漢字数は約4000～5000字と推定）で著述をし，小学教科書「文字之教」を編集することもしている。

　ところで，漢字を排し，かなも排して，国語のローマ字化を主唱したのが南部義籌・西周らである。これは，漢字の部分までかな書きにする論とはちがって，国語のローマ字表記の規準を立て，ローマ字文法の組織化まで考えなければならない大問題をかかえているわけである。

　いっそう進んだ意見が森有礼で，これは，前述のように国語として英語を採用しようという考え方である。Whitneyの説諭に会って後は，森もこれを引っこめたのであるが，やはり当時の人々を驚かせた提案であった。

　以上の諸説は，いずれも洋学の洗礼を経た人々の立論であった点，注目すべきであろう。次の改良論の進度からみて，もっとも先端を行ったのが，阪谷朗盧の国際語設定論である。ここまでくると，問題は世界の国際事情に関係する。着想として終わったのは，当時としてやむを得なかったのであるが，十数年後のエスペラント語の誕生を思うと，彼に国際語成立の功をゆずったことは，また残念であったとも考えられる。阪谷は幕末から明治初期にかけての名儒であったから，世をあげての漢字排撃論には，心中

穏やかならぬものがあったであろうと想像されるが，何としても，国際語の見識は博大であり，いささか時代離れのした感をさえ与えたに相違ない。とにかく，国語国字への関心のピークが，これほどに燃えたったのであるから，わが言語社会の底面をなす言語意識も，決して低いものではなかったはずである。ここに提案されたいくつかの改善策は，それから1世紀近い年月を経た今日までの，この種の問題の源流をなし，そのある部分は実現され，ある部分はなお実現の努力がなされつつあり，また，ある部分は否定し去られている。国民教育の責任を負う文部省の施策においても，国語国字の改良に関連した手が，少なからずうたれてきている。それがいずれも国語科を対象として行われたことはいうまでもない。すなわち，わが国語教育史は，われわれの国語をいかなるものとしてとらえるか，という点に関連して発展してきたということができる。

② 国語観の形成

　幕末から維新を経るころには，言語を文字・綴字・単語・会話などの語学的な要素に分析することが，洋学履修の影響により，ほぼ知られるに至った。そして，この言語観を国語のうえに適用した。こうして，まず用字のうえにいくつかの問題を意識し，その改良の方策に関する所見の開陳に熱意を示し，さらに国語の改善についても，そうした間に，数種の見解を唱導した。日本人は国家的な視野を定着しつつ，しだいに国語観を形成していた。このことは，誇張でなしに，有史以来の新事実だったのである。

　このような国語観の形成過程は，教育上国語をいかなる形態で設定したか，すなわち，維新以降の普通教育において，その教則の中に，国語関係科目をどのように設定したかを検討することにより明らかにされることが一つである。それから，そのような国語教育の実施に際して，国語がどのように取扱われ，また立論の対象におかれたかを検討することにより明らかにされることが，もう一つである。前者は，第2章「学制小学国語科目の制定」において詳細に考察する計画である。それで，本目においては，主として後者の検討に当たりたいと考える。すなわち，国語の啓蒙や，教育実施に際し，用字および用語に関して，いかなる言説の開陳が行なわれていたか，教育の監督機関の資料や童蒙書・教育書・雑誌類などの資料に

51

徴し，これを用字・用語・文体と文法の各面から検討することとする。
　⑦　漢字
　文字と言えば漢字を優先させる観念は，漢文をもって言語表現の正当な形式とした古代以降に，伝統的につちかわれたものであった。そうした漢字の王座が動揺し始めたのは，実に維新以後のことである。しかし，王座を危くしたというのは，前述で考察した国字問題の対象におかれた場合のことで，その他の一般社会面における漢字の重い位置は，維新当時も旧態を改めることがなかったと言えよう。維新以降の官公庁や文化社会で責任を分担した人士は，例外なく近世幕末期に成人し，寺子屋・私塾・藩学等に少年時の勉学を積んだ経歴の持主であってみれば，ほとんど漢字の中で育てられたと言ってよい情況であった。たとい洋学の門をくぐったとしても，やはり私塾や藩校の漢学コースを経てから，またそれと平行して，洋学に志したのであった。一旦身につけた漢字本位の用字体系は，容易にくつがえせるものではない。漢字排撃は理論であり，ただ清水卯三郎（前述ものわりのはしご）や福沢諭吉（前目文字之教）のような実践があったとしても，これは特例中の特例であった。だから，明治5年に早くも出版された小学用の単語篇にしても，翌年刊行された小学読本にしても，今日から考えると驚くほど難解な漢字が，しかも多数，平然と使用されていたのである。
　このような実情であったから，前項にあげた資料以外に，漢字に関する意見や議論が，案外少ないとしても自然の事であった。
　ここに掲げるのは，文部省巡視功程である。文部大書記官九鬼隆一は，明治10年5月4日から7月8日に至る十旬の間，京都・大阪の2府と滋賀・兵庫・堺・和歌山の4県を巡視して功程を報告しているが (注36)，それに「手剳」を添付して，教育意見を附加的に述べている。九鬼は手剳において，まず，学制を頒布して設立した4～5年の公立小学に対し不満の意を表して，次のように述べている。
　　（前略）地方ノ学事多クハ文部省三四直轄校ノ教則校則ニ模倣セサル
　　者幾希ナリ蓋此教則ハ要スルニ或ハ中等以上ノ産アリ其中等以上ノ地
　　ニ住スル者ノ子弟ニ施スニ近シト雖此ヨリ以下ノ人民ニハ到底行フヘ
　　カラスシテ未地方ニ其教育ニ適スヘキノ設アル所ヲ観サルナリ

日々の生活に汲々としている人民には「今日ノ実益ニ切ナラサル者ハコレヲ学フノ余裕ナキヲ如何センヤ」と言い，以下諸科の教育について，その問題点を指摘している。その中，漢字に関する部分を次に引用する（同書 p. 57）。

  文字ノ点画多クシテ字義ノ甚深キ者モ亦講究セサルヲ得スト雖貧困生産ヲ営ムニ急ニシテ分時ヲモ惜ムヘキ人民ニ緊要ナルモノト云ヲ得ス
   （中略）
  第一掲図ノ中最先ニ学フヘキ単語ノ部中ニ亀或ハ竈等ノ文字アリ此等ノ語ハ子女平生ノ口頭ニ慣熟セル所ノ語ニシテ甚学ヒ易キニ似タリト雖其字画ノ多キヲ以テ書スルコト極メテ難ク又少年ニ記憶シ易カラサレハ六七歳ノ子女ニハ適当セサル文字ト云ハサルコトヲ得ス（下略）(注37)

　要するに幼童が勉学するにはむずかし過ぎる漢字の提出を批判したもので，この対策としては，易より難への原理にもとづいた，教材の書き換えを強調しており，漢字の節減とか廃止の方向を示しているとは思われない。
　同じころ，文部大書記官西村茂樹も，第二大学区巡視功程を差出している（注38）。静岡・愛知・三重・岐阜・石川の5県下にわたった視察の報告であるが，その「附録」に，「今一条毎ニ其病状ヲ論シ併セテ改正スルノ拙按」がみえる。その中に（p. 48）

  （前略）欧米諸国ハ文章ニ定法アリ文字ニ定数アレハ綴字ト文典トヲ学ヒ得レハイカナル書籍ヲモ読ミ得ヘケレハ小学校ニ於テ読書ノ力ヲ要セサルヘシト雖モ日本ハ之ト異ニシテ文字ニ定数ナク文章ニ定法ナキヲ以テ読書ノ力至テ肝要ノ］トナレリ

と述べている。前目で考察したように，西村は明六雑誌において漢字節減・かな文字奨励の意向を述べていた。「文字ニ定数ナク」と言ったあたりに，無制限に漢字を使っている現状を痛歎したあとがうかがわれよう。
　④　かな・かなづかい
　維新後数年間，学制頒布前における郷学の発展はいちじるしいものがあったが，明治4年創立の旧福山藩郷学啓蒙社は，半年を出ないうちに，その設立が100か所を越す盛況を呈した（末尾4⑮旧福山藩啓蒙社大意・学制論）。これは，同藩学一等教授佐沢太郎(注39)等の経営宜しきを得たこ

とが最大の理由である。旧福山藩学では，その前年明治3年に学制改革を実施しているが，そのうち「学制論」と「附言」とを検すると，すでに漢字を排して節減し，つとめてかなを使うこととし，著者・訳者から日用文章・物名・姓字に至るまでかな書きにし，藩校使用の各科の教科書も，かな書きで準備しようとした。しかし，「附言」において，「漢字仮字雑用ノ沿習」が長いことでもあるから，現在のところは「世上普通ノ漢仮雑用ノ文体ニ傚ヒ人情ニ通徹」しやすくする必要があると言っている。

同じころ，旧福山藩学のようなかな専用論を，はっきりと読本に適用したものがあった。「だいいちよみほん」「だいによみほん」と題して，明治6年，大阪から刊行されている (注40)。編者は「かなぶみしゃちゅう」(「仮字文社中」歟)で，第一・第二とも「かみのまき」「しものまき」(上巻・下巻)の2部から成り，すべて平がなの分かち書きである。その序文ともいうべき「この ふみ をしゅつぱん する ゆゑよ志」に次のように述べている。

　　わ が にっぽん は むか志 より ことだま の さきはふ く
　　に と いひつたへ て, げ に ことば は うるは志き もの
　　から, その も志 は もろこゑ (マヽ「志」の誤刻歟) の を か
　　り もちゆる が ゆゑ, おん と くん と の たがひ あり
　　て, はた その かず も, おびたヽ志く 志て いと わづらは
　　志 けれ ば, おのづから これ を まなぶ ひと も すくな
　　き は, また なげく べき こと ならず や ここ に たヾ
　　かな と いふ もの あり て, これを もつて もの を 志る
　　さば, いか なる こと をも 志る べく, また これ を
　　もつて かける ふみ は, をんな わらべ も たや すく よみ
　　　う べけれ ば, と (「せ」の誤刻歟) いやうの ちり がく きう
　　りがく など の ふみ を, この かな を もつ て ほんやく
　　　志, おひおひ これ を よ に ひろめ て まくさ かる わ
　　らべ 志ほ くむ をとめ ら にも いささか せかい の あり
　　さま, もの の だうり を 志ら志めん とす, (下略)
　　　かなぶみ志やちゅう 志る す めいぢ ろくねん 志ちげつ

多少の誤りがあるけれども，単語別の分かち書きを実施している。「だい

54

いちよみほん」上巻は，初めにひらがな・かたかなのいろは歌・合字・濁音と半濁音の五十音があり，以下いろは順に次のように単語と語句を書いている。

〈2丁オ〉

○い

いぬ，いか，いけ，いへ，

いぬ は いか を くはへて は志る，いぬ は けもの なり，

いか は うを なり，

下巻は，い・ゐ，いう・ゆう，やう・よう，え・ゑ，くわ（拗音），などの綴字，「だいによみほん」上巻は冒頭に序歌（注41）があり，本文は動詞・形容詞の活用，同下巻は後年の連語すなわち短文と，単語・語句が配列されている。次に例示する。

○いぬ，

いぬ は よき けもの にて よく ひと の さ志づ に 志たがふ よる は かど を まもり ぬすびと を ふせぐ，

○さくら，○う志，○きく，○うぐいす，○はな を つむ こども

（下略）

仮名文社中，かな文字論者の団体と思われ，「だいによみほん」上巻の序歌の作者「鳥山ひらく」と関係があるように思われる。これが「鳥山啓」であるとすれば，後の明治15年4月，「小学中等科読本」（6冊，久栄堂刊）の編輯者と同じ人物である。いずれにせよ，かな文字論者が団体を結成して，「かなのとも」，「いろはくわい」，「いろはぶんくわい」，「かなのくわい」，などができたのが，明治も13〜14年ごろ以後である（注42）から，その先蹤をなすものである。また，数字までも，平がな書きにした徹底さは驚くべきものであるとともに，第一，第二よみほんの構成が，文字（漢字を除く）・単語・短句・連語・綴字・文法などの観点からできていることは，同年に文部省から刊行された『小学教授書』や翌7年に同じ文部省から刊行された『小学入門甲号』などと比べても，語学的にかなり整備されたものであった。この読本（入門書）が，果たしてどの範囲にゆき渡ったか知るよしもないが，民間有志からこれほどの読本が，この時点に新刊されたことは注目に値する。

明治5年頒布の学制や文部省小学教則にみえる綴字が，かなづかいを意味することは，その教則中「カナツカヒ」の振りがなをつけているとおりである。文部省は翌6年に公刊した『小学教授書』において，イ・キ・ヒ；エ・ヱ・ヘ（第一単語の図），ワ・ハ；オ・ヲ・ホ；ジ・ヂ；ズ・ヅ（第二単語の図）などの同音異字のかなづかいを教授するように示した。しかし，世にはすでに不正確のままで俗用されていたのであるから，かなづかいの正確さを期することは容易のわざではなかったのである。明治8年刊行の大久保忠保の「字音仮字便覧」（注43）の「附言」では「近頃新聞紙を見るに字音の誤すくなからすかの編輯者ハ博聞強記の先生なりしかるを猶かくの如し」と慨歎しているが，かなづかいの誤用が（漢）字音において特にはなはだしかったので，この書を著述したのであろう。

　また，安田敬斎の「日本小学文典　巻上」（注44）の「緒言」においても，「近世小学ノ設，盛ニ興リ，其教育書モ従テ，千発万行セリ，然レドモ，其新書概ネ編者ノ随意ニ，記載セルガ故ニ，文体モ亦，千態万状ナリ，加之新書中，仮名ノ用例ニ至リテハ，其誤リ殊ニ甚シクメ，初学ノ児童ニ授クベカラザル者アリ，由リテ予之ヲ，憂フル事久シ」と述べて，前掲大久保と同様に痛歎している。

　この綴字の教育は，その後もつねに問題となり，果ては1900（明治30）年小学校令施行規則にみられる，字音かなづかいを発音式にしようとさえしたほどの難問なのであった。そして，それをわずかの期間であったけれども，断乎実践したのが那珂通世であった（注45）。明治10年12月，那珂は千葉師範学校教師長兼千葉女子師範学校教師長，翌年11月に千葉師範学校長兼千葉女子師範学校千葉中学校総理となり，その翌年11月には東京女子師範学校訓導兼幹事に栄転しているから，千葉の在職は満2年となる。その間，かなづかいの問題と取り組んで，動詞の語尾以外は，ついに発音式かなづかいの使用にふみきっている。三宅は，その伝記中に次のように述べた。

　　即第一には仮名遣の問題なり，児童に読ましむる仮名文には古来の仮名遣を襲用すべきか，将現今口語の発音通りに仮名遣を改むべきか，後者の便利なること固より言を持たざるなり。是を以て君は動詞の活用語尾を除く外皆口語の発音に随て記すことに決定せられたり。

しかし，このような先覚者に対する非難ははなはだしかったし，那珂はやがて東京に転任してしまったので，後任の小杉恆太郎は，那珂の開いた文法教授を停止し，そのかなづかいも用いられなくなったのであった。明治33年，文部省が国語調査会を設置したとき，那珂も挙げられて委員になったのは，このようなことがあったからで，同年8月文部省令第14号をもって公示された小学校令施行規則第10章附則第2号表に，字音かなづかいの表音化（「あり・あふ・おう・おふ」も「おー」と書くなど）を掲げたのは，やはり那珂の素志が実現したものであったと思われる。

　㋒　ローマ字

　わが国におけるローマ字表記の最古に属する文献は，東洋文庫の所蔵する「ドチリイナ　キリシタン」（Doctrina christan）と題する国宝本である。1952年（文禄元年）の天草版であって，雁皮紙の表裏両面にローマ字活字で印刷された，オクタヴォ（octavo）型の小冊子であるという。内容はキリスト教の教義を師弟の問答に擬して解説したものである。橋本進吉は，表題もその意味であるとして，「吉利支丹教義」と翻訳している（注46）。本文は12章（第8章を欠く）に分かれたローマ字つづりの日本文（文章語）である。この天草版が，長崎県の天草にあった耶蘇会学林の出版物の意であることはいうまでもないが，当時は，他に加津佐版・長崎版などもあったと言われる。もっとも，わが国には見当らず，ボドレイアン文庫（Oxford）にある加津佐版の「サントスの御作業」2巻1冊は，「ドチリイナ　キリシタン」よりも，さらにさかのぼる1591年（天正19年）の出版であるから，ローマ字で日本語を表記した世界最古の文献と言えるであろう。なお，文禄の刊年を有する天草版で，今日に残存する文献は，これらのほかにいくつかあることが，橋本進吉によって指摘されている（注47）。それらは多くの海外に流出しているが，近年高羽五郎によって謄写印刷，私頒されたから，世界最古の「サントスの御作業」を抜見することができる（注48）。

　ところで，このころから徳川期を経て現在に至るまで，日本語の発音をローマ字で写し取ることが外国人によって行われ，時に日本人が外国人に示すためにも行われたのであった。たとえば，

　　Ph. F. Von Sieboldt "Japanishen Reich"

　　　　　　　　　　　　1840年（天保11年）刊
　　　D. Curtius "Essai de Grammaire Japonaise"
　　　　　　　　　　　　1861年（文久元年）刊
　　　J. C. Hepburn "A Japanese and English Dictionary"
　　　　　　　　　　　　1867年（慶応3年）刊
などは前者の例であり，
　　　Tatui Baba "An Elementary Grammar of the
　　　　　　Japanese Language, with Easy
　　　　　　Progressive Exercises"
　　　　　　　　　　　　1873年（明治6年）ロンドン刊
などは後者の例である。本邦における国語のローマ字表記には，このような流れが一本通っているが，これと平行して，前款「開明期における洋学」において検討した，洋学履修の階梯としてローマ字に親近する流れが一本通っていた。それからさらに，国字問題の解決をローマ字に求めた流れも一本通っていたことは，前目「国語国字に対する関心」において検討したところである。こうしたローマ字表記の3本の流れ（注49）は，当然明治初期の教育面に何らかの投影をしているはずである。もっとも，最初に述べた，外国人の行う日本語表記という流れは，教育面に出てくるはずがないが，次に述べた洋学履修の階梯とローマ字国字説の2本の流れは，社会面では1本に込めたローマ字教育という形で表われている。しかし，明治5年10月，都城県小学館（「小学都城館」の朱印があり）が「英綴字」（A5判18丁）という一書を刊行し，SPELLING-BOOK の標題で，英語のシラブル（Syllable）を列挙したのは，洋学初歩専用に供するためで，むしろ特例というべきであろう。

　学制の頒布に応じて，各地に小学校の創設が進んだのは明治6～7年のころであった。その授業法は，後述するように，文部省の師範学校が源流であったが，そこでは入門指導に懸（掛）図を利用する方法を，アメリカ合衆国から学んで採用していた。そして，師範学校創設当初に調整された懸図類は，明治7年11月，橘慎一郎の著作，「師範学校小学教授書」（教科書判41丁，木村文三郎刊）に収載されている。その最初の3枚が五十音図であるが，第3枚目のものは，「第八級五十音図　師範学校」と見出しをつけ

第1章　学制以前における国語科目

たローマ字書き五十音図表なのであった（本論Ⅰ国語科目の論考および教授法参照）。ほぼ今日のヘボン式つづり方に近いものである。しかし，このローマ字書き五十音図表は，本書に収められているだけで，他の類書には見られないところから，一般に流布しないままに終わったのではないかと想像される。

　これより先，学制頒布半年前の明治5年2月に「童蒙英学手引草」が刊行され（注50），英学以呂波・単語・子音五十韻字などを収載したものが見られる。つづり方はヘボン式に近く，単語は，下のように書かれている。これは郷学や藩学などで，英学履修の階梯に使われる目的で出版されたのであろう。

$$\left\{\begin{array}{l}スプリング\\ Spring\\ haru\ 春\end{array}\right\}$$

　明治5年，古川正雄の著「絵入智慧の環」3編下・詞の巻が刊行された（注51）。その冒頭に五十音の解説があり，

　　もとごゑ　とて　いまだ　あきらかならざる　こゑ　と　ぽいん　と　あひかさなり。

子音が発せられる。

　　カ　の　くだり　の　もとごゑ　は。ク　の　みじかき　こゑ　なり。いま　かり　に　ク　もじ　を　そのまゝ　この　みじかき　こゑ　の　志るし　と　す

といって，次に，

　　ス　　サ　　シ　　ス　　ス　　セ　　ス　　ソ
　　ア　　イ　　レ　　ウ　　エ　　　　　オ

以下ワ行にまで及んでいる。

　この意味は，原音（Fundamental tone）を「もとごゑ」と呼び，それと母音との結合によって子音が生まれることを説明したのである。原音は，上音に対して振動数最小の純粋音であるから，「k・s・t・n・f・m・y・r・w」を指す。古川の場合，原音kを表わす国字がないので，子音クを代用しており，

　　ヤワ　の　ふた　くだり　の　こゑ　は。ぽいん　と　ぽいん　と　あひかさ　なれる　なり

と言って，y・wは原音の扱いをしなかったから，

　　もとごゑ　の　かず　は　なつ　なり，

としている。この考案は，漢字音の反切法に似ており，必ずしも古川の発明ではないようであるが，このような解説が，うまくできたことは，やはりローマ字による国語表記に理解があり，ka・ki・ku・ke・koが念頭にあったからであろう（なお，後に大島正健著「翻訳要略」は漢字音の反切をローマ字で示している）。

　この発音の説明法は，翌6年に刊行された片山淳吉の「小学第一教綴字篇」(注52)の冒頭に「国字原音」として課を分けて解説した箇所にも出ている。本書の奥附の「報告文」によれば，

　　此書ハ米国ノ語学家ウェブストル氏著ス所スペルリン・ブックニ倣ヒ
　　我国五十音ヲ根拠トシテ　字音綴字ノ法ヲ取ル書ナリ

と広告しているように，外国綴字書に模した著作であるから，発音の解説法も，国字をローマ字で表記する知識にもとづいていると思われる。古川の説とちがっている点は，「もとごゑ」を父音と呼び，y・wも入れて，ク・ス・ツ・ヌ・フ・ム・ユ・ル・于（ウ）の9音にしていることである。そして，「父母字和合シテ子音ヲ分生スル図」を掲げ，

| ク | カ | ク | キ | ス | サ | ス | シ | ツ | タ | ツ | チ |
| ア | | イ | | ア | | イ | | ア | | イ | |

のように，以下濁音・半濁音まで解明している。

　明治7年，名和謙次著「小学授業次第」(注53)は，師範学校教授法の伝達解明を目的とした同類の授業案内書の1冊である。本書初編（3丁ウ）には，

　　母音　あ　い　う　ゑ　お
　　原音　く　す　て　ぬ　ふ　む　い　る　う

とあり，「母音原音相合シテ子音ヲ生スルノ解」の見出しで，前記古川と同類の表を掲げている。

　以上，国字（語）音の解明に原音を用いた3例をあげたのであるが，その背後にローマ字表記の知識があったとすれば，もう一歩前進して，k・s・t・n等の原音をローマ字で書き，それらと母音との複合音であると説けば，原音の「ク」と，子音の「ク」のように，同一文字を二様に使い分けなく

第1章　学制以前における国語科目

ともよかったのである。

　また，明治9年，渋江保の著「小学入門授業法」(注54)は，文部省が明治7，8年にそれぞれ公刊した『小学入門』の甲号，乙号を授業する方法を述べたものである。本書は，五十音図表に，後年の日本式つづり方によるローマ字表記を付けている点に特色を出している。

```
ア    イ    ウ    エ    オ
a     i     u     e     o
…     …    …    …    …
サ    シ    ス    セ    ソ
sa    si    su    se    so


タ    チ    ツ    テ    ト
ta    ti    tu    te    to
```
　　（下略）

また，単語図の解説には，

```
                        イ
スレド    絲イト    ピドッチク    犬イヌ    アンコル    錨イカリ
                        牝牡
       （さしえ）     （さしえ）          （さしえ）   （さしえ）
```

英訳語まで付記しているのも特色があるが，これらは英字への手引を配慮したものであろう。

　このころ，ローマ字に対する文部省の働きに特筆すべきものがあった。それは文部省第3年報（明治8年）の文部省編纂図書目（同書 p. 21）に，

　明治八年一月ヨリ同年六月マデ編纂セルモノ左ノ如シ（抄出）
　　　西字図　　　　　五面
　明治八年七月ヨリ九年六月マデ編纂セルモノ左ノ如シ（抄出）
　　　西字図　　　　　一面
　　　西字成音図　　　一面

61

と見えることである。これを「文部省出版書目」(注55)について検すると，
　　（抄出）

| 西字図 | 全五面 | 8年5月 金50銭 |
| 西字成音図 | 全二面 | 9年6月 金20銭 |

と見える資料に該当する。年報と出版書目の記載に，多少の相異がうかがわれるが，西字図はローマ字図の意であるから，それらが何ゆえに，合わせて7面も出版されたのであるか疑わしい。たまたま「教育五十年史」(注56)収載の次の久保田譲の談話を思い合わせると，これら西字図の出版に関係するように思われる。

　　明治7年文部省から出ていつて，広島に師範学校を創立したが，（中略）其処で私の広島師範学校で面白いことが一つある，それは附属小学校の教科目の中にローマ字を加へた事である。（中略）田中文部大輔に迫つて之を教うることを許してもらつた。ローマ字で五十音の掛図を作つてもらつて之を附属の生徒に授けた。其後教育界にローマ字論が盛に起つて来たことは世人の知る通りであるが，之を小学校へ採用したのは，私などが一番早いのかも知れません。（下略）

　広島師範学校は，明治7年5月21日に文部省から久保田譲を迎えて校長とし創立されているが，久保田は翌8年1月には再度文部省に帰任して文部大録となり，後任として中村六三郎が校長に補されている。さきの西字図が編纂されたのは，年報にしろ出版書目にしろ，明治8年1月以降のことであるから，久保田の校長在職中には間に合わず，「ローマ字で五十音の掛図を造ってもらって，之を附属の生徒に授けた。」と言ったのは，後任中村校長の時代となる。いずれにせよ，久保田は，その談話中で，「当時既にローマ字で書いた看板も眼につけば，地名人名等で書かれた者が多かったので，私は将来必ず吾等の日常生活に必要なものとして，普及するであらうといふ考へから」文部省に迫ったというから，ローマ字国字説の考え方が，その胸中にあったのではないかと推定される。文部省第2年報（明治7年）に収載されている広島師範学校年報には，「将来学事進歩ニ付須要の件」の第4項に「国語学科ヲ設クル事」の1条があり，古言を学んで正しい国語を理解し，正しい国語をローマ字によって表記させるのが目的であると述べていることとも共通したローマ字説である。内閣文庫所

蔵広島県史料を検すれば，第三級に「羅馬綴字作文」の教則が見られるから，師範生徒へのローマ字教授の事実を裏付けているように思われる（末尾4⑯官立広島師範学校資料）。

なお，日下部重太郎の著「現代国語思潮」（p. 133～136）には，
> 同年（明治7年）九月に広島師範学校長久保田譲氏（後の男爵）は，義務教育の初学年である下等小学第六級からローマ字の読み書き綴りを教授すべきであると，文部省へ建議して許可を得た。この建議の通りに一般には行はれなかつたけれども，九年六月に文部省からローマ字掛図が七枚刊行された。

と述べ，掛図の縮写を掲載している。前記の「教育五十年史」収載談話と，多少相違しているが，この久保田に関する記事がどんな資料にもとづくものか，文部省図書館および現在の広島大学図書館について調査したが，資料が見当たらなかった。

以上学制教則期における教育面に関連したローマ字の取扱いについて記述した。特に末尾にあげた久保田譲のローマ字教授と文部省の「西字図」の発刊は，ローマ字教育を小学校に正式に導入した点，画期的ともいうべき事実で，当時の国語観がしだいに巾の広いものになっていったことの例証とされるであろう。なお，「現代国語思潮」収載の懸図については，後章の教授法（懸図法）において再論する。

㊄ 用語

このころの用語面で，特に注意をひいたのは，主として方言や訛音であった。藩国中心の用語意識は，その境界を越えて，しだいに周囲に着目していったのである。

まず，文部省第1年報（明治6年）を検すると，宮城師範学校（151丁）の記事がある。同校は明治6年11月17日，大槻文彦を校長に迎えて開業，生徒の募集にとりかかって，46名を得た。

> 十二月生徒ノ学業ヲ試験シ，下等小学第七級ニ進ムルモノ十三名同元級ニ止ムル者二十七名発音正シカラサルヲ以テ退校セシムル者六名ナリ

とあり，発音（この場合は訛音であろう）に対してきびしい注意が向けられていたことを物語っている。

東北地方の訛音は，今もはなはだしいものがあるが，当時の情況は想像に絶したであろう。次もその例である。

文部少丞西潟訥は第六・第七学区の巡視功程を開申した（注57）。

　　　　　第十則　会話の丿

奥羽ノ民其音韻正シカラスシテ上国ノ人ト談話ヲナスニ言語通セルモノ甚多シ夫我日本ノ国タル東西僅に千里ニ北海道ヲ過キスシテ言語数ヘス相通セサルカクノ如キモノハ他ナシ従前会話ノ学ナキカ故ナリ方今吏務ヲ奉スルモノ或ハ西ヨリ東ニ赴キ或ハ東ヨリ西ニ詣リ，事ヲ訟ヲ聴クニ言語相通セサレハ情実知リ難ク猶外国ニ至ルカ如シ其不便モ亦以テ知ルヘキノミ

会話科の意義と目的を「説諭」している。「猶外国ニ至ルカ如シ」という比喩も，あながち誇張ではなかったであろう。西潟はさらにつづけて，会話には「土人」の教員を迎えず，「通話」をよくする他国の教員を雇うべきであると要望している。「土人」（方言の意）を排して「通話」（共通語の意）を広めようとした，当時の意向がうかがわれる資料である。

ところで，訛音の弊はひとり東北地方に限ったことではなかった。全国各地各藩県にそれぞれ存していた。伊沢修二もこれを憂えたひとりであった（注58）。

　　方今我国ノ語法明晰ナラサル毎州音声ヲ異ニシ毎郡語風ヲ変シテ其甚
　　キハ東奥西肥殆ント訳者ニ頼ラサレハ相談話スル能ハサルニ至ル

実情を述べ，その匡救策を説く。

　　是他ナシ誦読ノ法未タ確立セサルヲ以テナリ　故ニ親ハ子ニ誤音ヲ伝
　　ヘ師ハ弟子ニ謬語ヲ教ヘ比々相受ケ遂ニ一州一郡ノ語僻ヲナシ

誦読の法，すなわち文字に書かれた用語の発音指導によって，訛音の矯正を行なおうと考えていた。

明治7年，高木真蔭著「ヨミコエノ　シルベ」（注59）は，他の綴字書，たとえば前記片山淳吉編「綴字篇」の附説巻之上（注60）などと同様に，かな・漢字の読み声を正そうとしたものである。すなわち，前者は，まず，韻・重韻・基韻・清音・濁音・声等を説き，後者は，「字音正シカラザレバ書籍ノ義理ヲ分暁スル能ハズ　音声明カナラザレバ人々思念ヲ通ジ難シ」（同書11丁ウ）として，五十音を基礎として教を立つべきであると説い

ている。文字語から音声語へという順序をもって，訛音等を矯正する考え方が含まれていると思われる。

いずれにせよ，方言・訛音は一朝にして正しがたく，明治10年・11年に巡視した文部官員も，やはりその点を指摘することを忘れなかったのである。

文部省第5年報（明治10年）には，文部権大書記官中島永元が秋田・山形両県下を巡視して（注61），作文科は，習字読書科の拙劣なるに比すれば大いに優っているとし，

然レモ作文中動モスレハシトストノ二字ヲ混用シテ教員ト雖其非ナルヲ悟ラサルハ該地方ノ一癖ト云フ可シ

と述べている。シとスを混同して作文を書くとすれば，それは談話語で混同している証とみられる。

また，文部省第6年報（明治11年）には，大部大書記官西村茂樹が岩手・青森両県下を巡視しており（注62），

此二県ノ民ノ教育ニ二個ノ要点アルヿヲ見タリ其一ハ言語ノ訛謬ヲ改正スルヿ其二ハ民ノ精神ヲシテ活潑敏捷ナラシムルヿナリ

と述べているところをみると，「言語ノ訛謬」の抜くべからざることが看取されるであろう。

これを要するに，文字表現における用字・用語，特に用字はかなり掘りさげて考えられていたが，用語は方言に着目した程度であり，音声表現における用語は，訛音が集中的に取りあげられていたこと前述のとおりである。ただ，声は低かったが，西潟のように共通語を考える者が出てきていた点，標準語設定の前ぶれとして注目に値すると思われる。

㋔　文体・文法

文字表現において，方言と共通語が考えられるように，音声表現においても，特定地域の通俗文と，社会に共通する標準文とが立てられる。前者が「俗文」であり，後者が「雅文」と呼ばれる。こうした文章表現の形態が文体である。一般に当時の文体意識は，格調の高い雅文が尊重され，生活に密着した俗文が軽視されていたことはいうまでもなく，読み書きの教育において選ばれるのは雅文であり，俗文ではなかった。ところで，雅文の文体は，漢文書き下しというべき表現であったから，文法上雅正なもの

と考えられ，漢籍の学習と共存したのであったが，維新後「官武一途庶民ニ至ルマデ」平等の時代となると，民衆の表現，すなわち俗文を無視することは許されず，これをも教育の場に取りあげるという理が生じたと思われる。明治4年，旧岩国藩制定の「小学条例」(注63)を検すると，教授科目が次のようにあげられる。

　　　1 素読　2 習字（草平仮名／真片仮名）　3 算術　4 文章　5 俗文

また，「等級」が次のように定められている。

　　素読・習字　　初等　　草真仮名文
　　文章　　　　　四等　　草真仮名
　　俗文　　　　　三等　　公私通用文

すなわち，旧岩国藩小学は，学制の頒布される以前，すでに庶民教育の3Rsをふりかざした教育体制を設け，入門した初等においては，仮名文の素読・習字，四等において文章（これが雅文であろう），三等において俗文が予定されている。俗文は公私通用文とされているから，対社会的な通用文，公用文書から身辺書簡文まで含んだものであろう。ここでの俗文は，そのようなものの呼称となっていて，漢文流以外の文体を意味する。しかも読み書きの対象におかれているのであるが，これが談話語に対する方言の関係となり，指導順序は方言から標準語へという方向を示すこととなる。前記西潟の「通語」は，一つの着想に終わっているが，片山淳吉は，同じ明治6年の「綴字篇」附説巻の上（前掲注60，12丁ウ）において，標準語として1文体を設定する方途を考えている。

　　故ニ秘伝口授ノ陋見ヲ洗除シ，漸々会話・文典ヲ輯シ，普ク人民ニ教授シ，全国同一ノ言語及文章ヲ成シ，政事文学兼ネ備リ，始メテ文明開化ノ真路ヲ得ルニ至ラバ，実ニ盛世ノ洪挙ニシテ億兆ノ大幸何モノカ之ニ過キンヤ

と述べた。明治7年，久保扶桑撰，初等会話読本（甘泉堂発兌2冊）の「緒言」に，「凡ソ人口ヲ開ケハ必声アリ，声ノ連続シテ事ヲ通スル之レヲ言語ト云フ」とあるから，「全国同一ノ言語及文章」の「言語」は音声語であり，表現の意であろう。すなわち，音声と文字による両表現の共通語を創設しようとする遠大な理想を描いたものである。そのためには，文部省小学通則の示す会話の1科，文法の1科等による会話や文法の充実を必要

とすると考えたのであった。それらの教則科目については，後述する予定であるが，会話にしろ文法にしろ，それまでの研究業績はきわめて貧しかったのであるから，これを構築し組織立てることは容易なことでなかった。たとい，外国会話書や外国語文法を参考にしたとしても，その素材である日本語のどこをどうとらえるか，それが基本的な問題であったのである。
文部省が明治6年5月に『小学教授書』を編纂し，師範学校が「彫刻」印行したことは，すでに触れたところである（注64）。

　　今年の春も，去年より，暖かに，ありまも。昨秋も，強き，雨が，降りました。日月も，東より，出で，西ゝ入りまも。
　　夏も，南風ゞ　多くて，冬も，北風ゞ，多く，吹きまも。

文語から抜けきれない生硬さを残しながらも，新しい談話語に工夫をこらした跡が見える。生硬さは，文語からもたらされただけではなく，外国語の翻訳からももたらされた。同6年，太田随軒著，「会話篇」は，文部省から刊行されずに終わった会話教科書の欠を補った述作である（注65）。

　　我ハ飯ヲ持チシ（巻一・第一章）
　　汝ハ饅頭ヲ持ツデアラフ（同第二章）
　　天気ハ如何カアルカ。其レハ甚タ風起テアル（同第四章）
　　汝ハ我ノ写真画ヲ見タカ。然リ幾度モ。（巻二・第一章）
　　我ハ一対ノ脚胖ヲ要スル。汝ハ我ニ請フ尺ヲ取ラフト思ヘ。（同第二章）

正に翻訳の跡歴然と言うべきである。つまり，こうした文語調と翻訳調を洗い落としていくことが，当時の談話文体創始のおもな目標ではなかったろうかと思う。

　次に，文法の問題に触れる。外国語，特に蘭語や英語・仏語・独語などの文法は，漢文法とともに，すでに維新以前の洋学や漢学が，本邦にもたらしていた。本居学派・富士谷学派など，近世国学の徒も，国語法の研究に部分的に足を入れていた。明治期になると，洋学に影響された国語の分析として，文法の項目が浮かびあがり，学制や小学教則においても，文法科が設けられた。こうして，純粋な国語研究の立場からよりも，国語教育の要請から，国文法の必要が痛感されるに至った。安田敬斎（注23同書緒言第3項）は次のように述べている。

本邦古ヘヨリ，文法ナキニハ，非レドモ，其法，古典古歌ニノミ備ハ
ルヲ以テ　之ヲ学ビテ，自然ト慣習シ，漸ク其法ニ適スル〕ニメ，未
ダ此書ヲ以テ，文法ヲ教フベシト云フ書ナシ，嗚呼，斯ノ如キ一大緊
要ノ学業ト雖ドモ，未ダ小学生徒ニ，文法ヲ学バシムルヲ聞ズ，元ヨ
リ此学ハ予科ニ附スベシト雖ドモ，絶テ此書ナシ

そんな状態であった。文部省小学教則は，文法の科目を出しながら，「当分欠ク」とせざるを得なかったのである。

　そこで，馬場辰猪（注26）のように，英文法の組織を適用して，

　　I　The Alphabet or The Iroha
　　II　The Part of Speech

の組織を作り，英文法流に gender, case も立て，動詞の inflection をわが活用に引きあてる筆法を考えたりしたのであった。明治文法における動詞の活用は，大体徳川期国学者の業績を継承することから出発して，新領域の開拓に手を着け，見るべきものとして，明治7年，田中義廉の著「小学日本文典」（注66）が世に出る程度に進み，明治10年の声を聞くころには，小学教育文典はしだいに整っていったようである。

　これを要するに，維新前後僅々数年間は，日本語意識といい，国語意識というものが，国の内外における世情の，めまぐるしい動揺の中に，これもまた大きく動揺して，まだ角はとれていないまでも，しだいに丸みを帯びていった時期であった。用字の面では漢字を節減して平がなに就こうとする世論が支持され，英語採用説は引っこめられて，ローマ字がわずかながらも理解層を広げていった。用語の面では，方言・訛音の問題が着目せられ，あるいは文字表現の正確な読み方から，あるいは共通語の設定からと，効果は将来に期しながらも，その解消策が練られた。文体の面では，伝統的な雅文体と並んで，新しく通俗文体が，談話文体を対象として登場したし，その成長を願ううえから，会話や文法の充実が急がれたようであった。こうして，学制頒布に始まった数年間は，教則の実施という生きた現実を軸として，国民の国語観が急速に整えられていったのである。そして，明治10年代後半には，かなやローマ字の具体的な実践運動が，花やかに展開するのであるが，その素地が，この学制教則期において，じゅうぶんに準備されたということができる。たとえば福沢諭吉のように，運動団体こ

そ組織しない，個人的な活動であったが，世人に多大の影響を与えた者もいた。「啓蒙文字之教」は，前述したように，漢字節減論の所産であって，小学用教科書として広められた。また，「学問のすゝめ」は，「もと民間の読本又は小学の教授本に供へたるものなれば，初編より二編三編までも，勉めて俗語を用ひ文章を読み易くする趣旨」(注67)としたというから，雅語に対立した俗語に価値を新しく付与したものであり，「又この五編も明治七年一月一日社中会同の時に述べたる詞を文章に記したるもの」であってみれば，「学問のすゝめ」のめざましい売れ行きと考え合わせると，それは言文一致という福沢の大理想を，広く民衆童蒙のうえにしみ込ませる結果になったと考えられる。

　方言と共通語，俗文と雅文というある種の対立を考慮して，さらに談話語と文章語とを一致せしめる，つまり文言一致を実現しようとする理想は，すでに学制期当時識者の胸中に往来していたものとみえる。たとえば，明治10年5月に開申された埼玉県年報(注68)は「将来教育進歩ニツキ須要ノ件」として次のように述べている。

　　吾邦語法文法ノ問題タル既ニ輿論ノ此ニ及フモノアリ今後贅言ヲ待タスト雖モ凡星羅棋布ノ万邦皆往トシテ其国ノ語文法アラサルハナシ（中略）故ニ説話ト文章トヲシテ一ニ帰セサラシメハ遂ニ今日ノ混雑ヲ（中略）是ヨリ先二三ノ紳士文法書ノ撰アリト雖純駁相半シ其書固ヨリ大方ノ模範ト為スニ足ラサルカ如シ故ニ学士ヲシテ説話文章同一ノ体ニヨリ現今普通ノ会話書及ヒ文法書ヲ編集セシメコレヲ各地一般ノ学校ニ普及シ生徒ヲ浸潤スル者数年ニシテ而メ後ニ海内ニ令スルニ公私ノ文書皆其軌ニ依ルヲ以テセバ則全国語文ノ一ニ帰スルヤ何ノ難キカコレアラン（下略）

　それまでの文法書を不当に評価したきらいがあるが，しかし，当時の実情の一端を伝えるものであろう。古文・今文により文語法・口語法の別を生ずる文法書，ないしは，そのような国語のあり方に対して，きびしく批判し，さらに言文一致の文法を実現する方途を述べたあたりは，教育行政機関から提示された意見とは思えないほど，国語に対する見識が高いと言うべきであった。

　もっとも，言文一致については，このころの国語研究書にも論及されて

くるのであるが，その1例をあげると，前述の「小学日本文典」(注66)の「大綱」末尾を，著者田中義廉は，次のように結んでいる。

　　今此書ヲ著シ，普ク天下ノ人民ヲシテ広ク文章ノ模範ヲ知リ，以テ説話文章，原ヨリ一体ノ者ナルベキノ理ヲ悟ラシメ，数年後竟ニ此弊ヲ改メ，我邦ノ文学ヲシテ整斉備具ノ者タラシメン￣ヲ期スモノナリ

　学制頒布以後約一世紀，その間における国字国語に関するすべての問題が，実はすでにこの学制教則期に出し尽くされた観がある。この期の偉大な良識者，しかも英語学者ともいうべき福沢諭吉は，前述の英語採用論を掲げた森有礼を意中において，これを次のようにたしなめた(注69)。

　　（前略）或は書生が日本の言語は不便利にして文章も演説も出来ぬゆへ英語を使ひ英文を用ゐるなぞと，取るにも足らぬ馬鹿を云ふ者あり。按ずるに此書生は日本に生れて未だ十分に日本語を用ひたることなき男ならん

森有礼を書生扱いにして一大痛罵を食らわせたものである。そしてこの文章の結語が，次の1行であった。

　　今の日本人は，今の日本語を巧に用ひて，弁舌の上達せんことを勉む可きなり

本邦における演説の創始者の誠に当を得た結語である。しかし，「日本に生れて未だ十分に日本語を用ひたることなき男」からの文脈をとらえれば，単なる弁舌の推奨にとどまらず，福沢の心底に燃える国語愛の深さを感じるとともに，結語の中の「巧に用ひて」の1句に，力がこめられているようにさえ思われる。福沢の文章は，実に，明治前期における国語観の，美しく，きびしい結晶を見る思いがするのである。

第2節　学制直前諸学校の国語科目

(1)　開設準備と海外言語教育資料

　わが国の学校教育が，制度の面をフランスに学び，学校の管理・運営・教授方法などの面は，これをアメリカ合衆国に学んだといわれることは，すでに教育史学上の定説となっている。これよりさき，明治2年(1869年)，内田正雄が1857年発布オランダ国教育法規を翻訳して，「和蘭学制」2巻を開成学校から出版し，翌3年には小幡甚三郎が「西洋学校軌範」2巻を慶應義塾から出版した(注70)。翌4年7月に文部省が発足し，その12月には学制取調掛が任命された。そのうち，木村正辞と長芙を除いては，ほとんどが洋学の出身者であり，大学の教職にある者も多かった。さらに，文部大丞田中不二麿は，明治4年岩倉大使一行中の理事官として，教育調査のために渡航し，進んで外国，特に合衆国の教育事情を審かに視察し，共鳴を感じて帰国している。当時の国情から察すれば，公立小学校開設の挙を目前に控え，おそらく後から追いたてられる感じで事に当たっていたのであろうと想像されるから，まず，教育学説の比較検討から出発するというような冷静な手段を選ばず，むしろ学校の管理運営や教科書・教授法等の調査輸入が先に立ったのである。

　こうして，明治初年，すでに来日して長崎洋学所その他にあったアメリカ宣教師 Guido Fridolin Verbeck (1830～1898)を東京に招き，開成学校の「英語学及学術教師」に任命し，明治3年に教頭に補した(注71)。政府は，これを教育顧問として重用し，その献替の功は少なからぬものがあったと思われる。次の書簡は，大学南校の辻新次から文部卿大木喬任に宛てたものである(注72)。

　　　　　小学校之書籍
　　一ウイルソン氏綴字本及読本
　　一ヒラルド氏綴字本及読本
　　一ダヴィス氏或ハロビンソン氏算術書

一ミッチェル氏地理書
　一グードリッチ氏歴史
　一フーケル氏窮理学及び化学要領
　一カウデリー氏脩身学
　一クェツケンボス文典
　　　　絵図 諸品ノ雛形等 及地図
　一ウイルソン氏絵図　実際ニ行ル書
　一算法ノ絵図
　一地理輪廓全図
　一地球
　一黒板及胡粉
　一スペンセリアン加字絵図
　一スペンセリアン習字本
　右ハウエルベッキ相撰，学校ニ相用候書目ニテ，米国江御注文相成御取寄セ，書中取捨ヲ加江反訳いたし候ハヽ，日本全国中小学ニ相用候而適宜之書ニ相考候，就而ハ御沙汰次第米国ヘ注文可致候也
　　壬申三月十六日
　　　　　　　　　　　　　　　　　　　　　辻　新次
　　　大木文部卿殿

書面の内容は，これらの書目が，Verbeck の選んだもので，小学校の書籍，絵図・地図として適当であるから，許可があれば合衆国に発注しようとする献策である。時は明治5年3月である。文部省が最初に出した小学読本（田中義廉本の原本）は明治6年4月の発刊であるから，この献策どおり「書中取捨を加江反訳いたし」たものではなかろうか。書中「ウイルソン氏」は，Marcius Willson であろう。その綴字本（Spelling book）も読本（Readers）もこのころ舶来しているのであるから，正にその献策が実行に移されたことになる（後述）。また，絵図はおそらく chart のことであろうから，それならば，同じく Willson の chart が舶来したのであったし，スペンセリアン加字（かな）絵図と習字本は，Spencerian letter chart, Spencerian penmanship で，これらも舶来したものであった。〔その他，クエツケンボスの文典は，格賢勃氏文典として，すでに渡来していた〕（明治3

第1章　学制以前における国語科目

年10月；大学南校規則，後述）。

　上記 chart は，合衆国において，すでに言語教育の入門指導に使用されていたもので，これを「懸圖」として本邦に広めたのは，師範学校であり，その草創期に南校教師から招かれた合衆国の教育者 Marion Maccarrell Scott（1843～1922）の伝達によるものであった。当時，Marcius Willson は合衆国における言語・歴史等の教授法の大家であり，「絵図―諸品ノ雛形等」は，Object Lessons であり，ペン習字における Spencerian System of Penmanship はすでに定評を得た教科書であった。これら言語教育説が，国語関係の諸教科の中心思想をなすことになる。

　それらの詳細は，本論の当該箇所に述べることとし，本項には，主として明治12年までの，言語教育上関係の深かった，国の内外の著述で，参照の便宜を得たものにつき，以下類を分けて列挙することにする。

〈編　者〉	〈書　名〉	〈発　行〉	〈刊年〉
田中不二麿	理事功程 $^{2,\ 5,\ 7,}_{19,\ 32,\ 34}$	文部省	6年
箕作麟祥訳	百科全書教導説	文部省	6年
W. Chambers	Encyclopedia		1859～'68
佐野常民	澳国博覧会報告書	同事務局	8
小林正雄訳	米国教育年表	文部省	9
David Murray	学監考案及日本教育法同説明書	明治文化資料叢書第8巻教育編；風間	10歟
同	学監大鬪莫爾矣申報	文部省稿本	11
同	学監巡視功程	東京府史料	11

○言語一般教科書

| David Murray | 学監米人博士ダウキッド，モルレー申報 | 文部省第1年報（明治6年） | 6 |

○言語一般授法

| David Murray | 学監ダビッド。モルレー申報 | 文部省第2年報（明治7年） | 8年 |

73

⎰ 菊池大麓訳	百科全書 脩辞及華文	文部省	6
⎱ W. Chambers	Encyclopedia		1859〜'68

○入門期教科書

M. Willson	Willson's Primary Reader	N. Y. Harper	1863
C. W. Sanders	Union Pictorial Primer	N. Y. Ivison	1866
Holmes	Pictorial Primer for Home or School	University Co.	1867
The Home and Colonial School Society	The New Reading Sheet	London	1872
W. Swinton	Language Primer : Beginner's Lessons	N. Y. Harper & Brothers	1874
未　詳	The First (Second) Picture Primer	London Edinburgh	未詳

○発音・音声

⎰ C. Northend	Teacher's Assistant; or Hints and Methods in School Education		(1853) 1867
⎱ 漢加斯底爾訳	教師必読	文部省	9
⎰ A. Holbrook	The Normal; or Methods of Teaching …………	N. Y. Chicago	(1859) 1860
⎱ 山成哲造訳	和氏授業法	文部省	12

○会　話

Bellenger	New Guide to Modern Conversation	Tokio	4

○問　答

⎰ J. Wickersham	School Economy		1870
⎱ 箕作麟祥訳	学校通論	文部省	7
⎰ D. P. Page	Theory and Practice of Teaching or The Motives and Methods of Good School-keeping	N. Y. A. S. Barnes	1876
⎱ 伊沢脩二輯訳	教授真法	田中稔助	8

第1章　学制以前における国語科目

N. A. Calkins	Primary Object Lessons	N. Y. Harper	(1871) 1876
N. A. Calkins	Manual of Object-Teaching	同	1885
黒沢寿任訳	加爾均氏庶物指教	文部省	10
E. A. Sheldon	Lessons on Objects	N. Y. Charles Soribner	1871
永田健助訳	塞児敦氏庶物指教	文部省	11
横尾東作氏	志爾敦童蒙教育問答	好音舎	11

○綴字・単語

Noah Webster	The Elementary Spelling Book	N. Y. Appleton	1857
Marcius Willson	Willson's Primary Speller	N. Y. Harper	1863
Worcester	Worcester's Primary Spelling-Book	Boston	1835
C. Northend	The Teacher and The Parent; a treatise upon Common School Education	N. Y. Barnes	(1853) 1867
小泉信吉訳	那然氏小学教育論	文部省	10

○読　本

Marcius Willson	Best Book of Reading Series Primer ～ 5th Reader	N. Y. Harper & Brothers	1860 1871
C. W. Sanders	Sander's Union Readers	N. Y. Chicago	1871
E. B. Huey	The Psychology and Pedagogy of Reading	N. Y. Macmillan	1908
水木梢訳著	ヒユエイ読方新教授法	日東書院	昭和2
木下一雄訳著	ヒユエイ読方の心理学	モナス	昭和2

○諳　誦

C. Northend	The Child's Speaker, for Recital in Primary School	N. Y. A. S. Barnes	1870

○習　字

P. R. Spencer	Spencerian Penmanship	N. Y. Chicago	1873

○文　法

| G. P. Quackenbos | Illustrated Lessons in our Language | N. Y. Appleton | (1876) 1882 |

　以上，特に本邦国語教育の創始と関連を持つ文献資料にとどめたが，影響の多少は別として，かなりの量を数えている。なお，David Murray の献策書類数種は，他の文献と比べれば異質的であるが，その影響力の甚大であったために加えておいた。

　こうして，文部省自体が積極的に海外教育書の翻訳に乗り出し，さらに，その刊行する「文部省雑誌」(明治6年3月創刊)・「教育雑誌」(明治9年4月に文部省雑誌を改題)が毎月数篇ずつを選んで，米・独等諸国の新聞・雑誌・著書等の抄訳紹介を試みた。「教育雑誌」には一般からの寄稿も歓迎した(注73)。次に明治8年3月8日刊第4号から10年4月17日刊第32号までに，紹介された外国教育資料をみると，

　　米〜50　　独〜45　　英〜3　　魯〜2　　仏・埃〜各1

という件数に分けられる（末尾4⑰文部省雑誌・教育雑誌所載国別一覧）。この期間に文部省の特に注目した外国が，米独両国であったことが想察せられる。

(2) 諸学校の国語科目

　本邦における近代学校教育の成立については，すでに諸家の研究があり，近くは倉沢剛博士の新見も示されている(注74)。彼此参照して，私見をまとめ，次のように維新以後から学制頒布以前までの近代学校教育成立の路線を敷くこととし，そこにおける国語教育の存在を検討し，もって学制に見られる国語教育関係科目の成立に及ぼうとする。

①明治2年2月　諸府県施政順序
　　　　付，沼津兵学校附属小学校
②同年3月　小学校設置の布告
　　　　付，大学校附属小学校および京都小学
③明治3年2月　中小学規則

　　　　　付，改正京都小学
④同年6月　東京6小学開業
　　　　　付，金沢学校および郡山学校
⑤同年10月，大学南校普通科
　　　　　付，小学教師教導場建立伺
上記路線を経とし，それぞれにどのような国語教育実施の態勢を示したか，次に跡づけることとする。

① 諸府県施政順序　付，沼津兵学校附属小学校
　維新政府が小学校建立に関する施策を公表した初発が，明治2年2月の「諸府県施政順序節録」(注75)であることはすでに知られている。その一に，次のように記される。
　　一，小学校ヲ設ル事
　　　専ラ書学素読算術ヲ習ハシメ願書書翰記牒算勘等其用ヲ闕サラシムヘシ又時時講談ヲ以テ国体時勢ヲ辨ヘ忠孝ノ道ヲ知ルヘキ様教諭シ風俗ヲ敦クスルヲ要ス最才気衆ニ秀テ学業進達ノ者ハ其志ス所ヲ遂ケシムヘシ
　ここに将来の小学校の理想像が描かれている。これは一般人民への諭達ではなく，地方官に対する内示であろう。「書学」は書写の学習すなわち習字の意味であろう。習字・素読・算術は3Rsで，願書・書翰・記牒等の実用的文章の作文と相俟って，国語関係科目を構成している。その科目は徳川期寺子屋における科目と全く同じである。その忠孝教諭の条とともに，思想・内容いずれも寺子屋の延長と認められる。
　ところで，上記路線からははずれるが，すでに明治元年12月20日付で，徳川家兵学校附属小学校が静岡藩沼津城内に開設されていた。その「掟書」に次のように見える(注76)。
　　　童生之事
　　第五条　小学修業は年期無之事尤兵学校資業生入相願候者は拾八才限之事
　　　小学課程は左之通り
　　素読　手習　算術　地理　体操　剣術　乗馬　水練　講釈　聴聞

右日課定書之通修業可致候事
　第六条　素読手習算術の三課は若父兄自宅にて授業致し度旨相願又は
　　　漢人之法帖名家の墨帖等為学度相願候時は相許候事尤右之子細願短
　　　冊中へ書込可申事
　第九条　素読手習算術之上中下三級有之勉強いたし上級に上り候様心
　　　掛け地理は第二級より内にて始め候義不相成候事
　第十条　第三級童生進方宜敷課業表中に載候課程よりも分外に果敢取
　　　り候者は其望に任せ猶其上之授業致し可遣候右に付素読は国史略も
　　　相済み手習も公用文章相応に書候様相成候はは昼後之手習時を講釈
　　　に振替国史略十八史略孟子之三書講解致可遣候事

全体が31条から成る完備した小学教則であり，末尾に次の表が示されている。

　　　　　　　　　　　童生学科表

	一　級	二　級	三　級
素　　読	三字経　孝経 大　学　中　庸	論　孟　五　経	十八史略　国史略 元明史略
学　　書	伊呂波　片仮名 数　字　名　頭	往来物　私用文章	公用文章
講釈聴聞	小学論孟循環		

○算術・地理・体操・水練（省略）

　兵学校の附属小学校は，やはり兵技ともいうべき体操・水練などが，10科中4科を占め，その他が寺子屋科目のもの（実用文章），藩学科目のもの（史略類）となっている。しかも，素読・手習・算術の3課は，父兄が自宅で授業してもよいし，手習は，所定の基礎教材（一級）や実用教材（二級）だけでなく，漢人の法帖や名家（道風や尊円法親王など）の法帖等も希望により教授させる自由さがあった。素読・手習の三級が済んだら，国史略・十八史略・孟子の講釈を聴聞させたようである。

　なお，静岡藩では，静岡にも小学校を設立し，明治3年7月に出した布令には，沼津の校則に酷似したものを示している (注77)。

78

② 小学校設置の布告　付，大学校附属小学校および京都小学

　さきの諸府県施政順序が内示された翌月，政府は昌平学校の中に「府県学校取調局」を設けた。近世官学の本山であった昌平学校は，維新当初の教学の本山でもあったのである。2年2月，昌平学校は府県学校を設ける第一着手として，東北諸県に着目して，まず小学校を開設すべき伺を行政省に提出している。これに対し，3月23日次のような布告が発せられた。

　　庠序ノ教不備候テハ政教難被行候ニ付今般諸道府県ニ於テ小学校被設人民教育ノ道洽ク御施行被為在度　思召ニ候間東北府県速ニ学校ヲ設ケ御趣意貫徹候様尽力可致旨被　仰出候事
　　　但学校取調トシテ東京学校ヨリ人撰ヲ以被差向候間商議可致事

本文を解釈して，倉沢剛は，この布告の小学校成立史上の価値を高く認め，「2年3月23日の行政官布告は，もっぱら東北府県だけによびかけたものではなく，（中略）それは全国の府県に下された『小学校設置の令』と解すべきである。」としている（注78）。政府はこの同日に東京府に達して，中小学校取調掛をおかせ，その取調を市中へ布告させたのであった（注75）。その布達3項の末尾に，

　　但皇学漢学洋学三分課ニオイテ見込有之輩ハ四月中旬限り中小学校取調局へ可申出様可相達事

とあるところをみると，意図は近代的な小学校にありながらも，皇漢洋の3学分課という考え方をしているあたり，なお不徹底であったと思われる。いずれにせよ，政府が発した東北諸県・東京府等への達示は，地方学校の建設に対し，政府が着手をした最初の事例とすべきである。なお，さきに文教の施策に任じた昌平学校は，やがてこの年の6月，新たに民部官の設置をみて，それが府県事務を掌理するものであったから，これに責を譲ることとなり，昌平学校のいだいていた中央集権的な学校構想は，府県中心の地方分権的な学校構想に移行していくようになったのである。

　ところで，当の昌平学校は，2年6月15日，「大学校」と改称し，それは医学校と開成学校を包含するものであった。そして，大学校には，旧幕昌平黌から引き継いだ「素読席」（幼童のための施設）を，「句読席」と改称し，この年7月に駿河台の地に独立させたが，12月にはそれを廃止している（注79）。素読席といい句読席といい，その歴史からみても，幼童素読

の簡略な施設であったと思われる。

　それから，大学校句読席と並んで，大学校に属する医学校にも附属小学校があった(注80)。すなわち，東大文書・東校教育史料によれば，明治2年11月付の規則として，次のように定めた。

　　（医学校ヘ）入学ノ生徒小年ノ輩ハ小学校ニ入リ学科順序ヲ逐ヒ了リ候後大学校ニ入リ終ニ成業ヲ遂ク可シ云々
　　等級ノ進退ハ毎月会読ノ優劣ヲ以テ相定メ候事

とある。これ以上の詳細を明らかにする資料が見当たらないが，いずれにしても大学の予備校であったようである。医学校の予備校であってみれば，国語科目の設定なども，洋学の履修法によったのではなかったかと想像される。

　以上の中央の動きとは別に，さきの沼津小学校とともに特筆すべきは京都小学の創設であった(注81)。すなわち，京都においては，明治2年の5月から12月までの間に，市中各組の小学校が開業し，その数は実に64校に及んだというのであるから，かなり重視されるべきである。この年の5月21日，管内に小学校規則・講師教師助教選挙規則などとともに，「学童定等」と称する教育課程を布達した。次のように，やはり3 Rsにもとづいて作成され，復文と作文とが，中等・上等の「筆道」にうたわれるのが特色である。読書は，寺子屋で用いた実語教や童子教などでなく，藩学で用いた漢籍となっている。

総じて評すれば，着想は庶民一般の教育をめざしながら，教科内容はそれほど近代的ではなかった。

	筆　道	読　書	算　術
初　等	三行書	孝経，小学	乗除術
中　等	復　文	四　書	初伝定位
上　等	作　文	五　経	皆伝天元

③　中小学規則　付，改正京都小学（明治3年2月）
　大学は，民部官制の発足により，府県小学の取建事務を，それに委譲し

たとはいうものの，教学に関する責任は従前どおり存して，小中学を監督することは，旧のままであったようである。それゆえ，3年2月19日，大学規則および中小学規則が，大学によって上申されている(注82)。

小学

　　子弟凡ソ八歳ニシテ小学ニ入普通学ヲ修メ兼テ大学専門五科ノ大意ヲ知ル

　　　　句読　習字　算術　語学　地理学　五科大意

中学

　　子弟凡ソ十五歳ニシテ小学ノ事訖リ，十六歳ニ至リ中学ニ入リ専門学ヲ修ム，科目五アリ大学五科ト一般

　　子弟凡ソ二十二歳ニシテ中学ノ事訖リ，乃チ其俊秀ヲ撰ヒ之ヲ大学ニ貢ス

上記中小学規則立案の発想は，明らかに大学本位である。大学は五科（教科・法科・理科・医科・文科）に分かれて履修されるから，その予備門たる中学，小学でも五科大意を学ばせ，さらに，大学は原書をもって履習されるから，小学から「語学」を学ばせるという徹底ぶりである。なお，この語学は英語であったろうという(注83)。このような学校の構想である以上，まだ庶民的近代学校意識には到達していないと言わざるを得ない。そして，国語関係科目としては，「句読・習字」の2科目であり，予備校ならば洋学式の言語観に立ちそうであるが，それには時間を貸さなければならなかったのである。この規則は23日に上申されたが，太政官は23日の指令によって，允可を与えず，上梓を見合わさせたのである。察するに，すでに民部省による府県中心の学校建設の構想が強化され，大学の中央集権的な思想には賛成しなかったのであろう。しかし，地方藩県においては，内閣文庫所蔵の府県史料を検すれば，いずれも学制前に郷学・義校を開設し充実を期していたのであるから，大学のこの規則は，小中学設置の指針とされたらしく，京都府など，地方に影響を及ぼしたのであった(注84)。次に京都府の場合を，前掲「京都小学五十年誌」によって検討する。

　大学校の中小学規則の上申が3年2月であったが，同年11月には，すでに京都においても中小学規則の制定を実施した(注85)。「小学中学五科規則」がそれであり，前文は大学校制定の規則とほとんど同文である。つづけて「小

学規則二十一章」が整備されている。(同書 p.167)。次に関連章目を抄出する。

　　　子弟凡八才ニシテ小学ニ入リ，普通学ヲ修メ兼テ大学専門五科ノ大意ヲ知ルヲ要ス。
第一章　普通学ヲ修ムルニ四項ヲ立ツ，之ヲ経トス
　　　一，句読。　二，諳誦。　三，習字。　四，算術。
第二章　四項ヲ修スルニ各順序アリ五等ヲ分ツ，之ヲ緯トス
　　　第五等，第四等，第三等，第二等，第一等。
第三章　四経ニ難易アリ，五緯ニ浅深アリ，易ヨリ難ニ就キ，浅ヨリ深ニ入ルヲ順トス。等ヲ蹴ヘ順ヲ紊ルヲ得ス，順序小学課業表ニ具ス。
第四章　初等ヨリ順ヲ以テ進ミ，第一等ニ至テ小学ノ課業畢ル，則五科ノ内其オト其好トニ応ジ専門ニ修業セシム。
第五章　初入ノ生員貴賎ヲ分タス年歯ヲ序テス，才学ノ有無ヲ論セス。皆無等表中ニ加名ス。
第六章　無等表ハ入学ノ前後ヲ以テ序列ス。
第七章　検査既済ノ証憑ヲ得テ初テ等級　中ニ名ス。
第八章　四項検査ノ法ヲ設ク。

句読 ┤
　　上　音訓一失ナク吾伊朗暢，
　　中　随失随得吾伊揚ラズ，
　　下　忘失過多思テ得ズ，

諳誦 ┤
　　上　随問随答一ノ誤脱ナシ，
　　中　誤脱アリテ思テ之ヲ得，
　　下　誤脱アリ思テ之ヲ得ズ，

習字 ┤
　　上　字画端正運筆巧活，
　　中　字画端正運筆不活，
　　下　字画不正運筆粗笨，

算術 ┤
　　上　即題即答遺算ナシ，
　　中　遺算アリ再勘之ヲ得，
　　下　遺算アリ再勘シテ得ズ，

第九章～第十六章（省略）

第1章　学制以前における国語科目

第十七章　課業ノ書，意義解セザレバ読ミ難キモアリ，故ニ皇漢洋三籍ノ日講ヲ以テ等内課読ノ助ケトス，且諸書ヲ解スルノ階梯トス。

第十八章　訓詁ノ異同ヲ討論シ，註疏ノ瑣末ヲ穿鑿シテ徒ニ光陰ヲ消スルヲ許サズ。

第十九章　質問局ヲ設ケ質義ノ問ヲ受ク。

第二十章　習字ハ雅俗偏習幷ニ楷行草書其好ニ応ズベシ。
但清書ハ習書式ノ通ニシテ教師ノ可否ヲ取ルベシ，習熟ノ者ニハ既済印紙ヲ与フ。

第二十一章（省略）

　まず，上記各章を通覧して，きわめて整然と計画された規則であると感ずる。4経5緯を定め，難易深浅を順序立てる。貴賤・年歯・才学を無視して，すべて学に王道なきを示し，学力評価を厳しく立てている。訓詁註疏の末に走らず，内容実質の理解を先とする。質問局を設けて質義の門を大きく開き，習字は文体・書体ともに自由に選べる。習熟したら証明を与えて，けじめを明らかにする。これだけ整備された学校は，旧藩学でも存在しなかったであろう。全体として近代化しつつあることが認められる。

　四経の中に，3Rsと並べて「諳誦」があるのも珍しい。家塾や寺子屋においても諳誦を重んじたけれども，その場合は素読した教材と同じものを諳誦したのであるが，ここでは，それを別にして，諳誦教材を1本通して，そこに英独単語まで加えている。当時外国（合衆国等）では，すでに recitation は批判されていたのであるが，本邦においては，学制の教則にはもちろん，現場ではなおそれ以後まで続けられた教授法である（注86）。

　大学制定小学規則に準拠したものであるから，専門五科のうち，1科目を自由選修にしている。こうした専門教養の重視と，さきの庶民的普通教養と，両面の思想が混在しているのである。しかし，この後の発達は，庶民的な生活の教養をつける方に傾斜していくこと，言うまでもない。

　第十七章の規則は，正規の課程に副えて，いわば解義コースが設定され，自由に聴講させたものであろう。進んだ課程の設置である。これと質問局が関連するかと思われるが，いわば質問一手引受所の開設とは妙であり，学習に対する配慮が周到である。

　次に教師についても，「三教師心得」8章（同書 p.168）が設けられた。

83

第一章　毎校三局ヲ設ケ句読，習字，算術ノ三教師ヲ置ク，諳誦ハ句
　　読師ノ兼職タルベシ，但洋語ハ此限ニアラズ。

いずれも教師が専門化しているのは，家塾や藩学の風を受けていると思われる。事実，句読教材の中には，それが素読にとどまっていたとしても，五経のような高級な漢籍があるし，習字の技能などとともに，専門的な教養を必要としたのである。科目別担任制は当然であろう。

　さて，翌4年8月には，「小学課業表」が制定された（同書p.173）。四経五緯により区画されたものである。そして，そこにはある種の教材系統が考慮されている。

小学課業表

	第一等	第二等	第三等	第四等	第五等
句読	日本外史 易知録 万国公法 太政官諸規則	日本政記 五経 真政大意 西洋事情	国史略 孟子 小学 地学事始 生産道案内	職員令 戸籍令 学庸・論語 世界国尽 窮理図解	小学子弟心得草 孝経 市中制法 郡中制法 町役村役心得 府県名
諳誦	内外国旗章 外国里程 英独語学五百言	内国里程 本邦環海里程 英独語学三百言	帝号 国 英独語学一百言	年号 国名	五十韻
習字	公用文 即題手東	世話千字文 諸券状 諸職往復	諸国商売私用 諸職往来文	名郡来文 受取証券 苗字尽 山城郡村地名 京都町名	五十韻　平カナ 片カナ 数　名 支　干 三枚御高札 名　頭
算術	（略）	（略）	（略）	（略）	（略）

　　句読科 ― 入門
　　　　小学子弟心得草(5)
　　句読科 ― 漢籍

84

第1章 学制以前における国語科目

```
                  ┌孟子, 小学(3) ― 五経(2)  ┌易知録(1)
孝経(5) ― 学, 庸, 論(4)┴国史略(3)――日本政記(2)┴日本外史(1)
```

句読科 ― 実用文

```
市中制法  ⎫
郡中制法  ⎬(5) ―  ┌職員令⎫(4)……┌万国公法    ⎫(1)
町役村役心得⎪      └戸籍令⎭     └太政官諸規則⎭
府県名   ⎭
```

句読科 ― 啓蒙書

```
世界国尽⎫(4) ― ┌地学事始 ⎫(3) ― ┌真政大意⎫(2)
窮理図解⎭      └生産道案内⎭      └西洋事情⎭
```

諳誦科 ― 実用文字

```
              ┌年号⎫
五十韻(5) ― ┤    ⎬(4) ― 帝号(5)
              └国名⎭
```

諳誦科 ― 地理

```
内国里程 ⎫(2) ― ┌内外国旗章⎫(1)
本邦環海里程⎭    └外国里程  ⎭
```

諳誦科 ― 洋語

英独語学 ― 百言(3) ― 同三百言(2) ― 同五百言(1)

習字科 ― 実用文字

```
五十韻┌平カナ
      └片カナ
数名・支干  ⎫      ┌苗字尽    ⎫
           ⎬(5) ― ┤山城郡村地名⎬(4) ― 諸国郡名(3)
三枚御高札  ⎭      └京都町名  ⎭
名頭
```

習字科 ― 公私用文章・書簡

```
                         ┌諸券状⎫      ┌公用文  ⎫
受取証券(4) ― 私用文(3) ―┤      ⎬(2) ―┤        ⎬(1)
                         └復文  ⎭      └即題手柬⎭
```

習字科 ― 往来物・千字文

```
              ┌世話千字文⎫(2)
商売往来(3) ―┤          ⎬
              └諸職往来  ⎭
```

ほぼ以上のようになる。このうち,旧藩学系に属するものが,句読科の漢籍と第三等以上の歴史類の1系統であり,旧郷学・寺子屋系に属するもの

85

が，諳誦科と習字科の実用文字および習字科の公私用文章・書簡・往来物・千字文等である。そして，それ以外のものが，新教材とも呼ばれるべきもので，句読科の実用文・啓蒙書・諳誦科の地理・洋学ということになり，習字科にはそれが見られない。特に注意すべきは，大学制定小学規則における，「語学」が洋語の諳誦として第三等以上に設けられ，「地理学」が，句読・諳誦の中に，世界国尽・地学事始・西洋事情など，後の学制教則の教科書として指定される啓蒙書をも並べていることである。また，窮理図解・生産道案内などの新教材もあり，京都市民として生活に必要な法則類も読ませようとしている。

　復文とは，和文を漢文に書き改めることである。しかし，習字科の「復文」は，「備考。右ノ表中ニアル復文ノ例トシテ，当時ニ課セシ例題ノ一ヲ掲ゲン。」とあるのをみると，片かな書きの文章を与え，漢字に該当する部分を，それと置き替えさせるものであることがわかる。次にそれを転写する。

　　　　　看桜ヲ誘フ書
　シユンウン，セイケン，シヨシヨノメイエン，バンクワコウヲハツシソロ。コンゴカヨリ，サンサク，ユウシヤウツカマツリソウラハバ，サゾユクワイニコレアルベク，ゴキウム，ヲンスマシノノチ，バイカウツカマツリタク，ゾンジタテマツリソロ。カウチウノギハ，ソレガシロウヘメイジモウスベク，ロウシユジン，フウガヲ，コノミソウラヘバ，シウセンガテラ，マイリクレソウロウアイダ，ゴシンパイクダサレマジクソロ。サウサウ。
　　　　　回　答（省略）
今，仮りに「復文」すれば，次のようになるであろうか。

　　　春雲清娟，処々の名園，万花紅を発し候。今午下より，散策幽賞仕り候はば，嘸愉快に之可有，御急務御済ましの後，陪行仕り度奉存候。行厨の儀は，某老へ可命申，老主人，風雅を好み候へば，周旋がてら参り呉れ候間，御心配被下間敷候。

　　　　　　　　　　　　　　　　　　　　　　　　　草々

時代とは言いながら，漢語候文体のむずかしさは，正に隔世の感を深くする。

要するに，京都小学の上記改正は，大学制定小学規則の導入を契機として，習字科以外に大きく近代的な色彩を織りこんだものである。

④ 東京6小学開業　付，金沢学校および郡山学校（明治3年6月）

既述したとおり，大学校の句読所を廃止したとき，太政官は東京府に対して小学校の開設を命じた。

　　今般大学句読所被止候ニ付テハ其府ニ於テ小学教育之道施行可致候事
　　　但従来之句読所其儘引移之儀ハ大学商議之上取扱可申事

そこで東京府としては府学取建の計画を立て，太政官の允可を得たので，3年6月8日に東京府は6小学を設置する旨を達した。京都小学の改正前5か月のことである。そこで，東京府は6月12日から28日までに，芝増上寺中源流院・市ケ谷洞雲寺・牛込万昌院・本郷本妙寺・浅草西福寺・深川長慶寺に6小学を開業したのである。そして，9月に「明治三庚午九月仮小学校規則ヲ定ム」として，次の規則が発せられた(注87)。

　　第三章　学　則
　　学規
　　　　　　　┌下級
　　　　句読科┤中級
　　　　　　　└上級
　　右上中下ノ級ハ所授ノ書籍ニヨリテ之ヲ分ツ

　　　　　　　┌下級
　　　　解読科┤中級
　　　　　　　└上級
　　右分級ノ意前ニ同シ

　　　　　　　┌下級
　　　　講究科┤中級
　　　　　　　└上級
　　右小学ノ正科トス
　　一　講究中級以下及ヒ解読科ノモノハ句読科生徒ニ句読相授ケ訓導ニツキ質問講義等ヲ受クヘシ
　　　　但句読授コレヲ補助スヘシ

一　句読生徒柝声ヲ聴ハ循環ノ序ヲ以テ講堂ニ上リ講究中級以下及ヒ解読科ノモノヨリ句読相受クヘシ
　　但シ句読科生徒講究中級以下及解読科ノモノヨリ課業相受クルノ後句読授ニ就テ精読致スヘシ
一　句読生徒午後習字数学等ヲ学フヘシ
　　但習字手本ノ儀ハ御布告書御歴代及ヒ官名年号地理等ノ文ヲ用ユヘシ
一　輪講ハ講究科上級ハ一ケ月六回中級ハ一ケ月九回解読科ハ一ケ月五回タルヘシ
一　訓導講義一ケ月二三回タルヘシ

　　　　　　三科分級書概略

　　　　　　┌下級　孝経　大学
　　句読科　┤中級　論語　孟子
　　　　　　└上級　書経　礼記

一　皇朝ハ漢子ヲ仮リ以テ文書ヲ行フ漢字ニ通セサレハ諸書ヲ読ミ其義ヲ了解スル⏋難シ故ニ漢籍ノミヲ以テ句読ノ科ニ定ム
一　平常句読ノ例四書五経ヲ以テ通則トスレヒ是レカ為メニ多クノ日月ヲ費ス且中庸易経等ノ書幼学ノ容易ク解シ得ヘキニ非ス学業長進ノ後是ヲ読テ妨ケ無シ孝ハ百行ノ本幼学ノ急務故ニ此ヲ加ヘ彼ヲ省キ以テ幼学句読ノ科ニ定ム

　　　　　　┌下級　孝経　王代一覧
　　解読科　┤中級　小学　三経　十八史略
　　　　　　└上級　論語　神皇正統記　元明史略　万国史略

右ノ諸書ノ講義ヲ受ケ或ハ疑義ヲ質問スレハ粗三学ノ諸書ヲ読ミ得ルノ力ヲ得ヘシ故ニ右科ヲ卒業スレハ講究科ニ登スヘシ

　　　　　　┌下級　日本政記　参看日本外史　瀛環志略
　　講究科　┤中級　皇朝史略　綱鑑易知録　西洋易知録
　　　　　　└上級　日本書記　史記　左氏伝　翻訳　泰西各国史

右ノ三科ヲ以テ小学ノ正科トス訓導生徒ノ識力ヲ斟量シ各科書目ノ内ヨリ一書ヲ挙テ之ヲ授ク生徒其ノ書ヲ卒業スレハ又一書ヲ授ク生徒自ラ択ヲ許サス

右三科ヲ渉猟スレハ大学必読書ヨリ一書ツ，訓導斟酌シテ生徒ニ授ク
　　ヘシ

以上が東京府規則の要点である。ここには，7か月ほど前の大学制定小学規則の影響はほとんど認められない。それは，漢籍購読の旧藩学に類似し，寺子屋の往来物や公私用文などは姿を没している。習字・数学は初歩の句読科の午後学ぶこととし，その教材すら挙げられていない。「語学」は翻訳物に取り代っている。漢文の史書に，神皇正統記のような和文の史書が加えられ，歴史の学習に力を入れていると言えるが，「地理学」の方はきわめて薄弱である。一言にして評すれば，旧藩学か漢学塾のようであった。この5か月後に改正された京都小学の近代化への努力には及ぶべくもなかったのである。

　ところで，政府は4年7月に廃藩置県を断行し，文部省を新設し，さきに府県事務をつかさどった民部省を廃止するに至ったので，府県の学校がすべて文部省所管となり，文部省は全国的な学校の施策を立てる必要に迫られたのであった。その結果，東京府6小学を接収し，直轄学校として開設するに至った。しかし，この学校がどのようなものであったか，その史料が見当たらないのは残念である。

　明治3〜4年になると，各藩県が続々と小学の開設に踏みきっていることは，内閣文庫所蔵府県史料によって明らかであるが，それらは，意欲的に時勢に順応しようとするものと，藩学や郷学の部分的改良に終わっているものとに分けられる。

　たとえば，旧加賀藩は3年11月に「小学所仕法」を発し，金沢県内5か所に「小学所」を開業している(注88)。それが4年12月には11か所となった。科目は，素読・解読・習字・千字文誦読・万国国尽等で，教則としては，上下二等に分かち，解義を上等とし素読を下等とし，教材は，素読に孝経・大学・論語・孟子等，講義に小学・国史略・十八史略等を採用し，授業方法として，旧藩学に類似したもので，近代化への新味が乏しいというべきであった。

　また，畿内の旧郡山藩では，新入生は「外塾生」として初級に編入し，中級・上級を経て「小学生」となり，また3級を経て「中学生」となる組織で，その科目の課程には，工夫の跡がうかがえる(注89)。

旧郡山藩学校

	種別	上　級	中　級	初　級
外塾生	句読	三経易詩書	四書 古学二千文	五十音　本朝三字経 稽古要略童蒙入学門 神徳略述頌
外塾生	習字	細楷六行十二字ヲ以テ限トス 消息往来 世界国尽	歴史帝号 二官　七省官名 府県名付国名	いろは　カタカナ 数字　方位　四季 干支之類
外塾生	算術	（略）	（略）	（略）
小学生	句読	史記	国史略十八史略 日本外史	皇朝戦略編 孫子　小学
小学生	習字	小楷十行二十字ヲ以テ限トス 公用和文掲題	行書 公用和文	楷書 私用和文
小学生	洋学	文典	理学初歩 小部ノ地理書	単語暗記　習字 綴字　音調
中学生	洋学	法律書	万国史略 各国史	地理書 窮理書

○小学生欄の算術武術，中学生欄の算術武術質問，略

　旧郡山藩学校の課程は，外塾生・小学生とも，寺子屋の実学的特質を生かし，しかも，句読・習字・算術の3Rsと並列に「洋学」の1科を設置していて，近代化的意識がきわめて濃厚である。そして，洋学科においては，多分英語であろうが，小学生の初級で，単語の暗記・習字・音調（発音であろう）を学習し，中級において，地理書・理科書を読本として使い，上級においては文典を課している。小学校の洋学として，このような学習をたどらせたということは，やがて「国語」科目として，単語・綴字・文法などと置いたのと考え合わせると，すこぶる興味深いことである（後述）。

⑤　大学南校普通科　付，小学教師教導場建立伺（明治3年10月）

　以上，これまでの歴史的事情から考えると，明治3〜4年における大学の方寸は，少なくも開設すべき小学校の教科目について，明確な方向をうち出してはいなかった。ところで，大学東校に附属小学校があったことを，すでに述べたのであるが（その教則等の資料は見当たらない），それとともに，南校には中学に該当する「普通科」が開設されていたのだった。それには次のような内容が定められていた（注90）。

　　　　　　明治三年庚午十月
　　　大学南校舎則　　〈表紙共5枚・舎則16則略〉
　　　大学南校規則　　〈表紙共15枚〉
　今般当校学制ヲ変革シ生員ヲ限リ歳月ヲ期シ声音会話ヨリ始メ漸次諸科ニ渉リ博通精確以テ実用ノ全才ヲ教育センコヲ要ス蓋シ教導ノ道預メ其標的ヲ立テ大体ヲ示サ、レハ舟ニシテ方針ナキカ如ク或ハ方向ヲ謬ランコヲ恐ル今定ムル所ノ規則逐条左ニ掲ク有志ノ輩之ニ従テ勉励セハ進歩自ラ速ヲ加ヘ功亦随テ大ナランカ

　　　　　第一条
一当校ハ当分大中小三校ノ教導ヲ兼ヌ二三年ノ後ハ之ヲ区分スヘシ
　　　　　第三条
一幼年ノ間ハ和漢ノ学肝要ナルヲ以テ十六歳以上ニ非サレハ入学ヲ許サス
　　　　　第七条
一諸生徒ヲ正則変則ノ二類ニ分チ正則生ハ教師ニ従ヒ韻学会話ヨリ始メ変則生ハ訓読解意ヲ主トシ教官ノ教授ヲ受クヘキ事
　　但シ正則生既ニ洋学ヲ研究シ独見ノ学力アル者ハ正科ノ他別ニ講習ヲ授ケ其学力ヲ助ク初学ニシテ独見シ能ハサル者ハ素読ヲ授ケ教官之ヲ教授スヘキ事
　　　　　第九条
一学業ハ正則変則共普通専門ノ二級ニ分チ普通科熟達ノ上ニ非サレハ専門科ニ入ルヲ許サ、ル事
　　　　　第十条
一普通科ヲ学フノ間ハ専ラ教師教官ノ指示ニ従ヒ妄ニ私見ヲ立ツヘカ

ラス普通科ヲ経タル者ハ定見ヲ立テ所長ヲ撰ミ一科或ハ数科ヲ専攻スヘキ事
　　　　第十二条
　　一諸生徒階級ハ九等ニ分チ最下ヲ初等トシ最上第一等トス

　前述のように，大学は明治3年2月，大中小学規則を制定したが，その年10月に，この改正を実施した。第一条によれば，当時の南校は，大中小三校を区分せず，すなわち，ひとつにまとめて南校と称していたのであり，第三条によれば，16歳以上に入学を許し，幼年生は和漢の学が肝要だから入学させないとしている。南校は，いうまでもなく洋学の本山開成学校の後身であるから，寺子屋式の和漢の学科はなかったのである。
　そして，課程を初等から第一等までの9等に分け，後に示す25条によれば，初等から第5等までの5等級を普通科とし，第4等から第1等までの4等級を専門科と称した。第九条によれば，普通科に熟達しないうちは専門科に入学させないとしているから，正に普通科は専門科予備門である。そして，16歳で入学し，外国語学（英仏）の一般を履修する性格（第25条）を有するから，小学にあらずして，中学に相当すると思われる。結局当時の南校は，中学（普通科）と大学（専門科）の二つで構成されていたのである。

　　　　第廿五条
　　一普通専門ノ課業大凡左ノ如シ
　　　　　初等
　　　綴字　　習字　　　　単語　ベランシュー　　人名
　　　　　　　　　　　　　会話
　　　数学加減乗除
　　　　　八等
　　　文典　　英　クワッケンボス　小　　　会話
　　　　　　仏　ノエルシャプサル　小
　　　書取　　数学分数比例
　　　　　七等
　　　文典　　英　クワッケンボス　大
　　　　　　仏　ノエルシャプサル　大
　　　地理　　英　ゴルドスミット
　　　　　　仏　コルタシベル
　　　翻訳　　和文ヲ英若クハ
　　　　　　仏文ニ翻訳ス

第1章　学制以前における国語科目

```
数学開平開立
　　六等
　万国史　英　ウィルソン　　　作文　　代数
　　　　　仏　デュルキ　小
　　五等
　究理書　英　クッケンボス（ママ）　束牘
　　　　　仏　ガノー
　専門科分テ一二三四ノ四等トス其学科ハ大凡左ニ示スカ如シ
　法科　　　　（略）


　理科　　　　（略）
　文科　　レトリック　ロジック　羅甸語　各国史　ヒロソヒー
　　庚午閏十月　　　　　　　　　　　　　　大学南校
```

上掲資料によれば普通科所定の言語科目は次のようである。

　　綴字　習字　単語　会話　文典　書取　作文　束牘

　もちろん，これらは洋学（英語学・仏語学）の科目である。しかし，こうした洋学履修による言語観への慣熟は，教官・学生が，これを国語に適用して国語観を自然に育成するうえに，大きな手引をなしていたと想像できないであろうか。

　この想像は，やがて次の事例によって実証される。すなわち，新制定の上記規則は，これが実施に移されたのは明治4年ごろになるであろう。すでに4年の12月には学制取調掛の任命を見たのであり，一方，文部省としては，教師養成機関の建立をも策していたと考えられ，5年4月22日には，正院に宛てて「小学教師教導場建立スルノ伺」を提出している(注91)。

　そこで注目すべきは，小学教師教導場の教授目として，次のようにあげている点である。

　　其教授ノ目大略如左
　　一綴字　一習字　一単語　一会話　一読本　一修身　一文法　一算術
　　一養生　一地学　一理学　一史学　一幾何学　一博物　一化学
　　一生理　一墨画

その中，国語関係科目は，

　　綴字　習字　単語　会話　読本　文法

の6科である。上記6科は，洋学科目ではなく，正に国語科目なのであっ

93

た。ここには，句読も解義も見えない。一見洋学履修の言語科目かと誤認されるほど酷似している。これを南校普通科の言語科目と比較すると，次のような関係を示している。

　　○普通科・建立伺に共通の科目
　　　　綴字　習字　単語　会話　文話
　　○建立伺にない科目
　　　　書取　東牘　作文
　　○普通科にない科目
　　　　読本

注1　石川謙；日本庶民教育史；昭和4年　刀江書院刊；第3編第3章2寺小屋の意味づけのための「庶民教育の機関」の価値，P.352，富山・仙台・金沢・三河の一部は士庶共学であった。

注2　石川謙；日本学校史の研究；昭和35年小学館刊；P.265

注3　石川謙；寺子屋；昭和35年2月　至文堂刊；第3章2寺子屋普及の一般的傾向の末尾P.91

注4　石川謙；寺子屋；第5章1学習指導のありさまP.196

注5　石戸谷哲夫；日本教員史研究；野間教育研究所紀要第19集，講談社　昭和33年12月刊，A5判482P.P.

注6　「宝暦五年亥六月中旬，寺子式目」（他に「寛政三亥三月，寺子式目」全18丁の一本もあり）他の識語がない。美濃判24丁。東京学芸大学図書館望月文庫所蔵。

注7　沼田次郎；洋学伝来の歴史 日本歴史新書；昭和35年6月至文堂刊；B6判P.216

注8　大槻玄沢；蘭学楷梯 上下；「例言　天明三年癸卯季秋初吉　東奥玄沢　大槻茂質子煥父識」「天明八戊申年暮春　群玉堂誌」刊，1788年

注9　P.525　4③

注10　小学教師教導場建立スルノ伺；「壬申四月廿二日文部省正院御中」；文部省，学制五十年史；大正11年10月刊。

注11　東京開成学校沿革略誌；東京開成学校一覧
THE CALENDAR OF THE TOKIO KAISEI-GAKKO OR IMPERIAL UNIVERSITY OF TOKIO ；日本文P.121，英文P.44；明治9年，（月欠）同校刊，内閣文庫所蔵；P.9所載，に拠る。

注12　三田演説第百回の記；福沢全集第4巻；大正14年12月　時事新報社編

刊；P. 577福沢文集第2編（松口栄造・明治11年1月刊）
- 注13 学者の三世相；福沢全集第4巻（同上注6）；P. 530福沢文集第1編（同上書）
- 注14 （前掲）沼田次郎；洋学伝来の歴史；第13章 幕末における洋学の内容と意義 P. 190
- 注15 洋学指針 英学部；「柳河氏駿鸞楼蔵，慶応三年丁卯刻成（月欠）；発兌 大和屋喜兵衛」；中型版全22丁
- 注16 法語階梯；「LES PREMIERS PAS DE L'ENFANCE yedo le troisième an de quei-au ；慶応丁卯刻（月欠）1867開成所」14丁
- 注17 洋学道案内 全；総生寛著；「明治七年甲戌第一月新鐫・文正堂山口安兵衛梓」；教科書判型全30丁
- 注18 S. R. BROWN, D. D. は，"PRENDERGAST'S MASTRY SYSTEM, ADAPTED TO THE STUDY OF JAPANESE OR ENGLISH." を，F. R. WETMORE & CO. 横浜から，1875年（明治8年）6月に刊行している。これは会話書である。「亜国教師ブラヲン」と同一人であろうか。
- 注19 Marcius Willson; THE FOURTH READER（後出）
- 注20 初学読本；福沢英之助訳；同 諭吉出版
全1冊69丁；1875年亜国サーセント氏リーダー，1860年同国ウイルソン氏リーダー其の他から抄訳（准刻書目癸酉三月の解説）癸酉は明治6年。
- 注21 玉かつま；本居宣長 寛政6年（1794年）〜文化9年（1812年）成立；初若菜一がくもん；本居宣長全集第八 玉勝間 P. 17
- 注22 洋学伝来の歴史；沼田次郎；昭和35年6月至文堂刊；第3章1新井白石
- 注23 現代国語思潮；日下部重太郎；昭和8年6月中文館刊A5判 P. 349；第二，三 前島密男爵の直話及び建白文 P. 59
- 注24 日下部が南部に直話した年月は明治4年8月であるが，雑誌「洋々社談」に載っている「文字ヲ改換スル議」の建白文の冒頭には，明治5年4月となっている。
- 注25 文字之教；福沢諭吉；A5判巻一（24丁），巻二（30丁），附録（30丁），福沢全集収載「端書」
- 注26 明治以降国字問題諸案集成；吉田澄夫・井之口有一・昭和37年7月風間書房刊 P. 1013
第一部漢字編解説 P. 33「文字之教」新出漢字表によれば，第1巻319字，第2巻300字，第3巻（附録）183字 合計802字。日下部（現代国語思潮 P. 102）の計算法では合計928字。
- 注27 日下部重太郎；現代国語思潮；P. 115
清水卯三郎直話として「事柄をわりくだいて筋道をたゞすこと」を「ことわり」というように，「物をわりほごして品を見しらべること」を「も

のわり」と云ったとある。

注28 明治文化全集　第十巻；吉野作造編　昭和3年3月日本評論社刊；海後宗臣の解題がある。それによると，Education in Japan は1873年（明治6年）ニューヨーク，アップレトン会社刊，P. 250程；学制実施経緯の研究，尾形裕康著　昭和38年11月，校倉書房刊，P. 75第四章森有礼の教育刷新活動に詳述。

注29 文部大臣森子爵之教育意見；日下部三之介編　明治21年2月金港堂刊46判全P. 190；年譜

注30 William Dwight Whitney　；1827～1894年
合衆国の言語学者・梵語学者。理論は歴史的・心理的傾向をもつ。著書「言語及び言語の研究」「言語の生命と成長」「梵語文典」など。（新村出編広辞苑P. 1936, 岩波書店刊）

注31 英ヲ採リ華ヲ咀ヒ。すぐれた点をとり入れる意。
方言　地方の言語の意，本文では国語の意であろう。

注32 安藤正次；国語国字諸問題，P. 14；昭和12年3月刊岩波講座国語教育

注33 表紙には "Japanese Grammar" とあり，扉には "An Elementary Grammar of the Japanese Language with easy Progressive Exercises" とある1873年（明治6年）London Trübnere & Co. 刊　TATUI BABA と署名。国会図書館所蔵本（旧上野帝国図書館所蔵本）

注34 明六雑誌　第10号（明治7年6月刊）所載。

注35 エスペラント；Esperanto 希望ある人の意，ポーランドの眼科医ザメンホフ Lazarus Ludwig Zamenhof（1859～1917）の創意になる国際語。各国語に共用されている単語を採ったもので，字母は28，その基礎単語数は1900，文法的構造はきわめて簡単。1887年（明治20年）公表。明治39年本邦に渡来。（新村出, 広辞苑P. 229, 岩波書店刊）

注36 九鬼巡視功程；文部省第4年報（明治9年）P. 49；九鬼手箚はP. 54

注37 小学教授書；明治6年5月文部省編・師範学校彫刻；「第七単語の図」（18丁オ）に，「第四単語の図」（15丁オ）に竈がある。

注38 西村巡視功程；文部省第4年報（明治9年）；西村巡視功程附録はP. 43に収載。

注39 佐沢太郎；文部省　明治6～9年刊「仏国学制」を河津祐之とともに翻訳。

注40 第二読本下巻奥付，官許明治6年7月・同年9月発兌　大阪南久太郎町四丁目　布目雄蔵；133㎜×182㎜和装　各巻25～27丁。「日本政府図書」の朱印あり。内閣文庫所蔵；原本は，第一読本上巻・第二読本下巻・第一読本下巻・第二読本上巻という順に乱綴してある。

注41 かふぶみ　の　よみほん　を　すりまき　ゝ　もの　志て　よ　ゝ　ひ

```
　　ろむ　と　て　はまちどり　ふみおく
　　あと　は　よそぢ　あまり
　　いそふ　つむ　こ　も　よみ　や　ゐらはん
　　めいぢ　むとせ　と　いふ　と志　の　やつき　ばかり
　　とりやま　の　ひらく
```

注42　日下部重太郎；現代国語思潮（前出）第三明治時代中期篇P.142

注43　字音仮字便覧　全；大久保忠保著　本居豊頴序，明治8年12月　恪堂蔵梓；四六判24丁

注44　日本小学文典　巻上；安田敬斎著，田中義廉閲，明治10年1月「柳原喜兵衛発売」；A5判23丁

注45　文学博士那珂通世君伝；三宅米吉著　大正4年8月刊；文学博士三宅米吉著述集（昭和4年10月，同刊行会編　目黒書店刊）第一部著書に収載。P.267～P.333

注46　東洋文庫論叢第九本篇；橋本進吉　文禄元年天草版吉利支丹教義の研究；東洋文庫昭和3年1月刊P.3参考；村岡典嗣編，吉利支丹文学抄，大正15年5月改造社刊

注47　橋本進吉　吉利支丹教義の研究P.5

注48　高羽五郎　金沢市上鷹匠町3の2；昭和31年10月印刷の「コンテンツースムンヂ」（原文）は国語学資料第14輯であるが，その巻尾に第1輯「サントスの御作業」（翻字篇・全4冊P.83昭和24年3月刊）以後私頒の目録を掲載。

注49　望月久貴；近代ローマ字教育の史的考察；昭和34年度学校教育研究所年報第7号P.155～P.169

注50　童蒙英学手引草；雪外逸人校正；岸野復序　明治五壬申歳二月，青山堂，雁金屋清吉梓；四六判　16丁

注51　絵入智慧の環　3編下・詞の巻；古川正雄著「明治5壬申年春　売弘所岡田屋嘉七」；A5判21丁

注52　第一教小学綴字篇；片山淳吉著・横山由清閲　明治六年一月初度刊行　万蘊堂，魁文堂発兌A5判　36丁

注53　小学授業次第；名和謙次著　集義社刊；A5判　初篇22丁

注54　小学入門授業法；渋江保著　明治九年一月三十一日出版　出版書肆一貫社発兌A5判44丁

注55　文部省出版書目；四六判　洋装P.60「凡例　此冊子ハ文部省並ニ旧大学南校　東校編輯寮等ニ於テ出板セル書目ヲ掲記シ附スルニ直轄学校等ノ出板書目ヲ以テス」編者・刊年ともに未詳。書目中に「小学読本高等科1，2冊　同17年5月金一」と，この項だけ空欄になっているから明治17年の刊行歟。国立国会図書館（旧上野）所蔵。

注56　教育五十年史；国民教育奨励会（会長　沢柳政太郎）編　大正11年10月　民友社刊；P.6
注57　西澙巡視功程；文部省雑誌第7号収載；明治6年11月27日発行。
注58　伊沢修二輯訳；教授真法初編；明治8年10月　田中稔助刊；Ａ5判　巻一31丁・巻二37丁・巻之二第一節実物課下「広義」の欄に収載。
注59　高木真蔭　ヨミコエノシルベ　全一冊；明治7年1月桃之屋刊；四六判　61丁　全文片かな分かち書き
注60　綴字篇附説巻之上；片山淳吉編輯　明治六癸酉一月　Ａ5判　17丁
注61　中島巡視功程；明治10年9月8日発程、10月27日帰京；第七大学区内秋田県第六大学区内山形県巡視功程，12月開申
注62　第七大学区内岩手青森二県巡視功程；明治11年9月15日発程・11月19日帰京；岩手青森二県学事通覧；年報P.63
注63　旧岩国藩　小学条例；文部省編　日本教育史資料弐巻六山陽道　783丁オ「辛未（明治4年）九月学校条例」の中「小学条例」第五十章　教授ノ科目，第五十四章乙　等級
注64　小学教授書；23丁オ，第四連語の図
注65　太田随軒；会話篇　巻一，二；明治6年8月　椀屋喜兵衛発兌；教科書判　巻一　39丁・巻二　40丁
注66　田中義廉　小学日本文典；明治7年1月刊　発兌雁金屋清吉　2冊（31丁・36丁）美濃判
注67　学問のすゝめ五編；合本学問之勧序（明治十三年七月三十日福沢諭吉記）；第一編明治5年2月に初まる。；福沢諭吉全集第3巻　大正15年4月　時事新報社刊
注68　埼玉県年報；文部省第4年報（明治9年）P.82所収，埼玉県令白根多助の開申
注69　学問のすゝめ；第17編人望論第一言語を学ばざるべからず；福沢全集第3巻（前出）P.141
注70　参考；明治文化史第3巻教育・道徳編（村上俊亮・坂田吉雄編）；開国百年記念文化事業会；昭和30年洋々社刊
　　　○日米文化交渉史3　宗教・教育篇（岸本英夫・海後宗臣）；同会編；昭和31年同社刊
注71　文部省第1年報（明治6年）；152丁オ　東京開成学校沿革
注72　東大文書南校教育史料；明治5年 従正月至11月 含要類纂巻之卅三本省往復之部（倉沢剛手写）；「東京開成学校用紙」を用いている。
注73　教育雑誌第65号表紙裏面に「例言」が掲載されている。
　　一，此冊子ハ内外教育ニ関スル方法論説等ヲ輯メテ刷出スルモノトス
　　一，此冊子ハ逐号刷出シテ遍ク公衆ノ裨益ヲ謀ラントス四方ノ教育家実際

ニ就テ見ル所アラバ其論説等ヲ寄付スルヲ吝ムコトナク以テ文部省採輯ノ料ニ資セヨ（下略）

注74 倉沢剛「学制」以前における小学校の成立過程；原田実博士古稀記念教育学論文集「人間；形成の明日」P. 413；昭和36年11月同編纂委員会刊 A5判 P. 738
注75 内閣記録局編，法規分類大全，学政門
注76 幕末西洋文化と沼津兵学校；米山梅吉；昭和9年4月三省堂刊非売品 162P. P.（他に附録44P. P.）；附録の2
注77 文部省 日本教育史資料 壱；巻二東海道P. 189；明治23年7月冨山房刊
注78 注74の文献P. 420
注79 内閣所蔵 太政類典第一編学制之部 2年12月18日東京府へ達
注80 東大文書 東校教育史料 規則留（稿本）
注81 京都小学五十年誌；大正7年12月京都市役所刊；P. 164第一編 京都小学の沿革 第七章教科
注82 注75，文部省編 学制五十年史；大正11年10月中外印刷刊；P. 23
注83 吉田熊次著 本邦教育史概説；大正11年4月目黒書店刊；後篇第2章 P. 252
注84 注82 および注74P. 423
注85 京都小学五十年誌（前出）；P. 166五科規則
注86 E. B. Huey; The Psychology and Pedagogy of Reading; 1908年刊 N. Macmillan & Co.
注87 内閣文庫所蔵府県史料（稿本）；東京府史料；第三章学則
注88 文部省編 日本教育史資料弐；明治23年10月刊P. 156, 238
注89 文部省編 日本教育史資料壱P. 8
注90 倉沢剛所蔵「大学南校舎則・大学南校規則」木版刷20枚綴
注91 文部省編 学制五十年史；大正11年10月中外印刷刊，A5判428P. P., P. 61第三章 第二期 第七節 師範教育に所収。

第2章　学制小学国語科目の制定

第1節　学制国語科目

　こうして事態は急速に進展し，小学教師教導場開設の動きとともに，学制取調の仕事が取りあげられていた。当局である文部省が設置されて，ようやく5か月目であった。これより先，政府は4年7月「大学ヲ廃シテ文部省ヲ置キ教育事務ヲ総判シ大中小学校ヲ管掌セシム」(注1)ることとした。「此時太政官出仕従五位江藤新平ヲ以テ文部大輔ニ任シ旧大学校ヲ以テ文部省トナシ従前ノ官員ヲシテ更ニ文部省ノ官員タラシメ又大中少博士大中小教授正権大中少助教等ノ教員ヲ定ム」(同上)るに至った。したがって，5か月後，学制取調掛に任じられた，箕作麟祥他11名の面々は，そのまま文部省の官員であるとともに，大学東校・南校の教官その他でもあった（末尾4⑱学制取調掛任命書・参照）。

　さて，前記の小学教師教導場建立伺が，教授目の列挙に続けて，

　　　右諸件之義今般奉伺候学制中略其意ヲ陳述ス　未タ其允可無之候得共
　　（下略）

と書いているところから推察してもわかるとおり，建立伺を提出した当時，すでに学制の草案は提出されていたとみられる。そして，学制立案者も建立伺起草者も，さらに大学南校規則の作成者も，すべて等しく大学や文部省の官員であった。しかも，それらの作成年時が近接重複していたから，同一官員でそれらの掌理に歴任した者も少なくなかったと思われる。開成学校・大学南校に勤続した辻新次などは，正にそのひとりであった。

　このような事情も，南校規則で用いた洋語履修科目が，やがて建立伺では国語の履修科目に転用され，さらにまた，それが学制の国語科目に踏襲されたという推定と，何がしかの関連があるように思われる。もちろん，それは単に，文部業務を同一官員が掌理していたという理由だけの推定で

はない。むしろ，重要な論拠は，洋学履修によってつかんだ言語意識，言語観が，新しく覚醒された国語意識，国語観を形成したということで，その過程については，すでに第1章第1節(2)「開明期，洋学機関の国語科目」において詳考したとおりである。

　さて，前掲建立伺は，国語科目を洋語科目に学んで構成した最初の資料として，それはきわめて重要な意義を持つものとなった。なぜならば，建立伺が正院に提出された5年4月から4か月後に頒布された学制の国語科目が，建立伺所載の科目に準拠し，大同にして極めて小異と言えるからである。こうして，明治5年8月3日，文部省から布達第13号をもって，

　　従来ノ府県学校ヲ廃シ更ニ学制ニ随ヒ設立ノ事

が発せられ，同日，布達第14号をもって，

　　学制相渡候条総テ処分可伺出ノ事

が発せられ，地方官民は「学業奨励ニ関スル被仰出書」とともに学制全文に接することとなった（注2）。

　そして学制中，「小学」の規定は，通し番号で第21章から第28章までに記載されているが，第27章には小学教科が列挙された。

　　第二十七章　尋常小学ヲ分テ上下二等トス此二等ハ男女共必ス卒業スヘキモノトス 教則別冊アリ

　　下等小学教科

　　　一　綴字　読并盤上習字

　　　二　習字　字形ヲ主トス

　　　三　単語　読

　　　四　会話　読

　　　五　読本　解意

　　　六　脩身　解意

　　　七　書牘　解意并盤上習字

　　　八　文法　解意

　　　九　算術　九々数位加減乗除但洋法ヲ用フ

　　　十　養生法　講義

　　　十一　地学大意

　　　十二　理学大意

十三　体術
　　十四　唱歌　当分之ヲ欠ク
　　　上等小学ノ教科ハ下等小学教科ノ上ニ左ノ條件ヲ加フ
　　一　史学大意
　　二　幾何学罫画大意
　　三　博物学大意
　　四　化学大意
　　　其地ノ形情ニ因テハ学科ヲ拡張スル為メ左ノ四科ヲ斟酌シテ教ルヿアルヘシ
　　一　外国語学ノ一二
　　二　記簿法
　　三　図画
　　四　政体大意
　　　下等小学ハ六歳ヨリ九歳マテ上等小学ハ十歳ヨリ十三歳マテニ卒業セシムルヲ法則トス但事情ニヨリ一概ニ行ハレサル時ハ斟酌スルモ妨ケナシトス

上掲下等小学教科を検討すれば，すべて14教科中，50％の7教科が実に国語関係であり，それらは1・2・3・4・5・7・8番の諸教科である。あるいは突然本章を手にしたら，洋学科目と混同するかも知れない教科名の配列であり，そこには近世以来親しんだ，素読・句読などの科目名が姿を没し，習字がわずかに残された状況である。ここで，これまでの国語（言語）科目名の経過をたどってみよう。

　　素読・書学（諸府県施政順序）（2年）
　　素読・手習・講釈（沼津小学校）（元年）
　　読書・筆道（京都小学）（2年）
　　句読・習字（大学・小学規則）（3年）
　　句読・習字・諳誦（改正京都小学）（3年）
　　句読・解読・講究（東京府仮小学規則）（3年）
　　素読・解読・習字（金沢小学所）（3年～4年）
　　句読・習字（旧郡山藩小学生）（3年～4年）

　上記一連の経過は，明らかに藩学・寺子屋の伝統を汲むもので，公示さ

れた学制科目と比較すれば,学制科目は,この延長線上に位しないのであった。そこで,次に「洋語学」の経路をたどる。

　　語学　　　　　　　　（大学・中小学規則）（3年）
　　英独語学五百言　　　（改正京都小学）（3年）
　　綴字・習字・単語 ｝
　　音調・文典　　　　（旧郡山藩小学生「洋学」科）（3年〜4年）
　　綴字・習字・単語 ｝
　　会話・文典・書取　　（南校普通科）（3年〜4年）
　　作文・束牘　　　

そして上掲洋語学の延長線上に,あたかも突然変異の現象のように,国語科が,ただし次に見る複合式の国語科が出現したのである。

　　綴字・習字・単語 ｝
　　会話・文法・読本　　（小学教師教導場建立伺）（5年）

そして,学制第27章小学下等小学教科の国語関係科目は,公示年月に従えば,実にこの延長線上に位置することとなる。もっとも,「学制」草案の大綱は,早くも5年1月に決定,3月に左院に提出,4月に正院に提示したとされており(注3)建立伺の末尾「今般奉伺候学制中略其意ヲ陳述ス未タ其允可無之候得共云々」から推察しても,学制草案の方が先行したかも知れない(建立伺の草案成立年月が未詳であるから,断定は不可能)。

　まずは,学制草案・建立伺とともに,ほぼ同時成立的なものかも知れない。いずれにせよ,公示年月に従えば,学制の国語科目は,

　　綴字・習字・単語・会話・読本・書牘・文法

として,建立伺より後に成立したのである。なお,建立伺との異同は,書牘だけが添加されたことになる。しかもこれは,南校普通科における洋語科目中に,「束牘」としてあるものである(束は簡で束牘も書牘も手紙の意)。それから,やはり洋語科目にある書取と作文とは,5年9月に施行された小学教則の中に収められることとなった(後述)。こうして通観してみると,大学普通科の語学科目と,小学教師教導場建立伺の国語科目と,学制国語教科との三者が,相互に一連の関係によって結ばれていると指摘することができるのである。東京大学文書(文部省往復明治五年乙；明治文化資料叢書巻第八,P.7)の中の,「別冊学制一部相渡候条自今右ニ基キ改正

相成候様可心得候事　壬申七月廿二日　文部省」という信書が，その発布の10日ほど前に，あらかじめ南校に送られていた事実は，やはり南校と学制との結びつきを語る傍証となろう。

――――――――――――――

注1　文部省第2年報（明治7年）；P. 456　文部省沿革概旨
注2　文部省布達全書　明治五年八月三日の条学業奨励ニ関スル被仰出書；明治五年八月二日太政官布告第214号；法規分類大全　第一篇　学政門一
注3　松本賢治・鈴木博雄，原典近代教育史；昭和37年5月福村書店刊　Ａ5判 P. 377；第一編ⅡP. 52；井上久雄，学制成立過程に関する若干の考察，付学制原案校注；広島大学教育学部紀要第一部第8号1960年；学制原案の成立を5年2月末乃至3月初と推定している。

第2節　文部省小学教則国語科目

　学制が頒布されて約1か月後，文部省は9月8日同省布達番外（文部省布達全書；明治5年）をもって小学教則を公布した。この教則の末尾には，
　　明治五年壬申七月　　文部省
と明記されており，さきの学制の末尾に記載されたのと同文であるから，学制も小学教則も，ほぼ平行して成立したものとみることができる。

(1)　教科目

　ところで，すでに検討したとおり，学制第27章に制定された国語関係科目は，次の7科であった。
　　綴字　習字　単語　会話　読本　書牘　文法
これらの科目に対して，教則の規定が次のように示された。学制においては，上等小学教科にも，国語関係の下等小学教科が踏襲されることになっているが，この点，教則の方に，多少のずれが指摘される。
　○下等小学
　　綴字　習字　書牘　文法
　　単語読方　単語諳誦　単語書取
　　会話読方　会話諳誦　会話書取
　　読本読方　読本輪講
　○上等小学
　　細字習字　細字速写
　　書牘作文　書牘
　　読本輪講
　　文法
そこで，学制教科目との関係を対比すれば，次のようになる。
　　綴字　下等8・7級
綴字は本来語学入門科目であるから，下等6級以上および上等に継承さ

れないとしても当然である。
　　習字　下等8〜1級
　　　　　上等8・7級　細字習字
　　　　　　6〜1級　細字速写
　下等は「習字」で通し，上等に至って細字を選修し，6級以上でその速写を選修しているのは，実学性にもとづく常識的な処置である。
　　書牘　下等3〜1級；上等5・4級
　　書牘作文　上等8〜6級；3・2級
　下等の書牘は私用書簡，上等のは公用書簡（日誌類）で，いずれも読み慣れることの練習であり，上等の8・7・6級の書牘作文が日用書簡文，同じく3・2級が公用書簡文の作成であった。この欄の5・4級が欠けているのは，日誌類を用いての公用文の読みが「書牘」として施され，3・2級での公用文の「書牘作文」の準備とされているからである。そして，1級には書牘もその作文もない。要するに，単に「書牘」と呼ばれる教科は，書簡を読むこと，「書牘作文」と呼ばれる教科は，書簡文をつづることを内容としていた。当時の小学で公用文まで作らせようとしたことが注目に値する。
　　文法　下等4級〜上等1級
　ただし，各級とも「当分欠ク」となっている。国文法の新体系は，これより3〜4年を経ないと，教育の対象とならなかったのである（後述）。
　　単語　単語読方下等8・7級
　　　　　単語諳誦下等8・7級
　　　　　単語書取下等6〜4級
　　会話　会話読方下等7・6級
　　　　　会話諳誦下等5級
　　　　　会話書取下等4級
　　読本　読本読方下等6・5級
　　　　　読本輪講下等4〜1級
　　　　　　　　　　上等8級
　上掲3教科は，教則の場合「読方・諳誦・書取」と「輪講」が連称されて，さらに数科目を構成している。これらの名称は，いずれも教授法を意

第2章　学制小学国語科目の制定

味するものであるから，たとえば「単語読方」が1教科として独立したものと考えるよりも，単語教科中の1分科と見るべきであろう。そして，このように，教授法的分科が，独立教科（綴字・文法等）と並列せられていることは，次のような論拠から，やはり外国語学の履修に原由するものと考える。

　文部省第1年報（明治6年）によれば（同書153丁オ），大学南校は明治「六年四月校名ヲ改メ開成学校ト称シ遂ニ専門ノ学ヲ開ク諸芸学ハ仏ニ取リ鉱山学ハ独ニ取リ法学理学工業学ハ之ヲ英ニ取ル且ツ教師ヲ選ミ教則ヲ改メ下等中学第一級以上ノ生徒ヲシテ其志ス所ニヨリ各専門科ニ」入らしめた。当時の法学校・理学校・諸芸学校・鉱山学校・工業学校等の「学校順序」と「学科教授書籍」をあげているが，その中から工業学校の場合を一部分引用する。

　　　工業学校学科順序
　　　　　　予科第六級甲　一週六日間三十時　以下之ニ同シ
語学　十二時
　｛文典　三時　地理　二時　作文　二時
　　読方　二時　書取　二時　諳誦　一時
算術　六時　代数学　三時　幾何学　三時　博物学　三時　画学　三時

　　　　　　同第六級乙
語学　十六時
　｛読方　二時　書取　三時　作文　二時
　　会話　一時　文典　四時　諳誦　一時
　　地理　二時
算術　八時　代数学　二時　幾何学　二時　画学　二時
　　　学科教授書籍
　　　　　　英工業学予科第六級甲
第四リードル　　地理書　博物書　算術書　代数書　幾何書
サンダルスユニヲン　ガヨット　テンニー　ヘルテル　ロビンソン　フラットバーリー
文典
ブラウン

同第六級乙

代数書　幾何書　　　文典　　第四リードル　算術書　地理書
タビース　フラットバーリー　ブラウン　　　　　　　　ヘルテル　ガヨット

　上記工業学校教則によれば，語学の部に，文典・作文・会話などと並んで，読方・書取・諳誦がある。この場合の「読方」は，SANDERS' UNION FOURTH READER（注1）を教科書としたものと考えられ，「書取」や「諳誦」は，並列している文典や会話や地理などの内容を書取ったり諳誦したものであろう。

　また，東京外国語学校は明治6年8月に改称されているが（同書163丁ウ），その英・仏の上等下等語学の教則が次のように示されている。

　　学科
　　　　英上等語学第一級　一週三十時
　画学　二時　文典　三時　読方　三時　作文　二時　書取　二時　諳誦　一時　算術　二時　代数学　二時　幾何学　二時　習字　二時　綴字　二時　論理　一時　歴史　二時　地理　二時　会話　二時
　　　　英下等語学第二級　同上
　読方　六時　会話　四時　綴字　二時　書取　三時　作文　二時　諳誦　一時　文典　四時　習字　二時　算術　六時
　　　　仏上等語学第四級　同上
　読方　四時　算術　五時　書取　三時　会話　三時　歴史　三時　地理　三時
　文法　四時　作文　四時　諳誦　一時
　　　　仏下等語学第二級　同上
　単語　三時　算術　二時　作文　二時　書取　五時　会話　六時　読方　三時　文法　三時　書方　六時
　（独　上等下等語学　省略）
　　学科教授書籍
　　　　英下等語学第二級
第四リードル　　　万国史　　地理書　　　　　　算術書
サンデルスユニオン　バーレー　コロ子ルインテルメジート　コルテルホルストブック
会話
ベランジー

英下等語学第三級

第三リードル　　小文典　　　スペルリングブック　　会話
サンデルスユニオン　クエツケンボス　エブストル　　　　ベランジー

算術書
ヘルテルホルストブック

　上掲東京外国語学校の場合も，東京開成学校とほぼ同様な教科の設定をしている。これらを次の表に整理してみよう。東京開成学校の場合は「語学」の諸教科，東京外国語学校の場合は語学関係諸教科を取り出してみた。

	工業学校予科6級甲	同乙	外国語学校英上等語学	同下等	同仏上等語学	同下等
綴字			○	○		
習字			○	○		○
単語						○
会話		○	○	○	○	○
読本	〈教授書籍の部に掲載〉					
文法	○		○	○	○	○
読方	○	○	○	○	○	○
書取	○	○	○	○	○	○
諳誦	○					
作文	○	○	○	○	○	○

　以上要するに，「読方・書取・諳誦」は，ほとんど例外なしに課された科目であり，「読本」科がないのは，「読方」科があるからである。これらの学校は，既述のとおり，明治6年4月，同8月の制定で，小学教則に遅れること7～11月である。しかし，小学教則の教科目に模倣して，これらの外国語学の教科目（中学以上）を設置したとは，その学校の性質上到底想像できないであろう。すでに大学南校においては，開成学校や外国語学校で示されたような語学履修科目があったのであろうと推定され，南校教官兼職の学制取調掛，文部官員等の関係から，小学教則の教科，教授法的分科が，南校の制度に準拠しながら成立したのであろうと思われる。

(2) 授業時数

　明治5年11月10日，文部省布達番外（文部省布達全書；明治5年）をもって，「小学教則概表」が公布された。各級すべて1週間30時の時数を，一律にそろえて，各教科の時間を配分することに苦心が払われている。ここにおいて，国語関係科目が占める割合を，各級別にみると，次のようである。

下　等　小　学　科			上　等　小　学　科		
級	時	%	級	時	%
8	22	73.3	8	12	40.0
7	22	73.3	7	8	26.7
6	22	73.3	6	8	26.7
5	18	60.0	5	6	20.0
4	16	53.3	4	6	20.0
3	14	46.7	3	6	20.0
2	14	46.7	2	5	16.7
1	12	40.0	1	2	6.7
平　均	17.5	58.3	平　均	6.6	22.1

　教科目数が全体の半数余に達するから，授業時数においても，下等小学で，毎週全時数の$\frac{2}{3}$弱，58.3%の優位を占めている。上等小学に及べば，さすがに他教科が進出するので，全時数の$\frac{3}{4}$強，22%に落ちる。これは，言語観が言語道具説を中心とした当時としては，自然の現象であろう。下等小学8級は，実に73.3%で発足し，逐次漸減する傾向をたどっている。上下等合わせての平均は毎週12.1時，40.2%というところで，半分弱の位置を保持していると言える。

(3) 教授法

　小学教則の各教科目には，教授法と教科書，教材が簡単ながらも述べら

れている。もっとも，先に頒布された学制の第27章にも，各教科の下に，次のように示されていた。

　　下等小学科
　　1　綴字　　読並盤上習字
　　2　習字　　字形ヲ主トス
　　3　単語　　読
　　4　会話　　読
　　5　読本　　解意
　　6　修身　　解意
　　7　書牘　　解意並盤上習字
　　8　文法　　解意
　　9　算術　　九々数位，加減乗除　但洋法ヲ用フ
　　10　養生法　講義
　　（下略）

　きわめて暗示的ではあるが，取扱いの内容や方法が指摘されていた。小学教則は，これを受けて，やや詳述した形が認められる。しかしながら，そこに見られる教授法は，きわめて常識的であって，教授原理というものはとらえられないのみならず，「尤字形運筆ノミヲ主トシテ訓読ヲ授クルヲ要セス教師ハ巡廻シテ之ヲ親示ス」（下等第八級習字），「又ハ未タ学ハサル所ヲ独見シ来テ諳誦セシム」（下等第五級会話諳誦），「西洋事情等ノ類ヲ独見シ来テ輪読述セシム」（上等第八級読本輪講）などとあり，習字「親示」の寺子屋式，「独見」・「輪講」の藩学式などの教授法が目立つのである。つまり，小学教則の教授法がこの域にとどまり，近代的な言語教授法の導入には，師範学校の授業研究に待たなければならなかったことがうかがわれる。小学教授法の研究機関が備わらず，海外の語学教授法書の伝来に欠けていた明治初年の国情から，やむを得なかったのであろう。

(4)　教科書・教材

　本教則の一大特徴は，教科書・教材類が，ていねいに各教科目に示された点である。実にこれによって，かなりの具体性を持つこととなった。し

かし，当時の状況から判断しても，このような要求に応ずるために，教科書や教材の類があらかじめ準備されていたのではないから，そのうちの大部分が，やがて現場から姿を消すようになったのである。次に，教則収載の教科書類を通覧検討しておく。

|綴字科|

〔うひまなび〕　柳河春蔭編輯

慶応3年刊・紀伊国屋源兵衛発兌　教科書判14丁（注2）

　○ひらがな　いろはにほへと………

　○かたかな　イロハニホヘト………

　　　　ン　ノ　モ　寸　コ
　　　ん　して　とも　とき　こと

　○かずのもじ　一いち　二に　三さん…

　○五十いん　〈両仮名〉

　○にごりがな　〈濁音〉

　○かなづかひ

　　　アカ　アサ　アタ　アナ　アハ　アマ……

　○かなふたつのことば

　　　いろ　いは　い不　いへ　いと　いち……

　○にごりがなあることば

　　　いぼ　いぢ　いが　いづ　いご　いで……

　○かなみつのことば

　　　いろは　いはほ　いとこ　いどむ　いとま　いとふ……

　○からのもじのこゑのかなづかひ

　　　アカガサザタダナハバマヤ……

　○なほつぎのまきをよみてつまびらかなることをしるべし

〔絵入　智慧の環・詞の巻　初編上〕　古川正雄著

明治三庚午八月，古川氏蔵板　売弘所・岡田屋嘉七；教科書判20丁

　　（注3）

　○いろは……ん

　○にごり　いろばにぼべど……ん

○いろはにほへ……
○犬ぬ 櫓ろ 蜂はち 鶏にはとり……
○ひとつ ふたつ みつ よつ……
○一ち 二に 三さえ……
○父ふち 母はは
○ひがし にし みなみ きた
　　　東とう 西ざい 南なん 北ほく
○左さだり 右いみぎ 上じゃう か下げた
○日 は ひがし より いで にし に いる
○天てんめ 地ちら 日つひ 月げつき
○日月は 天に かがやき
　草木は 地に おふ
○春しゅは 夏かな 秋しうき 冬とふゆ
○はる は はなみ
○なつ は すゞみ……
○十干じっかん きのえ 甲……
○十二支 ね 子……
○きのえ ね　　きのと の うし
○むつき 正月しゃうぐわつ…………しはす 十二月じうにぐわつ
○大小だいせう うるふ 閏じゅん
○た を すく さま 〈さしえ〉
　たねまき なはしろ なへ……

　　　　　　初編下
〔絵入 智慧の環・詞の巻〕　　古川正雄著
明治三年庚午八月・Ａ５判20丁
○かたかな イロハ……
　　キ ヒ ⌐ ン ノ
○アイウエオ……
○にごり (濁音だくおん)
　なかばのにごり (半濁音はんだくおん)
○あいうえお　〈平がな五十音〉

○いえう　みぎの　みつの　もじには　ふかき
　　　　　いはれ　あること　なり。こは
　　　　　つぎの　編に　とき　さとさん
○およそ　ひと　として　そろばん　のし　みづひき……
　　など　の　ごとき　ありふれたる　ものゝな　を　しらざるは　なし
　　されど　ことば　にも　また　な　ある　こと　を　しれるひと　ぞ
　　いと　まれなる
　　いざ　ことば　の　な　を　ときしらせん
○|第一|　なことば　　　　　（名詞　とも　いふ）……
　|第二|　かへことば　　　　（代名詞　とも　いふ）……
　|第三|　さまことば　　　　（形容詞　とも　いふ）……
　|第四|　はたらきことば　　（動詞　とも　いふ）……
　|第五|　そひことば　　　　（副詞　とも　いふ）……
　|第六|　あとことば　　　　（後詞　とも　いふ）……
　|第七|　つなぎことば　　　（接続詞　とも　いふ）……
　|第八|　なげきことば　　　（歎息詞　とも　いふ）……
　　みぎ　の　やしなの　ことば　を　八品詞　とは　いふなり
○わたりものゝ　なよせ　蒸気船……
〔ちゑのいとぐち〕　　古川正雄著
明治四辛未十一月　明治四年初版・同五年増補再版
売弘所　雁金屋清吉；四六判35丁（注4）
○〈両仮名のいろは歌・濁音・半濁音〉
○ひと　よみきり
　　いろ　いは　いふ　いへ……
○〈いろは順に単語並列　じうさん　よみきり　まで〉
○じうし　よみきり
　　わたくし　われ　あなた……
　　これ　それ　かれ　あれ……
○じうご　よみきり
　　あなた　の　ごほん
　　これ　は　わたくし　の　ほん
○じうろく　よみきり

114

くろ　いぬ，くろい　いぬ，くろき　いぬ
　○にじうはち　よみきり
　　ひつじ　は　どこに　たくさん　ゐ　ます　か　○とほい　にし
　　の　くにぐに　に
　○は　を　わ　と　よむ　ことば　いは　には　……

　以上3種の指定書を検すると，まず，いろは歌・五十音によって両仮名を数え，合字・数字・十干十二支・方角・単語類から文法の初歩にまで及んでいる。要するに，かなづかい（綴字）を教授することに主意があったと思われる。教則第7級に五十音がありながら，いろは歌はないことが注目される。

> 習字

　〔手習草紙〕　　瓜生寅著　廿七匁五分　3冊（注5）
　〔習字本〕　著述出版　宇都宮三郎　一号ヨリ二十号マデ
　　附筆ノ始シメ一枚
　　幼童ニ筆法ヲ教ユル｝ヲ記ス（注6）

　師範学校編・文部省刊行「大字習字手本」（滋賀県下書林　圭章堂五車堂翻刻）が明治8年7月村田海石書をもって刊行されている（東書文庫蔵，教科書版11丁）。同じく村田海石筆で「習字本　苗字略」（前小口に「習字本第四」とある），「習字本　単語」（前小口に「習字本第六」とある）などが，和歌山県学務課から，明治8年5月に刊行されている（東書文庫蔵；第四30丁，第六30丁，共に教科書判）のは，いずれも官版系統のもので，前掲宇都宮筆と関係があると推定する。宇都宮筆本も師範学校本も20冊である（注7）。

　〔習字初歩〕　　完　編輯寮撰　筆者不明
　　明治五年壬申孟秋刻　半紙綴24丁
　　○いろはにほへと……（大字・小字）
　　○アイウエオカキクケコ……（大字・小字）
　　○合字・数字・度量衡・十干・十二支
　　○濁音・半濁音・拗音（小字）
　　○度量衡換算（小字）

> 単語読方

　〔童蒙必読・皇謚之巻〕　橋爪貫一先生著
　　　　　　　　　　　　　横山由清先生閲

明治三庚午歳　　東京書林青山堂発行
　　○神武　綏靖　安寧　懿徳……
　　　孝明　今上　高斎有常謹書（楷書）（注8）
〔童蒙必読・年号之巻〕
　　○大化　白雉　白鳳　朱鳥……
　　　慶応　明治　　　単山常書（楷書）（注9）
〔童蒙必読・州名之巻〕
　　明治五壬甲歳
　　　○畿内・八道二島（注10）
三冊とも単山の同一手に成っている。
〔単語篇〕　　　（〔Ⅳ〕3(3)に詳述）
〔地方往来〕　　　全　市野蒙補正併書
　　明治三年庚午四月　青松軒蔵版（注11）
　　　夫地方（ぢかたハ）者。国之根本也。先検地者。六尺壹歩之間竿（けんざを）以て壹反三百坪
　　　と。相定。新田。新開。改出（あらためだし）。芝地。空地。附寄洲（つきよりす）。……
「地方」（じかた）は田制・土地・租税制度などの民政を意味した（注12）。
地方往来は，江戸往来物の一つで，これを市野が補正したものである。
〔増訂農業往来〕　附大日本国尽併改正府県
　　明治六年癸酉二月　青松軒蔵版（注13）
　　　○抑農家之為ニ営業一　其事雖ニ繁多一　須下先考ニ土地之隆拗乾湿一
　　　図中用水灌漑之便利上事専一也……
〔農業往来二編〕
　　明治六年酉七月　　青松軒蔵板
　　　○抑祈年祭と当三月其年乃五穀の豊饒を神に祈り給ふ御祭なり。
　　　　新嘗祭とは十二月其年の新穀を神に祈り給ふ御祭にして……
〔世界商売往来〕　　橋爪貫一著
　　明治辛未晩秋下浣，伊丹屋善兵衛（注14）
　　　「自下欧羅巴諸洲国名地名軍艦商舶等上，至ニ諸種之器機物什一」（序）
　　○商賈ノ記号
　　○日本・羅馬・亜拉伯（アラビア）三体数字
　　○西洋文字　alphabet

○本文　当分貿易大に開け。英吉利国欧羅巴洲の一大国にして其都府を倫敦というに仏蘭私国前に同じ其都府を巴勒といふ莪羅斯　土耳其　合衆国。……
○〈上欄〉　World　　　　世界
　　　　　Commerce　　商賈
　　ママ　　Atpresent　　当分
　　　　　Change　　　　貿易
　　　　　Greatly　　　　大に
　　　　　England　　　英吉利
　　　　　London　　　 倫敦
　　　　　France　　　 仏蘭私
　　　　　Paris　　　　 巴勒
　　　　　Russia　　　 莪羅斯

会話読方

〔会話篇〕

〔太田氏会話篇〕　太田随軒著　椀屋喜兵衛刊

　明治6年8月　2冊

〔童蒙読本会話篇〕　市岡正一著

　明治6年5月　雁金屋清吉刊

〔童蒙読本続会話篇〕　市岡正一著

　明治6年8月　青山堂発兌

〔童蒙読本会話篇二篇〕　市岡正一著

　明治7年（月次）　伊丹屋善兵衛他四人刊

　上掲諸本については，〔Ⅳ〕3(5)に詳述する。

読本読方

　〔西洋衣食住〕　1冊・題言「慶応三年丁卯季冬　片山淳之助誌」(注15)内容は文字どおり外国の衣食住につき，挿絵を豊富に入れて説述している。

　〔学問のすすめ〕　合本学問之勧序（明治13年7月30日福沢諭吉記）に第1編明治5年2月から第17編人望論同9年11月までとある(注16)。

　〔啓蒙知恵乃環〕　天・地・人　3冊四六判　瓜生寅（於菟子）訳述，明治5年1月（准刻書目壬申正月の条所載），和泉屋吉兵衛発兌(注17)

　　目次概要

117

天　巻の一　於菟子訳述

第一篇　総論
　　第一課　物の論
　　第二課　天造の物及び生物の論
　　第三課　人類の論

第二篇　身体の論
　　第四課　首の論　〈通し番号〉
　　第五課　顔の論
　　　　⋮
　　第十五課　人の齢の論

第三篇　飲食の論

第四篇　服飾の論

第五篇　居所の論

第六篇　教育の論

第七編　乳養動物の論

第八篇　鳥の論
　　第六十一課　鳥の総論

第九篇　爬虫と魚との論

第十篇　虫類蚓類の論
　　第七十八課　蚓類貝類の用ある論

地　巻の二

第十一篇　植物論

第十二篇　地の論
　　第九十一課　地面形を分つ論

第十三篇　物の体質の論

第十四篇　空気諸天の論

第十五篇　時節の論

第十六篇　地球寒暑道を分つ等の論

第十七篇　人間交際の論

人　巻の三

第十八篇　国政論

第十九篇　列国の論

第二十篇　通商交易の論

第二十一篇　物の質及び其動き等の論

第二十二篇　機械力の論

第二十三篇　五官の論

　第百九十二課　死亡の論〈終〉

本書は「訳述」とあるとおり，次の原著に拠ったものである。

GRADUATED READING ; COMPRISING A CIRCLE OF KNOW-LEDGE, IN 200 LESSONS (HONGKONG ; PRINTED AT THE LONDON MISSIONARY SOCIETY PRESS. 1864)

このことに関して，末尾4⑲智環啓蒙（A CIRCLE OF KNOWLEDGE）において詳考する。

〔西洋夜話〕　寧静学人（石川彝）著；

明治5年3月初集；全5集；中外堂　翰林堂共発（注18）

初集　〇西洋人世界開闢の説（附，西洋諸国大洪水の事）他　全21丁

二集　〇平不立人亜刺比路に迷ひ奇怪に逢ひ偶像に惑ふ事（附，謨設斯死して後可難国に入り十二部を分つ事）他　全24丁

三集　〇太維徳以斯来爾国王となる事（附，蘇魯門智略の事）他　全23丁

四集　〇波斯国王設留士巴比倫を攻取る事（附，設留士横死の事）他　全23丁

五集　〇亜刺比国由来の事（附，摩哈麦発起の事）他　全23丁（注19）

本書は聖書その他による西洋古代史を，夜話の体裁にまとめたものである。各冊黄表紙180㎜×120㎜

〔訓蒙窮理問答〕　6冊　後藤達三著

明治5年6月，東生亀次郎刊

文部省准刻書目壬申五月の条（ニウ），訓蒙窮理問答　著述共出版　後藤謙吉　六冊

米国バルカー氏ノ著ニテ，ボルムトシッソンイン子エレエルスー井口ソウフイト題セル窮理書ニ基キ俗言ヲ用ヒテ格物ノ大旨ヲ記ス

とみえる。後藤謙吉は達三と同一人であろう。本書冒頭「小引」には，

<u>米国ベエカー</u>(アメリカ)氏の初等窮理書の如きは少年の読本すへき善本と謂つ可
　し　故に余公務の余暇此書に基いて外に一二窮理書を引き用ひ一書を
　訳編し……

とあり，准刻書目記載の原著名はあげていない。「小引」末尾に，「明治五年壬申四月」とあり，第2冊の末尾には，

　　製本売捌　東生亀次郎
　　六冊　壬申六月出板

とあるから，書目に「著述共／出板共」とあるが，「出板」は東生（万巻楼）とすべきであろうか。また，5月に官許を受けて6月に出版されたものと推定される。内容の概略は，次のとおりである。

　　第1冊　教科書判31丁
　　　　第1編物の事〜第7編二つの力より生する運動の事
　　第2冊　31丁
　　　　第8編運動力の事〜第15編流動物の圧力(おすちから)の事
　　第3冊　34丁
　　　　第16編各種重力の事〜第21編音の速さの事
　　第4冊　37丁
　　　　第22編熱気の法〜第28編硝子目鏡(びいどろめがね)の事
　　第5冊　31丁
　　　　第29編眼(め)の事〜第35編磁石力並に電気より生たる磁石力の事
　　第6冊　34丁
　　　　附録一巻・星学の部

　内容の体裁は，題名の示すとおり師弟の問答体である。「小引」に，本文の書き表わしを「時言俗語」を用いたというゆえんである。内容の一部を掲載する。

　　弟子「御師匠様西洋の国に『子イチウレエル，フ井ロソーフヒイ』と
　　か言ふ学問かあると承りましたが，何様(どのよう)な学問でござります　師匠「其
　　学問は日本の言葉に言ひ替へれバ究理学と申て何とも汝等(そちたち)が常に見
　　しってゐる土や風や水なとを始として此世界にあるとあらゆる物の理
　　を事細かに説ひてある学問でござる　弟「御師匠さまのお言葉に物と(ママ)
　　仰せられしが物ハ何の事でござります　師「物ハ余程広ひ意味あ(ママ)

る言葉にて少しでも重さある物ハ何でも皆物だからつまり長さ巾さ厚さある物ハ皆物でござる　弟「夫では此世界の物ハ何でも皆物とばかり申して宜しうございますか　師「夫れハ何にても物だけれど元物とハ万物の総名ゆへ地球とか玉とか雨滴(あまだれ)とか言ふ如く総て物から分れて出来たる物ハ物と言ずして物の体と言ふ　しかし是れも只物の事を言ひ替へたはかりの事でござる　弟「物と言ふ理(わけ)は大概合点がゆきましたが物ハ一体何様(どのやう)に出来てござります　師「総て地球の様な大きひ物でも罌粟粒(けしつぶ)の様な少さひ(ママ)物(ママ)でも或は石の様な堅ひ(ママ)物でも綿の様な柔(やわ)なる物でも皆分子とて罌粟粒(けしつぶ)を数十万の粉に砕ひて(ママ)もまた足らぬ程細な物が固りて体となる事だがしかし吾済(われ)もまだこれからが分子だと言ふ物を眼でも虫目鏡でも見た事はなけれど（下略）

語法的な誤りも指摘できるが，当時の談話体を使用している点，その面でも興味深い事例である。なお，主要の漢字にはすべて平がなのルビが付けられている。

〔物理訓蒙〕　4冊（上・中・下の上・下の下）

　吉田賢輔訳，伊藤岩治郎発兌　上篇　明治辛未（4年）刻　上篇
　185mm×123mm　24丁
　空気の論(はなし)，風の論，空気と火との論，水と雲との論，雨露の論，雨雪雹の論，水の到らざる所なき論，水の利益何如の論
　中篇　明治五壬申中秋（5年）刻　34丁
　　〈目録省署〉
　下篇上　6年2月（注20）22丁
　　日，月，星および地球の論，光の論，美しきものの論，人の着る物は何如なるものの論，絹および蚕の論，蜘蛛の論。
　下篇下　6年3月（注21）25丁
　　五官の論，刊行書物の論，紙の論，電気及び電信機の論，同じ物のつづき，煉化石の論，附陶器の論，玻璃(びいどろ)の論

准刻書目によれば，「千八百七十年米国ニウヘウン出板ニテ『フーカル氏ノチヤイルトブツクオフコンモンシング』ト云究理書ヲ反訳」したものである。(Child Book of Common Thing)

〔天変地異〕　1冊　小幡篤次郎纂輯　慶応義塾刊　明治元年7月

121

(准刻書目癸酉5月（九オ）) 180mm×126mm　23丁
再刻　一冊

雷避ノ柱ノ事，地震ノ事，彗星ノ事，虹霓ノ事，九日同時ニ出タル事，三月ヒ照ス事，流星ニ火ノ玉ノ事，陰火ノ事

|読本輪講|

〔天然人造道理図解〕　3冊　田中大介纂輯，橋爪氏蔵板，椀屋喜兵衛発兌

　田中大介は，後年文部省小学読本の編輯をした田中義廉の別名である。(注22)大学編，「新刻書目一覧全一」(注23)には，

天然人造道理図解　田中大助教訳　初篇三冊

とある。田中は兵学（寮）大助授であった。巻三の末尾に「官許橋爪氏蔵板，明治三庚午歳三月彫成」とある。巻一の表紙2には「官許明治二巳歳」とあるから，准刻が2年で刊行が3年となるであろう。

　　巻の一　教科書判23丁
　　　第一章　空気の事　附風の事
　　　第二章　火の事　附西洋竈の事
　　　第三章　温気の事
　　巻の二　46丁　〈章数丁数共に通し番号〉
　　　第四章　引力の事　附潮の満干の事
　　　第五章　響の事　附耳の事
　　　第六章　香の事
　　　第七章　水の事　附水機の事消火竜呑水の事
　　巻の三　69丁
　　　第八章　風舩の事炭水気風舩の事　附風傘の事凧の事
　　　第九章　水素の事併に製法
　　　第十章　炭水気の事併に製法　附気燈の事
　　　第十一章　風舩に塗るゴムの製法　附同仮漆の製法
　　　第十二章　硫酸の製法

なお，文部省准刻書目癸酉（6年）1月の条に（4オ），中村最文著述出版全三冊の「訓蒙道理図解」があり，「米版クエッケンボス氏或ハウエルス氏著ス究理書ヲ和訳スル書ナリ」と見えるが，小学教則に指示されたのは，田中大介の道理図解であろう。中村本の刊行は6年であり，小学教則公布後に属する。また，明治以降教育制度発達史（関口竜吉等編）の小学教則の

122

解説（第1巻第2編第2章，P.417）には，

　　道理図解　橋爪貫一著　二冊

とあるが，橋爪は，上掲田中大介本の蔵版者であったのを誤ったのであろう。

　〔西洋新書〕　8冊　瓜生政和編輯
　　明治5年2月　宝集堂発兌（注24）
　初編巻之上の表紙に「西洋新書　初号全部」とある。
　　初篇巻之上　教科書判41丁
　　三維斯オハホ島の説
　　初篇巻之下　37丁
　　巴那麻港地形気候の説
　　〈奥付に，官許，明治五壬申年仲春刻成　梅村宣和蔵梓　大和屋喜兵衛発兌とある。〉
　　第二編巻之上　37丁
　　華盛頓府市中の説
　　第二編巻之下　36丁
　　華盛頓府市中の説〈上の続き〉
　　〈奥付に，明治五壬申年仲春とある。〉
　　第三編上の巻　35丁
　　亜米理加洲の説　閣龍(ころんびやす)のはなし
　　第三編下の巻　35丁
　　費勒特費府の説
　　第四編上の巻　33丁
　　欧羅巴と言(いふ)の説
　　第四編下の巻　35下
　　病院の説
　　〈奥付に，五壬申仲春〉

書牘

　〔啓蒙手習本〕　未見。ただし，明治以降教育制度発達史小学教則の条（第1巻第2編第2章，P.416）には，

　　啓蒙手習本　吉川政興著　三冊

と載せている。

　〔窮理捷径十二月帖〕　全2冊　内田晋齋
　　明治五壬申秋七月刊行　玉養堂/万蘊堂発兌（注25）

　壬申三月福沢諭吉の序がある。本文初行に「内田晋齋　書」とあるから，編述と筆者とも同人である。行草体で，

　　新春之御慶千里同風芽出度申納候先以御全家ますます御万福之御超歳
　　奉恐賀、（下略）

と1年12か月に取材した書簡文であり，文中に春夏秋冬の別あること，雷鳴の因由，桜の花実の解説等を織り込んでいるから，「窮理捷径」と冠したのである。なお，文部省准刻書目，壬申九月（二オ）条に，

　　一名　十二月帖　著述　内田嘉一　一冊刻成相居候十二月帖ヲ中本ニ仕立更
　　窮理用文章　出版　　　　　　　ニ国字ヲ附シ読ミ易カラシム

とあるから，そのような1冊本も刊行されたことがわかる。

　|上等・読本輪講|

　〔西洋事情〕　10冊　福沢諭吉纂輯
　　慶応義塾蔵版・岡田屋嘉七売弘（注26）
　　初編　巻之一　教科書判　56丁
　　　小引（慶応二年丙寅七月福沢諭吉誌）・備考・政治等
　　巻之二　51丁
　　　合衆国・荷蘭
　　巻之三　50丁
　　　英国　（末尾云，明治二己巳年十二月再刻）
　　西洋事情二編　巻之一　56丁
　　　人間1通義；収税論
　　巻之二　52丁
　　　魯西亜
　　巻之三　50丁
　　　仏蘭西
　　巻之四　37丁
　　　仏蘭西（奥付云　明治三庚午年十月）
　　西洋事情外編　巻之一　52丁

人間，家族等
　　巻之二　54丁
　　　政府の種類等
　　巻之三　53丁
　　　人民の教育等
　以上，小学教則の国語科目に指示掲載された教科書類25種，そのうち手習草紙・啓蒙手習本のみは，利用し得る図書館にも収蔵しなかったが，他はすべて披見することができた。この中には，早く用いられなくなる書物もあり，また，かなり後までも用いられたものもある。元来小学用教科書としてあらかじめ用意されたものは，まだそれほど多くなかったのである。

(5) 小学教則の変遷

　こうして小学教則は施行せられ，翌6年には各地に小学が続々創設せられて，この教則に準拠した教則が施行されたのであった。当時一般の官民とも，このような規模をもった教則に接することは初めてであったから，これを理解するだけでも容易でなかったろうと想像される。そのために，これが解説書までも世に迎えられた。
　たとえば，滋賀県下高田義甫が刊行した「小学教則問答」(全1冊)(注27)を見ると，「序」に「今天下の父兄嬰児をして斯小学教則問答を記誦せしめは其小学に裨益ある素より論を待たす」と記述した。
　　問　小学トハ何ゾ（一オ）
　　答　国中ノ童子ニ学問ヲ教ル所ナリ
　　問　小学ハ何ノ所ニアリヤ（一ウ）
　　問　然ル時ハ中学校ノ数幾何アリヤ
　　問　小学校ノ数幾許アリヤ（一ウ）
　　問　教則トハ何ソ
というように，問答体を用いて簡明に啓蒙している。次に国語科目に触れた部分を転載してみよう。
　　問　綴字トハ何ゾ（二ウ）
　　答　我国ノ五十音，或ハ西洋ノ二十六字ヲ組合セテ，詞ヲ作ルナリ

問　単語トハ何ゾ（五オ）
答　天文・地理・禽獣・草木，及ヒ人事ニ用ウル，諸器物・食料等ノ名ヲ云ナリ（五ウ）
問　口授(クジュ)トハ何ゾ（九ウ）
答　人ノ童子ノ時ヨリ行状ヲ慎ベキ⎡ナレバ，之ヲ口授シテ荒怠(トキサト)ノ心ヲ戒ムルナリ
問　会話トハ何ゾ
答　人ト我ト語ルベキノ要事アリテ，問答スル所ヲ筆記セシ者ナリ
問　読本(ヨミホン)トハ何ゾ（十オ）
答　或ハ事物ノ上ニ於テ，或ハ道理ノ上ニ於テ，人ノ勧励トナルベキ者ヲ書記シテ，人ニ読シムル者ナリ
問　文法トハ何ゾ（十三オ）
答　単語・動詞等ヲ綴合セテ，文章ヲ作ルノ法ナリ
問　書牘(ショトク)トハ何ゾ（十五オ）
問　諸書ノ諳誦ハ何ノ為ゾ（二十二ウ）
答　諳誦ニ至ザレバ其書ニ熟セリトセズ，且・人ノ記臆ヲ長ズルハ諳誦ニ若クハナシ
問　諸書ノ書取ハ何ノ為ゾ（二十三オ）
答　書取モ諳誦ノ意ノ如シ
問　輪講トハ如何ナル⎡ゾ（二十三ウ）
答　友ヲ会シ書ヲ講シテ，其義理ヲ弁明スルナリ
問　作文ハ何ノ為ゾ（二十四オ）
問　速写(ソクシャ)ハ何ノ為ゾ
問　速写(ハヤガキ)ニ細字ヲ用ルハ何ノ為ゾ

　上に説かれたような教科目は，洋学に志した者以外には，奇想天外なひびきでしかなかったであろう。わずかに習字・作文などが，寺子屋の教科目でなじんでいた程度であった。洋学に志した者とても，それは外国語の履習で近付いたのであるから，国語をこのような形態で履修させることは，初めての経験であった。
　明治5年9月8日施行の小学教則は，今日と同じく日曜以外，毎日五時間ずつの授業を予定していた。すなわち，

第2章　学制小学国語科目の制定

　　　第八級　　六ケ月　　一日五字一週三十字ノ過程
　　　　　　　　　　　　　日曜日ヲ除ク以下之ニ倣ヘ

と明記されている。それが，翌6年3月2日文部省布達第21号(注28)をもって，毎月1・6の日を休暇とし，（ただし，31日は1の日であるが休みとしない）。しかも1週4日の課業として，これが5月19日，布達第76号をもって，改正小学教則として発布された。多年の社会慣習は，ついに打破することができず，これと妥協する帰結を得たことになる。そのために，各教科とも授業時数の減少を来たして，週6時の教科は4時に，週4時の教科は2時に切り下げ，週2時の教科はほぼ旧のままにとどめたので，国語科目は次のように変わることとなった。

　　綴字科　　12時→8時　（4時　　減）
　　習字科　　38時→28時（10時　　減）
　　単語科　　22時→14時（8時　　減）
　　会話科　　20時→12時（8時　　減）
　　読本科　　36時→22時（14時　　減）
　　書牘科　　20時→11時（9時　　減）
　　書牘作文科　25時→16時（9時　　減）
　　細字習字速写科　16時＝16時

という状態で，もし，文部省小学教則がそのまま実施されたとすれば，全体としては62時減（32.8％）をみたこととなっている。

　もっとも，やがて明治9年5月20日，文部省布達第3号は，「明治六年当省第二十一号布達廃止候条此旨布達候事」となり，一六の日休業が廃され，休暇は日曜日だけとなった。

　こうして，数年を経過，明治12年9月29日太政官布告第40号をもって，学制が廃止され，極めて簡略放任な教育令が施行された。いわゆる自由教育令である。1年4箇月，4箇年にわたり，都合16箇月の授業をもって最低限度としたうえ（同令・第14・16条），国語科目をも思いきって縮小し，わずかに読書と習字の2学科にとどめることとなっている（同令第3条）。正に寺子屋の再現というべき情況であった。もっとも，この法令は翌年には廃止されたのであるが，一度緩められた公教育の運営は，これを引緊めるには，さらに大きな努力を必要とすることとなったのである。

第3節　師範学校附属小学教則国語科目

(1) 師範学校附属小学教則の制定

　さきに学制国語科目の原拠として，明治5年4月22日付，文部省発正院宛「小学教師教導場建立伺」を引用したが，そこに記載する教導場「教授ノ目」の前文には，従来の教育を批判して「五弊」をあげ，新しい小学教師像を求め，次いで起こすべき「師表学校」の「施為の順序」を述べている。この伺は，5月13日に正院の允許を得，翌日，旧昌平学校内に小学師範学校を設立すべきを命じ，9月には開校したのであった(注29)。そして，その後の創立の事情，発展の歴史は，「東京師範学校沿革一覧」(注30)に詳述されている。

　建立伺における前文で指摘した五弊は，その後の教師養成の方向と関連するものであるから，本論においても，まず，これが問題点に触れてみよう。

　その「一弊」は，「父兄タルモノ」の無知から児童を就学せしめず，「二弊」は，児童の「志行賤劣」であるために「流落」の徒と化すという，従来の社会民衆の教育観を衝いた。「三弊」は教師であり，当時の教育機関の実情を述べて，

　　或ハ之ヲ学フモノトイヘトモ多クハ之ヲ寺子屋ナル者ニ委ネ其師匠ナル者ハ大概流落無頼ノ禿人自ラ糊スル不能ルモノニシテ素ヨリ教育ノ何物タルヲ不弁其筆算師ト称シ書読師ト称スルモ纔ニ其一端ニ止ルノミ而其教亦浅クタトヒ之ヲ習トイヘトモ以テ普ク物理ヲ知ルニ不足其不学ルモノト相去ル不遠　三弊

という。この項は寺子屋教育の特質として，前述したうち，形式的な性格を存すると指摘した特質の一面である（P.24④に相当する)。この面だけで往時の寺子屋師匠を評し去ることは妥当でないけれども，こうした事実が多かったのであり，これを超越することも，新教育の課題であったと言わなければならない。次に「四弊」を述べる。

　　或ハ之ヲ教ユルニ其規則ナキヲ以テ子弟ヲ集ムル数十百人朝ヨリタニ

至ル声音囂々唯其囂然之ヲ以テ教学トス　四弊
従来明確な学則の制定がないことを述べる。
最後の第五弊を掲げる。

　　或ハ稀ニ学校之設アリテ其公ト云ヒ私ト云フモ其教ユル所大概従来之
　　見習ニシテ亦成規アルコトナシ其之ヲ教ユルモノ四書也五経也タトヒ
　　勉励シテヨク之ヲ諳誦ス其今日ニ用アル何ニ有ル是亦其不学モノト相
　　去ル一間　五弊

この1項も前項同様，形式的な藩校・義校・郷校の類に対する批判である。

　要するに，近代化以前の教育機関に対する痛烈な非難であった。そして，これらの非難は，近代化された海外の教育事情が明らかにされるにつれ，いよいよ近世封建社会のありかたの余弊として，識者がひとしく認めたところであった。福沢諭吉等の洋学の徒はいうに及ばず，たとえば，海外の事を掌理した佐野常民なども，本来の通弊を次のように痛撃している〔澳国博覧会報告書；元博覧会事務局副総裁・議官・佐野常民；中型38丁；1オ；明治8年8月刊〕。

　　我国夙ニ漢土ノ学ヲ採リ文化盛ンニ開ケタリト雖ヒ因襲ノ久シキ其
　　余弊ヲ承ケ学問ヲ以テ偏ヘニ士人ノ業トシ農工ノ諸民曾テ之ヲ務メス
　　士人ノ学問スルモノハ之ヲ以テ釈褐ノ楷梯トシ稍志ヲ得レハ則チ少成
　　ニ安ンシテ復タ其業ヲ精窮セスソノ学フ所モ浮華ノ虚文ニシテ実用ニ
　　適セサルモノ多シ是三者ハ実ニ我国ノ通弊ニシテ最モ先ツ改新セサル
　　ヲ得サルモノナリ

これが当世風の勉強のしかたであった。ここで新教育をおこして旧来の陋習を打破するために，一方で学制の草案を練り，他方で師表学校の構想をたてたのであった。そして，師表学校建立については，次のような「施為の順序」が述べられている。

　　一　西洋人一人ヲ雇入レ之ヲ教師トスベキコト　此ノ洋人相当ノ人当時南校ニアリ南校ニ其代人ヲ入ルヘシ
　　一　生徒ニ拾四人ヲ入レ之ヲ助教トスヘシ
　　一　同九拾人ヲ入レ之ヲ生徒トスヘシ　助教ト云ヒ生徒ト云　其実ハ
　　　　皆生徒ナリ
　　一　教師ト生徒トノ間通弁一人ヲ置クコト

一　教師二拾四人ノ助教ニ教授スルニ一切西洋小学ノ規則ヲ以テス
　　但通弁ニテ之ヲ解釈ス

　当時単に「教師」と呼べば，雇入れた外国人教師を意味していたようで，この師表学校は，教師一人に助教生徒24人，普通生徒90人から成る計画であった。この構想の進行中，すでに教師の人選も進行していた模様で，それは「相当ノ人当時南校ニアリ」であった。さきにあげた「東京師範学校沿革一覧」を引用する〔同書P. 2，沿革略誌〕。

　　実ニ同年（5月）九月ヲ以テ地ヲ東京神田宮本町昌平学校ノ遺趾ニトシ従来ノ講堂ヲ以テ仮ニ教場ニ充テ諸葛信澄ヲ校長ニ任シ米国人エム，エム，スコットヲ迎テ教師トシ始テ師範科生徒ヲ四方ニ召募ス是即本校ノ起原ニシテ当時単ニ師範学校ト称セシナリ

　Marion Mccarell Scott〔1843～1922〕こそは，南校にいた「相当ノ人」であったのである。同書（第二章教則及校則ノ沿革，第一款教則，第一節小学師範学科，（甲）開校前創定教則）によれば，「雇教師スコット等が開校前ニ協議撰定シ」と述べているから，M. M. Scott 自身すでに師範学校創立の仕事に参画していたことがわかる。

　この M. M. Scott は，「一切西洋小学ノ規則」をもって助教生徒に教授したのである（注31）。

　一　右九拾人ノ生徒ヲ六組ニ分チ其壹組ヲ助教四人ニテ受持チ教師ヨリ伝習スル所ノ規則ニヨリ，彼ノレッテルハ我イロハニ直シ彼ノオールトハ易ルニ我単語ヲ以テシ其外彼ノ口授講義之法ヲ始メトシテ　一切彼ノ成規ニヨリテ我レノ教則ヲ斟酌シ以テ之ヲ其ノ生徒ニ授ク
　　　小学校可用書籍器械一切当時米利堅ニ注文ス　来着セハ其採ルヘキハ
　　　反訳シ更ニ可加ノ書類ハ之ヲ加ヘ　以テ小学教授ノ具ヲシナフヘシ
　一　右助教ヨリ生徒ニ授クルノ間教師之ヲ通覧シ其不規則ナル所アレハ時々改正ヲ加フ

　要之スルニ助教直チニ教師ヨリ伝習ヲ受クルハ彼レノ成規ヲ求ル也助教生徒ニ授クルハ彼ノ成規ニヨリテ我ニ写スモノ也　但此間我小学ノ教法一種良善ナルモノヲ磨シ出スヘシ　之ヲ以テ小学教師ヲ植成シ以テ四方ニ分派シ　順漸興張ナラシムルヲ要ス

　助教生徒は，通弁坪井玄道を介して，Scott の米国式教授法をひたすら

学習した。しかし，この構想によれば，そして，それはほとんどこのまま実行に移されたのであるが，米国式の方法を鵜呑みにして，これを鸚鵡返しに普通生徒に施したのではなかった。すでに，幕末から維新後までの洋学の先進が実行したとおり，彼のレッテル（letter）は我がイロハ，彼のオールト（word）は我が単語に直し，Alphabet や，Syllable, Spelling, Word などの教授法が，五十音や単語の教授法に改編されつつ，普通生徒の教授に転換されたのであって，ここが師表学校の最大の眼目であったと考えられる。国字国語の理解に乏しく，おそらくは極少であったかも知れない Scott は，アメリカの教授法は伝達できても，それが国字国語の教授法として，どのように役立つかは見当がつかなかったに相違ない。だから，Scott の示唆に応じて，日本式教授法（あるいは，アメリカ式に酷似していたろうけれども）を新しく考案する努力は，思うに測り知れないものがあったであろう。

　さきにも参照した南校教育史料の辻新次から大木文部卿宛の書簡(注32)を再び引用する。

　　　　右ハウエルベッキ相撰，学校ニ相用候書目ニテ，米国江御注文相成
　　　御取寄セ，書中取捨ヲ加江反訳イタシ候ハヽ，日本全国中小学ニ相用
　　　候而適宜之書ニ相考候，就而ハ御沙汰次第米国ヘ注文可致候也
　　　　壬申三月十六日

　この書簡は，前記割書と関連した事がらのように推定される。すなわち，同年4月22日付の建立伺の割書，「小学校可用書籍器械一切当時米利堅ニ注文ス来着セハ其採ルヘキハ反訳シ……」とある内容と，辻新次（南校校長）書簡とは，約1か月の距りがあるところから察すれば，辻の意見に賛した文部省は，直ちに合衆国に注文したのではないかと思われる。辻書簡の内容は，「小学校の書籍」として，ウイルソン氏およびヒラルド氏の綴字本と読本，タヴィス氏あるいはロビンソン氏の算術書，ミッチェル氏の地理書，グードリッチ氏の歴史書，フーケル氏の窮理学および化学要領，カウデリー氏の脩身学書，クェッケンボス氏の文典などであり，「絵図諸品ノ雛形等及地図」として，絵図類と地図・地球儀・黒板と胡粉，習字本などである。建立伺割書の「器械」は辻書簡中の「絵図；諸品ノ雛形等；地図」に該当するのであろう。これらは，Verbeck（南校教師）が選んで，すでに南校（たぶん普通科—中学—前出）で使用したものもあったであろう。文部省も直ちに賛成して取寄せることとなったと思われる。

なお，上掲「施為ノ順序」は，「東京師範学校沿革一覧」の「開校前創定教則」として，同書附録（P. 1）に，そのまま記載されている。また，次いで文部省から発せられた「師範学校設立趣意書及規則書」[注33]を検する。

　　（前略）外国教師ヲ雇ヒ彼国小学ノ規則ヲ取テ新ニ我国小学課業ノ順序ヲ定メ彼ノ成法ニ因テ我教則ヲ立テ以テ他日小学師範ノ人ヲ得ント欲ス今立校ノ規則ヲ定ムル事左ノ如シ

　続いて，ほぼ建立伺「施為ノ順序」と同じものが，「規則」として記載されている[注34]。

　こうして，沿革一覧によれば，5年9月開校されたのであるが，附属小学校は，6年2月に設立した（第一章校制ノ沿革）。この時に下等小学教則が施行されている。これが，師範学校附属小学教則の創始である。

　これより先，5年9月には文部省から小学校教則が，学制に伴って施行されているのであるが，これは，既述したとおり，洋学履修の語学階梯を，そのまま国語履修に転用したのであったから，文部省自体，これをもって安んずることができず，師範学校設立とともに，本邦の国情に合致した教則の制定を志したのであろう。もう一つの理由は，Scottを通して，合衆国における小学校の入門期教授法が明らかになってくると，さきの語学的分科的教授の適切でないことを悟ったとも想像される。

　沿革一覧に収載されている下等小学教則（同書附録P. 38；第三節（甲）明治六年二月創定下等小学教則）によれば，その教科目は，

　　読物・算術・習字・書取・問答・復読・体操・作文・諸科復習

であった。次に各国科目について概観してみよう。

　 読物

　　第八級　五十音図ト濁音図ニテ仮名ノ音及ヒ呼法ヲ教ヘ単語図第一
　　　　　（原本に単記図とあるは誤植）ヨリ第八マテヲ以テ単語ノ読方ト名物
　　　　　（物名の誤植か）ヲ教ヘ或ハ兼テ小学読本巻ノ一第一二回ヲ授ク
　　第七級　連語図第一ヨリ第八マテト小学読本巻ノ一ヲ授ク
　　第六級　小学読本巻ノ二ヲ授ク
　　第五級　小学読本巻ノ三及ヒ地理初歩ヲ授ケ兼テ地球儀ヲ示ス
　　第四級　小学読本巻ノ四及ヒ日本地理書巻ノ一ヲ授ケ兼テ日本地図ヲ

　　　　示ス
　　第三級　小学読本巻ノ五及ヒ日本地理書巻ノ二ヲ授ケ兼テ日本地図ヲ
　　　　示ス
　　第二級　小学読本巻ノ六及ヒ日本地理書巻ノ三ヲ授ケ兼テ日本地図ヲ
　　　　示ス
　　第一級　小学読本巻ノ六及ヒ万国地理書ヲ授ケ兼テ万国地図ヲ示ス

　これを文部省小学教則と比べれば，綴字も単語（読方・諳誦・書取）もなく，会話（読方・諳誦・書取）も読本（読方・輪講）もない。その代わり，五十音図，濁音図・単語図と呼ばれる掛図（当時は懸圖と書いた。後述）の類があり，それらと小学読本があって，これを「読物」と名づけている。上掲の規定によれば，綴字・単語読方・単語諳誦・読本読方（輪講も加味されたかも知れない。）は，読物として一括され，会話科は別の教科に入れられたと考えられる。このような変化は，師範学校創立以来数か月の実践から結果したと見られる。すなわち，幼童教授入門期のありかたとして，Scott を通して，Chart Method ともいうべきアメリカ式入門教授が直輸入されたのである。そして，教科書類は文部省教則を一変し，これらの掛図類が，後述するように，このころまでには一応試作されていたのであろうし，小学読本は翌年３月から逐次発行されていったのであった。ただ，注意すべきは，本教則において予定された小学読本が「巻ノ六」まで６巻であったのに，事実は４巻までで終わった点である。当時師範学校の創立に関与した田中義廉が明治10年に私刊の小学読本を出版した際の序に述べたように「実ﾊ忽卒ﾉ地間燃眉の急を防くを以て。」４巻でとどまったのであり，明治11年に巻五，巻六を私刊で追加したのであろうと推定する。（〔Ⅳ〕3(6)読本の項に詳考）。掛図には，第七級で連語図が加えられ，小学読本は，第一級に巻ノ六を履習するように仕組まれた。さらに，第五級で地理初歩，第四級から第二級までに日本地理書巻ノ一から巻ノ三までと地図が授けられ，最上級では万国地理書と万国地図が授けられている。これでは，文部省教則のように読本（Reader）の教科を名乗ることが不適当となり，読物と変名したのであろう。

　|習字|
　　第八級　習字図ヲ以テ盤上ヘ片仮名ノ字形ヲ記シ運筆ヲ教ヘテ石盤ヘ

　　　　習ハシメ習字本ニテ平仮名ヲ教ヘ筆ノ持チ方等ヲ教フ
　　第七級　習字本ニテ楷書ヲ授ク
　　第六級　習字本ニテ楷書ヲ授ク
　　第五級　習字本ニテ楷書ヲ授ク
　　第四級　草書ヲ授ク
　　第三級　草書ヲ授ク
　　第二級　草書手紙ノ文ヲ授ク
　　第一級　草書手紙ノ文ヲ授ク

　読物科が，寺子屋の読み書きと比べて大きく変わったのに対して，変わりばえのしないのが習字科である。これは文部省教則でもそうであったが，師範学校教則でも同様であり，さらにこの後までもそうである。習字科を文部省教則と比較すれば，そこに立てられた習字科が，そのままここに引継がれ，しかも，第三級から第一級に至る書牘科もここに摂取されているとみられる。ここでは第二級と第一級で草書手紙文を課しているから，文部省教則の細字習字科や細字速写科なども含まれる可能性があったと思われる。教授法の点からみると，文部省教則では第八級で，手習草紙・習字本・習字初歩等をもって両仮名を教えるのに対して，ここでは，第八級で習字図をもって平仮名を教え，習字本をもって平仮名を授けるとし，習字図という掛図を使うことを指示している。掛図教授法が習字にも適用されていたのである。

　書取

　　第八級　五十音併ニ単語ノ文字ヲ仮名ニ綴ラシム
　　第七級　前級ノ如ク単語ヲ仮名ニテ綴ラシム
　　第六級　単語中ノ容易キ文字ヲ書取ラシム
　　第五級　単語ヲ書取ラシム
　　第四級　小学読本中短簡ナル句ヲ書取ラシム
　　第三級　小学読本中ノ句ヲ書取ラシム
　　第二級・第一級　書取ヲ欠ク

　さきに文部省教則において，単語書取科と言ったものが，ここでは単に書取科と呼ばれたことがわかる。しかも，仮名で綴るというあたり，さきの綴字科も，ここに移行しているとみられる。それから，本教則では，文

部省教則の会話科が廃されているから，そこにあった会話書取（下等小学四級）がなくなっている。また，文部省教則の読本科には読方と輪講しなかったのに，こちらでは，第四・三級に「小学読本中」の句を書取るように定めていることが注意をひく。読本は読んで解釈すべきものという観念を破ったことになる。

問答

  第八級 単語図ヲ用ヰ食物ノ類ハ其味ヒ及ヒ食シ方器財ハ組立テタル
    物質及ヒ用ヰ方等ヲ問答ス
  第七級 人体ノ部分通常物及ヒ色ノ図ヲ問答ス
  第六級 形体線度及ヒ果物図ヲ問答ス
  第五級 花鳥獣魚及ヒ虫ノ図ヲ問答ス
  第四級 地理初歩及ヒ地球儀ヲ問答ス
  第三級 日本地理書及ヒ日本地図ヲ問答ス
  第二級 日本地理書及ヒ日本地図ヲ問答ス
  第一級 万国地理書万国地図及ヒ諳射地図等ヲ問答ス

 問答科とは，文部省教則にはなかった教科である。これこそは，Scottを通して初めて学んだアメリカ式入門期教授法の真髄であった。これについては，後に詳考するけれども，要するに，ペスタロッチーの創始にかかる実物教授（Object Lessons）の方法である。教材には単語図・人体図・色図・形体線度図のような掛図が用いられ，さらに地理書の内容や，地球儀・地図（諳射地図は白地図のこと）などの教具も使われている。その問答は，このころの手引書を見ると，文語体で示されているが，中には，さきに文部省教則で指示された後藤達三著「窮理問答」などのように口語体で書かれたものもある。また，初代師範学校長諸葛信澄の「小学教師必携」（明治６年12月，烟雨楼蔵板）の中で，「問答ハ万物ニ留意シテ其考究ヲ定メ，智力ヲ倍養スルノ基ニシテ，会話ヲ教フル最良ノ法ナルガ故ニ，必ズ疎略ノ答ヘヲ為サシメズ，勉メテ丁寧ノ答ヘヲ為サシムベシ」と述べている。したがって，さきに文部省教則にあげられた会話科は，会話篇を教材とする読方・諳誦・書取の形態を捨てて，ここで，直接的な会話を学習する問答科となったとも考えてよろしい。

> 作文
>
> 　第三級　単語中ノ一二字ノ題ヲ与ヘテ一句ヲ綴ラシム　但シ前日題ヲ与ヘテ翌日認メ来ラシム以
> 　　　　下之ニ倣ヘ
> 　第二級　一句ノ題ヲ与ヘテ二三句ヲ綴ラシム
> 　第一級　手紙ノ文ヲ綴ラシム

　作文といっても，きわめて程度の低いもので，しかも前日の課題を教室で処理するだけのやりかたである。また，第一級では手紙作文を課している。文部省教則では，作文科は下等小学になく，上等小学第八級に至って書牘作文科があり，簡短な日用文を作らせるとしている。もっとも，下等第三級以上に書牘科があるが，これはまだ自作させるに至らず，範文を視写させる程度であったことは，前掲のように，「啓蒙手習・窮理捷径十二月帖ナトヲ用ヒ簡略ナル日用文ヲ盤上ニ記シテ講解シ生徒ヲシテ写シ取ラシム」（下等第三級）とあることでわかる。ところで，師範学校の本教則は，3か月後の五月には，すでに改正されているが，その際に作文科は第五級から開かれて拡充されるに至っている。すなわち，第五級の条，

> 　単語中ノ一二字ヲ題ニ与ヘテ一句ニ綴ラシメ或ハ一句ノ題ヲ与ヘテ二三句ニ綴ラシム

と定め，第四級・第三級が「前級ニ同ジ」とされ，第二級に，

> 　容易キ手紙ノ文ヲ綴ラシム

と示し，第1級も同じであった。この改正では，第2級の程度を第5級に下げたのであるから，思いきった措置であるとともに，作文科を重視したものであった。

　以上検討の結果を総合すれば，当時師範学校の構想は，実に掛図類を使用する入門期教授法が中核をなし，教科書として，小学読本・日本地理書・万国地理書・習字本などを使用しての読物・習字・書取等の諸科目があったと考えられる。特に注目すべきは，問答科が各級に配置されて，談話教授の大綱を組織した点である。

　この諸種の「図」は，アメリカにおけるChartを輸入し，これに模して師範学校が考案したと考えられ，すべてまとめ，6年5月（望月文庫本に刊年月記載）に『小学教授書』として刊行したのであった。だから，教室には掛図があり，それをまとめた『小学教授書』があったのである。しかし，本書は，

文部省布達全書・明治6年中にあげる反刻許可小学用書目録（4月29日—第58号，7月27日—第107号，8月12日—第109号，12月8日—第140号）に，その名が見えず，文部省出版書目（前出）の「小学課業書」中にも見当たらない。ただ明治7年4月刊行の新刻書目便覧に見えるだけである。明治7年10月に本書を改訂して文部省から刊行された『小学入門甲号』の序文（後出）から推定しても，児童用教科書ではなく，教師用書とされたものと考える。ただし，倉沢剛所蔵の『小学教授書』は，明治6年10月翻刻の刊記があり，家蔵本には「明治七年七月三重県翻刻」とあるところなどから推測すれば，大量に出版されて，教科書用に供されたともみられよう(注35)。次に本書の概要を記述する。

　〈表紙2〉文部省編纂
　　　小学教授書　全
　　明治六年五月　師範学校彫刻
　　教科書判　全33丁〈前小口下「師範学校」とある。〉
　〈1オ～2オ〉「五十音の図」
　現行（括弧内）の字体とちがう片仮名
　　ク（ク）　タ（タ）　ツ（ツ）　ト（ト）　三（ミ）　ﾚ（ヤ行イ）
　　工（ヤ行エ）　于（ワ行ウ）
　縦画が太く横画を細くして，後の活字体と似ている。
　ヤ・ワ行のイウエをア行と区別しているのに特色がある。（ヤ行イは以の扁と同一筆法。ネ・ヰは今日の字体と同一である。むしろ後の出版物の片かなが，子・井となる）。
　〈2ウ～3オ〉「濁音の図」・「半濁音の図」
　末尾に，「右の，文字の体を，片仮名と云ふ，此外ハ，一体あり，これを，草体と云ひ，又平仮名と云ふ，」とある。
　〈3ウ～4ウ〉「草体五十音の図」
　今日の字体とちがう平仮名
　　ㇾ（え）　れ（お）　ろ（そ）　も（も）　ゆ（や行い）　ゐ（ゐ）　う（わ行う）
　　ゑ（わ行ゑ）
　あ行いうえ，な行ぬ，や行いえ，ら行ら，わ行ゐうゑ，ん，の諸文字以外は，右下に，あいかあさきたゐなふのような別体（変体）仮名を付記し

ている。ここでも，や行，わ行の，い，う，えを明別している。あ行「れお」，さ行「ろそ」，とあり，後には「お」，「そ」の方を用いた。

〈5オ〉「数字の図」
　〇一二三四五六七八九十百千万億
〈5ウ〉「算用数字の図」
　0 1 2 3 4 5 6 7 8 9 10
〈6オ〉「羅瑪数字の図」
　Ⅰ Ⅱ Ⅲ Ⅳ Ⅴ Ⅵ Ⅶ Ⅷ Ⅸ Ⅹ Ⅺ Ⅻ
　L C D M
〈6ウ～7オ〉「加算九九ノ図」
〈7ウ～8オ〉「乗算九九ノ図」
〈8ウ～10ウ〉「第一単語ノ図」
　　イ　糸　犬　錨　〈名項挿絵入り〉
　　ヰ　井　豕　龍盤魚
　　イ　櫂　燭台　笄（下略）
　　単語数—30語
〈11オ～13オ〉「第二単語ノ図」
　　ワ　俵　彎　鰯
　　ハ　瓦　槲　鍬
　　オ　帯　狼　織物（下略）
　　単語数—30語
〈14オ～14ウ〉「第三単語ノ図」
　　桃　栗　梨　柿　林檎（下略）
　　植物単語—25語
〈15オ～15ウ〉「第四単語の図」
　　竈　釜　茶釜　鉄瓶　土瓶（下略）
　　器財単語—25語
〈16オ～16ウ〉「第五単語の図」
　　本　筆　墨　紙　硯（下略）
　　器財単語—25
〈17オ～17ウ〉「第六単語の図」

着物　羽織　単衣　浴衣　袴（下略）
　　服飾・人体単語—25語
〈18オ～18ウ〉「第七単語の図」
　蟬　蜻蜒　蜂　蝶　蜘蛛
　松　竹　梅　椿　山吹（下略）
　　虫類・植物単語—25語
〈19オ～19ウ〉「第八単語の図」
　鶴　雁　鷹　鳶　烏
　鯛　鯉　鮒　金魚　鰻（下略）
　　鳥獣魚類単語—25語
　○単語総数—210語
〈20オ～ウ〉「第一連語の図」
　父。母。叔父。叔母。私。男。女。あなた。彼れ。彼人。此れ。其れ。此。其。誰。何。茲に。何処に。其処に。どのやうな。かやうな。」
　彼人は，何を致して，をりますか。彼れは，今かやうな，花を，見てをります。彼れの，叔父も，叔母も，一処に，見てをります。此れは，何の花で，ありますか。此れは，梅の花で，あります。叔父とは，父母の，兄弟をいひ，叔母とは，父母の，姉妹を,いふなり。」
　連語は，短文をいう。まず，見るべきは口語体を用いている点である。しかし，このような文体も，習7年に『小学入門』に改正されては，文語体に改められてしまう。次に、、や。の句読点が，今日の打ち方と同様に，はっきりと使い分けられているのであるが，この表記符号の使用も，後に採用されず，かなり乱雑なものとなっていく。仮名文字は，草体五十音図中，「は，す，れ，な」などの別体が混用されている。とにかく，当時の標準的な談話体が見られる点が一大特徴である。終わり2行は説明であるから文語体となっている。
　〈21オ～21ウ〉「第二連語の図」（下署）
　〈22オ～27ウ〉「第三連語の図」
　〈23オ～23ウ〉「第四連語の図」
　〈24オ～24ウ〉「第五連語の図」
　〈25オ～25ウ〉「第六連語の図」

〈26オ～26ウ〉「第七連語の図」
〈27オ～27ウ〉「第八連語の図」
〈28オ～28ウ〉「線及び度の図」
〈31オ～33ウ〉「形及び体の図」

	直線	直角	五分平方
例			

	直三角形	圜	円体
例			

　以上，本書の国語教育的価値は，掛図類の集成書として，総計27図を考察収載した点にあるが，少し細かにみれば，両仮名の字体を決定し，文章表記を正し，単語図はともかくとして，談話文体の連語図を豊富に作製した数点をあげなければならない。これが，翌年の『小学入門』，12年の「小学指教図」，と発展し，本邦初期国語教育の推進への寄与は，きわめて重視されるべきものがある。

(2)　師範学校附属小学教則の変遷

　前掲「東京師範学校沿革一覧」によると，同校附属小学の教則は，次のように発展している。
　　(甲)　明治六年二月創定下等小学教則（同書附録P. 38；前節）(注36)
　　(乙)　明治六年五月改正下等小学教則（同P. 46）
　　(丙)　明治六年五月創定上等小学教則（同P. 54）
　　(丁)　明治七年一月改正下等小学教則（同P. 62）
　　(戊)　明治十年八月改正教則（同P. 71）上下等

○　明治十二年十月改正教則（注37）
○　明治十五年三月改正附属小学教則（十六年八月允可）（注38）（下略）

こうして，12年10月改正教則も，翌13年の改正教育令の公布，つづいて14年5月の小学教則綱領の施行となって，さらに大きく発展することとなったのである（後章に詳述）。

次に，ここまでの発展における下等小学科および上等小学科の国語科目の変遷を表示すれば次のようになる。

A　下等小学教則国語科目変遷表（明治6年から同12年まで）

科目＼制定	6年2月	同5月	7年1月	10年8月	12年10月
読物	○	○	○		
読法				○	
読書　読法					○
問取	○	○	○	○	
問答	○	○	○	○	
実物					○
復読	○	○	○	○	
作文	○	○	○	○	
読書　作文					○
習字	○	○	○	○	○
諳記				○	

B　上等小学教則国語科目変遷表（明治6年から同12年まで）

科目＼制定	6年5月	10年8月	12年10月
読物	○		
輪読		○	
輪講	○	○	
読書　読法			○
随意科読書　漢文			○
諳記	○	○	
実物			○
書取		○	
作文	○	○	
読書　作文			○
習字	○	○	○

次に，各科目内容が，改正ごとにどのように変遷したかを表示する。

A, i 下等小学科読物・読法読書読法

制定年月	年 月 六・二	六・五		七・一		一〇・八		一二・一〇
科目名	読 物	〃		〃		読 法		読書読法
第一級	同前巻ノ六 万国地理書 万国地図	同前巻ノ三 万国史畧 巻ノ一二		同前巻ノ二 万国史畧 巻ノ一二		万国史畧 巻ノ一二	同前下	同 前 巻七
第二級	同前巻ノ六 同前巻ノ三 同前	同前巻ノ二 同前巻ノ一二	同 前	万国地誌 畧巻ノ三 日本史畧 巻ノ一	同 前	万国地誌 畧 巻ノ一二三	日本畧史 上	同 前 巻六
第三級	小学読本 巻ノ五 日本地理書 巻二 同 前	日本史畧 巻ノ一 万国地誌畧 巻ノ一	同 前	同 左	地 図		同 前 巻ノ二三四	同 前 巻五
第四級	小学読本 巻ノ四 日本地理書 巻一 日本地図	同前巻ノ四 日本地誌畧 巻ノ一	同 前	同 左		同 前 巻ノ五	地理初歩 日本地誌 略巻ノ一	同 前 巻四
第五級	小学読本 巻ノ三 地理初歩 地球儀	同前巻ノ四 日本地誌畧 巻ノ一	地 図	同 左		同 前 巻ノ三四		同 前 巻ノ二三
第六級	小学読本 巻ノ二	同前巻ノ三 地理初歩	地球儀	同 左		小学読本 巻ノ一二		小学読本 巻ノ一二
第七級	連語図 第一―第八 小学読本 巻ノ一	小学読本 巻ノ一二		同 左		連語図 第一―第 十	同 前 又ハ兼テ 小学読本 巻ノ一	簡易仮名 文 漢字交リ 文
第八級	五十音図・ 濁音図・単 語図 第一―第八 又ハ兼テ 小学読本 巻ノ一第一 二回	五十音図・ 濁音図・単 語図 第一―第八 連語図 第一―第八	又ハ兼テ 小学読本 巻ノ一ノ 一二回	同 左		いろは図 五十音図 濁音次清 音図 単語図 第一―第 八	色図 線図 形図 体図 人体図	伊呂波・ 五十音・ 次清音・ 濁音

142

第2章　学制小学国語科目の制定

A，ii　上等小学科読物・読法
付　随意科読書

制定年月	六・五	一〇・八	一二・一〇	
科目名	読　書	ナ　シ	読書読法	随意科読書
第一級	化学説畧 博物誌巻一二三 国体論畧 同前巻ノ三		同　前 同前巻六	同　前
第二級	同前巻ノ三四五 物理階梯巻一二		同前巻ノ五 同前巻三四五	英文読方
第三級	同前巻ノ四五 万国畧史巻二二 同前巻ノ三		同　前 十八史略巻一二	同　前
第四級	日本畧史巻一二三 同前巻ノ二		同前巻ノ四 同前下	同　前
第五級	同前巻ノ三四 修身巻ノ一		同前 同前中	英文読方・文典
第六級	万国地理書巻ノ一二 同前巻ノ五		同前巻ノ一二 （朱書）随意科 漢文蒙求上	英文綴字読方
第七級	同前巻ノ二 同前巻ノ三四		同前巻ノ二	
第八級	文法書巻ノ一 日本地理書巻ノ一二		読本巻ノ一	

B，i　上等小学科輪読

制定年月	一〇・八	一二・一〇
科目名	輪　読	ナ　シ
第一級	経済入門	
第二級	博物小識 修身論	
第三級	小学生理書 博物小識	
第四級	物理階梯 小学化学書	
第五級	万国史畧	
第六級	日本史要	
第七級	万国指掌	
第八級	日本地誌要畧	

B, ii　上等小学科輪読

制定年月	六・五	一〇・八	一二・一〇
科目名	輪講	同前	ナシ
第一級	諳記ヲ兼ヌ	同前	
第二級	○	同前	
第三級	○	同前	
第四級	○	同前	
第五級	○	同前	
第六級	○	同前	
第七級	○	同前	
第八級	○	輪読セシ所	

C, i　下等小学科書取

制定年月	月日 六・二	六・五	七・一	一〇・八	一二・一〇
科目名	書取	〃	〃	〃	ナシ
第一級				同前	
第二級				記事及書牘ニ使用スヘキ文字	
第三級	小学読本中ノ句			同前	
第四級	小学読本中短簡ナ句			記事ニ使用スヘキ文字	
第五級	単語			連語	
第六級	単語中ノ容易ナ文字	小学読本中ノ句	〃	単語	
第七級	単語ヲ仮字ニテ	単語	〃	単語ヲ平カナ片カナニテツヅル又は単語	
第八級	五十音・単語ヲ仮字ニテ	〃	〃	五十音いろは	

第2章 学制小学国語科目の制定

C, ii 上等小学科書取

制定年月	一〇・八	一二・十
科目名	書取	ナシ
第一級	同前	
第二級	同前	
第三級	同前	
第四級	同前	
第五級	同前	
第六級	同前	
第七級	同前	
第八級	記事書牘ニ使用スヘキ文字	

D, i 下等小学科諳記

制定年月	一〇・八	一二・一〇
科目名	諳記	ナシ
第一級	○	
第二級	○	
第三級	○	
第四級	○	
第五級	○	
第六級	○	
第七級	○	
第八級	○	

D, ii 上等小学科諳記

制定年月	六・五	一〇・八	一二・一〇
科目名	諳記	〃	ナシ
第一級	輪講ニ含マル	同前	
第二級	○	同前	
第三級	○	同前	

145

第四級	○	同　前	
第五級	○	同　前	
第六級	○	同　前	
第七級	○	同　前	
第八級	○	輪講セシ所	

E, i　下等小学科問答・実物

制定年月	年　月 六・二	六・五	七・一	一〇・八	一二・一〇
科目名	問　答	〃	〃	〃	実　物
第一級	万国地理書 万国地図 韻射地図	同　前 万国史畧 博物図第一	〃		同　前 植物　人工物
第二級	同　前 同　前	万国地誌畧 同　前 諸射地図	〃		同　前 礦物　動物 人工物
第三級	日本地理書 日本地図	日本地誌書 日本史畧	〃		度量　位置 植物　人工物
第四級	地理初歩 地球儀	同　前	〃		同　前 位置　礦物 動物　人工物
第五級	花鳥獣魚虫 ノ図	日本地誌畧 地　図 地球儀	〃	人体図 通常物品	形体　度量 位置　植物 人工物
第六級	形体線度 果物図	形体線度図 地理初歩 地球儀	〃	稍精密	形体　位置 礦物　動物 人工物
第七級	人体ノ部分 通常物 色ノ図	〃	〃	単語図 兼テ 〃	数目　色彩 形体　位置 植物　人工物
第八級	単語図 食物器財	単語図 諸物ノ性質 用法	〃	〃	数目　色彩 位置　動物 人工物

146

E, ii　上等小学科実物

制定年月	一二・一〇
科目名	実　物
第　一　級	
第　二　級	
第　三　級	
第　四　級	
第　五　級	同　前
第　六　級	金石学 植物学
第　七　級	植　物
第　八　級	礦　物 動　物

F, i　下等小学科作文

制定年月	年　月 六・二	六・五	七・一	一〇・八	一二・一〇	
科目名	作　文	〃	〃	〃	読　書 〃	
第　一　級	手紙ノ文	同　前	〃	同　前	同　前 海藻類・芝栭類ノ記事	同　前 訪問文 届　書
第　二　級	一句ノ題ヲ与エニ三句	容易キ手紙文	〃	記事及書牘	同　前 魚介類ノ記事	同　前 誘引文 送　状
第　三　級	単語中一二字ヲ題ニ一句（宿題）	同　前	〃	同　前	同　前 穀類・菜蔬類ノ記事	「書牘文」ノ内寄贈文 請取書
第　四　級		同　前	〃	単語ノ題ニテ	同　前 野生動物・家用礦物ノ記事	同　前
第　五　級		単語中一二字ヲ与ヘ一句又ハ一句ノ題ヲ二三句ニ	〃		漢字交リ文ニテ七金・雑金・菓実蔬菓ノ記事	書式類語

147

				仮名ニテ家畜・家禽庭樹・園草ノ記事	
第 六 級					
第 七 級				同　前	
第 八 級				仮名ニテ人工物ノ記事	

F, ii　上等小学科作文

制定年月	六・五	一〇・八	一二・一〇	
科 目 名	作　文	〃	読　書　〃	
第 一 級	同　前	同　前	同　前	
第 二 級	同　前	同　前	雑題ニヨリ諸体ノ文章	
第 三 級	同　前	同　前	同　前	
第 四 級	同　前	同　前	漢字交リノ論説文	貸借文証券書例
第 五 級	同　前	同　前	同　前	同　前吊慰文願書
第 六 級	同　前	同　前	同　前	同　前送別文願書
第 七 級	問題ヲ出シ答ヲ文ニツヅル	同　前	雑題ニテ漢字交リ記事文	同　前謝言文願書
第 八 級	手紙ノ文	記事書牘文	漢字交リノ文宝石類・虫数爬虫類ノ記事	「書牘文」祝賀文届書

G, i　下等小学科習字

制定年月	年　月六・二		六・五	七・一	一〇・八	一二・一〇
科 目 名	習　字		〃	〃	〃	〃
第 一 級	同　前		同　前	同　前	草書習字本	同　前
第 二 級	草書手紙文		〃	〃	行書・草書ノ習字手本	草　書
第 三 級	同　前		草　書	同　前	行書習字手本	同　前

第2章　学制小学国語科目の制定

第四級	草　書		行　書	〃	同　前	楷　書
第五級	同　前		同　前	〃	同　前	同　前
第六級	同　前		同　前	〃	習字本ニテ楷書	同　前
第七級	習字本ニテ楷書		〃	〃	習字本ニテいろは図・草体変体又ハ兼テ楷書	行　書
第八級	習字図―盤上片カナノ運筆―石盤	習字本平カナ筆ノモチ方	石盤―片カナ字形習字本―カナ筆ノ持チ方	〃　カナ 〃 〃	石盤ニテカナノ字形習字本	片仮名 平仮名

G, ii　上等小学科習字

制定年月	年　月 六・五	一〇・八	一〇・一〇
科目名	習　字	習　字	習　字
第一級		同　前	
第二級		同　前	
第三級		草　書	同　前
第四級		同　前	草　書
第　　級		行　書	同　前
第　　級		同　前	楷　書
第　　級		同　前	同　前
第八級		楷　書	行　書

注1　Charles W. Sanders: SANDERS' UNION SERIES OF READERS; NEW YORK, IVISON BLAKEMAN, TAYLOR & CO., FOURTH READER は1863年刊，408PP.

注2　尾佐竹猛；新聞雑誌の創始者柳河春三；大正9年2月20日　名古屋史談会発刊；略年譜慶応3年の条，「うひまなび・智環啓蒙・同国字解」とある。
　　春蔭は春三の名。以下「教科書判」とあるは（たて）220mm×（よこ）150mmの大きさで，現在のA5判に似ている。当時の教科書の普通の大き

149

さである。新刻書目便覧；明治7年4月梅厳堂・万青堂刊；一ウ「うひまなび　柳川春三　4匁5分　一」

注3　新刻書目一覧（前出）；二オ　絵入智慧の環，古川正雄，1円12銭5　8（冊）とある。

注4　新刻書目一覧；一ウ智恵𦀇糸くち，古川正雄，12銭5　1（冊）とある。文発省准刻書目；壬申正月，「出版人青山清吉」とあり，雁金屋清吉（上掲）と同一人であろうが，出版人ではなく，発兌人とすべきである。同書壬申十月（八オ）に「再刻ス」とある。

注5　新刻書目一覧（前出）一ウ所載。准刻書目にない。東書文庫その他にも原本なし。

注6　文部省准刻書目；壬申四月　七ウ所載
新刻書目一覧（前出）一ウ「官板習字本　師範学校出版三銭宛廿」とあるものと同一歟。後に師範学校から出版したものか。

注7　准刻書目；癸酉五月，廿一ウ，単山書　習字本　出版埼玉県，初巻本朝三字経ハ大日本国尽全習字ノ本ナリ；とあるものも宇都宮本であろうか。文部省出版書目（国会図書館蔵；四六判洋装刊記なし，明治17年ごろ歟）に「習字本　全五十九冊　八年十月　金壱円拾銭」とあるものも，同じ系統の本歟。

注8　教科書判11丁　上欄に各天皇の諱，出自，崩年，寿齢を載せ，下欄歴代天皇に片かなを振る。青山堂は雁金屋清吉。

注9　教科書判16丁　上欄に，改元の天皇・年月日干支をのせ，下欄年号に片かなを振る。刊年は皇諡之巻と同じである。

注10　教科書判17丁，各州，郡名，各地図も載せる。

注11　180mm×130mm　本文13丁，地方凡例5丁，計18丁，明治七年甲戌一月，市野嗣郎校合，「地方往来」は20丁。

注12　新村出編，広辞苑，岩波判，P.912

注13　四六判，185mm×130mm　28丁文部省准刻書目　癸酉二月；四ウ増訂農業徃来　著述市野嗣郎；出板山形七兵衛　一冊，とあるものであろう。同書一月；十オ「改正農業往来　撰者故江藤弥七，改正荻田長三，出板大野市兵衛　一冊」「在来ノ書ヲ改正シ且ツ増補ス」，新刻書目一覧六ウ「増訂農業徃来　橋爪貫一，十二銭五　一（冊）」ともみえる。

注14　180mm×120mm　26丁；伊丹屋他12名発行　文部省准刻書目，壬申正月所載；同書癸酉一月二ウ，続世界商売往来，著述橋爪貫一，出板青山清吉一冊，去未年刊行前編ノ遣漏ヲ編輯ス；同書癸酉二月十二オ，続々世界商売往来，著述橋爪貫一　出板青山清吉一冊，辛未許可ノ前編ノ続ナリ

注15　150mm×109mm　19丁；福沢全集第2巻（大正15年5月刊）（P.223～250）所載，片山淳之助は福沢諭吉の別名。「慶応元年7月発兌」とみえる。

東書文庫には題言しかない。

注16 福沢全集（前出）第3巻（大正15年4月刊）所載。文部省准刻書目壬申正月の条に初見，同癸酉四月十七ウに「旧板ヨリ少シク文字ヲ大ヒ（マヽ）ニ為シ平仮名ヲ真片仮名ニ直シ再刻ス」と再見。

注17 「題首壬申三月文部少丞長芟撰併書」，披見した東書文庫には，「明治八年春五刻」（表紙2）とある。

注18 西洋夜話；養愚堂梓（石川版）；表紙2に「明治辛未新刻」とある。文部省准刻書目　癸酉3月の条に，「3集全1冊　去壬申三月出板ノ続他」とある。」4月辛未に初集新刻・翌5年3月刊行したものであろう。2集末尾に「明治6年1月刻成」，3集末尾に「明治6年3月刻成」とあり，これが一冊にまとめられて，上記准刻書目の記載となったものであろう。

注19 東書文庫西洋夜話は，1～3集と4・5集との2冊本。内務省版権書目（明治9年7月出版，村上勘兵衛刊，第壱号；明治文化資料叢書第7巻書目篇所収；P.43）明治8年10月分の条に「西洋夜話　小本五冊」とあるから，各集1冊ずつのものと，2冊のものと，両方が発兌されていたのである。

注20 文部省准刻書目，癸酉2月（十九オ）「物理訓蒙下篇　翻訳出版　吉田賢輔　一冊」

注21 准刻書目，癸酉3月（八オ）の条

注22 雑誌「実践国語」（西原慶一主幹，穂波出版社刊）16巻177号（昭和30年7月）所載「田中義廉（古田東朔）」引用「義廉君履歴」によれば，大介は幼名。同誌178号（同年8月）所載古田筆「田中義廉(二)」によれば海軍兵学寮が明治3年開かれ，田中は兵学大助教に任じられている。

注23 明治文化資料叢書（前出）第7巻書目篇P.596所収P.7。「明治三庚午仲春」刊行。（七ウ）㋥の部

注24 新刻書目便覧（明治7年4月刊前出）（七十オ）には，「西洋新書　瓜生政和百六十匁十冊」明治以降教育制度発達史（前出）小学教則の条（第1巻第2篇第2章，P.417）には「西洋新書　瓜生政和著　十四冊」とある。上掲初号8冊に追加されたものであろう。

注25 文部省准刻書目，壬申正月の条にも所収。正月に官許があり，7月に刊行されたのである。上巻　教科書判34丁，下巻同41丁。

注26 明治以降教育制度発達史（前出，第1巻第2編第2章，P.417）「西洋事情　福沢諭吉著　十冊（慶応二年七月初編出版明治二年二編出版）」とある。披見した東書文庫本によれば，明治2年は初編の再刻刊年である。大学編新刻書目一覧ニ（明治4年辛未4月刊）（32オ㋥）に「二編，四冊」とある。福沢全集（前出）。

注27 高田義甫述，官許小学教則問答全；明治6年12月上梓；北畠茂兵衛（千鍾

房）発兌；（序）明治7年1月矮軒とあるから，刊行は明治7年1月以降であろう；教科書判27丁

注28　文部省布達全書，明治6年3月2日条，29ウ
　　　小学教則中日曜日ヲ以テ休業ノ儀記載候処今般改正一六ノ日ヲ以テ休暇ト相定候条此旨相達候也
　　　但月末三十一日休暇無之事

注29　文部省，大正11年10月刊，学制五十年史

注30　東京師範学校沿革一覧；明治13年3月，「東京師範学校長　伊沢修二」序，同校編併刊，全P.43，附録P.111，（内閣文庫，望月文庫，東書文庫等所蔵）

注31　茗溪会雑誌「教育」第344号（明治44年10月30日発行）所載「師範学校の創立」（辻新次）；（末尾4⑳）

注32　東大文書，南校教育史料，明治五年 従正月至十一月 含要類纂巻之卅三，本省往復之部

注33　東京文理科大学・東京高等師範学校　創立六十年（昭和6年10月刊）P.5所載

注34　建立伺中，「彼ノ口授講義之法」とあるのを，「習字会話口授講義等」と修正したり，建立伺で「要之スルニ…一種良善ナルモノヲ磨シ出スヘシ云々」とあるのを大意をとって第6項末尾に加えたり，さきに問題にした2か所の割書を削除したりしている。

注35　明治7年47刊，新刻書目便覧（前出）一オ，「官小学教授書　師範学校出版　九銭九厘一（冊）」とある。
　　　明治7年10月『小学入門甲号』，題言「而シテ児童ノ初歩ヲ教ルハ先ツ紙牌ニ大書シタル所ノ文字ヲ指示シテ之ヲ授ルヲ法トス然レ┗其紙牌タル大ニシテ出入提携ニ便ナラズ又人々ノ購求シ易カラサルヲ以テ…」

注36　引用した「東京師範学校沿革一覧」は，「自第一学年・至第六学年」（学年は学年度の意味）と注されているように，明治6年度から11年度までの沿革である。これにつづいて，「従明治11年9月　至明治12年8月，東京師範学校第七学年報告」（P.43）が刊行された。（内閣文庫・東書文庫所蔵）

注37　「従明治十二年九月　至明治十三年八月，東京師範学校第八学年報告」附録所載；内閣文庫所蔵稿本で「明治十三年二月文部省上申」と朱書せるものと同一。

注38　「自明治16年9月，至同17年9月　東京師範学校一覧　第一冊」；内閣文庫所蔵　稿本半紙綴。

第3章　学制期における国語教授法の開発

　まず，第1章において，近世徳川期における寺子屋を中心にして，どんな国語教育が実施されたか，その特質を考え，進んで，隣接する維新以降の学制教則期の国語教育が，どのような相貌によって近代化の実を挙げたか，もっぱら残存する文献・資料に当たって明らかにしようとした。初めに洋学における外国語学履修の実情を明らかにし，それと国語観の成立関係に及び，摂取した海外言語教育説を重視して考察した。つづいて，第2章にはいり，学制国語科目と文部省小学校教則・師範学校小学教則の成立と変遷の跡を究明してきた。
　そこで，本章においては，国語関係の教科目が，いかなる科目としておさえられたか，その科目をめぐる論考を探求し，同時にいかなる方法によって実施されたか，その科目の教授法を明確に捕捉してみようとするものである。そのために，各科目について，当時の合衆国を中心とした海外言語教育の論考と教授法を可能な限り調査し，その延長上に位置する本邦の各科目の論考と教授法をとらえてみよう。
　以上の趣旨により，本章は次のように節を分ける。
　第1節　入門期国語教授法
　　(1)　海外入門期国語教授法
　　(2)　庶物指教
　　(3)　懸圖（掛図）
　　(4)　入門期読本
　第2節　入門期国語教授の資料
　　(1)　『小学教授書』
　　(2)　『小学入門』甲号・乙号

第1節　入門期国語教授法

　教科を問わず，入門教授は教育系統上の最初の分節であるが，言語課目の入門教授は，特に重視すべき意義がある。すなわち，児童は就学前すでに談話と聴取の技能を持っており，言語の用具的使用に堪えている。これに言語意識を定着し，技能の練習を積むとともに，言語に関する理解を育て，言語に対する関心を持たせ,幼少ながら一個の言語態度を養うことが，入門期言語教授の目標でなければならない。そのために，外国はもとより，本邦の国語教育においても，入門期の教授および教科書等の資料作成には，格段の用意をもって臨んできた。本節は本邦学制教則期における国語教授説を述べるのであるが，まず海外のそれを概観することから始めるのは，既述のとおり，本邦の国語教育が外国特に合衆国の強い影響にもとづいて創始されたからである。

　本節は，(1)海外入門期国語教授法，(2)庶物指教，(3)懸圖（掛図），(4)入門期読本の四項に分ける。

(1)　海外入門期国語教授法

　合衆国を中心に外国の言語教育を伝える文献は少なくないが，特に読書教授を基本にして作文と習字にまで及んだ著述に，Huey の "The Psychology And Pedagogy of Reading" がある (注1)。本書には，木下一雄の翻訳や水木梢の訳述もあり，昭和初年のわが国語教育界に影響を及ぼしたものであるから，同書 (P. 240, chapter XIII . The History of Reading Methods and Texts) にもとづいて，海外特にアメリカ合衆国の入門期言語教授説を概観する。

　18世紀の末1783年，"Webster's Spelling Book" が出版されるに及んで，合衆国の言語教育界では，それ以前の言語教科書類が圧倒されてしまった。

　　　In 1785 five hundred copies a week were being sold, in 1818 the total
　　number had reached five million, and to 1847 the total sales had amounted

to forty-seven million. In 1889 commissioner Harris stated that twelve hundred thousand copies were then being sold annually, and that it was "the most generally used of all school text-books."

そして，実に1世紀余を経た1900年にも，なお年間数百万冊の割で売れたという，教科書界の記録を樹立した。本書については，別項，綴字教授説において詳述する。元来 Spelling Book は，the alphabet primer, speller, and reader in one book, and often included other subjects as well, などの "combine" されたものであったという。この解説に従えば，いわゆる綴字の部分は speller と呼ばれ，上記事項とともに編集されたのが Spelling Book と呼ばれて区別される。上記 Webster の spelling book が本邦に輸入されたのは幕末であり，本邦でも，合衆国におけると同様，広く読まれていた。

やがて，1826年には，object lessons の初発として，"Keagy's Pestalozzian Primer" が "thinking lessons" の series をもって登場した。これは，object lessons のアメリカにおける普及者 Sheldon や Calkins の著書より，30年ほど前にさかのぼる（同書P. 249）（注2）。

その2年後，word method の the first American primer として，"Worcester's series" が出現した（同書P. 250）。word method は本邦で「単語法」（「語句法」とも）と呼ばれている。この word method の源流は，1657年 Comenius の "Orbis Pictus"（世界図絵）から起こるといわれる。なお，word method は，1843年の "Bumstead Reader" 1860年の "Word Builder"（the first book of the National series of readers）の中にも（同書P. 252）現われている。

そもそも reading books は，the school subjects（学科内容）をもって編集され，1824年 Daniel Adams の "the Agricultural Reader"（農業読本）や 1827年 Rev. J. L. Blake の "a Historical Reader"（歴史読本）が出現した。後には，reading が諸科学の教科書中において扱われることもあった。1860年の the Willson Seven-book series は，その有名な教科書であった（同書P. 253）。

1880年（明治13年）以来，読本の素材は文学の領域からとられ，素材の選択，配列，適合が，その問題点となった。そして，初めの中は文学のコ

マギレが選択されたが，完全な作品が使われる傾向に向かった。現代の読本の大勢は，その素材を文学に基礎をおくようになった。Charls Eliot Norton の六冊本 the "Heart of oak" series は "Read for literature's sake"（文芸のための読解）の極点を示すことにおいて，さきの Willson books が諸科学のための読解の極点を示したことと対照的であった。

alphabet method は，ギリシャ・ローマ時代からずっと行われ，とかくの反対はありながらも，1880年ごろまでひきつづき，今日でも完全に捨てられてはいない。この方法は，最初大文字と小文字の名称を教え，それから Alphabet の順序を教える。次いで ab, ed, ib などの Alphabet の混合がつづられて発音を教え，さらに glo, flo, pag などの3綴，やがて4綴，5綴など多綴を示して教える。それから，単綴語からしだいに長綴語が教えられるものである。

sentence method は，1870年（明治3年）までは，多少あちこちで行われ，一般に気づかれる前から，時々提唱されていたが，一般化されたのは，1885年から1890年（明治18年から23年）ごろのことであった。

要するに，現代の解釈法として一般に使われているのは，alphabetic, phonic, phonetic, word, sentence method と combination method である（Chapter XIV present-day methods and texts in elementary Reading）。

(2) 庶物指教

1870年（明治3年）ごろのアメリカ合衆国の入門期言語教授には，主として Object Lessons が行われていた。このことは，文部省・師範学校に招聘された M. M. Scott の教授法，同校小学教則の問答科設置，金子尚政訳，高橋敬十郎編「小学授業必携」叙（注3）等から想察できるのみならず，以下にあげる合衆国の原著から，じゅうぶんにうかがうことができる。

その著作が本邦に翻訳されて影響が甚大であっただけでなく，事実米国の Object Lessons の指導者であったのが，E. A. Sheldon と N. A. Calkins の両名であったことは周知のとおりである。したがって，改めて紹介する必要を認めないけれども，本邦との関連上，次に原著について，入門期の言語教授における Object Lessons の概略を通観しておく。

① E. A. Sheldon
"LESSONS ON OBJECTS, GRADUATED SERIES"
Designed for children between the ages of Six and Fourteen Years: containing also,
INFORMATION ON COMMON OBJECTS.
　arranged By E. A. SHELDON,
SUPT. PUBLIC SCHOOLS, OSWEGO, N. Y.,
AUTHOR OF ELEMENTARY INSTRUCTION,
READING BOOK AND CHARTS, ETC., ETC.
NEW YORK: CHARLES SORIBNER & CO.,
NO. 654 BROADWAY, 1871　　　　(倉沢剛筆写本は1863年版)
（本文407PP. 19.3cm×12.0cm）　　　 Invisin Blakeman & Co. 刊

　本書冒頭に自序および原序（本書第14版ロンドン刊，1855年7月 ELIZABETH MAYO）がある。自序によれば，本書は the Home and Colonial Training Institution の保護を受けて1855年ロンドンで第14版を刊行したものに，多くの改訂を加えたアメリカ版である（注4）。この改訂者が Sheldon であったと認められる。この際 Model Lessons を増加し，Step の配列を自著 "the Manual of Elementary Institution" の中の配列に従ったという。そして，初級（the first step）から3級までが入門期の教授に当てられている。要するに，Object Lessons の目的は，五官を開き観察を鋭敏にして，その思想を表現する用語を与えて，言語教授の準備をすることにあった。

　As the object of these lessons is to cultivate the senses, to awaken and quicken observation, and lead the children to observe carefully everything in nature about them that comes within the range of senses,
　（下略）

　It should be added, that as the ideas are clearly developed, the giving of terms to express these ideas is designed as a preparation for "Language Lessons," and to give the children a vocabulary by which they are enabled to express the observations they are continually making on the objects of the external world, thus observation and language are both cultivated.
　すなわち，object lessons は，庶物（諸物）の観察によって知識を獲得し，

それを表現する言語を訓練することであった。本書は，明治11年12月「塞兒敦氏庶物指教」(上冊，四六版474PP.)として文部省から印行された。第五級第37課までは永田健助，それ以下は関藤成緒の翻訳に成っている。原著は上掲の本より1年前の1870年版である（同書緒言）。次に最初の部分を対照して例示する。

　〈P. 22〉　FIRST STEP
　　LESSON I　A BASKET, FOR ITS PARTS.
　Require the children to name the object, and to tell its use-as to hold potatoes, peas, bread, tea, sugar, books, work, paper, & c,; and then to point out its parts, as the lid, the handles, the sides, the bottom, the inside, the outside, and the edges; to describe the use of the lid-to cover the things contained in the basket, and to prevent them being seen; and to tell also the use of the sides and of the bottom.

　〈官訳本〉　第一級　第一課　籠ノ部分ノ事
教師タル者生徒ヲシテ此物ノ名ヲ云シメ而シテ後其功用ヲ説カシム即「馬鈴薯（ヂヤガタライモ），荷蘭豆（オランダマメ），麺包，茶，砂糖，書籍，紙等ヲ入ルヽモノナリ」ト答フルカ如シ其次ニ蓋（フタ），把柄，傍側（ワキカワ），底，内側，外側，縁，等ノ如キ諸部分ヲ指示セシム
又其蓋ノ用ヲ話サシム可シ即「籠ノ中ニ入レタル物ヲ蓋フテ外ヨリ見エサル為ナリ」ト
把柄，傍側，及底等ノ用ヲ一々話サシメ既ニ畢テ又問フ

　What would happen if the basket had no lid? The things it contained would be seen, and the dust would get in.
　What would happen if it had no handle? It would not be conveniently held.
　Show me how you would be obliged to hold it if it had no handle.
　Would you like to have to hold it in that way?
　What would happen if there were no sides to the basket? The things it contained would all out sidewise.
　What would happen if there were no bottom to the basket? They would fall downward, nor would the basket stand safely. Then make the children

repeat together the name of the various parts of a basket. "The basket has a lid. a handle," & c.

若シ籠ニ蓋ナケレハ何事ガ起ルヤ
(答)其内ニ入レタル品物外ヨリ見ユルノミナラズ塵埃籠内ニ入ル可シ
若シ籠ニ把柄ナキトキハ如何ソヤ
(答)籠ヲ持ツニ不便ナル可シ
若籠ニ把柄ナケレハ汝如何シテ之ヲ提クルヤ試ニ持チテ見セヨ（此時一生徒籠ノ縁又ハ其底ニ手ヲ着ケ之ヲ持ツヘシ因テ此ノ如ク籠ヲ持ツトキハ甚不便ナルヘシト問ヒ柄ノ必用ナル⬜ヲ悟ラシム——原文にない）
若籠ノ傍側ナキキハ如何ナルヤ
(答)其内ニ入レタル品物傍ラニ脱出スベシ
若籠ニ底ナケレハ何事ガ起ルヤ
(答)籠内ノ品物下ニ落ツルノミナラズ籠安置セザルベシ
然ル後生徒ヲシテ一同ニ籠ノ各種部分ノ名ヲ反復講習セシムヘシ即
「籠ハ蓋，把柄，傍側，底，内側，外側，縁等ヲ有ツナリ」ト

ほぼ以上のようで，かなり忠実な訳であり，時に原著にない説明も挿入されている。第一級は，籠のほか，針，脩筆刀（ペンナイフ），椅子，時辰鐘等，すべて21課に分かれている。

なお，Sheldonには，初版1862年の次の1書がある。

"A Manual of Elementary Instruction" for the use of public and private schools and normal classes; Containing a graduated course of object lessons for training the senses and developing the faculties of children, 1862.

By E. A. Sheldon, superintendent of schools. Oswego, N. Y: assisted by Miss M. E. M. Jones and Prof. H. Krusi.

Six edition. revised and enlarged.

New York; Scribner, Armstrong & Co. 654 Broadway. 1873 (first edition 1862)（本書は倉沢剛筆写本）

本書の内容は，

Introduction (Necessity of Training, Pestalozzian Plans and Principles, Preparation of Sketches, Criticism Lessons, Reports of Model Lesson, Miscellaneous Exercises); Color; Form; Objects; Number; Size; Weight;

Sound; Language; Reading; Dictation; Geography; Lessons on the Human Body; Lessons on Animals; Lessons on Plants; Moral Instruction; Drawing

(P. 419〜)

となっており，特に Pestalozzian plans and Principles があって，Pestalozzi の教授9原則が掲げられている。これは Object Lessons の源流がここにあることを示している。

All lessons should be given in accordance with the following principles, which were laid down by Pestalozzi:

1. Activity is a law of childhood. Accustom the child to do-educate the hand.
2. Cultivate the faculties in their natural order-first from the mind, then furnish it.
3. Begin with the senses, and never tell a child what he can discover for himself.
4. Reduce every subject to its elements-one difficulty at a time is enough for a child.
5. Proceed step by step. Be thorough. The measure of information is not what the teacher can give, but what the child can receive.
6. Let every lesson have a point; either immediate or remote.
7. Develop the idea then give the term-cultivate language.
8. Proceed from the known to the unknown-from the particular to the general-from concrete to the abstract-from the simple to the more difficult.
9. First Synthesis, then analysis-not the order of the subject, but the order of nature.

そして，この Pestalozzi の考え方が，主として「ゲルトルートは如何にその子等を教うるか」と題した，1801年元旦にブルグドルフにおいて発せられた形式をとる第一信以下第十四信に至るまでのゲスナー宛の書簡中に詳述されていることも，すでに指摘されているとおりである。Senses(五官)を尊重し，その感覚的印象によって得られる Knowledge (idea) を明らかにする手段は，実に number と form と language の三者であるという発見

(注5) から，初歩的な教育としては，
> 一，児童の眼前に提供されるところの各事物をば，単位として見ること，換言すれば，それが結び付いてゐると見えるところの他の事物から引き離れているものとして見ることを児童に教へること。
> 二，児童に総ての事物の形，即ちその大きさと，釣合とを教へること。
> 三，児童が知れる諸々の事物を既述するところの，総ての語，及び名称を，なる丈け速やかに，児童に知らしむること。〈p. 166〉

という3点から出発すべきであるとする，Object Lessons の原形を指示している。

この Pestalozzi 主義教育が，アメリカ合衆国に舶来したのは，Josef Neef の功による（倉沢剛説述）。Neef には，合衆国において print され流布された次の2本がある。上掲 Pestalozzi の書簡発表後7～8年のことであった (注6)。

> "Sketch of a Plan and Method of Education" founded on an Analysis of the Human Faculties, and National Reason, suitable for the Offspring of a Free People, and for all Rational Beings.
>
> By Joseph Neef, formery a coadjutor, at his school near Bern, in Switzerland.
>
> Philadelphia: Printed for the Author. 1808.

> "The Method of Instructing children Rationally in the Arts of Writing and Reading"
>
> Philadelphia: Printed for the Author. 1813.

特に前者の内容は，次のようになっていて，正に言語教授書であることがわかる。

	Page
1. Of Speech or Speaking	7
First elements of thought	8
The method of thought	13
5. Writing and Reading	43
Thinking and Speaking	47

The Alphabet	51
6. Of Grammar	53
Ideology	54
Kinds of words	63
Abuses of Grammar	65
Lexicography and Syntax	67
12. The Study of Languages	102
14. Of Poetry	141
16. Of Lexicography（辞学）	151

こうして，19世紀の初頭，スイスでおこったPestalozzi主義言語教育は，イギリスを経由して対岸の合衆国に渡った。そして，すでにHueyが述べているように，1826年には，"thinking lessons"を収載した，"Keagy's Pestalozzian Primer"が，Object Lessonsの初歩教授を取りいれるに至っている（注7）。

こうした後を受けて，Object Lessons は，Sheldonによって，いっそう普及する気運が到来したのである。

② N. A. Calkins

当時，Sheldonと共に，N. A. Calkins の力も，Object Lessons 流布の上に大きかったのである。次の著書に，その代表的な見解が述べられた。

　　Calkins's. New Object Lessons.
　　"PRIMARY OBJECT LESSONS"
　　FOR TRAINING THE SENSES AND DEVELOPING THE FACULTIES OF CHILDREN A MANUAL OF ELEMENTARY INSTRUCTION FOR PARENTS AND TEACHERS. BY N. A. CALKINS,
　　Author of "Phonic charts," and "School and Family charts."（四六判，本文442pp.）

本書の扉に，著者紹介に続けて書かれた次の文句が，Object Lessons の核心を示すものである。

　　　"Present to children things before words, ideas before names. Train them to observe, to do, and to tell."

Eighteenth Edition-Rewritten and enlarged.
New York: Harper & Brothers, Publishers
Franklin Square 1876.（明治9年）
冒頭に初版当時のPrefaceが掲載されているが，刊年は「June, 1861」である。そして，そこには，Object Lessonsの伝承史上の2大教育家であるComeniusとPestalozziの言を引用している。

"Instruction must begin with actual inspection, not with verbal descriptions of things. From such inspection it is that certain knowledge comes. What is actually seen remains faster in the memory than description or enumeration a hundred times as often repeated."

Thus wrote Johann Amos Comenius, an exiled teacher of Austria, about the middle of the seventeenth century. Said the great Swiss educator Pestalozzi at the close of the eighteenth century. "Observation is the absolute basis of all knowledge.

The first object, then, in education, must be to lead a child to observe with accuracy; the second, to express with correctness the result of his observations".

本書の内容は次のようである。

Principles on which Object Teaching is founded.
Home training of the senses.
Introductory School Lessons for cultivating observation and the Use of Language.
Conversational Exercises about a Knife; Cap; Ball; Stove.
Exercises for Training in Habits of Thinking and Speaking.
Promptly, and a correct Use of Language

Form	(P. 51～138)	Color	(～190)
Number	(～260)	Size	(～281)
Drawing	(～287)	Time	(～290)
Sound	(～312)	Primary Reading	(～338)
Qualities of Objects	(～358)		
Object Lessons	(～400)	Human body	(～431)

163

Moral Training　　（~442）

本書においても，前掲諸書と同様，言語教授の前提となる庶物の観察による知識の獲得を強調した。

　　Here Nature's method may be perceived to be "things before words." If, then, we would improve the language of a child, we must first give it ideas, then words to enable it to express those ideas. 〈 P. 18 〉

そして，本書は Sheldon の著に先だって明治10年5月「加爾均氏庶物指教」として，文部省から印行されたのであった（後述）。

次に原著と官訳本とを対照して例示する。

Conversational Exercises

　　The child's first school lessons should be conversational, and imparted in the simplest manner, with an aim to awaken the mind, develop habits of observation, and train pupils in the use of language. This work should be preparatory to a more definite knowledge of form, color, number, and of printed words. 〈 p. 39 〉

会話ノ練磨法

童子ノ最先ナル学校教章ハ，其心思ヲ励マシ，実験ノ習慣ヲ弘メ，以テ童子ニ国語ノ用法ヲ教育スルヲ目的トシ，簡単ノ方法ニテ，会話ヲ教示スルモノナリ，此作業ハ，形状，色，数目，及ヒ印行セル言辞ノ甚タ確切ナル知見ヲ得シムル預備タルヘシ（黒沢寿任訳）

1. Suppose the teacher's first conversation with the children be about a cat: let her ask how many feet a cat has; how many ears; what a cat does; what a cat is good for. Encourage them to talk about 'their cat'. 〈 P. 40 〉

第一　教師，童子ト共ニ猫ノ事ニ付テ，会話ヲナス﹆下ノ如シ，教師問ヲ起シ「猫ハ長サ幾『フート』アリヤ」「耳幾箇アリヤ」「猫ハ何事ヲ為スヤ」「猫ハ何事ノ為ニ好キヤ」ト告ケテ，童子ニ其猫ノ事ニ就テ説話スルヲ勧ムヘシ，又犬ニ付キテモ亦同シ問ヲ為スヲ要ス此時童子ヲ勧励シテ会話ノ旨趣タルヘキ事物ニ付テ語ラシムル﹆ニ注意スヘシ

ほぼ忠実に訳しているが，"how many feet cat has" を「猫ハ長サ幾『フー

ト』アリヤ」と訳したり，"what a cat is good for" を「猫ハ何事ノ為ニ好キヤ」と訳したりした，巧みでない場合も指摘することができる。また，上文中の末尾の一文は原文にないから，訳者が付加した部分であり，こうした操作を時々したのである。

　この会話の章は，第十までに分かれ，終わりに，その要領で会話をすべき題目を次のようにあげている。麺包，菓子，亀(バイー)，乾酪，牛酪，乳汁，肉叉，馬，犬，林檎，橙，桃，梨，桜実，羽毛，葡萄，匕箸(トヂモノ)，猫，羊，雪，氷，雨，石盤，椅子，案，鈴，靴，牝牛，荷車.
　そして「思慮及ヒ談話ヲ速ニシ且国語ノ用方ヲ教育スルコトヲ論ス」(同訳書 P. 53) につづき，「形状論」(同訳書 P. 59)「色論」(同 P. 202)，「数目論」(同書 P. 292～P. 410) を述べて上巻を終わる (内村耿之介，飯島半十郎共校)。
　下巻の目次は，大小論 (P. 1)，罫画論 (P. 35)，時間論 (P. 46)，音響論 (P. 50)，読法論 (P. 91)，物性論 (P. 140)，庶物指教論 (P. 179)，人身論 (P. 259)，脩身論 (P. 309) と訳されている。
　国語科目としては，習字は罫画論，発音は音響論の中にそれぞれ説かれ，読法論では「教育ニ用キル諸法ヲ論ス」として，さきに Huey が列挙した諸法が説かれていて参考となるとともに，Calkins の当時，すでにこのような分類が成立していたことがわかる。それによれば，
　　命字法 (P. 92) …… The A. B. C Method
Huey の Alphabet Method である。この方法は「始ニ二十六字ノ名称ヲ教示シ，次ニ之ヲ二字三字ノ意義ナキ連字ニ合シ，終ニハ二連字三連字ノ言辞ニ合スルヨリ成ルモノニテ，言辞ノ意義ニハ着意ナキナリ」と Method の意味を説き，此法は「只能ク綴字ヲ教ヘ得ルノミ」であるから，「誦読」の方が忘れられ，「綴字」に「偏倚」するに至るので，「当今良教師漸ク増加シテ上文ノ弊式廃セリ」という。
　　分音法 (P. 95) …… The Phonic Method
　「其施行ニ数式アリ，而シテ諸式中最モ卓越セルモノハ，生徒ニ初ニ文字ノ音韻ヲ教示シ，次ニ誦読ヲ学フトキ，此音韻ヲ用キシムルニアリ，man, m ノ音，a ノ短音，n ノ音→ man（下略）」

ということで，結論は「此教示法ハ正直ナル功業アラサルヘシ」である。
　増字法（P. 100）……　The Phonotypic Method
　「分音法ノ一式ナリ，……国語ノ各音ノ為ニ，別ニ文字ヲ作リ，生徒ニ只二十六文字ナラス，四十余ノ文字ヲ学ハシム，而シテ斯ル分音文字ハ常ニ同音ヲ標スルヲ以テ，諸音ヲ標スルニ，同文字ヲ用キルノ難事ヲ避クルナリ，此法則ヲ賞讃スル諸家ノ希望ハ，凡百ノ書籍ヲ此文字ニテ広ク刊行セントスルニアリ，然レドモ此希望ハ一般ニ目シテ虚想トセリ」ということである。Huey の分類における The Phonetic Method に該当するものであろう。つまり，単語を Phonetic sign で書き改めるのである。すると同音異義語の場合区別がつかなくなり，かえって混乱するのであろう。
　教辞法（P. 105）……　The Word Method
　「生徒ニ一物ヲ弁セシメテ，其名称ヲ学ハシムルト，同法ニテ，一次ニ言辞ヲ教フルヲ云フ，（中略）欧羅巴ニテハ，之ヲ無綴字読法ト称シ，又視而言法（Look and Say Method）ト名ツク」Object Lessons の単語の扱い方で，事物の観察により，その概念を表出する単語を学ばしめる。
　植辞法（P. 106）……　The Word-Building M.
　「此法ハ，一文字ノ言辞，即 A（一ノ意）I（余ノ意）O（疾苦，驚怖，希願等ヲ示ス嘆息辞）ノ如キヨリ始メテ，逐次ニ一文字ヲ前後ニ添加シテ，新言辞ヲ成形スルナリ，而シテ生徒ニ始ニハ言辞，次ニハ之ヲ成形スル文字ヲ，発音スルヲ教示スルコトニテ，仮名及ヒ綴字中ノ諸文字ヲハ，次ノ如キ疑問ヲナシテ教示ス，an 成形スルニ，a ノ後ニ如何ナル文字ヲ置クヤ，and ヲ成形スルニ an ノ後ニハ如何」land ヲ成形スルニ and ノ前ニハ如何等ノ如シ，という方法である。

　以上 5 類の方法を述べている。今日の Sentence Method は，Huey の説のように，1860年～70年ころはまだ出現していなかったから，その項目があげられていない。

　同書は，さらに「庶物教法ニテ誦読ノ階級」（P. 115），「書籍上ノ誦読ヲ論ス」（P. 127），などを述べて終わっている。

　なお，Calkins には，同じく国会図書館（上野帝国図書館旧蔵）に次の著述も見られた。（四六判，469 p p.）
　　"MANUAL OF OBJECT-TEACHING"

WITH ILLUSTRATIVE LESSONS IN METHODS AND THE SCIENCE OF EDUCATION
BY N. A. CALKINS
AUTHOR OF "PRIMARY OBJECT LESSONS" "PHONIC CHARTS" AND "SCHOOL AND FAMILY CHARTS"

つづいて, Comenius のことばが挿入されている。

"The art of teaching is no shallow affair, but one of the deepest mysteries of Nature." Comenius

NEW YORK HARPER & BROTHERS, FRANKLIN SQUARE 1885 (明治18年)

PREFACE ...... New York, August, 1881

(CONTENTS)

DESIGN OF OBJECT-TEACHING.
PLACE, DIRECTION AND DISTANCE.
GEOGRAPHY.
WEIGHT.
FORM.
COLOR.
PROPERTIES OF OBJECTS.
NATURAL HISTORY.
PLANTS.
MINERALS, etc.

初めの DESIGN OF OBJECT-THECHING (同書 P. 27) において, 言語発達の手段 (Means of Developing Language) は, Object Lessons が最善の方法であると説き, 章末において, 言語は平常の使用において最もよく習得される, 規則 (文法) によって習得されるものではない (注8) と強調している。

以上, Pestalozzi によって編成された Object Lessons は, 合衆国に渡って Sheldon, Calkins により, さらに完備したのであった。そして, それはやがて Herbert Spencer によって祖述され批判されながら, いっそう前進したことは, 一般に知られているところである。すなわち, William

Boyd のごときは, その著 "THE HISTORY OF WESTERN EDUCATION" において, Pestalozzi が "Begin with sounds and syllables" と言った点をとりあげ, それは児童にとっては困難であると指摘した。言語の最小の単位は, word ではなく sentence であるという後世の考え方をもって批判したのである。また初歩段階においては細密であったが, 高学年の教授は粗末であったことや, Object の単なる寄せ集めに陥り易く, 知識の体系化に迂遠であることなども問題にされたのであった (注9)。(別冊 XXI THE HISTORY OF WESTERN EDUCATION 参照)

(3) 懸 圖 (掛図)

19世紀後半における合衆国入門期言語教育用教科書は, Spelling book や Primer が使われていたのであるが, また, それらにはいる前に, chart を使用することも行われていたようである。

さきにあげた E. A. Sheldon の "LESSONS ON OBJECTS" の扉の著者紹介をみると, "READING BOOK AND CHART" とあるから, Sheldon の編集の chart が存在したことがわかる。

また, さきにあげた N. A. Calkins の "MANUAL OF OBJECT-TEACHING" の扉の著者紹介に, AUTHOR OF "PRIMARY OBJECT LESSONS" "PHONIC CHARTS" AND "SCHOOL AND FAMILY CHARTS" とあるから, Calkins にも chart の編集があったと思われる。しかも, さきに引用した Calkins の "PRIMARY OBJECT LESSONS" の裏表紙には, 次のような Chart の広告が収めてある。

"A Series of School and Family Charts."
accompanied by a Manual of Object Lessons and Elementary Instruction. By Marcius Willson and N. A. Calkins.

These beautiful charts, 22 in number, each about 24 by 30 inches, and abounding in colored illustrations, are designed, in connection with the "Manual" and "Primary Object Lessons," to furnish the teacher requisite aids in the system of Elementary Instruction by "Object Lessons." They are amounted on eleven pasteboard cards for the use of the schoolroom, and also put up in portfolio from for family instruction.

Reading	No. I	Elementary: Sixty Illustrated Words	$35
	No. II	Reading: First Lessons	35
	No. III	Reading: Second Lessons	35
	No. IV	Reading: Third Lessons	35
	No. V	Reading: Fourth Lessons	35
	No. VI	Reading: Fifth Lessons	35
miscellaneous Colors and	No. VII	Elementary Sounds	35
	No. VIII	Phonic Spelling	35
	No. IX	Written Chart	35
	No. X	Drawing and Perspective	35
Forms	No. XI	Lines and Measures	35
	No. XII	Forms and Solids	35
	No. XIII	Familiar colors, accompanied by a duplicate set of Hand Color-Cards	150
	No. XIV	Chromatic Scale of Colors	120

〈Zoological, Botanical.〉

No. XXII ───

PHONIC CHARTS for Self-Training in the Sound of Language By N. A. Calkins.

The set comprises 12 charts, size 18 by 23 inches.

本文によれば，24インチ×30インチの大きさで22枚から成る Charts である。絵入り説明付で，教室用と家庭用と別々に作成されていた。そして，編著者は，Marcius Willson（Reader の著者として前出）と N. A. Calkins の両名であり，Object Lessons の問答用に使用されたものである。たまたま，本稿執筆中に倉沢剛が内閣文庫の書庫から，この "SCHOOL AND FAMILY CHARTS" の原物を発見したことを知り，さっそくその撮影による写真の披見を乞うて許された。なお，この庶物指教の資料は，さきに辻新次が大木文部卿に宛てた明治五年三月六日の書状で，

　　絵図諸品ノ雛形等及地図

につづけて，

　　　　―ウィルソン氏絵図　実際ニ行ル者

と記し，「米国江御注文相成御取寄セ」るよう進言したもの，それにつき倉沢剛は，次のように述べている（前掲『小学校の歴史』Ⅰ，P. 816）。

　　　ここで「絵図諸品ノ雛形等」というのは，当時米国で行われていた。「庶物指教」に用いた「教授掛図」（Teaching Charts）のことである。「諸ノ品雛形等」と註されているのはその意味と解される。その絵図のはじめに「ウィルソン氏絵図実際ニ行ル者」とあるのは，ウィルソン・リーダーの著者ウィルソンと「庶物指教」の著者カルキンの共編になる「学校家庭絵図」（School and Family Charts）をさしている。

こうして政府が入手したこの資料が，やがて御用済のあかつきに今日の内閣文庫に収蔵されていたものであろうと，倉沢は推定し，筆者に語った。

次に，この写真の所見の概略を摘記する。

なお，各懸図の末尾には，わが「単語図」（後記）に影響したと思われる事項を追記しておいた。

SCHOOL AND FAMILY CHARTS

accompanied by a manual of object lessons
　　　and elementary instruction
by Marcius Willson and N. A. Calkins
　　　Harper & Brothers, publishers. N. Y.

　　　No. I.　ELEMENTARY: FAMILIAR OBJECT REPRESENTED
　　　　　　　　　BY WORDS AND PICTURES.

　　　　□ cap.　　□ egg.　　□ dog.　　□ cup.
　　　　□ cat.　　□ hen.　　□ ox.　　□ jug.
　　　　　（下略）　　□内に美麗着色絵画がある。全15行
　　　　　(SIXTY　ILLUSTRATED　WORDS)
　　　　　標題の下の2行および下線は，以下の *No.* も同様であるので省略する。

170

○文部省・第八級単語図第一・第二

No. II.　READING: FIRST LESSON.

☐ cap and cat.　　☐☐ an old owl.
☐ bat and rat.　　☐☐ an arm-chair.
　　　（下略）　　全15行

○文部省・第八級単語図第一・第二

No. III.　READING: SECOND LESSON.
CONTAINING ALL THE WORDS ON THE FIRST
CHART, WITHOUT THE ILLUSTRATIONS.

1.　cap,　cat,　bat,　lambs,　and rat.
2.　An arm. a chair. a pear. and a claw.
　　　（下略）　　全17行

○文部省・第八級単語図第一・第二

No. IV.　READING: THIRD LESSON.

1.　The dog has the pig by the ear.
2.　What is Ann do-ing? Who knows?
　　　（下略）　　全15行

○文部省・連語図第一〜第九

No. V.　READING: FOURTH LESSON.

1.　Here is a ship at sea. Do you know what the sea' is?

Who can tell?

（下略）　　全18行

○文部省・連語図第一～第九

No. VI.　READING: FIFTH LESSON.

1. Lu-cy', can the dog read the letters'?
   Can you'?

   ABCDEFGH

   IJKLMNOPQRSTUVWXYZ.

   （下略）　　全21行

○文部省・第八級伊呂波図

No. VII.　ELEMENTARY SOUNDS.
VOWELS OF VOCALS

LOMG SOUNDS	SHORT SOUNDS	CONSONANTS
Mind I ice	Pin I in	B bin
Me E eat	Net E end	D did

（下略）　　全15行

○文部省・第八級　五十音図
　○　同　・　同　　単語図第一
　イ（櫂・燭台……）　　ヒ（貝・盥……）
　ヰ（鳥居・莞……）
　○　同　・　同　　単語図第二
　オ（帯・狼……）　　ヲ（斧・鴛鴦……）
　ホ（顔・酸漿……）

No. VIII.　PHONIC SPELLING.

bat	bat.	egg	eg.	lip	lip.
cat	kat.	hen	hen.	pig	pig.

第3章　学制期における国語教授法の開発

　　　（下略）　　全17行

　　○文部省・第八級　単語図第一
　　イ（絲犬……）　　ヰ（井豕……）
　　○　同　・　同　　単語図第二
　　ワ（慈姑・轡……）　　ハ（瓦・欟……）
　　○　同　・　同　　五十音図

No. IX.　WRITTEN
□ *cap*　□ *dog*　□ *down*　□ *pear*
□ *sheep*　□ *hive*　□ *hen*　□ *kite*
　　□内挿絵，（下略）　　全4行

PRENCERIAN STYLE OF LETTERS.
〈小文字 *alphabet*〉　*abcdefghijklmnopqrstuvwxyz*
〈大文字 *alphabet*〉　*ABCDEFGHIJ*　　（下略）

A red deer.　The good old dog.

No. X.　DRAWING: ELEMENTARY.

GEOMETRICAL, AND PERSPECTIVE.
　　幾何模様，　　透視図

　　No. XI.　LINES AND MEASURES.
　　　　FORMS AND LINES
　〈全6図〉

　　　　POSITIONS OF LINES
　〈全6図〉

　　　　ANGLES
　〈全7図〉

173

PART OF CIRCLES, AND OF ELLIPSE. （楕円形）

STANDARDS OF MEASURE FOR THE EVEN （平面）

DEGREES OF CIRCLES.

○文部省・第六級　線及度圖

No. XII.　FORMS AND SOLIDS. （立体）

◥ ■　（下略）　全42図

○文部省・第六級　面及度圖

No. XIII.　FAMILIAR COLORS.

□□□ | □□□□

□内・色彩　（略）　全50図

○文部省　色図（これと同一）

No. XIV.　THE CHROMATIC SCALE OF COLORS.
色度図　（略）

○文部省　色図（これと同一）

No. XV.　ZOOLOGICAL: ECONOMICAL USES OF ANIMALS.
動物図20種　（略）

○文部省・単語図第八　動物10種

No. XVI.　ZOOLOGICAL: THE CLASSIFICATION OF ANIMALS.

CLASS I.　MAMMALIA: ANIMALS WHICH NURSE THEIR YOUNG
　　　　動物図・哺乳動物　　（略）

○文部省・単語図　第八　馬・牛など10種

No. XVII.　ZOOLOGICAL: CLASS II.　AVES, OR BIRDS.
　　　　　CLASSIFICATION OF BIRDS.
　　　　動物・鳥類　　（略）

○文部省・単語図　第八　鶴・雁など10種

No. XVIII.　ZOOLOGICAL: CLASS II.　REPTILES.
　　　　　　　　　　CLASS IV.　FISHES
　　動物・魚類・爬虫類　　（略）

○文部省・単語図　第七　蛇など
○　同　・　同　　第八　鯛・鯉など5種

No. XIX.　BOTANICAL: FORMS OF LEAVES, STEMS,
　　　　　ROOTS, AND FLOWERS
植物，葉，茎，根・花の形態　　（略）

○文部省・単語図　第七　松・竹など植物15種

〈*No.* XX, XXI　欠〉

No. XXII.　BOTANICAL: ECONOMICAL USES OF PLANTS-CONTINUED
植物・植木　　（略）

○文部省・第八級単語図　第三　桃・栗・葱など，果物9種・野菜16種

また，M. Willson の著 "WILLSON'S PRIMARY SPELLER"（注9）によれば，

　　When classes of beginners are to be taught, Chart *No* 1, of the "School and Family charts," will answer better than the book for these primary exercises in learning to call words at sight, and in learning the letters.〈P. 6〉

とあるから，目視しながら単語を呼び，文字を学習するものとしては，chart が絵入りで大型であるために，入門初歩に適当であったことがうかがわれる。

　なお，"SANDERS' UNION READER"（注10）に，
　　SANDERS' ELOCUTIONARY CHART
　　SANDERS' PRIMARY SCHOOL CHART
などの chart 類も見える。

　また，"THE NEW READING SHEETS" にも，末尾広告欄に（注11）

　　The Student's Chart of English History; By J. W. Morris, Esq., and Rev. W. Fleming, Lecturer on History at the Home and Colonial School Society. Price 3s.

とあり，歴史 chart もあったことがわかる。

(4)　入門期読本

1860年からほぼ20年間にわたるアメリカ・イギリス等の入門期言語教授は，一般にまず Primer から初まり，the First Reader へと進むのが常道で

あったと思われる。そこで，今に残存する文献（いずれも旧上野帝国図書館本）7種につき概観することにより，入門期教授の実際をさらに明らかにしよう。

① BEST BOOK OF READING SERIES,
The School and Family PRIMER: INTRODUCTORY TO THE SERIES OF SCHOOL AND FAMILY READERS By MARCIUS WILLSON, Author of Primary history: History of the United States; American History; and outlines of general history. Entered according to Act of Congress, in the year, 1860, by Harper & Brothers.（P. 49）（注12）

本書の著者 M. Willson は，上文の著者紹介によれば歴史学者であったらしいが，本書やすでに引用した Spelling book や chart（Calkins と共編）からも推定されるように，言語教育学者でもあった。特に本書は本邦官版小学読本の原著として，国語教育の創始に一大寄与をした。それはただに読本の原著であるばかりか，検討する Primer の編次（内容）が，本邦入門期教授の上に至大な影響を及ぼしたと思われるのであった。

まず，開巻冒頭に「DIRECTIONS TO THE TEACHER」の一文が掲げられている。これは the First Reader の冒頭にも，A few general principles, that were laid down in the Primer, are repeated here, として，同一の文が掲載されていることからして，著者の言語教授に対する見解を述べた資料として重視すべきである。

DIRECTION TO THE TEACHER
Children may be taught to call words at sight, as well as letters. They should begin to read at the same time that they being to learn the Alphabet, and in this way they will probably be able to read, by rote, several pages they have learned all their letters. When they have completely mastered the Alphabet (but not till then), they may be required to spell the principal words in the Reading Lessons.（下略）

正に word method の典型である。最初，庶物と，その文字を見て単語の呼び方を教える。Alphabet を学習し始めると同時に単語を読み，暗記読みを教える。Alphabet を覚えきらないうちに，数ページは進むのである。

それを覚えきるころには，Reading Lessons の主要な語の綴りを教授される。著者は Do not spell them out the words at first. と念を入れて説いている。そして，sentences の pronunciation に力を入れ，正確なそれを生徒に要求する。a guide the proper modulations of the voice として，rising, falling の inflection に独特の符合 (注13) まで付けて，きびしく取扱うのである。上文につづいて Alphabet（大小文字）の表を掲げる。それから本文のページにはいる。

〈P. 4〉

| A. APE | APE | ant | | B. BAT | BAT | boy |
| a. ant | さしえ | さしえ | | b. boy | さしえ | さしえ |

Alphabet の順に大小文字を用いて単語を出し，さしえを付ける。

〈P. 9〉　　SCRIPT　　〈筆記体〉

　　　　　　 𝒜 ℬ 𝒞 ....　　　　𝒶 𝒷 𝒸 ....

　　　　　　FIGURES

　　　　　　0 1 2 3 ....

〈P. 10〉　　THE PRONOUNCING LESSONS.

　　　　　　is it go as I he ....

〈P. 11〉　　PART II　WORDS OF NOT MORE THAN TWO LETTERS.

　　　　　　LESSON I　Is he úp?

　　　　　　　　　　　He is̀.

　　　　　　　　　　　Is it hé?

　　　　　　　　　　　It is hè.

　　　　　　　　　　　He is up on it.

〈P. 16〉

　　　PART III　WORDS OF NOT MORE THAN THREE LETTERS.

　　　　　let, get, boy, ran, can, ...

〈P. 29〉

　　　　　　　　SPELLING LESSONS.

　　　　　　I　　　II　　　III　　　IV　　　V

　　　　　　bat　　mat　　bet　　pet　　bin

第3章　学制期における国語教授法の開発

cat	pat	get	set	din
fat	rat	let	wet	sin
hat	sat	met	boy	kin

2綴語，3綴語と進め，その spell を扱う。要するに，さきに Huey が述べた word method そのままに編修されているということができる。

② SANDERS' UNION PICTORIAL PRIMER
introductory to the Union Readers.
By Charles W. Sanders, A. M.
　New York: Ivision, BLAKEMAN, TAYLOR, & Company. 138 & 140 GRANTED STREET. Chicago: 133 & 135 STATE STREET. 1871
Entered according to Act of Congress, in the year 1866. 全48 pp.
PREFACE に次のように述べている。
　……… The book is so arranged as to be adapted to the word method, the phonetic method, or to the ordinary method, ―― that of teaching the names of the letters first, ―― just as the teacher may prefer ………
These (engravings) are highly attractive, and will aid the leaner in understanding the lesson which they illustrate, and, at the same time, afford numerous subjects for Object-teaching. New York. 1866〈慶応2年〉

上文によれば the ordinary method は，the Alphabet Method であるから，理論的には不可とされながらも，ordinary であったことがわかる。本書は，この3法いずれにも応じられると言っている。そして，Object-teaching のために多くの資料が提供されるとも言っているから，その普及度がうかがえる。内容の編集は，さきの Willson の本とほぼ同じく，最初に Alphabet を提出，次いでその順序に絵入りで word を配列し，Lesson 1 から，2綴語，短文，3綴語，短文というように多綴語に及んでいる。

③ UNIVERSITY SERIES.
　　HOLMES' PICTORIAL PRIMER
　　FOR HOME OR SCHOOL. NEW YORK: UNIVERSITY
　　PUBLISHING COMPANY, 155 & 157 Crosby Street.

179

BALTIMORE: 54 LEXINGTON STREET.

Entered according to Act of Congress, in the year 1867 〈慶応 3 年〉

SUGGESTIONS TO PARENTS AND TEACHERS

1. This little book is designed to please little eyes with its attractive and suggestive pictures, and to furnish the means of intelligently introducing first ideas of printed words.

The a b c, a b ab, system of beginning to read is now rarely used by our best teacher of children. A child will learn to pronounce at sight such words as boy, dog, girl, mother, ―― words with which his ear is already familiar, and which have a meaning to him-more readily than as many letters, the former awaken thought and interest, while the latter, when made the first step in learning to read, are unintelligible. It does not make much difference whether these first words have two or six letters, one or two syllables; only let them be familiar words. Hoop, ball, horse, and orange, are far preferable, as initiatory words, to ba, be, bi, or van, nag, din, or varied combination of two-lettered words, on, go, by, me, up.

The child's eye, ear, and voice having been trained to distinguish and pronounce words as seen on the printed page, he can soon be interested in learning how they are made up of letters.

冒頭に word method を強調している。それを助けるものとして，挿絵を挿入して，Pictorial と書名に冠している。次いで，The a b c, a b ab system, すなわち alphabet method を排撃する。この方法は，最良の教師は用いないというのであるから，逆に一般には用いられていたと思われる。前者は思考と興味を覚醒し，後者は児童にわかりにくいという。ひたすら，挿絵の単語に親しませ，児童の目と耳と声とを訓練していくと，どんな文字を綴り合わせているかにも興味を覚えるに至るという。そこで，本書の word method の方法を次のように述べる。

2. Begin, not with the Alphabet, but with lesson I. The child sees the familiar pictured objects. Talk about them; point out the words which also represent the same objects to the eye; teach the child to pro-

nounce them distinctly, and a few other word which he will use in talking about them, if rightly guided to the use of natural tones and inflections.

Then the words may be analyzed and separated into letters, whose names and sounds may be learned.

The Alphabet may now be used, in connection with the early lessons.

教授の順序をたどると,

  see pictorial object ──→talk about
  ──→ point out represented words
  ──→ teach to pronounce (tones and inflections)
  ──→ analyze and separate into letters
  ──→ names and sounds (letters)
  ──→ Alphabet is used

となる。すなわち, word method は object lessons による oral method であり, 語の認識から構成分析に進み, Alphabet の習得を達成することになることがわかる。

上文中, Begin, not with the Alphabet, but with lesson I といった, 最初にとりかかる lesson は次のようである。

    LESSON I

boy	girl	dog	book
the	see	has	and

A dog, a boy, a girl, a book.
The boy has the book.
The girl has the dog.
See the dog and the book.
―――――――――――――――
boy b o y girl g i r l
dog d o g book b o o k

［少女, 本をもった少年 犬の挿絵］

④ SHELDON'S PRIMER
  ADAPTED TO THE PHONIC, WORD, AND ALPHABET

Modes of Teaching to Read,

NEW YORK: SCRIBNER, ARMSTRONG & Co. 1871（明治4年）全P. 60

本書の著者 Sheldon は前述 Object-lessons に関する著者でもあるから、やはり word method のための編集ぶりが見られる。しかし、上掲の扉には、販売政策から、phonic method や alphabet method にも応じ得る旨、記載されている。本文にはいる前に Alphabet が示されていることは、他の教科書と同様である。（同書P. 3～5）。

〈LESSON I〉

cat　　　a cat　　　cat
a cat　　 猫の図　　 a cat

a mat　　マットの図　　a mat
mat　　　a mat　　　 mat

〈P. 8〉　　LESSON II

is　　this　　is　　this
this　　is　　this　　is
the cat　　the cat　　the cat
　猫の図　　Is this the cat?
　　　　　　This is the cat.
　　　　　　the cat　　the cat,
the mat　　the mat　　the mat
マットの図　Is this the mat?
　　　　　　This is the mat.
　　　　　　the mat　　the mat

この間に word 中心に意味や発音が教授され、やがて文字が扱われ、巻末近くに Syllable の分析が示される。

〈P. 59〉　　LESSON LXI

lem-ons　can-dy　mel-ons
brings　lift　rub-ber
The clip-per brings us nuts, mel-ons,

can-dy, lem-ons, rub-ber

⑤ LANGUAGE PRIMER:
BEGINNER'S LESSONS IN SPEAKING AND WRITING ENGLISH. BY WILLIAM SWINTON, A. M.,
　　AUTHOR of "Language Lessons" "School Composition," "Progressive Grammar," ETC.
　　NEW YORK: HARPER & BROTHERS, PUBLISHERS, FRANKLIN SQUARE. 1876
　　Entered according to the Act of Congress, in the year 1874（明治7年也）102ｐｐ．
Contents
　　Section　Ⅰ　Words and sentences.
　　Section　Ⅱ　Subdivision of parts of speech.
　　Section　Ⅲ　Changes in the form or words.
　　Section　Ⅳ　Uses of words.

Object Lessons による word method の情況が，実にはっきりと示されている。著者紹介によるとSwintonは言語教育の大家であったと思われる。
　〈P.1〉　　Ⅰ　Objects and Words
　　Teacher, holding up a book, a pencil, an orange, etc:
　　　　What is this?　　A book.
　　　　This?　　A pencil.
　　　　This?　　An orange.
　　　　This?　　A bell.
1.　What are all these?
　　They are all things, or objects.
2.　How do we learn about such things, or objects?
　　We learn about them through the senses. Now I shall name two other things, or objects: Love, Gladness. We do not know these things through the senses.

3. How do we know these things?
   By thinking them.
4. What is an object?
   An object is anything that we can learn about through the senses or that we can think about.
5. When I say book, is that an object?
   No, it is a word, or the name of an object. Teacher, writing on the blackboard the word book:
6. Is that an object?
   No, it is a word, because it is the name of the object book.

初め Oral method により, Object を示し, Senses を通し学ぶが, 抽象名詞である Love, Gladness などは, sense でなく, thinking によって学ぶ。4. によれば, その両方が Object なのである。Object を示したら, その name-word を与える。師弟の問答の例を示した体裁は, むしろ教授書に似ていて, Primer としては珍しい。

⑥ THE FIRST (SECOND) PICTURE PRIMER
WILLIAM BLACKWOOD AND SONS
LONDON AND EDINBURGH 〈2冊共各〉全P. 32

本書はイギリスの PRIMER で, 刊年が記載されていない (注14)。Primer として2冊から成る点に特色がある。THE FIRST PRIMER が Preprimer となるわけである。巻頭の "NOTE" によれば,

The First Picture Primer gives only words of one syllable which contain short vowels and single consonants. The Second Picture Primer gives words of one syllable also-but with long vowels and double consonants.

とあるから, 単母音, 単子音の1音節語から長母音, 複子音の1音節語への段階が認められる。取扱い方としては,

Throughout both books, the plan has been to give the picture first-then the symbol; and the symbol always in two ways, one black on white, and the other white on black.

最初に絵を示して oral method を行い, それから Symbol (word) を示

す。それが，白地に黒く，また，黒字に白く書かれている。

〈P. 2〉　　　　　cat　　　　**cat**　　　a cat　a fat　cat

　　　　　　　a fat cat　　　**fat**　　the fat cat on
　　　　　　　　　　　　　　cat　　the mat.
　　　　　　　　　　　　　　　　　　has the cat a hat?

　ここでは大文字を授けていない。Sentence の書き出しも小文字である。白地抜きと黒字抜きの掲示法は，Eye, Feeling, Experience, Imagination などに appeal するよう工夫されたのであるという。絵から語へはいる教授法は word method のようであるが，

　　The two little books can be used with any method: with the alphabetic;
　　with the phonic; with the phonetic; or with the look-and-say method.

とあり，どの方法にも適応できる旨が述べられている。(the look-and-say method は object-lessons)。

⑦　**THE NEW READING SHEETS**

　　of the home and colonial school society.

　　in book form, for use in private families.

　　published by the home and colonial school society. at their depository, Gray's-inn-road, London (W. C.); and sold by Hamilton, Adams, and Co., 33, Pater nosterrow (E. C.)　　Price one shilling

　　　　　　　1872（明治5年也）　　全P. 66　10.5cm×18.5cm

本書もイギリスのものであるが Primer の内容を持ちながら，見開き2ページの Sheet になっている。

　　(PREFACE) The following little work contains an exact copy of 33 Reading Sheets just published by the committee of the Home and Colonial School Society, for general use in schools.（中略）has long been tested in the Model Schools of the Society.（中略）and are here presented in a book, with a review to facilitate their introduction into private families.

本書は，英本国植民地学校協会が，その model school で実験の結果編

集した33葉の reading sheets である。それを使用上の便宜から1冊の本にまとめたもので，もっぱら家庭用に供する。次に内容を概観する。

SHEET IV　Powers of the consonants

　　The teacher (The mother の意) points to the picture, and children pronounce the word "bear" several times. Next the teacher pronounces it, emphasizing the first sound, and requiring the children to listen, to observe her lips, and then to imitate her. Next she separates the sound of B from the remainder of the word, and pronounces two parts distinctly, requiring the children to do the same; thus they learn to associate the power of the letter B with the word bear. The same course to be pursued with the other letters.

熊の図	猫の図	犬の図
Bear	Cat	Dog
B	C	D

……fish, goat, horse, jug, lion, map, nest, pig, queen, rat, swan, top, van, watch, zebra, yacht,

この教授順序は，絵図──→発音（児）──→発音（母）──→発音（児）──→文字の発音となるから，やはり word method である。そして，発音を重視する。終わりに B-ear というように文字をとり出している。しかし，Be-ar と分けないのだから，Syllable の教授ではない。

〈 P. 6 〉　　　　SHEET V　Short sound of A

　　Teachers will understand that these sheets are not to teach Spelling, but Reading, first reading single words, and then sentences, according to the plans set forth upon the sheets.

　　　　　　　Bab,　　Rab,　　Bad,　　Rad,
　　　　　　　Pab,　　Tab,　　　　　　Dad,　　Sad, …………

Spelling ではなく Reading を，word から Sentence へ及ぼす。

〈 P. 8〜17〉 SHEET VI 〜 X　Short sounds of E, I, O, U.
〈 P. 18〜32〉 SHEET XI 〜 XVIII　Short vowel sounds with ER …
〈 P. 32〜37〉 SHEET XVIII 〜 XX　Long sound of A, E, O, U.
〈 P. 38〜61〉 SHEET XXI　IDLE "E"　FINAL etc.

〈P. 62〜63〉SHEET XXIII　SILENT LETTERS

　　　　　　　　　　　　　　comb　ob-lique　pshaw
〈P. 64〜65〉APPENDIX I, II　大文字 alphabet
〈P. 66〉III The Elementary sounds of the Language

　本書はその性質上，sound を中心にした reading の教授であり，primer であるから writing までには及んでいない。

　要するに，数種の文献が示す入門教授法は，word method が全盛で，word から letter，その分綴にはいる。word も，最初は object-lessons によって，object, chart, picture を手がかりにし，sense を通し，thinking を経て idea を形成し，word によってその表出をはかり，word の pronunciation を扱い，次に word の letter をとり出し，Spelling, Syllable の取扱いをするというのが，この時期の標準的な教授法であったと推察される。しかし，alphabet method や phonic method, phonetic method も，普通の教師に採用されることがあった。それは，各教科書が，それらの方法への適応をも考慮している点から推察されるのである。なお，こうした各方法への適応の配慮をしていたということが，教科書出版の営利とも関係していたことはいうまでもないであろう。

第2節　入門期国語教授の資料

　前節の考察によれば，1870年前後，わが学制頒布のころの米英諸国における言語教授は，alphabet method が理論上は批判されながらも，伝統的になお用いられ，それに phonic method や phonetic method も行われながら，word method がもっとも盛行していたと思われる。そして，sentence method はまだほとんど用いられず，現存する当時の教科書で管見に触れた中には皆無であった。また，combination method も出現していなかったというのが実情であった。ところで，アメリカの師範学校の卒業生である M. Scott は，大木文部卿の指示で，その当時のままの授業を実演し，これを本邦師範学校の教官と生徒が学習したと伝えられるから，その言語教授の方法は，object-lessons による word method であったに相違な

い（注15）。もっとも，alphabet method もなお用いられていたから，それも伝えられたかも知れない。ただ，phonic method や phonetic method は，かなや漢字がローマ字とちがった性質を有するから，そのまま輸入されず，「ジ・ヂ」「ズ・ヅ」など，類似した仮名の発音を厳別する教授などに影響を与えたにとどまったと想像される。もっとも，これとても word から letter の分析に進み，その sound を重視した word method などに，依存したかも知れなかった。

(1) 『小学教授書』

　明治6年5月，文部省は『小学教授書』を編纂し，師範学校がこれを印行したことを前に述べた。これは教授書であって，教科書ではなかったと思われるが，全巻が掛図の集録となっていた。いわば掛図学習が，Scott を経て入門期教授に採用されたのであった。近世寺子屋などの教育機関でも使われた例を見なかった掛図の初見は，「壬申三月十六日」付，辻新次の大木文部卿宛書簡（東大文書南校教育史料，前出）に，「ウィルソン氏絵図実際ニ行ル書」，「算法ノ絵図」，「スペンセリアン加字（かな）絵図」などと見える絵図であろう。この絵図は，教室の壁上や板上に掛けて使用されたから，掛図と呼んだ（当時は懸圖と書いた）。そして，この掛図が，絵図すなわち chart であると推定されるのである。

　東京師範学校教官金子尚政訳，高橋敬十郎編『小学授業必携』（明治8年12月慶林堂版，前出）は，Calkins の "New Primary Object Lessons"（前出）の訳述であるが，その金子の自序に，

　　東京師範学校ノ創業ニ際シ此書ヲ以テ授業ノ範則ト為セリ　故ニ目今
　　皇国小学普通ノ授業方ハ皆茲ニ基セリ（下略）

とあるから，すでに Calkins のこの原著が渡来していたことの証となるのみならず，object lessons が師範学校を通して本邦にも採用されたことがうかがわれる。そして，国立国会図書館所蔵の，

　　Calkins's New Object Lessons.
　　PRIMARY OBJECT LESSONS（前出）

の1本はそれであろうと推定されるのであるが，その巻末には，

A Series of School And Family Charts
　　　By Marcius Willson and N. A. Calkins

の目録が掲載されている（前出）。これらの chart が，Calkins の著述などに伴って渡来したと考えても，さきの辻書簡などと思い合わせれば，決して不自然な推察ではない。辻書簡中の「ウィルソン氏絵図実際ニ行ル書」とは，たぶん，Calkins と共編のこの目録の charts であろう。

　文部省編『小学教授書』の内容は，すでに検討したように，次のとおりであり，これを Willson・Calkins 共編 charts および，WILLSON'S PRIMER, WILLSON'S FIRST READER などと対比して，その出典を求めると，次のようである(注16)。

　　　　　(c)= charts; (P)= PRIMER; (F)= FIRST READER

五十音の図・濁音の図・半濁音の図・草体五十音の図……(P)P. 3
　　THE ALPHABET（活字体大小文字・筆記体小文字）

数字の図・算用数字の図・羅馬数字の図……(P)P. 49 COUNTING AND NUMERALS

　・　・・　∴　　　　　::::
　1　2　3 …………10
　Ⅰ　Ⅰ　Ⅱ　Ⅲ………X

加算九九の図……(P)P. 49 ADDITIONAL TABLE

$$1\begin{cases} 0 & 1 & 2 & 3 & \cdots\cdots & 12 \\ \frac{1}{1} & \frac{1}{2} & \frac{1}{3} & \frac{1}{4} & \cdots\cdots & \frac{1}{13} \end{cases}$$

（中略）

$$10\begin{cases} 0 & 1 & 2 & 3 & \cdots\cdots & 12 \\ \frac{10}{10} & \frac{10}{11} & \frac{10}{12} & \frac{10}{13} & \cdots\cdots & \frac{10}{22} \end{cases}$$

乗算九九の図……(F) P. 84 TABLE OF MULTIPLICATION

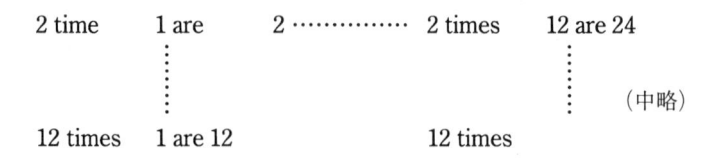

2 time	1 are	2 ………………	2 times	12 are 24
⋮	⋮		⋮	(中略)
12 times	1 are 12		12 times	

単語の図第一〜第八……(c) No. 1　Elementary: Sixty Illustrated Words.
連語の図第一〜第八……(P) P. 21　PART Ⅲ に関連
線及び度の図……(c) No. 11　Lines and Measure.
形及び体の図……(c) No. 12　Forms and Solid.

　以上のような関連を示している。算数関係の図も，Willson's PRIMER, FIRST READER の中に出ている。連語は，phrase や sentence に相当するから，PRIMER や READER の中，word につづいて配置され，「連語の図」のように，まとまりのある場面が出るのは，PRIMER の PART Ⅲ; LESSON Ⅰ　Children in the Woods; LESSON Ⅱ　The Old Man などの小話の箇所からである。

(2)　『小学入門』甲号・乙号

　次に小学教授書の「改題」といわれた『小学入門』甲号が，明治7年10月に文部省から印行された。本書印行の趣旨は，「題言」に述べられている。

　　児童ノ初歩ヲ教ルハ先ツ紙牌ニ大書シタル所ノ文字ヲ指示シテ之ヲ授ルヲ法トス然レトモ其紙牌タル大ニシテ出入提携ニ便ナラズ又人々ノ購求シ易カラサルヲ以テ家庭ノ訓導或ハ未タ備ハラス温習モ亦竟ニ闕如ニ至ランコトヲ恐ル故ニ今此書ヲ編成シテ家ニ教ヘサルノ父ナク戸ニ習ハサルノ童ナカラシメンコトヲ欲ス是其専ラ軽便ヲ主トスル所以ナリ

　学校と家庭と両用できるように，低廉軽便を主として編修されたのである。家庭の「訓導」まで考慮されているが，これも，さきの Willson と

190

Calkins の共編で，"School and Family Charts" があり Willson に "The School and Family Primer" があり，また，前節で参照した "Holme's Pictorial Primer" にも "FOR HOME & SCHOOL, Sanders' Union Reader" にも "FOR PRIMARY SCHOOLS AND FAMILIES" が副題として付けられている諸例を模したのであろう。外国の Primer は，学校と家庭の両用を目指すのが，むしろ普通なのである。そこで，文部省も，和製 Primer の第一号として，『小学入門　甲号』を印行したのである。ただし，上掲の「題言」を文に即して，「家庭ノ訓導或ハ未タ備ハラス温習モ亦竟ニ闕如ニ至ランコトヲ恐ル故ニ今此書ヲ編成シテ」と読んでいくと，教室には紙牌に大書した掛図があるが，家庭にはそれがないから作成したこととなる。すなわち，家庭の「訓導」「温習」専用に供することとなるのであるが，仮りに家庭専用の Primer の例を外国文献中に求めると，次のようなものが管見に触れている。

THE NEW READING SHEETS
OF THE HOME AND COLONIAL SCHOOL SOCIETY.
IN BOOK FORM, FOR USE IN PRIVATE FAMILIES. 1872（前款詳述）33枚の Reading Sheets となっていて，PRIVATE FAMILIES 向にできている。もっとも，PREFACE には，The following little work contains .... for use general schools. となっていて，上掲の扉の記載と一致していない。結局両用されたとみられよう。

内容上は，すでに検討したように，いろは歌を冒頭に加え，連語図を文語体に改めて，さらに2面を追加して10面にした程度の補訂であった。しかし，さきの『小学教授書』にいろは歌を欠き，談話体の連語図を掲載したことは，家庭の父兄にとっては驚異に値する挙であったであろう。寺子屋ではいろは歌が中心に扱われ，五十音はほとんど扱われていない（前述）。文章といえば漢文書下し体であったからである。それが，『小学入門』となって旧態に復し，父兄にも親しみ易く補訂されたところからも，文部省の意図が題言に沿った改訂であるとうかがわれる。

『小学入門　乙号』は，明治8年1月に印行され，末尾に色図2面が追加された。色図は，さきの Willson and Chalkins Charts, に，
　　No. 13　Familiar Colors

No. 14　Chromatic Scale of Colors
があるから，これに学んだのである。

　要するに『小学教授書』は，アメリカ合衆国の chart や primer や reader に取材し，国情に適合させて，chart の取扱いに準じて作成したのである。それをさらに補訂して，いっそう国情に適合させたのが『小学入門』であった。

注1　The Psychology and Pedagogy of Reading (with a review of the history of reading and writing and of methods, texts, and hygiene in reading): Edmund Burke Huey, A. M., Ph. D. (Professor of Psychology and Education in the western university of Pennsylvania ; New York, The Macmillan Company ; 1908（明治41年）all right reserved ; 469ＰＰ. 46判

注2　E. A. Sheldon; Lessons on objects および N. A. Calkins ; Primary Object Lessons の Preface の記年は，それぞれ1863および1861である。ただし，Sheldon の著述冒頭にある Mayor の第14版序の記年は1855とある。

注3　「小学授業必携」明治8年12月慶林堂蔵版；本文41丁；叙（明治8年7月金子尚政識）「此書原本ハ1871年⑤板米人何爾京氏著ス所ノ『ニュープライメリーヲブジュクトレッスン』（物体教授ト訳ス）題セル泰西小学授業ノ方法ヲ載スル書ニメ東京師範学校ノ創業ニ際シ此書ヲ以テ授業ノ範則ト為セリ」云々

注4　In this American edition many changes have been made in the arrangement of the Lessons. Some of the terms have been modified, others left out together.

注5　新訳世界名著叢書　第2巻；田制佐重訳，文教書院，大正12年11月印行；原著 Wie Gertrud ihre Kinder Lehrt (1801)
　　（世界教育宝典；ペスタロ一チ全集　第3巻　玉川大学版，昭和37年4月7版；鯵坂二夫訳　ゲルトルートは如何にその子等を教うるか　全P.443)

注6　上記の Sheldon の "A Manual of Elementary Instruction" や Neef の2本などは，倉沢剛が渡米中に筆写したものである。

注7　（前出）"The Psychology and Pedagogy of Reading" E. B. Huey, 1908 N. Y. P. 249. "Keagy's Pestalozzian Primer, of 1826, contained a series of "thinking lessons", a beginning of object-lessons.

注8　（同書 P. 28）Language is best learned by its proper use, not by rules.

注9　The History of Western Education ; William Boyd, 1921, 1st edition, London.

注10　By CHARLES W. SANDERS ; New York : IVISION, BLAKEMAN, TAYLOR & COMPANY, 1862

Number Three, P.264; P. 4 SANDER'S NEW SERIES OF READERS 14種中にある。

注11　THE NEW READING SHEETS OF THE HOME AND COLONIAL SCHOOL SOCIETY, IN BOOK FORM, FOR USE IN PRIVATE FAMILIES ; LONDON 1872

注12　参照したPrimerは，東書文庫所蔵1875年版である。

注13　The rising inflection is denoted thus,′. The falling inflection is denoted thus,❜. Is he up'? He isˋ. Is it he'?

注14　本書は国立国会図書館本（旧上野帝国図書館本）で，「明治18年10月1日納付」の朱印が欄外にある。出版社から図書館（または内務省）へ納本した際の日付であろう。

注15　茗溪会雑誌「教育」創立40年記念号所収　辻新次講話に拠る。別掲引用参考資料⑳に収載。

注16　辻書簡中に「ウイルソン氏綴字本及読本」があったことは，すでに引用したとおり。その中にPRIMERも含まれていたと推察される。

193

第4章　国語科各種目の教授法と教授資料

　学制教則期は、『小学教授書』・『小学入門』をもって、入門第一歩が踏み出されたとみられる。しかし、新体制の教育を理解する者は僅少であったから、これを思想的に技術的に普及することは早急に望めなかったと思われる。とにかく、地方の官民は、『小学教授書』・掛図類・『小学入門』など座右にして、ただ努力することが要求された。したがって、それらに関する教授法書の類も少なからず刊行されていた。本期における主要な教授書をあげる。

（明治6年）

百科全書教導説　　原著　W. Chambers; Encyclopedia, Education, 9月文部省刊行、箕作麟祥訳（注1）全P.133

小学教師必携　　諸葛信澄著、烟雨楼版、12月新鐫

師範学校　小学教授法　　田中義廉・諸葛信澄閲・土方幸勝輯録　8月刊　田中序7月記、全32丁

（明治7年）

上下　小学授業法細記　　筑摩県師範学校編纂・9月版　全48丁

飾磨県下等小学授業法　　鳥海弘毅纂集・9月　柳影軒版、全37丁

師範学校　小学教授書　　橘慎一郎図解、11月　木村文三郎発兌　全41丁

小学授業次第　　名和謙次著、刊月欠、集義社版　全162丁

（明治8年）

小学教授本　　藤井惟勉輯録、9月版・兌　全38丁

小学教方筌蹄　　小倉庫二編輯、蔵版和泉屋市兵衛　2月発兌　上巻47丁、下巻30丁

小学授業要論　　安場正房著、諸葛信澄閲、梶木寛則校・版（雄風館）、江島喜兵衛兌　5月免許、全24丁

教授真法　初編　　伊沢修二輯訳、10月田中稔助版　巻一31丁、巻二37丁

（明治9年）

改訂	下等小学教授法　山梨県蔵版　3月刻
師範学校	改正小学教授方法　青木輔清編，樌木寛則閲，8月免許，全79丁　東生亀次郎版
小学	授業術大意　生駒恭人著，6月免許　鈴木吉兵衛版　上巻25丁，下巻20丁
教師必読	原著　7月　文部省印行　全699丁　C, Northend; Teacher's Assistant.
彼日氏教授論	原著　12月　文部省印行，漢加斯底爾訳　D. P. Page; Theory and Practice of Teaching

公私立小学教授之則　東京府資料，4月

（明治10年）

小学授業法	3月制定，東京府，4月版権届　全P.64　118㎜×177㎜

（明治11年）

小学教授本	大場助一註訳，井冽堂山中孝之助版　2月免許　全39丁

以上のうち，Chambers; Northend; Page などの海外諸説が訳述されて，まず一般の視野にはいった。そして，さきの Object Lessons, alphabet method, word method は，早期に訳出された Chambers の書物などからも学んだ。もちろん直接的には，師範学校長諸葛信澄を筆頭に，土方・金子・安場その他同校教官の著書から学んでいた。

第1節　国語科教授の取り扱い

次に各科目に分けて，その教授法を概観する。その順序は次のようであり，まず『小学教授書』所収掛図から初める。

(1) 仮名・発音・綴字
　① 五十音図（An Alphabet Chart）
　② いろは図
　③ Spelling-Book
　④ 綴字
　⑤ 仮名・発音教授科目

(2) 漢字・語句　　① 海外語句教授
　　　　　　　　　② 単語図・単語篇
　　　　　　　　　③ 連語図・連語篇
　　　　　　　　　④ 漢字・語句の教授科目
(3) 談話語　　　　① 会話篇
　　　　　　　　　② 問答科の言語活動
　　　　　　　　　③ 談話語の教授科目
(4) 文章読解　　　① 小学読本と Willson Reader
　　　　　　　　　② 訳述読解教授法
　　　　　　　　　③ 読本教授法（授読・復読）
　　　　　　　　　④ 文章読解教授科目
　　　　　　　　　　付　読解教授用語（素読・句読・輪講等）
(5) 作文・書牘　　① 作文・書牘の訳述教授法
　　　　　　　　　② 翻訳式作文教授法
　　　　　　　　　③ 漢文法式作文教授法
　　　　　　　　　④ 作文・書牘の教授科目
(6) 習字　　　　　① 訳述習字教授説
　　　　　　　　　② 習字教授法
　　　　　　　　　③ 習字教授科目
(7) 文法　　　　　① 訳述文法教授説
　　　　　　　　　② 文法教授法
　　　　　　　　　③ 文法教授科目

(1) 仮名・発音・綴字

　『小学教授書』が，その掛図の配列を「五十音の図」から始めて「単語の図」にはいったことは，Willson's Primer などに模したのであろうが，それなるかゆえに，仮名（レッテル，letter）の教授から着手して，単語（ウオルド，word）にはいることとなり，正に alphabet method によることとなった。なるほど Primer の巻頭には Alphabet が掲示されているが，実際の取扱いは，その次に掲げられた Lesson I から始められ，word method

によるものであった（前出）。本邦ではその点における配慮を欠いてしまったと見られる。

① 五十音図 (An Alphabet Chart)

　文部省編・師範学校版『小学教授書』の冒頭が「五十音の図」から始まり,「いろはの図」が掲載されていなかったことは，新しい国語教育の性格を如実に表明したものであった。さきに引用した，文部省印行「教師必読」（第十一書・読書）に，次のような箇所があるが，これを原書（前出）と対照して掲げる。

　　第十一書・読書（原書　P. 130, XI Reading）
　　「アルハベット」ノ教授法及ヒ其式様（TEACHING THE ALPHABET — A SPECIMEN LESSON）器具（Apparatus）－○黒板（A Blackboard），綴字骨牌（a chart of easy words of one syllable）；「アルハベット」骨牌（an alphabet chart）；「アルハベット」骨牌ヲ填埋スルニ用ヰル凹線ヲ穿テル盤，此凹線ヲ称シテ綴字凹線ト為ス（a set of alphabet cards, with a grooved stick, called spelling-stick, in which the cards may be inserted in spelling words;）

対照していくと，かなりの誤訳を見つける。他の箇所で，

　　　「アルハベット」　伊呂波ト訳ス

とあるのに従えば，「伊呂波図」と訳すべきであった。いずれにせよ，わが「五十音図」は，正に Northend の an alphabet chart の日本版であったに相異ない。近世寺子屋の教授はもとより，新体制国語教育の方向を明らかに目指した，慶応3年（月次），柳河春蔭編「うひまなび」や，明治3年8月，古川正雄著「絵入智慧の環」初上，詞の巻，明治4年11月，同著「ちゑのＭとぐち」など（後出）においても，五十音の記載や解説がなかったのである。それらの仮名教授は，すべて伝統的な「いろは」であった。しかし，語学教授，特に文法教授の観点からすれば，「いろは」は，音韻的に整然と配列された「五十音」に及ぶものでなかったから，「いろは」を廃して「五十音」を採用したと推察される。明治5年9月，編輯寮撰「習字初歩」（後出）は，近代化の影響を受けることの乏しかった習字科の教科書であり，むしろ国語科の中では伝統保持の色の濃いものであったが，そ

れでも，各丁4字ずつの「いろは」の次に，見開き5字ずつの片仮名五十音を出している。翌6年春，巻菱潭著「習字乃近道」（後出）もこれにならい，平仮名は「いろは」で，片仮名は「五十音」で学習するという風を作っている。『小学教授書』は，6年5月に印行され，片仮名，平仮名とも五十音で出したのであるから，新教育を志向した英断ではあったが，前述のように批判されて行き過ぎと言われることにもなったのである。

　明治7年1月に，田中義廉著「小学日本文典」，関治彦著「大日本詞の梯（一名，五十音詞の糸口）」が期を同じくして出版され，前者は洋式文法，後者は本居学派の文法であり，両者はちがっていたけれども，いずれも五十音を先立てて示し，8年5月官許，片岡正占著「日本文典暗誦動詞」（後出）でも，「第一課五十音字経」，「第二課五十音字緯」が，これは平仮名で示されている。かつて国学文法でしか扱われなかった五十音は，その価値を新たにして登場した感があった。明治5年9月，加藤祐一著「五十韻ノ原由」（注2）のような単行本も出版された。6年1月片山淳吉著「小学第一級綴字篇」は，第一課母韻（母字），第二課父音（父字），第三課子音以下，五十音を洋式文法で詳述し，同書附説巻之上において，「五十音ヲ基礎トシテ教ヲ立ツベキ説，附伊呂波ハ教ヘテ益ナキ事」の主張をした。

　五十音図の，教授法は，明治6年12月，諸葛信澄が「小学教師必携」に述べているのが，当時の師範学校長の著述であるから，最新完備のものである。後につづく教授法書も，大体これに準拠して，五十音図の取扱いを説いたように思われる（後出）。

　　同書下等小学第八級読物
　一，五十音図ヲ教フルニハ，教師先ヅ其教フベキ文字ヲ指シ示シ，音声ヲ明カニシテ誦読シ，第一席ノ生徒ヨリ順次ニ誦読セシメ，然ル後調子ヲ整ヘ，各ノ生徒ヲシテ一列同音ニ数回復サシムベシ，但シ同音ニ誦読セシムルトキ，沈黙シテ誦読セザルノ生徒アルガ故ニ，能ク各ノ生徒ヘ注意スルコ緊要ナリ，稍々熟読スル後ハ，草体ノ五十音（平仮名也）及ビ濁音ヲモ兼ネ教フベシ，
　一，五十音ヲ教フルトキ，子母音ノ区別ト，母韻ノ開合等ヲ教ヘ，次ニ行ト列トヲ分明ニ授クベシ，行トハアイウエオ，カキクケコ等ノ下リニテ，列トハアカサタナハマヤラワ，イキシチニヒミヰリヰ等

ノ通リナリ，コレヲ授ケタル後，審ニ譜記セシムル為ニ，五十音ノ中一字ヲ塗板ニ書シ，何レノ行ニテ何レノ列ナルヤヲ問フベシ，
一，右ノ如ク行ト列トヲ暗記シタル後，次ノ開合図ヲ塗板ヘ書シ，アイウエオノ五音ニテ開合図呼方ノ区別ヲ教ヘ，兼テイキヒ，エヱヘ，オヲ，ウフ，ワハ，ジヂ，ズヅ等ノ音ヲ反復丁寧ニ習熟セシムベシ，
一，五十音ヲ教フルトキ，ン，メ，コ，厄，寸，斤，之ノ略字ヲモ授ケ置クベシ

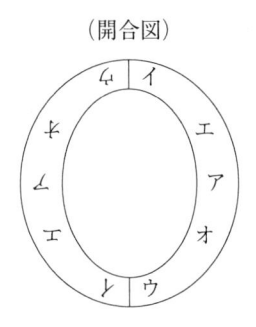

　　　　　　　　（開合図）

上文の教授法によれば，単に仮名の字体のみならず，発音，特に類似音の弁別に重点をおいたことがわかる。

明治7年9月，筑摩県師範学校編「上下小学授業法細記全」は「下等小学第八級ヨリ，第五級迄ハ，筑摩県師範学校附属生徒ノ実践ヲ経，東京師範学校正課教師ノ刪正ヲ乞ヒ，教授法已ニ一定セルモノトス」，「毎級，各科ニ於テ，授ル所ノ図類，用書等，一ニ東京師範学校ノ教則ニ従フ」（以上凡例）とあり，きわめて整備された教授法書であるが，骨子は諸葛の必携と同様なのである。附属生徒の実験済みと凡例にあるとおり，教授技術がかなり研究されている。発音教授の部分を抄出する。

一，既ニアイウエオノ五字位ヲ，授クベキ生徒ハ，教師，先ツ生徒ニ向ヒテ，第一行ノアノ字ハ，口ヲ充分ニ開キ，喉ヨリ音ヲ出シ，次ノエオハ，開合半ニシテ，始メテ正音ヲ発スルコ等ヲ，懇切ニ説キ，教師自ラ口ヲ開合シテ，之ニ示シ，第一席ヨリ，一人ヅ，各自ニ，先ヅアノ一字ヲ授ケ，周席ノ後，連続セシムルコ一回，又第一席ヨリイウエオノ四字ヲ，各自ニ授クル，アノ字ヲ授クルニ同ジ，アイ

199

ウエオノ五字ヲ、授ケ終リテ、一斉ニ連続セシムル数回ノ後、又第一席ヨリ、各自ニ一人ヅ丶五字ヲ復読セシメ、周席ノ後図上ニ於テ、授クル処ノ字ヲ、一字ヅ丶、隔席、又ハ五六席ヲ隔テ、指シ問ヒ、又一字ヅ丶、順次ヲ錯綜シテ、塗盤ニ記シ、一字毎ニ、句切リヲ付シテ、之ヲ指シ問ヒ、以テ其記スルヤ、否ヲ験ス、生徒読ミ得ルモ、猶他生ニ質シテ、連続一回セシムベシ、読ミ得ザレバ、次席ニ問ヒ、読ミ得レバ連続一回、或ハ突然惰容アルモノニ指シ問ヒ、三名マテ読ミ得ザレバ、手ヲ挙ゲテ答ヘヲナサシムル等、一二前条ニ同ジ、授クル処ノ各字ヲ、塗盤ニ存シ置キ、問ヒ畢ツテ、連続セシムル〕一回、又喉音、歯音、等ノ概略ヲ口授、質問ス　　　　〈14ウ〉

　また、濁音図に教授法は次のように示している。

　一、濁音図ヲ、教ユル、五十音図ニ同ジ、但濁ルモノト、濁ラザルモノトアレバ、先ヅ塗盤ニカノ字ヲ書シテ後、濁音符（ヾ）ヲ、点シ読マシメ、或ハ、濁ラザル字ニモ、（ヾ）ヲ加ヘテ、之ヲ問ヒ試ムベシ、比ヘバ（ガ）ハ如何、（ア゛）ハ如何、等ノ如シ

　本書でも、さきの開合図を掲げ、なお、「呼法」として音名をあげている。次のとおり。

　　ア行，　成喉音；　　カ行，　顎歯音
　　サ行，　舌顎音；　　タ行，　舌剛音
　　ナ行，　舌柔音；　　ハ行，　外唇音
　　マ行，　内唇音；　　ヤ行，　顎喉音
　　ラ行，　舌頭音；　　ワ行，　唇喉音
　　ン，　　舌鼻音；

　このように発音の弁別に努めたから、『小学教授書』を始め諸書が、ヤ行の丨（以の扁）、イ、ワ行のヰ、干、ヱ、ヲ、を用いて、ア行のイ、ウ、エ、オ、と区別した、字体上の用意にもうなずくことができる。

　明治7年9月、「飾磨県下等小学授業法」は、同県学務掛鳥海弘毅の「纂集」である。本書では、五十音図の教授法中、ある字が何行何列（段）にあるか答え得ることを重視し、また、片仮名を平仮名に、平仮名を片仮名に書き換え得るよう、石盤を頻繁に使わせている点に特色がある。すなわち、読方と書取とを併習する方法を示している。

初メ五十音図ヲ正面キ掛ケ片仮名ト平仮名トノ読方ヲ教ヘ，之カ諳記ヲ要スル為ニ時トシテハ五十音ノ中一字ヲ塗盤ノ上ニ書シ，何レノ行ニテ何レノ列ナルヤヲ問ヒ或ハ片仮名ヲ書シテ，生徒各自ノ石盤ヘ之ヲ平仮名ニ書キ換ヘシメ或ハ平仮名ヲ片仮名ニ換ヘシメ交々之ヲ試ムヘシ，生徒ハ教師ノ令ニ従ヒ，其文字ヲ書換フルノ際，須ラク他人ニ見ヘサル様注意シ，書シ終テ速ニ其石盤ヲ机上ニ伏スヘシ，教師ハ生徒ノ尽ク書シ終ルヲ待テ，其文字ヲ正シク塗板ニ書シ，杖ヲ以テ其板ヲ叩クヘシ，生徒ハ之ト同時ニ石盤ヲ起シ，其表面ヲ教師ニ向ケ，塗板ノ字ト己カ書ク処ノ字トヲ照ラシ，正シキ者ハ速ニ右手ヲ挙ケ，正シカラサル者ハ手ヲ挙ケサルヘシ，教師其正不正ヲ検シ終テ再ヒ杖ヲ以テ塗板ヲ撃ツヘシ，此時生徒銘々自己ノ石盤ヲ拭フヲ法トス

〈１オ〉

　明治７年，名和謙次著「小学授業次第」は，片山の綴字篇と同じく，原音「く，す，て，ぬ，ふ，む，い，る，う」（k・s・t・n・f・m・y・r・w）と母音との結合によって子音が生ずるという論理を述べている。

　明治８年２月，小倉庫二編「小学教方筌蹄」上巻では，やはり発音教授に力を入れた。

　　右既ニ畢ラバ（ア行五音の教授の後），イヰエヱ等ノ類似誤リ易キ音ヲ板上に書シ以テ其呼法ヲ口授ス　其次序左ノ如シ
　　イヰ　ヰハイノ重リタル音ナリイニ比スレバ強シ
　　ヰエ　ヰハウイヲ連呼スルト同シ　エハイエヲ連呼スルト同シ始メ歯ヲ合シ後歯ヲ開ク
　　エヱ　エハ口ヲ開キテ平カニ呼ブ　ヱハ始メ閉ヂテ後開ク　猶ウエヲ連呼スルガゴトシ
　　オヲ　オハ口ヲ開キ平呼ス　ヲハ始メ閉ヂ後開ク猶ウオノ両音ヲ連呼スルガゴトシ
　　ウ于　于ハウノ重リタル者ナリ　ウニ比スレバ強シ
　　右其　概ヲ示スモノナリ

　D. P. Page を祖述した，明治８年10月刊，伊沢修二の「教授真法」において，「誦読ノ法」を確立する必要を述べ，「発音ヲ正スルハ五十音ヲ習熟スルニ如クハナシ　是小学教則ノ之ヲ初ニ掲クル所以ナリ」として，五十

201

音を発音教授に利用する旨を強調している。

明治9年山梨県制定公刊の「改定小学教授法」の五十音図・濁音図教授法も，前記諸書とほぼ類似しているが，「教授ノ字数ハ一日凡ソ五字トス然レトモ年ノ長幼才ノ優劣ニ因テハ此限ニ非ス」と，その教授字数を明らかにした。

同年9月官許の青木輔清著「師範学校改正小学教授方法」では，次の表示を行い，解説している。

ア行	喉音	カ行	牙音	サ行	歯音
タ行	舌音	ナ行	舌音	ハ行	脣音
マ行	脣音	ヤ行	喉音	ラ行	舌音
ワ行	喉音				

・五音とハ喉ヨリ(ノド)て呼音(ヨブコエ)と牙ヨリ(ヲクバ)て呼音と脣ヨリて呼音と歯ヨリて呼音と舌ヨリて呼音とをいふ　又其脣音の中ヨリも軽重あり　喉音の中ヨリも喉の開合(アケタテ)ヨリ深浅あり　尚次の開合の図を参考すべし〈7オ〉

明治9年4月，東京府は，さきに5年に制定した「小学校則教則」を改訂し，「公私立小学教授之則」を公布した(注3)。そして翌10年3月には，「小学授業法」(全P. 64，177㎜×118㎜望月文庫所蔵) を印行している。第1章で教授法の通則を示し，第2章が上下等各級に分けた，かなり詳細な記述となっている。「五十音図ノ類ハ一日凡五字」を教授し，その方法は，「一人授読一斉授読」し，「凡一人二三字」の「単読」を行ない，さらに「一人一字」ずつ「輪読」し，終われば「斉読」する。まことに周到な文字指導法である。以上は，仮名の読み方教授であり，その後「摘書」し，「母子字ノ別発音ノ出処ヲ審カニシ又字音相近クシテ訛リ易キ文字〔イキ，オヲ，エヱ，シヒ，ホヲ，ノ類〕ヲ盤上ニ列書シテ発音ヲ正シ，併セテ行列ノ別ヲ知ラシメ而シテ又其字ノ正体ト草体トヲ書シテ其区別ヲ問フ等種々ノ法ヲ設ケ生徒ヲシテ倦マサラシメン〕ヲ要スベシ」〈P. 16〉とある。この「摘書」の際には「問答」のよることとしていた。

② いろは図

五十音図をもって基準とした『小学教授書』は，やがて改題されて『小学入門　甲号』になり，その時に，冒頭に「四十七字」と題するいろは図

が設定され，五十音図はその次に位置することとなった。いわば進歩的な理念は，旧来の伝統に抗しがたく，その席を下りた感のする措置であった。このような事態になっても，文法関係の著述には，いろは図がほとんど用いられなかったのは，語学的にみれば当然である（注4）。

　学制頒布以前の啓蒙書である，古川正雄・柳河春蔭等の著作（前出）には，「いろは」だけが掲げられていたが，もちろん教授書でないから，教授法は示されていない。当時，掛図や『小学入門』に対する手引書など，かなり出版されているが，それらは，ほとんど原図や原本のままに，漢字にルビを付したり，単語に注解を施したりした程度のもので，教授法には及んでいない。次にそれらを例示しておく。

〔師範学校掛図童子訓〕　井出猪之助・天野皎輯
　　　　　　　　　　　明治8年4月上梓・文敬堂梓
　　　　　　　　　　巻一37丁，巻二25丁，巻三25丁，巻四25丁，巻五28丁

〔小学入門便覧〕　水溪良孝図解，明治8年7月，田中治兵衛版
　　　　　　　　四六判，全35丁

〔小学入門授業法〕　渋江保著並出版，明治9年1月，一貫社発兌，
　　　　　　　　　全44丁

〔小学入門図解〕　平田繋編輯，明治9年5月，山中鉄造版
　　　　　　　　64mm×162mm（横長）

　『小学入門』に「四十七字」の見出しでいろはが登場してきてから，片仮名を五十音図で，平仮名をいろは図で教授することに，ほぼ道筋は決せられた観がある。そして，前掲『小学教授書』の「草体五十音の図」は用いられなくなった，「草体五十音」とは平仮名書きの五十音の意である。しかし，教授法は，五十音による発音教授がすでに始められ，いろは図は，その仮名の配列からして発音教授に適しないので，単に平仮名の字体を教授するためのchartの意味しか与えられなかったから，五十音図の場合ほどに，教授法を重視せず，したがって，教授法書でも，ほとんど述べていない。参照した文献としては，わずかに次の2類に過ぎず，それとても，ほぼ五十音図に準ずる教授法となっている。

　青木輔清著「師範学校改正小学教授方法」
　　伊呂波掛図并教法　伊呂波掛図の教法ハ図を教場に掲げ教師策を以て一字或は一句宛第一ヨ坐する生徒に其呼法を口述し逐次其次ヨ及び一回授け了らハ教師再び策を掲げ坐中の生徒をして声を斉しく誦読せ

しめ其呼法に称(かな)はざる者あれば尚反復これを教え皆記臆したる後ち習字の課にて字を授くるを法とす。

・此字体〈いろは図のこと〉を平仮名又は略して仮名(カナ)とも伊呂波ともいひ普通ゐ用る仮名ふきバ早く諳記せしむべし但し其中ゐいゐおをの如く, 紛れ易きものあり五十音ゐて仮字用格(カナヅカヒ)を正しく教ゆべし　　　　　　　　　　　　　　　　　　〈5オ〉

いろは図の教授法に触れている他の文献は, 前出の東京府小学授業法であるが, これは「五十音図ノ類」という表現に含めて扱われているに過ぎない。

③　Spelling-Book

The spelling-book combined the alphabet, primer, speller, and reader in one book, and often included other subjects as well.（注5）

上文のような, いくつかの内容をもった1冊が Spelling-book と呼ばれ, その1部に Speller が含まれていた。そして, "Webster's Spelling Book" が1783年に初めて出現するに及んで, 言語入門の類書を圧倒することとなり, その後1世紀以上にわたって王座を占めていたのであった（前述）。次にあげる1書は, その系統に属し, 早く本邦に渡来したものであった（国立国会図書館所蔵）。

　　　REVISED EDITION
　　　THE ELEMENTARY SPELLING BOOK, BEING AN IMPROVEMENT ON "THE AMERICAN SPELLINGBOOK" BY NOAH WEBSTER, L. L. D. NEW YORK: PUBLISHED BY D. APPLETON & CO., 549 & 551 BROADWAY.
　　　Entered, according to Act of Congress, in the year 1857, by EMILY W. ELLSWORTH, JULIA W. GOODRICH, ELIZA S. W. JONES, WILLIAM G. WEBSTER and LOUISA WEBSTER, 全P. 170, 175㎜×105㎜

本書は, Webster の "The American Spelling-Book" を5名の者によって修訂した初歩用の Spelling-book である。著名な Webster's Dictionary が1828年公刊され, 著者が1843年に没しているから, 本書は没後14年の出版となる。内容は次のように概観される。

〈P. 8～140〉 Analysis of Sounds in the English Language Key to the Pronunciation-vowels The ALPHABET syllable No. 1 ～ No. 146 No. 147 The dog, stag etc.

〈P. 140～5〉 Fable I Of the boy that stole apples.

Fable II ...... VII The bear and the two friends.

〈P. 146～158〉 No. 148 類似音　No. 149 不規則音語

〈P. 159～　〉 No. 150 規則音語　（他略）

上記 Fable は reader になっているから, 正に Huey の述べたとおりの雑纂的内容である。

既述辻書簡（注6）中,

一、ウイルソン氏綴字本及読本

と書かれている綴字本は, 次のようなものであった。

HARPER'S School and Family Series WILLSON'S PRIMARY SPELLER A SIMPLE AND PROGRESSIVE COURSE OF LESSONS IN SPELLING, WITH READING AND DICTATION EXERCISES, AND THE ELEMENTS OF ORAL AND WRITTEN COMPOSITIONS. BY MARCIUS WILLSON.

New York: HARPER & BROTHERS, FRANKLIN SQUARE Entered, according to Act of Congress, in the year 1863 ...... New York

全P. 80　165mm×108mm

本書の著者 Willson は, Object-Lessons の唱導者 Calkins と共編の Charts を出版しているほどであるから（前出）, word method をもって入門教授を行っている。すなわち最初（P. 6）から word を提出し, それから,

〈P. 11～　〉III WORDS OF NOT MORE THAN THREE LETTERS

となり, Directions において, その取扱いの順序を次のように述べている。

(7)　inflections

(8)　name the letters, and pronounce the words in these sentences, and then spell the leading words when pronounced by the teacher.

(11)　As the pupil spells a word, let him use it, if he can, in a short sentence or clause. Thus; "A black cat." "A black cat sat by the fire." "The mat is at the door."

以上で，spelling 教授法の要領がほぼ了解される。

〈P. 18〜21〉LESSON 10 〜 18

ここでは品詞を教授する。

ADJ.	NOUNS.	NOUNS.	NOUNS.
A tin	pan.	A ton	of hay.
〃 new	top.	〃 cup	〃 tea.
VERBS.	NOUNS.	NOUNS.	ADJ.
Rap the	jar.	The boy	is bad.
Pat 〃	lad.	〃 tub	〃 new.

〈P. 22〉V. WORDS OF NOT MORE THAN FOUR LETTERS

〈P. 31〉VI. EASY WORDS OF TWO SYLLABLES, ACCENTED ON THE FIRST SYLLABLE.

	ADJ.	NOUNS
LESSON 40	A or the ti'dy	la'dy
	A or the cra zy	fe male

〈P. 37〉VII. COMMON WORDS OF ONE AND TWO SYLLABLES.

〈P. 40〉VIII. WORDS OF TWO SYLLABLES, ACCENTED ON THE SECOND SYLLABLE.

〈P. 43〉IX. ADDITIONAL WORDS OF ONE SYLLABLE.

〈P. 49〉X. WORDS OF TWO AND THREE SYLLABLES, ACCENTED ON THE SECOND SYLLABLE.

〈P. 52〉XIII. WORDS OF TWO AND THREE SYLLABLES.

以上が，その概要である。あとは，単語の集録であり，

〈P. 53〉XIV. OFFICERS, OCCUPATIONS, PROFESSIONS, SITUATIONS AND RELATIONS IN LIFE, ETC.

〈P. 62〉XXIII. MEDICINES AND POISONS.

585語を分類し，さらに PART II も，これにつづけて，700語を分類，総計1285語に及んでいる。これは本邦における官版「単語篇」の分類とも大きな関係があると認められる（後述）。なお，このころ Willson の編集した1冊の primer と5冊の readers にも，この SPELLER の要領が各所に挿入されている（注7）。

WORCESTER'S PRIMARY SPELLING-BOOK ILLUSTRATED.
BOSTON BREWER & TILLESTON.
Entered, according to Act of Congress, in the year 1835, by LOOMIS J. CAMPBELL, in the Clerk's
Office of the District Court of the District of Massachusetts
全P. 96　108mm×167mm

本書は，Prefaceによれば，Worcester's Dictionaryに示されたspellingとpronunciationに準拠して，主として(chiefly)L. J. Campbell, A. M. によって編集されている。

〈P. 3〉The Alphabet.
〈P. 4〉Tables of Vowel Sounds.
〈P. 5〉Table of Consonant Sounds
〈P. 6〉The Alphabet (Script)

につづいて，次のSPELLING LESSONSにはいる。そのLESSONS 1は次のように，各種のwordを集めている。

am	in	on	us	at
an	it	ox	up	if
be	me	go	lo	by
he	we	no	so	my

An ox.　　　　　I am in.
My ox.　　　　　We go on.
Go on, ox.　　　An ox by me.

P. 18から，one syllable, two syllables, one and two syllablesというようにつづけてP. 47に至り，それ以降は，前記Willson's SPELLERと同様，wordを分類配列し，総計363語に達している。この分類も，官板「単語篇」のそれと関係があるように思われる。

とにかく，Spellingは言語入門として，もっとも重んじたところであるから，その教授の論考も少なくないが，本邦に影響を与えたのは，その反訳が文部省から印行された次の3種である。

〔Calkins's New Object Lessons. PRIMARY OBJECT LESSONS〕BY N. A. CALKINS; New York 1861; 前出

〔加爾均氏 庶物指数〕　明治十年五月・文部省印行，前出

綴字は書記のためには功があるが，誦読のためには益が少ない。最初から綴字で入門すると，誦読の途中で was を saw, on を no と誤ることがある。それゆえ，誦読から綴字に進むべきで，この逆をするのは，命字法（alphabet method）のやりかたである。

〈P. 138〉　生徒ニ其石版上ニ書記ノ言辞（word）ヲ以テ綴字スルヲ教フヘシ，但シ始ニハ言辞ヲ漆板上ヨリ写シ，後ニ書籍上ヨリ模セシム，而シテ生徒等之ヲ書記シ得ルニ至ラハ其石板上ニテ書記ノ言辞ヲ以テ教フヘシ，是レ綴字ヲ教示スルノ良法タルヘシ，然レトモ口述綴字ヲモ，書記綴字ヲ教フルノ便トシテ兼用スルトキハ，功ヲ奏スヘシ

〈P. 140〉　口述綴字ノ為ニ，全ク試験ヲ経且完全ナリトスル方法アリ，次ノ如シ，教師先ツ言辞ヲ発音シ，生徒等其発音ヲ分別シテ重複シ，次ニ毎文字ヲ正ク説話シ，毎連字間ノ断切ヲナシテ之ヲ綴リ，次ニ全言辞ヲ発音シテ終ル，即教師 commandment 生徒 c-o-m m-a-n-d m-e-n-t, commandment ノ如シ，但シ此時連字間ノ断切ヲ確実ニシ，毎文字ノ説話ヲ明白ニスルコトニ注意スヘシ

〔THE TEACHER AND THE PARENT, A TREATISE UPON COMMON-SCHOOL, EDUCATION〕BY CHARLES NORTHEND, New York, 1867 前出〈Preface に1853とある〉

〔那然氏小学教育論〕　明治十年一月，文部省印行　前出

第二十四節　綴字ヲ論ス　SPELLING

「元来綴字ノ稽古ハ楽ミ薄クシテ倦ミ易キモノナリ，故ニ教師タル者ハ種々ノ工夫ヲ用キテ之ヲ為スヲ楽マシムルコト，最モ肝要ナリ」

「次ニ掲クル所ノ方法ハ，全級其業ニ十分ノ注意ヲ起スノ効アリ，兼ネテ又志気ヲ発シ進歩ヲ助クルノ益アルモノナリ

　第一，簡単ノ文章ヲ明白ニ読ミ，生徒ヲシテ其各詞ノ字ヲ綴ラシメヨ，

　第二，全等ノ諸生ヲシテ精正ニ各詞毎語ヲ綴ルヲ以テ，己レノ責任ト思ハシムルヲ得レハ，其益尠カラズ」

〔THE TEACHER'S ASSISTANT; or Hints and Methods In School and

Methods〕By CHARLES NORTHEND, New York, 1870〈Preface 1859〉

〔教師必読〕　明治九年七月，文部省印行，前出

〈P. 153〉

第十二書　綴字　XII SPELLING

綴字を軽視する者が多く（米国において），何か1課を廃止するといえば，必ず綴字課を廃するほどである。綴字教授法に，口誦綴字と筆記綴字の二がある。

　　口誦綴字ヲ授クルニハ宜ク正ク其音ヲ発スヘシ，且ツ生徒ヲシテ其一等級斉ク一場同音ニ発セシメテ而シテ後一個ノ生徒ニ命シテ一語字ヲ綴リ誦セシメヨ，（中略）時アリテ長綴字ヲ挙ケ生徒ヲシテ順序ヲ逐ヒ各個ヲシテ一字ヲ発音セシメ已ニ積テ一語字ヲ為スニ及テ之ヲ発音セシムル亦甚夕益アリ，例ヘハ，『オルソグラフィー』(orthography) ノ一語字ヲ択ヒ試ニ之ヲ発音シ，生徒一場同音ニ之ヲ誦スルコト一過セシメ乃チ生徒ヲシテ順序ヲ逐ヒ之ヲ綴リ誦セシムル其法下例ノ如シ，其中一二三等ノ数字ヲ施スモノハ則チ生徒ノ順次ヲ記スナリ

一（オ）　　二（アール）　　三 ヲル　　已ニ誦シテ一綴字ニ至レハ其次位ノ生徒之ヲ併セ称ス下亦同シ

四（ティー）　五（エイチ）　六（オ）　七（ヂー）　八（ソ）

九 オルソグ　十（アール）　十一（エ）　十二 ラ　十三 オルソグラ

十四（ピー）　十五（エイチ）　十六（ワイ）　十七 フィー

第十八回に至レハ全級生徒以上ノ数綴ヲ合セ誦シテ（オルソグラフィー）ト為ス

　　又一法アリ大ニ裨益スル所アリ之ヲ下ニ挙ク　教師生徒ニ命シテ石盤上ニ三四十語字ヲ登写セシメ又生徒ヲシテ注意シテ此語字ヲ習熟セシメ　而シテ其一語字ヲ取リ之ヲ以テ作文セシメヨ，作文セシムルハ其語字ノ意義ヲ説カシムルコトヲ要スルカ故ニ，生徒自ラ其語字ノ意義ヲ暁解スルニ至ル，其法已ニ一文章ヲ成セルニ及テ石盤上ニ写上セル文字ヲ拭ヒ去ラシメ教師更ニ命シテ再ヒ其始メノ語字ヲ登写セシメ，而ル後正字学ニ依テ其語勢ヲ正シ之ヲ発音セシメヨ……教師始メニ其語字ヲ取リ用テ作文セ ンコトヲ命スル午後ニ於テセヨ，而シテ其語字ヲ挙ケシメ亦作文セシムル其明日午後ニ於テセヨ

以上が口誦綴字法である。また，簡短な文章を教師誦過し，生徒に文中

209

の語字を口綴せしめることも述べている。次の筆記綴字の法を説く。

　　　教師読本若クハ綴字書等嘗テ自ラ習熟通明セル一書中ニ就テ語字ヲ
　　　抜撼シテ明ニ発音スル，須ク之ヲ徐々ニスヘシ，乃チ一字ヲ誦過スル
　　　後暫クアリテ又一字ヲ誦シ，生徒ヲシテ之ヲ綴リ写スノ間アラシメヨ，
　　　又其一字ヲ誦過シ生徒之ヲ綴リ写ス毎ニ各生徒ノ石盤ヲ点検シ誤字
　　　アルヲ見ハ之ニ記号ヲ施シテ相点検セシメ，教師乃チ其誤字ヲ正シ其
　　　誤字ノ数ヲ検シテ之ヲ其石盤上ニ記セヨ。又一法アリ。教師先ツ一語
　　　ヲ挙ケ誦シ，生徒ヲシテ之ヲ石盤上ニ写シ取リ之ヲ綴リ誦セシメ，然
　　　ル後各生徒ヲシテ其石盤ヲ捧ケ持チテ教師ニ示サシム
　　　……凡ソ綴字課ノ如キハ之ヲ其日課最後ノ半時間ニ置クヲ善シトス

ほぼ以上の叙述により，合衆国における綴字教授の情況を察することができる。言語の相違がある以上，彼我同一の法に従うことはできないが，文部教則は「かなつかひ」として1課を立てた。師範教則では，これを掛図教授の中に繰り入れたと見ることができる。

④　綴字

　綴字教授法の初発は，いうまでもなく，文部省小学教則制定にかかる。それは，学制第27章に見られる。

　　　綴字　読并盤上習字

と示したものを具体化したのであった。すなわち，

　　　下等第八級　生徒残ラス順列ニ並ハセ智恵ノ糸口宇ひまあび絵人智恵
　　　の環一ノ巻等ヲ以シ教師盤上ニ書シテ之ヲ授ク前日授ケシ分ハ一人ノ
　　　生徒ヲシテ他生ノ見エサルヤウ盤上ニ記サシメ他生ハ各石板（石版）
　　　ニ記シ記シ畢テ盤上ト照シ盤上誤謬アラハ他生（ノ内）ヲシテ正サシ
　　　ム〈括弧内は　明治六年五月改正による〉
　　　第七級　前ノ如クニシテ五十音四段ノ活用其外字音仮名ツカヒ等ヲ授
　　　　ク〈明治六年五月改正にも同文〉

　8級に掲げた教科書の内容はすでに示したようである。7級では四段活用のような文法教授的な配慮もなされた。要は，綴字に「かなつかひ」とルビがふられていたことからも，仮名の使い方，特に童蒙に困難な字音かなづかいが重視されたことは，他の綴字教科書類を見れば明らかである。

なお，師範学校小学教則は，綴字科を設けず，掛図教授の中に含めてしまっているから，特に綴字だけの教授と呼んでいない。要するに，文字の相違はあるけれども，文法的には，さきの Northend の口誦法・筆記法に模したと思われる。

次に教授法を述べた主要な文献を挙げる。

〔小学綴字篇附説下〕　明治6年1月　片山淳吉　全38丁，前出

附説下巻は教授法書である。片山の綴字は，音声・音韻と国語表記につづめられる。本書の内容は，〈同書3オ〉「彼〈西洋諸国〉ノ教方ヲ斟酌シ且文部省定ル所ノ小学教則ニ従ヒ」述べたもので，特に発明した点につき，「愚案四条アリ」として，

　〔クスツヌフムユルウ〕ノ九字ヲ父字トスル一ナリ〈k・s・t・n・f・m・y・r・wの原音を，父字とした〉

　　子音分生ノ図ヲツクル二ナリ〈父字と母字の合成により子音が発生するとする図解，綴字篇1丁～3丁に収載したもの，前出〉

　〔タチツテト〕〔ヤイユエヨ〕〔ワヰウヱヲ〕ノ原音アル⏋ヲ論ズル三ナリ

　〔イウエ〕三音ノ差別ヲ定ムル四ナリ

と挙げている。本文は，

　　綴字篇教授方法　目録
　　小学校規則
　　同八級生日課表　大略
　　第一課　母韻ノ事
　　第二課　父音ノ事
　　第三課　父母字和合シテ子音ヲ分生スル図第一　附　タチツテト原音ノ事
　　第四課　　　　　同　　　　　第二　附　ハヒフヘホ原音ノ事
　　第五課　　　　　同　　　　　第三　附　ヤヰユエヨ, ワヰ于エヲ, 原音ノ事
　　第六課　濁音ノ父字並分生ノ図第四課濁子音ノ事
　　　…

第八課　片仮名五十聯音ノ図経読ノ事
　　　………
第十課　類字音差別並鼻音字又聚合字　畳字ノ事
第十一課　字形暗記ノ試験ノ事
第十二課　平仮名ノ五十字正体経読ノ事
第十三課　同五十字変体緯読ノ事
第十四課　同正変両体濁音半濁音ノ事　並ニ平仮名同音字三体ノ事
　　以上国字韻音ノ教ナリ
第十五課　一綴ノ語　附図
第十六課　二綴ノ語
　　　………
第十九課　五綴以上ノ語　附　音便転訛音ノ事
　　以上国語綴字音ノ教ナリ
第二十課　漢呉音仮名読ノ事　平上去三声ノ一
　　　………
第二十五課　　　仝　　　　　入声ノ一
　　　………
第二十七課　　　仝　　　　　入声ノ三
　　以上漢呉音ノ教ナリ
第二十八課　我入声促音ノ事
第二十九課　連声ニヨリテ清音ノ半濁音ニ変スル事及ヒ近世ノ外国訳
　　語ニ延音促音ノ仮字例アル事
第三十課　数目ノ事
　目録終

本篇末尾の「報告文」(広告の意)に，
　　小学綴字篇　附記ヲシヘカタ共全三冊　又別テ本篇一冊ノミモ売出シ
　　　申候　此書ハ米国ノ語学家ウェブストル氏著ス所スペル
　　　リン，ブックニ倣ヒ，我国五十音ヲ根拠トシテ字音綴字
　　　ノ法ヲ教ル書ナリ云々

とあるとおり，WebsterのSpelling-Bookに模したものであるが，文字や音声の相違を克服してまとめるために，大きな苦心が払われている。本書

は教授法書として，本書の本篇を逐一解説するとともに，要所の教授法を特に詳述している。

「第一課母韻ノ事」においては，文字と音韻を同時に教授する方法を次のように述べる。

 教官白堊ヲ取リ黒板盤ノ表面ニ先ツア字ヲ大書シ或ハ掛図ナラバ其ア字ヲ指示シ^{蓋シ習字ヲ教ルノ前ヘ略運筆方ノヲ覚エシムルニハ
掛図ヨリモ日々盤面ニ書シテ教フルヲ宜シト云ヘリ}生徒ノ方ニ向ヒテ口チヲ開キア引ト高唱シ生徒ヲシテ同時ニア引ト準誦セシメ両三回モ繰リ返シテ後一人ツヽアノ音ヲ発セシメ其音ノ悪シキハ之ヲ正シ二三回シテ（イウエオ）モ皆同シクスベシ而シテ後一人ツヽ，（アイウエオ）ノ五韻ヲ初メハ徐々ニ漸々急ニ連続セシメテ大約一時間ヲ経バ放課スベシ

さして変化のある教授法ではないが，やはり鞭を使用し，その昇降に注意させ，降下すると共に（アイウエオ）と1字ずつ切って発音させた。これが「第一日ノ教」である。第十課までは，午前の授読を，午後に復読せしめることで終始し，綴字以外は課さないことにしている。「第二課二日目父音」においては，

 但シ此九字ヲ父音トスルコト先哲ノ論ナク古河氏智慧ノ環ニ初メテ原音ト云レタリ父母相合シテ子ヲ生スルハ自然ノ理ナリ故ニ仮リニ父音又父字ノ名ヲ下ダス読者之ヲ咎ムル︼勿レ

と記述するように，古川正雄が原音と呼んだものを（前出），父音と名づけたことに対する自負の念がうかがわれる。その教授法は次のとおりである。

 此課（第三課）ハ父字ノ（ク）ト母音ノ（ア）トヲ重ネテ之ガ音ヲ約ムレバ〔カ〕ノ音トナリ……先ツ教官「クアカ」「クイキ」「クウク」…ヲ横ニ並ベテ盤面ニ大書シ鞭ヲ以テ其字ヲ一々ニ示シ「クアカ」ト高唱シ次ニ音ヲ発セズ鞭ヲ以テ再ヒ其字々ヲ示スト共ニ生徒ヲシテ同音ニ準誦セシメ次ニ「クイキ」「クウク」等ヲ順ニ二三回モ繰リ回シ漸二急読セシメ後一人宛ニ読シムル︼前課ニ同シ

古川の原音，片山の父音は，前に触れたとおり fundamental tone である。原音の表記は，ローマ字ならばkやtで示せるけれども，国字には欠けているから，「ク」を示すのに「クウ」と分けて「ク」と示すほかなかっ

213

た。「クウ」の「ク」はkであり，その合成の「ク」はkuの意である。国字で両方とも「ク」と示したのであるから，その弁別は児童に困難であったと想像される。この深さまで分析して五十音を究明する必要はないのであるが，Spellingの理法を適用したので，こうした事態となったのであろう。この分析指導が，古川・片山の実践のほかは，ほとんど普及しなかったのは当然である。

「第十一課字形暗記ノ試験」において，これまでの五十の字音と字形との暗記を終え，始めて「第一習字篇」を授けて習字に就かしめるとする。午前8時から午後3時までを復読，習読，習字と3分する。これまでで10日間を要し，翌日から「第十六課一綴之語カナヒトツノコトバ」にはいる。これは，Spellingにおける The word of one syllable に相当し，以下二綴，三綴とつづける。「第十六課一綴之語」にはいった日の午後から，洋法算術，修身学口授の2科を加えることとしている。

要するに，仮名および発音の教授を，就学後ほぼ10日間に完了する仕組となっている。これは正に alphabet method に拠るものであった。

以上，片山の綴字篇および同附説上下の3冊は，きわめてすぐれた本邦の綴字教科書であった。ところで，綴字は師範学校において掛図教授に吸収されていたために，そして民間に伝播した教授法は，もっぱら師範学校の考案に成るものであったがために，綴字教授法という取りあげ方が少なく，むしろ五十音図教授法となっていった。したがって綴字教授書として片山の後に従うものもほとんど見当たらないのであった。

明治7年，名和謙次著「小学授業次第」（前出）においても，古川の「原音」を踏襲しているが，教授法は説いていない。同年，筑摩県師範学校編「上下小学授業法細記」は，「東京師範学校正課教師閲」であるから，綴字科がなく，綴字を第八級単語図〈12ウ〉，連語図〈13ウ〉に述べている。他の教科書もそのような情況であった。

また，明治8年10月，伊沢修二輯訳「教授真法初編」（前出）は，D. P. Page の祖述であるが，綴字教授をわが五十音に適応している（同書第三章第一節実物課之下）。

　　教師又生徒ニ向テ曰ク　余今犬ノ画ニ非ス又犬ノ実物ニ非スシテ犬ニ代フヘキモノアルヲ教フ可シ……於是教師綴字符ノ［イ］ト［ヌ］トヲ排

嵌シ五十音図中イ字ヌ字ト比較ノ懇々其発音ヲ教ヘ此ニ字ヲ以テ犬ノ形ト名トニ代フヘキ理合ヲ諭シ并ニ其書キ方ヲ教ヘテ之ヲ石盤上ニ写取ラシム　又 イ ヌ ノ下ニ ル ヲ加ヘテ其字音ト意義トヲ懇説スル┐前ノ如シ

　この綴字法は，すでに与えられた意味（単語）があり，それを表記する仮名を教授するものであるから，word method に拠っている。実物課（Object Lessons）である以上当然である。しかし，本邦では，明治初期の暫時には，まだこの方法は行われなかったのである。

⑤　仮名・発音教授科目

　以上4項において，本期における仮名・発音に関する教授の論考と方法とを，海外との関連において考案した。ここにそれらを一括して，文部省また師範学校で制定した小学教則の，いずれに準拠するにせよ，どのような科目において教授せられたか，整理すると次のようになる。

　文部省制定小学教則—綴字科・習字科

　綴字科第八級において，主として伊呂波を用い，仮名の読み書きを扱う。第七級では「五十音四段ノ活用其外字音仮名ツカヒ等」を授ける。

　習字科第八級において，仮名の字形運筆を扱う。掛図の使用が予想されておらず，発音教授には消極的である。

　師範学校制定小学教則—読物科・習字科・書取科

　読物科において，五十音図・濁音図・半濁音図および草体五十音図を使い，片仮名・平仮名・別体仮名の発音・呼法を扱う。また，第一・第二単語図により，イ・キ，イ・ヒ，キ・エ，ヱ・エ等の発音，綴字を扱う。むしろ，仮名と発音とを関連的に取扱おうとする意図が，明らかに示されたのは，この第一・第二単語図においてであった。単語図に関しては，次の項「漢字・語句教授」において詳述するが，仮名を単語（漢字）の表記文字とし，その読み書きという観点から指導したのであった。

　習字科において，石筆による扱いをしてから，毛筆にはいり，字形・運筆を扱う。明治6年2月創定教則と同5月改正教則では，片仮名のみ石筆で扱うことに定められていたが，7年1月改正後は，平仮名も石筆からはいることにした。

書取科　五十音，単語の文字を仮名で綴らせる。文部教則中の綴字科は廃され，読物科単語図第一・第二および書取科に分置させた感がある。明治６年12月，諸葛信澄著「小学教師必携」（前出）下等小学第八級書取〈９ウ〉に「書取ハ文字ヲ活用セシムル最良ノ法ナリ」とあり，五十音，単語の文字を仮名で綴れたら，生徒各自の苗字名および住所名を綴らせることもあるという。また，明治７年９月，筑摩県師範学校編「$\frac{上}{下}$小学授業法細記」（前出）においては，同じく第八級書取で，次のような線を塗板に画し，生徒は石盤に画さしめ，「令シテ一字ヲ書セシメ或ハ一語ヲ綴ラシムヘシ」とある。

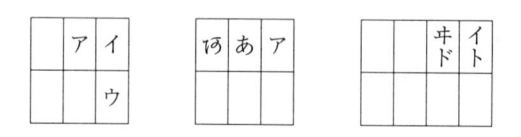

	ア	イ
		ウ

ゐ	あ	ア

	キド	イト

　この線の画し方について，明治９年６月（版権免許），生駒恭人著「小学授業術大意」（前出）第四章書取では，

　　石盤ヲ出スニハ只静ニ出ス可キノ令ヲ施スノミ　已ニ机上ニ正置スルヲ見テ線ヲ画スル⌒ヲ令ス　大抵縦線十行位ニテソノ間ハ一寸程ヲ度トス　但シ五十音ト単語ノ書取ハ横線一箇ヲ中央ニ画セシムベシ

とあるから，技術的な研究も積まれたようである。

　これを要するに，仮名・発音の教授は，下等小学第八級・第七級に行われる入門期基礎教授であった。（なお，師範教則についての引用は，前掲「東京師範学校沿革一覧」に拠る。）

(2)　漢字・語句

① 　海外語句教授

　海外における語句（単語・連文節・短文）の教授が，word chart や spelling-book, speller, primer などの類によって実施されていたことは，前項その他で述べたところであり，これらが，幕末から維新後までも，続々と伝来したことも既述して，その文献も概観したのであった。そして，語句の教授法が Object Lessons を中心とし，本邦に庶物指数と題して紹介された

こ␣とも，すでに検討したところであった。この Object Lessons の方法は，端的に Look and Say Method とも呼ばれ，問答法によって進められていたのであった。そして，当時の動きとしては，Alphabet Method による単語教授と，Word Method によるそれとを比較すれば，前者が早く始められ，後者が Object-teaching とともに，遅れて起こり，当時のアメリカでは，後者が優勢であったが，前者も捨てられず，むしろ両者並進の形で普及していたと見ることができる。(なお，このほかに Phonic Method, Phonetic Method などがあったことは既述した。)したがって，本邦にも両様の方法にもとづく単語短句教授が導入されたと見られる（後述）。

　それら海外教授の概要は，Chart および Primer において述べたとおりであるが，本目においては，Alphabet Method と Word Method を対比して記述することとする。"Worcester's PRIMARY SPELLING BOOK"（前出）は，冒頭に The Alphabet と Tables of Vowel Sounds, Tables of Consonant Sounds を示し，次に SPELLING LESSONS にはいる方式であるから，Alphabet Method に従っているのである。そして，全96Pages のうち，P. 18以降は Word の教授に費され，

　　　Care has been taken to present a vocabulary sufficiently ample for the class of pupils for whom it is intended,（下略）〈PREFACE〉

と述べたところと合致しており，特に単語の分類（classification）に注意しつつ363語を提示するものであった。それは，単語に構成法を詳しく理解せしめ，さらに単語の量と範囲との拡大をはかることに目当てがおかれた教科書とすることができる。Alphabet Method の単語教授は，ほぼこのようなものであったと思われる。

　次に，"Willson's PRIMARY SPELLER"（前出）は，Object-Teaching による Word Method の教授である。その概要を本書（P. 6）は次のように示している。

　　PART I. CALLING WORDS AT SIGHT Directions ―
　　(1.) Direct the attention of the pupil to the pictures in the first column of the next page; ask him what each represents; lead the pupil to associate the words that begin with the capital letters with the pictures, until he can recognize all the words without the aid of the pictures, and call them first

in order, and then promiscuously, when the pictures are covered by the hand or a piece of paper. Go through the exercises on pages 6 and 8 in this way.

(2.) Next, let the pupil read, at sight, the phrases, such as "a cap," "a cat," "a rat," etc., on the same pages.

(3.) Next, let the pupil read, at sight, the exercises on pages 7 and 9 in the same manner-first by the aid of the pictures, and then with the pictures covered. With the exception of the connective and, they contain no new words or letters. Let the pupil also learn the figures, and use them in numbering the exercises.

すべて挿絵を手がかりとした視覚的教授法である。Pestalozzi は Objects による idea をまとめ，これに word (name) を与えるとしたが（前出），正にその原理に従い，ついには挿絵を離れて，すべて単語を理解させる。それから句（連文節・短文）に及ぶ。

上に引用した Directions（方法）により，指導順席を例示すれば，まず，単語の絵図に注意させ，それが何かを問い，大文字で始める単語（Cap）にみちびき，ついには，絵図の助けなしで，単語を認知するまでにする。始めは順序よく，後には乱雑に，手や紙で絵図を隠して，単語の文字を認知させる。その練習をくり返す。これで単語の教授を終わる。

Cap　　　　絵
a cap

その次に，不定冠詞(a)で連結した句（phrase）の教授にはいる。

次に，接続詞（and）のはいった句もまじえ，初めは絵図をもって，やがて手や紙でそれを隠して，句の文字を取扱う。新語や新字を含まない句を扱う。文字の形もまた習わせるのである。

〈同書 P. 7〉　　A hat and　　　A cat and
　　　　　　　1.　　　　　　 2.
　　　　　　　　a cap　　　　　a rat

こうして斬進的に，word から phrase, sentence へとみちびくのである。挿絵を示し，また，それを手や紙片で隠して理解を深める。chart の原物にはまだ接していないが，Speller の教科書の単語図を見れば，それとて

も変わりないのではないかと想像される。
　以上が，当時の二つの方法による語句教授法であったのである。そして，こうした海外の語句教授法は，上記文献を通して伝来したほかに，一般には，Northendの訳書「教師必読」（前出）などを通して流布されたのであろう（注8）。

② 単語図・単語篇
　五十音図や伊呂波図の名称は，**An Alphabet Chart** から反訳したものであろうと，前目において推定しておいた。アメリカ単語図の存在については，さきに引用した，A series of School And Family Charts（By Marcius Willson and N. A. Calkins）のNo. 1 に，Elementary: Sixty Illustrated Words $035 とあることから，やはり Word chart の存在が肯定される。また，単語集の類が，英仏独語などにわたって幕末のころ刊行されていたことは，さきに開成所版「英吉利単語篇」その他の文献を列挙したとおりであるが，ここには，その後見ることができた1本を挙げる。

〔英国単語図解〕　〈扉〉　市川央坡著，明治五仲夏　従吾所好斎蔵版
　　　　　　　　〈奥付〉明治五年蒲月（私注，五月の異名）新刊
　　　　　　　　　　　　従吾所好斎蔵梓
　　　　　　　　　　　　四六判38丁，各丁前小口には「対訳名物図編」とある。

本書は前掲「英吉利単語篇」と同じ単語（開成所版）を挿絵付で列挙し，それぞれ訳を付けたものである。こうした形式に，官版『小学教授書』単語図が酷似していることは言うまでもない。

　　パート　　　　part I　ホルスト（ファーストの意）
　　第一篇　　　　ダイイッペン
　　table.　　　　テーブル
　　　　　　　　　机
　┌─────┐　ツ
　│坐り机の挿絵│　ク
　└─────┘　ェ

以下，同様の形式で，bench, pen, penknife, paper などの単語が列挙されている。

　次に，本邦の単語図教授について考える。

単語図は，師範学校教則の読物科および問答科が，下等小学第八級において使用する。カリキュラムをこれに模した公立小学もまた使用したのであった。

校長諸葛信澄の「小学教師必携」（前出）では，次のように単語図教授法を述べている。

〈9ウ〉　一，単語図ヲ用ヰ図中ノ画ヲ指シ示シ，其物品ノ性質或ハ用ヰ方，或ハ食シ方等ヲ問答スベシ，左ニ一二ノ例ヲ掲グ，

柿トイフ物ハ如何ナルモノナリヤ

○　柿ノ木ニ熟スル実ナリ，

何ノ用タル物ナリヤ，

○　果物ノ一種ニシテ，食物トナルモノナリ，

如何ニシテ食スルヤ，

○　多ク生ニテ食シ稀ニハ乾シテ食スルモアリ，其味ハ如何ナルヤ，

○　甚ダ甘シ，初ヨリ然ルヤ，

○　否，青キトキハ渋シ，此色ハ何トイフ色ナリヤ，

○　此レハ赤キ色ナリ，最初ヨリ此色ナリヤ，

○　否，初ハ青キ色ニテ，熟スルニ従ヒ赤キ色トナルナリ（中略）

右ノ如クニシテ，一ノ生徒ノ答ヘ終ルトキハ，更ニ又，各ノ生徒ヲシテ，一列同音ニ復サシムベシ，且一ノ生徒ヲシテ，数回，答ヘヲ為サシメズ，各ノ生徒ヲシテ，順次ニ，答ヘヲ為サシムベシ，是レ生徒ニ倦ミヲ生ゼシメズ，且他生ノ答ヘヲ為ストキモ注意セシムル為ナリ

一，生徒ノ答フル毎ニ答詞ヲ塗板ヘ書シ置キテ，一列同音ニ，復読セシムベシ，

この扱いが，Object-teaching に準拠した単語教授法である。

明治6年，師範学校に奉職した土方幸勝は，「師範学校小学教授法」（前出）を出版し，翌年再版しているが，掛図類を示しただけで，書名の教授法には詳しくない。

明治7年9月，鳥海弘毅纂集の「飾磨県下等小学授業法」（前出）は，次のように述べている。

〈4オ〉　単語図ハ其教法亦五十音図ト同シク第一ヲ正面ニ掛ケ教師杖ヲ以テ図中ノ物品ヲ指シ其名詞ヲ高唱シ生徒ヲシテ同音ニ之ヲ準誦

セシメ若シ其音ノ正シカラサル者アラハ親シク其者一名ヲシテ再三之ヲ復読セシメ而テ復一列宛順次同音ニ之ヲ高唱セシム（word method で物名を授けて pronunciation を厳正に教授した例に準じている。）

且ツ生徒ハ図面ニノミ着目シテ其字ニ註意（⌒̃）セサル憂ヒアレハ単語図ヲ退ケ既ニ授ケシ処ノ文字ノミヲ塗板ニ書シ亦一列宛同音ニ高唱セシメ或ハ其傍ニ片仮名ヲ添ヘ之ヲ生徒各自ノ石盤ニ写サシメ其正不正ヲ検シ自ラ其仮名ヲ綴リ得ルトキハ更ニ書取ヲ始ムヘシ

Object Lessons において，児童が導入を受けた Object に執着することがあり，これと断絶して名詞やその表記（文字）などの単語に注意を転換せしめることに，教師が苦心を払ったことは，さきに引用した "Willson's PRIMARY SPELLER" を言説（chart の教授の際，手や紙片で教師が picture を隠蔽すること）を想起せしめる。そして，単語は漢字で示されているのに，片仮名を傍に添えたり，その片仮名を書取らせたりするあたりは，仮名を一種の発音記号として使うもので，本邦独特の文字の様相を思わしめる。

〈４ウ〉　問答ハ既ニ単語図ニテ授ケシ処ノ単語ヲ単語図解ヲ以テ其物品ノ性質及ヒ之レカ用法ヲ諳誦セシメ日々前日授ケシ処ヲ問答ス

となっているから，単語問答は単語教授の第２日の課業である。なお，上文中の「単語図解」は，図中の単語の一々につき，性質・用法等を解明したもので，教師が座右に備えていたと察せられる。
その例示が掲載されている

〈６ウ〉　第一単語図解　教授の法ハ桃ハ何月比花開き何月比食用と成る物，糸ハ何を製して成るものと問を挙げ生徒をして答へしむ其大略を左に掲ぐ

一，糸は何ゝて製し如何ゐる物ゝ用ゐる物ふりや
　　糸ハ蠶又ハ綿麻ゝて製し人の着物ゝ織る物ふり
一，井は如何ゐる物ふりや
　　井は地を深く掘り水を得る穴ふり（下略）

したがって，教授未熟の教師の側からは，単語図教授に，その単語図解が何よりも重要なものであったから，この要求に応ずる解説書が，掛図解とか小学入門図解，指教図解の書名で刊行されることも少なくなかったのである。次に例示する。

〔小学懸図詳解　巻之二〕　山下嚴麗編輯・青山清吉刊全
44丁・奥付脱落して刊年末詳

第二図　　慈姑(クワキ)

問曰慈姑ノ説如何

答曰慈姑ハ水菓ナリ水田ノ中ニ生シテ顆(クワ)ヲ根ニ結ブ其顆累々トシテ泥(デイ)底(テイ)ニ下生シ其一根ゴトニ必ラズ十二子ヲ生シテ其趣キ猶慈(ジ)姑(コ)ノ(ドロノソコ)　　　　　　　　　　　　　　　　　　　　　　　　　　　　　　(ジヒノハハ)諸子ニ乳スルガ如シ故ニ以テコノ名ヲ得タルナリ（下略）

上記文献と同年同月刊行の筑摩県師範学校「上下小学授業法細記全」（前出）は次のように述べている。

〈7オ〉　一，単語図ヲ教ユル，五十音図ニ同ジ，一日大概五字ヲ限トス，譬ヘバ，二十四名ノ生徒ニ糸井犬豕ノ四字ヲ授クル，先ス第一席ヨリ，第十二席迄，糸ノ一字ヲ，各自ニ読マシメ，畢テ，二十四名，一斉ニ連続セシムル一回，又第十三席ヨリ，第二十四席迄，井ノ一字ヲ，各自ニ読マシメ畢テ，二十四名，一斉ニ連続セシムル一回，又第一席ヨリ，第十二席マデ，犬ノ字ヲ読マシメテ，之ヲ連読セシメ，又第十三席ヨリ，第二十四席迄，豕ノ字ヲ読マシメテ，之ヲ連続セシムルベシ，授ケ畢ツテ，一斉ニ連読セシムル数回，又第一席ノ者ニ，糸井，第二席ニ，犬豕ト，比較シテ読マシムル，周席ノ後，又一字ヅヽ，順次ヲ錯綜シテ，塗盤ニ記シ，毎字，区切ヲ附シ，隔席，又ハ五六席ヲ隔テヽ，之ヲ指シ問ヒ，以テ記スルヤ否ヲ験スル，一二，五十音ニ同シ，

一，単語ハ，大概五字ヲ限ルト雖ドモ，第一，第二図ノ如キハ，字数ヲ斟酌シテ，授クルノ後，キイヒ又ハヘエヱ等ノ字ノ用キ方ニ，区別アルヲ口授スベシ，総テ字ヲ教ユルノ法ハ，一字ノ精ナルヲ要ス，多字ヲ授ケテ，粗ナルハ益少シ，

一，単語図ハ，図中画アルヲ以テ，塗盤ニ字ヲ記シテ，之ヲ読マシメ，土風，方言ノ誤謬ヲ質スヲ至要トス，物品ノ部類，性質，功用等ノ解ニ至リテハ，問答ノ課アルヲ以テ，之ヲ説示セズ，幼童ヲシテ，工夫ヲ用キシメ，務メテ，智識ノ端ヲ，開カシムベシ，

漢字の読み方，これを仮名書きしたときの「キイヒ」または「ヘエヱ」等のちがいに注意せしめる。そして，板書により「土風方言」の発音上の誤を正すとする。特に，こうした漢字の教授と，物品教授とを区別して，

後者は問答課において智識開発のために実施するものとした点，Letter Method と Word Method との別を立てたことになる。

この点に関して，もっと明白に強調したのは，明治7年11月，橘慎一郎図解の「師範学校小学教授書」（前出）である。同書では，単語図第一から第八までを掲げ図解を施し，第二図の解の末尾に次のように説く。

〈17オ〉
　右二図の単語ハ五十音を授けさる後直ちニ教ふるものニして紛らハしき音(コヱ)を明らすに区別そべきもの　但　前図のイヰヒ　エヱヘ　ワハ　オヲホ　ジヂ　ズヅ是ふり　是を明瞭に知らざればかふらずしも　カナ文の誤を生ズ　故に図ヲ以テ別ツ（かなづかい原文のまま）

　故ニ此二図ハ物名詞を覚ゆるよりも尚字音の呼方を覚ゆる首旨となすものなり
　但呼方単語の順ヲ以読ざれバ大人といへども暗誦しかたきものなり況んや童蒙に於てをや故に粗順を陳てをしゆるなり
　第三図より第八図迄の単語ハこれと異なりて第一に日用尋常の物名詞を教ふるを首旨となすものなり
　故ニ字音を分明になすよりも尚広く物名を知るを肝心とす

イ（糸），ヰ（ヰ），イ（櫂），ヒ（貝），ヰ（鳥居），エ（鰕），ヱ（絵馬），エ（栄螺），からズ（雀），ヅ（鶉）に及ぶ第一・二図は，発音と仮名書きの指導が重点で，第三図から第八図までが庶物指数の教材であるとしたのは，理窟の通った弁別である。第一・二図だけが，イヰヒ等の片仮名を項頭に掲げ，その下に用例としての漢字を提示した体裁からも，上記の教授論を首肯することができる。しかし，一般には，単語図全部を物品教授の材料として扱った形跡もあるのであって，次にその1例をあげる。

明治8年4月，井出猪之助・天野皎共編「師範学校掛図童子訓」（前出）は，「其母姉たらんもの時々此書を以て温習せしめ（凡例）」る目的で刊行されており，「此掛図ヲ専ら問答の為ふれず其の導き方の如き」（同）と述べて，単語図と連語図とを掲載している。両名とも，奥附によれば「大阪師範学校在勤」とある。「専ら問答の為ふれず」という表現から察すれば，単語図を物品教授の問答のみに用い，仮名や漢字の発音にまで及ばない扱い方もあったのではないかと思われる。

明治9年3月，山梨県蔵版「改定下等小学教授法」(前出)の教授法は，書取に重点が置かれている。

　　　教授方前（五十音図也）ト同シ但シ単語図ハ児童ノ見開ニ慣ル、物多シ故ニ教師其ノ教フベキ単語ノ一図ヲ指シ其名ヲ呼ハシメ然ル後文字ノ読方ヲ授ク（これは，Object Lessons の方法である。）
　　稍熟スル時ハ又文字ノミヲ塗板ニ記シテ一人ツ、順次之ヲ読マシム倘シ誤アルモ教師自ラ指示スルヲ用ヒス他ノ生徒ヲシテ之ヲ正サシム次ニ図中ノ文字ヲ呼ヒ生徒ヲシテ各自仮名ヲ以テ之ヲ其石板ニ綴ラシム其法初メニ正体ヲ書取ラシム正体稍熟セルニ及ヒ草体ニ至リ草体熟シテ変体ニ至ル可シ或ハ正体草体変体ヲ一時ニ書取ラシムル〕アリ（中略）
　　　単語ヲ綴ラシムル正草変三体ノ如ク且ツイトヰド等ヲ並ベ書シテ其別ヲ知ラシムヘシ既ニ熟スルニ及テ単語ノ一図ヲ指シ其性質用法等ヲ教ヘ然ル後之ヲ問ヒ誤謬アレハ他ノ生徒ヲシテ正サシムル〕前ノ如シ但シ一日ニ三四図或ハ五六図ノ仮名ヲ授ク

上記教授法は，物品名称，漢字読み方，書取(片仮名・平仮名・変体仮名)，仮名の発音，庶物指数という順序を踏んでいる。これは，Object-teachingの示す教授順序である。

明治9年8月，青木輔清編「師範学校改正小学教授方法」(前出)では，第一・二図で仮名づかいの異同に重点を置いている。

　　〈17オ〉　其中第一第二の図ハ五十音の中にて仮名の混じ易き者を掲げて其区別を教ゆる者なれハ教師其意を体し分明ぅ教ゆる肝要とす譬ヘバ糸ハイトか井トか貝ハカヒかカイか紅葉のぢハヂかヂかの類を叮嚀ぅ教ゆべし

第三以下の図はもっぱら文字及び，物の性質功用等を教えるのであり，物名を記憶したら，「図を除きて只字のみを書し」て懇切に教示すると述べているのは，Marcius Willson に見られた配慮である。

明治9年4月，東京府制定の「公私立小学教授之則」は，翌年3月，「小学授業法」として整備刊行された（前出）が，第二章下等科授業法第八級読書（P. 16）の「授読」に，五十音図・単語図・連語図の教授法が示され，「一人授読・一斉授読・単語・論読・斉読・摘書・授講・復読・講義」

の順序が示され，さらに「問答」（P. 20），「書取」（P. 20）を経るように定められていた。

なお，『小学入門』所収の図面類を対象とした，明治8年9月，藤井惟勉編「小学教授本」（前出）や，明治11年2月，大場助一註「小学教授本」（前出）などには，教授法はごく概略が示され，むしろ物品の図解が中心に書かれていた。

単語篇教授

すでに第三章国語科目の掛図および教科書において，当時の単語篇について詳考した。ところで，このような単語の拾集がなされて，教科書に使用された契機は，およそ次のように考えた。維新当時洋学の履修において単語を学習することが行なわれていた。そのための教科書として，慶応2年には，開成所から「英吉利単語篇」，「法朗西単語篇」などの単語集が刊行され，これらの注釈書（前出）も発刊されて，類書が世に迎えられた。この考察は，すでに洋学の項で述述したのであった。

文部省小学教則における単語篇の採択および名称の踏襲については，これで明らかにされるのであるが，本邦官版単語篇の単語の拾集および部立（分類）に関して，どのような原因が存するのか，あるいは当時の創案にかかるのか，この点に関して明らかにされなければならない。開成所版単語篇に拾集された単語（総数1490語）と官版単語篇（総数1580語）のそれと比較してみると，重複した単語は僅々315語にすぎない。また，部立については，開成所版の場合，PART. I から PART. V までに機械的に区別されており，官版の場合と全然相異している。したがって，編集上の関連はほとんど認められないと思われる。

当時1870年ごろの米国における，単語篇に該当する文献で,本邦に渡来,残存するものはきわめて少ない。たとえば，次の文献が国立国会図書館に所蔵されている。

THREE THOUSAND PRACTICE WORDS. WITH APPENDIX CONTAINING Rules For Spelling, Rules For Capitals, Etc.

By J. WILLIS WESTLAKE, A. M., professor of English Literature in the State Normal School, Millersvilla, Pa. Philadelphia: Eldredge & Brother,

17 North Seventh Street. 1879（明治12年），Entered according to the Act of Congress in 1874（明治7年）；46判 P. 75

同書の内容は，Familiar Words, Difficult Words, Proper Words, Homophonous Words（同音語）などに分類されている。

さらに，さきにあげた東大教育文書の辻新次書簡中にも見られる，Marcius Willson の PRIMARY SPELLER（前出）を見ると，全80Pagesのうち，P. 53以降は，すべて単語の類別集録となっており，しかも，本邦官版単語篇の部立との類似性が考えられる。次に同書と官版本との対照をしてみよう。

〈P. 53〉

| XIV. OFFICERS, OCCUPATIONS, PROFESSIONS, SITUATIONS AND RELATIONS IN LIFE, ETC. |

〔人倫に該当〕　　　………199語

LESSON 86.（22語）
　　rider, driver, drover, pirate, ………
LESSON 87.（36語）
　　artist, archer, barber, carder, ………

〈P. 54〉　LESSON 88.（20語）
　　gamester, gambler, patron, ………
LESSON 89.（48語）
　　author, lawyer, sawyer, warrior, ………

〈P. 55〉　LESSON 90.（40語）
　　goldsmith, hosier, oarsman, ………
LESSON 91.（33語）
　　orator, emperor, general, ………

〈P. 56〉

| XV. TOOLS, INSTRUMENTS, AND HOUSEHOLD FURNITURE. |

〔器財に該当〕　　　………122語

LESSON 92.（14語）
　　wedge, staff, shaft, latch, ………
LESSON 93.（28語）

〈P. 57〉
　　　　napkin, tankard, table, cable, ...
　　　LESSON 94.（32語）
　　　　brooch, broom, churn, clamp, ...
　　　LESSON 95.（48語）
　　　　anvil, basin, bellows, bucket, ...

〈P. 58〉
　　　XVI. BUILDINGS, AND PARTS OF THE SAME.
　　　　〔居處に該當〕　　　…………80語
　　　LESSON 96.（80語）
　　　　abbey, alcove, awning, book store, ...

〈P. 59〉
　　　XVII. ARTICLES OF DRESS
　　　　〔衣服に該當〕　　　…………28語
　　　LESSON 97.（28語）
　　　　turban, garment, mantle, ...
　　　XVIII. ADDITIONAL KINDS OF CLOTH.
　　　　〔衣帛に該當〕　　　…………20語
　　　LESSON 98.（20語）
　　　　buckram, canvas, cashmere, ...

〈P. 60〉
　　　XIX. INSTRUMENTS OF WARFARE, AND WORKS FOR DEFENSE.
　　　　〔器材に該當〕　　　…………36語
　　　LESSON 99.（36語）
　　　　armor, arrow, buckler, bludgeon, ...
　　　XX. DISEASES.
　　　　〔該當しない〕　　　…………27語
　　　LESSON 100.（27語）
　　　　ague, asthma, catarrh, deafness, ...

〈P. 61〉
　　　XXI. PREPARED FOOD AND DRINKS.
　　　　〔飲食に該當〕　　　…………28語
　　　LESSON 101.（28語）
　　　　butter, biscuit, cooky, ...
　　　XXII. INSTRUMENTS OF MUSIC.　…………27語

　　　　　　　LESSON 102.（27語）
　　　　　　　　bagpipe, bugle, banjo, bassoon, ...
〈 P. 62 〉　XXIII. MEDICINES AND POISONS.　............18語
　　　　　　　LESSON 103.（18語）
　　　　　　　　arsenie, alcohol, anodyne, ...
　　　　　　〔該当しない〕　　　　　　以上585語
〈 P. 67 〉　PART II.
　　　　　　　THE ANIMAL KINGDOM.
　　　　　　〔鳥獣に該当〕　　　　............324語
　　　　　　　I. THE MAMMALIA.　　........73語
　　　　　　　LESSON 1.（18語）
　　　　　　　　monkey, lion, tiger, leopard, ...
〈 P. 68 〉　LESSON 2.（40語）
　　　　　　　　greyhound, foxhound, bloodhound, ...
　　　　　　　LESSON 3.（15語）
　　　　　　　　elephant, pangolin, marmoset, ...
　　　　　　　II. REPTILES.　　........30語
　　　　　　　LESSON 4.（14語）
　　　　　　　　turtle, viper, adder, ...
　　　　　　　LESSON 5.（16語）
　　　　　　　　tortoise, boa, siren, ...
〈 P. 70 〉　III. BIRDS.　　..........99語
　　　　　　　LESSON 6.（16語）
　　　　　　　　eagle, griffon, vulture, ...
　　　　　　　LESSON 7.（14語）
　　　　　　　　raven, waxwing, sunbird, ...
〈 P. 71 〉　LESSON 8.（48語）
　　　　　　　　eaglet, merlin, hen, hawk, ...
〈 P. 72 〉　LESSON 9.（21語）
　　　　　　　　oriole, ortolan, kingfisher, ...
　　　　　　　IV. FISHES.

〔魚蟲介に該当〕　　………68語
　　LESSON 10.（28語）
　　　perch, pike, parr, charr, ………
　　LESSON 11.（40語）
　　　shiner, sucker, minnow, ………
〈P. 73〉　V. INSECTS, SHELL-FISH, WORMS, ETC.
　　〔魚蟲介に該当〕　　………54語
　　LESSON 12.（27語）
　　　bees, bugs, flies, ants, wasps, ………
　　LESSON 13.（27語）
　　　crabs, snails, slugs, clams, ………
〈P. 74〉　THE VEGETABLE KINGDOM.
　　〔穀菜・果類に該当〕　　………297語
　　LESSON 14.（22語）
　　　cedar, apple, hemlock, maple, ………
　　I. TREES.　………60語〔草木に該当〕
　　LESSON 15.（60語）
　　　ash, birch, sloe, yew, elder, ………
〈P. 75〉　II. SHRUBBY PLANTS.　………24語
　　LESSON 16.（24語）
　　　aloe, barberry, bayberry, ………
〈P. 76〉　III. HERB−LIKE PLANTS.　………167語
　　LESSON 17.（40語）
　　　balm, beet, brake, bean, ………
　　LESSON 18.（40語）
　　　fern, flax, hemp, maize, ………
　　LESSON 19.（30語）
　　　mayweed, milkweed, mushroom, ………
　　LESSON 20.（30語）
　　　caraway, celery, chamomile, ………
〈P. 78〉　LESSON 21.（27語）

　　　　　　　plantain, purslane, orchis, ...
　　　　　　CLIMBING OR CREEPING PLANTS.
　　　　　　LESSON 22.（24語）
　　　　　　　hop, pea, bean, vetch, blight, ...
〈 P. 79 〉　THE MINERAL KINGDOM.
　　　　　　〔金石に該当〕　　　……………79語
　　　　　　LESSON 23.（14語）
　　　　　　　alum, mica, lava, granite, ...
　　　　　　LESSON 24.（21語）
　　　　　　　asphaltum, anthracite, bitumen, ...
〈 P. 80 〉　LESSON 25.（44語）
　　　　　　　brass, clay, chalk, coal, ...
　　　　　　PRECIOUS STONES.　　………20語
　　　　　　　agate, beryl, jasper, garnet, ...
　　　　　　GASES.　　……… 4 語
　　　　　　　carbon, oxygen, hydrogen, nitrogen,　　　　THE END

以上1285語の語彙となっていて，対照してみると，その部立が酷似していると言ってよい。

最初挙げたように，単語だけ集めた教科書がなかったわけではないが，Speller, Spelling-Book は，単語教授の書であったから，多くはその末尾に語彙が掲載され，上記 Willson's speller では実に1285語のきわめて科学的な分類による語彙が見られたのである。さらに次の例を挙げる。

"WORCESTER'S PRIMARY SPELLING-BOOK"（前出）本書収載の単語は363語で，前著の約$\frac{1}{4}$である。全96page の後半に次に示すような部立で，語彙を分けている。

〈 P. 47 〉　Parts of the Body　　（25語）　　〔身体〕
　　　　　　　arms, chest, hēad, neck, toe, ...
〈 P. 48 〉　Articles used as Food, or in Cooking　（40語）　〔飲食〕
　　　　　　　egg, grávy, beef, fritter pie, ...
　　　　　　Things belonging to the House　（24語）　　〔居處〕

blinds, closet, clock, ládle, ...
〈P. 54〉 Cloths and Articles of Clothing （30語） 〔衣服・衣帛〕
baize, shôe, shawl, mantle, ...
〈P. 76〉 Things belonging to the House （32語） 〔居處〕
tongs, pōkér, pillow, tunnel,
〈P. 77〉 The Names of Animals （24語） 〔鳥獸〕
Kitten, otter, lizard, squirrel, ...
〈P. 78〉 Cloths, and Articles of Clothing （24語） 〔衣服・衣帛〕
muslin, bodice, gingham, ...
〈P. 82〉 Well-known Plants and Fruits （57語） 〔穀類・果類〕
ålmond, citrón, oránge, spinách, ...
〈P. 86〉 The Names of the Days and the months （19語）
Sunday, Monday, ...
January, February, ...
〈P. 94〉 Christian Names of Men and Women （180語） 〔単語篇中の「苗字略」と関連〕
Aáron, Eli, Jésse, ...
Áda, Eúnice, Mariá, ...

　以上の2文献の部立と，官版単語篇のそれとを対照してみると，官本25分類中，共通の部立は，

居処・人倫・身体・衣服・衣帛・飲食・器財・金石・穀菜・果類・草木・鳥獣・魚蟲介

の13分類である。

　数・方・形・色・度・量・衡・貨・田尺・時・天文・地理の12分類は，官本独自の部立となっているが，数・色の2分類は，WillsonのReaders, chartsに見られ，度・量・衡・貨・田尺の5分類は，本邦の単位であるから，残り4分類が上記文献にない部立となる。官本での部立はそれらにほぼ準拠したと見てもよいように思われるのである。

　次に，部立中の単語の選定について対照すれば，上記文献と重複するものとしないものとがあるから，さらに考察する必要がある。

　本邦維新以前の文献で，こうした生活語彙を拾集しているのは，近世以

前寺子屋や私塾で普通に使用された往来物の中の文献類に想到する。往来物については，第一前論の第一章で検討したのであるが，その中の数種は，多分官本編纂に際して参照されたのではないかと思う。

貝原益軒は，宝永7年（1710年）81歳の著作「和俗童子訓」巻之三読書法において次のように述べている（注9）。

　　　　初て書を読には，まづ文句みじかく(ママ)して，よみやすく覚へやすき事を教ゆべし。初より文句長き事ををしゅれば，たいくつしやすし。やすきを先にし，難きを後にすべし。まづ孝弟，忠信，礼儀，廉恥の字義をおしえ，五常，五倫，五教，三綱 三徳，三事，四端，七情，四勿，五事，六芸，両義，二気(ぶつ)，三辰，四時，四方，四徳，四民，五行，十干(かん)，十二支，五味，五色，五青，二十四気，十二月の異名，和名，四書，五経，三史の名目，本朝の六国史の名目，日本六十六州の名，其住せる国の郡の名，本朝の古の帝王の御諡(をくりな)，百官の名，もろこしの三皇，五帝，三王の御名，歴史の国号等を和漢名数の書にかきあつめをけるを，そらによみおぼえつくすべし。又鳥獣，虫魚，貝の類，草木の名を多く書集めて，よみ覚えしむべし。（下略）〈同書P. 477〉

官本第三篇の「歴代帝号」を初め，上文下線の十数項目は，やはり官本の部立と共通する。これらの項目は，益軒が当時耳目に触れて有益と考えたものを整理配列したと思われる。

次に，語彙を集録した本邦の文献としては，往来物を挙げなければならない。すでに検討した往来物の中，諸職往来・番匠往来・名産諸色往来・商売往来・百姓往来等には，物名語彙が驚くほど多数配列されている。たとえば，丹峯著，慶安元年（1648年）版，「新撰類聚往来」（前出）を検すれば（注10），

　　巻上　位次・氏姓・名乗・画具・料足・茶・紙・珍宝・屋具附屋体并堂塔・番匠之具鍛治具・草花并美木・走獣・羹・海草野菜・楽器楽名・薬種

　　巻中　魚類・鳥類・俗服・五穀・虫・木・草・墨・硯・筆・家具・人倫

　　巻下　飾具并仏具・道具・天并地類・国名

等々の部立があり，総計2791語が集められている。これらの部立は，官本

のそれと共通したり，あるいは，官本のそれの一部をなしたりしている。成立した時代の古い著作であるから，維新当時には用いられなくなった単語も多いが，そのまま用いられているものも少なくない。「人倫」などの部立名は，両者共通しているが，内容の単語は取捨されている。こういう状況は，他の部立にも言えることである。

　これを要するに，本邦「単語篇」の源流は，直接は洋学の単語篇にあると推定されるけれども，編纂の際には，Spelling-Book や上記往来物・名頭等が参考されて収集分類されたであろうと考えられる。

　単語篇は，文部省制定の小学教則下等第八級の単語読方の項に教科書としてあげられた。そして，師範学校においては，単語篇は用いず単語図を用いたから，教授法書の類は，すべて単語図を対象として説かれている。したがって単語篇の教授法も，ほぼそれに準じて実施されていたと推察されるのである。

③　連語図・連語篇

　連語図の初見は，明治6年5月文部省編纂，師範学校彫刻『小学教授書』（20丁オ〜27丁ウ）の「第一」から「第八」に至る「連語の図」である。そして，翌7年8月の改正を経て，10月に『小学入門　甲号』（61丁オ〜70丁ウ）の「連語図第一」から「連語図第十」に至る「連語図」となり，この改正で，図が2面増加され，文章表現が談話体から文章体（文語体）に取替えられたこと，およびその考察は，既述したところである。本項においては，さらにいくつかの論考と，その教授法を究明しよう。

　まず，「連語」の意義から考察する。『小学教授書』の構成を見ると，五十音・濁音・半濁音・草体五十音等の文字図が配列され，算数関係の図を隔てて「単語の図」8面があり，次いで「連語の図」8面がつづき，あとは，「線及び度の図」「形及び体の図」となって総計27面が数えられる。したがって，仮名を教授した後に単語に及び，さらに連語に進む仕組みであった。そして，「連語の図」の1図面は，文（sentence）が数箇連接して，小さなまとまり（文章）をなしている。

　ところで，「連語」とはどのような意味をもって使われたのであろうか。「連語」は，本書のほか，さらに明治10年代に発兌された読本類の中にも

見られた用語であった。その事例を次に掲げて考察する。

〔初学読本・正篇〕〈扉〉　稲垣千頴校閲
　　　　　　　　　　辻敬之・小池民次同著：全25丁

　　〈奥付〉　明治十三年十一月廿五日版権免許，著者兼出版人　辻　敬之
　　　　　　同十四年　三月　七日出版，著者　　　　　　　　小池民次

　　〈7オ～17ウ〉たんごだい一～だい八

　　〈18オ～22ウ〉会話第一～第八

　　〈23ウ～25オ〉連語第一～第三

　　〈23ウ〉

　連語第一

　　雨ふる○風ぬく○花さく○ゆき白し○くもれる日○すれさる月○も丶の花○うめのえた○やなぎとさくら○うめゝうぐひす○（中略）○たゝきものハ山○ひろきものハうみ○鳥ゝ木ゝふく○うをゝ水ゝ於よぐ

　　〈24オ〉

　連語第二

　　進むことゝやきものハ，ゐりぞくこともまゝすやし○善人ハうらみを忘れ，あくゝんハ恩を忘る（下略）

　　〈25オ〉

　連語第三

　　高きゝのぼるハ，低きよりし，とほきゝゆくハ，近きよりす（下略）

〔新撰小学読本・首巻下〕〈扉〉　稲垣千頴撰
　　　　　　　　　　　版権免許東京普及舎

　　〈奥付〉　明治十六年二月八日版権免許
　　　　　　同年五月出版，出版者　辻　敬之，発兌普及舎：全19丁

　　〈2オ～8オ〉たむご第一～第九

　　〈8ウ〉ふくご

　　〈9オ～19ウ〉れんごだい一～第五，連語第六～第九

　れんごだい一　じをかく，……とびとからす〈抄出〉

　れんごだい二　やまたあし……かみうもし〈抄出〉

　れんごだい四　てふはなにあそべり（下略）

　連語第六　先生をうやまひ父母ゝしたがふ〈抄出〉

　連語第七　このこよみよ○ひとゝハゝをならひ○一人ハほんをよみ○

また一人ハさんぞゆつをまなべり

　以上2冊とも，稲垣千頴が関与して編修され，出版元はいずれも辻敬之（普及舎の主人）である。稲垣は東京師範学校教官であったから，その「連語」の使用は，当時の正しい用例とすることができる。すなわち，連語には，「くもれる日」のように連文節があり，「雨ふる」のように単文，「進むこと速き者は退くこともまた速し」のように複文，「ひとりは字を習ひ，ひとりは本を読み，またひとりは算術を学べり」のように重文をも含んでいることがうかがえる。これらの用例から，単語を接続したものを，すべて「連語」と呼んでいたと推定される。したがって，「連語」に該当する英語（外国語）はなく，phrase や各種の sentence の総称ということになろう。掛図において，「単語の図」のほかに「連語の図」を制定した意図は，洋学の履修によって形成された言語観が，文字・単語・連文節・文・文章というような語学的分析に立つものであったからであろう。それは，当時影響を受けた外国の primer や reader，特に Marcius Willson のそれら（前出）は，挿絵付の単語を提示し，次いで連文節，文という順序で構成されていたのであり，その事例の影響を受けたのであろう。

〔Willson's FIRST READER〕（前出）

⟨ P. 3 ⟩　　　　　　A　LESSON　I　a
　　　The　ape　and　the　ant　　⟨連文節⟩
　　　The　ape　has　hands.　　⟨文⟩
　　　The　ant　has　legs.　　⟨文⟩
　　　Can　the　ant　run´?　　⟨文⟩

⟨ P. 7 ⟩　　　　　　Z　LESSON　XXVI　z
　　　A　ze-bra　and　a　ze-bu.
　　　What　is　the　ze-bra　liké ?
　　　A　horsé ?
　　　The　ze-bu　is　a　kind　of　ox.

上述のようである。なお，単語は，Willson's Primer において，

$\begin{bmatrix} \text{A. APE} \\ \text{a. ant} \end{bmatrix}$　$\begin{bmatrix} \text{B. BAT} \\ \text{b. boy} \end{bmatrix}$　$\begin{bmatrix} \text{C. CAT} \\ \text{c. cow} \end{bmatrix}$

⎧ D. DOG   ⎧ Z. ZEBRA
⎩ d. duck …………… ⎩ z. zebu

のように，alphabet順に単語二つずつ並列した表示がなされていた。こうした扱いの態度や方法は，単語だけをまとめた「単語の図」連文節や短文だけをまとめた「連語の図」が制定される際に参考されたのであろう。単語篇や連語篇は，さらにその意図が前進して，量的に増大されたものであろう。

　それから，「第一連語の図」には，本文にはいる前に，本文中の単語や連文節の数箇が摘出されていることが注目される（注11）。

　　父。母。叔父。叔母。私。男。女。あなた。彼れ。彼人。此れ。其れ。此。其。誰。何。茲に。何處に。其處に。どのやうな。かやうな。
　　彼人も，何を致して，をりまもる。彼れも，今かやうな，花を，見てをりまも。彼れの，叔父も，叔母も，一處に，見てをりまも。此れも，何の花で，ありまもか。此もも，梅の花で，あります。叔父とも，父母の，兄弟をいひ。叔母とも，父母の，姉妹を，いふなり。〈第一連語の図〉

上記のような提出の形態も，単語・連文節・文という順序に従っているように思われる。そして，本文の前に単語を摘出しておき，次いで本文にはいる形態は，やはりアメリカの次のような reader に前例があった。

〔FIRST READING BOOK〕IN EASY AND FAMILIAR WORDS.102mm × 115mm

By E. A. SHELDON. Superintendent of Public Schools, Oswego, N. Y.

New York: CHARLES SCRIBNER & CO., 654. BROADWAY 1871（明治4年也）

〈 P. 5 〉 I　THE DOG AND THE RAT.

Is.　To.　Too.　Of.　Go.　He.　For.
The　dog　ran　to　get　a　rat.

〈 P. 6 〉

The　rat　bit　the　lip　of　the　dog.
Now　the　rat　has　run　to　the　box.
Now　he　is　in　the　box.

```
Let   the   dog   go    in   for   him.
The   dog   is    too   big  to    go   in.
Let   the   cat   go    in   to    get  him.
```

〔SANDERS' UNION READERS NUMBER ONE〕
FOR PRIMARY SCHOOLS AND FAMILIES.
BY CHARLES W. SANDERS, A. M., 　全 96 page
New York: IVISON, BLAKEMAN, TAYLOR, & COMPANY, CHICAGO.
1871 （明治4年也）（初版1861）

LESSON　I

See	his	how	has	the	dog	you	pet
boy	can	but	cat	and	say	Ann	mat

```
See  the   boy   and   his   dog.
Can  he    say   "How  do    you   do ?"
No ; but   he    can   say,  "Bow  Wow !"
Ann  has   a     pet   cat.（下略）
```

上掲2本とも各課がそのような形態になっている。Sheldon は Calkins とともに，object-teaching の大家であり，後に官版「庶物指数」の著者として喧伝される人，Sanders の Reader は，これも慶応義塾や外国語学校等の教科書（前述）として広く使用されていた。したがって，上掲2本が本邦に渡来していたことは，十分に推定できる。なお，上掲の「連語の図」を源流として，後の小学読本で，この形態に模するものが少なくなかったことは，当該項目において後述する。

次に連語図の教授法にはいる。

明治6年12月，諸葛信澄著「小学教師必携」（前出）によれば，

　　連語図ハ，単語ヲ以テ，簡略ナル会話ヲ綴リシモノニシテ，読本ニ移ルノ階梯ナリ，

　　授ケ方ハ，他ノ懸図ニ同ジト雖モ，一句毎ニ，其句読ヲ正シク教ヘ，兼テ熟語ノ意味等ヲ，説キ明スベシ，〈6ウ〉

とある。師範学校長という責任ある立場の著者の説述により，当時の連語図観が明らかになるのであるが，上文中に，「連語図ハ単語ヲ以テ簡略ナル会話ヲ綴リシモノ」と述べた点に注意させられる。すなわち，連語図を

会話教授に使うことが，その意図にあったからこそ，当時としては思いきった，談話体の連語図が出現したのである。すでに文部省小学教則に設定された「会話科」は，師範学校小学教則において廃され，あるいは新設した問答科に委譲されたと見られるのであるが，「連語の図」の取扱いにも，会話科の一部が移行していたと見ることができる。しかし，その教授法から推察すれば，連語図は会話練習に供する教材の意味が軽くて，むしろ談話体に慣れるための読みの教材として使われたようである。そうだとすれば，「連語の図」は「読本ニ移ル階梯」を目標にしながらも，もっぱら文語体で表記されていた当時の読本の文章への入門にはあまり役立たなかったはずであり，やがて翌年の『小学入門　甲号』で，談話体を廃して文語体の連語図に改正した，一つの理由が了解されるのである。

（そして談話練習は，問答科の方に傾斜していったと想像される。）

　上掲の文献に述べる「熟語ノ意味」の説明は，連語図教授の中核であったらしく，民間の連語図教授書は，もっぱらその点に筆が費されていた。次にその事例を掲げる。

〔連語図解〕　図解者　若林徳三郎　明治八年　十月十二日御届
　　　　　　出版人　赤志　忠七　同　十一月出版
　　　　　　12cm×17.5cm　全26丁

　本文の漢字に仮名をふり，熟語にすべて挿絵を付けてある。したがって抽象語の場合には無理な図解が目立っている。

〔学校必用連語解〕　吉見重三郎著，花林堂・尚古堂出版：全17丁
　　　　　　　　　明治九年三月五日御届，同月二十日刻成

　本文中主要熟語の解説書である。

神　天地ノ主宰ニシテ蒼生ノ万物ニ洞徹シ陰陽不測天祖霊明ノ徳ヲ称
　　スル也

人　万物ノ長トシテ世界ノ有情ニ長上タル也人ニ聖賢アリ昏愚アリ是
　　賦禀ト教ト学不学トニヨルナリ（下略）

〔文部省掲図小学連語問答〕〈扉〉市岡正一編輯　錦耕堂発兌・全13丁
　　　〈奥付〉明治九年十月廿七日出版御届
　　　　　　同年　十一月　一日刻成発販・出版人　荒川藤兵衛

　本書は，第一連語図から第十連語図まで，語句の訓釈を示し，さらに全文（改正後の文語体連語図）を口語訳したものである。

　　　シンジン　　　　　テンチ　　　　バンモツ　　アラユル　シャウ　（シュサイ）
　　　〇神人△カミト　　〇天地△アメ　　〇萬物△アラユル　生　〇主宰△ツカサ
　　　　　　　ヒト　　　　　　　ツチ　　　ヨロヅノモノ　アルモノ

○神ハ天地の主宰にして，△神ハ天地ノツカサデアリマス

○人ハ萬物の霊なり，△人ハ生アルモノヽ中ニテ一バン霊^{タツト}^{キモノ}デアリマス（下略）

　明治7年9月，鳥海弘毅纂集「飾磨県下等小学授業法」（前出）は次の教授法を示している。

　　連語図ハ小学読本ニ移ルノ楷梯ナレハ殊更之カ字指ヲ注意シテ教ユヘシ之亦単語図ト同シク正面ニ掛ケ杖ヲ以テ一字宛指示シ一句ヲ高唱シテ生徒一同ニ三回斗リ準誦セシメ而後一列宛同音ニ自読セシメ之カ意義ヲ授ケ教師日々前日授ケシ處ノ文中問ノ辞ヲ読ミ生徒ヲシテ之カ答ヲ言ハシムヘシ〈29オ〉

　本書は，『小学入門　甲号』が明治7年10月に印行される1月前に出版されたがために，官版『小学教授書』所載「連語の図」を使っている。したがって，談話体連語図であるから，「文中問ノ辞ヲ読ミ生徒ヲシテ之カ答ヲ言ハシムヘシ」が実践できたのである。すなわち，教師が「彼人ハ，何を致して，をりまるの。」と第一図の1文を読むと，生徒が「彼れハ，今かやうな，花を，見てをりまる。」と答の部分を暗誦したもののようである。そして，「連語の図」の文には，各図面中に問答体が多く使われていたから実践できたのである。『小学入門』の連語図になると，10面中第三図に，「彼の小児は何処へ徃きしや此の女子ハ何時帰りしぞ○彼ハ近き処の朋友の宅に徃き是ハ遠き処の親類の家より帰る」の1箇所に問答体があるだけで，しかも，完全な問答体ではない。察するに『小学入門』の編修に際しては，連語図を会話問答に使用する意図は，すでに放棄されていたのであろう。

　明治9年3月，山梨県蔵板「改定下等小学教授法」（前出）には，

　　授方単語図ニ於ケルカ如シト雖モ連語ハ読本ニ移ルノ楷梯ナレハ句読段落ヲ正シ熟語ノ意義及ヒ文中ノ大意ヲ弁解スヘシ　但シ一日ニ三四句或ハ五六句ヲ授ク

とあるだけで，その教授の目標を，本項当初に述べたような，文の読み方に慣れ，文章入門の楷梯とするという，洋学式の考え方になっている。このころは，すでに『小学入門　乙号』の連語図の時代で，文語体に改正されていたのであるから，この目標に正に適合したのである。

連語篇教授

　単語図に単語篇があるように，連語図の上級教科書として連語篇が存在することが，当時，一応は考えられたようである。それに関しては，教科書類の項に述べるが，明治6年5月に埼玉県改正局編，同年12月に勝浦鞆雄編などの「連語篇」が刊行されていた。しかし，師範学校制定小学教則において，連語図（下等第八級）の使用は規定したが，「連語篇」の規定を見なかったから，一般に使用されることがきわめて少なかったと推定される。連語教授が元来読本への楷梯であってみれば，連語図10面を扱えば，その目的は達成されたのであり，さらに連語篇を扱うほどの必要が認められなかったのであろう。このことは，単語教授において，単語図を使用して単語篇を使用しなかった事例と同じである。

④　漢字・語句の教授科目

　以上に，漢字および語句の教授に関して，単語図・単語篇，連語図・連語篇につき，海外教授説と関連しつつ論考した。教授法も，それらにつき考察した。ここで，こうした教授が，文部省と師範学校からそれぞれ頒布された小学教則の，いかなる教科で取扱われたか，総括しておきたい。

文部省制定小学教則
　単語読方科・単語諳誦科・単語書取科・習字科
　　（コトバノヨミカタ）（コトバノソラヨミ）（コトバノカキトリ）（テナラヒ）

　単語読方科は，単語篇・童蒙必読（前出）などにより単語の読方を授け，教師が板書して「高唱」し生徒に「準誦」させた後，「其意義ヲ授ク」「但日々前日ノ分ヲ諳誦シ来ラシム」るのである。読方を中心にして意義をも教授し，前回の諳誦を付加する。ここには，掛図の使用が出てこない。

　単語諳誦科は，上述のように単語読方科にも諳誦があるが，さらに徹底を期して「一人ツ，直立シ」て諳誦させ，ある場合には「盤上ニ記サ」しめる。

　単語読方科・同諳誦科ともに，下等小学第八・七級に設置された。

　単語書取科は，第六級と第五級に設置され，「教師単語ヲ口ニ誦シテ生徒ヲシテ聞書セシメ」る。単語の聴写とその批正であった。

　習字科は，漢字楷書が第七級で，同草書が第六・五級である。第四級では「字形稍小ナル」楷書となり，同時に仮名交り文が第四級以上に指定さ

れていた。

　師範学校制定小学教則
　読物科・習字科・書取科・問答科
　読物科下等小学第八級に単語図・連語図を使用して，それぞれ単語および語句の読方を取扱う。掛図を使用する点が，文部教則と比較して特徴的である。

　習字科下等小学第七級から第五級までが漢字楷書であり，第四級が行書で，第三級が草書である。（ただし，明治7年1月改正教則では，第三級も行書となった。）第二級以上は，漢字仮名交り手紙文となる。もっとも，第七級以上各級に「習字本ニテ」とあるから，漢字だけ教授したのではないと思われる（すべて「東京師範学校沿革一覧」〈前出〉に拠る）。

　書取科の第七級に，「単語ヲ書取ラシム」とある。諸葛信澄著「小学教師必携」（前出）下等小学第七級書取〈15オ〉に「盖シ最初ハ書取ルベキ文字ヲ塗板ヘ書シ，其書法ヲ論シテ，生徒各自ノ石盤ヘ書セシメ，翌日習熟シ来リテ書取ラシムベシ」とあるから，前日習得した単語（漢字）を書取らせたのであった。単語書取は，本級だけである。筑摩県師範学校編「上下小学校授業法細記」（前出）〈21ウ〉第七級書取には，第八級の仮名の書取の場合と同様，「石盤ニ経線ヲ画セシムル凡距離一寸」とある。1日の書取は「大約一日五六語ヲ限リ」としていた。また，注意すべきは「単語ヲ書取ラシメ熟スルノ後連語ノ要所ヲ書取ラシムヘシ」とあることで，連語図中の語句も，書取の対象に置かれていたことがわかる。

　問答科は第八級が「単語図ヲ用ヰテ諸物の性質及用ヰ方ヲ問答」し，単語教授を実施したことは，すでに述べたとおりである。単語図中の漢字は，読物科の教材になっているが，問答科教授に際して，さらに漢字の認識を深める機会になったことはいうまでもない。

　以上，漢字漢語教授は，数教科にわたり懇切な取扱いがなされている。しかし，短文教授については，連語図中心に行なわれて，連語篇は既述のとおり普及するに至らなかったから，それほど重視せられず，漢字教授に比すると，やや手薄の感がある。しかし，すでに論述したように，連語教授が読本による文章教授への楷梯であったことから考えれば，ほぼ当を得た位置づけであったと思われる。

(3) 談話語

　学制教則期における談話教授は，談話語自体が言語社会に定着した標準的・共通的使用の域に，まだ達していなかったから，これを教授の対象とするためには，多くの困難が，その前途に横たわっていた。しかし，すでに文部省や師範学校の小学教則を検したところによると，文教の当局は，これを等閑に付したり無視したりすることなく，それぞれの教則に，前者は会話科として，後者は問答科や連語図教授の1部面として，明らかな位置づけを行なったのである。

① 会話篇
　すでに第1章において，当時の洋学盛行の実情を概観したとおり，会話は洋学における独立教科として実践されていたのであった。外国語のそのような言語把握の態度が，やがて国語観を形成したから，明治5年9月，文部省小学教則の公布の際，会話科の設置にまで踏みきったのであろう。したがって，文部省教則における会話教授が，外国語履修における会話教授に範を求めたとしても不思議ではなかった。
　当時洋学における会話教科書は，前記の箇所において既述したのであるが，今に残る重要な文献としては，小林好謙訳「通俗英吉利会話篇」，島一蕙挿訳「英吉利会話篇」，渡辺氏版「英利会話篇」，弘成堂版「英会話独学」等である。そして，その序跋等によれば，これら訳書の原著者には，ブラヲン氏，カシヨン氏等の名が挙げられている。
　さきに，明治6年4月創立の開成学校の学科目を検討して，それと学制国語科目との関連に言及したのであったが，そこに見られる諸芸学校学科順序・予科1年下級に「会話一時」があり，鉱山学校・工業学校学科順序・語学にも「会話一時」があったが，単にそれだけの記載であるため，何の教科書を使用したのか不明である。官立学校に会話の科目を立て，その教科書名までうかがうことができるのは，「明治三庚午十月」の刊記のある「大学南校規則」（前出）の第廿五条に掲げる「普通科」の課業のうち，「初等」に，

242

第4章　国語科各種目の教授法と教授資料

と見えるのが最初かと思う。さらに明治6年8月創立の東京外国語学校(注12)における「学科教授書籍」中，英下等語学第二級及び第三級に，会話(ベランジー)とある。前記資料の「ベランシュー」と，この「ベランジー」とが同一であるかどうか，にわかに判断しがたいのであるが，発音が酷似している。そして，国立国会図書館において，「ベランジー」の発音に近いBELLENGERの次の会話書を披見することができた。

"NEW GUIDE TO MODERN CONVERSATION IN ENGLISH" BY BELLENGER A SECOND REVISED EDITION

TOKIO FOURTH YEAR OF MEIIJ

160mm × 110mm　全 250 page

本書表紙には「明治八年文部省交付」の朱印があり，さらに「消印」を押捺し，改めて「明治十年四月文部省交付」の押印がある。改訂再版で明治4年の「東京版」とあるだけで，出版元の記載がない。著者BELLENGERとあるが，それ以外は不明である。しかし，東京で，明治4年に改訂再版と言えば，当時かなり読まれたものと想像され，前記資料「大学南校規則」の「ベランシュー」，および東京外国語学校の「ベランジー」の教科書も，実は本書ではないかと思われる。本書〈P.3〉の冒頭に，

"MODERN CONVERSATIONS. VOCABULARY."

とあるために，南校規則に「単語会話」と記載されたのではなかろうか。実際本書は，豊富な語彙を組入れた会話書なのである。内容を通覧すると次のようである。

〈P. 3〉
Give   me
Some   bread.
Some   meat.
Some   wine.
Some   beer.
Some   fruit.
Some   apples.
A   pear.
A   peach.

〈P. 4〉
A   fig.
Some   walnuts.
Some   currants.
Some   gooseberries.
A   chestnut.
A   lemon.
Some   medlars.
Some   beef.
Some   mutton.

243

Some	cherries.	Some	veal.
Some	plums.	Some	ham.
Some	grapes.	Some	roast meat.
Some	raspberries.	Some	boiled meat.
Some	mulberries.		
An	orange.		
Some	strawberries.		
An	apricot.		

〈 P. 5 〉　The verb TO HAVE conjugated with the above nouns.

　　　　　I have some bread.

　　　　　Thou hast some meat.

　　　　　He has some wine.

　　　　　We have some fruit.

　　　　　They have some apples.

　　　　　I had a pear.

　　　　　Thou hadst a peach.

　　　　　He had some cherries.（下略）

〈 P. 6 〉　They would have some boiled beef.

　　　　　vocabulary.（下略）

　以上のような VOCABULARY を30語～50語列挙しては，TO HAVE の諸型態を示している。すなわち，interrogatively, negatively, both negatively and interrogatively など，主語をさまざまに変更した例文を掲げている。それから Be 動詞，普通動詞に及ぶ。全 P. 250の中，始めの P. 52までがほぼそのようで，以後は，MEETING, PARTING, ASKING AND THANKING, AFFIRMING AND DENYING, EXPRESSIONS OF SURPRISING, PROBABILITY, SORROW, BLAME, ANGER 等々の会話短文を示している。

　本章第2節(3)の⑤会話教科書の項で通観するように，文部省小学教則の制定に応じて，本邦においても，太田随軒「会話篇」，市岡正一「童蒙読本会話篇・同続篇」，井出猪之助「小学会話の捷径」，久保扶桑「初学会話読本」，黒田行元「小学会話篇」等の会話用教科書が明治6～7年の間に続刊されたのであった。その中，特に著名な，太田随軒の「太田氏会話篇」は前掲 BELLENGER の著書を模倣した形跡が指摘できる。次に少しく，

両者を対照して比較してみよう。
　（初に太田氏，これを並べて Bellenger を示す。）
　　〈冒頭〉　　零一二三………千萬　右を根源数といふ。
　　〈P. 41〉　CARDINAL NUMBERS.
　one, two, three, ……… A thousand, one million
　第一，第二，第三，………第$_千^一$，第$_萬^一$，
　右$_が^は$順序数をいふ
　　〈P. 43〉　ORDINAL NUMBER.
　First, Second, Third, ……… Millionth.
　一度，二度，三度，………$_千^一$度，$_萬^一$度，　右を集合数といふ。
　　〈P. 45〉
MULTIPLE NUMBERS.
　Once, Twice, Thrice, ………
　会話篇一　第一章
　○我ハ筆ヲ持ツ　○汝ハ紙ヲ持ツ　○彼ハ………
　○我等ハ団扇ヲ持ツ　○汝等ハ………　○彼等ハ………
　○我ハ飯ヲ持チシ　○汝ハ………　○彼ハ………
　○我等ハ牛乳ヲ持チシ………
　○我ハ栗ヲ持チタ………
　○我等ハ桜花ヲ持チタ………
　○我ハ琴ヲ持チタリシ………

以上は，前記した **THE VERB TO HAVE CONJUGATED WITH THE ABOVE NOUNS.** の用法で，主語の人称，単複数・時相を種々に変化させたものに模している。

　　　　第　二　章
　○我ハ烟草ヲ持ツデアラフ………
　○我等ハ羽織ヲ持ツデアラフ………
　○我ハ頭巾ヲ持チタデアラフ………
　○我等ハ寒暖計ヲ持チタデアラフ………
　○我ハ金ヲ持ツデモアラフ………

○我等ハ水銀ヲ持ツデモアラフ………
　　○我ハ蕨ヲ持チタデモアラフ………
　　○我等ハ海苔ヲ持チタデモアラフ………
　本章も第一章と同じ趣旨で編修され，TO HAVE の各種用法を示した。ただ，原書には，VOCABULARY と例文とを1組にして提示しているが，太田氏は特に語彙を示さず，例文だけが列記されている。

　　　　　　　　　第　三　章
　　○我ハ山城人デアル　○汝ハ………
　　○彼ハ………
　　○我（等）ハ武蔵人デアル　○汝等ハ………　○彼等ハ………
　　○我ハ室ニ在リシ　○汝ハ………　○彼ハ………
　　○我等ハ市ニ在リシ　○汝等ハ………　○彼等ハ………
　　○我ハ東京ニ在リタ　○汝ハ………　○彼ハ………
　　○我等ハ横浜ニ在リタ　○汝等ハ………　○彼等ハ………
　　○我ハ樺太ニ在ルデアラフ　○汝ハ………　○彼ハ………
　　○我等ハ鹿児島ニ在ルデアラフ　○汝等ハ………　○彼等ハ………
などとあるのは，要するに，人代名詞と存在の Be 動詞の各種用法である。

　なお，第四章は命令法，第五章は疑問法というように編集されているが，ほぼ原書に模している。また，生硬な翻訳調の文も散在しているから，他の会話書をも合わせ参考にしたかも知れない。
　ところで，文部省小学教則交布の翌年，師範学校小学教則が制定となり，地方ではたまたま公立小学を設立する機運に際会したから，府県は争って師範学校卒業生の配当を仰望し，その指導のもとに府県立師範学校および小学教則が定められ，したがってその採用する小学教則は，東京師範学校から伝えられた府県師範学校小学教則に模して施行する者が多かった。そして，師範学校教則には会話科を置かなかったから，せっかくの会話篇も，文部省小学教則に従って立てた小学で使われるに過ぎず，その教授法も，教則の定めた読方・諳誦・書取に準拠したものと思われる。
　師範学校小学教則は，会話科を設置しなかったが，問答科を新設して，

会話教授を実施したと考えられる（次項参照）。それから，文部省編纂・師範学校彫刻『小学教授書』収載「連語の図」8面は，諸葛信澄が「小学教師必携」（前出）において，「単語ヲ以テ簡略ナル会話ヲ綴リシモノ」（同書6ウ）と指摘したように，談話語で表記されていた。そして，上掲の文献に指示された教授法は，「一句毎ニ其句読ヲ正シク教へ，兼テ熟語ノ意味等ヲ説キ明スベシ」とあったように，読方教授中心であって，談話語を練習する程度には進めなかったと推定される。『小学教授書』は1年後には『小学入門　甲号』と改題して，談話体連語図が文語体に改正されたから，もはや会話練習に使用するものではなくなった。

②　問答科の言語活動

　師範学校制定下等小学教則は，第八級から第一級にわたって，問答科を設置し，初めは単語図・色図・形体線度図などの掛図を教材とし，上級で地図や地球儀の教具を使い，地理歴史関係の教科書にもとづく「問答」を計画した。したがって，資料の点においては，第八級に用いる単語図が国語に関係する程度で，その他，博物・地理・歴史等の資料が多かったのである。しかし，問答は，発問応答の交流にもとづく，会話の1領域であるから，資料は何であろうとも，実は談話語教授の場面になり得たのである。もっとも，当時の問答書から推定される問答には，明治5年6月，後藤達三著「訓蒙窮理問答」（前出）のように，談話語（俗語）による問答の資料と，後述の田中義廉または無記名の編輯である文部省版「小学読本」および博物・地歴関係教科書などのように，文語による問答の資料との2種の文体があったが，いずれにせよ，談話語で行なわれる問答であれば，当然談話語練習の教授になったと思われる。この意図は，次の諸葛著「小学教師必携」（前出）にもうかがわれる。

　　〈9ウ〉　問答ハ，万物ニ留意シテ，其考究ヲ定メ，智力ヲ倍養スル
　　ノ基ニシテ，会話ヲ教フル，最良ノ法ナルガ故ニ，必ズ疎略ノ答ヘヲ
　　為サシメズ，勉メテ丁寧ノ答ヘヲ為サシムベシ，

したがって，教師は発問に注意し，生徒の応答は「疎略」に陥ることを戒め，「丁寧」と旨したのであった。

　明治7年4月，文部省印行「学校通論」(注13)巻五・第三「学習ノ方法」

に次のように述べられている。

〈30ウ〉　会話（前略）教師モ亦間ミ通常復習ノ法式ヲ弛メ会話ノ法ヲ用ヒテ其生徒ニ疑団ノ質問ヲ為スヲ許ルス時ハ之カ為メ大益ヲ生ス可ク又教師ハ生徒ト共ニ遊歩シ途中談話シテ学識ヲ得セシムルヲ得可シ

〈31ウ〉　問答　凡ソ教授ノ方法中ノ最高尚ナルハ生徒ニ問ヲ為シ以テ自カラ真理ヲ発見セシムルニ若ク者ナク（中略）大益ハ教授ノ順序ヲ整頓シ以テ詳密完全ナラシメ兼テ之ヲ活溌ナラシムルニ在テ

本書は，巻頭の「緒言」によれば，「1870年米国『ヒラヂルフヒア』刊行『ペンシルウェニア』邦師範学校長『ウィケルスハム』氏ノ著ス所」である。「学識」を習得する方法として会話を挙げ，問答を「最高尚」な方法として推奨し，さらに「問ノ事柄・体裁・方法」等を詳細に論じている。しかし，本書には，さきに諸葛の「小学教師必携」にうかがわれる単語図問答のような Object Lessons の意句は認められないようである。

そして，上掲「学校通論」以外の当時の外国文献には，Object-teaching の問答が示されている。

たとえば，明治8年8月，佐野常民の名義でなされた「澳国博覧会報告書」（前出）（教育普施ノ方案報告書）に収載されたウェルテンベルグ小学校の学科目には，六歳児（初年）から十三歳児（八年）まで，各学年に「見知ノ教」があるが，これは，その細目（注14）から推定すれば，物品教授を中心としたものであった。また同書「独逸国学制論」（注15）〈18オ〉「小学校及小学師範学校」中に，

〈22オ〉　独逸ニ於テモ小学校ノ学科ハ他国ト大異ナシ　他国ノ学校ニ優ル所以ハ教方ノ巧妙ナルニ在ルノミ　都テ児子ノ天性良智ヲシテ自然ニ開カシムルノ道ニ合ハザル事ハ之ヲ除ク　故ニ徒ラニ児子ノ記臆ヲ労スル文法論等ハ先之ヲ教ヘスソノ物理ノ解スルノ日ヲ待チテ始メテ之ヲ授ク　其前ハ五官ニ触ルヽ実物ヲ示シ此物体ニ就キテ疑問ヲ為シ児子ヲシテ之ニ答ヘシメ以テ観察ノ性ヲ養フナリ語学地理史学博物学等ノ如キモ解キ難キ書ニ就テ教フルニ非ス　唯教師講談問答ノ方ヲ以テ之ヲ授ク（下略）

とあり，これは Pestalozzi の前掲「ゲルトルードは如何にして其の子を教

248

ふるか」の所説と同様の内容であり，実物教授を問答によって行なっている。

　明治8年10月，伊沢修二訳述「教授真法」(前出)にも「実物課」が説かれ，同年12月，金子尚政訳・高橋敬十郎編「小学授業必携」(前出)はCalkinsの "New Primary Object Lessons" の訳述であるから，問答による庶物指数であること言うまでもない。

　こうして明治9年代にはいっては，7月，漢加斯底爾訳・文部省印行「教師必読」6月，生駒恭人著「小学授業術大意」(注16)「東京府小学教授之則」(前出東京府史料所収)など，いずれも単語図教授と関連して問答をとりあげている。

　そして，明治10年5月には，文部省から「加爾均氏庶物指教」(前出)が印行された。その原著，"Calkins New Object Lessons. PRIMARY OBJECT LESSONS" には，

　〈P. 39〉　Conversational Exercise

　The child's first school lessons should be conversational, and imparted in the simplest manner, with an aim to awaken the mind, develop habits of observation, and train pupils in the use of language.

と述べており，これを上記文献で，

　〈P. 40〉　会話ノ練磨法

　童子ノ最先ナル学校教章ハ，其心思 (mind) ヲ励マシ，実験 (observation) ノ慣習ヲ弘メ，以テ童子ニ国語ノ用法ヲ教育スルヲ目的トシ，簡単ノ方法ニテ，会話ヲ教示スルモノナリ

と訳している。その他「思慮及ヒ談話ヲ速ニシ且国語ノ用法ヲ教育スルコトヲ論ス」(同書P. 53)があって，談話教授が，別に Object Lessons の教育目的であったことを明らかにしている。

　E. A. Sheldon の "LESSONS ON OBJECTS, GRADUATED SERIES" (前出) が，翻訳されたのは明治11年5月(版権免許)，横尾東作訳「童蒙教育問答」(注17)であったが，それから半年遅れて，12月，永田健助訳「塞児敦氏庶物指教」(前出)が文部省から印行された。その「原序」の末尾に，庶物指教と言語教授の関係につき，次のように述べている。

　　　児童物質ノ想像ヲ心ニ発開シタル時之ヲ名状スベキ詞ヲ授クルハ一

ハ以テ他日語学ヲ習フ預備トナシ一ハ以テ平生観察スル所ノ世上ノ物
　　体ヲ名状スル〕ヲ得ベキ小字彙ヲ授ケント旨趣ナリ此ノ如クナレバ其
　　観察力及言語トモニ発達スルニ至ルベシ

これは，原書において次のように述べた箇所であった。

　　　　(PREFACE) It should be added, that as the ideas are clearly developed,
　　　the giving of terms to express these ideas is designed as a preparation for
　　　"Language Lessons," and to give the children a vocabulary by which they
　　　are continually making on the objects of the external world. Thus observa-
　　　tion and language are both cultivated.

　以上数種の文献により，「問答」は単なる庶物指教の方法であったのではなく，言語教授，会話教授の方法としての意図が含められたことが論証されるであろう。

　しかし，文語・口語の差別のない英語による問答は，会話教授を志した場合，その意図を実現し得たであろうが，本邦国語の場合は，その点事情を異にしていた。すなわち，前項において参照した単語図教授法の具体例や，

　　〔下等小学問答書〕　三瀬貞幹編輯・内田赫一郎校
　　　　　　　　　　　明治十年四月廿七日版権免許
　　　　　　　　　　　金港堂梓；日本地誌略之部；全35丁

　　〔小学問答全書〕　弘田均編纂・明治十年四月出版
　　　　　　　　　　　金港堂；　同年二月二十四日版権免許
　　　　　　　　　　　四六判　30丁

などの文献に徴すると，問答の授受はすべて文語体で記述されている。しかし，これを実践する際には，文語を口語に言い直して行なったのではないかと思われる。その論拠として，次の文献をあげることができる。

　　〔小学問答法〕　　千葉県師範学校編輯・全2冊（33丁・41丁）
　　　　　　　　　　　明治十一年四月四日版権免許，5月出版博聞社刊

　本書巻頭の「附言」に，「此書ハ小学教師ノ為ニ彼ノ欧米ノ小学ニ行ハル、諸家ノ『オブゼクトレッスンス』中ヨリ摘訳纂輯セルモノニテ」と述べ，「或ル原序ニ曰ク実験ハ幼児ノ識力ヲ暢達スルノ基礎ナリト」と，Calkins の原書を引用し，次いで問答の要領に及んで次のように述べている。

> 我国ノ文章ノ語多ク漢文ヨリ転訛シ来リ通常談話ノ語ト大ニ同ジカラ
> ズ　之ヲ以テ問答スルハ固幼稚ノ能クス可キ所ニ非ズ　今此書ハ姑ク
> 文章ノ語ヲ用ヒタレドモ教師タル者之ヲ実際ニ行フニ当リ必談話ノ語ヲ
> 用ヒ平簡易ノ旨ヲ失フ可カラズ　物名ノ如キ各地其称ヲ異ニスル者ア
> レバ教師務メテ其方言ヲ熟記シ其鄙野ナルヲ以テ之ヲ排斥セズ其語ニ
> 由リテ徐ニ世間普通ノ語ヲ改メザル者アラバ教師仮学ヲ以テ之ヲ黒板
> ニ記シ他ノ生徒ヲシテ之ヲ正サシメ　尚　誤謬アルキハ教師懇切ニ之ヲ
> 説キ諭ス可シ

これこそは，談話語教授とすべきであろう。思うに，当時一般に流布されていた問答書は，すなわち教師用教授書であり，教師の書記はすべて文語（漢文書下し体）であったから，問答具体例までもそれに拠ったのである。本書もその選に洩れず，「汝等余ガ手ニ持スル物ヲ見ヨ此物ノ名称ハ何ゾ」「答書籍ナリ」「何レノ書籍ニテモ大キサハ皆同ジキヤ」というように，当時の文語体で書かれている。しかし，児童の普通語は，むろん談話体であったから，問答の実際においては談話語に直して行い，さらに方言から漸次標準的な表現に移行させ，時には，そのまま板書して視覚に訴えようとしたものであった。それが，上記の「附言」により千葉師範学校において実践されていたと推測できる。本書奥付によれば，「千葉県御用製本売捌所」である博聞社は，東京・大阪・埼玉等に「博聞支社」があり売捌されていたと知られるから，本書の使用は千葉だけに限定されなかったと思われる。このような実践こそが，Sheldon や Calkins のねらった，言語教授としての問答（会話）ではなかったかと思われる。

　なお，問答と会話とは，ともに談話語を使った活動であるが，当時の用語上どのような区別を付けていたか，次に少しく考察する。「会話」科を設定した文語教則，「問答」科を設定した師範教則，いずれも教科の内容を説いていて，もとより両者の関係を明らかにしてはいない。そのために，一般には，それほどはっきりした使い分けが存しないようにも見受けられるが，高田義甫は，その著「小学教則問答」（明治6年12月・前出）において

　　〈9ウ〉　問　会話トハ何ゾ
　　　　答　人ト我ト語ルベキノ要事アリテ，問答スル所ヲ筆記セシ者ナリ

と述べている。すなわち，「問答」を言語活動としてとらえ，「会話」をその記述と考えたのであった。このような理解であると，「問答」は聞くこと話すことの領域の言語活動となり，「会話」は読むことの領域における読物となる。したがって，当時の会話篇が，「会話読方」（文語教則）の教材として適当となる。諸葛信澄が前掲「小学教師必携」において，

　　〈9ウ〉　問答ハ萬物ニ留意シテ其考究ヲ定メ智力ヲ培養スルノ基ニ
　　　シテ，会話ヲ教フル最良ノ法（下略）

と述べたところでは，諸葛も，高田のように，会話が書記されたものと断じているとはしがたいが，さらに，

　　〈6ウ〉
　　　　連語図ハ単語ヲ以テ簡略ナル会話ヲ綴リシモノニシテ（下略）

という用法からすれば，むしろ書記されたものという意味が乏しくて，今日の「談話」に近い用法であると思われる。

　明治15年6月，石川倉次著「初学読本―名学のすしご」においては，連語と会話とを上段と下段に対照的に掲げている。抄出してみよう。

　　れんごだい一　ここよ，うつくしき ほんあり，
　　くわいわだい一　ここに，うつくしいほんがあります，

　　れんごだい二　めうにちもよきてんきふらん，
　　くわいわだい二　めうにちも，よいてんきでありませう（中略）
　　連語第八　かれの母ハ，よく裁縫をふも
　　　　　　あの人の母公(オッカサン)は，上手ゐ針仕事をします。

　以上要するに，「会話」は談話または談話語であり，「問答」は発問と応答の部分から成り立つ，談話の活動であるといえよう。したがって，会話篇は読解の対象となり，問答は談話練習の方法となるのである。

③　談話語の教授科目

　以上，会話篇および問答科の言語活動である問答につき，海外言語教授説と関連させつつ考察した。そこで，本期初頭の談話教授が，文部省および師範学校において，それぞれ制定された小学教則の中に，どのように位置づけられていたか，ここに総括的に概観する。

文部省制定小学教則
会話読方科(コトバヅカイヨミカタ)・会話諳誦科・会話書取科
　学制第二十七章の下等小学科において，「四，会話，読」とあるより察すれば，会話教授は会話書を読むことを意図していたのであり，会話の練習まで予想したのではなかった。次いで小学教則は，これを3科に分けた。
　会話読方科は下等小学第七・六級に設置され，会話篇を読解することとなった。
　会話諳誦科が，つづいて第五級に設置され，「嚮ニ学フ所ヲ一人ツ、処ヲ変エテ諳誦シ又ハ未タ学ハサル所ヲ独見シ来テ諳誦」せしめるのであった。
　会話書取科が，単語書取科と交替して第四級に設置され，会話篇の聴写をした。
　会話篇に官板は印行されなかったが，市岡正一・太田随軒等の私板数種が刊行された（後述・教科書類の項参照）。会話科とは会話篇の理解を深める教科であった。
　師範学校制定小学教則—問答科
　前項で述べたように，問答科は問答法により知識の拡充を主目的とするが，諸葛信澄著「小学教師必携」（前出）第八級問答〈9ウ〉に「問答ハ……会話ヲ教フル最良ノ法」と述べ，筑摩県師範学校編「上下小学授業法細記」（前出）第七級問答〈22オ〉に「問答ノ科ハ物ノ称呼ヲ一ツニシ方言ノ幣ヲ除き会話ノ階梯トナスヲ以テ教師ノ言詞極メテ円熟端正ナルヲ要ス」と述べているように，問答という言語活動も教授の対象とし，方言を矯正して標準化する意図が盛られていたと思われる。

(4) 文章読解

① 小学読本と Willson Reader
　文部省小学教則における文章の読解は，「読本読方」および「会話読方」であった。そして，会話は，すでに検討したように，談話語で書かれた会話篇が用いられたが，官板の会話篇はついに実現を見なかった。しかも，師範学校小学教則は，会話科を設置しなかったので，その民撰会話篇（前

出）もしだいに用いられなくなったようである。これに反して，小学読本は，明治6年4月に官板が出て，師範学校教則も，これを採択したから，文章読解教授の基本的教材は，小学読本と定まった。

　もっとも，師範学校の場合は単語教授から読本教授に直行したのでなく，同校彫刻『小学教授書』収載の「連語の図」，後に文部省刊行『小学入門』の「連語図」などの連語掛図が，文章導入教授の楷梯として，下等小学第八級の短期間だけ取り扱われたことは，すでに考察したとおりである。

　ところで，「読本」が，海外の reader に端を発したことは，官板小学読本の創始がアメリカの Marcius Willson の reader 反訳に存したことからも首肯できる。ただ，「読本」の用語が，一般に呼ばれている「とくほん」であったか，いくつかの文献（後記）が伝える「よみほん」であったかは，必らずしも明らかではない。なるほど，近世の寛延・宝暦（1748〜）のころから，上田秋成・山東京伝・滝沢馬琴等によって，空想的な複雑な構成で，仏教的因果応報・道徳的教訓などを興味本位につづった小説体の読物，たとえば「南総里見八犬伝」などが読本（よみほん）と呼ばれたからといって，それにヒントを得て，学制が「読本」の用語を reader の訳語に引当て，したがって「よみほん」と読ませたと断定するには，まだ十分な根拠となる資料が見当たらない。しかし，「読本」と書けば，当時まだ耳慣れない「とくほん」という読み方よりも，流布していた八犬伝などの「よみほん」の連想から，「よみほん」と読まれることの可能性の方が大きかったのではないかと推定できる。

　当の官板「小学読本」の標題を初めその他の場合に用いられた例も（注18），漢字で「読本」と書かれていたから，「とくほん」か「よみほん」かの別は，ほとんどつけにくいが，次に明らかに「よみほん」と呼んだりした例を示す。

〔だいゝちよみほん・だいゞよみほん〕（前出）
　明治6年7月官許，9月布目雄蔵発兌，かゐぶみ志やちゆう（仮名文社中）の蔵版で，内閣文庫所蔵本であるが，内容は平仮名の使い方（綴字）の教科書である。

〔小学教則問答〕（前出）
　同6年12月上梓，7月1月北畠千鐘房刊行，高田義甫述。本書に，

〈10オ〉　問　読本(ヨミホン)トハ何ゾ
　　　　答　或ハ事物ノ上ニ於テ，或ハ道理ノ上ニ於テ，人ノ勧励
　　　　　　トナルベキ者ヲ書記シテ人ニ読シムル者ナリ

と見える。「ヨミホン」と片仮名を振っており，その解説に，道徳教育的な事項，すなわち前述した近世の「よみほん」の内容にも通ずる事項が述べられている。注目すべき資料である。

〔洋学道案内〕（前出）

　明治7年1月文正堂刊，総生寛著。本書は洋学各科の大意を述べたものである。

　　　読本(よみほん)　英語　リードル　　独語　レーセーブーフ　　仏語　レクチュール

のように，ルビを付している。

〔初学　読本・志よがくよみほん〕

　本書は稲垣千頴校閲・辻敬之と小池民次同著，明治14年3月7日普及舎出版の正続2冊中，正篇の表紙には漢字で「初学　読本」としたため，扉（表紙2）「志よがくよみほん」と仮名書きしている。

　以上の文献に徴すれば，読本を「よみほん」と読ませた事実があった点を認めなければならない。しかも，それが明治6・7年のころにわたり，明治14年にも1例が存する。したがって，明治5年9月文部教則に綴字・単語・会話などに，それぞれ「かなつかひ・ことば・ことばつかひ」とルビを付けながら，「読本」に付けなかったのは，世間でためらわず読める読み方，すなわち「よみほん」として普及していたからではないかとも考えられる。そして，時間が経過するにしたがい，近世小説という原義を失った「よみほん」は，湯桶読みの語呂の悪さもあって退き，漸次「とくほん」の呼び方が多くなっていったのかも知れない。いずれにせよ，漢字表記の「読本」の事例が多く，仮名表記の事例に乏しいので，はっきりとは判じがたいのである。

　官板小学読本の祖，師範学校彫刻本が，幾度か手を入れられて，明治7年8月文部省刊本となった経緯については，すでに詳考を試みた。そこで，次に，それが Marcius Willson の Reader を反訳したという従来の所説について考察することとする。

上掲 Willson's Readers が，本邦に伝来した Reader 類の中，特に重視され，官板読本の祖本となった理由は，前掲東大文書，南校教育資料，「含要類纂」中の辻新次書簡にあるように，本書が Verbeck によって「小学教科書」として選定されたことなどが挙げられる。また，Scott の教授法伝達が，Willson と関連したことも，その理由として考えられる。すなわち，さきに，N. A. Calkins の "Object Lessons" が，創立当初の師範学校の指導書であった事情があり，Willson と Calkins 共著の chart 類が師範学校掛図の原拠となって，本邦庶物指数の創始に深い関係を有した事情などが考えられる。そして，単に小学読本の祖本となっただけでなく，その後，本邦英語教授の Reader として，慶応義塾は別として（注19），一般にかなり広く使用されていた，それは，すでに例示したように，訳書の出版が明治期を通じて相当数にのぼり，また，同書が本邦でも翻刻されていたことなどでも明らかである。たとえば，学習院大学所蔵本，Willson's Reader "THE FIRST READER" には，表紙に「TOKIO: REPRINTED BY T. T. I TOO, 12th year of Meiji」とあり，巻末に「明治十一年十二月五日翻刻御届・定價金四十銭・翻刻出版人東京府平民伊藤徳太郎・京橋区南伝馬町壱町目十六番地」とあるし，また，東書文庫所蔵本の "THE FIRST READER" には，表紙に「TOKIO ZUIJISHOBO」とあり，「発兌人神戸甲子二郎・出版人栁河梅次郎：明治十八年四月八日翻刻御届・明治十八年六月十五日出版」と注されているものもある。

　ところで，さきに官板小学読本に主体をおいて，Willson Reader との関連を詳考した。本項では Willson Reader に主体をおいて，小学読本との関連を考察することとする。

　THE FIRST READER 全巻の内容は，PART I から PART V までに分かれる。

　　〈P. 3〉　PART I は，Alphabet, Word の類で，むしろ掛図（官板『小学教授書』所収）に関連がある。以下，訳出の実際を彼此対照してみよう。

　　　〈P. 11〉　PART II EASY WORDS OF NOT MORE THAN FOUR LETTERS
　　　　　〔CONTINUED FROM THE PRIMER〕
　　　　〈P. 12〉 LESSON II

256

I go in. ①We go in. They go in. ② See us go in. Now let us all go in. We may go in. They will let us go in.
③ May I go in with you? ④ You may go in if you wish. You and I may go in if we can. ⑤ May all of us go in? Yes; we may go in.
Now we are in. Do see us! ⑥ Are you in deep now? Do you like it? ⑦ Can You get out?
⑧ You are wet now. ⑨ Come out and get dry. Will you come?
⑩ Do not wade too far. ⑪ Now will you take my boat, and put it down? Do you see me hold up my boat? ⑫ You will see that my boat will sail well.
wish like wade down sail
deep come boat hold well

上記 PART II から，順に反訳されたこと，次のとおりである。（反訳箇所を番号で対照した。）

小学読本（無記名・初刊本）第二回

〈5オ〉 ①我等す，河の中に，行あんと欲す，○②我等の，此河の中に入るを見よ，○③私す，汝と共に，此の中へ入らんと欲す，○④汝も，好むことあらず，此の中へ行くべし，○⑤我等す，皆此中へ，入ることを得るや，○⑥汝す，今深水に，入らんと欲するや，○⑦汝す，出づることを，得べきや，○⑧今汝す，湿ふたり，○⑨遠く，渉るべからず，○⑩陸へ上りて，乾すべし，○⑪今汝す，この小舟に，乗らんと欲するや，○⑫汝す，この小舟の，動くを見よ，○小舟に乗りて，走るべあらず，

〈P. 13〉 LESSON III

① This boy has a new kite. ② Do you see him run with it?
③ He can fly the kite in the air. He has hold of the line.
④ Do you see the kite go up? It is up in the sky.
⑤ Take care of the line will get fast in tree.

〈6ウ〉 ①此小児す，新き凧を持てり，○②彼れが，凧を持ちて，走るを見よ，○③彼れす凧を空中に，飛ぜせんと思へり，○④汝す，凧の揚るを見んと欲するや，凧が，空中に登りたるとき，○⑤心を用ゐるべし，○糸の，木に懸ることあり，

〈P. 13〉 LESSON IV

Do you see this boy'? Do you know his name'?

The boys call him Ned.`

① He has a new cap. ② He is glad to get a new cap, foy his old cap is torn.

③ He must take good care of the new cap. and not let it get wet.

④ One boy has a hat on his head. ⑤ He says, "I must have a new cap, Too, for my hat is old." ⑥ This boy has a long coat. Do you see it'? He is a tall boy.

〈6才〉 ①彼れむ，新き帽を持てり，○②彼れの，古き帽む，破れたり，それゆゑに，喜んで，新きものを持てり，○③新き帽にむ，能く心を用ゐるべし，又それを濡すべからず，○④一人の小児む，頭に，帽を被ぶれり，○⑤私の帽む，古きゆえに，彼人む，私に新き帽を持てと云ふ，○⑥此小児む，長きマンテルを，着たり，

〈P. 14〉 LESSON V (注20)

See the cat! （此猫を見よ，6ウ）

〈P. 14〉 LESSON VI

Do you see the man in the boat'? （汝む，小舟に乗りたる，人を見しや，7ウ）

〈P. 15〉 LESSON VII

They kick the ball. （彼れむ，球を蹴て遊べり，8才）

〈P. 16〉 LESSON VIII

The sun is up, and it is time for us get up. （太陽の，登りたるときむ，我等の起き出つ(ママ)べき，時刻の，来れりと知るべし，8ウ）

〈P. 16〉 LESSON IX

What bush is this.'? （これむ，何の樹なりや，9才）

〈P. 16〉 LESSON X （無　関　連）

〈P. 17〉 LESSON XII

Ann has gone to feed the hens. （彼人む，牝雞を，養ふ為に行きたり，9ウ）

以上の各課に関連して読本第二回が編修されている。

第三回は，次の各課に関連して編修されている (注21)

〈P. 18〉 LESSON XII

She has a bird, and she has put it in a cage`. （10才）

　　　　LESSON XIII

Can a bird sing'?　（10オ）（注22）

〈P. 19〉LESSON XIV

Bad boys we do not like; and we try to keep them far from us.　（10ウ）

PART III. EASY WORDS OF NOT MORE THAN FIVE LETTERS.

〈P. 21〉LESSON I （注23）　CHILDREN IN THE WOODS.　（11オ）

〈P. 22〉LESSON II　THE OLD MAN.　（11ウ）

〈P. 23〉LESSON III　BLOWING THE TRUMPETS.　（12オ）

〈P. 24〉LESSON IV　ANOTHER OLD MAN.　（12ウ）

〈P. 25〉LESSON V　（題目なし）

Do you see this girl'?　（13ウ）

……Birds like to be free.

Who does not like the birds?　（14オ）（注24）

次いで読本の第四回に入るが，次のとおりである。

　　　LESSON VI　（題目なし）　（17オ）に出てくる。

〈P. 27〉LESSON VII・VIII　A HOOP　（15オ）

LESSON IX・X・XI　（題目なし）　（19オ）に出てくる。

〈P. 30〉LESSON XII　（題目なし）

……All the day long an owl sat in the old oak tree: but when night came, away flew he.　（16オ）

〈P. 31〉LESSON XIII　THE TOY SHOP　（15ウ）（注25）

〈P. 32〉LESSON XIV　（題目なし）

Do see the man on the horse'!　（16ウ）

〈P. 26〉LESSON VI

This is a brig. This is a ship.　（17オ）……See! Here is a ship at sea in a storm!　（17ウ）（注26）

〈P. 33〉LESSON XV　（題目なし）

One of the men has a cap and a cane in his left hand.　（18オ）

〈P. 34〉LESSON　（題目なし）

The men mow the grass,　（18ウ）

〈P. 35〉　PART IV OCCASIONAL WORDS OF SIX LETTERS, AND A FEW EASY WORDS OF TWO AND THREE SYLLABLES.

〈P. 35〉LESSON I　THE BOY AND THE LILIES.　（18オ）

〈P. 28〉LESSON IX・X

　　A nose, an ear, a mouth, and an eye.　（19オ）

読本では，第五回にはいる。

　〈P. 36〉LESSON II　THE SWAN.　（19ウ）（注27）

　〈P. 38〉LESSON IV（題目なし）　JOHN GOES TO SCHOOL WHERE THERE ARE BOYS AND GIRLS.　（20オ）

　〈P. 39〉LESSON V　WINTER　（20ウ）

　〈P. 40〉LESSON VI　（題目なし）

　　This boy has found a nest of eggs in the barn.　（21オ）

　〈P. 42〉LESSON VIII

　　A bunch of pinks, and a rose-bush.　（21ウ）

　〈P. 43〉LESSON IX　THE MICE.　（22オ）（注28）

　〈P. 44〉LESSON X　THE SLEIGH-RIDE.　（22ウ）

　〈P. 45〉LESSON XI　（題目なし）

　　Hark! Did you hear a noise'?　（23オ）

　〈P. 46〉LESSON XII　YOUTH AND OLD AGE　（23ウ）

　〈P. 47〉LESSON XIII　THE OLD OAK TREE　（24ウ）

　〈P. 49〉LESSON XIV

　　A Child's Morning Pryer（ママ）　（25ウ）

読本の第六回は次のようである。

　〈P. 50〉LESSON XV　（題目次）（25ウ）

　〈P. 51〉LESSON XVI　THE GARDEN.　（26オ）

　〈P. 53〉LESSON XVII　（題目次）（27オ）

　〈P. 56〉LESSON XX　THE BASKET OF FRUIT.　（27ウ）

　〈P. 58〉LESSON XXII　MORNING　（28オ）

　〈P. 59〉LESSON XXIII　NOON　（28ウ）

　〈P. 60〉LESSON XXIV　EVENING　（29オ）

　〈P. 61〉LESSON XXV　THE EAGLE.　（29ウ）

　〈P. 63〉LESSON XXVII・XXVIII　A CHILD'S EVENING PRAYER.　（30オ）

読本の第七回に入る。Reader は，PART V. となる。

　〈P. 69〉LESSON I 　COUNTING　　（30ウ）
　〈P. 74〉LESSON VII 　LEARNING TO READ　　（31オ・ウ）（注29）
　〈P. 78〉LESSON X 　THE CAMEL　　（32オ・ウ）（注30）
　〈P. 81〉LESSON XIII 　THE CLOTHES WE WEAR　　（33オ・ウ）（注31）
　〈P. 79〉LESSON XI 　SOWING AND REAPING　　（34オ・ウ, 35オ）（注32）
　〈P. 82〉LESSON XIV 　MONEY　　（35ウ）

以上で FIRST READER が終わる。

さらに THE SECOND READER 各課（lesson）が小学読本巻之二とどのように関係するのか，Reader の目次をたどって，その共通部分を明らかにすることとする。

THE SECOND READER・CONTENTS

〈P. 5 〉	To the Teacher	PART I	
〈P. 7 〉	Inflections		
〈P. 8 〉	General Rules for the Rising Infection		
〈P. 9 〉	LESSON　I	Girl and Doll	小学読本巻之二, 第一回
〈P. 10〉	〃　　II	Flag and Drum	〃　　　　〃
	〃　　III	The Fox and the Ox	〃　　　　〃
〈P. 11〉	〃　　IV	The Young Ducks	〃　　　　〃
〈P. 12〉	〃　　V	The Bird's Nest	〃　　　　〃
	〃　　VI	The Play-Ground	〃　　　　〃
〈P. 13〉	〃　　VII	Going a Fishing	〃　　　　〃
〈P. 14〉	〃　　VIII	Going to school	〃　　　　〃
〈P. 15〉	〃　　IX	Two Boys on a Horse	〃　　　　〃
〈P. 16〉	〃　　X	At Play	〃　　　　〃
〈P. 17〉	〃　　XI	Earth, Sun, and Moon	〃　　第二回
〈P. 18〉	〃　　XII	Making Hay	〃　　　　〃
〈P. 19〉	〃　　XIII	The Fox	〃　　　　〃
〈P. 20〉	〃　　XIV	The Snail	〃　　　　〃
〈P. 21〉	〃　　XV	Harvest Time	〃　　　　〃

以上に見るように，原著各課が順を追って訳述されている。読本第二回

は，この後，原著が PART II にはいり，

〈P. 23〉　LESSON　I　　The Fishing Scene
　　　　　　〃　　　II　　The Idle Boy
　　　　　　〃　　　III　 The Idle Boy again　（前のつづき）

の3課までで終わる。次いで，

　　　　　　LESSON　IV　　Feeding the Dog
　　　　　　〃　　　V　　 Geese Marching
　　　　　　〃　　　VI　　An Odd Team
　　　　　　〃　　　VII　 A Cluster of Grapes
　　　　　　〃　　　VIII　Crossing the Brook

以上5課が採られず，

　　　　　　LESSON　IX　　Plants, Fishes, Birds, Beasts, and Men
　　　　　　〃　　　X　　 Seeds and Fruits
　　　　　　〃　　　XII　 Flying Kites
　　　　　　〃　　　XIV　 The Boy who stole Pears

以上4課が採られ，Lesson XIXIII・XV〈P. 37〉の3課が省かれて，PART III にはいり，

　　　　　　LESSON　I　　 The Barn Yard Fowls
　　　　　　〃　　　II　　Fowls Going to Roost
　　　　　　〃　　　III　 Respect

までで読本第三回を終わっている。

　つづいて読本第四回は，

　　　　　　LESSON　V　　 The Young Sailor's Return
　　　　　　〃　　　VII　 Birds
　　　　　　〃　　　IX　　The Rains and the Fire
　　　　　　〃　　　XI　　The boy and the Rabbits
　　　　　　〃　　　XII　 Leading the Cow
　　　　　　〃　　　XIII　The Lark and Her Young

までとなっている。第五回以下は省略する。

　末尾に，

　〈P. 137〉　I　　Lines, Surface, and Solids

〈P. 139〉　II　　Lines, Angles and Plane Figures
〈P. 151〉　V　　A First Lesson on Colors
〈P. 155〉　　　　Colors and their Combinations

があり，これが，官板小学教授書（明治6年5月刊，前出）の「線及び度の図」「形及び體の図」また，師範学校掛図の「色図」などと関連することはいうまでもない。

　以上，Willson's Reader の THE FIRST READER および THE SECOND READER と官板小学読本巻之一，巻之二との関連を検討した。それは要約すると，ほぼ次のようになる。

① 読本教材の配列は，Reader のそれに準拠して行われた。しかし，故意に Reader の配列順序を前後した場合も，少しは指摘できる。

② 教材内容は，大部分が忠実に収用されたが，衣服，農業，宗教（祈祷）などの習俗等については，局部的に本邦の国情に合するよう変改された部分がある。しかし，挿絵は原著のままか，多少の修正で間に合わせている箇所が少なくない。

③ Reader はいくつかの PART に分かれ，各 PART がいくつかの Lesson に分かれている。読本がいくつかの「回」に分かれ，各「回」が縦線をもっていくつかの文段に区切られているのは，それを模したのであろう。ただし，Reader の PART は，基準（EASY WORD OF NOT MORE THAN FOUR LETTERS のように）を題示して分けているのに対し，読本は機械的に「回」を分けたようである。

④ 翻訳の方法は，部分的には直訳しているが，大部分は抄訳したり，訳述（意訳）したりしている。外国人名などの固有名詞は訳出せず，本邦に馴染のない鳥獣虫魚類も，適当に変改している。誤訳のように思われる部分もあるが，主体的に意訳したと考える方がよいとされる場合が多い。

⑤ 読本に問答形式の文が多いのは，顕著な影響であると思われる。しかし，平叙文に修正した箇所も少なくない。詩的表現を散文的表現にした，文体の変更も指摘できる。

⑥ Reader の1課を2分して，読本の2文段に仕立てたり，逆に Reader の2課を読本の1文段にまとめたりもした例も，少しは指摘

できる。
⑦　Reader では引用符号（" "）を用いているが，読本では用いなかった。引用符号（「　」）の使用は，当時一般化していなかったし，読本は，1文（sentence）ごとに，冒頭に〇印を付していたから，使用しなくても混乱することがなかったのである。なお，挿絵がほとんど原著からの転用である点，風物や風俗の相違などに対する配慮を欠いていたと思われるが，あるいは開化的気分を出す意図が蔵されていたとも見られよう。

これを要するに，官板小学読本は，総じて Willson's Reader を模倣したと思われるけれども，機械的な直訳ではなく，かなり自主的な編集の面をも認めることができる。たとえば，巻之一，第一回は，格別に Willson's Reader との関連を持たないで編集された。また，山蔭中納言の説話（巻之二，40オ），永田佐吉の説話（巻之三，12オ）など，本邦の説話も挿入したりもした（不調和に気づいて改正のとき削除，読本教科書の項参照）。それから，第一回の文段のうち，

〈2オ〉　幼稚のときも，先づ日用の道具の名を覚え，其用ゐ方を，知るべし〇筆ゝ字を写し，又ゝ画を写も，道具ふり，〇算盤ゝ物を数ふる，道具ふり〇文庫ゝ書物を入るゝ箱ふり〇箪笥ゝ衣装ふどを，入るゝ器ふり，

〈2ウ〉　又平生食もるものゝ，名を覚えて，これを拵へ，食物と，ふれ仕方を，知るべし，〇食物と，ふもべきものに，種々あり，

第一，穀物ふり，〇穀物ゝ，米，麦，豆，粟，稷，黍の類，ふり〇此品ゝ，皆田，又ゝ畑に，作りて，其実を取り，炊ぎて，食物とふし，或ゝ焼きて，食物とふれふり，

第二，肉類ふり，〇肉類ゝ，獣肉，鳥肉，魚肉の類ふり，〇此品ゝ焼きて食物とふし，又ゝ，煮て，食物とふもものふり，

〈3オ〉　第三，菓物ふり，〇菓物ゝ，葡萄，橙，梨，梅，桃，柿，蜜柑の類ふり，この品ゝ，多く生にて，食物とも，〇稀ゝゝ塩漬とふして，食物とふもあり，

第四，野菜の類ふり〇此品ゝ畑に作るものと，野に生ぜるものあり，

○多くす，煮て，食物とふし，又塩漬と，ふそものもあり，○総て，野菜む葉と根を，食物とふす，又，実を食物とも，

上記の箇所は，庶物を列挙して問答教材に適しており，明らかに Object-teaching の手引となっている。Willson と Calkins の共著により Charts（前出）があり，Willson's Reader の Object-Lessons との思想的共通性，および，当時師範学校の教育的思想との関連性が指摘できるのである。この面にまで両者の関連を拡大して見ると，Conversational-Style の文体で書かれた小学読本は，総じて Willson's Reader の模倣的所産であると言うことができる。

② 訳述読解教授法

明治6年，諸葛信澄以来の読解教授法の成立は，その原拠を主として合衆国の教授書に求めた。しかし，彼我言語の構文の相異は，教授法の直輸入を困難にしたから，本邦教授文献類編著の陰には，翻案のための苦辛が，少なからず払われたのであった。それが教授法の細微な点に至れば，いよいよはなはだしかったことは，文部省印行の諸翻訳書の各所に指摘できる。「和氏授業法」(A. Holbrook: THE NORMAL: OR METHOD OF TEACHING)（後述）など，「第二篇発音乃文字論」「第六篇読話（読解と談話）」の両篇につき，「我邦語ニ訳スレハ用ヲ成サス」（例言）と注して訳出されなかった事例さえ見られる。そして，原拠となった海外諸文献は，学制頒布当時まだ反訳されていなかったが，やがてその重要なものは官板・私板の訳述書となって刊行されるに至った。それらについては，当該箇所で参照したところであるが，次に文章読解教授に直接関係した主要文献について考察を加えることとする。明治8年10月，伊沢修二は D. P. Page の "THE THEORY AND PRACTICE OF TEACHING" を「輯訳」して，「教授真法」（前出）初編を刊行した。その第二編教師ノ責任，第三章学科ノ順序，第二節読法は，読解教授法を述べた箇処であるが，その中，文章の読解に関連した部分を引用する。

〈第二節 読法〉 生徒ノ学歩漸ク進ムニ従テ句読ヲ正シ読法ヲ明ニスルヲ要ス 若シ或ハ急ニ過キ或ハ緩キニ失シ或ハ不明了或ハ不音調ノ悪習ニ浸染セシモノアル斗ハ他ノ生徒ニ同章ヲ読マシメ教師モ亦自

之ヲ読テ其誤ルモノヲメ瞭然我過タルヲ知ラシメ又再三熟読メ之ヲ改メシム可シ　其過ノ容易ニ改ム可ラサルモノニ至リテハ書ヲ閉テ教師ニ随読セシムルヲ良トス　誦読ノ目的トスル所ハ多ク読マンJヲ欲スルニ非ス　又屢々読マンJヲ欲スルニモ非ス　惟能ク読方ヲ正シ意義ヲ解スルヲ要スルノミ

以上要するに、「句読ヲ正シ読法ヲ明ニスル」ことを主眼としたもので、句読点を重視した読法ということができる。さらにつづけ、「今一例ヲ挙テ章句大義ノ解否ヲ撿スルノ方ヲ示ス」として、次のように句読を付けた実例を揚げた。

小学読本第四巻第二十三課（注33）ニ日ク　楠正行ハ読正成朝臣ノ子ナリ　句延元元年句（ママ）足利尊氏読西国ノ兵ヲ率テ句都ニ入ントセシカハ句（ママ）詔シテ句（ママ）楠正成朝臣ト読新田義貞朝臣トヲ摂津国ニ遣シ句（ママ）之ヲ討タシム　句此時句（ママ）正成朝臣読桜井駅ニ至リ句（ママ）思フヤウアリテ読正行ヲ召シ句（ママ）懇ニ戒メテ日読吾聞ク読獅子ハ読子ヲ生ミテ句（ママ）三日ニシテ句（ママ）之ヲ千仭ノ壑中ニ済シテ句（ママ）力ヲ試ミルト　句今汝読年既二十オニ超タリ　句心アラハヨク我言ヲ記セヨ句以下略之

上文句読の切り方には、今日では疑義があるが、こうして句読を分かつという例示である。なお、これにつづけて、「此短文中ヨリ凡ソ二十ノ質問ヲ発スルヲ得ヘシ　今其例ヲ挙ク」として、

楠ハ姓乎氏乎

楠氏ノ姓ハ如何

楠氏ハ何人後裔ナルヤ

朝臣ノ名称如何

正成朝臣ノ父ハ何人ナルヤ

以下15項目を列挙している。すなわち、問答によって解疑する教授法なのである。この読解法は広く行なわれ、今日まで伝来されている一法となった。

明治9年7月、文部省は、Charles Northend の "THE TEACHER'S ASSISTANT" を翻訳して「教師必読」（前出）を公刊した。原著〈P. 130〉の LETTER XI READING が、訳書では、「第十一書　読書」となっている。

第4章　国語科各種目の教授法と教授資料

冒頭でまず,「我が賢友足下ニ白ス　凡ソ足下ノ当ニ教ヘザルベカラザル所ノ諸学科中蓋シ読書課ヲ最要トス　夫レ読書ハ各学科ノ基本ト為スベキモノタリ」と読書教授の意義を強調し,それにもかかわらず読書教授の研究は,ようやく20～30年の歴史しかなく,「概シテ之ヲ論スルニ我ガ各学校ノ如キ此読書ノ課ニ至テハ或ハ未タ教授ヲ努メタリト為スベカラサラン」と評し,教授各論を展開した。次に,その論述中特に注意を引かれる点をあげる。

従来の Alphabet Method を批判して,「唯其外貌ヲ厳ニシ毫モ意旨アラズ,乃チ其為セル所唯音読ヲ授ケテ反テ毫モ意義ヲ教ヘザル法ト謂フベキナリ」とし,著者自身の経験を述べている。ここを,原著〈P. 132〉で次のように載せている。

> We were, it is true, commanded to "mind our stops", but it was only in an arbitrary way, which admitted of no modification on account of the sense. At a comma we were to stop long enough to count one; at a semicolon long enough to count two, etc.

訳書では,「余カ如キ当ニ段落ニ注意スヘキコトヲ命セラル　然レヒ其実ニ至テハ毫モ文義ヲ解釈変化スルニ足ラザル法ニシテ一モ正理ニ適セル者アラザリキ　乃チ一句読点ニ至ル毎ニ読テ一ト云フ余間アリ　又一半重点ニ至レハ読テ一二ト数フル余間アラシム」と,訳して,文章読解教授の形式化を難じている。そして「凡ソ書ヲ読ム其句読ヲ明ニシ聴者ヲシテ厭倦ノ意ナク且ツ聴取シ易ク又理会シ易カラシムル之ヲ称シテ良巧ノ読書法ト為ス」のように読書法の目標を掲げた。

また,さきに伊沢修二の強調した読法と通ずる点では,「何レノ課ト雖モ之ヲ授ケテ生徒ニ裨益シ且ツ感起セシムル所アランコトヲ足下ニ希望ス其法各課ヲ授クル毎ニ疑問ヲ設ケ生徒ヲシテ答ヘシムルヲ善シトス」と言って,問答による文章の分析的解明を論じたことである。

また,筑摩県その他の文献が,音調を重視したのであったが（後述）,本著は,「凡ソ語勢ノ読書ニ緊要ナル僅ニ二三例ヲ挙テ乃チ明ナリ」と語勢の面を強調した。そして,語勢教授の方法として,

　　日ク問フ子今日騎行シテ都城ニ至ルヤト

の1章を黒板上に次のように書き分け,「此四行皆語勢ニ因テ変化セル数

種ノ想像」を示し，語勢によって1章の意味が4通りに変化することを教授するとした。

　　子今日ヲ以テ都城ニ騎行スルカ　騎シテ子今日都城ニ行クカ
　　都城ニ騎行スルカ子ヤ今日ヲ以テ　今日ヲ以テ子都城ニ騎行スルカ

ただ，国語においては，このような stress や emphasize を，それほど重視していないから，「音調整一」（筑摩県）などという面に力を入れたのであろう。

同じく Northend（那然氏）の1853年（原序所収）刊 "THE TEACHER AND THE PARENT A TREATISE UPON COMMONSCHOOL EDUCATION" を，明治10年1月，文部省は「那然氏小学教育論」（前出）と題して翻訳出版した。著者は本書でも読法を重視し，

　〈原著 P. 157〉　CHAPTER XIX PRIMARY SCHOOLS

　Reading and spelling should receive prominent attention, and great care should be taken to establish habits of distinct utterance and clear enunciation. Every effort should be used to recure a correct comprehension of what is read, that pupils may read with the "spirit and understanding" too. If possible, the teacher should cause them to feel interested in their reading exercise. She may do something towards awakening an interest, by asking them many questions respecting the subject of the lessons.

　〈同書訳〉　第十九節　下等小学ヲ論ス

　読法綴字ノ二科ハ殊ニ注意シテ，発声呼法甚夕明瞭ナルノ慣習ヲ得セシメサル可カラズ，又生徒ヲシテ其読ム所ノ書ヲ解シ得テ，之ヲ読ムヤ頗ル得意ノ色アリ，且ツ之ヲ為スヲ楽マシムルニ至ルヲ欲ス教師課業ノ主旨ヲ把テ種々ノ問題ヲ設クル若キハ，是レ即チ此ニ至ルノ一手段ナリ，

と記述し，設問による応答の形式での文章の分析的読解法を勧奨した。これも "THE TEACHER'S ASSISTANT" と共通する。

　さらに続いて

　If pupils in these schools would make free use of the dictionary, it would be for their good, Let them be early and carefully trained to look for the meaning of such words as they do not comprehend, and they will form a habit which will prove valuable to them in all subsequent life.

　〈同書訳〉　又此学校ニ在ルノ生徒，若シ能ク辞書ヲ用井ハ其利益広大ナラン，早ク彼等ヲシテ難辞ノ義ヲ捜索スルノ慣習ヲ得セシメヨ，此慣習ハ児童ノ心ヲ喜ハシメテ，徒消ノ光陰ヲ有用ニ帰スルノミナラズ，終身其益ヲ為シテ止ム時ナカラン，

と述べ，辞書を使いこなすことの習慣化を高唱した卓見が認められる。しかし，当時辞書らしい辞書の普及していなかった本邦では，単に聞き置くにとどまったのである(注34)。

　CHAPTER XXIII が READING である。ここでも読書科が重要であるのに，世人はこれを軽視することを歎き，教師に対して，「真ニ此科目ノ適当ノ価値ヲ認知スル者ハ幾ント希レナリ，盖シ通常一教師ノ委任セラルヽ生徒ノ数ノ多キト，又我小学ノ科目ノ多キニ過クルトノ為メニ，教師モ各科ニ十分ノ力ヲ尽スコト能ハザルニ至リシナリ，校務甚ダ繁多ナルガ故ニ，読方ニ注意スルコト甚ダ粗漏ニシテ，之ヲ視ル至重ナラザルコト，其定規ニ掲ケタルヲ以テ已ムヲ得ザルモノヽ如シ」と述べている。この点本邦の事情とも類似していたであろう。

　次に読書教授中，特に注目される数点をあげる。

　〈P. 187〉　"Three things, only, "says the Rev. J. Pierpont. "are required to make a good reader. He must read so, in the first place, that what he reads shall be heard; in the second, that it shall be understood; and, in the third, that it shall be felt.

　　　第二十三節　読方ヲ論ス
　　レベンドジエ・ピエレンド曰「善読者ヲ成立スルニハ只三条ヲ要ス，第一ニ其読ム所人ノ之ヲ聴クヲ要ス，第二ニ人ノ之ヲ理会スルヲ要ス，第三ニ之ヲ感スルヲ要ス

　読解教授の目標をこのように掲げ，さらに R. G. Parker の言を引いて，生徒を導くに「其風韻判決卜其才知トニ任スル」ことがよいとする。そのためには，「教師一文或ハ其一部ヲ善悪数様ニ読上ケ，生徒ヲシテ其何レノ正シクシテ而シテ何レノ誤レルヤヲ挙ケシムルニ若クハ無シ」と述べる。また，「勢力ノ不足語尾高低ノ不用意不分明等」を結果する「過急ニ読ムコト」を戒め，そのためには「時々簡短ノ文ヲ撰ミ殊ニ緩急明瞭強弱等ニ

注意シテ，教師先ツ之ヲ読ミ，次ニ生徒ヲシテ一斉ニ之ニ倣ハシムレハ大ニ効験アリ」と言う。また，「教師必読」で語勢の取扱いを述べ，"Do you ride to town today?"（君今日都府に騎行するや）の例をあげたが，同じ例文が引用されている。（刊年は本書の方が早いから，むしろ本書の例文が「教師必読」にも引用されたことになる。）教師が朗読に長じていたら，範読の回数を多くし，拙劣であったら「自ラ読ムコトノ成ルベク少ナキヲ佳ナリトス」と注意してもいる。また，生徒同志間の読法批判が有益であるが，あら探しに終わらないようにすべきであるとする。

〈P. 192〉

In order to read well, one should have a full and clear understanding of the piece which he attemp to read. Hence, a teacher should incite his pupils to study their reading lessons, that they may gain a correct view of the writer's meaning,………

〈同書訳〉　凡ソ人読ム「ヲ善セント欲スレバ，必ス先ツ明カニ其読ム所ノ主意ヲ理会セザル可カラズ，若シ及ブベクハ其記者ノ心情志意ニ至ルマテモヨク了解シ得テ，其文ヲ読ムノ閒ハ之ヲ以テ己レノ心情志意ト為サンコトヲ要ス　是故ニ教師タル者ハ，生徒ノ読本ヲ読ムニ先タチ，正シク其記者ノ意ヲ了解シ得ル為メニ，彼等ヲ誘掖シテ精密ニ按読（按ハ案，考也）ヲ為サシムルヲ欲ス

このような，文章の主意を読解することを最大の目標におく取扱いは，当時の Letter Method や Word Method では容易に達しがたく，やがて Sentence Method の登場を迎えることとなる。さきに参照した，Huey の "THE PSYCHOLOGY AND PEDAGOGY OF READING" に

〈同書P. 254〉

The sentence method was more or less used, here and there, as early as 1870, and indeed was advocated by occasional writers very much earlier, as we have noted.

とあるに徴すれば，原序1853年のNorthendの本書がSentence Methodを唱導したといえるほど，方法論的に主張したのではないから，本邦国語読解教授としても，単に文章の主意読解の必要性として，理念的に受入れた程度であったと推測される。学制第27章下等小学科の「読本　解意」の項は，このような概念で書かれたかと思われる。

　以上，PageやNorthendの読解教授資料は，本邦小学創設期に伝来された海外の主要な文献となった。ところで，師範学校附属小学を初め，地方の現場において，掛図教授実践上の原拠となったのは，Calkinsの"PRIMARY OBJECT LESSONS"の教授法であったと思われるが，文章読解教授の方法までも，Calkinsに学んだのであろうか。

　Calkinsは同書〈P. 333〉において，読書教授の4段階を述べて，

　　First step　　　—　　Reading Words
　　Second step　　—　　Reading Sentence
　　Third step　　　—　　Telling what has been read
　　Fourth step　　 —　　Meaning of the words

とした。

　この箇所を，明治10年5月，文部省反訳印行「加爾鈞氏庶物指数」（前出）についてみると次のようである。

　　〈同書P. 127〉　書籍上ノ誦読ヲ論ス　初教章ノ教示法
　　第一級　言辞ノ誦読法
　　　書籍ヲ生徒ニ授クルノ前，誦読教章中ノ諸言辞ヲ漆板上ニ排行ヲ分ケテ記シ，而シテ生徒ニ之ヲ発音シ之ヲ点検シ之ヲ綴字スルヲ教示スヘシ，是ニ於テ生徒諸言辞ヲ目視シテ，直ニ発音スルコト容易ナルニ至ラハ，書籍ヲ授ケ，教章ノ諸言辞ヲ綴字スルナクシテ，発音セシムヘシ
　　第二級　文章ノ誦読法
　　　誦読ヲ以テ至当ナル会話ト類似セシムルヲ至当ナル誦読ノ準度トス
　　　　　　　　　　　　　　　　　　　　　　　　　　　　（下略）
　　第三級　読ミタルコト，如何ヲ語ルノ法
　　　（前略）　生徒ニ勧メテ其事ヲ語ルニ，書籍中ノ言辞ヲ以テセス，己カ国語（方言ノ意欤）ヲ用井シムヘシ

271

（中略）　其専ラ問フ所ハ，此教章ハ何ニ付テ論スルヤ，此ハ汝ニ
　　知ラシムルコト，如何ノ二事ニアルヘシ
　　第四級　言辞ノ意義
　　誦読ノ練習ヲ終リテ後ハ，生徒ノ着意ヲ既ニ読ミタル教章中ノ言辞
　　ノ意義ニ及ハシムヘシ（中略）生徒ヲ勧メテ其言辞ヲ文章中ニ用井，
　　之カ意義ヲ会得スル正否ヲ顕サシムヘシ（下略）

第一級は新出語句の摘書によるもので，第四級はその練習である。中に挿入された第二級と第三級が文章内容の読解に充当されている。会話と類似した誦読は，文語文体で書かれた小学読本には，にわかに適用できなかった。第三級で内容をおさえ，この読者に付与する事象を確かめるのである。明治期から大正期にかけて，もっとも普及した新字・新語句の摘書に始まる読解教授法の源流は，正にこの箇所などにあると言ってよいであろう。

　なお，原著は，上記の step につづけて，Some of the common errors を次のように掲げている。

　　〈原著P. 335〉　Allowing the children to take books before they have learned the words of the reading lesson at sight.

　　Teaching them "to mind the pauses" by requiring each child to stop and count "one" at a comma, "one, two" at a semicolon, and "one, two, three, four"at a period. Such attention to the pauses generally leads to a mechanical, unnatural style of reading.

初3行は，Word Method への反逆，object-teaching からの逸脱であるとした。後半について，官板を見ると，次のように反訳している。

　　毎生徒ニ句読ニ於テハート，半重点ニ於テハ一二ト，段落ニ於テハ一
　　二三四ト計算セシメテ，停読ニ注慮スルヲ教示スルハ過誤ニシテ，斯
　　ル停読上ノ着意ハ，誦読ノ機法不理ナル式格ニ誘致スルコト常ナリ，

このような形式的な読法が，当時のアメリカにおいては普通に行われていたのかも知れない。これを排撃する所論は，Northend,「教師心読」中にも見られたことであった。

③　読本教授法（授読・復読）

　文部省小学教則が，読本教授の方法として，読方・輪講を挙げているこ

とは，すでに記述したところであるが，その取扱いの技術にまで立ち至ってはいなかった。この点に関して顧るべきは，まず明治6年12月，諸葛信澄著「小学教師必携」（前出）である。

　一，　読本ヲ授クルニハ，先ヅ書物ノ取扱方，及ビ披キ方等ヲ授ケ，正シク机上ニ置カシムベシ，

　一，　小児ハ，書物ヲ読ムニ，何レノ所，何レノ文字ヲ読ムヲ知ラズ，只書物ニ向テ，諳誦スル如キモノナレバ，正シク文字ヲ衝キテ，読シムルヲ緊要ナリトス，盖シ最初ヨリ，字ヲ衝ク⌐，甚ダ難キガ故ニ，初メハ読本中ノ，授クベキ文ヲ，塗板へ書シ，正シク文字ヲ衝キテ，数回誦読セシメ，然ル後，書物ニテ習熟セシムベシ，

　一，　初メハ，第一席ノ生徒ヨリ，二三人ヘ丁寧ニ授ケ，然ル後ハ教師ノ一句ヲ読ミ終ル後，一列同音ニ，誦読セシムベシ，

　一，　書物ヲ授クルニハ，文字ニ注意セシムル⌐肝要ナルガ故ニ，熟語ノ意味，又ハ文中ノ大意ヲ日常ノ会話ヲ以テ縷々説キ諭シ，必ズ諳誦等ヲ為サシムベカラズ，諳誦ハ其利寡クシテ其害多シ，其害タルヤ，或ハ文字ニ留意セズシテ徒ニ誦過スルノミナレバ，何レノ文字ニ，何レノ義アルヲ知ラズ，故ニ数巻ノ書ヲ学ブト雖モ，猶他書ニ移リ，一ノ文字ヲ読ミ得ル⌐ナシ，由テ容易ニ諳誦シ得タル書モ，前後ヲ覆フテ読シムルトキハ，更ニ読ミ得ル⌐能ハズ，或ハ諳誦ヲ能クスルハ，文字ヲ学ブト，其法自カラ異ニシテ，態ト文字ニ注意セズ，眼ヲ閉ヂ，又ハ書ヲ覆フテ誦読スル⌐数十度ナラザレバ，記憶スル⌐ナシ，是ガ為メ，多少ノ時間ヲ費サザルヲ得ズ，其利タルヤ，僅カニ書中ノ要所ヲ諳記スルノ便ノミニシテ，更ニ文字ノ活用ヲ得ル⌐能ハズ，　　　　　　　　　　　　　　〈12ウ〉

　一，　熟読スル後ハ，文中ノ熟語ヲ，塗板ヘ書シテ誦読セシメ，然ル後生徒ヲシテ，一々意味ノ大略ヲ説カシムベシ

　以上は，師範学校小学教則（読物科第七級）にもとづく読本教授法の創始である。ここで注目すべき第1点は，これは文章読解の教授法ではあるが，むしろ基礎的な文字教授に力点がおかれ，「字衝き」と称して1字々々を指頭や短小の棒で衝きながら，注意を集中する読法を強調したことである。次に文章を句に切っての範読，指名読，斉読と進んでいる。この方法

には，文字教授が文章教授に先行する Letter Method への傾きが感じられる。注目すべき第2点は，徹底した諳誦批判である。諳誦の尊重は，文部省教則（単語諳誦・会話諳誦など）に認められるだけでなく，近世私塾，寺子屋や藩学における漢籍教授において大いに認められ，いわば伝統的な読解教授法であったのにかかわらず，「更ニ文字ノ活用ヲ得ル｢能ハズ」という理由で，「諳誦ハ其利寡クシテ其害多シ」としている。もっとも，外国の教授法においては，すでに諳誦の害が説かれていた（後述）から，諸葛はこれを学んで立論したかとも思われるが，文部教則の思想と激しく対立するものであっただけに注目させられる。読物科第六級の教材は読本および地理初歩等であったが，教授法は「前級ノ如シ」とし，「但シ生徒ノ進歩ニ依テハ稍〻文字ヲ識リ得ルガ故ニ字衝ヲ廃シテ書物ヲ左手ニ持タシムルモ可ナリ」（同書16オ）として，字衝きのために机上に置いて読む方法を止め，左手に持って読んでもよいと述べている。その際には「拇指ト小指ヲ書物ノ中ニ入レ，残リ三指ヲ外ニ出シテ持シヲ法トス」と言い，絵図を挿入して説明している。

　翌明治7年9月，筑摩県師範学校蔵板「上下小学授業法細記全」（前出）の第八級に載せる読本教授の方法を検するに，本書が「東京師範学校正課教師閲」（凡例）であるために，大体は諸葛の教授法に類似しているが，筑摩県の考案を加えたふしも見られる。次のようである。

　　一　読本ヲ授クル，凡ソ数句，或ハ半枚ヲ分ツテ三切トナシ，末席ヨリ，逆次ニ遡リテ，一切ヽ，三名ニ授ケ，又初ノ切リニ回リテ，再ビ次ノ三名ニ遡リ，授ケテ止ム，但シ四切トナシ，四名ニ授ケ，或ハ五切トナシ，五名ニ授クルモ可ナリ，生徒ノ力ニ応ジテ，之ヲ斟酌スベシ，尤最初ハ，塗盤ニ書シ，教ユルヲ善トス

　　一　授ケ了リテ，生徒ニ対シ，中央ニ正立シ，一列同音ニ授ク，教師先ヅ句読ヲ正シテ，首唱シ，一句ヲ読ミ了リ，生徒乃チ之ニ尋（ママ）ヒテ，一斉ニ連続シ，二回ヲ以テ定則トナス，熟セザレバ，数回ニ及ブベシ，音声ハ務テ和調整一ナルヲ要ス

　　一　連読シ畢テ，一章，或ハ二三句宛，首席ヨリ，各自，六七名ニ読マシメ，又末席ヨリ，順次ヲ変ジテ，読マシムル等ヲ善トス，教師，次ギト呼ビ，音声ヲシテ清朗ナラシム，誤読アルトキハ，他生ノ中，

倦状アル者ニ，突然之ヲ質シ，猶誤読アレバ，令シテ手ヲ挙ゲ答ヲナサシムベシ，正ヲ得ルニ及ンデ，誤読セル生徒ヲシテ，之ニ従テ，読マシムル等，五十音図ヲ授クルノ条ニ同ジ，
- 又一句宛，一斉同音ニ読マシム，教師，毎句次ト呼ビ，音声ヲシテ一ナラシム，
- 又一句ヅヽ，各自ニ，首席，或ハ末席ヨリ，逐次之ヲ読マシメ，教師，次ギト呼バズシテ，迅速ニ序ヲ逐フテ読マシム，
- 読マシメ畢テ，本ヲ閉ヂシメ，熟字ヲ塗盤ニ抄出シ，一語毎ニ，句切リヲ附シテ，先ヅ一人ニ読マシメ，又二三名ニ質シ，誤リナキトキハ，闔席一斉ニ連読一回セシム，若シ読ミ得ザレバ，次席ニ問ヒ，読ミ得レバ，又連読セシムル一回，或ハ突然惰容アルモノニ指シ問フ等，一ニ前条ニ同ジ，
- 抄出ノ熟字ヲ，塗盤ニ存シ置キ，合セテ，連読セシムル一回，畢テ塗盤ニ於テ其義ヲ説示ス，
- 熟字ヲ説示シ了ッテ，再ヒ本ヲ披カシメ，一句，及ヒ一章ノ意味ヲ講ス，或ハ説キ，或ハ問ヒ，尋常普通ノ事物ニ照シ，務メテ簡易ノ常語ヲ用ヒ，生徒ノ心ニ解得スベキヲ要ス，〈14オ〉

種々の方法をもって読方教授に徹底させ，その読み声にも注意させていることが特徴の第1点である。1章の読みに習熟してから，熟字の読みと義を取扱い，それから1句1章の意味を講ずることが特徴の第2点である。

さらに進んで復読科に及ぶ。復読は昨日授けた読みを復習することであって，師範学校小学教則において設けられた1科である。復読について，次のように述べる。

- 読本ヲ復サシムル，本ヲ披キ，字指ヲ取ル等，一ニ読物ノ条ト同ジ　先ヅ昨日授クル処ヲ，復サシメ，然ル後，最初ヨリ，復サシムベシ，(注35)
- 各自一人毎ニ，昨日授クル処ヲ，一章宛，復サシムル，順次ニ拘ハラズ，教師ノ意ニ任セテ，先ヅ末席末熟ノ生徒ヨリ，闔席各自ニ之ヲ読マシムベシ，誤読アルキハ，中ニ就ヒテ，倦状アル生徒ニ質シ，猶誤読或ハ曖昧ナレバ令シテ手ヲ挙テ答ヲナサシム，正ヲ得ルトキハ，誤読セシ生徒ヲシテ，之ニ従ッテ読マシムベシ，

一　各自，一章ヅヽ，復シ畢ッテ，又一句ヅヽ，一斉ニ連読セシム，教師，句毎ニ次ギト呼ブ，読物ノ条ニ同ジ，
　一　一句ヅヽ，連読シ畢テ，又一句ヅヽ，各自ニ復サシム，教師，次ギト呼バズシテ，迅速ニ次ヲ逐フテ，読マシムル┐，読物ノ条ニ同ジ，
　一　各自，一句ヅヽ，復シ畢テ，塗盤ニ熟字ヲ，抄出シテ問フ，一ニ読物ノ条ニ同ジ，
　一　塗盤ニ抄出ノ，熟字ヲ合セテ，連読セシムル，読物ノ条ニ同ジ，畢テ熟字ノ意義ヲ質問ス，誤解アレバ，順次他生ニ質シ，又突然惰容アルモノニ問フ，前条ニ同ジ，
　一　熟字ヲ問ヒ畢テ，一句一章ノ意義ヲ問フ，固ヨリ，順次ヲ定メズ，先ヅ未熟ノ生徒又ハ倦状アルモノヨリ，之ヲ質シ，誤解アレバ，他生ヲシテ質サシム，前条ニ同ジ，

　要するに復読は授読の反復であり，その徹底を期することであった。これを読物科や問答科などと対等に並置して独立科目の扱いをすることには疑義があるが，師範教則では独立科目としていた。
　以上の２種の文献が伝える教授法は，当時の大勢が準拠した普通のものであったようである。
　明治９年６月（版権免許），生駒恭人著「小学授業術大意」（前出）下巻（実地経撿ノ大略）第二章授読についてみても
　　第一　毎一名ニ二行程ヲ授ク
　　第二　同音ニ授ク（音声ノ斉一ニ注意ス）
　　第三　二行程ツヽ読マシム
　　第四　同音ニ読マシム（第二項ニ同シ）
　　第五　一句ツヽ読マシム
　　第六　塗板上ノ摘書
　　第七　一句ノ意味ヲ問フ
という教授順序をあげている。大体は前掲筑摩県の方法と同様である。ただ注目すべきは，第六摘書の項において，
　　凡ソ摘書ヲ読マシムルキハ文字ノ活用語尾ノ変化等ヲ教フヘシ　喩ヘハ一句中ニテ働詞トシテ用キルモ之ヲ摘書スルキハ名詞トナルカ如シ

或ハ一句中ニテハ他働詞ナルモ摘書スルトキハ語尾ヲ変シテ自働詞トナルカ如シ

と述べ，文中に「研究し，」とある場合の動詞の板書は「研究」と名詞化し，「横たえる」とある他動詞の板書は「横たはる」と自動詞化し，文字の活用，語尾の変化等を教えることである。この意図は文法教授にも利するにあったのであろう。すべて読解教授の授読が2日（2回）で完了するよう配慮されていたことは，

　〈第五項条〉　総テ授読ノ法ハ両日ニシテ全熟ノモノナルヲ要ス　故ニ新ニ授クル日ハソノ読ミヲ熟セシメ翼日（翌日ノ意）ハ意ヲ解セシムルヲ主トスヘシ

と述べていることで知られる。すなわち，読解を読と解とに分けて2日にすることであった。

　今日参照しえる府県公刊国語教授法書で，前掲筑摩県・飾磨県以外の文献中重視すべきは，東京府および石川県のそれである。石川県の資料は後述するとして，ここに東京府の文献を考察する。

　東京府は，明治9年4月，「公私立小学教授之則」（前出）(注36)を施行したが，さらに整備して，明治10年3月，「小学授業法」（前出）を制定した。これは和綴ながら活版で印行されているから，広く普及しようとする意図を有したのであろう。本書第一章通則は，読書・問答・作文・文談・算術・書方等14科目につき，科目別に教授法の総論をまとめている。その読書科教授法の概略は次のようである。

　〇読書　読書ニ授読ト復読ノ二様アリ其別左ノ如シ
　〇授読　授読トハ始テ読ヲ授クルナリ　其法先ツ一生徒ニ授読シ次ニ一斉ニ授読シ次ニ単読輪読斉読書授講ト順序ヲ逐テ教授スルモノトス
　〈同書P．1〉
　一人授読　一人授読ハ下位ノ生徒ヨリ始メ一人毎ニ授ケ大抵四五名ニシテ止ム
　一斉授読　一斉授読ハ生徒一斉ニ授クルヲ云フナリ
　単読　単読ハ上位ノ生徒ヨリ始メ或ハ故ラニ不注意ノ生徒ヲ指テ一章或ハ二三句ヲ読マシム　若誤読等アラバ他ノ生徒ヲシテ之ヲ正サシ

メ（下略）

輪読　輪読ハ上位ノ生徒若クハ下位ノ生徒ヨリ始メ一句ツ、順序ニ読マシムルナリ若誤読等アラハ直ニ次生ヲシテ之ヲ正読セシムルヲ云フナリ

斉読　斉読ハ生徒ヲシテ一斉ニ読マシメ或ハ一行毎ニ読マシムルコトアルベシ但一句読了ル毎ニ「次」ト令シテ次句ニ移ラシム

摘書　摘書ハ先ツ令シテ書ヲ掩ハシメ而シテ其日読ミシ処ノ中ニ就テ単字或ハ熟字ヲ黒盤ニ書シ一生徒ヲ指シテ之ヲ読マシメ尋テ両三生ニ及ボシ而シテ後チ一斉ニ之ヲ読マシムベシ　（中略）

然ル後一生徒ヲ指シテ又盤面ノ一熟字ヲ読マシメ且ツ其字義ヲ問ヒ（本課ニ於テハ未タ其意義ヲ授ケサレトモ生徒中解シ得ヘシト認ル文字ヲ問フナリ）答フル□能ハザレバ他ノ生徒ニ移シテ之ヲ問フベシ　（中略）　生徒皆ナ解シ得ザルキハ教師之ヲ説明スベシ　（中略）　且ツ文字ノ活用語尾ノ変化等ヲ詳説スベシ

授講　授講ハ其日授ケシ所ノ意義ヲ教師自ラ説明シ（説明スル二三回ニ及ブヲ良トス）疑義アルモノヲシテ右手ヲ揚ケシメ其中ノ一生徒ヲ指シテ質問セシムベシ　尚ホ余時アラバ一二生徒ヲシテ其授ケシ所ニ就テ講セシムルモ可ナリ〈P.5〉

○復読

復読ハ前日授ケシ所及嘗テ読了セシ所ヲ最初ヨリ復習セシムルナリ其法単読次ニ輪読斉読摘書講義ト順序ヲ逐テ教授スルモノトス

　以上のとおりで，復読の教授順序と方法とは，授読の場合とほぼ同様である。

　要するに，学制教育期における文章読解教授過程は，
　　ア　文章を区分して授読（素読）
　　イ　新出重要語字の摘書講義
　　ウ　文章の意義内容を授講
となり，正確な読方に教授の中心を置いていた。そして，Calkins が説くような，まず摘書して文字熟語を取扱い，次いで本文の読みにはいる順序は，まだこの時期においては普及していなかったと見られる。それは，明治16年6月，若林虎三郎・白井毅共編「改正教授術」の画期的出現を待た

なければならなかったのである（注37）。

④　文章読解教授科目

　語句教授から進んで文章教授となり，その表現の領域が，談話および作文の2分野において実施され，その読解の領域が読本を基礎的な資料として実施された。ここに文章読解の教授につき，海外の読解教授説と関連しつつ考察したので，本邦小学教則の創始において，それにどのような位置が与えられていたか，すでにこれまでも触れたが，改めて総括的に概観する。
　　文部省制定小学教則
　　読本読方科・読本輪講科
　読本読方科は，下等小学第六・五級に設置され，徳性の養成や知識の拡充を目的とした啓蒙書・初歩的科学書類を「読本」として使用していた。
　読本輪講科は，第四級以上に設置され，第四・三級では，前級既習箇所を諳誦講術せしめ，第二・一級では，特定読本類を授けて講述せしめ，上等小学第八級はそれらを「独見シ来テ輪流講述」せしめ，ここで読本輪講科が閉止されている。
　　師範学校制定小学教則
　　読物科・講読科・（書取科）
　読物科は，下等小学第八級から上等小学第一級に至る16級8箇年にわたって設置された。文章読解教授としては，小学読本「巻ノ一」から「巻ノ五」までを下等小学第八級から第四級までに教授し，あとは，地誌略・史略の類を読物に選ぶ。上等小学第八・七級に文法書「巻ノ一・二」がそれぞれ選ばれ，地理書・修身論・略史・物理書・博物書・国体論などが，各級に選択されていた。文部教則の教科名「読本科」が，師範学校教則の教科名「読物科」と変わっているのは，『小学読本』という読本が編修されたので，それとの混同を回避したのではないかと推測される。
　輪講科は，下等小学に設置されず，上等小学各級に設置された。ここでは，読物科の教材を輪講せしめた。筑摩県師範学校編「$\frac{上}{下}$小学授業法細記全」（前出）上等小学第八級によれば，
　　一　当日授クル処ヲ，当日講セシムルトキハ，生徒研究ノ功ヲ闕キ，他

279

日遺忘ノ弊ヲ恐ル，故ニ二三日，又ハ五六日前ニ授ケシ処ヲ，講ゼ
　　　シムルヲ善トス〈巻下１オ〉

とあるような配慮のもとに実施されたようである。なお，この輪講の成果は，やはり同じ配慮のもとに，数日後「諳記科」に回付され，記憶して活用するよう図られた。

（書取科）は下等小学第八級から第六級まで設置され，第五級以上にはない。

その第六級に，

　　　小学読本中ノ句ヲ書取ラシム

とあり，前日教授した読本中の句を，教師の高誦により聴写させた。書取は文章読解教授ではないが，その発展として意味がある。なお，小学読本の書取が第六級にしか置かれなかった理由は，第八級で仮名の書取，第七級で漢字（単語）の書取とあり，第六級で句の書取となる。教材の系統上設置されたものと思う。この後は文章に進むのであり，それは，作文科が第五級（短文）以上に設置されて発展するようになっていった。

付　読解教授用語（素読・句読・輪講等）

　以上の諸文献に使われた読本教授上の用語は，授読・単読・輪読・斉読・摘書・授講・復読・講義等多く，それぞれの意味を持っているが，なおこの他に近世から用い慣れたものも少なくない。次に数語を挙げておく。

　天保３年（1832）６月，佐藤一斎著「初学課業次第」（前出）には，「素読」と「講釈」，「会読」と「独看」とが対照的に使われている。その素読の項に「句読」の用語が使われている。

　また，天明３年（1783年）３月，江村北海著「授業編」にまでさかのぼると，巻之

　　一　習句読 (注38)

　　　句読ヲナラフトハ，ワガ邦ニテ素読ヲナラフナリ，句ハ一章ノ中ノ
　　　大ギレ，読ハ一章ノ中ノ小ギレナリ

などと見える。明治時代にはいっても，これら用語は引き継がれ，「芝新銭座慶応義塾之記」（明治２年己巳８月，全８丁）を見ると，

　　　日　　課

一ウェーランド氏脩心論講義　水曜日土曜日第十時ヨリ　福沢諭吉
　一テーロル氏万国歴史会読　月曜日木曜日夜第六時ヨリ
　一経済説略素読　日曜日ノ外毎朝第八時ヨリ　小幡甚三郎　汐留出張所
　一歴史並窮理書素読及講義　日曜日ノ外毎朝第九時ヨリ　福沢諭吉他五名
　一文典素読　日曜日ノ外毎朝第九時ヨリ　秋山恒太郎他
　一会読及講義　第一時ヨリ　不定

などと，洋学塾ながらも漢学塾と同じように，それらの用語が使われた。
　明治2年2月，行政官で制定された「府県施政順序」（前出）の第10項，「小学校ヲ設ル事」の条には，
　　専ラ書学素読算術ヲ習ハシメ
と素読が用いられ，
　　又時々講談ヲ以国体時勢ヲ辨ヘ
と講談が用いられた。
　明治3年2月，大学制定の「中小学規則」中小学の普通学に，
　　句読・習字・算術・語学（下略）
と句読が用いられていた。
　また，内閣文庫所蔵稿本東京府史科（二六）（第三章学則），明治3年9月制定の「仮小学規則」（前出）には，
　　句読科　解読科　講究科
が小学の正科とされ，
　　訓導ニツキ質問講義等ヲ受クヘシ（下略）
　　輪講ハ講究科上級ハ一ケ月六回（下略）
など，句読・講義・輪講などが使われた。
　そして，明治5年9月，文部省制定小学教則になると，これら在来の用語中，句読や素読は形を消し，ただ輪講のみが，
　　読本輪講　下等小学第四級以上，上等小学第八級まで
　　理学輪講　下等小学第三級以上，上等小学全級
　　地学輪講　上等小学全級
　　史学輪講　上等小学第七級以上

などと，読本以外の教科にも用いられた。明治6年5月制定師範学校上等小学教則には，輪講科が読物科と並置され，内容は各科教材の輪講に充当されたと思われる。

　こうして，近世以来親しまれた読解教授用語は，公共の教則その他からは，やがて姿を消していくのであるが，私刊の書籍や個人の文章にはかなり後まで使われていた。

(5)　作文・書牘

①　作文・書牘の訳述教授法

　明治6年8月，W. Chambers の百科全書「教導説」(前出) が訳出された。本書は Object-teaching の輪郭を伝えた初期の翻訳書で，入門期言語教育もそれに貫かれている (注39)。同書〈P. 76〉「預備ノ教導書」「作文初歩」に，

　　児童ハ極メテ幼年ノ時ヨリ作文ノ法ヲ学バシム可シト雖ヒ文法ノ規則ハ解シ難ク且其歓娯ニ充ツ可キ者ニ非ザルガ故ニ最初ヨリ之ヲ教ユ可カラズ

　　先ヅ児童ヲシテ初メニ名辞ヲ考ヘ以テ之ヲ書カシメ次ニ其形容ノ辞ヲ書カシメ又次ニ其作用又ハ変易ヲ説ク可キ動辞ヲ書カシム可シ (注40)

とあるによれば，当時の外国作文教育は，文法教育と一体的に扱われていた。それは，同書〈P. 80〉「進歩シタル教導書」において，

　　文法ニ添テ語源学及ビ作文学ヲ教ユ可シ

とあることからも察せられる。しかし，文法は幼童にとって難解であり，興味的でもないから，単語の名詞から形容詞，動詞という順に書かせる方法を提示した。前掲師範学校制定小学教則において，作文科が「単語中ノ字ヲ題ニ与ヘテ」始められたことも，単語図による Object-teaching と関連する。また,同書の本項末尾に作文教授上の留意点12条を列記しており，その中に，

　　　(第一)　児童作文ヲ始ムル前ニハ数週間古人ノ簡短ナル名文ヲ写ス可シ　然ル時ハ句点頭字等ヲ用フルニ詳明ナルヲ得テ後ノ作文ノ為メ有益ナル可シ

とあるのは，文部省小学教則の下等書牘科が，啓蒙手習本や躬理捷径十二月帖など，日用文（日常民間の手紙文）の「講解・書写」を行なっていることや，上等書牘科が，官庁の日誌類にある公用文の「講解・書写」を行なっていることと類似している。

　　（第三）　教師ハ卓上又ハ写字台上ニ十五箇乃至二十箇ノ物品ヲ置キ
　　其席ニ在ル諸児童ニ之ヲ示シテ其名ヲ云ヒ各児ヲシテ之ヲ書取ラシメ
　　斯クノ如クシテ数次其教ヲ授ク可シ

上文によれば，同書における入門期作文教授は，作文でなく書取から始められたのである。「作文初歩」の末尾に，

　　総テ此課程ハ物品ヨリ次第ニ其性質及ビ作用ニ及ボシテ各児童ノ知識
　　ヲ広ム可ク（下略）

とあるによれば，「預備」から「進歩」に至るにおよび，さきの師範学校小学教則所載のように，単語の題目を与えて，その性質・効用・種類・構造などを簡単な文につづるに至るのである。なお，同書「英語ヲ教ユル書」〈P. 99〉には，

　　八　通常物品教授書
　　九　勧善話本
　　十　作文原論
　　十一　文法原論
　　十二　文法及作文書
　　十三　語源論

などが列挙され，国語教授書目中に庶物指教書，文法と作文とを一つにまとめた書などが，それぞれの原論とともに使われたことがわかる。

　前掲 D. P. Page の "THEORY AND PRACTICE OF TEACHING" を祖述した，伊沢修二輯訳「教授真法」初編には，第七節作文に次のように述べている。

　　〈同書　26オ〉　作文即チ記文ハ早ニ始メ能ク熟習セシム可シ　凡ソ
　　生徒幼ニメ之ニ熟スルキ容易ニ実用ノ文法ニ達スル┐此方ニ勝ルモノ
　　無カル可シ

文法教授のねらいを作文教授に托している点は，前出 Chambers の教導説と同じである。さらに，

広義　　夫レ作文ノ科タルヤ甚難シ　故ニ之ヲ幼生ニ授ルニハ其始ニ
当リテ先予習ヲ設ケテ　　（中略）今爰ニ其予習ノ方法ヲ説カン　倩馬
ノ文ヲ綴ラシメンニ先ツ生徒ヲノ石盤上ニ馬ナル文字ヲ昼セシメ暫ク
其問答ヲナサシムベシ　例ヘハ「汝等曾テ馬ヲ見シヤ」其色如何（中
略）
　此ノ如ク先ツ馬ニ関係アル諸件ノ問答ニ就キ考按ヲ起サシメ而メ後一
二ノ短文ヲ綴ラシムルキハ左ノ如キ文章ヲ得ム
　一　　我父ハ黒キ馬ヲ持テリ
　二　　馬ノ足ハ甚堅クメ蹄ト名ツク　（中略）
　其稍習熟スルニ至リテハ随テ長文ヲ綴ラシム可シ
　例ヘハ馬ハ甚要用ナル動物ニメ其性質従順ナリ　其色黒キアリ又白キ
アリ　其蹄ニ鉄沓ヲ打テリ　干草燕麦等ヲ以テ其飼料トス　馬ヲ使フ
ニハ常ニ慈悲ノ心ヲ失フ可ラスノ類ナリ

のように，すべて問答による Object Lessons の一環として，作文が展開
されている。師範学校制定小学教則の単語作文は，正にこれであったであ
ろう。

　Page は，さらに文題についても，深い思慮を払っていた。

　　又注意スヘキハ文題ヲ選ムノ一事ナリ　最初ハ須ク有形物ヲ用ウルヲ
　可トス　彼無形物ノ如キハ幼智稍進ムノ日ニ至ラサレハ能ク鮮シ得ヘ
　キニ非ス

有形物から無形物へ，具体から抽象への順序を強調し，次のようにその段
階を与えている。

　　我家ノ記
　　学校及其位置
　　庭園及花木
　　犬
　　猫
　　羊
　　牝牛（下略）（性質）
　　獅子
　　象

第4章　国語科各種目の教授法と教授資料

豹
豹駝（ママ）（住ム所ノ国名）
　　　　　（生活ノ方等）
新年
除夜
開業
休業
学校ノ景況課業ノ体裁等ニ付伯父ニ送ル文〈書簡〉
去月中我課業ノ等級等ニ付父母ニ呈スル文〈書簡〉
要件ニ付兄弟姉妹或ハ朋友ニ送ル文〈書簡〉
（中略）
父母ニ対スルノ義務〈論説〉
善行ノ欠ク可カラザル﹈〈論説〉
光陰ヲ費スノ方如何〈論説〉
春
夏
秋
冬　（四季ノ景色及其季ニ臨テ）〈紀事〉（下略）
　　（為スヘキノ事業等）

以上の選定配列は，単語作文から書牘・論説・紀事に及んでいる。文部省『小学教則』の書牘，師範学校小学教則の上等小学第八級の「手紙ノ文」，同第七級以上の「問題ヲ出シテ答ヲ文ニ綴ラシム」の論説・記事等の作文の原拠は，この辺であったであろう。

　次に，Charies Northend の翻訳書をうかがう。文部省は，明治9年7月，まず「教師必読」を，次いで翌10年1月，「那然氏小学教育論」を印行したことは既述したとおりである。前者の原著は "THE THACHER'S ASSIST-ANT" で，初版が1859年，後者の原著は "THE TEACHER AND PARENT; A TREATISE upon COMMON-SCHOOL EDUCATION" で，初版が1853年であるから，後者が前者より6年早く，本邦の翻訳刊年とは前後が逆になっている。ここでは本邦の刊年に従って考える。

　ところで，「教師必読」の「第九書諳誦」末尾に，(注41)
　　〈167オ〉　「デヴァイド，ピー，ページ」氏ノ著ス所ノ「テオリー，エンド，プラクチース，テキーチング」（教授ノ理論及ヒ実験ト訳スト題セル書アリ）

> 最重要ノ書ニシテ翻印スル已ニ二十五回其印行者ヲ紐育府人「バルネス」氏及ヒ「ボル」氏ト為ス　此書ノ如キハ苟モ教師タル者皆必ス携ヘザルヘカラサル者ニシテ（下略）

とあるとおり，前出 D. P. Page の著述に負うて編述されたと思われる箇所が，本書に少なくない。作文は，本書365丁，「第十五書作文」に詳述され，これは原著 P. 196, LETTER XV COMPOSITION に該当し，

> 夫レ作文セシムルニハ其適分ノ課題ヲ授付スルヲ最モ善トス

といい，その方法として，

> 足下先ツ一級ノ小童ニ命ジ「ホールス」馬ト訳スノ字ヲ書シ得ル者ニハ之ヲ石盤上ニ書セシメ而シテ後馬字ニ関スル疑問ヲ設ケ例ノ如クシ生徒ヲシテ之ニ答ヘシメヨ

と述べ，Page の挙げた，馬の例とほとんど同一の，短文および長文の馬の作例をあげている。次いで選題に及び，これまた Page の文題例がほとんど同様に用いられているのである。

ただ，本書の特色ともいうべき記述は，「レットル，ライチング」（原著 Letter-writing）である。いうまでもなく書牘教授である。すなわち，次のように記述している。

> 又「レットル，ライチング」尺素ヲ製スルノ義ヲ用ヰテ作文ヲ習ハシムルヲ最モ益アリトス（中略）今足下之ヲ習ハシメンニハ黒板ヲ用ヰテ先ツ其月日ヲ記スル法，他ノ姓名ヲ充ル法，結文及ヒ表号等ノ法ヲ登書シテ授示セヨ　下ニ登載スル者ハ即チ尺素ヲ製スル例題規範ト為スベキ者ナリ

上文で注意すべきは，書牘教授を作文教授の有益な方法と考えている点である。書牘中心の考え方でなく，作文中心のそれであると言える。こうした考え方は，近世寺子屋等における，実用的な書牘教授，文部省小学教則における，その継承などに見られる書牘中心の作文教授との相異点が認められる。そして「尺素ヲ製スル例題規範」とした箇処を，原著について徴すれば，

1. Write to a cousin, and give an account of your school and studies.
2. Write to your parents, and give them an account of your studies, deportment, etc. for the last week or month.

3. Write to an absent brother, sister, or friend, and give an account of whatever you may deem interesting.
4. Write to a former schoolmate, and tell him about your school, your amusements, and companions.
5. Write to your teacher, and tell how you have spent your vacation.
6. Write to some absent friend or relative, and tell about your home, your friends, your school. etc.

要するに，日常の学校・家庭生活を，父母友人等近親に書送る手紙文である。これが作文教授にもっとも有益であるとした理由は，察するに，作文の機会が設定しやすく，また，談話教授における基本的形態である対話が，文字表記においても基本となるものであり，その形態が書簡文であるということであろう。

　本書は，このような書牘による教授の提唱のほか，「詩ヲ散文ニスル法（Change Poetry into Prose.）」などをも勧奨している。後者は数個の単語を与え，1語を含んだ1文をそれぞれ作成させたり，数個の単語をすべて含む1文を作成させたりする方法である。この2方法は，生活に密着せしめた前掲書簡文の教授とはちがって，言語そのものへの興味を誘発した作文の教授法である。この方法が，さらに一歩進められたのが「正誤法」で，それは綴字の語謬，冒頭大字の誤謬，脱字，重複字，文体の不統一，不適切用語などの条件を備えた文を掲示して訂正せしめる方法であり，作文における推敲教授となっている。最後には題目（Subjects）の135例を掲載して終わっているが，それも，Page 所掲の文題と大同小異であって，論説・紀事文2類の文題である。

　さらに，明治10年1月，文部省印行，Northend の訳述書「那然氏小学教育論」（前述）は，第二十八節が「作文及ヒ書牘ヲ論ス」であり，原著のXXVIII COMPOSITION AND LETTER-WRITING に対応するが，記述は，前出「教師必読」より簡素になっていて，特に「書牘」については，

　　然ラハ則チ書牘ノ技ニ於テ適宜ノ教訓ヲ授クルハ，学校教師タル者ノ勉励スベキ所ナラズヤ，牘文ノ首尾始末其封緘署名ノ書法等ヲ能ク生徒ニ指示シ，又其斯ノ如クスル所以ヲ一々説明セヨ，夫レ此等ノ事ヲ十分ニ生徒ニ教訓スルトモ，教師ニ在テハ決シテ許多ノ時間心思ヲ費

スヲ須ヰザルヘシ

と述べ，書状の形式的な面にまで懇切な記述をしている。

　これを要するに，PageおよびNorthendの作文教授，その中における書牘教授は，書牘教授に力点を置いた文部省制定教則の成立時に影響を与えたと考えられる。それが近世寺子屋の書牘教授を継承した形であったにせよ，比較的無理なく継承した理由に，海外作文教授でも書牘教授を重視したことが挙げられると思う。これに対して，師範学校制定教則の書牘教授は上等小学第八級だけで，下等小学や，他の上等小学各級では，作文，特に単語問答に関連した作文という面が採用されたのであった。

　なお，当時の合衆国関係の文献で，書牘に関係したものを見ることができないが，Bellengerの"NEW GUIDE TO MODERN CONVERSATION IN ENGLISH"（前出・会話教科書）を検すると，次のような書牘教授の箇所が指摘せられる。

　　　FOURTH PART
　　Models of Letters.
　　To Begin A Letter.
　　My lord, Sir My lady, Sir.
　　Gentleman, Madam, Madam or Miss.
　　My dear Sir. My dear friend. My dear.
　　To End A Letter.
　　I have the honour to be, My Lord.
　　Your lordship's.
　　Most obedient humble servant. （下略）〈同書P. 151〉

ここにはNorthendの述べた書簡文の書式例が挙げられている。また，つづいて，

　　Models of Bills of Exchange.
　　Bills And Receipts.

などの為替証書，領収書類の例示もある。これは，官板「書牘」（前出）の中に多くの証書類が例示されているのと思い比べる必要があるし，文部省小学教則下等小学第一書牘科に示された「諸証文」と思い比べる必要もある。

また，
Models of Commercial Letters.〈P. 233〉
商用文例もあるが，これらは証書類例とともに，本邦に適合した形式で，いずれも実用作文として重視され，前記「書牘」の中に収載されている。もっとも，寺子屋における教材（前出）の中に，やはり商用文と思われるものが，早く見られたのであるが，これを文部省制定教則が継承する際に，こうした合衆国の教科書中に，たとい巻末にでも収載されていたとしたら，作文教材として設定する上の，大きな根拠となり，一つの保証が与えられたことであろう。

ところで，こうした事例の影響であろうか，明治6年8月，市岡正一著「童蒙読本読会話篇」（前出）をみると，内容は談話体の問答対話集でありながら，欄外に「証書心得」，「人名ニ換ル語〈僕・臣・私・拙者等代名詞類〉」，「安否ヲ問フ語〈御機嫌克御勇健……御無事，申進候，誠恐，謹言，敬白，以上，頓首〉」など，書簡用語が掲載されている。会話書の中に掲示するのには不適当な感を与えるが，その典拠は，やはり Bellenger 会話書の類に求めるべきであろう。

② 翻訳式作文教授法

上記アメリカ合衆国の教育書類，およびその訳述書類に収載された作文書牘教授説は，当時のヨーロッパ諸国にもほぼ共通して踏襲されていたと想像される。すなわち，明治6年12月，官板「理事功程」巻之一を初めとして印行された田中不二麿の調査報告によっても，その事実がほぼ推定されるのである。たとえば，同書巻之十一（明治8年5月刊）独乙国ノ四，第一男女小学校，第九章〈13ウ〉に，

　　文字学ノ教授及ヒ記簿法ニ当リタル教授ノ外別ニ独乙語ヲ学フノ時間ナキヲ以テ前章ノ素読教授時間ヲ以テ之ニ当テ中等ハ二時間ヨリ四時間ニ至リ上等モ同時間ヲ以テ記簿法ノ時間ニ当ツヘシ

とあり，独乙語教授の下等は談話法，中等は写字法および言語文章学，上等は記簿法を教授するといい，素読教授の時間を作文に充当していたことがわかる。なお，このような科目の立て方は，同書に収めた英・仏・白の場合にも変わりがない。そして，独乙の場合，上記の文につづいて，

> 作文ノ教授ハ短キ会話及ヒ文題ヲ設ケテ文章ヲ作ラシム　其他宗教理学及ヒ歴史等ヲ書キ綴リ及ヒ生徒他日職業ニ必用ナル日用通信文章ヲ作ラシム

とあって，口頭作文としての会話（問答）から始め，記事・論説・書簡などに及んでいたことがわかる。この教授順序は，記述が簡単に過ぎて明確にはつかめないけれども，やはり合衆国の引用文献の順序と同様であると認めてよいようである。

要するに，師範学校制定小学教則の施行により，本邦の作文教授は，欧米と同列に立つに至ったのであった。以下，本邦における主要な作文教授法を検討する。

明治6年12月，諸葛信澄著「小学教師必携」（前出）には，

〈同書　20オ〉　第五級　作　文
一，　単語ノ一二字ヲ題ニ与ヘ，一句又ハ二三句ニ綴ラシム，仮令ハ，鳥ノ字ヲ与フ，○鳥カ善ク鳴ク，或ハ鳥ガ高ク空中ニ飛ブ等ノ如シ

とある。最初の1文は教則制定の文言である。「単語図」を「単語」と略称して，「単語解」などと用いた例も見られるから，「単語ノ一二字」は「単語図中の単語の一二字」とも思われる。しかし，官板『小学教授書』（前出）中の単語図を検しても，「鳥居」（第一単語の図）や「鶴・雁・鷹・鳶・烏」（第八単語）などがあり，「鳥」は載っていないから，あるいは「一二字ノ単語」と解してよいかも知れない。

明治7年6月，文部省二等訓導井出猪之助輯「小学会話之捷径」（前出）には，「一名作文初歩」という副題が付いている。「凡例」に，

方今小学ニヲイテ単語ノ一二字ヲ題ニ与エテ(ママ)一句ヲ綴ラシムトイエドモイマタ編成ノ書アラズ　（中略）　単語ノ一二字ヲ大書シ且ツ其字ヲ以テ会話ヲ綴ル例ヲ二三ケ条挙テ示シ（下略）

と述べて，会話を綴るのであるから口頭作文となり，副題のとおり作文の初歩としての役割を果たすこととなる。

ア　ノ　部　　頭・足・雨・霰
私ゟ頭の髪をよく梳きます。○あなたゟ足を清く洗ひなさるゟ○雨が降りてきましたゟら私ゟ家ゟ帰りましょう(ママ)，○霰ゟやミましたから遊

歩いたしましゃう（ママ）〇童子が頭ユ帽をかぶり足ユ靴をはヰて遊でをります

本書は，このような会話（談話体）を綴らしめるための事例集となっている。つまり，会話と作文とを積極的に結び付けることが，「大阪師範学校在勤」（奥村所載）の著者によって意図されたのである。

明治7年9月，筑摩県師範学校編「上下小学授業法細記全」（前出）は，「東京師範学校正課教師閲」（扉所載）ともあり，当時の標準的作文教授法の概略を示したと言える。

〈30オ〉　第　五　級　作　文

一，教師，先ヅ文題ヲ塗盤ニ書シ，生徒ノ中，一名ヲ指シテ，之ヲ高声ニ読マシメ，又他ノ一名ヲ指シテ，再ビ之ヲ読マシメ，了テ闔席一斉ニ連読一回，又其意義ヲ問ヒ畢テ，石盤ヲ出サシメ，真仮文ヲ綴ラシム，（注42）

一，文題ハ，日用ノ諸物ヨリ，究理，或ハ修身，養生等ニ，関スルモノヲ択ミ，題意，平易ニシテ，生徒ノ解得シ易キモノヲ善トス，

一，各生，皆文章ヲ作リ了テ，手ヲ拱スルヲ待テ，各生ヲ指シ，逓番ニ立チ，其文章ヲ高誦セシム，著シキ誤謬アレバ直ニ之ヲ匡正ス，小音ノ生徒ハ，務メテ声ヲ高カラシメ，闔席ニ聞ユルヲ度トス，又女子ハ，教師之ニ代ッテ読ムモ可ナリ，

一，問答，作文ノ時ハ，此級ニ限ギラズ教師，一名ヲ指シ，問ヒヲ発スルキハ，生徒，直立シ答ヲナスベシ，但，八級七級等，幼稚ノ者ハ，此限ニアラズ，

一，各生，文章ノ優劣ヲ闔席ニ問ヒ，中ニ就ヒテ，最優，最劣ノ二文ヲ塗盤ニ並ベ書シ，其他佳作アレバ，教師，直ニ択ンデ，二文ト並ベ書シ，先ヅ作者ヲシテ，各自ニ之ヲ読マシメ，又闔席，一斉ニ連読セシメ，然ル後，一人ヅヽ立テ，其優劣ヲ評シ，匡正補理セシム，補理ノ方，教師，生徒ノ言ヲ取次ギ塗盤ニ書スベシ，最後ニ，教師，審ニ優劣ヲ説キ，生徒ヲシテ之ヲ知ラシムベシ，

一，生徒ノ文ヲ，評論補正スル，其言詞，曖昧弁ジ難キキハ，生徒ヲシテ自ラ塗盤ニ書セシムベシ，

一，各生ノ文章中，真字ヲ書シ得ズ仮名ニ換ヘテ書スルモノハ，教

師，真字ヲ塗盤ニ書シテ，之ニ教ユベシ，
　　一，例日，宿題一ツヲ与ヘ，明日，其作文ヲ出サシメ，優劣ヲ評シテ
　　　返スベシ，

かなり懇切な教授がうかがわれる。漢字（真字）教授に力点が置かれ，書取の取扱いまで見られることが，この時代性を反映していると言える。

　第四級も，第五級と大きな差異がないが，
　〈33ウ〉　一，生徒ノ作文，意アリテ筆，随ガハザルノ遺憾多シ，故
　　　ニ教師，能ク生徒ノ意ヲ酌ミ，其足ラザルモノヲ補ヒ，以テ文意ヲ
　　　達セシムベシ，

とあり，単なる漢字教授から一歩前進せしめ，文意の表出を着眼としている点が注意せられる。

　第三級も，第四級を受けているが，
　　一，単語ノ一二字ヲ題ニ与ヘ，又他ノ題ヲ与テ，数句ニ綴ラシムル一
　　　ツニ，四級ニ同ジト雖モ，専ラ活用ヲ主トスベシ，

とあり，生活の実用に供することを主眼とした。

　こうして，第二級に至って書簡文が主になる。
　〈37ウ〉　一，先ヅ日用往復ノ文ヲ綴ラシムル，短簡ニシテ通シ易キ
　　　ヲ主トス，又他ノ題ヲ交ヘ与フル，総テ四級三級ニ同ジ，
　　一，本級ニ於テハ，草書手紙ノ文ヲ習(ママ)ラハシムルヲ以テ，作文ニ於テ
　　　モ，手紙ノ文ヲ綴ラシムルニハ，草書ヲ用ユベシ，尤モ他文ヲ綴ラ
　　　シムルニハ，真仮名文ニテ，字体，行列，整正ナルヲ要ス

「日用往復ノ文」であるから私的日用文である。そして，習字科で本級から草書手紙文の教授にはいるとの歩調をそろえ，作文でも草書体で書簡文を書かせることとした。この内容は第一級にまで継続し，第一級で「文章，粗成熟シ，活用ニ至ルヲ要ス」としたのである。

　上等小学になって，第八級の留意点は，その手紙の文が，「稍，行文ヲシテ舒暢ナラシムルモ可ナリ，最文意ヲシテ，首尾貫通セシムル」ことに集めた。

　第七級は，
　　一，問題ヲ出シテ，答ヘヲ文ニ綴ラシムル，公用文，証券等ヲ用ユ，
　　　最正シク文格ヲ教ユベシ，記簿ノ法ハ当分之ヲ闕ク，

292

とある。公用文証券等が取上げられ，文格の正確が強調されている。末尾に記簿法を当分欠く旨を注記したのは，さきに「理事功程」でも検したように，欧米諸国に作文に記簿法があり，これも履修させるべきであるがという意味を含ませているように思われる。第六級以上第一級まで，各級とも公用文証券の教授内容に変化がない。こうした成人社会生活の準備を重視した作文が，この教育課程の特色をなしている。そして，この筑摩県制定教則は，東京師範学校制定教則を踏襲しており，各級内容が全く同じであるから，後者の作文教授の課程と教授法とが，ほぼ地方府県に採用されていたと推測される。

次に，作文教授書の当期に出版された文献の数は，必らずしも少なくはない。そして，たいていは上に引用した東京師範学校式であるが，中には海外教授書の所説を本邦に適用した文献も見ることができる。その二つの事例を掲げる。

明治9年3月，金子尚政・高橋敬十郎著「小学作文軌範」（前出）は，東京師範学校旧教諭田中義廉の校閲（扉所載）を得，その著小学日本文典（注43）にもとづき，七品詞を各語に注記して，作文と文法との教授を直結せしめようと意図している。作文教授が文法教授に基礎をおくことは，Page, Northend その他の諸家が述べていたとおりであり，共に筑摩県師範学校の教官であった金子・高橋の両名が，これを本邦の作文教授に適用したのであった。次に所収数例を掲げる。

〈1オ〉　下等小学第五級作例（16例中）前三ケ月

○算　　盤　　小学読本中ノ句ヲ鈔出ス

算盤ハ　名詞第一格○文主　物ヲ　不定代名詞第一格　数スル　分詞　道具　名詞

ナリ　助動詞

○雁　小学読本

雁ハ，　何故ニ，　冬ハ　来レドモ（半過去）　接続法

夏ハ，　来ラザルヤ（未来）　疑問法

〈11オ〉　下等小学第四級作例（17例中）後三ケ月

○桃　　単語ヲ題トナス　　物理楷梯
　　　　以下之ニ傚フ　　　ヨリ鈔出ス

桃ハ　名詞第一格○文主　喬木ノ　名詞二格　種類　名詞　ナリ　助動詞　其　指示代名詞

花　名詞　三月頃ニ　時刻副詞　開キ　動詞　テ　連合接続詞　淡　形容詞

紅ヲ　名詞第四格　帯ヒ　動詞　其　指示代名詞　実　名詞　七月頃ニ　時刻副詞

熟シ　動詞　テ　連合接続詞　醇　形容詞　甘ヲ　名詞第四格　含ム　動詞　（下略）

同じ筆法で下等小学第三級作例19例，巻二に第二級作例30例，第一級作例13例を掲載している。第二・一級の場合は，「新年を賀する文」以下書簡文および論説文である。

このように，文法，特に語論中心の文法に配慮して，その正確な使用を期する作文教授は，教授論としては尊重される。けれども，当の文法体系が未熟な当時であるから，多くの不備な点が指摘されるのみでなく，煩雑で児童の興味に応じられなかったであろうと推察する。

前著と同じ明治9年3月，大阪師範学校長岡本則録閲，同校一等訓導大野徳孝編「下等小学作文楷梯」（前出）は，填字法による書取教授を，作文教授の初歩に資そうとする点に特徴がある。校閲者・編著者ともに大阪師範学校教官であり，さらに大野は，本書自序において「予菲才謬リテ命ヲ文部ニ拝シ任ヲ訓導ニ辱ウス曩日東京師範学校ニ奉職シ今ハ大阪師範学校ニ転任ス」と述べた，当時の優秀な実践家であって，やはり合衆国教授法の教養を有していたと考えられる。本書の説く填字法や，数語1文作文法など，すでに合衆国 Charles Northend が "TEACHER'S ASSISTANT"（P. 202 One Word into Each Sentence）等において説述した方法（既述）であったが，本書はこれらを本邦作文教授に適用したのであった。本書巻頭に「教師記念」（教師心得の意）として列記した6箇条中の第3条に，

　　〈1オ〉　作文ニ要スル処ノ者三有リ句調ヲ習慣スル其一ナリ　熟字

第4章　国語科各種目の教授法と教授資料

> 及ヒ仮名ヲ悩(ママ)記スル其二ナリ其三ナリ　予故ニ云ク作文ナルモノハ思想ノ房室ニシテ書取ナルモノハ房室ノ基礎ナリ　基礎定マラサレハ何ソ能ク房室ヲ構ヘント

と記し，思想を叙する作文の基礎は，熟字および仮名の書取を努めるべきであるとする。その書取は，字画の精密に留意し，書取るべき全文を諳誦する必要があり，全文の諳誦を努めれば，文の句調に慣れ，字画に注意が集中されるとして，

> 蓋シ書取ヲ為サント欲セハ先ツ字画ニ留意セサル可ラス　又其全文ヲ諳誦セサル可ラス　諳誦ノ極能ク其ノ句調ニ慣レ留意ノ功遂ニ其字ヲ記スルニ至ル

と言っている。なお，さきの文法教授を作文教授に寓する，金子尚政・高橋敬十郎の見解に対して，大野は「下等小学ニ於テハ語格及ビ品詞ノ種類四種ノ活用等ヲ授ク可ラズ」と断じ，ただ機械的に語の使用の正確を期するにとどめるべきであると，「第四条」に述べたことは注目に値する。正に同年同月に出版された金子・高橋の前掲「小学作文軌範」と全く対立する見解であった。さて，本書の内容は，全篇5章，各章2課から成り，整然とした教授階梯を示す。その概要は次のようである。

〈1オ〉　第一章　第一課　（以下各課・全10題）
㈠　犬　犬△獣類ナリ　　（△は仮名）
〈5オ〉　第二章　第一課　（全10題）
㈠　斧　斧ハ□ヲ劈ク器ナリ　　（□は漢字）
〈8オ〉　第三章　第一課　（主格・題目を示さない）
㈠　茄子
□□ハ野菜ナリ
〈10ウ〉　第四章　第一課　（漢字を用意しておく）
㈠　行燈　　　取　夜中　提燈
行燈ト□□トハ皆□□明ヲ□ルニ要用ナリ
第五章　第一課
㈠　菊　開　桔梗　秋
□ト□□△□ニ□ク

こうして，ふたたび第一章に帰り遂次各章を経て第五章に至る。各章の

295

第一・二課の出題意図は共通しているが，第二課の程度が第一課より高くなっている。

　　〈3ウ〉　第一章　第二課　（第一課から通し番号を付す）
　|十一|　絵具
　　絵具△物△彩色スルニ用キル
　　〈6ウ〉　第二章　第二課
　|十一|　虹
　朝ノ□ハ□ニ顕ハレ□ノ虹ハ東ニ立ツ
　　〈9ウ〉　第三章　第二課
　|十一|　膳
　□△□ニ椀ヲ居ヱ椀ノ中ニ羮ヲ盛ル羮ハ□□ト□□ニテ制セリ
　膳ノ上　　　　　　　　　　　　　　椎茸　昆布
　　〈13ウ〉　第四章　第二課
　|十一|　蟬　　一様　在　鳴　種類　故　樹上
　蟬ハ□□ニ在リテ□ク虫ナリ　其□□多シ　□ニ其音声モ亦□□ナラス
　　〈18ウ〉　第五章　第二課
　|十一|　猫　鼠　能　捕　有　能　人　故　蓄　防　家　害
　　（猫ハ能ク鼠ヲ捕フルノ能有リ　故ニ人々之ヲ家ニ蓄フテ鼠ノ害ヲ防グ）

本章は，与えられた文字を含む文を自由に綴らしめるとする。こうして，仮名・漢字の書取，文中への塡入が易から難へと累積され，第五章第二課に至れば，かなりの長文が綴れるようになり，ついには自由な作文を可能にするまで至らせようとしたものであった。

　明治10年1月，田中義廉閲・金子尚政著「訓蒙作文軌範」（前出）は，9年3月に高橋敬十郎と共著で出版した「小学作文軌範」で主張した文法・作文教授と，前掲大野徳孝の書取・作文教授とを踏襲し，巻之一が後者，巻之二が前者の方法により，2冊に分けて出版したのであった。

　明治10年1月，原正義校・稲垣千頴著「小学作文書」（前出）は，稲垣が東京師範学校教員であったから，おそらくはその附属小学校の作文教授法に準拠したものであったろうが，全3冊から成り，首巻が教師準備用，巻壱が下等小学第五級・第四級，巻弐が第三級から第一級までの教授法を

懇切に説述した文献である。第五級が塡字書取作文，第四級が文法（自動詞・他動詞）作文，第三級が課題作文，第二級が書牘作文で書式類語・口上書類・返書類・請取書式・送状書式等，第一級が往復私用文・諸届書等となっている。師範学校制定小学教則に従った標準的作文書である。

　明治10年3月，東京府制定「小学授業法」（前出）も，標準的な教則であること論を待たないが，ただ，上等小学に作文科と並んで「文談」科を設置しているのが注目される。

　　第三章　上等小学科教授法
　　従第八級至第一級
　〈P. 55〉　○文談　右授クルノ法通則ニ掲ケタルヲ以テ茲ニ贅セズ
とあり，第一章通則には，
　〈P. 9〉　○文談　文談ハ作文ノ科ニ於テ生徒ノ作リシ宿題及席題ノ中稍巧ナル者或ハ其行文ノ相異ナル者凡二三篇ヲ撰ヒ之ニ添削ヲ加ヘ黒盤ニ書シ其改竄セシ原由ヲ説明シ起首結尾関節段落等ノ法ヲ細シク教フベシ
と見える。要するに，作品の処理を意図して，作品の批評・添削から文話に及んでいたと推測される。いかに巧妙な綴文指導も，結局こうした処理を待って効果が定着するのである。「文談」を設けた東京府の教則は，作文教授上の一大特色を有するとすることができる。

　こうした作品の処理に関して注意した教授書は，当時ほとんど見られなかったようであるが，明治9年6月（版権免許），生駒恭人著「小学授業術大意」（前出）第五章作文の記述は，その点に論及した文献の一つであった。

　　文章ヲ綴ルハ大ニ思考力ヲ費シ随テ多分ノ時間ヲ要スルモノナレハ此時間ニハ一々各生ニ就テソノ誤リヲ正スニ暇アラス　故ニ別ニ小冊子ヲ造テ之ニ記セシメ教師之ヲ集メテ明朝迄ニ朱ヲ以テ甲乙ノ評ト綴文ノ不法ト文字ノ誤用等ヲ正シ置キ明朝ノ時間ニ至テ各生ノ前ニ於テソノ工拙正否等ヲ評論シ而シテ最上等ハ某ナリ最下等ハ某ナリト毎ニ之ヲ公言スルキハ大ニソノ有益ヲ見ルヘシ　不正ノ生徒ハ眸子ヲ以テ他人ノ文ヲ窺ヒ之ヲ剽竊シ或ハソノ論意ヲ類似セントスルモノアリ　又或ハ軽粗ナルモノハ数言ヲ綴ルモ尚文章ナリト認メテ至短ノモノヲ記シ難ヲ免レテ安ヲ求メントスルモノアリ　又手簡文紀事文等ヲ綴ルニ

297

　　　　他書ノ文章ヲ写シ来ル等ノコトアリ　教師ノ尤モ注意セサル可ラサル所
　　　　ナリ
かなり細密に作文の心理を穿ち，これを教授技術にまで適応せしめた点，類書に希な記述であると言うことができる。

③　漢文法式作文教授法

　本期の作文教科書を考察した別項において触れたように，舶来の教授説とは別に，在来の漢文文章法をもって教授の要点とする作文教授の流れが存在した。

　明治7年8月，「石川県学校蔵梓」に係る金子清三郎著「作文階梯」（前出）の所説は，その流れに位置した1書である。金子は自序によれば，金沢学校の教員であった。文章の「体格」（文体の意・凡例所載）を7種に分け，その例文として書下しにした漢文を2篇ずつ掲載し，行間に評語を付し，段落結構および上下過渡等の語を注記した。原漢文は載っていない。

　　上　巻　　（1例ずつ抄出）
　　　　一正一反格　　君之視臣如手足章　　孟　子
　　　　重層格　　　　夫子当路於斉章　　　孟　子
　　　　雙扇格　　　　夫子加斉之卿相章　　孟　子
　　　　立柱分応格　　天時不如地利章　　　孟　子
　　下　巻
　　　　策論体　　　　論修河第三状　　　　欧陽六一
　　　　議論体　　　　管仲論　　　　　　　蘇老泉
　　　　叙事体　　　　送水陸運使韓侍御帰治所序　　韓昌黎
　　附　録
　　　　譬喩格　　　　斉人有一妻一妾章　　孟　子

このような漢文法が役立つ作文教授の場面は，記事・論説等の私用文の教材であるから，教則上は上等小学第七級以上であったであろう。

　明治10年10月，亀谷省軒評点「育英文範」（前出）も，漢文法，特に段落を明らかにすることに重点を置いている。その理由は，「例言」に，
　　一，今ノ所謂片仮名文（漢字書下し文の意）ハ，其源漢文ニ出ツ，故
　　　ニ法ヲ漢文ニ求メザルヲ得ズ。（下略）

一，段落ヲ明ニスルニハ文法ノ緊要ナリ，段落分明ナラザル者ハ，仮令字句妍麗ナルモ文トスルニ足ラズ，段落分明ナル者ハ，俚言俗語ヲ用ヰルト雖，亦読ムベシ，故ニ此編専ヲ段落ヲ講ズ。

とあるように，当時の普通の用語は，完全に言文二途に分かれ，文章語（文字語）は，ほとんどが漢文書下し体であったから，本書のように，漢文法に基礎を求めた文章の作法を考えることも当然であったと思われる。

本書は，提綱・眼目・関鍵・収束・伏筆・主客・反筆・反形・反照・照応・遙接・根因・余波・提筆・提句等の評語，━（小段落），⌐（大段落），◎（字眼），∞（結句）等の「批点」を駆使して，小学読本の文章や日華両国の文士墨客の文章を分析し批評したものである（作文教科書類の項参照）。

明治11年3月（版権免許），喰代豹蔵・小方孝溥共編「初学作文指掌」（前出）は，「世間文材ノ書多シト雖モ，多クハ皆漢文ヲ作ルタメニ設クルモノニシテ，今体文ヲ学フニ便ナラズ」（凡例所載）（注44）とし，漢文を作文するためでなく，漢文書下し文を作成するための作文書を標榜しているが，結局は前掲諸文献と同じく，漢文法を標準とした作文教授の書である。したがって，それらの内容と大差はない。文章を議論文（論・辨・書・序）と叙事文（記・伝・碑銘）に分類し，「作文ノ用意」として，「命意」（主題の意），「結構布置」（構想の意），「潤色」（推敲の意）の3点を示して，文話之部とし，時令・地理等に分けて熟語之部があり，末尾に「新年某亭ニ宴会スルノ記」などの例文が掲載されている。

ほぼ同様の教授書に，明治12年5月，田中義廉閲・安田敬斎著「記事論説文例」（前出）がある。著者は文法家であるから，「作文大綱」（巻頭）を検すると，係結・助動詞・動詞に関し，本居宣長の「詞玉緒」を参考しつつ説術し，「文体段調」の欄に至って，起句・承句・鋪句・欽句・過句・結句を，「文識体略」の欄に記・伝・録・議・論等28種の文体を挙げている。つづいて，記事門以下5門に分けて文例を列記し，末尾に熟字や類語を豊富に列挙している。

これを要するに，以上のような漢文法式作文教授法が実践に役立つとすれば，上等小学第七級以上の，記事・論説等私用文の教授場面であったであろう。そして，舶来された海外作文教授説においては，単語の文字やそれに関した短文，公用文や書牘などの書式の備わった文章などの作文教授

に対して，多くの論考を示しながら，私用文としての自由作文については，思想を表現するという簡単な程度にしか説述されていなかった。すなわち，入門期の作文教授に精密であって，進歩した学年のそれに簡疎であったから，上等小学になると，教授の手段に窮する面が出てきたことと推測される。そのころの文章は，漢文書下し体の記事文や論説文が大部分を占めたから，ここに文法教授に関連した作文教授，それも国学派の語論ではなく，漢文流の文章論が利用されることとなったと思う。国学者の文法には文章法が備わらず，ほぼ品詞論に終始していたから，低学年の塡字法その他には利用されたが，論説類の文章論には，中国伝来の文章論が，文種の分類や段落区分など，伝統的に扱われていたから，それが重用されるに至ったと見ることができるのである。

④　作文・書牘の教授科目

　学制教則期における文字表現の教授は，書牘および作文に関して行われた。すなわち，創始された文部省小学教則では，下等小学第三級から第一級までが，日用文・諸証文の講解と書写に充当され，上等小学第八級から第六級までが，日用文の作成をする「書牘作文」となり，第五・四級が公用文の講解と書写をする「書牘」となり，第三・二級に至って，その作成をする「書牘作文」となっている。すなわち，単に日用文，諸証文や公用文の講解と書写をするのが書牘であり，日用文や公用文を作成するのが書牘作文科であることがわかる。諸証文を書牘に入れるのは当を得ないが，当時の書牘の概念には含まれており，官板「書牘」（前出）の中にも両者が配列されていたのであった。

　明治6年5月，師範学校制定下等小学教則においては，第五級から第三級まで単語につき作文させ，第二級・第一級に手紙文を作らせ，上等小学教則においては，第八級に手紙文，第七級以上に問題の答を作文させるようになっており，すべての科目名は「作文」で通していた（前述）。

　上記の二つの教則を比較してみると，前者において書牘を重視し，後者において今日的な作文を重視していることがうかがわれる。こうした相異は，前者が近世寺子屋的な色彩をとどめ，それを継承しようとする意図があったと考えられよう。

(6) 習　字

① 訳述習字教授説

　さきに東大文書南校教育史科（明治五年$^{従正月}_{到十二月}$含要類纂巻之卅三本省往復之部）所収辻新次書簡を引用し，小学校教科書考案の源流的資料としたが，習字関係としては，「スペンセリアン習字本」が同資料「小学校之書籍」末尾に掲載されていた。この資料は，G. F. Verbeck が選出した目録で，辻を経て大木文部卿に提示されているから，公的には，この前後に南校または文部省が合衆国へ発注入手したと考えられる。

　「スペンセリアン習字本」は，多分 "Spencerian Penmanship" であろう。本書は，"American Educational Series" として，Ivision, Blakeman, Taylor & Co. から出版され，当時彼地において広く用いられていた，"Spencerian SYSTEM of Pen-manship" である。むろん，英習字本であるから，これがそのまま訳出される機会はなかったようであるが，本邦の英語教育でも広く用いられたのであった。そして，本書の教授法が後述する習字教授に影響した面があったと推測されるから，その教授法を検討しておく（注45）。本書は，まず，SLANTS, LINES, SPACES, TURNS 等を解説し，ローマ字の PRINCIPLES を 7 項に分けて列挙しておき，これを理解させ，徹底的に練習させるという教授法であった。その一端を示すと次のようである。

　　　Main Slant. A straight line slanting to the right of the vertical, forming an angle of 52° with the horizontal, gives the main slant (M. S.) for all written letters.

SLANTS には，他に Connective Slant がある。LINES には，Base-Line, Head-Line, Top-Line の 3 種，SPACES には A Space in High, A Space in Wide の 2 種，および Upper and Lower Turns などがある。次いで PRINCIPLES になる。

　　　Principles are the constituent parts of letters. They are seven in number, as follows :

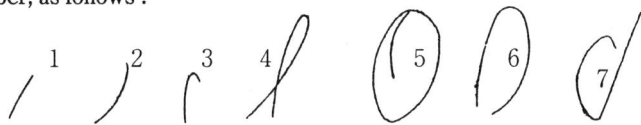

301

The First Principle is a straight line on the main slant(52°)

The Second Principle is a right curve usually on the connective slant (30°).

The Third Principle is a left curve, usually on the connective slant.

The Fourth Principle is a loop upon main slant.

The Fifth Principle is a direct oval or capital O, upon main slant.

The Sixth Principle is a reversed oval upon main slant.

The Seventh Principle is the Capital Stem.

以上の7原理によって，すべてのローマ字が構成されるとする。たとえば，

    ⊿ Analysis. Prins. 3, 2, 1, 2

Construction. Beginning on base-line,

form pointed oval as i n ⊿ ;

complete like 𝒕 without the crossing.

With, three spaces.

のように，Principles が記号で表され，すべて要領を得た分析となっている。この方法で Alphabet 順に示す。各冊の内容は，このような文字練習，その文字を用いた各種の単語，文などが提示され，空欄に練習できるようになっている，一種の work-book である。なお，SPENCERIAN SYSTEM の解説書としては，SPENCERIAN KEY TO PRACTICAL PENMANSHIP; BY H. C. SPENCER, 全176 P. P. 1866, IVISON, PHINNEY BLAKEMAN & Co. が使用されていた。

明治6年8月，W. Chambers の「百科全書教導説」（前出）〈P. 75〉は，
習字ノ法ハ初メハ巧ナル教師ノ教ヲ受ケシメ以テ座ニ就クノ方法，筆ヲ執ルノ方法ヨリ文字ヲ書スルノ法ヲ学ビ知ラシメ，次ニ相当ノ手本ニ就テ之ヲ学バシム可シ，(42, 43) 但シ習字ノ為メニハ塗板又ハ沙板ノ上ニ自由ニ大字ヲ書セシムルヲ以テ益アル者トス

と述べ，着座執筆の方法の教授，および大字練習主義を主張している。本邦の習字と比べれば，文字や国語の性質，その表記形式などに相違があるが，所論は大きな参考となったはずである。着座執筆は，本邦では姿勢執筆となるが，そこに共通した着眼があり，大字練習主義も小字練習主義との対立的見解として，本邦習字教授上の問題点であったから注意されたで

あろう。

　明治9年12月，文部省が印行した「彼日氏教授論」は，すでに D. P. Page の原著 "THEORY AND PRACTICE OF TEACHING" が本邦に渡来して読まれており，伊沢修二輯訳「教授真法・初篇」として，すでに前年10月に刊行されていたが，その第六節習字〈25ウ〉で，

　　習字ハ他ノ諸科ヲ学フニ就キ必要ナルモノナレハ早ニ之ヲ授ケサル可ラス　然レトモ最初ハ唯石筆ヲ以テ盤上ニ書セシムルノミ　筆書ノ如キハ生徒ノ年齢稍長シ筋力漸ク強ヲ加ヘ能ク筆ヲ執扱ヒ得ル頃ニ至リテ始メテ之ヲ授ルヲ可トス

と述べているのは，原著〈P. 23〉に，

　　Writing may be early commenced with the pencil upon the slate, because it is a very useful exercise to the child in prosecuting many of his other studies. But writing with a pen may well be deferred the child is 'ten years of age,' when the muscles shall have aquired sufficient strength to grasp and guide it.

と述べた部分の文章の訳述である。この Page の，3 Rs における言語道具説的な見解は，寺子屋における読書算の「書」における位置と共通し，本邦庶民教育思想の根本ともなっていたところである。指頭筋肉の発達という見地で，pencil から pen への主張は伊沢によって，石筆から筆書（毛筆の意）と訳述されている。

　明治9年7月，文部省印行「教師必読」（前出）は，原著，C. Northend の "THE TEACHER'S ASSISTANT," LETTER XIII PENMANSHIP 〈P.170〉を「第十三書，書法」〈312J〉と訳出して，習字教授を，

　　第一　　坐位
　　第二　　把筆法
　　第三　　正真ノ趣向及ヒ快速ノ覚知

につき論述し，その中で，

　　凡ソ能書ノ名ハ其書草スル所ノ字々他人ヲシテ読下シ易カラシメ之ヲ書スル頗ル快速ニシテ且ツ美巧ナルコトヲ得タル者ニシテ始メテ之ニ下スニ此名ヲ以テスヘキナリ

と述べて，

第一　　坐以
　　第二　　把筆法
　　第三　　手腕ノ位置
　　第四　　注意
　　第五　　順序及ヒ清潔ヲ守ル可キ亅
　　第六　　筆
　　第七　　左手ノ位置

について詳論している。内容は別として，その着眼点は，本邦習字教授でも重視してきたところであった。特に「頗ル快速ニシテ且ツ美巧」という能書の条件は，明治8年5月，文部省印行「理事功程」巻之十一（独乙国ノ四・第十章）〈14オ〉に，「習字教授ハ毎等共ニ独乙及ヒ羅甸文章ヲ可及的速ニ書キ得ルヲ要ス」などとあるのと思い合わせれば，洋の東西を問わず適合したところであった。文部教則の「細字速写」など，実用的な「快速書写」の意であったと思われる。

　同じくNorthendの著 "THE TEACHER AND THE PARENT; A TREATISE UPON COMMON-SCHOOL EDUCATION" は，前著よりも早い1853年に出版されているが，邦訳「那然氏小学教育論」が文部省から印行されたのは，前著より遅れて，明治10年1月であった。原著のPENMANSHIPが，「第二十五節　習字ヲ論ス」と訳され，特に教授技術の面に参考すべき点があった。

　　予今教授者ノ為メニ一二ノ簡便ナル助言ヲ為サントス
　　第一，生徒ヲシテ能筆ト悪筆トノ差別ヲ知ラシムルヲ要ス
　　第二，毎日時間ヲ定メテ此習業ヲ行フヲ要ス，此時間中ハ教師並ニ生徒専心到志ナルヲ要ス
　　第三，日々習字ノ業終ラバ，草紙ヲ集メテ教師ノ机上ニ置カシメ，教師数分時間一々之ヲ閲シ，其機ヲ察シテ褒貶ノ辞ヲ与ヘヨ
　　第四，生徒久シク同一草紙ニ習フテ大ニ之ヲ厭フニ至ルコトアリ，其草紙上末部ノ諸行，他ノ諸行ニ比スレバ，甚ダ其書ノ拙キヲ覚ユルハ蓋シ此故ニ由ルナリ
　　第五，毎朝ノ始ニ方リ諸生ヲシテ，準備ノ浄書草紙一葉ニ，数行ノ文字ヲ書セシメ，又其期ノ終リニ至リテ，前ニ写セル数行ノ下ニ

　　　　更ニ数行ヲ写サシメヨ
　これら数項の注意は，その後本邦教師の学ぶところとなったものであった。
　要するに，寺子屋において盛んに履修されたとはいえ，内実はほぼ機械的な練習に終始していた習字は，学制施行後の教則に位置して，近代的学校教育課程を備えるに際し，海外教授書における Writing（Penmanship）の教授法から，少なからぬ示唆を受けたのであった。教材とその内容，用具等の差異は大きかったけれども，教授の方法や技術については，共通した視点から反省検討する余地があったし，在来の方法技術にしても，改めて教育的に自覚する必要が存したと思われる。

② **習字教授法**
　本邦習字教授法書の初見は，明治6年12月，師範学校長諸葛信澄著「小学教師必携」（前出）である。その第八級習字の条〈8ウ〉から，特に注意すべき数項を抄出する。
　　一，五十音図ヲ用ヰ，書法ヲ説キ明シテ，塗板ヘ書シ，生徒各自ノ，石盤ヘ書セシムヘシ　盖シ石盤ヘ書スルトキ，石筆ニテ，筆ノ持チ方等ヲ授クベシ，
　　一，生徒，石盤ニ書スルニ当リテ，或ハ細字ヲ書シ，或ハ石盤全面ノ大字ヲ書シ，或ハ乱雑ニ書スル等不規則ヲ生スル故ニ，教師塗板ヘ書スルトキ，縦横ニ直線ヲ引キ，其内ニ正シク書シ，生徒ヘモ，亦此ノ如ク，石盤ヘ線ヲ引キテ書セシムベシ，
　　一，塗板ヘ書スルニ，字画ノ多キ文字ハ，二度，或ハ三度ニ書スベシ，必ズ一度ニ書シ終ルベカラズ
　第八級は五十音図による仮名の書写で，石筆をもって石盤に書くのである。石筆の使用は寺子屋時代に行なわれなかったことで，合衆国の習字が Pencil から始めるのに対応させたものであったろう。また，Spencerian Penmanship が横線を引き，Space の使用に便したと同じく，石盤に縦横の直線を引かせることをした。字画の多い字を2度・3度に書き，一気に書いてしまわないのは，筆順に注意させる意図であろう。
　　一，石盤ニテ稍字形ヲ書シ得ルトキハ，習字本ヲ与ヘテ，墨ノ摺リ方及ビ筆ノ持チ方等ヲ教ヘ，其習フベキ文字ヲ塗板ヘ書シ，筆順等ヲ

  説キ明シテ，習熟セシムベシ，蓋シ字形ヲ教フルヲ肝要トス，
 一，習字本ヲ与フルニハ，筆ヲ軽ク持チ墨ヲ少シ附ケシメ，兼テ字数ヲ定メ，一字又ハ二字三字位宛，一同ニ習ハシムベシ，然ラザレバ，甲ハイヲ習ヒ，乙ハアヲ習フ等ノ，不都合アルベシ，

石盤で字形の理解がほぼできたころで，毛筆に移る。硯で墨を摺るという，欧米にない用具の取扱いが行なわれる。字数を限定しながら教授の進度に合わせる。こうして第七級以上には，教材がちがい，書体がちがうだけで，教授法に大きな変化がない。

 さきに検討したChambersの「百科全書教導説」では，大字練習主義を唱導していた。本邦においても，貝原益軒は，

  小児の時より，大字を多く書習へば，手くつろぎ，はたらきてよし，小字を書て大字を書かざれば，手すくみてはたらかず，字を習フに，紙ををしまず，大(ママ)に書くべし，大に書きならへば，手はたらきて自由になり（注46）

と述べた。大字練習主義者であり，総じて近世寺子屋では大字の練習を重んじていたと思われる。ただ，学制頒布のころになると，大字主義に批判的な見解も出始めている。たとえば，「綴字篇」の著者片山淳吉が，

  但習字ヲ教ル徒ラニ従来ノ如ク大書シテ字数ヲ習ハシメ草紙ノ数ヲ課ルニ非ズ唯(ママ)点画縦横ノ線方円ノ筆法ヨリ片仮字平仮字ノ字形運筆ノミヲ教ヘテ訓読ヲ授ルニ及バズ教官順廻シテ之ヲ親示スルノミ（注47）

と述べた事例がそれである。しかし，大字細字と言っても，具体的に文字の大きさをおさえる必要がある。たとえば，「大阪師範学校一覧」（明治10年9月改正，同校刊），第五章教則〈P．8〉に，「一，習字課ヲ授クルニハ最初ヨリ細字ナル可ラス，大概半紙一葉ニ十二字ヲ適当トス，漸ヤ習熟スルニ及ヒテ二十字ヲ書セシム可シ，上等小学ニ至リ始メテ小楷字及細字草書早写等ヲ教フ」とあるのから見ると，一葉十二字は細字でなく，しかも，入門教授に適当した字数ということになる。明治5年8月，編輯寮撰「習字初歩」は官板習字本の初出であるが，平仮名いろはが1葉4字，片仮名五十音が1葉5字となっているから，大阪の12字は大字の下限で，むしろ中字とした方が，後世の見解に合致するであろう。

 明治7年9月，筑摩県師範学校蔵版「上下小学授業法細記全」（前出）は，

第4章　国語科各種目の教授法と教授資料

各級の習字科につき，かなり詳細な教授法を掲載した文献である。
　本書の内容は，諸葛信澄の「小学教師必携」（前出）とほぼ等しいが，特に注意される諸点を抄出する。
　　第七級　一，当日習ラハシムル所ノ楷字ヲ塗盤ニ書シ，其音訓ヲ教
　　　　　　　へ，意味ノ概略ヲ説示スル等，読物ノ条ニ同ジ，
文部省制定小学教則の下等小学第八級「習字」には，「（前略）尤字形運筆ノミヲ主トシテ訓読ヲ授クルヲ要セス」とし，さきに引用した片山淳吉の所論でも，練習する文字の訓読を授けるに及ばぬとあったが，本書では読物科と同様，練習する漢字の音訓・意味を教授するとしている。明治10年3月，東京府制定「小学授業法」書方〈P.13〉にも，
　　書方ハ先ツ令シテ用具ヲ出サシメ教師黒盤ニ其習フヘキ文字ヲ書シ
　　｛習字帖ニ拠テ／其文字ヲ書ス｝読方及字画運筆ノ順序等ヲ教へ（下略）
とあり，本書と同様に音訓教授を規定している。
教授論からすれば，本書の方が合理的であるが，一方練習時間を費消する結果になるから，当時両説が並存したのであろう。本書は各級習字科の冒頭にこの1条を記載している。第三級以上では，
　　一，習ハシムル字ヲ塗盤ニ書シテ音訓ヲ授クルヲ省キ一二名ノ生徒ニ
　　　　自読セシメ又他生二三名ニ正シテ一斉ニ連読セシムルモ可ナリ
と述べて，ある程度懇切な読解教授を意図している。
　上等小学第八級の細字楷書教授にいおいては，
　　一，細字楷書ヲ授クル凡半枚十行二十行位ヒノ罫紙ヲ用ヒ本級ニ於テ
　　　　授クル処ノ書類ヲ速写セシムルモ可ナリ　追日敏速ヲ加ヘテ実地有
　　　　用ヲ主トスヘシ
とあり，細字速写の意義を明らかにし，これが練習を奨励している。実用主義に立った教科観がうかがわれる。
　第六級に至ると，細字行書教授となり，
　　一，細字行書ヲ授ク手本ハ各生適宜ニ任スヘシ　其他八級ノ条ニ同シ
と見え，手本の選択を各生に任せたところが注意される。このことは，第五級の細字草書教授でも同様である。そして，第四級になると，「或ハ手本ヲ与ヘス教師口述シテ早写セシム」とあり，聴写をも課したのであった。第四級で終わるから，聴写を草書で行なうことが，小学における最高の実

用的習字技術だと認めていたことがわかる。

　ところで、Alphabet のすべてのローマ字の構成を原理的に分析し、それの練習教授を実施した Spencerian Penmanship の手法を、本邦の仮名や漢字に転用するとしたら、それは、点画法である。漢字の点画を原理的に分析することは、漢の蔡邕の考案と伝える「永字八法」以来、種々に工夫が加えられていた。明治12年1月、新岡久頼（旭字）書「点画三十八法」によれば、

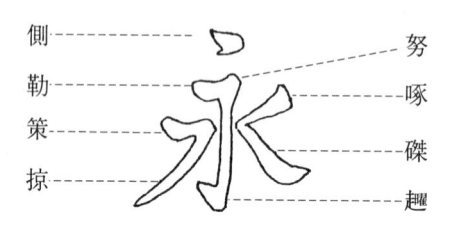

側───┐　　　　　┌───努
勒───┤　　永　　├───啄
策───┤　　　　　├───磔
掠───┘　　　　　└───趯

　　　永字八法ハ漢蔡邕之ヲ張芝ニ傳ヘ張芝之ヲ魏鍾繇ニ傳ヘ鍾繇之ヲ
　　晋王羲之ニ傳フ羲之ハ書聖タリ十有七年ノ間之ヲ習フト云フ其ノ後七
　　世ノ孫隋智永ニ傳ハリタルヲ虞世南親ク之ヲ受ケテ之ヲ唐太宗ニ傳フ
　　太宗之ヲ重ンス為ニ隷館ヲ置キ翰林禁経ヲ撰ハシメ以テ書学ノ大法ト
　　ナスコレ唐貞観ノ四家天宝ノ八傑出ル所以ノモノナリ

とあるように、永字八法は、「永」の1字で漢字運筆の8原理を示した、中国の書法解明法であった。本邦でも早くから、これが学ばれ、さらに考案して38法、88法など数種の書法原理が立てられていた。次に38法の事例を、同書により補説する。

　　永字八法
　　　　　　　側法筆ヲ側テ右ニ顧ミ三タビ筆ヲ趯ラシテ出ス可シ

　　　　　　　勒法初平カ中仰キ下偃シテ筆心ヲ暗ニ覆収ス可シ

　　　　　　　努法初鋒ヲ折リ中胸ヲ凸シテ下リ終鋒ヲ駐テ上ニ向フ

　　　　　　　趯法努ノ末ニ至リ別ニ筆ヲ入レ心ヲ歛テ挑ク可シ

策法両頭高ク中筆心ヲ擡テ進ム可シ

掠法初軽ク鋒ヲ駐メ左送スル勁カルヘシ尽ントスル少ク節ヲナシテ鋒ヲ出ス可シ

啄法筆ヲ下シ左ヲ顧ミ鋒ヲ駐メ即チ速ニ進ミ筆心ヲ巻テ出ス可シ

磔法筆法空ヨリ起シ中コロ駐テ一転シ末マタ駐テ鋒ヲ戰シテ開キ出ス可シ

變化三十法

三角法三角ノ勢ヲナシテ筆ヲ入レ鋒ヲ収テ上ニ向フ

科蚪法上重ク下尖ル漢隷ノ変法ナリ

懸膽法上尖テ勾リ下軽シテ下ル

直波法上ハ三角法中ハ横三角後ハ短趯メ直ニ上ル互ニ顧眄ス可シ

散水法上ハ側法中ハ偃ス下ハ稍遠ク鋒ヲ趯メ上点ノ尾ニ向フ

烈火法初ノ点左ニ向キ後ノ三点顧眄ス可シ

其脚法左ノ啄力(ママ)厚ク右ノ点勢直シ

栁葉法上腫ルヘカラス下角起メ収ム

翻捺法栁葉角ノ處筆ヲ蹲メ反揭メ暗ニ収ム

僞筆法初ハ緊策中ハ鋒ヲ擡(もたげ)テ軽勁シ終ハ覆収ス

顯異法上ハ背筆ニメ仰策下ハ緊趯メ覆収ス

309

三三　解摘法上ハ潜鋒ニメ平勒中ハ背筆仰策ハ緊趯覆収ス

垂露法首ハ筆ヲ搶テ下リ尾ハ鋒ヲ縮テ上ニ収ム

懸針法首ハ筆ヲ搶テ下リ尾ハ直メ出ス筆心画中ニアル可シ

鉄柱法首ハ鋒ヲ蹲メ疾ク下リ尾ハ筆ヲ煞メ上ニ向フ

背趯法上ハ俯メ過シ下ハ曲テ就キ小指ヲ以テ拒テ趯ス

転拓法先ツ垂露ノ勢ヲ作シ別ニ筆ヲ入レ転シテ圓趯ス

虚㝎法先ツ懸針ノ勢ヲ作シ軽ク轉シテ外擲ス可シ

勾度法角ヲ圓ニシ筋骨ヲ待テ徐ク引テ趯ス

勾浦裏法角ヲ圓ニシテ鋒ヲ蹲メ努勢ヲ作ノ勢末タ尽スメ趯ス

告誓法点ハ側画ハ勒左点鋒ヲ擺キ右峻ク啄メ軽ク掲ク

鳳翅法曲折之処節ヲ蹲メ胸ヲ出メ徐ク引テ下リ抛シトメ鋒ヲ駐テ後ニ趯ス

折勾法上針ノ勢ヲ作シテ下策腹ヲ抱ク可シ

横爻法先ツ左堅次ニ左策三ニ右策四ニ右啄其次ヲ失フ莫レ

新月法中堅メ勢ヲ作シ徐ク転シテ撇リ送テ出ス可シ

懸戈法掠法ヲ引テ長ク尽ル処力ヲ出シテ発ス可シ

310

第4章　国語科各種目の教授法と教授資料

ク ク　畳人法上ハ勁啄ニメ上ニ向フ下ハ勁掠ニシテ左ニ長シ

イ イ　立人法上ハ長啄勁俊下ハ努法ヲ以テ昂挙ス可シ

彡 彡　聯撇法下撇ノ首ハ上撇ノ胸ニ対ス

乀 ⌒　横波法三折シテ勢ヲ取ヘシ

　予曽テ晋唐諸家ノ論譜ヲ渉猟シテ点画ノ法ヲ擇フ之ヲ法帖ニ照シテ一ニ考証ヲ取ル以テ正ニ帰ス名テ八十八法ト謂フ今三十八法ヲ取テ示スモノハ学者其簡ニ従テ用ニ便センコヲ要スルナリ

この38法によって，「黄」を分析すれば，次のようであるという。

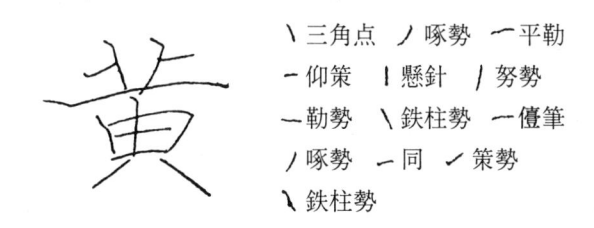

　　　　　　＼三角点　ノ啄勢　一平勒
　　　　　　ー仰策　｜懸針　／努勢
　黄　　　　一勒勢　＼鉄柱勢　一僵筆
　　　　　　ノ啄勢　一同　✓策勢
　　　　　　＼鉄柱勢

　したがって，38法や88法は，実用上は煩に堪えないが，本邦の永字8法は，Spencerian Penmanship の 7 Principles のように使われてもいたのである。
　また，入門期の字形教授に際し，石盤上に縦横の直線を引く方法は，これも書道家の間に早くから行なわれていた間架結構法に類する。同書は，次のように解説している。

311

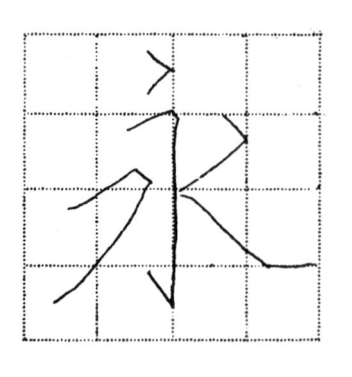

間架結構法
罫ノ如ク文字ノ分間ヲ
斉クスルヲ間架ト云ヒ
文字ノ首尾ヲ位スルヲ
結構ト云フ能ク此法ヲ
解セハ文字ヲ結フ丶ヲ
得因テ茲ニ附示ス其録
ハ結字法解ノ近刻ヲ以
テ伝フ可シ

　これを要するに，習字科教授法は，洋の東西をほとんど軌を一にしており，石筆・石盤の使用等のほかは，新たに摂取する面がきわめて乏しかったと思われる。しかし，近世以来習慣的惰性的に踏襲していた教授法が，海外の教授説に触れて，その教育的意義を認識するに至った事例が少なくなかったと思われる。そして，教育課程における教材配列の系統に苦心を払った点は，寺子屋習字から近代的習字への進歩を画したのであった。
　なお，1時限の習字教授技術に関しては，明治9年6月，生駒恭人著「小学授業術大意」(前出)第七章に詳説があるが，これとても，寺子屋習字教授に幾分かの規律を加えた程度の感がする。

③　習字教授科目
　習字科は，近世寺子屋において筆頭に位置した教科であって，教授の大部分が手習によって占められていた。文部省制定小学教則も，この習字尊重の態度を継承し，上下等小学を通覧すると，各級毎週6時間の授業で貫く「洋法算術」に次ぐ時間数を与えられ，下等小学第八級から第二級まで各級毎週6時間，第一級および上等各級を2時間で通している。教材配列は，下等小学が片仮名・平仮名から漢字楷書，行書，漢字仮名交り文，楷行書となっており，上等小学に移って書簡文も交えた「細字習字」2級の後，第六級から以降各級が「細字速写」と定められている。
　また，師範学校制定小学教則においては，下等小学の教材配列が，仮名，漢字楷書，同草書，手紙文となっており，上等小学に移って，細字の楷書

から行書・草書となり，習字科は第四級までと定められ，文部省教則より幾分軽くなっているが，教科内容とその配列の順序は大同小異と言ってよい。

　こうした習字教授の内容と方法は，外見的に寺子屋と比べても，それほどの異同が見られない。この事は，海外教授説の影響を受けることの大きかった他の科目と比較した場合，特に感じられる現象である。

(7) 文　　法

① 訳述文法教授説

　明治6年12月，文部省印行「理事功程」（前出）巻之一，合衆国教育略記巻之二，華盛頓府学校略記，巻之三，英国学事沿革，同8年1月印行「理事功程」巻之四，仏国ノ一，巻之五，仏国ノ二，同年5月印行「理事功程」巻之六，仏国ノ三，巻之七，仏国ノ四，同年1月印行「理事功程」巻之八・九，独乙国ノ一・二，同年5月印行「理事功程」巻之十・十一，独乙国ノ三・四，巻之十二，和蘭学制，同年9月印行「理事功程」巻之十三・十四・十五，瑞士国ノ一・二・三，魯国教育ノ景況等，および明治9年1月，小林正雄訳・文部省印行「米国教育年表」全4冊（前出）等を通覧するに，各国いずれも文典もしくは語学を，下等小学校から教授している。したがって，海外国語教育は，その国の文法教授を除外しては考えられない状況であったから，前記文部省制定学制および小学教則に，当分実施不能と予想しつつも，文法科の設置を断行し，師範学校制定上等小学教則読物科に，文法書を挙げたのであろうと思われる。

　しかしながら，明治5年の時点における本邦の文法学は，わずかに近世国学派の語法研究を継承し，進んで外国文法学の体系を参照しつつ，その体系化研究の緒についたばかりであった。したがって，小学校で使用できるほどの文法書が存したとは思われない。さきに引用した東大文書南校教育史料中の大木文部卿宛辻新次書簡を検すると，「小学校之書籍」としてVerbeckの選定した8種の中に，

　一，クェッケンボス文典（G. P. Quackenbos; "An English Grammar"）があるのは，これを本邦文法教科書の編修に資する意図があったのであろう

313

かとも推測できる。

さて，当時本邦に訳述されて影響を与えた文献の中から，文法教授に関する論考を参照して検討する。

明治6年8月，W. Chambers 編「百科全書教導説」（前出）〈P. 69〉「六才ヨリ十四才ニ至ル迄ノ心ノ教」において，

> 児童ニ専ラ読法ヲ教フルノ余ニ傍ラ又各語ノ種類ヲ教ヘ以テ文法ヲ解セシム可ク而シテ之ヲ名ケ傍教ノ法ト云フ　蓋シ此法ニ依レバ児童ニ主トシテ物件ト其形容性質トヲ教ユ以テ其名ヲ言ハシメ且之ヲ書セシムルニ附添シテ其解明ノ為メノ文詞ヲ読ミ且其各語ノ種類ヲ知ラシムルガ故ニ此等ノ教互ニ相妨害スル¬ナク各相助ケテ資益ヲ為ス可シ

とあるように，語の種類（品詞であろう）を教える文法が読法教授に織り込まれることを述べている。

独乙国伯霊府内普通小学校においては，下等科週16時中，素読・習字で14時を占め，中等科週26時（男子）中，「素読及ヒ独乙語」が10時，習字が4時を占め，上等科週32時（女子）中，「素読及ヒ独乙語」が6時，習字が4時を占めている。(注48)

> 独乙語ノ教授ニ於ケル下等ハ容易ナル文章ヲ読ミ且コレヲ書カシメ，中等ニテハ言語ノ種類，語法論及ヒ文章論ヲ教ヘ正シク談話シ及ヒ書記スル¬ヲ学ハシム上等ニ至テハ連続シタル文章ヲ教ヘ且読過セルモノヲ文法ニ従テ種別ス〈24才〉

とあり，ドイツ国文法教授は中等と上等で実施され，中等の内容が言語の種類，語法論・文章論であり，上等はそれらの活用を練習するようになっていた。

明治8年10月，D. P. Page の旧著を中心に訳述した，伊沢修二輯訳「教授真法・初篇」第七節作文〈26才〉においては，作文に熟習することが，「容易ニ実用ノ文法ニ達スル」最良の方法であるとしている。これは，主として入門期教授の所論であるが，文法教授を論理的に施さず，作文という表現活動の中で経験的に施すべきであるとした点が注目に値する。

明治9年7月，文部省印行「教師必読」（前出）では，第十四書簡〈333丁〉が「文法」である。原著者 Charles Northend の "THE TEACHER'S ASSISTANT"（前出）の LETTER XIV GRAMMAR を参照すると，従来の

文法教授が時間のみ空費して実効を奏していないと批判し，

> Words, definitions, and rules, which were to them but empty sounds, ― meaningless expressions. In many cases, scholars have committed to memory the entire contents of a text book, without gaining any true knowledge of language or grammatical science.

当時の文法教授が，言語や文法学の知識を真に獲得せず，文法教科書の諳誦に堕していたことを指摘している。文部教則が，下等小学第四級の文法科の出発に際して，「尤諳誦ヲ主トス」と註記したのを思い合わせると，同教則には Northend よりも遅れた教授法が指示されたことになる。Northend の文法教授も，Chambers と同じく言語活動に伴って実施する見解を有していた。

さらに同書は，

> Be careful to speak correctly yourself, and require your pupils to do the same.

と述べ，

> Make your teaching thorough and clear.

と述べて，教師自身の談話法の矯正を呼びかけ，それを教授のモデルとすることが文法教授の第一歩であるとしている。

明治10年 1 月，文部省印行「那然氏小学教育論」（前出）の第二十七節に「文法ヲ論ス」がある（Northend の原著 XXVII ENGLISH GRAMMAR に該当）。在来の文法教授に対する批判は，本書（前著より 3 年早く刊行）でも行なわれ，文法教授が文典の空諳記に終始していること，一時に多くの文法事項を陳列して混迷に陥らしめていることの 2 点を挙げている。

そして著者の文法教授法は，まず「言語ノ区分」を明らかにしてから，其の知識の確実性を証するに足る作文を課する。

　　一　持格ノ普通名詞ヲ用ヰテ文ヲ作レ
　　二　二人称ノ固有名詞ヲ含メル文ヲ作レ
　　三　最上級ニ在ル形容詞ヲ含メル文ヲ作レ（下略）

という類の作文である。さらに程度が進めば，いっそう困難な条件を付した作文を命ずる。

　　一　規則自達動詞，副詞，普通名詞，及ヒ比較級ノ形容詞ヲ用ヰテ文

ヲ作レ

二 関係代名詞, 前置詞, 賓格ニ在ル名詞, 及ビ疑問法ノ動詞ヲ用ヰテ文ヲ作レ（下略）

という類の作文である。思うに，この方法は，模範文例を理解し応用するものであるから，いわば範例法と言うことができる。単なる諳記法よりも前進した教授法であることは言うまでもない。

明治12年3月，文部省印行，「咊氏授業法」(ママ)は,

THE NORMAL : METHODS OF TEACHING THE COMMON BRANCHES, ORTHOEPY, ORTHOGRAPHY, GRAMMAR, GEOGRAPHY, ARITHMETIC AND ELOCUTION;

INCLUDING

THE OUTLINES, TECHNICALITIES, EXPLANATIONS, DEMONSTRATIONS, DEFINITIONS AND METHODS, INTRODUCTORY AND PECULIAR TO EACH BRANCH, BY ALFRED HOLBROOK, PRINCIPAL OF NORMAL SCHOOL, LEBANON, OHIO.

FOURTH EDITION （1869文部省訳出本）

A. S. BARNES & COMPANY

NEW YORK AND CHICAGO.

Entered, according to Act of Congress, in the year 1859, By A. S. Barnes and Burr.（全P. 456）

TEACHER'S LIBRARY の1冊として，1859年に刊行された上記文献を山成哲造の翻訳したものであった。内容の概要は次のようである。

第一篇 類叙セル知識即知学ノ部（P. 1）(注49)

第二篇 発音及文字論（我邦語ニ訳スレハ用ヲ成サス故ニ之ヲ省ク―例言）

第二篇は訳出されていないが，言語教育上参照すべき箇所が多いので，原著により補説する。

PART II ORTHOEPY AND ORTHOGRAPHY INTRODUCTION （原著P. 36）に，

　　　Orthoepy is but an introduction to Orthography. Then, Orthography serves as an introduction to Reading and Composition ; and these are in-

dispensable in the pursuit of all other branches.
正音（発音）法により正字（綴字）法が確立し，正字法により読み書きが成立する。両者はすべての他領域の研究に不可欠であるとする。つづいて，
　　METHODS OF TEACHING THE ALPHABET.
　　TEACHING SPELLING（P. 38）
　　ORTHOGRAPHIC PARSING（同上）
を論述して，文法の分類をした概括表を掲載する（次のページを参照）。

　Orthoepy については，Sound, Organs, Articulate Sounds, Pronunciation, Method of Teaching などにわたって細説している。

　　第三篇　文法学ノ部〈P. 41〉（注50）
「序論」「生徒文法書ノ学習ヲ始ムルニ適当ナル年令」（原著 P. 99 INTRODUCTION ; PROPER AGE FOR COMMENCING THE STUDY OF GRAMMAR.）
　文法教科書使用開始について，「各教師ノ説ニ頗ル異同ヲ為ス者」が多かったが，「我米国最良ノ教師ニ至リテハ然ラス」，著者は，地理学，「其他尋常諸物並ニ博物学ノ実験課ヨリ舎密学（ケミストリー），物理学ノ経験等ニ至ルマテ亦皆文法書ノ学習ニ先ンシテ教フヘシ」とする。これは「童子ノ識力稍暢達スル」を待つがためである（注51）。次いで，「文法書ヲ以テ童子ニ教授スル前先ツ口授ヲ要スル事」（原著 P. 100 ORAL INSTRUCTION BEFORE THE BOOK.），「予備習業ノ方法」（THE METHODS OF PRELIMINARY DRILL.）において，「諸品種ヲ学課ニ分賦シテ進修」させ，文法規則の必要を会得してから，品詞の種類・変化，整語法，文章論を学習し（P. 101 METHOD OF INTRODUCING RULES.），諳誦を楽しくさせて，相互に批判させる（P. 102 GENERAL PLAN OF CONDUCTING RECITATIONS）。

　次いで，「初級生徒ニ文法ヲ教授スルノ方法」（PRIMARY CLASSES）は，「実名詞」から着手し，範例の諳誦，数・性・解剖・人称・種類の順に教授する。

　「上級生徒ニ教授スル方法」は，初級の教授内容の「大意」（outline）を諳誦・板書・筆写せしめる等の教授技術について細説している。

　本書は，当時の合衆国における最も進歩した文法教授を詳論した文献とすることができよう。同時に，前掲の精緻な文法概括表は，本邦国語学研究にも影響を与えたと思われる。

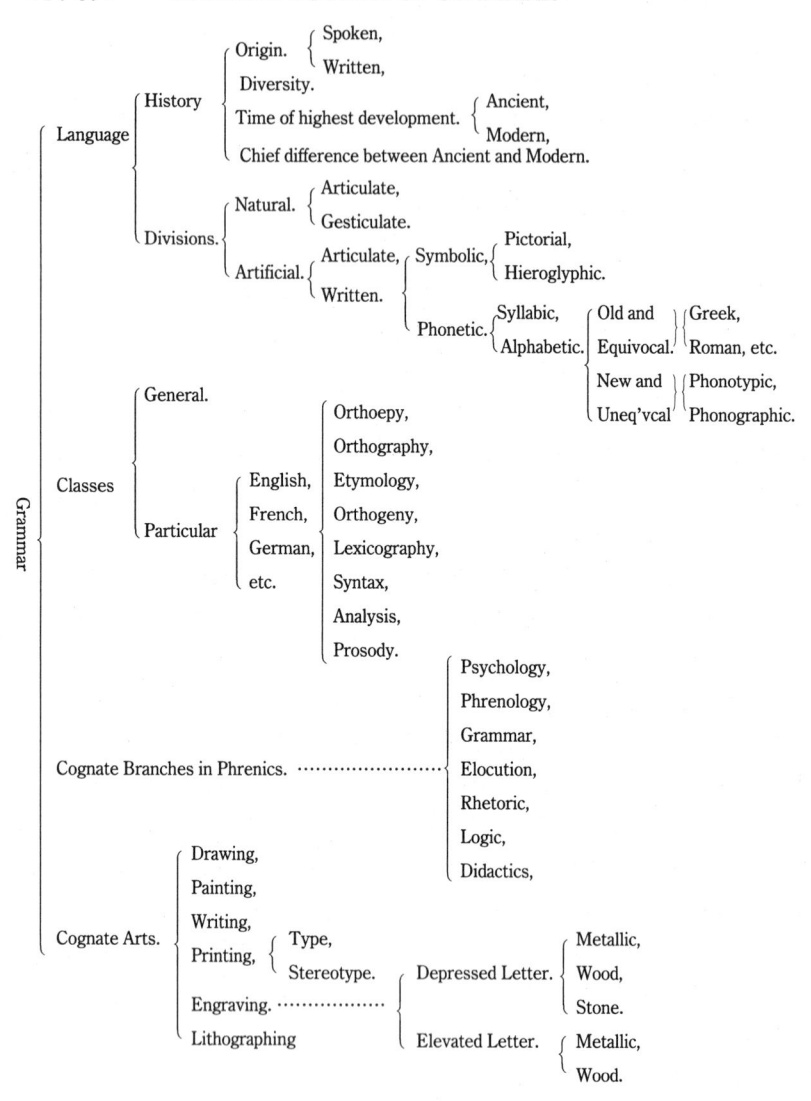

⟨ P. 39 ⟩　　　GENERAL OUTLINE OF GRAMMAR

Grammar
- Language
  - History
    - Origin. { Spoken, Written, }
    - Diversity.
    - Time of highest development. { Ancient, Modern, }
    - Chief difference between Ancient and Modern.
  - Divisions.
    - Natural. { Articulate, Gesticulate. }
    - Artificial. { Articulate, Written. } Symbolic. { Pictorial, Hieroglyphic. } Phonetic. { Syllabic, Alphabetic. } { Old and Equivocal. { Greek, Roman, etc. } New and Uneq'vcal. { Phonotypic, Phonographic. } }
- Classes
  - General.
  - Particular { English, French, German, etc. }
    - Orthoepy,
    - Orthography,
    - Etymology,
    - Orthogeny,
    - Lexicography,
    - Syntax,
    - Analysis,
    - Prosody.
- Cognate Branches in Phrenics. ……………
  - Psychology,
  - Phrenology,
  - Grammar,
  - Elocution,
  - Rhetoric,
  - Logic,
  - Didactics.
- Cognate Arts.
  - Drawing,
  - Painting,
  - Writing,
  - Printing, { Type, Stereotype. }
  - Engraving. …………
  - Lithographing
  - Depressed Letter. { Metallic, Wood, Stone. }
  - Elevated Letter. { Metallic, Wood. }

　なお,「第四篇地理学ノ部」,「第五篇算術ノ部」で, 第六篇は, 第二篇と同様の理由で訳出されていない。しかし, 第六篇は読誦と談話であるから, 訳出されれば, 言語の相異は存しても有益であったであろう。

318

〈同書P. 347〉

PART VI　READING AND SPEAKING WITH GESTICULATION. (身振りを伴った読書と談話)

　初頭に, It is universally conceded, that no branch is so much neglected in our common schools as reading.

と述べて, 小学校において読誦ほど無視されている領域はないと公認されていると, 不振を歎じている。

〈P. 355〉

ELOCUTION（発声法）に, The art of expressing thought and feeling, by means of articulate and gesticulate language. (明瞭な身振りをもった言語による, 思想感情の表出法) という定義を下し, その分野を次のように表示している。

Departments, { Reading, { Silent, Audible. } Speaking, { Declamation, Oratory, { Premeditated, Extempore. } }

発声領域 { 読誦 { 黙読 朗読 } 弁論 { 雄弁 演説 { 計画的 即席的 } } }

〈P. 357〉

MANAGEMENT OF THE PERSON.

Manner of taking Position,
Manner of Bowing,
Position of the Body, { Standing, Sitting. }
Position of Upper Extremities,
Position of Lower Extremities.

| Management of the Person. | Changes in Position,
Carriage of the Head,
Management of Mouth, { Lips,
Teeth.
〃　　　　　　Lungs,
〃　　　　　　Eyes,
Expression of Countenance,
General Appearance,
Manner of leaving the Stage. | Directions,
Errors,
Methods of
Drill. |

〈P. 364〉　VOCAL CULTURE
I PRONUNCIATION
　　Breathing, Articulation, Accent Rules.
II MODULATION（調子の変化）
　　Pitch（調節），Force（力），Rate（速度），Inflection（抑揚），Emphasis（強勢），Tone（音調），Transition（転調）.
III STYLE OF DELIVERY（陳述の形態）
　　Plain, Impassioned, Personating
　〈P. 435〉
　　GESTICULATION

などにわたって，読誦（音読）・談話に関する当時希に見る詳論がなされている。

　これを要するに，当時海外に行われていた文法教授には，文法教科書を単に諳誦して知識的な理解だけに終始する方法から，さらに進歩して，範例による文法事項の理解を，文例を作成して適用する。つまり作文にまで持ち込む方法の行なわれていたことがわかる。

② 文法教授法
　維新前後のころ，洋学を履修した者には，文法はすでに国語学習上不可欠であるとする認識ができていた。したがって，明治3年8月，古川正雄「絵入智慧の環」初下（前出）や，同4年11月，同人著「ちゑのいとぐち」（前

出）などには，すでに文法的解説が見られ，文部省編輯寮が明治4年11月印行した「語彙活語指導」（大型版全18丁）は，動詞活用8種・形容詞活用2種を解明し，同年同月に印行した「語彙別記」（上巻・下巻各10丁）は，活用各種および作用語・形状言の活用形を解明し，同年同月に印行した「語彙阿之部」（阿部5巻・伊部1巻全60丁）は，語彙の解義・用例を示した。また，明治5年（月欠）刊・官板「単語篇」（前出）には，本居春庭著「詞八衢」所収「四種の活の図併受るてにをは」が，ほとんどそのまま「四種活用図」と題して巻頭に付載された。

　こうした景況のもとに頒布された学制および小学教則に，形式的にせよ文法科を設置した文部省の教育的見識は，やはり評価されるべきであった。しかし，日本文法学の形成は，明治6年1月（識語），片山淳吉編「綴字篇附説巻之上」〈9ウ〉に，「語学文法ヲ定ムベキ説」が立てられたり，伝統的に重んじられた伊呂波を排して，文法的な意味の深い五十音を採用したりする程度の域にあった。英京ロンドンに在った馬場辰猪が"AN ELEMENTARY GRAMMAR OF THE JAPANESE LANGUAGE; with Progressive Exercises"を刊行したのが1873年（明治6年・月欠）であった。馬場は，駐米弁務官森有礼の"Education in Japan"（1872刊）の所説に対する反論の意味を込めて，英文法を強引に適用した日本文法を構成したものであった（前述）。

　こうして，田中義廉は，明治7年1月，「小学日本文典」（前出）として，文法教授書を初めて出版し，それ以後逐年，文法教授書が充実を加えて刊行されたことは，すでに文法教科書類の項で通覧したところである。

　さて，本期文法教授は，文部教則は「当分欠ク」であったが，師範学校制定上等小学教則は，第八級・第七級の読物科に，「文法書」を読物として指示したから，文法教授法は，この場面において検討できるはずであるが，当時文法教授の不振は，文献を徴しても多くの論考を残していない。

　明治7年9月，筑摩県師範学校蔵版「上下小学授業法細記全」（前出）のうち，「上等小学授業法細記」（全11丁）を検するに，

　　〈1オ〉
　　第八級　読物　文法書巻ノ一，及ビ日本地理書巻ノ一二ヲ授ク，
　　　　　　　　　但シ当分田中氏，日本文典巻ノ一二，及ビ日本地理小誌

　　　　　　　　巻ノ一二ヲ代用ス，
とあり，教則の定めた「文法書巻ノ一」として，当年1月新刊の田中義廉著「小学日本文典」（前出）を採択し，その巻一・二を第八級で読むことにした。
巻一・巻二の内容は次のようである。
　　巻之一（巻之一・二で1冊）
　　第一編
　　　第一章総論，第二章字学，第三章長呼及び畳語の符，第四章仮名用格，第五章音便の事，第六章言語の種類
　　巻之二
　　第二編上
　　　第七章詞学の部，第八章七品詞の名目，第九章名詞，第十章名詞の性，第十一章名詞の種類，第十二章集合名詞，第十三章名詞の格，第十四章形容詞，第十五章形容詞の詞尾，第十六章同，第十七章数形容詞，第十八章代名詞，第十九章人代名詞，第二十章疑問代名詞，第二十一章復帰代名詞，第二十二章指示代名詞，第二十三章不定代名詞
すなわち，総論を読んで後，7品詞の中，名詞・形容詞・代名詞の3種を教授した。その方法は，
　　　既ニ上等ニ至リテハ専ラ文義ヲ講究セシムルヲ以テ紙数ノ如キハ生徒ノ進歩ニ従ヒ実際ニ臨テ之ヲ斟酌スヘシ　読ミ了テ生徒ヲシテ反覆丁寧意義ヲ質問セシムルノ後教師亦明了ニ説示シテ輪講ノ科ニ臨ンテ詳ヒラカニ講解セシムルヲ要スヘシ
とあり，各自の解義・質問・説示の順で進め，さらに輪講科に回付する。
　　〈1オ〉　輪講
　　一，日本文典ヲ講セシムル呼法言詞文法等ヲ詳細ニ講究セシムヘシ
　　一，予メ順序ヲ定メス一人ノ生徒ヲ指シテ凡一章ヲ講セシメ他生ニ質問セシムヘシ其法他先生ツ教師ニ向テ疑ヲ質シ教師之ヲ取次キ講セル者ニ質問ス　若シ明了ナラサレハ乃チ之ヲ弁解スヘシ各生ヲシテ互ニ議論ヲナサシメ其言過激ニ渉リ当ヲ失スルノ弊ヲ生セシムヘカラス

すなわち，1生講読・他生教師に質問・教師1生に質問・教師弁解（相互討議）という順序で，むしろ輪講は自由討議が中心であった。さらに，諳記科を検すると，

　　〈2オ〉　諳記
　　　一，日本文典ノ諳記ハ呼法言詞文法等ノ要処ヲ質問シ（下略）
とある。結局，文法教授法は，読物科の文法書解義に始まり，輪講科の理解深化，諳記科の記憶活用に至るということになる。

次いで，第七級を検すると，
　　当分田中氏日本文典巻ノ三四及ヒ日本地理小誌巻ノ三ヲ代用ス
とあり，田中氏日本文典巻三・四を使うとあるが，同著は，第二冊が巻之三で，それで7品詞が終了するから，巻之四は存しない。

　　巻之三　第二編下
　　　第二十三章動詞，第二十四章動詞ノ種類，第二十五章動詞の活用，第二十六章分詞，第二十七章助動詞，第二十八章動詞の法，第二十八章（ママ）動詞の時限，第二十九章配合の例，第三十章動詞の定音，第三十一章集合動詞，第三十二章他の詞より転じ来る動詞，第三十三章副詞，第三十四章副詞の品類，第三十五章同，第三十六章接続詞，第三十七章第一種の接続詞，第三十八章第二種の接続詞，第三十九章接続詞の品類，第四十章感詞，第四十一章感詞の品類，第四十二章習煉

以上，動詞（分詞・助動詞を含む）・副詞・接続詞・感詞の4品詞を教授する。末章の「習煉」は品詞分類を練習する。読物科は，これらの解義を教授する。輪講科・諳記科でこれを取扱うこと，すべて第八級と同様である。思うに「小学日本文典」は，小学文法書の創始として，内容的にすぐれていただけに，上等小学科児童にも容易には読めなかったであろう。したがって，筑摩県小学にしても，数少ない師範学校卒業生は別として，文法理解の浅かった教員に，どの程度扱い得たか疑問である。

以上当期の文法教授は，教科書の諳記による知識の活用をめざして終結せしめられている。これを，NorthendやHoldrookなどの説く，作文による練習にまで高めることは行なっていなかった。明治10年3月，東京府制定「小学授業法」（前出）は，当時としては整備された教科書であるので，

これまでに幾度か参照したが，本書は下等小学科に密であり，上等小学科に粗であって，上等小学第八・七級の読物科に配された文法教授についてはほとんど述べておらず，読書科の授読過程中，「摘書」の末尾但書に，
　　　且ツ文字ノ活用語尾ノ変化等ヲ詳説スベシ
とあるだけであった。ただし，文部省第四年報（明治九年）の東京府年報〈P. 65〉には，「上等小学課程第八級読物，日本小文典巻上（中根淑著）；第七級読物，日本小文典巻下（中根淑著）」と見えるから，東京府教則の文法用書は中根の著（前出）であったことが知られる。

③　文法教授科目

　明治5年8月に布達された学制，その第二十七章下等小学科の教科一覧の第八に，「文法・解意」があり，同9月に布達された小学教則・第二章，下等小学第四級から上等小学第一級まで，各級に「文法」科が設置されている。それら下等小学の各級には，教授内容が具体的に指示され，上等小学第八級に，「作文ノ活用ヲ授ク」とあって，それで第一級まで一貫している。しかも，下等小学第四級の項に，
　　　、、、ノ書ヲ用テ詞ノ種類名詞ノ諸変化ヲ授ク尤譜誦(ナコトバ)ヲ主トス
とあって，教科名の下部に「当分欠ク」と註記されていた。すなわち，適当な教科書がないので，当分欠くの意と解せられる。

　次に明治6年2月創定の師範学校下等小学教則，同5月改正の下等小学教則および同年同月創定の上等小学教則等を検するに，そこに文法科の設置がない。ただし，上等小学科教則第八級読物科の教授書に「文法書巻ノ一」が見え，同第七級に「文法書巻ノ二」が見える。しかし，そこに予定した文法書が，当時存在したか否か明らかでない。

　このように見てくると，少なくとも本期出発当時の文法教授は，法文にうたわれたほど明確には実施されていなかったと思われる。

　　注1　明治11年2月合冊，第18冊「教育論」と改題
　　注2　文部省准刻書目壬申九月条（5オ）柳原喜兵衛出版
　　注3　内閣文庫所蔵府県史料のうち，東京府史料26（稿本），前出

第4章　国語科各種目の教授法と教授資料

注4　中根淑著，日本小文典；明治9年8月迷花書室蔵，森屋治兵衛兑；巻之上「文字論」には冒頭に「伊呂波」を提出しているが，文法的に取扱っていない。

注5　E. B. Huey; THE PSYCHOLOGY AND PEDAGOGY OF READING（前出）., New York 1908; P. 247

注6　東大文書南校教育資料　含要類纂巻之三本省往復之部

注7　Willson's PRIMER および THE 1st READER から, THE FOURTH READER (PREFACE; New York, May 1st, 1860 M. Willson); THE FIFTH READER (PREFACE; May 15th, 1861 M. Willson).

注8　原書 X. Object Lessons（P. 127）および XI Reading（P. 130）に新旧両様の語句教授が記述されている。
　　なお，An Alphabet Chart は，Northend; THE TEACHER'S ASSISTANT（前出）に見られること既述のとおり。

注9　益軒全集刊行部，明治44年3月刊；益軒全集巻之三所収「和俗童子訓」凡例によると宝永7年81歳の著である。明治44年3月，同文館刊，日本教育文庫学校篇にも収載。

注10　明治44年4月，同文館刊；日本教育文庫教科書篇，P. 450～492

注11　『小学教授書』連語図8面中，このような形態の図は，第1のほかに，第2，第4，第7の総計4面である。『小学入門』では改定連語図10面の中，9面までがこの形態である。後尾の第10図は度量衡単位を示す文で，冒頭の単語摘出がない。

注12　文部省第1年報（明治6年）163丁ウ

注13　全9巻，和装，巻9奥付「官版御書籍発兑　山中市兵衛他」

注14　〈1ウ〉「見知ノ教」初年－校中。家内府中ニ在ル物品ノ解，2年－同，3年－博物学。草木。野果。毒草及薬草。五穀，4年－家畜。鳥。虫。金石学。塩。金礦。　　　　　　　　　　　　　　　　　　　　〈下略〉

注15　同書前文「澳国文部卿ノ所贈該国学制1巻仏書摘訳独逸学制3巻訳成ル謹シテ以テ上進ス云々」

注16　明治9年6月版権免許，鈴木吉兵衛刊，上巻25丁，下巻20丁

注17　〈扉〉美国志爾敦篇，日本　横尾東作訳：本多省三刊；童蒙教育書答，全3冊（第1級27丁・第2級19丁・第3級42丁）

注18　明治5年6月出版・語頭達三著「訓蒙窮理問答」（6冊）の第1冊巻頭の「小引」に，「米国ベエカー氏の初等窮理書の如きは少年の読本すへき善よき本ほんと謂つつ可し」の1節があり「読本すへき」と動詞に使用した例があるが，「とくほん」「よみほん」のいずれとも判定しにくい。

注19　明治4年「慶応義塾社中之約束」に「第1リードル・第2リードル」明治5年「私学明細表」に「リードル」，また，明治6年4月「私学慶応義

325

塾開業願」に「ウイルソン・プライメル，ウイルソン第1リードル・第2リードル」とあるが，(昭和20年2月刊，日本教育私学会紀要第1巻，P.197「初期慶応義塾に於ける教授法・教科書・塾生活」中山一義)，明治16年12月「福沢諭吉慶応義塾諸則」，(明治25年9月，文部省刊，「日本教育史資料九」P.428)には「『リードル』ナトハ一時使用シタレ圧モ是レハ西洋本国ノ少年ニハ便利ナルモ我国ノ初学ニ不適当ナルヲ悟リテ廃止シタリ」と述べられている。

注20 以下，原書，読本共冒頭分のみを提出する。
注21 以下，該当する官板『小学読本』の丁数表裏（オ・ウ）のみを示す。
注22 Lesson XII・XIII の2課をもって読本は1課にまとめている。
注23 PART III から Lesson ごとに題目を付しているので，それを示す。ただし，それが抜けている Lesson も時々見られる。
注24 Lesson V. を読本の方では2課に分けている。
注25 読本は Lesson XIII を，XII の前に掲載している。
注26 読本では，Lesson VI を2課に分けている。
注27 読本では，Swan を「鶴」にしている。
注28 The Mice は4行詩であるが，読本では散文にしている。
注29 内容は必ずしも同じではない。
注30 読本では「馬・牛」となる。
注31 読本も衣装であるが，内容はちがっている。
注32 読本では，「養蚕」を加えている。
注33 文部省印行小学読本（小読本と記す）巻4（那珂通高 稲垣千頴 撰）所収
注34 当時権威のある辞書としては，明治4年11月，文部省編輯寮から「官版語彙」巻1（阿之部）が，木村正辞・横山由清の「総裁」で発刊されていたに過ぎない。なお，同書伊之部・宇之部は明治14年5月，衣之部が出たのは明治17年7月であった。とても童蒙の実用にならなかった。その他の辞書と言えば，小学読本の用語略解を付した案内書が存在した程度である（教科書類の項参照）。
注35 本文に「字指」とあるのは，文字を衝いて読むために用いた細い短い，木か竹で製した棒である。「字衝き」とも呼んだ。「字指」は「じさし」と読む。新村出編『広辞苑』（岩波書店刊，P.928）によれば，（角筆・かくひつ）「木筆」などの別名があるという。
注36 内閣文庫所蔵，東京府史料26第1章成規（稿本）『小学授業法』は望月文庫所蔵
注37 同書巻1（27ウ）；読方課，第2歩，授業法ノ区分(イ)問答摘書(ロ)素読(ハ)講義
注38 注54 日本教育文庫学校篇，明治44年3月，同文館刊，P.585所収

注39　同書P.58,「心ノ教」「2オヨリ6オニ至ル迄ノ心ノ教」に,「物品教訓」と訳された。

注40　本項に引用する教導説は,明治11年2月,文部省から合冊印行された第18冊百科全書中の「教育論（Education）」の本文に拠った。内容は教導説と変わりがない。

注41　原著（P.93）は LETTER IX RECITATIONS の末尾, P.127所載

注42　「真仮文」は真名仮名文で,漢字仮名交りの文である。

注43　巻頭所掲の杉浦義方の題辞および凡例から,田中義廉著であることが知られる。

注44　今体文は,当時の明六雑誌や諸新聞社説の文章で,漢文古訓点を書下した文章を標準とするもの。大日本教育会雑誌,第44号（明治19年11月30日発行）阿保友一郎の論説中「今体文」（後述）に拠る。

注45　American Educational Series の各巻の表紙裏面（表紙2）および裏表紙裏面（表紙3）に収載されている。本稿は, Series の Book Two（1875年 NEW YORK & CHICAGO 版）に拠る。

注46　和俗童子訓,巻之四,手習法；日本教育文庫学校篇,明治44年3月,同文館刊, P.487所載。

注47　片山淳吉著,小学綴字篇附説下「第十一課字形譜記ノ試験」末尾；明治6年1月識語がある,；万蘯堂・魁文堂発兌

注48　明治8年5月,文部省印行,理事功程,巻之十一,第18章所載

注49　原著 PART I CLASSIFIED KNOWLEDGE; OR, SCIENCE. DEFINITION 〈P.16〉において, Knowledge を That which is known. とし, Science を Knowledge systematized and explained とする。

注50　原著〈P.97〉 PART III GRAMMAR. METHODS OF TEACHING ORTHOGENY, SYNTAX, AND ANALYSIS.

注51　Pestalozzi が「Wie Gertrud ihre Kinder lehrt.」の中に,直観教授を説き,文法について,前掲 C. Northend の "COMMON-SCHOOL EDUCATION"（1867版）と同様の範例主義を唱導したのが,1801年（同書第1信に記載）であった。Holbrook も,ほぼこの説に近い。

第2節　国語関係科目の教授資料

(1) 小学校教授資料の概観

　明治新教育の実施も，学校敷地・校舎等形式的な建設はさておいて，その内容である教師や教科書の準備は容易ならぬものがあった。文部省は，学制を頒布し小学教則を施行し，師範学校を創設して，鋭意これに努力したのであったが，教科書の欠乏は，公教育実施上の大きな困難点の一つであった。文部省は，教科書を具体的に指示した小学教則を掲げてはいるが，その適不適，需要に応ずるだけの準備等にかけては，全く自信がなかったはずである。また，教則を一見した地方の官民も，教科書に対しては，途方に暮れたのではないかと思われる。

　文部少丞西潟訥は学制取調掛の一員（前述）であるが，その巡視功程中に説諭第三則を掲げ，次のように官民を説諭している（注1）。

　　第三則　小学教科書斟酌ノ事
　　小学教則ニ掲示セシ教科書ハ当今現備ノ書籍ヲ以テ小学ノ課業ニ充テタルモノナレハ永久必ス此ノ書籍ニ止マルニアラス他日之レニ勝レル書籍出ル時ハ更ニ之ニ易フル〔 〕アルヘシ又小学教則及ヒ報告等示ス所ノ教科書ハ必悉ク並ヘ用フヘシトスルニハ非ス之ニ類セル書籍ノ中ニ就テ其一二部ヲ用フルモ妨ケナシトス且掲示外ノ教科書ハ一切棄テ用フヘカラスト云ニ非ス其学科ニ適スルモノニテ之ニ類セル者アラハ便宜ニ従ヒ用フルモ妨ケナシトス

　文部省の教科書に対する意向がよくわかる。掲載された教科書を残らず使おうとするものではなく，また，他に適当な類書があれば用いても差支ないわけであった。

　学監として明治6年8月来朝した米人 David Murray は，その最初の申報において（注2），次のように述べている。

　　文部省ノ規模ハ即チ此教育ヲ以テ日本固有ノモノトセサル可ラス此目的ヲ達スルニ其法二アリ一ハ欧洲諸般ノ学科ヲ以テ日本教科書ヲ編成

スルニ在リ是既ニ端緒ヲ開キテ各般ノ書籍ヲ翻訳編輯シ各般ノ器械ヲ備具ス即チ読本算術代数博物初歩政治及人民交際ノ書及懸図模範塗板ノ如キ既ニ之ヲ製造ノ従来煩労多キ方法ニ代ヘ以テ広ク之ヲ小学校ニ採用セリ（下略）

と述べているように，欧米に模した教科書編修の急務であることを説いた。

そもそも文部省設置のころ，従来は大学に語彙掛および俗訳掛があり，南校に反訳局，東校に医書反訳掛があった。これらの部局は教科書類の翻訳や編修にもあずかっていたが，やがて文部省が設置されると，「学科教授ノ書闕乏ナルヲ以テ明治四年九月編輯寮ヲ置キ教科書ヲ編輯ス」（注3）ということであった。ところが，その「編ム所ノ書其宜ヲ得サルヲ以テ五年九月遂ニ之ヲ廃シ更ニ東京師範学校中ニ於テ之ヲ編輯シ又別ニ省中ニ於テ編書課ヲ置キ以テ専ラ教科書ノ闕乏ヲ補フ」という次第であった。「文部省編纂」，「師範学校編」などとある教科書が散見するのは，明治5年9月以降のことであり，それ以前は「編輯寮」の編纂となるわけで，たとえば「習字初歩」（前述）などが，今日でも見られる当所の編書である。なお，文部省第一年報には，明治6年までに翻刻した書目が掲載され，

　　文典同〈編輯和文〉　　一部二冊
　　習字書　　同　　　　　一部一冊
　　語学書　編輯和文　　　二部二冊
　　読　本　　同　　　　　一部一冊
　　字　書　　同　　　　　一部七冊
　　単語篇　　同　　　　　二部五冊（他略）

等の教科書が世に出されたことがわかる。

明治6年4月29日，文部省は布達第58号をもって，次のように述べている（注4）。当時，文部省または師範学校から，どのような掛図や教科書が刊行されていたか，またどんなものを教科書の適書と考えていたかを知ることができる。

　　四月廿九日　第五拾八号
　　小学教科ノ書小学教則中ニ記載有之候得共右ハ只其概略ヲ示ス而已ニ有之追追各地開校ニ付テハ課業書不足ノ趣ニ付別紙目録ノ書類相用可然候此段為心得相達候也

小学用書目録
　　綴字之部
東京師範学校版
　　　　　　　　　　　一五十音草体図
同　一　　　　　　　　一五十音図
同　一　　　　　　　　一濁音図
同　一　　　　　　　　一数字図
同　一　　　　　　　　一算用数字図
　　習字之部
東京師範学校版　　　　一習字本
同　一　　　　　　　　一筆とむし免
同　一　　　　　　　　一勧学習字本
菱潭書　　　　　　　　一習字ちかみち
大坂書籍会社蔵板　　　一皇国官名誌
福沢諭吉編　　　　　　一啓蒙手習文
中金正衡著述　　　　　一世界風俗往来
　　算術之部　　〈6部略〉
　　修身之部　　〈3部略〉
　　画学之部　　〈1部略〉
　　読方之部
東京師範学校版　　　　一小学読本
作楽戸痴鴬訳編　　　　一西洋英傑伝
吉田庸徳撰　　　　　　一童蒙必読官職道志るへ
石村貞一纂輯　　　　　一育英新編
瓜生政和著　　　　　　一西洋見聞図解
吉田賢輔訳　　　　　　一物理訓蒙

　また，7月27日第107号布達は，「小学用書中反刻可差許書目」を達している。それは，「習字初歩」・「単語篇」ほか4部の「文部省蔵版」本，「図法階梯」などの「文部省所轄東京開成学校蔵版」本，「五十音草体図」ほか7図および「習字本」，「小学読本」ほか1部の「文部省所轄東京師範学校蔵版」であった。同様の趣旨で地方に「刷行可差許旨」，布達が，12月

28日にも第140号をもって出されている。この時には，「単語図」，「連語図」などの5図と，「片仮名習字本」，「草体習字本」，「楷書習字本」および「小学算術書」となっている。以上3回にわたる布達により，ほぼ明治6年中までに出来した掛図類と小学教科書類を見ることができる。

　教科書の欠乏に困惑していた地方府県は，上記布達に接して，競って官版を翻刻使用したのであった。ここに，千葉県を事例として，その間の実情を見よう(注5)。

　　　小学教科書ノ内翻刻ノ儀ニ付督学局へ伺
　　先般小学教科書ノ内御省御蔵版ノ分上木ノ儀御許可相成候旨御布達有之ニ付当県下学校入用ノ為別紙書目翻刻各三千部宛刷行致度此段相伺候也　　明治六年十月七日
　　　　　書目
　一　習字初歩
　一　単語篇
　一　史略
　一　小学読本
　　右之通候也
　　指令
　　　　伺之通
　　　　刻成ノ上ハ三部納本可致事　　明治六年十月十三日

上の翻刻希望書目は，いずれもさきの布達107号に記載されたものであった。同布達には，掛図類もあったようであるが，その翻刻を希望していないのは，また師範学校掛図教授法が伝習されていなかったのではなかろうか。

　同じく12月22日にも，
　　　小学教科書翻刻ノ儀ニ付文部省へ伺
があり，今度は掛図ばかり13種を願出ている。これだけ揃えば，小学の入門教授に事欠くことはなくなったであろう。

　また栃木の場合には，翻刻でなく，現物払下げを願出て許可された事例があった(注6)。

　　〈明治7年〉　一月　先是学区取締ノ請ヒニ依リ小学教授図類数百部

払ヒ下ケヲ東京師範学校ニ照会ス是ニ至テ到達シ尋テ之ヲ配賦ス

明治6年中に払下方を願出て，現物が7年1月に到達したというのである。しかし，栃木県も他の県と同様に，自力による翻刻を実施したこともいうまでもない。

〈明治7年〉　一月二十三日県議以為ラク方今各校必需ノ書籍ハ小学読本ヲ以テ第一トス今ヤ之ヲシテ各地ニ普及セシメント欲セハ極メテ其価格ヲ低減シ以テ購求シ易カラシムルニ如クハナシ宜シク稟請ヲ経テ之ヲ翻刻スヘシト後チ二日^{即二十五日}此旨ヲ督学局ニ申請ス尋テ允セラル　其部数三万ト云

栃木県では同年7月25日にも翻刻許可を申請し，8月3日に允可されている。「其数百五十部」と記載されているのは，前回の三万部と懸隔がはなはだしい。これは，今回のが「小学教授図類」であり，図面であれば，児童各自に持たせる必要はなく，各校または各教室に備えれば足りたからであろう。こうして，明治6，7年にほぼ設立された各地の小学では，文部省や師範学校で刊行した教科書や掛図がゆき渡ることになったのであり，学監ダビット，モルレーが，長崎，兵庫，京都などを巡視した後の申報にも「予輩ノ巡視シタル学校中文部省発行ノ懸図地図教科書等ヲ用ヰルモノ尠シトセズ」とか「斯ク事業益進歩スルヲ以テ文部省発行ノ書籍懸図并ニ地図等モ亦大ニ行ハレリ」とかいう報告がなされている（注7）。たとえば小学読本であると，文部省（師範学校）が2種類を刊行したから，これが各地に翻刻されたが，やがて10年以降になると，民間からも私撰刊行する者が相次いで，各種の小学読本が思い思いに使用されるという盛況を呈している。以上をもって概観を終わり，次に学制教則期の掛図と教科書に分けて，主要なものを検討する。

(2)　掛図類

明治10年代には，民間私撰の小学読本が続刊されたのであるが，掛図類は，これと引比べるとほとんど官撰に限られ，公撰も私撰もきわめて僅少である。掛図による教授法が，Scottにより導入されたことによって五十音図や単語図などの図類が，最初に師範学校から出版されたために，これ

に加えるべき新工夫とてもないままに，民間からはあまり出版されないで終わったのであろう。

　掛図を集録した師範学校刊『小学教授書』は，教科書判33丁の黄表紙本である。同書望月文庫本の表紙2（扉）に「文部省編纂；小学教授書　全；明治六年五月師範学校彫刻」とあり，奥付はない。さきに掲げた明治6年4月29日の文部省第58号布達には，五十音草体図・五十音図・濁音図・数字図・算用数字図等を記載して，すでに各図面が着々作製されていた証があるから，同年4月以降に他の図も作製されて，それらが一括され『小学教授書』として同年5月刊行されたのである（注8）。本書に収載された掛図類は，

　　　五十音の図，　　　濁音の図
　　　半濁音の図，　　　草体五十音の図
　　　数字の図，　　　　算用数字の図
　　　羅馬数字の図，　　加算九九の図
　　　乗算九九の図，　　単語の図〈第一〜第八〉
　　　連語の図〈第一〜第八〉，線及び度の図
　　　形及び体の図

の計27面である（前述）。この中，算術関係の図を除くと，残り20面が国語関係の図となる。さらに，新刻図書便覧（前出）には，イロハ図があり，後に明治7年8月改正で連語図は2面加えられて（明治11年2月刊，大場助一註訳，小学教授本31丁オウに拠る。）計10面となった。このほかに，文部省第三年報（明治八年），文部省出版書目，現代国語思潮（日下部重太郎著）等の諸文献により，すでに前章で考察したとおり，明治8年5月から9年6月までの1年間に，西字図（ローマ字図也）5面，西字成音図（ローマ字 syllable 也）2面が文部省から出版されていたから，国語関係の掛図類は，これをも加えると総計30面にのぼるであろう（注9）。

(3)　教科書類

　さきに文部省小学教則に指示された教科書について考証を試みたので，本節においては，それ以外で当時刊行された教科書類を取りあげることと

する。

① **入門教科書**（参照第3章第2節入門期国語教授の資料）

さきに再度にわたって論考した文部省編纂，明治6年5月師範学校彫刻の『小学教授書』は，新潟師範学校の明治7年7月翻刻書，同年月の三重県，および豊岡県（現在兵庫県の一部）の翻刻書（年月欠）（以上3本東書文庫所蔵および家蔵），等の数例から見て，各地に広く翻刻されたようである。特に新潟師範学校あたりで翻刻している例があるから，師範学校や現場である学校に配付して，教師用に供したものであろう。したがって教科書とは認めがたく，入門教科書の第1号は『小学入門　甲号』とすべきである。

〔小学入門甲号〕

　　〈表紙1〉　小学入門　甲号　全
　　〈表紙2〉　明治七年十月；小学入門；文部省
　　〈奥　付〉　稟准　小学舎蔵
　　　東京発兌事体　　馬喰町二丁目
　　　　　　　　　　　木村　文三郎
　　教科書判　全76丁

本書成立の理由は，次のとおりである。

　　〈1オ〉　題言
　　学制ノ新ニ定マリシヨリ中小学ノ教則漸ク備ハレリ　而シテ児童ノ初歩ヲ教ルハ先ツ紙牌ニ大書シタル所ノ文字ヲ指示シテ之ヲ授ルヲ法トス　然レモ其紙牌タル大ニシテ出入提携ニ便ナラス　又人々ノ購求シ易カラサルヲ以テ家庭ノ訓導或ハ未タ備ハラス　温習モ亦竟ニ闕如ニ至ランコトヲ恐ル　故ニ今此書ヲ編成シテ家ニ教ヘサルノ父ナク戸ニ習ハサルノ童ナカラシメンコトヲ欲ス　是其専ラ軽便ヲ主トスル所以ナリ

上文中，「紙牌に大書シタル所ノ文字ヲ指示シテ」とは，師範学校作製の掛図類であろう。これでは，児童が携帯するに不便，価格も低兼とはいかず，それゆえ本書を出版して，家庭学習に便するとういう趣旨である。当時舶来していた，Willson's Readers の類が School and Family series（学校家庭叢書）と称していたのに示唆を受けた刊行であったかも知れない。掛図の集録であるから，内容は，さきに『小学教授書』とほぼ同じで，そ

334

の改題である。すなわち，明治7年10月14日付，文部省布達第25号（文部省布達全書明治七年17丁オ所収）に示された翻刻差許文部省蔵版書目には，

　　　小学入門甲号教授書改題　　文部省〈編輯〉

と明記している。

　　〈1オ〜7オ〉「四十七字」い_{以伊}　　ろ_{路呂}
　　　　　平がな・いろは
　　〈8オ〜15オ〉　五十音
　　　　　片仮名。
　　　　　『小学教授書』と相異する字は，「子ㇾ」「イ・エ」（ヤ行）
　　　　　「井ヰ」
　　〈16オ〉　　　ン。コ。ヒ。ヒ。ノ。（ママ）
　　〈16ウ〜19オ〉　濁音（ガ・ザ・ダ行）
　　〈19ウ〜20オ〉　次清音（半濁音也）
　　〈20ウ〜22ウ〉　数字（漢数字也）
　　〈23オ〜ウ〉　算用数字
　　〈24オ〉　　　羅瑪数字の図
　　〈24ウ〜25オ〉　加算九九の図
　　〈25ウ〜26オ〉　乗算九九の図
　　〈26ウ〉　　　（余白也）
　　〈27オ〜60オ〉　単語図第一〜第八
　　〈60ウ〉　　　（余白也）
　　〈61オ〜70ウ〉　連語図第一〜第十

　『小学教授書』所載の師範学校連語図は談話体であったが（前掲），明治7年8月に文部省が改正して文語体とし，さらに2画を追加して第十までとした。たぶん，談話文体に不慣れの当時であるから，世論の不評などもあって，その不自然さを訂正したのであろう。

　黒川真頼のごときは，「小学教授書につきての論」を洋々社談に掲載し，次のように談話体連語図を攻撃している（注10）。

　　小児ニ書を教ふるハ何ぞ道を志るべきハ勿論大人ニありての後其の文章を以て日用の便あらしめむがためありしかるを小学教授書という書ニ曰く此れハ何の花でありますガ此れハ梅の花でありますと此の如き

文章を教ふるハ今の小児の大人になりてあ、る文章をも用ゐさせむと
　　ふるべけれとされと五年十年過ゆくともか、る文体は用ゐるべくも
　　もハれす若し用ゐざらしむゝハ無用の文体を教ふるに似たり
　　文章ハ人のつねにいふ詞より詞をゑらびてつゝるべきハ自然のさだ
　　まりありサウデアリマスカウデアリマスゝどいふ詞ハ教ふるゝ及ばす自
　　然ゝその土ゝならむしありて聞をぼへ言おぼゆるものあり何ぢこれを
　　普通に教ふべきものとせむ

　黒川の一文は，談話体連語図に対する正面からの批判であった。そして，このような文体は将来とも使われないだろうという黒川の見通しは，文部省の見識には及ばなかったし，日常語は教授する必要なしという考えかたも正しいとは思われない。しかし，当時の世論は，ほぼこのようなものであったと想像される。文部省は明治7年10月，この連語図を文語体に改正した『小学入門　甲号』を刊行して，世論に答えたのであるが，『小学入門』の文部省内における著作者は榊原芳野であるというから(注11)，榊原が文語体に改訂したと推定される。黒川の前記文章が発表された洋々社談第3号は8年6月であり，すでに『小学入門』出版後であって，文語体に改訂されていたはずであるが，なおこのような文章が掲載されたのは，当時『小学入門』とは別に，従来の『小学教授書』も，あるいはその原拠である師範学校連語図も，普通にひきつづき使用されていたからであろう(注12)。なお，洋々社の同人として，黒川も榊原も名を列しており，この第3号においても，「水品署」の一文が榊原によって執筆されている。それから，黒川の引用した「此れゝ，何の花で，ありまゝか。此きゝ，梅の花で，あります。」という談話は『小学教授書』(20丁ウ)「第一連語の図」に出ている（前掲）。次に『小学入門』で改正された連語図第一を掲げる。

　　〈61オ〉　連語図第一
　　神ハ天地の主宰にして人ゝ萬物の霊なり〇善道を以て身も修め　信義
　　を以て　人に交る〇親子の間ハ親愛を主として兄弟の際ハ友愛を専と
　　す〇親の父を祖父といひ　親の母を祖母といふ〇親の兄弟を伯父叔父
　　といひ　親の姉妹を　伯母叔母といふ
　　〈61オ〜70ウ〉　連語図第一〜第十
　　〈71オ〜73ウ〉　線及度図

〈74オ〜76ウ〉　面及體図
〔小学入門　乙号〕
　〈表紙1〉　　入学入門乙号　全
　〈表紙2〉　　明治八年一月；師範学校編輯・文部省刊行
　〈奥　付〉　　学校用書賣捌　　書肆　秋田大曲駅
　　　　　　　　　　　　　　　　　　板屋五郎左衛門
　　　　　　　　　　　　　　　書肆　川越鍛冶町
　　　　　　　　　　　　　　　　　　碇屋三郎兵衛

　教科書判　全31丁
上記文部省布達25号の蔵版書目によれば、『小学入門　乙号』教授書改題同（右に同じの意で、右は「東京師範学校」）とある。甲号乙号ともに文部省の蔵版である。すなわち、文部省が甲号を編纂して3か月、東京師範学校は乙号を編纂している。甲号・乙号ともに大きな相異は認められないが、それは次のとおりである。

〈1オ〜2オ〉いろは図（甲号四十七字）
　　い　　ろ　　は　　に　　ほ
　　ｗ　　㐂　　者　　ゐ　　不

　甲号では、平仮名の下に行草2種の字体を並置した。乙号では、上掲のように別体（変体）仮名を1字だけ置いた。また、「いろは」の後尾に「んを」を追加した。それから、末尾「面及体図」につづけて、乙号では色図（31オ・ウ、ただし丁数をつけない。）を2面追加し、それには上欄に「明治七年八月改正・色図．文部省」とそれぞれ記入している。他は文字の配置や挿絵に変更を見た程度である。

　『小学入門』は、甲号・乙号とも、広く各地で使われ、したがって、各様の装釘をした小学入門が、各所で翻刻されていた。大部分が和綴であったが、判型には大小各種があったし、中には四六判・洋装をこらし、当時舶来された米国の Reader に模して、薄緑色厚紙表紙のしゃれたものも見受けられた（注13）。

〔小学指教図〕
　明治12年1月、文部省、全9丁文部省出版書目（前出）に、
　　　小学指教図　全五面　十二年一月　内田嘉一著
　　　　　　　　　　　　　金壱円四捨銭
とある。やはり、掛図の集録である。
　内容は次のとおり（注14）

337

〈1オ〉第一小学指教図（平がないろは）
　　　〈1ウ〉第二小学指教図（片かな五十音）
　　　〈2オ〉第三小学指教図（上段　濁音半濁音図）
　　　　　　　　　　　　　　（下段　合字・数字）
　　　〈2ウ/3オ〉第四小学指教図（単語図　いぬ〜すだれ）
　　　〈3ウ/4オ〉第五小学指教図（同上　びは〜た／いほう）
　　　〈4ウ/5オ〉第六小学指教図（同上　ばうし〜り／やうがけ）
　　　〈5ウ/6オ〉小学指教図　乗算呼声・九九合数
　　　〈6ウ/7オ〉小学指教図　加算並減算呼声
　　　〈7ウ/8オ〉小学指教図　除算呼声上（九帰法）
　　　〈8ウ/9オ〉小学指教図　同上下（撞除法）

本書では，国語科目からみると，『小学入門』の連語図が姿を消してしまっている。面体線度色等の図も見えない。すべて10面である。文部省出版図書目に5面とあるのは，1枚を表裏両面に用いた5枚の意であろう。文部省第七年報（明治十二年）附録（P.6）「明治十二年文部省編纂図書目」には，

　　　小学指教図　全十面

と掲げている。学制崩壊の終末にあった明治12年であるから，本年報に記載する学事巡視功程（中島永元開申）や各府県年報を見ると，教則は極度に簡易化されており，「多クハ学期ヲ短縮シ教科中従来ノ単語ニ換フルニ村名等ヲ以テシ筆算ヲ後ニシテ珠算ヲ先ニシ色図形体線度図物品問答等ノ課目ヲ軽クシ読書算術ノ実力ヲ付スルニアリ」（附録P.13　巡視功程中長崎県総論）という実情に応ずるため，文部省も思いきって簡略な図面を作製したものと推定される。

② 綴字教科書

　綴字では，Noah Webster の The Elementary Spelling Book（注15）がもっとも一般的であったから，本邦にも早くから渡来し，明治初期から翻訳されていた。

　　　挿訳綴字書・第一篇　　　明治4年12月便静
　　　　　　　　　　　　　　　居刊志水洋游訳
　　　挿訳綴字書・第二集（ママ）明治6年1月便静居刊
　　　英語一覧　　一枚（ママ）推刻書目壬申5月
　　　　　　　　　　　　　　　6オ所載島次三郎
　　　通俗英語箋　一冊　　　　推刻書目壬申6月2オ所
　　　　　　　　　　　　　　　載著述出版共青木輔清

第 4 章　国語科各種目の教授法と教授資料

　本邦の綴字書は，Alphabet を五十音に引き当て，かなづかいを記述したものとなっている。次に学制教則期に出版された主要な綴字書をあげる。

〔小学綴字篇 第一教綴字篇〕
〈扉〉　片山淳吉著　明治6年1月
　　　　横山由清閲　万巻堂，魅文堂発兌　〈教科書判　本篇36丁　附説上17丁，附説下38丁〉

本篇奥附に載せた「報告書」に「此書ハ米国ノ語学家ウェブストル氏著ス所ルペルリン，ブックニ倣ヒ我国五十音ヲ根拠トシテ字音綴字ノ法ヲ教ル書ナリ　而シテ本篇ヲ三綱ニ別チ一ハ国字清濁ノ正音ヲ教ヘ一ハ国語綴属ノ法及ビ音便ノ転訛ヲ教ヘ且画図ヲ加ヘテ童蒙会得ノ一助ニ供シ一ハ古来韻学者流ノ典故ニヨリ詳ニ漢呉ノ字音ヲ教フ（下略）」と述べているのは，内容の正確な紹介だといえる。

　　　　国字原音（発音也）
　第一課　母音又母字
　第二課　父音又父字
　第三課〜第五課　子音
　第六課〜第七課　濁音・半濁音
　第八課　片仮字五十聯韻音ノ図
　第九課　濁音字
　第十課　類似音差別併鼻音字　又　聚合字・畳字
　第十一課　字形暗記ノ試検
　第十二課　平仮名五十音字正体ノ経（タテヨミ）
　第十三課　平仮名五十音字変体ノ緯　鼻音字併ニ続音字（ヨコヨミ・オクリジ）
　第十四課　平仮字正変両体　濁音半濁音字　附り平仮名正変字集
　第十五課　数目　基数・大数・小数
　第十六課　一綴之語（かなひとつのことば）
　第十七課　二綴之語
　第十八課　三綴之語
　第十九課　四綴之語
　第二十課　五綴以上ノ語
　第二十一課　平上去三声之一　漢呉並唐音仮字要例
　第二十二課　漢呉唐音　三声ノ二
　第二十三課　漢呉唐音　三声ノ三

339

第二十四課　漢呉唐音　三声ノ四
　　第二十五課　漢呉唐音　三声ノ五
　　第二十六課　漢呉唐音　入声ノ一
　　第二十七課　漢呉唐音　入声ノ二
　　第二十八課　漢呉唐音　入声ノ三
　　第二十九課　促音　和音雅俗混淆
　　第三十課　半濁音並ニ近世ノ延音促音　外国訳語新延音新促音ノ仮字例〈11丁ウ〉

〔小学綴字篇附説巻之上〕
　　〈1オ〉　人ハ万物ノ霊タルユエン　附　言語ノ事
　　〈2ウ〉　本邦文字の起原　附　阿伊宥衣於, 伊呂波ノ事
　　〈7ウ〉　語学文法ヲ定ムベキ説　附　日本ノ語法ハ支那諸国ニ勝レタル事
　　〈11ウ〉　字音正シカラザレバ書籍ノ義理ヲ分暁スル能ハズ音声明カナラザレバ人々思念ヲ通ジ難シ　附　一字ノ異ニシテ自我他我ノ産別アル事
　　五十音ヲ基礎トシテ教ヲ立ツベキ説　附　伊呂波ハ教ヘテ益ナキ事

〔小学綴字篇附説下〈表紙記載〉〕
　　綴字篇教授方法（本篇の教授法解説書也）

　以上, 本篇が教科書, 附説下巻が教授書で, 附説上巻は,「若シ十三四オニシテ既ニ字ヲ識ル者ニハ上巻ノ素本ヲ与ヘテ独見セシメ質問ヲ許シテ可ナリ」（下巻緒言一ウ）と述べているから自習書ということができる(注16)。

〔小学綴字書〕文部省, 明治7年9月刊,「榊原芳野編次」と本文冒頭に記載。「木村正辞, 黒川真頼同訂」
　　　　　　教科書判　全1冊47丁,
「明治七年六月, 榊原芳野識」とある「例言」5項があり本文にはいる(注17)。
　　〈1オ〉　伊呂波仮字　（平がな）
　　〈2オ〉　国音五十字　（片かな）
　　〈3オ〉　濁音二十字　次清音（片かな）
　　〈3ウ〉　仮字別体・片仮字別体
　　〈5オ〉　第一「あか　赤」等26語（2字綴也）
　　〈5ウ〉　第二「いか　烏賊」等20語

第4章　国語科各種目の教授法と教授資料

〈6オ〉　　　第三「うき　泛子」等22語
　　　　　⋮
〈20ウ〉　　第^四_{十一}「をか　岡」等10語
〈21オ〉　　^濁_音第^四_{十二}「げた　下駄」等15語
〈21ウ〉　　第一「あかね　茜」等（3字綴也）
　　　　　⋮
〈35ウ〉　　第九「わかし　若」等
〈37オ〉　　字音部第一「あい　愛」等
　　　　　⋮
〈42ウ〉　　字音部第十
〈43オ〉　　拗音書法第^十_二「きや　伽」等
〈44ウ〉　　附，音便呼法「ぜんあく ナ　善悪」等

〔小綴字翼〕全1冊，榊原芳野編・刊，明治8年1月
　　　　　　須原屋他15人売，教科書判　28丁

「例言」に「本篇官刻（前掲「小学綴字書」のこと）已ま竣りて童蒙綴字の梯これより善きはなし　然れとも二言三言に止まるを以て四五言ま至りては或ハ謬誤を免ざらんを恐る是を以て今西洋諸国の綴字書皆首に字々の配合を挙げ末ま部門を設けて長短言語を教ふるま倣ひ追刻もるに此翼を以てす」と述べたとおり，3綴の語で終わっている官板編修の全力をもって，ほぼ単語篇に模して部門別に，挿画（官板同様，北爪有卿也）を各葉に配し，単語を配列してある。

〔小学綴字書〕山梨県蔵板，遠藤宗義編次・田口小作校正　明治10年6月出版，
　　　　　　内藤伝右衛門発兌　教科書判　全24丁

「例言」に「書中綴リノ字数ニヨリテ課ヲ分チ第一課ヨリ逐次第十課ニ至ル　而ノ一課中語ノ頭字即五十音ノ順序ニ従テあノ部ヨリをノ部ニ至ル」「第一課二綴リノ語ハ第八級ニテ授クベシ　然ℇ単語図中ノ文字ヲ綴ラシムル際ニ二綴以上ノ語ヲモ授クベシ」，「第二課三綴以上ノ語ハ第七級ニテ授クベシ　然ℇ生徒ノ学力ニ応ジ可及的之ヲ授ク強テ尽ク之ヲ授クルヲ要セス」，「本篇ハ専ラ語ノ綴リヲ挙ルモノニテ字音拗音便ノ如キハ省テ載セス」とあるによって，内容とその取扱いかたがわかる。

〈1オ〉　　第一課は「二綴の語」で「あは，粟・淡」，「あわ，泡・沫」などから「をる，折・居」，「をゝ，唯々」などまで。
〈6オ〉　　第二課は「三綴の語」で「あうむ，鸚鵡」。「あはび，鮑」

341

　　　　　　　　　など。

〈14オ〉　第三課は「四綴の語」で「あわゆき，沫雪」，「をゝかは，韋」など。

〈20オ〉　第四課は「五綴の語」で「あまのかは，銀河」，「をかつゝゝ，芋茵」など。

〈22オ〉　第五課は「六綴の語」で「あをひとぐさ，蒼生人民」，「おのころじま，磤馭廬島・日本の古称なり」など

〈22オ〉　第六課は「七綴の語」で「あはせのころも，袷」など。

〈23オ〉　第七課は「八綴の語」で「うぐひものいひね，恆山，木なり」など。

〈24オ〉　第八課は「九綴の語」で「おほとねりのつかさ，大舎人寮官名」など。

〈24オ〉　第九課は「十綴の語」で「おほかゝはひのつかさ，大膳職官名」など。

〈24オ〉　第十課は「十一綴以上の語」で「おほゝまつりごとのつかさ，太政官　官名」ほか2語で，全篇を終わっている。

〔下等小学綴字編　全〕　神矢蕭一。土谷甚四郎閲，三浦純一編輯，明治12年1月刊　鳩居堂（熊谷幸祐）梓，教科書判13丁

〈1オ〜6ウ〉　第一〜第三十二　各葉共上半分挿絵，「あは，粟」から「をる，居」まで。2綴語。

〈7オ〜13オ〉　第一〜第九　「ゐわぢ，淡路」から「をむな，女」まで，3綴の語。

　以上数種の綴字書をみるに，かなおよびその発音があるものとないもの，2・3綴語のものと4綴以上の語に及ぶものとがある。なお，綴字教科書は，その他にも刊行をみているが，内容は以上数種のものと大同小異であろう。次に内務省版「版権書目」について書名だけを列記する(注18)。

　第壱号　明治八年十二月分（P. 58）

　　綴字本　　中本　補訳者　土肥鋭之進　　千葉県士族
　　　　　　　一冊　出版人　諸井　巴　　　熊本県平民

　第弐号　明治九年七月分（P. 107）

　　小学綴字書　中本　編輯者（内海共之・中島令）飾磨県平民
　　　　　　　　二冊　出版人　中川利兵衛　愛知県平民

　　　　明治九年十月分（P. 117）

　　小学綴字初歩　小本　編輯者　小林　翼
　　　　　　　　　一冊　出版人（安井登哉・若代正）敦賀県士族

第参号　明治十年十月十二日出版（P.130），第九門学校教課書（P.152）

小学綴字大成　中本　著者　榊原芳野
　　　　　　　一冊　出版　田中清兵衛
小学かなゐひ　中本　著者　荒井幸周・東京府士族
　　　　　　　一冊　出版
藤谷守　　　　中本　著者　藤谷守，堺県士族
編輯　小学綴字書　一冊　出版　北村佐平　同県平民
綴字初学　　　中本　編輯　千田一十郎　□□県士族
　　　　　　　一冊　出版）高橋　恕　大阪府士族

第六号　明治十一年五月十五日出版（P.197）第九門（P.207）

生徒必用新選綴字書　小本　著者　藤本勝次郎　愛媛県士族
　　　　　　　　　　一冊　出版　藤井金太郎　同県平民

③ 単語教科書

　単語教科書は一般に「単語篇」と呼ばれ，文部省から出版された。この署名が単語を部門別に集録したものの普通名詞で会ったことは，幕末から維新当時にかけて，英独仏の単語篇が出版されていたことをもって考えると既述したとおりである。

　ところで，文部省編刊の単語篇は，各地に翻刻されて，数種の異本を生じている。異本といっても本文が3編から成ることに異同はなく，附録の部分と，冊数によって種類に分けられる。次に家蔵の単語篇について述べる。

〔家蔵・単語篇〕全3冊，刊記欠。189mm×127mm

　単語篇一

　　〈1オ〉いろは……もせす
　　〈1ウ〜2オ〉　五十音，片かな　〈2ウ〉　余白
以上2丁が附録で，次に「単語篇」とあり本文である。部門別で「数」「方」「形」以下25に分けている。〈1オ〜12オ〉

　単語篇二

　　〈首〉　喉音呼法・濁音・半濁音
　　オ・ウ
以上1丁が附録で，次に「単語篇二篇」とあり本文である。「方」「形」「色」以下19部門に分けている。〈1オ〜11ウ〉

　単語篇三　「単語篇三篇」

　　歴代帝号　〈1オ〜4オ〉　〈4ウ〉　余白
　　年号盡　〈5オ〜9ウ〉

343

苗字略　　〈10オ〜19オ〉

附録。いろは歌の字体は「れ・に・や・し」の4字が今日とちがっている。五十音の字体は，すべて今日と一致している。

喉音呼法（第2冊）は，

|開| ア　イ　ウ　エ　オ
|開| ヤィ　イィ　ユィ　エィ　ヨィ
|合| ウﾞ　ヰｳ　ウｳ　エｳ　ヲｳ

とある。ア行母音と，ヤ・ワ行子音との発音の相異を示したもので，原音Y，Wが母音と合してヤ・ワ行を構成する意味である。

濁音は，ガ・ザ・ダ・バ行の上に，|牙| |歯| |舌| |唇| と発音の別を示す。

半濁音では，

|牙| カ゚　キ゚　ク゚　ケ゚　コ゚
|唇| パ　ピ　プ　ペ　ポ

の2行を出している。いわゆる鼻濁音を半濁音に数え，字肩に「ヽ」を打って示したのは珍しい。

本文。第一・二篇の部門別語数を比較すると次のようになる。

部門 篇	数	方	形	色	度	量	衡	貨
一	14〈語〉	8	14	16	6	7	5	6
二		7	5	7				

田尺	時	天文	地理	居處	人倫	身体	衣服	布帛
4	7	15	39	29	27	22	15	11
	15	12	22	24	24	20	18	16

飲食	器財	金石	穀菜	果類	草木	鳥獣	魚蟲介	計
8	74	7	17	7	14	23	20	415
12	71	11	24	12	32	32	36	400

一篇の数・度・量・衡・貨・田尺の6部門が二篇にない。単語数総計815語である。

第三篇の単語は，固有名詞である。

　　歴代帝号　　122語 ⎫
　　年号盡　　　230語 ⎬ 765語
　　苗字略　　　413語 ⎭

「文部省出版書目」（前出）には，単語篇　全三篇　四年四月ヨリ金拾八銭五厘と記載されているが，文部省の設置以前に発売したこととなり，この刊記は不審である。冊数は家蔵本と同じである。

文部省第一年報（明治六年）（p．117オ）には，文部省の編輯事務を報じた末尾に「又別ニ省中ニ於テ編書課ヲ置キ以テ専ラ教科書ノ闕乏ヲ補フ其既ニ刻スル所ノ書数左ノ如シ」として，「単語篇同二部五冊」とある。二部五冊とはどのような分冊にしたのか，そのような現存本は見当たらない。

次に各地で翻刻されたものの数種をあげる。

　〔静岡県翻刻本〕〈扉〉「明治五年・文部省」
　　〈奥付〉「官許 静岡県重刻」，〈前小口下〉「文部省」

いろは・五十音の次に「四種活用図」があり，単語篇の初篇がつづいて12丁ウに至り，番外的に喉音呼法・濁音・半濁音がはいり，さらに単語篇二篇三篇がつづいて全1冊の体裁となっている。家蔵本の五十音の後に四種活用図を挿入して，すべてを1冊にまとめた形である。四種活用図とは，本居春庭著「詞八衢」上に収められている「四種の活の図　幷受るてにをは」を転載したものである（注19）。

　〔宮城県翻刻本㈠〕〈扉〉　「官許，宮城県翻刻　刊記欠。」

いろは；五十音；喉音呼法；濁音；半濁音；四種活用図；単語篇初篇で1冊にまとめたもの。

　〔宮城県翻刻本㈡〕〈扉〉　「明治六年，宮城県翻刻」「壱万部限」

いろは；五十音；四種活用図；単語篇初篇で1冊にまとめたもの。

　〔千葉県翻刻本〕〈扉〉　「明治五年　文部省蔵板　明治六年　千葉県翻刻」

宮城県翻刻本㈠に，単語篇二篇・三篇をまとめて1冊本としたもの。

以上の翻刻本の扉の記載から推定して，文部省の発刊は明治5年として

よいであろう。これらの翻刻は，本文である3篇は同一で，附録の部分および冊数に異同があるので，第1種の異本とすることができる。

次には，文部省本の内容を編成替した異本を示す。すなわち，第2種の異本とする。

〔山梨県重刻本〕　全2冊　〈表題〉「官版単語篇」
　　　　　　　　　　　　〈扉〉「山梨県重刻」
　　　　　　刊年欠。〈前小口〉「文部省」

　第一冊　冒頭附録は，いろは；五十音；四種活用図；喉音呼法；濁音半濁音を載せ，一から四までの丁数を附す。次いで「単語篇初篇」とし，8オまでに「布帛」まで載せ，「飲食」以下を削除して第一冊とした。

　第二冊　単語第二篇の冒頭から始め「居處」まで載せ，これに第一冊で割愛した初篇の「飲食」以下をつづけ，初篇末尾の部門「魚蟲介」の終わりまでを収めて第二冊とした。部分的な組替をした本である。

〔小学字類〕　〈扉〉「山梨県蔵版」　刊年欠。
　　　　　　教科書判　16丁

前項の山梨県重刻本と似ているが，次のように単語篇一・二篇を収めた点がちがっている。

小学字類甲第一号
　官本「数」を省略，「方」から載せる。

　　〈2ウ～〉　甲第二号　さきにつづいて「居處」まで。
　　〈4オ～〉　甲第三号　さきにつづいて「布帛」まで。「飲食」以下削除。
　　〈5ウ～〉　乙第一号　官本第二篇冒頭「方」から「地理」の『街道』まで。
　　〈7オ～〉　乙第二号　さきにつづいて「居處」まで。これにさきに削除した「飲食」「器財」の「鐙」まで。
　　〈8オ～〉　乙第三号　さきにつづいて「果類」まで。
　　〈9ウ～〉　乙第四号　さきにつづいて初篇末尾「魚虫介」まで。
　　〈10ウ～〉　丙第一号　さきに削除した官本篇二篇「人倫」から「衣服」まで。
　　〈12オ～〉　丙第二号　つづいて「器財」の「簪」まで。
　　〈13ウ～〉　丙第三号　つづいて「穀菜」の「胡蘿蔔」まで。
　　〈14オ　〉　丙第四号　つづいて「草木」まで。

〈15オ〜〉　丙第五号　つづいて末尾「魚虫介」まで。
〔假字単語篇〕　〈扉〉　「山梨県版」　刊年欠。教科書判
　　　　　　　　　　　　各篇別丁数，計17丁
　初篇（4丁）

　　　　数スウあぜ　イチひとつ　㊁ふたつ　㊂三つ　㊃よつ

のように，官本をかなに直して，第三篇（5丁）まで全部収載，末尾に「北海道十二図」○をしは　○ありべし　以下「国名」をかなで示した。

〔假名附　単語篇〕〈扉〉　「明治7年　文明堂板」
　　　　　　　　　　　　刊月欠。教科書判　25丁
官本に片仮名のルビをふったもの。

〔小学教授書　単語之部一・二〕
　東京府編刊。　　教科書判一（39丁）・二（28丁）
　刊年月欠（注20）。稲田佐兵衛他発兌

単語之部一　五十連音図；喉音呼法；濁音半濁音；通音；運辞三転略図併和歌；四十七音；四種活用図；単語篇初篇　附録として，重要単語に音訓を付した一覧表1枚。

単語之部二　単語篇官版第三篇。

末尾に「菱潭寛書」とある。書家巻菱潭の筆である。

以上は官版単語篇とそれに関する異本をあげたのであるが，それらと関係なく民間で私撰された単語教科書のうち，主要な数種をあげる。

〔皇朝単語字類〕　〈奥付〉　「明治六年三月官許，」万青堂発兌
　　　　　　　　　　　　　巻之二（数）　教科書判全35丁

小室樵山鈔併書とある（注21）。官本所収以外の単語をも集録し，各単語に音訓を付け，官本と似た部門で配列している。楷書というよりも行書。

　　　金　石　〈2オ〉

琅玕。　　青珠。　　寶石。　　玻瑠。　　火斉珠。　　硬石。
　　　　　　るり　　　　　　　うんぼ　　くわせいしゅ　なんせき
　　　　　　　　　　　　　　　　　　　　ヒトリダマ
硝子。　　瑠璃。　　雲母。　　白石英。　紫石英。　　放光石。
ぴいどろ　　　　　　　　　　　　　　　　　　　　　　ボサイシ
石炭。　　蛭石。　　蠟石。　　青田石。　雞血石。
　　　　　　　　　　らうせき

他に器財，穀菜，果類，草木，国郡附県などの部門に分かれる。

〔単語読本〕　熊谷県出版，紀元二千五百三十四年（明治7年）；（注22）。
　　　　　　博文堂，須原屋発兌；活字印刷を使用

巻一（教科書判全19丁）　第一節

　　数一二三四五六七八九十百千萬億兆京半零

　　第二十五節

　　度丈尺寸分釐毛量石斗升合勺抄撮

　　衡貫匁分釐毛

347

坪町段畝歩
　　　貨圓錢釐
　　全巻を25節に分かつ。官本に増補した単語集。教則にある「単語読方」
　に使う教科書であるから，書名に読本を付したのであろう。
　　　巻二（20丁）　第一節
　　　　天球　　大陽(ママ)　　大陰　　日蝕　　月蝕　　日光　　月光　　新月
　　　　満月　　弦月　　行星　　恆星　　衛星　　彗星　　流星　　銀河
　　　　蒸気　　電気　　梅雨　　驟雨　　時雨　　日向　　日影　　旭日
　　　　落日　　氛圍気
　　　第二十一節　〈末尾〉
　　　　實體　　三角　　橢円　　周圍　　直径　　直角　　斜角　　垂直
　　　　水平　　平行　　平面　　側面
　　〔単語拾遺〕　上下2冊：「明治七年第三月大垣野村煥識」の序あり。
　　　　　　　　　浅野明道著，皓月舎発行
　序によれば，官本が簡に過ぎて闕があるので本書を述作したという(注23)。
部門にも官本にない新目がある。
　　　巻上（教科書判全28丁）
　　　　〈1オ〉大　数　　一　十　百　千　萬　億　兆　京　垓　秭　穰
　　　　　　　　　　　　溝　澗　正　載　極
　　　　　　　　　　方　　表，裏，彼方，此方，遠，近，中央，隅
　　　　〈15オ〉官　職　　太政大臣，左大臣，右大臣，参議，内史，外史
　　　　　　　　　主記　（下略）
　　　〈新丁1オ～13オ〉御世御世之大御名
　　　　　天之御中主神，高皇産靈神 亦称高木神，神皇産靈神，〈以下皇統〉
　　　巻下（全27丁）
　　　〈1オ～9ウ〉苗　字　　秦　畑　原　伴　轟　長　岡　（下略）
　　　〈10オ～18ウ〉　大日本国尽「畿内五个国」から「西海道十一个
　　　　　　　　　　国」まで。府県名（三府六十県），世界国尽（三大地，
　　　　　　　　　　六大洲，五大洋）

　　　　　　　　　　　　　　　　上羽勝衛纂；明治七年春二月
　　　　　　　　　　　　　　　　大観堂蔵版；教科書判　2冊，
　〔続単語篇〕　〈扉〉　　　　本文冒頭「続単語篇乾」　全16丁
　　　　　　　　　　　　　　　　前小口「巻之一」

348

巻之一
〈1オ〉天　文　惑星　彗星　恆星　銀河　夕陽　地震　颶　霾
　　　　空気　光　影　炎　濕乾　明暗　朦朧
〈1ウ〉　昔　今　去年　来歳　頃日　以後　日暮　深更　未明
　　　　正午　一週日　日曜　月曜　火曜　水曜　木曜
〈2オ〉　金曜　土曜　天長節　（中略）
〈5ウ〉疾病　傷寒　頭痛　中風　麻疹　（中略）
〈11オ〉雑　部　浄汚表裏　（中略）　慰　試　乏　此　其
　　　　宜敷　常常　不快　掲示　尽力　世話　（下略）

　以上官本の単語も多少混入しているが，大部分は新選され，しかも，雑部には抽象名詞，代名詞，動詞，形容詞，副詞，連体詞その他の単語にまで及んでいる点に特色がある。

〔童蒙単語往来〕　本多栄雄著；明治七年甲戌十二月
〔必読単語往来〕　思明楼蔵版；四六判　37丁

　往来物の体裁に模して行書体，漢字の右旁に音（平かな）または訓（片かな）を付す。官本の単語をさらに補ったもの。単語読方・単語諳誦に使う教科書である。次に部分を抄出する。

〈1オ〉　夫単語と八単の語と云事ぉして童児
　　　　　　　（それたんご）（ひとつ）（ことバ）（いふ）（どうじ）（ワラベチゴ）
　入學の初め多くの物品を覚ゆる為め
　（ようがく）（をじ）（おほ）（ぶつめい）（おぼ）（モノ、ナ）
　勉發て暗記もるき也　先数字をも
　（つと）（あんき）（なり）（まづすうじ）（ソラヲボエ）（カズジ）
　一二三四五六七八九十廿百千
　萬億方角ｓ東西南北是を四方
　といひ乾坤巽艮これを四隅といふ
　此他上下左右前後中央等の名ぃあり
〈音訓略〉　　　（中略）

〈11オ〉　又此地球上ぉゐる国名ｓ，亜細亜，亜弗利加，欧羅巴，南北亜墨利加，澳地利亜，これを世界の六大洲といふ，先亜細亜，洲内の国二八，大日本，支那，満洲，魯西亜，高麗，蒙古，西蔵，安南，暹羅，印度，彼路直坦，亜加業坦
〈19オ〉　水夫，火丁，俳優，娼妓，歌妓，舞子，卜者，雇夫，車夫，等迨各自，自由の権利あり……

〈37オ〉　又鯨鰐鮫鯢杯,是等𪜈類ﾑ海獣とて,海に生立獣ふ𠄏

（中略）　　〈終〉

〔単語五千字〕　吉岡孝始著,明治七年第二月発兌,積玉圃・種玉堂蔵梓
　　　　　　　柳原喜兵衛他発売　教科書判　全98丁

「真行二体浪華頓田海石書」と副書している。官本以外の単語も交え,部門別も官本とほぼ同様である。

〈21ウ〉　〈行書体〉　社日(しやにち)。　翁雨(しやにちのあめ)。　大前年(さｷﾞをどうし)　節間(もんび)。
　　　　〈真書体〉　社日　翁雨(オウ)　大前年(ダイセンネン)　節間(セツカン)

のように,2体を並記して,習字との関連を考慮している。

　以上数種からみて,いかに漢字の盛行した当時でも,その音義は難渋をきわめたから,民間私撰の単語集は,おおむね解説や絵図が添えられていた。官本のように,単に単語を配列しただけのものは,ほとんど見られなかったといえる。次に,内務省版権書目中から,学制教則期に出版された単語教科書を抄出する。

　　第壹号
　　〈明治八年十月分〉
　　単語集解　中本六冊　著者 清水謙吾　出版 同人　東京府平民
　　単語篇二編　著者 秋田県大平学校　出版 同
　　通俗増字単語図解　第五　大本一冊　全安倍為任　全同人　東京府士族
　　〈明治八年十二月分〉
　　単語篇図識　中本三冊　全 山岡景命　全 古河伊助　滋賀県士族　同 平民
　　標註略解単語篇　大本三冊　標註者 田中正誠　新潟県士族三冊周平　出版人 松田同　平民
　　単語三篇　小本一冊　大平学校校　秋田県
　　第五号
　　〈明治十一年三月廿五日第五号出版〉
　　小学単語話言甲号　五十音　中本一冊　著者 吉良雄風　出版　大分県士族

④　連語教科書

　連語教科書はすなわち連語篇である。文部省教則にもこの名は見えない。連語教授は,もっぱら連語図によって実施されたと考えられる。したがって,連語篇の出版はきわめて希有であり,参照し得た次の二つの文献以外,東京近傍の図書館には見られない。

350

第4章　国語科各種目の教授法と教授資料

〔改正連語篇　初篇〕　〈扉〉埼玉県改正局；明治六年五月刻成
　　　　　　　　　　　　　　　　　　同九年十一月再刻
　〈1オ〉　教科書判全12丁；〈奥付〉明治九年三月　藤沢喜代治
　　　　　望月文庫・東書文庫所蔵

日月ハ天ニ耀ク。草木ハ地ニはえふ。人ハ萬物ノ霊にして，智識最も勝はゞ、その。獣ハ能く走り，鳥ハ能く飛ひ。魚は能く泳く。水は高きより低きに流き　霧は上ル。雨は下る。

〈1ウ〉　大日本は東半球ニ。東の方ニあたり。暖帯の中にアル。一つノ島国なり。むかしハ豊葦原乃瑞穂国。ハまた蜻蛉洲
　　　　　　　トヨアシハラ　ミツホノ　　　アキ　シマ
　　　　　浦安ノ国ともﾏヒひけり。
　　　　　ウラヤス

〈2オ〉　全国の米穀。年々収納ノ大概は。三千七十余萬石。人員の大凡ハ。三千五。百余萬ふり。（中略）

〈4ウ〉　地球ノ形ハ円くして。周囲ハ一萬零百九十三里余。其四分
　　　　　　　　　　　　　　　　　　　マハリ
　　　　　の一ハ陸地ニて。四分の三ハ海水ふり。（中略）

〈13丁ウ〉　当時日本の同盟は。米利堅，和蘭陀，魯，英，仏，
　　　　　瑞西，独逸，葡萄牙，白耳義，伊太利，丁抹，瑞典，
　　　　　スイツツル　　　　　　　ベルギー　　　　　　　デンオーク
　　　　　墺地利，西班牙，哈維，支那等の国々なり，　　終
　　　　　　　　　　　　　　ハワイ

　連語は，今日の句や文に相当したから，単語を学習した次の段階が連語で，それから文章を読本について学ぶのであった。いわゆる語学主義の教授段階を踏んだのである（後節に詳述）。埼玉県改正局の初刻本の見られないのが残念であるが，明治9年の上掲改正本にも，最初は重文を列挙し，次いで2文か3文を連らねたものをあげている。初刻本と同年月に文部省が発刊した「小学教授書」（前出）の収載している連語図8面は談話文体であるから，本書はこれを模したものではなく，単に読本への階梯と心得て編集されている。連語図の句読点が今日と同様な打ち方で，きわめて厳正であったのと比べると，本書はやや劣ると見なければならない。なお，本書の二篇は未刊ではなかったかと思われる。

〔連語篇〕　〈扉〉　明治六年十二月　　・万笈閣発兌
　　　　　〈奥付〉勝浦鞆雄蔵梓,　椀屋喜兵衛発兌
　　　　　教科書判　全40丁

本文冒頭に「連語篇一」とある。全巻14章に分けている。

　〈1オ〉　第一章
　　○一丈ノ十ノ一ヲ何ト云ヒマスルカ　○一尺ト云フ
　　○一尺ノ十ノ一ヲ何ト云ヒマスルカ　○一寸ト云フ

351

〈6オ〉　第三章
○我縣ノ官吏ノ裁判ハ公正デアル　○然ルカ
○汝ハ猫ヲ愛スルカ　○否我ハ甚犬ヲ愛ス
〈11ウ〉　第五章
○汝ハ何を最嗜ムカ　○酒デアル酔後ノ興味ハ真ニ比スベキ者アラズ
○茶デアル精神ヲ爽快ニスル丁ハ酔客ノ知ラザル所デアル　○観劇デアル一日ノ間ニ隆替アリ應報アリ忠臣アリ佞者アリ實ニ一箇ノ小教法デアル
〈20ウ〉　第八章
○汝ガ従父兄ハ俗務ヲ處スルニハ伶俐ナル人デアル　○幼ヨリ讀書ハセヌ男デアル
〈23ウ〉　第九章
○我頗好馬ノ癖ガアル明日共ニ競馬ヲ試ミハ如何　○我ハ御馬ノ術ヲ知ラザレド従テ教ヲ受クベシ
〈38オ〉　第十四章
○大坂ハ何度ノ地位デアル　○北緯三十四度四十四分西経四度十八分ノ地位デアル
〈40ウ〉　○日月五星ノ質ハ何デアルカ　○各一箇ノ世界デアル其大小アルハ地球ヲ距ルノ遠近ニ由ルワケデアル

既述した文部省編纂の連語図は，談話体の問答を中心にしていた。この文体は，当時としては未熟であり不評であった。本書は，この師範学校掛図を模しているように思われる。しかも，標準的な談話文体の確立がなかった当時であるから，本書でも，マス調，デアル調，文語調が入りまじってしまっている(注24)。とにかく，問答体でつらぬいて，しかも教材内容を多方面に配慮している点，著者の努力を多とすべきであった。なお，本書の二篇も未刊に終わったのではないかと考える。

次に，書目に残る連語教科書名，探知し得た２件を掲げる。

内務省版「版権書目」(前出)第壱号　明治八年十二月分

連語小学読本　三冊ノ内　中本　勝浦鞆雄　宮崎県士族
　　　　　　　小画挿入　二冊全　吉岡平助　太坂府平民(ママ)

上掲連語篇と同じ著者のもの。

なお，同書目第27号末尾の「版権返納 自十六年一月 至同 六月」の中に

352

　　　　　　　　　　　　　　　第4章　国語科各種目の教授法と教授資料

勝浦鞆雄編輯　　　　　中本		
連語小学読本	三冊ノ内　二冊	出版吉岡平助
編輯同前　　　　　　　中本		
連語小学読本	三冊ノ内　一冊	出版　　同前

とあるから，本書3冊は，9年ごろから15年ごろまで使用されていたと考えられる。

明治時代小学教科書展覧会出品目録（注25）

〔連語，綴字〕

　聯語選　全　松居真房述，巣枝堂発兌
　　　　　　　明治七年六月　一冊

新潟で使用した旨注記されている。

⑤　会話教科書

　会話科は，やはり文部省学制および小学教則に設定され，読方，諳誦，書取の3分科となっていた。このような分科が行なわれた意味は，会話科が教科書を使用する予定で，会話篇の書名（普通名詞）をあげているからである。しかし，自国の会話を練習するということは，前述のとおり，黒川真瀬等の世論の反対が大きく，本邦標準的談話語の未熟という事情などもあって，独立教科として存続するわけにはいかなくなっている。けれども，文部省教則を踏襲して小学の開設をした地方では,当初会話科を設け，その教科書を必要としたから，明治6・7年の交には，次のような数種が出版されている。

〔童蒙読本会話篇〕　　〈扉〉　「市岡正一蔵版，明治6年5月」

〈奥付〉　雁金屋清吉発兌；　教科書判　全33丁

　　例言　〇はなしの　かなめ　〇はなしの　うち　かなめと　する
　　ことばは　三つあり　〇一には　はなす　ひとが　わがなの　かわり
　　に　もちゆる　わたくし　または　われと　いう　ことば　〇二には
　　はなしを　しかける　あひての　なの　かわりに　つかう　あなた
　　または　おまへの　ごとき　ことば　〇三には　はなしの　うちに
　　つかふ　よの　ひと　または　ものの　なの　かわりに　もちゆる
　　あれ　あのひと　あの　おんな　それ　これ　の　ごとき　ことば
　　なり　これを　なに　かわる　ことば　と　いふなり
　　〇いま　まへに　あらわせしハ　ひとり　または　ひとつに　つかふ
　　ことば　にて　をゝくに　もちゆる　ときハ　その　したへ　等共
　　　　　　　　　　　　　　　　　　　　　　　　　　　　　ら　ども

353

と いう ことばを くわへべし(ママ) たとへハ わたくしども おまへら，あの ひとら，あの おんなら，それら，これら，の ごときハ みな おほく につかふなり
〇また わたくし われ おれ あなた をまへ なんじ てまへ あの かた あの おかた あの ひと おの おとこ あの おんな あれ など と いふ いろいろの ことば あれども この ほんにハ ただ 私 汝 彼 彼人 彼男 彼女 のミ もちゆるゆへ たつとき いやしきハ わけつかふべし また 様 殿 さん などの ところ ハ ミな 君 と あらわしたり

二千五百三十三年四月

以上会話の要点として，自称・対称・不定称等の代名詞をあげ，単複数や敬称をも述べている。

第一章
1 私ノ家
2 汝ノ机
3 彼人ノ牛
4 彼女ノ扉
　〈人称代名詞〉

5 此馬
6 其箱
　〈連体詞〉

第二章
1 私ガ讀ム
2 汝ハ勤メル
　〈代名詞・文型〉

第三章
1 本ヲ読ミナ　　〈命令文型〉

第四章　　　　〈以下文型〉
1 私ニ下サイ　　〈被下〉

第五章
1 汝ハ承知ナサラヌ

第六章
6 何故ニ信シマセヌダラフ

第八章

354

1　夫ハ出来マス歟
　　2　ハイ出来マス
　　　第拾貳章
　　7　風ハ止ンダ
　　11　川ハ氷ガ張詰タ
　　　第拾八章
　　5　イ、ヱ私ハ車カ駕デ行マス
　　　第三拾七章
　　9　何書ヲ汝ハ御読ナサル歟
　　10　「クエケンボス」ノ文典ヲ
　　11　私ハ「スミツ」ノ暦史ヲ翻訳スル（ママ）

すべて41章に分かれる。やはり文法的な視点から日常会話の諸文型を適当に配列している。文法体系が未熟な当時にあって，これだけの文例を集めたことは偉とすべきである。談話表現も未熟であったから，今日とはちがった不自然さがあっても止むを得ないとすべきであろう。

〔童蒙読本続会話篇〕　〈扉〉　明治六年八月　青山堂発兌
教科書判　全24丁〈奥付〉市岡正一著述
同じ著者が出版した続篇で，全10章，各章20項。欄外を設け人倫，季候，証書心得，人名ニ換ル語，安否ヲ問フ語などを逐次解説している。

　　　第一章
　　1　貴君ハ今宵遊ニ御出ナサレルカ
　　2　若シ間隙ナレバ参リマセウ
　　3　貴君ノ御承知ノ通リ私ハ少シノ暇モ持マセヌ
　　4　私ハ事務多ク有マス（下略）

〔童蒙読本会話編二編〕　〈奥付〉　明治七年　月欠　発行伊丹屋善兵衛　他4人
　　　　　教科判，全25丁；
やはり問答形式が多く，体裁・内容ともに初篇と同様であり，文型にやや複雑なものが選ばれている。全12章各章20項以下〈4ウ〉

　　13　鎮守ハ何処ニ祭テアリ而シテ何ト申マスカ
　　14　武州大宮ニアリ氷川神社ト言ヒマス

〔太田氏会話篇〕　〈奥付〉　明治六年八月刻成　太田随軒蔵版

全2冊；　教科書判　　椀屋喜兵衛発兌（万笈閣也）
　　　　　　　　　　　　　　巻一（39丁），巻二（40丁）
　〔会話篇一〕　第一章　〈4オ〉
　　　○我ハ筆ヲ持ツ　○汝ハ紙ヲ持ツ
　　　○彼ハ……
　　　○彼等ハ牛乳ヲ持チシ　○汝等ハ……　○彼等ハ
　　　○我ハ栗ヲ持チタ　○汝ハ梅ヲ持チタ
　　　○我ハ琴ヲ持チタリシ
　　　　第二章　〈6オ〉
　　　○汝ハ烟草ヲ持ツデアラフ
　　　○我ハ頭巾ヲ持チタデアラフ
　　　○我ハ金ヲ持ツデモアラフ
　　　○我等ハ海苔ヲ持チタデモアラフ
　　　　第四章　〈11ウ〉
　　　○汝ハ我ニ一脚ノ椅子ヲ與ヘヨ
　　　○汝ハ一杯ノ焼酎ヲ飲メ
　　　○天気ハ如何カアルカ　○其レハ甚タ風起テアル
　　　　第五章　〈14オ〉
　　　　　　　　（ママ）
　　　○汝ハ沙糖　ヲ甚タ甘ク謂ハヌカ
　　　　第六章　〈16ウ〉
　　　○汝ハ我カ為メニ一張蚊帳ヲ吊レ
　　　　第七章　〈18オ〉
　　　○汝ハ器械書ヲ翻訳セヨ　○其レハ甚タ難クアル　○汝ハ請フ試ミヨ
　　　　　○我ハ二国ノ語ヲ学ヒタ佛朗西及ヒ英吉利
　　　　第十一章〈28オ〉
　　　○天気ハ甚タ変リ易クアル　○我等ハ雨ヲ得ルテアラフ
やはり日常会話用語を，主語の人称，時刻（tense）などを考慮して配列してある。生硬な訳語という感じが強い。原拠があると思われるが，後節において考証する。なお，持チタ，在リタカ；読ミタ，など促音便・撥音便を用いぬ例が目につく。
　〔会話篇二〕〈1オ〉
　　冒頭に「凡人の平生はあすやさ諸の詞は八種乃別あẓ」として，

356

第一名詞　第二代名詞　第三形容詞　第四動詞　第五副詞　第六前詞　第七接続詞　第八間投詞

をあげて解説，本文にはいり，全4章に分かつ。一篇よりも複雑な文型となっている。

第一章〈9オ〉
○汝ハ我ノ写真画ヲ見タカ　○然リ幾度モ
○汝ハ来レ我ハ写真画ヲ汝ニ見セント思フ
○彼ノ写真画ヲ我ハ百円ニ就テ買フタ　○五十円ニ向テ我ハ其レヲ買ハント思フ
○汝ハ請フ手燭ニ就テ行ケ
○此ノ土蔵ガ少シク暗クアル
○火ガ部家ノ内ニアルカ　○否其レハ其処に少シモアラヌ
○汝ハ火ヲ起サシメヨ　○汝ハ行燈ヲ持来セ
○汝ハ手紙ヲ書ント思フ　○墨ハ甚タ濃クアラヌカ　○彼ハ甚タ薄クアル
○汝ハ我ニ墨ヲ磨レ
○其處ニ多クノ筆ガアル　○其レガ一ツモ用立ヌ　○汝ハ我ニ外ノ筆ヲ与ヘヨ　○其處ニ他ノガアル汝ハ其レヲ試ミヨ　○彼筆ハ甚タ佳クアラヌカ　　　　　　　　　　　　　　　　　〈11ウ〉
○否彼レハ勝レテヲル　　　　　　　　　　（第二意以下略）

〔初会話読本〕　〈扉〉　久保扶桑，全二冊　明治七年一月　甘泉堂発兌（山中市兵衛也）

緒言，明治6年11月撰者述；教科書判；巻一（27丁），巻二（37丁）冒頭に五十音・濁言・半濁言の発音図を掲載。ア行は「喉ノウチノ声」で「ア」は「喉ノウチニヒヾク」

〈ア段〉
「イ」は「舌ノウチニヒヾク」　〈イ段〉
「ウ」は「脣ノウチニヒヾク」　〈ウ段〉
「エ」は「舌ト脣トニヒヾク」　〈エ段〉
「オ」は「脣ト牙トニヒヾク」　〈オ段〉

次に，実名詞（固有名詞・普通名詞），動詞，助詞（係詞(ケイ)・結詞(ケツ)・続詞(ゾク)），代名詞（単数・複数），形容詞，副詞，接続詞，嗟嘆詞，数量詞をあげて解説，

「以上九品」とする。次に、「ナ法」をあげる。

  直説法
   未来　〇私ハ学問ヲ始メマセウ
   現在　〇私共ハ手習ヲ致シテ居マス
   過去　〇向方ハ先刻午餐ヲ喫(ヒルメシ)(オタベ)サレタ
   命令法　〇向方ガタハ怠ラス出精ナサイヨ
   疑問法　〇彼人ハ新聞紙ヲ読ミマシタロウカ
   禁制法　〇彼人方ハ風儀カ悪ヒカラ友トシテハナリマセヌ
   附説法　〇向方西洋ヘ御遊歴ナラバ（ママ）
   連続法　〇伊勢参宮ニツイテ
   標準法　〇此度ノ旅行ハロントンマテ　　私ハ学校マテ〈濁点なし〉
   量限法　〇其品ハ十貫目
   含蓄法　〇御紙面ハツマヒラカニ　〇是ノ儀ハ篤ト
   成就法　〇左様テ御坐リマス　　〇宜クゴザリマス

以上10種の意味上の分類を設定し、本文に入る。

 「第一輯」　節序（春夏秋冬），人事（婚喪祭身体会遇）に分かつ。

  節序　春
   長閑(ノドカ)ナ春デ御坐リマス
   立春ハイツテゴザリマスカ（ママ）
    ソレハ二月デ御坐リマス
   彼人(アノヒト)凧ハ糸カ断(キ)レマシタ
    向方(アナタ)取テ御上ナサイ（下略）
     秋
   朝夕ハ大キニ涼クナリマシタ
    余程凌キヨクナリマシタ
   向方ノ鈴蟲ハ多分佳良音(ヨイ子)デゴザリマス
    私ハ彼ヲ陸前ノ宮城野ヨリ求メマシタ（下略）
  〈冒頭抄出〉
  人事之部　婚
   何国(イヅク)デモ男女ノ婚礼ハ御ザリマスカ(ナンニヨ)
    左ヨウデ御坐イマス開化(ヒラケ)タル国ニハゴザイマス

358

第4章　国語科各種目の教授法と教授資料

　　　　　喪
　向方ハ神葬祭ノ事ヲ御存ジテ御坐イマスカ
　　私ハ精(クワシ)クハ存シマセヌカ大抵知テ居マス
　　　　　祭
　向方天長節ヤ其外ノ御祭日ハ旭章(ヒノマル)ノ旗ヲ門前(カドサキ)へ御アゲナサイ
　　　　身　体
　世界ニ人種ハ幾種御坐リマスカ向方御聞セクタサイ
　　夫レハ六種御坐リマス
　　　　　会　遇
　向方ハ何時モ御機嫌克入ラセラレマシテ恐悦ニ存シマス
　暫ク御目ニカ、リマセヌカ尊父(オヤジ)ハ御健勝デゴザリマスカ
　有ガタウ私ノ父ハ誠ニ健康デ御坐リマス（下略）

「第二輯」　政治・学校・学術・兵革・経籍・衣服・食物・数量・営繕・航海・旅客・会計・禍福・漁事・書畫・通商・娼妓・筆墨・紙硯・圍碁・将碁・俳徊・農圃・離別　　　　　〈以下一部抄出〉
　　　　政　治
　国ニヨリ政治ハ違ヒマスカ向方御存ジナラ御聞セクダサイ
　　夫ハ不開化(ヒラケヌ)国ト文明タル(ヒラケ)国トサマ〴〵差別(ワカチ)ガ御坐リマス
　　　　経　籍
　向方世界ニ書籍ノ部分(ワカチ)ハ幾箇(イクツ)御坐リマセウ
　　私ハ委(クワシ)クハ知マセンカ夫レハ天文ノ部地理ノ部邦制ノ部ト三種テ御坐リマス
　　　　営　繕
　内裡(ダイリ)ノ御造営ハ誰ガナサレマスカ
　　夫レハ工部省テ御司リナサレマス
　　　　旅　客
　向方ハ旅ハ憂(ウキ)モノト思召サルカ
　　否私は愉快(タノシミ)デゴザリマス
　　　　会　計
　合計(シメダカ)ハ幾許(イクラ)ニナリマス
　此差引勘定ハ違ッテヲリマス

359

　　　　娼　妓

　　向方アノ藝者ヲ御呼ナサイ　慈母サン私ニ藝者ノ形ヲサセテ下サレ
　　　　　　　　　　　　オツカ　　　　　　　　　　　　　ナリ
　　マセヌカ　娘ヤアレハ家業ガラデ奇麗ニ致シマスガヲマイハ近々
　　　　　　ジヤウ　　カゲウ　　　キレイ
　　学校エアゲルカラアンナ真似ヲシテハナリマセヌ

〔小会話篇〕〈扉〉　黒田行元著, 官許明治七年二月刻成
　　　　　　　　　京都書林；正宝堂・瑞厳堂・文求堂発兌
　　　巻之一；教科書判　全42丁
冒頭に「基数」・「小数」をあげて本文にはいる。本文全15章に分かつ。
　　　第一章　　　　　　　　　　　　　　　　　〈各章抄出〉
○汝ハ何ヲ持ツカ　○我ハ吾書物ヲ持ツ　○何ノ書物ナルヤ　○小学
ニテ習フ所ノ三部ナリ　○其書何々ナルヤ　○数学書地理書文学書ナ
リ　○汝ハ数学ヲ何レノ段マデ学ビタルカ
　　　第二章
○米十八石ト五石ト二十二石ヲ合セテ何石ナルヤ　○四十五石ナリ
○石炭七百斤ノ内ヨリ三百八十斤ヲ減シテ残リ何斤ナリヤ　○残リ三
百二十斤ナリ
　　　第四章〈7ウ〉
○大地ノ形ハ如何ナリヤ　○球ノ如ク円シ故ニ地球ト云フ　○地球ノ
　　　　　　　　　　　　　　マロ
周囲ハ何里ナルヤ　○一万二百余里　○地球ノ全面水陸各何程ナリヤ
　　　　　　　　　　　　　　　　　　　　　　オノ
○水四分の三陸四分の一
　　　第六章〈13ウ〉
○世界ノ最繁昌ナル都府ハ何レナルヤ　○百万人以上八都アリ英国龍
　　　　　　　　　　　　　　　　　　　　　　　　　　　　　ロン
動人口三百八十万
　　　　　　　　　　　　　　　　　　　　　　　　　　　ドン
　　　第八章〈16オ〉
○汝ハ窮理書ヲ授カリシヤ　○未書物上ニテハ学バズ唯毎々談話ノ上
ニテ少シヅ、聞及ベリ
○寒暖計ハ何ノ為ニ用ユル器ナリヤ　○湿素ノ増減ヲ験スルノ器ナリ
　　　第九章〈19ウ〉
○王代ハ何レノ時代ヲ云フヤ　○神武天皇ヨリ後鳥羽天皇マデヲ云フ
○武将ノ政ヲ執ルハ何レノ代ニ始ルカ　○源頼朝総追捕使に任ゼラレ
　　　　　　　　　　　　　　　　　　　　　　ソウツイホシ
シヨリ始ル
　　　第十五章〈37ウ〉

第4章　国語科各種目の教授法と教授資料

〇砿山学ハ何ノ学問ナリヤ　〇金石類ヲ採ルノ学ナリ　〇人間有用ノ鉱物何物カ最タル　〇金銀ヲ貴金トシ其他ヲ財金トス　〇汝ハ彼ト懇意ナルヤ　〇幼少ノ時ヨリ甚彼ト懇意ナリ　彼ハ此頃横浜ヨリ帰リシ　〇何時彼ハ到着シタカ　〇昨夕午後八時　〇横浜港ノ様子ヲ彼ハ如何ガ談(ハナセ)ルヤ　〇益々盛ナリト談セリ　〇我ハ未横浜ヲ見ズ来年ハ蒸気船ニ駕シテ一見セント思フ〈42オ〉

以上文語体の会話文例となっている（第12・13・14章には「訳読」があり，訳文を掲載している。訳文は生硬な談話体）。しかも，会話の内容が数学，地理地学，窮理，歴史，博物などの学習事項にも及んでいるので，一見問答書かとも思われる。

〔小学會話之捷径　一名作文初歩　〕

〈扉〉文部省二等訓導．大阪書肆：　〈奥付〉明治七年；教科書判　3冊　上(23丁)，
井出猪之助輯　　　文敬堂梓　　　　　六月発売　下(24丁)，附録(27丁)

奥付には「輯者，大阪師範学校在勤備後井出猪之助」とある。「凡例」に「方今小学ニヲイテ単語ノ一二字ヲ題ニ与エテ一句ニ綴ラシムトイエトモイマタ編成ノ書アラズ　故ニ教師労スルノミナラズ　又幼学ノモノニ便ナラズ故ニ此書ヲ編シテ幼学ノモノ、句ヲ綴ルノ資トナス〈下略〉，」とあること，「作文初歩」の副題の意が明らかである。本文には，「アノ部ゟ」と出し，「頭，足，雨，霰」を挿絵入りで大書し，次に，会話文例が載せてある。

私ゟ頭の髪をよく梳きます　〇あなたゟ足を清く洗ひなさるゟ　〇雨ゟ降りてきましたあら私は家に帰りましゃう　〇霰ゟやみましたから遊歩いたしましゃう(ﾏﾏ)　〇童子か頭ゟ帽をかぶり足に靴をはゐて遊でをります　〇昨日ゟ強き雨ゟ降りました今朝ゟ霰ゟふりて寒くふります

さらに，「䖝，牽牛花，鷲」を挿絵付きで大書，小字で「嵐，鸚鵡，浅蜊，蟻，行燈，鰒，蚶，鯵，粟，飴，赤小豆，醴，銅，葵，紫陽花，革臍魚，阿名呉魚」と掲示して練習に供している。上巻は「ノノ部𤭖(の)鑿(のみ)，鋸」まで，残りは下巻に出し，附録では，両巻の単語を解説している。なお，当時の書目類を探しても，以上に列挙した以外の会話教科書は見当たらない。

⑥　読本教科書

　読本とは，文部省小学教則に読本読方・読本輪講と見える読本のことで，掛図による入門教授につづいて，文章の読解を教授するための資料である。洋学においては，専門教科の導入を果たすため，各科の簡易な事項を記載するということは，すでに前述したところである。それで，文部教則においては，西洋夜話・物理訓蒙・天変地異・学問のすゝめ・西洋学衣食住・天然人造道理図解や西洋新書などの書目も指示されていたので，これをも概観した次第である。しかし，これらの図書が，そのまま小学読本として適当であるとは，文部省や師範学校においても思わなかったから，やはり外国の読本，特に合衆国の Marcius Willson によって編纂された Reader を翻訳し，読本を急いで作製したことは周知のとおりである。本邦における小学読本の源流は，このあたりにあると見られる。いわゆる田中義廉の手になる小学読本がそれで，すでに海後宗臣に概論的な研究がある (注26)。この研究によれば，「田中義廉編，文部省小学読本には三種がある(p.145)。」として，次の3類に整理している。

　　A　初版本
　　　①　出版年月は明白ではないが，翻刻本によって存在が確かめられる。
　　　②　編者名がなく，師範学校名で出版された。
　　　③　巻之一第一回が，この後のものと異なる。
　　　④　巻之三第一回に，神に就いての一課が翻訳され，この後にはなくなった。
　　B　改訂版
　　　①　文部省編纂・師範学校彫刻となり，第一ページには田中義廉編輯となっている。
　　　②　出版年月は明治六年二月より五月迄になっている。
　　　③　初版本の巻之三第一回が省かれ，水に就いての課に代わっている。
　　　④　その他に改訂が加えられた。
　　　⑤　この版は，従来師範学校で印行されていた小学読本を文部省印行とするため，「取あへず改訂を加へたものと見てよい。」

C 大改正本（明治七年八月）
① 師範学校編纂・文部省刊行となった。
② 各巻第一頁には田中義廉編輯，那珂通高校正となっている。

以上のようである。ここでは，この研究にもとづいて，原本を検討してみよう。

まず，海後説のように，A初版本には編者名がはいっていないとすれば，「田中義廉編，文部省小学読本には三種がある。」とすることは適当でなく，田中義廉編輯本は厳密にはB（改訂版）C（大改正本）の2類というべきである。

A 初版本
〔岐阜県翻刻本〕〈国立教育研究所所蔵〉

表紙に「小学読本 自一至四」，扉（表紙2）に「文部省編纂，小学読本巻一，明治六年三月師範学校彫刻，岐阜県翻刻，七千部限」，奥付に「製本處，岐阜書林，三浦源助」（草書体）とある。4冊を1冊に合本して使ったようであり，しかも，合本のときの巻一の扉のみ残して，他の3巻の扉を削除してしまっている。なお，まずいことに，巻一の第1丁が落丁となっている。したがって，巻之一の第1丁表冒頭に，田中義廉の記名の有無が不明である。また，冒頭の人種の章も知る由もない。しかし，他の巻第一頁には編者名がなく，巻三第一回の文章は指摘された条件に合している。すなわち，巻三第一回には，

夫き万物を，造り給へるを，神ふり，神む，地球，日月，星を造り給ひ，後，地上に，歩行せる獣と，空中に，飛揚せる鳥，及び，河，海に，遊泳せる魚を造り，又此人民を，造り給へて，

神む又地上に，柔ろふる野菜を生ぜしめ，美味ふる菓実を造り，又林木を生ぜしめ，雨露を下して，こきま灑ぎ，日光を以て，これを暖めたり，我等，日々の食物は，皆神の賜ふり，故ふ獣，鳥，魚に，心を用ゐざれず皆死し，穀物菓実に，手を尽さざれず，皆枯きて食物を，得ることふし，これふ由て，我等も亦生を，保つことを得ば，然ぞども神む，万物を愛して，能く生長を，遂げしめ給ふを以て，我等も務めて，神の心ふ従ひ，草木，禽獣，蟲魚の生長を，助くべし，

故に，暴猛にして，衆多を害し，或ふ強きを以て，弱きを挫ぎ，毫も

友愛の心ふきものㇺ，これを除きて，互ひゝ安穏ふらしむべし，これ
　　　人の當に務むべき道ふり，（下略）
とある。したがって本書は，海後の翻刻本によってうかがえる初版本とすることができよう。
　ところで，本書には扉に「明治六月三月」と明刻されている。また，東書文庫には，「明治六年三月」と明刻し，「田中義廉編輯」の文字がなく，やはり海後の条件に適合する巻一の一冊本が存在する。以下に考証するように，この刊年月は，初版当時のものと推定して差支なく，海後のいうように，初版の年月は明白でないという説には賛成できない。それから，同じ東書文庫には，やはり「明治六年三月」と明刻した巻二，「明治六年六月」と明刻した巻四が所蔵されている。ただ巻三だけは，前掲岐阜県本以外で，「田中義廉編輯」の記入のないものは見つかっていない。それには次の事情があるように思われる。すなわち，明治6年8月12日付文部省布達第109号によれば（文部省布達全書；明治6年，201丁オ），
　　　東京師範学校刊行ノ小学読本第三ノ巻ハ訂正可致廉有之当分小学教科
　　　書ニ不可用候条此旨布達候事
とある。したがって，巻三の初版本は，明治6年8月に使用禁止となったため，その後使用されず，使用されたのは初版後からこの布達前までの僅々数か月であり，岐阜県本は，この禁止本原本を使っているのである。官本を地方官において刷行する許可の布達が明治6年5月13日（第68号；文部省布達全書，明治6年，139丁オ），反刻許可書目の布達が同年7月27日（第107号）であり，（既述），小学読本も布達書目中に記載されているから，岐阜県で翻刻したのは，明治6年5月13日から家蔵本（5月）出版の直前までのうちとなる。
　次に，初版本と刊記のある本との関連について考える。
　家蔵の巻三には「明治六年五月」と明刻され，同一の本が東書文庫にもあり，いずれも「田中義廉編輯」とある。海後によれば初版本でないことになる。そして，各巻の刊年月は次のようになる。
　　　巻一　　明治6年3月
　　　巻二　　同年同月
　　　巻三　　同年5月

巻四　　　同年6月

したがって，前記官本使用許可の布達が4月であるから，小学読本（巻冊数を記さず）の名はあっても，巻一・二の二冊が出版され，巻三・四はまだ出版されていない時点であった。

　それから，海後は言及していないけれども，A初版本巻一は，B改訂版として，田中の記名修正がなされる以前にも出版され，その際小修正が行なわれた事実がある。その本には「再」字が刻まれている。

　　〔再刻・小学読本巻一〕　〈扉〉　明治6年3月
　　　　　　　　　　　　　　　　　　東書文庫所蔵

　前掲東書文庫本小学読本巻一は，扉に6年3月の刊年月が明刻され，無記名本であって初版本であるとしたが，今これを，国立教育研究所の岐阜県翻刻本と比較してみると，両本に多少の相違が見られる。そこでさらに調べると，東書本には，各丁欄外右下部に「再」字が明刻されていることが注目される。相異点は次のようである。

①岐阜県12丁オ4行目

　彼等の，持ちたる笛の名ゞ如何なるや○此れゞ喇叭なり，○彼等は老人なるや，否，彼等ゞ，老人あらず，○皆小児なるや○彼れゞ，小児にあらず，少年なり，○彼等，常に立ちて，坐することなきや，○彼れゞ，皆手に帽を携へり，

　茲に，四人以上の人あり，○汝ゞ，此人の，年老いたるを知るや，○此人ゞ，皆手に杖を持ちたる，老人と同じく，年老いたり，○汝ゞ，此人を，善き人と思ふや，○此人の顔ゞ，善人なるべし，○此人ゞ，白き髭あるゆゑに，老人なるべし，○我等ゞを，箇様なる顔を好めり，

東書本ではこの二つの説話が前後入れ替わっている。

②岐阜県本　27丁終2行

　又花を，折るべゐらずと云り，

東書本では，末尾「云ふ」となっている。

　②の「云り」「云ふ」のいずれが初刻であるか判断できないが，①の相異は，岐阜県本がWillsonの原著に忠実であるから初刻で，東書本はこれを修正したのであるから，正に再刻に相違ない。すなわち，M. Willson の The First Reader (PART III) を検すれば，その原典は (注27)，次のようである。

P.23 Lesson III. BLOWING THE TRUMPETS.
Blow! blow! blow! How hard they blow`!
　………（中略）………

　　Do you know what it is they make a noise with´? Can you tell me the name of it´? Is it a horn´? Do you think that is the right name´?

　　Are these old men´? No`; they are not old men`. Are they boys´? How can you tell that they are not boys`?

　　Do they stand up´, or do they sit down`? Have they hats´ or caps` on their heads`? Can you tell which´?

　　Here are four more men. Do you think they are old men´?
P.24 Lesson IV. ANOTHER OLD MAN.
　　This must be an old man, for he has a long white beard. What a fine face he has´! I like such a face.（下略）

　上掲原著の下線部分が反訳された箇所である。Lesson III の前半で，読本の第一説話，その後半と Lesson IV で第二説話が作られており，かなり乱暴な訳し方である。とにかく，対照してみると，説話の順序は岐阜本の方が原著に忠実に配列されていることが明瞭である。よって，「再」字本は再版本と推定してよいのである。初版岐阜本に 6 年 3 月の刊記，再版東書本にも 6 年 3 月の刊記があるが，これは，同月中に再版されたのか，もっと後に再版されても，初版刊記はそのままに据置いたのか，いずれとも断じられないが，たぶん前者の場合と考えてよいかろう。なお，再字本は家蔵の田中記名本（B改訂版）巻二にも存在した（後述）。

　また巻一・二以外にも再版本があったかどうか，「再」印のある原本が見当たらないから，不明というほかない。

　　B　改訂版

　改訂版の特長を，各巻第一頁に「田中義廉編輯」があるとする海後説に賛意を表する。そして，初版本にその名入れがなく，後にそれが示された理由は，多分，田中が無記名初版本に，修正の手を加えたからであろう。最初から田中の編輯にかかわるならば，後から田中と記名する意味がないからである。だとすれば，田中以前に Willson's Readers を翻訳した者がいなければならないが，それはすでに少なからざる同書の訳書が，次の資

料を見ると，世間に刊記されていたことが思い合わせられる。さきに引用した東大文書南校教育史料含要類纂巻之卅三本省往復之部に，明治5年3月16日付辻新次の大木文部卿宛の書簡があり，合衆国に注文すべく献言した書目の筆頭に，「ウィルソン氏綴字本及読本」があったが，これは大学や文部省でのこと，世間では，それ以前に Willson's Reader の舶来を迎えて訳書の出版さえ行なわれていたのである。

　　文部省准刻書目　　壬申三月〈8オ〉
　　リードル挿訳　　反訳出版　林高美　三冊
　　米国ニューヨルクニ於テ刊行セシウィルソン氏著述ノ鳥獣草木ノ名ヲ集メタル書ニテ初学ノ者ノ為メニ挿訳ス
　　同　　　　　　壬申四月
　　訓蒙リードル和解　　反訳出版　青木輔清　一冊〈2ウ〉
　　米国ウィルソン氏著述ノゼフオルスト，リードル題セル書ノ傍ヘ訳ヲ付ク
　　同　　　　　　壬申五月
　　ウィルソンリードル直訳　　反訳出版　山田専六　渋江保　二冊
　　ウィルソン氏リードルヘ御国字ヲ以テ音訳私訳ヲ附ク
　　同　　　　　　壬申七月
　　西洋勧善夜話　　著述　梅浦敬助　出版　市原政樹
　　ウキルソン氏著米版リードルヨリ教訓ノ話ヲ抄訳セシ書ナリ
　　英文童子教　　著述　島治三郎　出版　関思明　一冊〈15オ〉
　　ウキルソン，イニョーノリードル中ノ其要ヲ抜萃シ画ヲ加ヘ挿訳ス

のように，その訳書がほとんど毎月刊行されていたのである。したがって，初版本は無名の文部官員によって翻訳されたと考えても，少しも無理がないように思われる。

　ちょうど明治5年3月のころ，田中義廉は海軍兵学寮に奉職していて，海軍中佐兼兵学中教授に任官したが，やがて文部省に入り，師範学校創設に従事し（注28），小学校教科書の欠乏に苦しみ，命を奉じて，在来の直訳粗製教科書を改訂編輯した。これが「田中義廉編輯」版であったと推定する。田中は明治10年1月に，この改訂版をさらに修正して私刊に付した小学読本（後述）巻一・二・三の扉に，

> 予嚢ム師範学校を創モる杞際ユ方リて切ム小学教科杞書に乏きム苦む。由て俄ム小学読本を編みて。之を生徒ム授く。実ム忽卒杞間燃眉の急を防くを以て。文理順整なるを得じ。

と述べているが，これが，田中義廉編輯版の仕事をしたときの自身の実感であった。

そこで

> 今復諸書ぱ抄訳し之を添削ぁて此書を編ぁ試ム家僮ム授くるム。較前日杞者ム優る所あるム似たり。依て再ひ上梓して世ム公にモ。聊教育を賛くる杞微志にあり　　　　　　　　　　　　　　　　　源義廉

こうした経緯で再び明治10年に本書を編したのである。

　ところで，無記名（初版）本と記名（改訂）本とがどんな関係にあるか，巻二を例にとって検討してみよう。

　A　無記名本　第一回〈1オ〉

　此女児ム，人形を持てり，汝ム，人形を見しや○此人形ム，愛らしき人形なり，○汝ム，人形を好むや，○然り，我ム甚だ，これを好めり，○此男児も，人形を持てるや，○否，男児ム，人形を持たずして，鞭を持てり，○人形も，亦衣裳を着て，靴をきたり，

〈国立教育研究所本・東書無記名本〉

　B　記名本　第一回〈1オ〉

　此女児ム，人形を持てり，此人形ム，愛らしき人形ぁり，○汝ム　人形を好むや，○然り，我ム甚だこれを好めり，○一人の男児ム，人形を持ぜして，鞭を持てり，○人形も，亦衣裳を着て，靴をきたり，

〈家蔵本・東書記名本〉

　ところで，原著である Willson の The Second Reader （注28） P.9を検すれば，

　LESSON I　GIRL AND DOLL

　The girl has a doll. Do you see it'? Do you see her lift it up'? Is it a nice doll?

　Ann', Would you like a doll'? Oyes'. I would like one very much'（ママ）? Will you get one for me'?

　Has the boy a doll too'? No, the boy has a whip. （下略）

とある。無記名本・記名本ともに，ほぼ同様な訳文であるが，原著の下線部分まで忠実に訳したのはA無記名本であり，B記名本にはない。(末尾の，〇人形も，亦衣裳を着て，靴をきたり，に該当する原文はない。)

さらに，上記につづく一文を比較してみよう。

A　無記名本　〈1ウ〉

茲に，四人の男児あり，此中一人の男児ハ，脇に大皷を懸けて，両手に撥を持てり，〇汝ハ，此男児の，大皷を打つを見たりや，又其音を聞きしや，〇我ハ，大皷を打つを，見たれども，遥るか遠きゆゑ，其音を聞くことなし，〇<u>一人の男児ハ，旗を持てり</u>，〇<u>此四人の男児ハ，一行に並び立てり</u>，

B　記名本

茲に，四人の男児あり，此中，一人の男児ハ，脇に，大皷を掛けて，両手に撥を持てり，〇汝ハ，此男児の，大皷を打つを見たりや，又，其音を聞きしや，〇我ハ，大皷を打つを，見たれども，遥に遠たゆゑ，其音を聞くことふし，〇<u>此四人の男児ハ，一行ニ並び立ちて，一人の男児ハ，旗を持てり</u>，

以上両本の相異点は下線の部分だけである。いずれが原著に近い訳本であるか再び検討しよう。

P. 10　LESSON II　FLAG AND DRUM

　　Here are four boys. The large boy has a drum, and he has a stick in each hand.

　　They are drum-sticks. Do you see him beat the drum'? Can you hear the drum'? O no', I can not hear it'. Is it too far off'?

　　<u>Do you see the boy who has a flag'</u>? Yes', I see him'. He has a cap on his head'. I see two boys more'. <u>They are all in a row</u>. The dog is with them.

以上両本と原著との下線の部分を比較すると，無記名本が2文に分けており，記名本は1文にまとめてしまっているから，A無記名本の方が原著に忠実である。

これら2例は，他の後続の文章についてもほぼ同様である。よって，A無記名本はB記名本よりも原著に近い。すなわち，Aは初版本であり，B（記名本）がその改訂本であると断ずることができる。ただ，海後の，こ

れら改訂版は明治6年2月から5月までになっているとして、これまでみた読本扉に記載の刊年月を、すべて改訂版の成立時期としている点については、A無記名本中に、国立教育研究所本・東書文庫無記名本等のように、その刊年月（6年3月から同年6月まで）を明刻した例が現存する以上、すでに述べたように賛成することができない。

　この改訂版は、扉に「文部省編纂；師範学校彫刻」とあり、初版当時の刊年月をそのまま据えおいたものと削除したものとがある。そして大きな特徴は、各巻第一丁初頭に「田中義廉　編輯」と明記していることである。各丁の前小口下部に「師範学校」と刷りこんである点は、初版本やその再本などと同様である。

　巻一の特色は、初版本の第一回が、「凡世界に、住居もる人に、五種あり、」であり、それが「凡地球上の人種ハ五ゟ分きをり、」と改められ、その他字句の修正がみられることである。

　巻二の特色は、第一回の人形や旗と大皷の文が修正され、原著から離れていったことも前述したとおりである。

　巻三の特色は、第一回が神の話であったのが全面削除され、
　　　第一回　水む、動物、植物の、養液にして、世上、尤要用のものふり、水ふきとをむ、萬物、生育もることを得ぞ、
　　水に静水、流水の別あり、池水、湖水ふどを、静水といひ、河水ふどを流水といふ、湖水む、四面を、全く陸地の囲て、中窪ふる地に、溜りたる水なり、
　　河水む、山間の谿谷より、湧き出たる水の、不断、流れ行きて、海ゟ注ぐものふり、
の一文となった。長さが大分短縮されたので、次の、
　　此図ハ、林の中の湖ふり、此水む、何故に、動をざるや、今む、風なきゆゑに、動をざるふり、〈岐阜県本〉
の一文を、
　　倍此図む、林中の湖ふり、此水む、四面を全く陸地の囲みたるゆゑに、流れ去ることふし、
と書き改めて、これにつづけ、さらに二つの説話を付けて第一回としている。また、初版本（14丁オ）に見える、「昔年、美濃国、羽栗郡、竹の鼻

と，いふ所に，永田佐吉と，いふ者あり，両親に，仕ふるに，たぐひなき孝行にて，神を畏敬モ，云々」という説話をも全文削除している。その他，表現に修正を加えた箇処が少なくない。

　巻四は，内容が数学（幾何）・理科（物理・化学・生物・地学）の教材である。岐阜県翻刻本（初版本）の当初から，漢字片かな交りの活字印刷本であったが，ここでもそれを踏襲しており，巻一・二・三が，当初から漢字平かな交りの木版本であったのとちがっている。

　　〔再刻　小学読本巻二〕　〈扉〉　文部省編纂・明治六年四月
　　　　　　　　　　　　　　　　　師範学校彫刻：家蔵

　家蔵本には，「田中義廉編輯」と第１丁にあり，前記特徴を備えた改訂版であるが，各丁欄外右下部に「再」印が明刻してある。改訂版巻二に改訂再版本があった証である。この再版本の特色は，本巻初版本から最後尾に「むかし，山蔭中納言といへる人，九州へ下らせんとし，途中にて，云々」の説話（40丁オ６行～41オ４行）を全文削除してしまったことである。これで，Willson's Readers の翻訳本にしては不似合な日本説話が，すべて削除されたことになる。

　　〔再刻　小学読本巻三〕　〈扉〉　文部省編纂・明治六年
　　　　　　　　　　　　　　　　　長野県反刻，東書文庫所蔵

　田中義廉編輯と明刻があるから改訂版であり，しかも，欄外右下部に各丁とも「再」と明刻されている。改訂版巻三にも再版本があった証である。「再」のないものと比べてみると，すべて読点「、」の打ち方が修正されている箇処が見られるだけで，本文の異同はない。また，翻刻当時に読点の修正をしたので「再」としたかとも疑われるが，反刻者に原本の読点を動かすだけの権限や見識があったかどうか疑わしいし，そのような手入れをしたのでは反刻でなくなるから，やはり，原本の再版が存在し，長野県はこの再版本を反刻したとすべきであろう。家蔵改訂版再版本やさきの初版本巻一の再版本（東書文庫所蔵）にしても，これらは某県反刻等の識語がないから，当時の師範学校刊本であろう。再版は反刻の際に付するものではないことが，これによっても明らかである。

　それから，上掲長野県反刻本と，次に示す山口県反刻本巻一・三は異本とも称すべきものである。

　　〔小学読本巻一・三〕　〈扉〉　文部省編纂・明治八年八月
　　　　　　　　　　　　　　　　山口県反刻，東書文庫所蔵

　この山口県反刻本は，巻一から巻四までの四冊にまとまっている。巻一・

四は，田中の記名がなく，本文を検すると正に初版本である。そして巻二・三には田中の記名があって改訂版に相違ない。ところで，巻一と巻三には各丁欄外上部に，そのページの重要語と思われるものが摘出されている。しかも，同じく東書文庫所蔵小学読本巻一で，「明治七年十月，愛媛県翻刻，壹万部限」とあるものは，田中の記名がない初版本であるが，これにも山口県反刻本と同一の上欄摘出がみられる。また，さきに示した長野県反刻本のうち，巻三（田中記名本）の欄外にも同一の重要語の摘書がみられる。現在までのところ，この巻一初版本と巻三改訂版の2種しか見当たらないが，初版本巻二・三・四にも同様なものを，初版本の一本として文部省で調製したものかどうか判定することができない。しかし巻三は田中改訂版であり，ことに第一回は，田中が初版本の神の章を水の章に入替えたのであるから，巻三の上欄は，田中がこれに重要語を摘出し，序をもって巻一（あるいは巻二・四にも）同様な摘出を施したとも考えられる。

なお，山口県本の扉の刊年月は，これは反刻のそれを示したものであり，同様の刊年月の記入法は，他に，「筑摩県重刻」（東書文庫所蔵）の章のある巻一・巻二が，扉に「明治六年十一月　師範学校彫刻」と一行に書き，「壱万部限」と別行に書かれたものがある。この「十一月」は，巻一・二編集当時のものでなく，筑摩県の重刻した年月である。本書の内容が，もちろん初版本であるから，そのように考えられる。それから，山口県で反刻した8年8月には，すでに7年8月に大改正が実施されてから1年も経過しているのであるが，なお旧刊本を使用していることになる。このようなことは当時珍しくはなかったようである。

次に本書巻一，三，上欄掲出の漢字の一班を示す。

　　巻一　〈1オ〉　空欄　〈人種の章〉
　　巻一　〈1ウ〉　　　　〈稽古の章〉
　　　稽古・幼稚・学校・師匠・勉強・出精・覚・一事〈漢字は初版・田中本とも共通〉
　　巻三　〈1オ〉　第一回〈前掲，水の章〉
　　　養液・世上・要用・萬物・生育・静水・流水・池水・湖水・河水・四面・陸地・中窪・山間・谿谷・不断〈漢字は田中本から〉
　　巻三　〈1ウ〉　海・注・偕・図・林中・囲・夏日・冬日・木葉・

總・松柏・野草

　官板本に，このような細工をすることは，もし田中が施したなら，もちろん公認の行為である。しかし，他の場合に，私的な行為としても存在したようである。文部省は，明治十年五月七日付，第4号をもって，次の布達をしている（文部省布達全書，明治十年p.16）。

　　文部省蔵板翻刻許可ノ図書ニ就テ傍訓註解絵画等ヲ加ヘ，又ハ文字ヲ増減シ，原本ノ体面ヲ変換シテ刊行セントスル者ハ草稿ヲ以テ一応文部省ヘ可伺出此旨布達候事

この布達は，小学読本などの教授・学習手引書が続出したことに対する処置であったろうが，上掲山口県本，愛媛県本や長野県本などが，そのようなものへの移行を示しているとも考えられる。

　以上で，文部省編纂，師範学校彫刻と銘うった小学読本の初版・再版について考証した。その結果，海後の分類した初版・再版は，実はもっと複雑に版を重ねていることが判明したので，次にその状況を表示してみよう。田中記名本の刊記は，たとえ載っていても，初版または再版のものであって，田中が編輯した際の刊記は記載されていないから，すべて空欄とせざるを得なかった。

　要するに，神に関する章を削除したり，表現をやわらげたりし，また，無理に挿入したような本邦伝承の説話の章を削除し，全般的に字句を修正して，生硬な翻訳臭から抜け出そうとしたのであった。

　C　大改正本（明治7年8月）

　明治7年8月に文部省は師範学校の出版していた改訂版を，師範学校に改正せしめ，師範学校編纂とし，逆に文部省が出版することにした。この際，前時田中義廉の改訂よりさらに大きな改正が加えられた。「那珂通高校正」の6字が，各巻の冒頭の「田中義廉編輯」の6字と並刻され，前小口下部には，「師範学校」が削除され「文部省」となった。前小口の名称は，出版元を表す慣習である。

　巻一1丁表を開くと，「小学読本巻之一」が「小学読本第一」となり，さきの編輯者名と校正者名が並記され，改訂版で「第一回」とあったのが，「回」を削って単に「第一」と改められた。そして，そここの世界五人種の挿絵に，肖像があり○○人種と注記されていたのを，注記を削って肖像だ

けとしてしまった。そして5人種の文章につづいて，1丁表に

> 人ハ，賢きものと，愚なるものとあるハ，多く学ぶと，学ばざるとよ，由りてなり，賢きものハ，世に用ゐられて，愚なるものハ，人ゝ捨てらるゝこと，常の道なれハ，幼稚のときより，能く学びて，賢きものとなり，必無用の人と，なることなかれ，

を設けて，改訂版の1丁表の2丁表3行を削った。こうして，各所にその表現の部分改正が断行されている。25丁表の，第五回末尾の，

> 天津神，再拝，昨夜も，無難に過ぎて，大幸なり，今朝夜明けて，光りを下し給ふにより，父母の息災なる顔を，見ることを得たり，多謝，○私を，導き給へ，幸を与へ給へ，もし過ちあらず，免し給へ○私の，死するときも，天道へ導き給へ拝，
>
> <small>天津神とは，天御中主神，高皇産霊神，神皇産霊神，天照大御神を云ふ，</small>

という祈禱詞と，キリスト教と神道との対応とを削除して，

> 汝等，毎朝，早く起きて，神を拝し，先今朝まで，無難に，過ぎたるも，神の賜なり，かく夜明くる毎ハ，日光を給ふよりて，父母の，恙ふき顔を見ることを，得るも，皆其恩なりと，謝もべし，○さて其後ハ，吾を導きて，幸を与へ，必過無からしめんことを，祈るべし，

というようになった。その他表現上の字句修正がかなり多い。

巻二の冒頭「人形」の章は「此人形は，愛らしき人形なり」の初行と，「人形も，亦衣裳を着て，靴をもきたり，」の末2行を削除して，末尾に「男児の遊ハ，女児と異なきバなり」を附加したから，原拠のWillson's Readerからはいよいよ離れてしまった。この他部分修正は列挙するに堪えないほどである。

巻三の冒頭「水」の章は，最初の行の「世上」を「地球上」とし，3行目「静水」を「止水」としたり，同様の字句の修正が少なからず目につく。第二回は「狐」の章となっていたが，改正後の第二回は「蜜蜂」の章に変わっている。また，38丁表5行目以下の3丁余が全文削除となっている。「狐疑，迷惑の雲，晴るゝ間なく，真如実相の月を見ること能はぎ」という表現や「或ハ幸なるものあり，不幸なるものあり，実に遭逢一ならず，これ皆，自ら定まれる分なきども，放縦，嗜欲の海に，沈溺せるものも」などの表現から推定するに，訳文でなく，訳者が余分に付加した部分が削

られたのである。だから，田中の改訂本は39丁で終わっていたものが，大改正本では34丁に短縮されることとなった。

　巻四は，地学・天文・物理学等で，第一は地球，第二は月蝕・日蝕，第三は月，第四は地球の自転・公転，第五は星など20回，37丁になっていることは，改訂本とほとんど同じであるが，6ウ第五「星ニ二種アリ一ヲ恒星ト云ヒ，一ヲ遊星ト云フ」とあったのを，恒星を定星，遊星を行星と改め，その他，局部訂正もある。

　そして，末尾には「榊原芳野校」と記入されている。各巻冒頭に「那珂通高校正」とも記入されているところは，すでに触れたところであるけれども，それと，巻末の榊原校とは，どのような関係にあるのか，もとより明確にしがたい。この明治7年の改正には，小学教授書の改正にも榊原が従ったようである（前述）から，このころの一連の改正には，すべて榊原が何かの関係を持っていたと推測される。

　とにかく，こうした曲折を経て改正された小学読本であるから，この後はこの本が各地に広まったのはいうまでもない。しかし，これまでも見られたように，この後も，田中記名本のみならず初版本さえ，各県に反刻されていた形跡がある。さきにあげた山口県反刻本は，明治8年8月の出版ながら，巻一，巻四が初版本であり，巻二，巻三が田中記名の改訂本（海後説の）であって，1年前に改正されていたはずの読本を使っていないのであった。

　ところで，この小学読本は，私見によれば，次のように，なお少なくとも2回の局部改訂が施されたのである。

〔明治15年改正小学読本巻一〕
　　〈扉〉　　師範学校編輯，明治十五年十月改正，文部省刊行
　　　　　　田中義廉輯・那珂通高校正
　　〈奥付〉　明治十六年二月一日反刻御届，同年同月出版
　　　　　　三重県平民豊住伊兵衛　〈東書文庫蔵〉

ごく小部の修正であるが，明治7年改正本とのちがいは，次のようである。

　　〈8オ2行〉　「此球」を「此毬」とした。
　　〈9オ8行〉　「食もるが故なり然れども其穀物をバ，腹ま，噛み下ださぜして，唯喉の下なる，袋ま，入き置き，夜間ま再吐き出ぬして，始めてこれを，腸中に，噛み下ぬけものなり」を，「呑むが故

375

ふり，然れども喉の下に餌袋といふものぁり，こゝに暫く停まりて，ろれより漸く腹ふ入るものふり」とした。

〈34オ〉　天保を天傑とした。

〈34ウ，下欄〉　右側二朱表裏，左側一朱銀表裏を左右反対に配した。

〈35ウ，左行〉　中央2枚が上段五円金貨と同じ模様の二円とした。

〈36オ〉　一厘表裏を反対に配した。

以上のようである。

〔明治20年改正小学読本巻一〕
　〈扉〉　明治二十年四月改正発行，師範学校編輯，小学読本第一，明治十五年十月改正，文部省刊行
　〈奥付〉　明治二十年四月四日翻刻御届，同年四月廿三日出版翻刻人　大阪府平民鈴木久三郎〈国立教育研究所蔵〉

表紙には「校訂大字小学読本一」とある。明治15年改正版とのちがいは次のようである。

　〈24ウ，2行〉　「○木理の輪ハ，大概，木の心より，増をものなれども，希ふハ，外面より，増をものもぁり」とあったのを全文削除して空白のままとした。

明治7年の大改正版以後の改正で目に触れたものは，以上の2回で，いずれも巻一の場合である。その他の巻も改正されたのかどうか，その資料が見当たらないので，何とも明らかでない。

いずれにせよ，この小学読本は，明治20年代までは，少なくも各地で使用されていたと考えられる。中には，次のような洋装合綴本もあらわれた。

〔（洋装）小学読本〕
　〈表紙〉　文部省師範学校編輯，小学読本　自一至四
　　　　　明治七年八月改正
　〈奥付〉　出版人　平民森重治，平民岡村清七
　　　　　明治十年三月十三日御届　〈国立教育研究所蔵〉

本文は明治7年改正版である。活字印刷，洋装の小型本（155mm×112mm）で全283PP．定価は巻尾に30銭と記載されているから，当時としては高価なものであった（上掲明治20年改正本一冊が4銭）。

明治7年8月改正小学読本は，以上のような曲折を経て，小学読本の決定版となった観がある。そして，その大改正が，那珂通高や榊原芳野の手によって施され，当の田中義廉が関与しなかったのは，すでに田中は退官して野に在ったからである(注29)。そして，もっぱら教育図書の著作に従事しており，7年1，7月に「小学日本文典」3巻2冊を，8年に「万国

史略」，10年に「日本史略」，「物理新編」，「新訂日本小文典」と精力的な出版を重ね，11年に日刊の「内外教育新報」を発刊し，翌12年に東京市麻布区会議員となり初代議長に推されるという進出ぶりであったが，同年10月3日，39歳の若さをもって脳を病んで早逝したのであった。

そして，自分の編輯した小学読本に大改正が加えられた以上，田中としても黙過できなかったのであろうか，独力で大改訂を加え，それ以前に出版した巻五・巻六の2冊を追加したのであった。この田中本についても，海後宗臣は次のように述べている（注30）。

> 田中義廉編輯の小学読本にはこの他更に一種ある。それは明治十年に出版された「小学読本」で，六冊あり，第五，第六に於いては田中芳男閲，田中義廉編輯となつてゐるが，第四迄は田中義廉編輯である。この書の序文には「予嚢に………」とある。
>
> > 文部省の小学読本を改訂したもので，巻五，巻六には自然科学の内容を採用して，文部省の読本になかつた新らしい編輯をなしてゐる。これは同じ田中義廉編輯ではあるが文部省には関係のない出版である。
> >
> > （下略）

上文の記載中，明治十年に六冊が出版されたという以外は，ほぼこのとおり賛成してよい。次に六冊について概観してみよう。この本は各巻各丁の小口下部に「貓崋書屋」とあるので貓崋版と称し，文部省の田中編輯本と区別することとした（注31）。

〔貓崋版小学読本巻一〕　全40丁

　〈奥付〉　明治十月一月出版・明治九年十一月六日版権免許
　　　　　　田中義廉編輯并蔵版　〈国立教育研究所本〉
　　　　　　発兌書肆　内藤伝右衛門・北畠茂兵衛　他7社
　　　　　　東書文庫本には，編輯人田中義廉，蔵版人田中古登

縦罫和紙に16字8組，漢字平がな（別体仮名混用）交り文語文。十回に分かれ，各回4・5章（段落）から成り，各章の境界に線を引いている。第一回冒頭は，官本とちがって「人種」の章がなく，官本の第2章「稽古出精」の章が冒頭に出ているが，表現をかなり変えている。

> 凡そ人の業ます，種々ゐりて，其の学ぶべき所，各異ふりと，雖とも，先ツ書を読み，字を写し，物を数ふることを，学ふを，第一の務とモ，これを普通の学と云ふ，此学を，為さゞれや，何き礁業をも，習ふこと，能はゞ（下略）

377

というようである。官本とほとんど同じ章も含まれている。

〔貓窠版小学読本巻二〕　　全36丁・全12回
　　〈奥付〉　明治十年三月出版，明治十年三月二日版権免許
　　　　　　田中義廉編輯並蔵版，東書文庫本では蔵板人田中古登

〔貓窠版小学読本巻三〕　　全35丁・全14回
　　〈奥付〉　明治十年三月出版，明治十年三月二日版権免許
　　　　　　編輯人従六位田中義廉，蔵板人田中古登，発兌文会舎

〔貓窠版小学読本巻四〕　　全35丁・全13回
　　〈奥付〉　明治十三年三月分版，明治十年三月廿八日版権免許
　　　　　　〈東書文庫本〉元板主田中古登，売捌本舗文会堂，縦罫なし

〔貓窠版小学読本巻五〕　　全35丁・全20回
　　〈表紙〉　田中芳男閲，田中義廉編輯
　　〈奥付〉　明治八年六月十五日出版，明治八年十一月十五日版権免許：
　　　　　　田中義廉編輯並蔵版
　　　　　　東書文庫本には，出版人栗田東平

　本書と巻六とは，漢字片かな交り文語文で，活版印刷となっている点，田中芳男閲となっている点などで，前の4巻と変わったものとなっている。田中芳男は，義廉の兄で三才の年長であり，蕃書調所の物産方出役となり，後年貴族院議員に任ぜられ男爵に列した人で，農林行政に業績を残したといわれる（注32）。全巻20回に分かたれ，内容は人体の生理や動物の分類に関している。冒頭の第一回は次のようである。

　　凡ソ天地間ニ，現ハルヽ物体ハ，森羅万象ニシテ，其数際限ナシト雖モ，之ヲ大別シテ，有機体，無機体ノ二種トス，而シテ之ヲ講究スル学ヲ博物ト謂フ

　　有機体トハ，猶活動ト謂フカ如シ，皆生活運営ノ力ヲ具フルモノニシテ，動物，植物ノ二類ナリ

　　此類ハ，自然造化力ノ外，又自己ノ営養ヲ以テ，生育長茂シ，且種子アリテ，生々相続キ，永世絶エザルモノナリ，

　　無機体トハ，生機活力無クシテ，生シタルモノヲ謂フ，即金，石，水，土，空気ノ類ナリ

　　此類は，同質，同性ノ物，外面ヨリ附著，凝集シテ，次第ニ，増大ヲナシ，栄枯，死生ノ変アルコトナシ

〔貓窠版小学読本巻六〕　　全43丁・全15回
　　〈奥付〉　明治九年六月廿六日版権免許，明治九年七月出版
　　　　　　但東書文庫本明治八年六月十五日出版，明治八年十一月十五日版権免許

　巻五と同じく田中芳男閲であり，体裁も同様である。全巻を15回に分け，

内容は博物学で，植物が前10回分，残りが動物である。冒頭第一回の一班をあげる。

　　博物学ノ第二課ヲ植物学トス，此学ハ草，木，苔，菌ノ種類，性質ヲ
　　弁識シ，兼テ花，実，葉，根等ノ模ヲ，考究スル物ナリ
　　抑，植物ノ学ハ，課目数多ニシテ，之ヲ明弁スルコト，頗ル難シトス，
　　然レトモ漸ヲ積テ飽カザレバ，終ニ深奥ノ境ニ至ルヲ得ベシ（下略）

ところで官本と本書との編成上の関係を，巻三について検すれば，次のようになる。

　　　本書　　　　　　　　官本
　　第一回は，　　　　　　第八回の修正
　　第二回は，　　　　　　第四回の修正
　　第三回は，　　　　　　第十一回，第十二回，第十三回，第十四回の集約
　　第四回〜第六回　は，新編
　　第七回は，　　　　　　第六回の修正
　　第八回は，新編
　　第九回は，　　　　　　第九回とほとんど同じ
　　第十回は，　　　　　　第十八回の修正
　　第十一回は，　　　　　第十九回の修正
　　第十二回は，新編
　　第十三回は，　　　　　第廿回の修正
　　第十四回は，　　　　　第廿一回の修正

すなわち，全14回のうち，5回が新編であり，他の9回は官本の部分修正という状態であった。

　なお，本書巻一から巻四までは，「源義廉」の名で序文が掲げられており，当初編輯した官本に不満を感じて，「諸書を抄訳し之を削除して」この書を編したと述べていることは，すでに引用したとおりである。ただし，巻五と巻六には，この序文を欠いている。

　これを要するに猫寞版6冊は，初めに巻5，6が8年に出版され，次いで10年に巻1から巻4までの4冊が，官本にもとづいて編集されたのであ

る。海後のいうように，10年同時に6冊が刊行されたのではなかったことがわかる。文部省第4年報（明治9年）P. 418附録第一所収「小学教科書一覧表」に，

　　　小学読本（著者）田中義廉，（出版者）田中義廉，東京二（冊）
とあるのは，巻五・六が明治9年にすでに使用されていたことを証している。

　次に，明治7年，官版小学読本の大改正が実施されたのであったが，この年5月，文部省はもう1種類の小学読本を，師範学校とは関係なく完成した。これは，首巻と1・2・3巻の4冊を榊原芳野に，それにつづく4・5巻の2冊を那珂通高と稲垣千頴に編集せしめたのである。本書は，小学の2字を「小学」と横書きして，在来の「小学読本」と区別しようとした着意が認められる。

　　〔小学読本，首巻〕　　全19丁
　　　　〈扉〉　明治七年五月，小学読本，文部省
　　　　〈奥付〉　官版御書籍発党；山中市兵衛，稲田佐兵衛
　　　　　　　　　　　　　　　　　出雲寺万次郎
　　　　〈1オ〉　伊呂波四十七音并濁音次清音
　　　　　　　　いろはばにほへべと……
　　　　〈2オ〉国音五十字　〈片かな〉
　　　　　　　　アイウエオ……ネ……井…
　　　　　　　　　　　　　　　子
　　　　　　　　　〃　　　。　　　ン　　ツ
　　　　　　　　濁音点　次清音点　掣音　入音

というように初まり，数・方・十干・十二支・形・色・度・量・衡・田尺・貨・天文・時令……虫介という類別で，官版単語篇の一編二編（前出）に多少の加除をした単語を配列したものである。

　本書が，この首巻を具備して，入門教科書の役割を果たした点は，在来の改正小学読本の有しなかった一大特徴をなしている。

　　〔小学読本巻之一〕　　全34丁
　　　　〈巻末〉　訂正　那珂通高・宮崎愚　　画　北瓜有卿
　「例言」に次のように述べている。
　　　一巻中の次序伊呂波并ヒ五十音韻ヒ據テ設くるを以て間鄙俚ヒ渉るヒ

似たる者有りと雖要もるに日用切近の事物を示もｺ在きバ其文字も亦雅俗を擇バﾋ
一本音の次に濁音を挙く但パピプペポの次清音は多く語勢ｺ因て出る所ｬゑに頭字に用ゐる語至て少なきを以て文中に次序せﾋ
一五十音韵中也行の<u>イエ</u>和行の<u>ウ</u>は古より別用にせﾋ故にこれを省く
　　明治七年七月

　扉には首巻同様「明治七年五月」とあり，上記末尾には「七月」となっている。例言にもあるように，1丁表から19丁裏まで，いろは順に単語とその解説を示し，絵図を添えており，20丁表から34丁まで，五十音順に同様の出し方をしている。これは，外国入門読本（primer）の体裁と似たものである。

　　㋑　　第一　　家
　　人の住所の総名ｱり」柱，梁，桁，榱等を具へて作る」又屋根ｺ瓦葺，板葺，草葺，等有り」其明を引く處を窓といひ」出入る處を門といふ。
　　句読点を用いず,」の符号を用い，並列点も使っている。本書であげた単語は次のようである。

㋑家　㋺絽　㋩畠　㋥薔薇　㋭雞　㋬螢　㋣牡丹　㋷絲瓜　㋷紅花　㋷砥　㋷鱸　㋷地球儀　㋷軸　㋷林檎（ママ）　㋷塗物　㋷坩堝　㋷𥧄　㋷綿　㋷瓦　㋷蒲　㋷曾　㋷端物　㋷橙　㋷煉化石　㋷柶　㋷造作　㋷案（つくえ）　㋷頭巾　㋷年号　㋷苗代　㋷蠟燭　㋷槿　㋷臼　㋷蘭　㋷海苔　㋷大砲　㋷車　㋷茱萸　㋷磁器（やきもの）　㋷蒔画　㋷瞿粟　㋷下駄　㋷笛　㋷葡萄　㋷琴　㋷胡麻　㋷荏　㋷券（てふだ）　㋷伝信機　㋷粟　㋷珊瑚　㋷石榴　㋷狐　㋷銀杏　㋷浴衣　㋷面　㋷澪標（みおつくし）　㋷塩　㋷磁石　㋷槐　㋷羊　㋷天鵞絨　㋷木綿　㋷鶺鴒　㋷銭　㋷炭　㋷芋茎（ずいき）

　　㋐　　第一　〈20オ〉
　　綾ハ絹類の名ｺして，文を織出せる物ｱり」又紗織あり其文を紗綾形といふ」綾子ハ滑にして光りあるものをいふ」皆綾の類ｱり

　ここでは句点の代用を」とし，読点も用いている。アからヲまでの単語は，次のように選んでいる。

㋐綾　㋑稲　㋒兎　㋓蝦　㋔野慈姑（おもだか）　㋕金　㋖菌　㋗櫛　㋘獣　㋙鰻　㋚桜　㋛鹿　㋜硯　㋝蟬　㋞算盤　㋟田　㋠粽（ちまき）　㋡氷柱　㋢手毬

381

㋦蜻蛉 ㋕七草 ㊂蒜(にんにく) ㋹布 ㋔猫 ㋨鋸 ㋩秤 ㋪樋 ㋣囊 ㋬竈 ㋭帆 ㋮升 ㋯箕 ㋰席 ㋱眼鏡 ㋲尺 ㋳薯蕷(やまのいも) ㋴指 ㋵よき(大斧) ㋶落鴈 ㋷龍膽 ㋸竹林鳥(るり) ㋹連木(れんぎ)(檑木) ㋺櫓 ㋻蕨 ㋼猪 ㋽碗豆 ㋾桶

〔小学読本巻之二〕　全29丁

やはり単語の解説を，71語について述べたものである．本巻も榊原の編次であり，本巻に限り，欄外に簡単な設問が掲げられている．

〈1オ〉第一

大陽ハ日輪をいひ大陰ハ月輪をいふ惑星或は遊星といふハ其数多しといへとも其中最も大なる者水星，金星，地球，火星，木星，土星，天王星，海王星の八なり此八星は皆世界なり惑星に従ひて大陽を繞るを衛星といふ（下略）

〈欄外枠付設問〉

惑星の大なるハ何の星ぞ

衛星ハ何箇ふりや

第四地球，第七五大洋，第十二溝堤橋瀑，第十六手足，第二六舟，第三六工匠ノ具，第四五刀剣などあり，第七一饅頭で終わる．

〔小学読本巻之三〕　全34丁

同じく榊原の編次で，巻之二と同様，90語について解明したものである．やはり上欄に設問があり，第一粳糯の外如何なる稲の類ありや　第二稲を種る次第如何，から始まり，第四七植物の綱目を分ちたるハ国の誰ぞ，までが植物，第四八蚕は幾度眠起して何様に変ぞるや，から第八九猴ハ何類と称ぞるや，第九十人種ハ幾に分つや，までが動物で，それをもって終わっている．

〔小学読本巻四〕　全41丁

巻四・五の2冊は，那珂通高と稲垣千頴の撰となり，前の4冊がかなや単語の本であったのとちがい，まとまった文章となる．

「例言」

一巻中すべて煩雑を除き要領を挙げて幼童の誦み易からむ事ヽ要す

一文辞すべて雅俗を撰バヾして語路のさハ里無きを主とするハ是ま、幼童の耳に入り易からしめむがためなり

一編纂の次序ハ類を以て相従へて古今と内外とを別たず
一古今忠臣義士烈婦貞女枚挙すべからず今此編の如きハ世に著しき者を聊記載するのミ也
　　明治六年八月
と述べている。

　　　○第一課
　人の天性は至りて相近きものなるを賢愚の遠く分る〻所以ハ幼時より学ぶと学ばざると勉むるとにあり勉めて学ぶ時ハ人々皆大人君子となるべく又文人才子とも成る事を得べしかく天然の才智を禀けゐる身まて学すぐ勉めば終に自不才無智の人となるハ即所謂自暴自棄ゐして其天性を賊するものと云ふべし歎ずべきの甚しきにあらにや
　　　　　（ママ）
〈冒頭設問〉
　賢愚の分る〻所以何如
　天性を賊する者何如

各課とも句読点を打たず，別体がなの使用が頻繁である。内容は一般に教訓式で，人物を豊富にそろえ，いずれも模範的な視点で取扱っており，全体として修身教科書の臭味がある。

　人物には，第七課神武天皇，第九課和気清麿，第十課菅原道真，第十一課村上義光，第十二課瓜生保，などと並べ，最後の第三七課李謐に至っている。

〔小学読本巻五〕　全47丁
　巻四と同じ方針・体裁で，西洋の人物がふえている。

　第一課菊池武吉，第二課延陵の季子，第三課ポール，第四課アリスの家の義猫，第五課法均尼，第六課鈴木宇右衛門，第七課シャープ，第八課蠟燭屋四郎兵衛，第九課楊震というように，人物の業績を述べ，最後尾第三七課「大椿の好学」に終わっている。これまで文部省は「第○回」,「第○」としたのに対し，今度「第○課」という区画を用いた。題目は掲げていない。

　以上のように，外国の材料も入れてはいるが，全般的に和漢風であり，修身教授的な編集態度が漂っていたために，西洋的な新鮮味の豊かな田中義廉編輯・那珂通高校正の改正小学読本ほどには，世に迎えられなかった

ようである。後者は，初版本では，永田佐吉とか山蔭中納言の説話のような日本教材があったが，改訂毎にこれらが削られ，翻訳臭も除かれ，いかにも近代的な教科書に成長していったのである。

以上で，文部省や師範学校の官版読本の記述を終わる。学制教則期の明治12年までの官本のすべてである。

そして，このころは，民間から出版された小学読本は，さきの貓䑕版小学読本6冊以外，それほどの数がない。以下民間私撰本のうち，参照した資料の概略をあげる。

〔童蒙読本　完〕　〈扉〉　上羽勝衛纂，明治六年癸酉晩春（3月）惺々軒蔵版

　　　全49丁　〈奥付〉　売弘所　官許岡田屋嘉七

「自序」天下之事，莫レ不ニ自レ浅入レ深自レ近達レ遠而学為ニ寂甚一焉（中略）頃者抄ニ訳西国読本一畧加概括一以為ニ斯編一

上記西国読本は具体的にわかっていないが，文部省で小学読本を抄訳した明治6年3月，同じ時に個人の読本を，外国のReaderから抄訳出版したことになる。本文は第一章から第二十二章に至る。主要な漢字にルビを付し，句読点は打っていない。

　　　第一章
或る童子壺𪜈中に桃の盈𪜈る𪜈見て之を取らんと欲し手を壺の中に入れて十分に握持ける然れとも壺の口ハ小ましで拳ハ甚ㇳ大なる故如何に出さんとすれ共出𪜈𪜈と能はず傍𪜈居ㇽ何人之𪜈見て童子に教て曰く汝余り欲深く握たる故出㆑能はぬなり若し其半𪜈（ママ）減するならバ輙く出す𪜈と𪜈得べし童子大に悟里其言に従ひけれバ即ち之を出す𪜈とを得たりける是故に人は多欲なるべからず余り多欲なれバ却て一物をも得ざる𪜈とあり

この文章表現からすると，かなり意訳した形跡がある。また，末尾が教訓で結ばれている。他の章もこの形式が多い。

〔初学読本　全一冊〕　〈扉〉　福沢英之助訳　版　明治六年五月　全69丁

文部省准刻書目（24丁ウ）癸酉三月の条に，「千八百七十五年亜国サーセント氏著述リードル　千八百六十年同国ウイルソン氏著述リードル其外ヨリ抜萃ス」とあるように，これも外国小学読本に準拠していることがわかる。内容は，

第4章　国語科各種目の教授法と教授資料

地球大陽(ママ)及ヒ月ノ事，庭ノ事，長命ノ事，虚言ヲ云フ可カラザル事，蜂巣ノ事，偽ハ何ソヤ，齢三十ニシテ書ヲ読ミ能ハザル人ノ事，決シテ行フ可カラザル事，賞スヘキ童子ノ事，正直ヲ以テ商売スベキ事，正直ナル小奴ノ事，信実ヲ云ヒ信実ヲ行フ可キ事

などで，いずれも修身倫理に関連し，自然科学がこれにわずかに混入している。「童子及ヒ狼ノ事」，「勇敢ナル『グレース』ノ事」，「合衆国第一代大統領華盛頓幼少ノ時ノ事」等の説話は，後世の修身教科書や国語読本にも採用された。すべてで，31項目から成っている。

〔新撰女小学読本　上下〕　上21丁　下27丁
〈扉〉　明治七年第一月刻，大須賀龍譚著，吉田庸徳校正東京書賈　耕養堂発兌
〈下巻奥付〉　紀元二千五百三十有四年（7年）第一月刻成　発兌書林　丸屋正五郎

巻菱譚筆行書体で書かれ，漢字には平がなをふっている。内容は新時代らしく男女同権的思想が盛られている。

〈上巻〉　天乃人を生ぜるや。同じ類ひゞ男子あり。亦女子の別あれど。皆萬物の霊長ゞて。ゝゞとし生る物ゞ中。是尊ゞゞゞふらん。(下略)

〈下巻〉　夫れ尊く天乃如く婦は卑しく地ゞごとしと。昔ゞいへゞたとへなれど。元夫婦は一偶乃車にて二ツの輪の如く。いづゞを尊ミ。ゞづゞゞる賤しむ。事もあらざれど。夫は家の主宰にて内外乃事ゞ司ゞ。妻子眷属養ふもゞ。ぬ人は夫ゞ従ひて。専ら家事を相扶ゞ内のミ守る者ふゞハ是剛柔の差ひよゞ。其ふゞ業ゞ異るも。(下略)

読点にも○を使っている点に特色がある。冒頭に「菱潭漁夫書」とある。内容は男女同権論の走りともいうべく，旧封建道徳に対して批判的な態度が見られる。

〔小学勧善読本　巻一・二〕　巻一　全41丁　巻二　全25丁
〈扉〉　富岡貴林編纂，明治七年六月彫刻
〈奥付〉　ない本である。落丁か。

全体が漢字平がな交り文語文体で，巻一は全12回，巻二は全7回から成り，和漢の偉人忠臣の故事のようなものが多い。師範学校彫刻小学読本に影響されている点が，はっきりと指摘できる。

巻之一　第一回

385

大日本国, 地神五世ハ,

第一,　天照大神

第二,　忍穂耳尊

第三,　瓊瓊杵尊

第四,　彦火火出見尊

第五,　鸕鶿草葺不合尊, なり, 神ハ, 人民万物を, 造里給へり, 人皇の初め, 神武天皇御即位, 元年, 辛酉なり, 夫よ里四十一年ゑ後, 辛卯に, 国を秋津洲と, 号け給ふなり,

○鸕鶿草葺不合尊, 第四の御子, 御母ハ, 玉依姫な里,

我国の人は, 皆神を畏敬し, 且神徳を仰ぎ, 天幸を授け, 給ハんことを, 祈るべき事ハ, 文部省師範学校にて御出板な里し, 小学読本, 巻の三第一回に, あるゑとし, 人々片時も忘るべからず, 人の稽古に, 種々, あゑといへども, 先づ書を読み, 字を写し, 物を数ふる事を学ぶを, 第一の務めとモべきゑと, 此も又, 同書巻の一, 第一回に教へ給ふが如し。書を読ハ, 仁義礼智信, の五常ゑ己きまへ, 忠孝の道を欠べからゞ, 傍ら古人の, 勉強出精して, 身を立て家を興したる, 辛苦労心を思ひや里て, 忿発すべきなり, 童子の時より, 先づ和漢西洋, 古人の英雄豪傑, 近代の博文達識, 銘々勉強出精せしを知るべし,

著者は, 洋学の教養に乏しいため, 所説は漢字の思想であり, いかにも師範学校版の訳文口調に似せながら, 内容は日本的なのである。表現の形式だけを模倣したと思われる。次に例示する。

巻之二　第一回〈4丁オ〉

此の図ハ何の図ゐるや, ○これハ扇の, 半面ひらきしなり, ○此扇は, 炎暑に用るものなゑ, 炎暑に, 扇を手に触ゑバ, 涼し, すゞしきハ風なり, かぜハゐふぎよ里生るなり, 扇ハあふぎ見世里得たり, 得ゐる道ハ銭なゑ, ぜにハ君の俸禄より出づ, 是此涼しきもとハ, 君の恩より出たるゐゑ, 志かハあれど, 扇を働らかすべき, 手と指と無てハ, いかで此涼しき事を得んや, 手と指とハ父母より請たゑ, 謹みて扇をゐけて, 君と親の恩を思ふべし　（下略）

　　　　　第二回〈6丁ウ〉

汝は狸を見たるや, ○見ゑり, 彼は其性ゐろかなるものなり, ○寒き

をきらひ、ゐた、かきを好むなり、○林木のうち、艸むらに、穴あヱて住なり、○彼の毛ハ筆となり、皮ハ風をよぶものなヱ、(下略)

〔小学女読本　巻一〕　全16丁

　〈扉〉　城谷謙著、明治九年四月十一日出版版権御願
　　　　同年四月廿八日版権免許、御用書林村上勘兵衛発兌

第一から第十までに分かれ、修身訓的内容が盛られている。

　　第二
○女の学ふへき業多しと雖も先ゞ(ママ)父母舅姑夫に事へ人に交り子を養育し家内の事を修むるを学ふ弌(ママ)第一の務とは○貴きも賤きも夫ハ外を務め女ハ内を修むるハ常の道なきバ女ハ夫に養ハるる者と思ひて徒に日月を過モ可らゞ

〔女学読本　巻一・二・三〕

　〈巻一奥付〉
　　全32丁　　明治八年十一月廿七日版権免許、同九年六月十五日刻成、
　　　　　　　編輯兼出版人市岡正一、発兌荒川藤兵衛
　〈巻二奥付〉
　　全38丁　　同十年九月十五日刻成
　〈巻三奥付〉
　　全42丁　　同十三年十月十五日成刻発販

これも師範学校版小学読本に模した形跡が見える。

巻一は第一から第六までに分かれ、それぞれが数節から成っている。第一は女子の務で「婦女子は第一読み書き算術を習らひ、又裁縫の業を学ぶべし」から初まり「女子モ(ママ)男子と友を同うせゞ、言葉の遣ひやう起居なども静かに為し」とつづく。翻訳調も間々織り込まれている。

　　第六〈27丁オ〉
　一　此女子モ今木偶の衣類を縫へり○汝　小児の著類を縫ふ事を知きりや○小児の衣服モ何程の布を要モるや○常巾なきバ八尺三寸を要せり(下略)

第二は第七まで分かれ、さきの狼とうそつきの少年の説話も載せている。
第三も第七まで分かれ、清少納言や紫式部などに関した歴史教材が多い。

〔女子読本　巻一から巻四、附録〕

　〈巻一扉〉　池田観編纂、明治十一年六月出版
　　　　　　二書堂(俵新輔、辻本信太郎)刊行

　巻一, 37丁　巻二, 36丁　刊年月は巻一と同じ
　巻三, 37丁　明治十一年十月出版　　巻四, 36丁　刊年月巻三と同じ
　第一附録・裁縫之教　全34丁，　明治十一年十二月出版

巻頭に「例言」があり、本文にはいって、まず「総論」となり、次いで

387

第一と初まる。すべて上欄に設問を置く。「例言」によれば、「欄外ニ問題ヲ設クル者ハ生徒ヲシテ熟読暗記セシメ題ニヨッテ其業ノ精粗ヲ試ミン為ニスルナリ」と述べている。

　　総論
　　古来我朝の流弊とて㊀女子む深閨に潜まりて唯舞ひ歌ひ糸竹のミを翫弄し字を習ひ書を読むなどハ獨り男子の為も事なＰと思ふに依り父母たるものも敢て勧めぬ習ひありしが今や文明の御代となり㊁貴賤男女の差別なく教弛道の開けぬきむ罢其弊なけれども猶其弊の絶へかねて動もすれt女子乃教への軽忽にならむことを恐る、よ依り斯に古今弛賢女烈婦の男子に劣らぬ行跡を聞き伝へしま、に一書よ綴り女子の教弛一端ともなさむゐとを欲するなり

番号を入れてあるのは上欄との対照に便するためと思われる。上欄には、
　　〇一　古来我朝女子ノ流弊ハ如何
　　〇二　方今ニテハ其弊ハ有ヤ無キヤ
という設問があり、難語に相当するものとして、
　　△動　　　△軽忽　　　△一端
が並挙されている。

　　また、巻中には外国の説話も挿入されている。
〔変則小学読本　巻之一〕　全26丁
　　〈扉〉　萱生奉三著、愛知県士族、明治十一年四月出板
　　　　　版権免許兮矣書屋存板、発兌丸屋善八、永楽屋東四郎

本書は全何巻であるかが不明であるが、東書文庫所蔵の巻一だけを参照した。

「序」の末尾に、
　　我邦文学の弊よ於ける宜しく一時文華眩惑の酔夢を脱し自家の定処を発覚して静止勉励着々歩を進むることあらバ世間の子弟婦女子の輩も或ハ隣翁の氏名よ苦むなく又大豆と大麦とを弁識することを得るよ庶幾らん乎これ則変則小学読本の著ゐる所以なり
　　　　　明治十一年四月　　　著者識

と述べたように、学制教則の強迫に反発して、ようやく自由教育令を待望する段階に至った当時の所産である。しかし、本書が単なる反動の教科書でないことは、学制小学教則の綴字・単語篇に準拠していることからでも

うなずかれる。全14課に分かつ。

　　第一課　平仮名・片仮名五十韻・濁音・半濁音・数字・度量衡の称・
　　　　　　貨幣の称
　　第二課　仮名づかひ　いの部からゝの部まで
　　第三課　同　むの部からそ部まで
　　第四課～第六課　漢字の単語
　　第七課　国歌　人麿，赤人，道真，猿丸，宣長
　　　　　　　　読人知らず　各一首
　　第八課　大日本国名
　　第九課　名頭字　　約500
　　第十課　屋号　　　約150
　　第十一課　宿駅都市の名称　約250
　　第十二課　同　　　約180
　　第十三課　苗字尽　約300
　　第十四課　名数　一羽，一顆，一箱等
　主として官版単語図や官版小学読本首巻（榊原芳野編次）に拠って編集している
ことがわかる。
　なお，このほかに，内務省「版権書目」第五号（明治11年3月25日出版，
明治10年10月から12月までの許可）を徴すれば（前掲書P. 191），
　　　小学読本　小本五冊　編纂出版　盛岡師範学校
とあるが，現存するか否か明らかでない。また，内閣文庫には，「かぶふ
みぇやちゅう」の「だいいちよみほん」「だいふよみほん」があるが，こ
れは，一般幼童用の読物であって，小学読本ではない。（別項）

⑦　**書取教科書**

　明治5年制定文部省小学教則における書取は，単語書取・会話書取とし
て，いわば，単語科や会話科の一分野であった。そして，教科書としては
単語篇や会話篇があったのであるから，特に書取教科書を作成する必要性
がなかったといってよい。しかし，あれば，それも便利であったから，刊
行部数はごく少なかったが，いくつか挙げることができる。
　〔小学書取本〕　全8丁

〈扉〉 神奈川県師範学校小林義則編，横浜飯田陽所蔵
〈序後〉 明治八年九月出版，全十月十八日版権免許
〈序〉 羽鳥邨史

「凡例」を見ると，書取の実際がうかがわれる。

　一該書ハ都テ七八両級生徒ノ書取ニ便リス
　一漢字ハ単語中ノ字画ヲ正クシ以テ魯魚ノ誤勿ラシム
　一正変草三体ノ仮字ヲ区別シ且ツ其法ヲ示ス　例ヘバはうちやう草体
　　ハウチヤウハ正体　むうちゐうハ変体ノ類ノ如シ
　　或ハ絵画ヲ待タズ能ク其字体ニ熟セシメント欲セバ専ラ此書ヲ以テ
　　八級生ノ復読ニ充ツベシ

これによれば，書取はかな3体の書き分け，漢字の字画等を正すために，小学1年に用いるものであったことがわかる。

　本文は，第一単語図から第八単語図までを示し，裏面にこれを3体のかなで書き分けて示したものである

　　絲　いと／イト　鼎　カナヘ／かなへ／あふゑ　犬　イヌ／いぬ／ゐぬ

〔小学書取本　改正版〕　全8丁

　〈扉〉　明治十一年七月改正，明治十一年七月八日版権免許

「凡例」に，「該書ハ本明治八年ノ編輯ニ繋ル這囬更ニ変体ヲ釐正シテ間々仮名ノ綴方ヲ刪正ス是乎於テカ全璧始メテ成ル看官幸ニ意ヲ留メヨ」とある。改正されたといっても，〈1ウ〉第一単語，〈5ウ〉第五単語の裏面のかなが，3体にはっきり書き分けられた程度のものである。

〔小学書取語類〕　全12丁

　〈扉〉　荻島光亨編次，田口小作校正山梨県蔵版
　〈奥付〉　明治十年六月出版　山梨県　発兌内藤伝右衛門

「凡例」によれば，

　一此編ハ下等小学第六（五）級生徒ニ授クルモノニシテ之ヲシテ各種
　　ノ語類ヲ諳記シ以テ作文ノ予備トナサシメ兼テ通常日用ノ文字ヲ知
　　ラシムルヲ要ス

とあり，対象は小学2年生の教授用である。また集める語類の範囲は，

　一語類ノ蒐輯スベキモノ限リナクシテ児童ニ授クルノ時月限リアリ限

第4章　国語科各種目の教授法と教授資料

> リアル時月ヲ以テ限リナキノ語類ヲ授ケント欲ス是日亦足ラザルナリ故ニ省キテ載セザル者アリ棄テ取ラザルモノアリ特ニ衣服飲食家屋器具動植鉱及ヒ天文地理ノ大概ヲ挙ルノミ

とある。本書が教師用書であり，児童の教科書でないことも，はっきりことわって，

> 一此編固教師授業ノ需用ニ応ズルモノニシテ生徒ノ誦読ニ供スルモノニ非ズ故ニ其字傍ニ仮名ヲ施スノモ亦教師ノ為ニスルナリ生徒ノ為ニスルニ非ザルナリ

と述べている。掲載のしかたが品詞に類別してある点に特色がある。

　　衣服　　着物
　（名詞）衿(エリ)，袖(ソデ)，袂(タモト)，裾(スソ)，単(ヒトヘ)，袷(アハセ)，襦袢(ジュバン)，綿入(ワタイレ)，綿(ワタ)，絹(キヌ)，布(ヌノ)，端(タン)物(モノ)
　（働詞）絡フ(マト)，縫フ(ヌ)，掩フ(ヲホ)，裁ツ(タ)，保ツ(タモ)，着用ス(チヤクヨウ)，

以下，羽織，袴，夜具，頭巾，帯，その他に分け，上記のように掲げている。

　　飲食　　飯，酒，塩　他2語
　　家屋　　家，屋根，壁，
　　器具　　地球儀，伝言機，舟　他18語
　　動物　　蜂，蝶，蛙　他15語
　　植物　　梅，桜，松，　他5語
　　天文　　春，夏，秋，冬，
　　地理　　山，野，川，海，都会

巻末（12丁表裏面）に「助字」をあげ，
　　豈(アニ)，且(カツ)，先(マヅ)，又(マタ)，復(マタ)，還(マタ)，也や，故ニ(ユエ)，是故ニ(コレユエ)，及ビ(オヨ)，雖モ(イヘド)，莫レ(ナカ)，勿レ(ナカ)，無シ(ナ)，非ズ(アラ)

などと配列してある。凡例によれば「助字ヲ蒐輯シテ編末ニ付スルモノハ以テ文ノ接続転換ニ活用セシムルヲ要ス」とある。本書は山梨県の公版であるから，同県下一円に用いられたのであろう。用語の数も精選され，さきの小林本が1年児童用というのに比べると，内容が容易になっている。

　内務省「版権書目」（前出）に徴しても，書取本はほとんど見られない状況である。同書第五号は明治10年10月から12月までの許可書目であるが

391

（明治11年3月25日出版，前掲書P.191），
　　　小学単語書取本　中本一冊　　平田寛二　東京士族
　　　　　　　　　　　　　　　　　原　亮三　愛知士族
が1本だけ載せられ，同書第六号は明治11年1月から3月までの許可書目であるが（明治11年5月15日出版，前掲書P.207），
　　　小学書取書　小本一冊　盛岡師範学校　岩手県下
と見られるだけである。後者は「巖手県布令書」(注33)に次のように収載されているものであろう。
　　　県丙第百号　　　　郡役所村役所
　　　今般岩手県師範学校ニ於テ小学書取書出版ニ付該代価小学補助金之内ヨリ支出各公立小学校ヘ壹部宛配付候条此旨相達候事
　　　　　明治十二年十二月十五日　　　県令島惟精代理
　　　　　　　　　　　　　　　　　　巖手県大書記官岡部綱紀
　すなわち，1校1冊の配付となっている。
　要するに，書取における教科書の使用は，限られた範囲で行われたものであったようである。

⑧　諳誦教科書
　明治5年制定文部省小学教則においては，単語科および会話科などに諳誦の目があった。単語篇や会話篇の教授事項を諳誦するのであったが，会話篇には官版がなかったから，単語篇あるいは師範学校制定の単語図等に関することとなる。それとても，特別に諳誦用教科書を必要とすることがなかったから，そのようなものはほとんど出版されていない。この点は書取教科書の場合と同様であった。したがって現在参照し得る諳誦教科書は，単語に限らず，小学校における学習事項の要点を抜粋して諳誦に便するという内容のものがいくつか見られる。また，さきの書取教科書は，凡例によれば，単に書取のためばかりでなく，諳誦にも便するという旨が記述されていたことは，すでに触れたところである。
　　〔小学諳誦十種〕　全9丁　〈東書文庫蔵〉　　　週　雄
　　　〈扉〉　紀元二千五百三十三年　〈奥付〉　辻氏蔵版
　　　　　　（明治6年也）第二月新雕
　「緒言」に「幼程の時ぇ覚えたることは生涯必忘れぬもの那り」とし，「今の幼童成長の後物ぇ触れ事にゐさりて始て此書の寸益あることをしら

んか」と述べている。「十詞」とは十題というほどの意で，第一物体から，霊魂，学術，学働，経済，人物，治乱，交通，文明，敬神の10題に及んでいる。すべて七五調で文をととのえ，諳誦に適するよう配慮している。

　　第一　物体

　世ム万物の。成出る。其源ハ。天造物。その天造ハ。金石と。動植物の。三品ま て。これぞ天地の。初より。幾億年か。末かけて。形をかへず。其質を。増さず。減らさぬ。無尽蔵。造化の力に。あらずして。いかでか斯る。玄妙の。深き工を。なし得べき。(下略)

〔諳誦独稽古〕　　全17丁，横長型17.5cm×8.5cm

　〈扉〉　小川悦纂輯　　〈奥付〉　明治6年新刻　松村九兵衛　　内閣文庫蔵

　内容　五十韻・大阪橋名・府県名・帝号・内国各尽・歴代年号

すべて漢字に片かなをふっている。

〔学校諳誦心の種／入門〕　全54丁〈東京都立日比谷図書館蔵〉

　〈扉〉　明治六年第七月御免許，同七年第一月発売　　輯者若林長栄，書房広瀬藤輔蔵梓

　内容　平片假名伊呂波・数字・九々声・五十韻・十干・十二支・七星・袖時計見様・府県名・内国里程表・世界高山表・日本国郡名尽・各国地名尽・開化日用篇・帝号・年号

　当時小学校で普通に教授する知識を列挙したものである。特に「開化日用篇」(35オ) では，「日月用」(日月運行図解)，「ウ井キ (week 也) の日之名」(7曜月名の英語)，貨幣の換算などあり，単語として153語の新語を，目今（たゞいまといふ事）、旧幣（ふるいくせをいふ）のような形式で，癲院・博物館・条例・窮理・蘭土世留・承塵その他が列挙されている。また，半濁音 (4丁ウ) の部にパ行のほか，

　　牙　カキクケコ

の鼻濁音をあげているのも珍しい。それから，全巻の上欄に「英和通辨」として，

| 家 (イエ) | A house (ハウス) | 石 (イシ) | A stone (ストーン) |
| 池 (イケ) | A pond (ポンド) | 命 (イノチ) | Life (ライフ) |

のように和英単語を約500語，イからスまでイロハ順に掲載している。

〔日本文典暗誦動詞〕　挟入3冊本　18.4cm×12.2cm　〈国立国会図書館蔵本〉

　〈扉〉　片岡正占編述　東京玉山書屋発兌　　〈奥付〉　明治八年五月十五日官許

1篇15丁　2篇41丁　3篇23丁

文部教則でも「当分欠ク」とした文法の諳誦用語である。「序言」（福羽美静）に「幼童の学ハ諳誦よりよきハなし」と言っているが，学校の教科書ではないようである。（本書は文法教授法の項で後述する。）

⑨　書牘作文教科書

　文部省小学教則において，書牘と作文とが区別され，師範学校小学教則において，書牘を含めた作文となっていることは，すでに検討したところである。ところで，書牘教授に教科書を使用することは，すでに近世寺子屋教育以来の伝統で，学制以後も継承されていたと見られる。しかし，それが小学教科書なのか，一般啓蒙書なのか，明らかにされない場合が多い。その理由は，それらが主として四季の音問や慶弔の見舞などに関する書簡例や，書簡用語例で編集されていて，書簡学習についての格別の指示に乏しいからである。書簡ならざる作文といえば，さきの教則で考察したように，単語問答を筆録したり，記事論説と称する漢文流の文章を作ったりすることであったから，これとても作文法の記述はごく少なく，もし存したとしても，それは教授用書であって，おおむね教科書ではなかった。作文教授には文話として教師の口授や説話であっても，作文教科書があって，それに即して行われるものではなかったようであり，今日に至るまで，旧制中等学校は別として，小学校の作文教科書は使用されない場合が多かったようである。

　書牘作文教科書については，以上のような概況であった。次に当時の作文に関連した出版書を通覧することとする。

　　〔文章早綴〕　全62丁
　　　巻菱潭著，文宝堂山田藤助発兌　奥付欠（刊年月次）
　　　歳首之文　同答書
　　　寒中伺候之文　同答書
　　　送洋行文　同答書
　　　看桜を誘ふ文　同答書
　　　洋書を借ニ遣ル文　同答書
　　　梅雨中人を招く文　同答書

温泉を勧る文　同答書

など通計24の文例が，菱潭の流麗な草書候文体で書かれ，難語右旁に平がなで読方，左旁に片かなで解意が施されている。上欄には，「類語」として，履端慶賀・新年吉慶・改暦吉兆・鳳暦紀元・椒頌新賀・遐迩壹射，都鄙儀制（1丁オ）などと列挙されている。

　〔窮理捷経十二月帖〕　2冊　上34丁/下41丁

　　〈扉〉　内田晋斎著，明治五壬申秋七月刊行　玉養堂発兌／万蘊堂

　本書は，文部教則に掲載されており，そこで述べたとおりである。〈1オ〉

　　新春之御慶千里同風芽出度申納候先以御全家ゐも、、御万福之御超歳奉恐賀候（下略）

本文冒頭に「著併書」とある。流麗な草書候文体である。

　〔窮里用文章　完〕（ママ）　全63丁・四六判

　　〈扉〉　白里外史著，東京書林玉養堂・万蘊堂発兌／明治五壬申新刻

物理に関する解説の問答を書簡文に仕立てたものである。たとえば，カビの質問と応答の書簡は次のようである。（行書候文体）

　　〈19オ〉

　　御申越し被成候品久敷用ひさるに此頃梅雨のゐ免ニや一面ゝかびや生候まま御用ゝ立ち難しと存候得とも御望ニまかせ差上申候
　　就てハ此品のミ那らね凡て此節も諸品悉く黴を生しゐことゝ不潔ゝ甚えね候一体此黴と申ものハ何物ニ候哉奉伺度謹而呈短楮　不具

　　　　五月十日

　　御大切之印肉早速御借し被下少々の黴一向妨けなく難有御礼申上候近日梅雨の為免諸物かひゝ生し汚穢ゝ思召被下、小より此物成生之本ゝ（ママ）御尋被来候儀御尤千万肉眼にて見るとゝハ実ゝ不潔の様ゝ相見え候得ともされゝ顕微鏡にて見る時ハこの物元ト一種の小草ニして其花紅黄白紫之色をましへ美麗言語ゝ尽くしかたく実ゝ目を驚し申候然れゑ其生成の理会も矢張草木と同しく寒暖湿燥之矩合（ぐあひ）ニよりて生長いゐし候儀ニ御座候　　敬復

　　　　蒲月十一日

395

こうして続々と出版された書牘文例書の決定版が，明治7，8年の交に，文部省から4冊刊行された。

〔書牘　日用文一〕　全43丁　〈東書文庫本〉
　　　〈扉〉　明治七年八月・文部省
　　　　　　愛知県下学校翻刻，　行草候文体

文部省第二年報（明治七年）収載「文部省編纂図書目」の項に，「明治七年中編纂スルモノ左ノ如シ」として，「書牘（日用文）一冊」があがっているのが，本書であろう。ただし，この愛知本と内容同一の他の本（家蔵本・東書文庫所蔵本）には，「明治七年十月」とある。筆者は，巻尾に

　　（43丁ウ）　明治七年夏六月　内田嘉一書

とある。さきの内田晋斎（十二月帖の筆者）と同一人である。本書冒頭に次の「緒言」がある。

　　方今通用の往復書簡ハ男女を分ち男は都て顚倒語を用ゐ女ハ概書下しを用ゐ来れり然れとも今日ゟ在て男女文を異ニれる時ハ日常交際上ゟ於て障礙なきゟと能すれ故ゟ此書ハ男の文の顚語と女の文の無用の辞と改めて男女を通し同く書下しの体裁ゟ定めたるゟ
　　一既ゟ書下しの体裁ゟ定むるを以て目途とな毛時ハ速ゟ顚倒語の書簡を廃せれハあるへからかと雖数百年来の慣習一日の能改むる所ゟ非きバ此書姑く今日通用の書簡の体裁をも其後ゟ附載せり

往復書簡文における顚倒，奉レ存候や被レ遊度候の数を，書き下しにすることを断行して，巻一，二を編み，巻三，四は従来の顚倒をそのままに書くという編集をしている。

　　〈1オ～3ウ〉　書式類語　家　本　各丁4行
　　　　　　　　　　　　　　東書本各丁5行
　　一筆申上候
　　一筆願上致し候
　　御紙上拝見
　　御状披見
　　餘寒之時候
　　春暖之時節（下略）
　　〈4オ～12オ〉　口上書類
　　昨日小学校ヘ入門相モみ候
　　明朝女学校ヘ御同道申度候

今暁より腹痛いたし候間不参致候
うひまなひ四五日の内拝借いたし度候（下略）
〈13オ～15オ〉　送り并請取書式
　　　覚　〈家本「記」とある〉
薦包　一箇
　　右陸運元会社ヲ以差立候也
　　　　年月日
　　　覚
一御書状　一通
一書籍　　十冊
　　右正ニ請取申候也
　　　　年月日（下略）
〈16オ～32ウ〉　往復雑式　〈各種書簡文例〉
先達てハ御尋之處折節客来匇々の段残念ニ候其内又々御入来下され度候
〈33オ～43オ〉　往復正式
　　年賀状・歳末賀状・婚姻祝儀状・出産祝儀状・寒中見舞状（文例略）
文部省第三年報（明治八年）P. 21収載「文部省編纂図書目」の「明治八年一月ヨリ同年六月マテ編纂セルモノ左ノ如シ」の中に，
　　書牘　二　一冊
と見えるから，巻二はこの期間中に編纂されたのである。しかし，出版は，次の巻三・四の2巻と同時であったのか，この期間中の刊記がある本は見当たらない（注34）。同年報「明治八年七月ヨリ九年六月マテ編纂セルモノ左ノ如シ」の中に，
　　書牘　三四　　二冊
とあるから，巻3，4の両巻が遅れたことがわかる。東書文庫本には「明治八年十月」の扉の刊記を有する文部省本（各丁小口に明刻）巻三があり，書肆長島為一郎翻刻出版の4冊合綴本（注35）の小型本（14.3cm×12.8cm）の扉にも，「明治八年十月」とあるから，巻二，三，四の出版は8年10月と認めてよいであろう。
　　〔書牘　日用文二〕　全28丁

〈1オ〉預り米證文
　　　　　　　覚
一米何百石　此俵何斗何升入何千俵
　右ハ拙者屋敷内何番土蔵へ積入預り置候處実正也御入用次第何時ニても錠前相明ケ申ヘ々候後日の為預り証書差入候也
　　明治何年何月何日
　　　　　　　第何大区何小区何町幾番地住
　　　　　　　　　　　　　　　何某
　　　　何某殿

その他，替ハせ証文，送り証文，返済金請取証文，土蔵借用証文，手附金請取証文，取引約定証文等。

1月再刻；末尾云，伊藤桂洲書

〔書牘　三〕　全41丁

本書の部立は一と同様で，書式類語，口上書類，送り並請取書式，往復雑式，往復正式（年賀状・移徙祝儀帖・弔帖・病気見舞帖・暑中見舞帖）に分かれているが，「日用文」の副題がはずされ，程度が巻一より高く，その緒言にもあったように，顛倒語が慣習どおり使われている。

〈1オ〉御手紙致啓上候
　新年之嘉儀不可有際限候
〈1ウ〉餘寒難去候
　御全家無御障

〔書牘　四〕　全34丁

内容が証文類である点，巻二と同じく，預り金証文，為替証文から始めて，家屋敷質物証文に及んでいる。程度は巻二より高く，顛倒語を使用している。

各巻末尾には，「内田嘉一書」といずれも記載されている。

この官版書牘は，従来のものと比べて，整然と編集され，しかも内容もしっかりたもので，正に小学書牘教科書の圧巻であった。

〔書牘階梯　全〕　全25丁
　〈扉〉　紀元二千五百三十四年，武生千秋慎一蔵版
　　　　（明治7年也）（月欠）
　〈奥付〉　（弘通）慶応義塾出版社也

全巻行書候文体の往復書簡集である。

　　〈1オ〉　新年号　人書
　履端之。　　目出度申納候。先以錦堂御万福。大慶之に過ぎ候。随而鶴友一樽。尊翁に呈上。聊高齢を祝し候。猶陽和之辰を期し。粛修。
　　　一月一日　　　　某姓名頓首
　　某号雅契
　　　　　　榻下
　　〈2ウ〉　後書
　寒梅未だ笑ハぬ候へ共。暦序茲に改まり。人心も亦新たなる覚候。唯今ゟ老父に美酒一壜嘉肵に預り辱奉存候。打置ゞ闔家献酬。新年を祝も楽く候也。
　　　歳旦　　　　　　姓名再拝
　　　某盟台
　　　　　　　硯北

この他，〈4オ〉賀新娶書・〈6オ〉促春游書・〈9オ〉贈新茶書・〈12ウ〉勧納涼書・〈15ウ〉賀任官書・〈19オ〉招飲友人書・〈22オ〉歳末呈師書で，それぞれ答文がついている。巻末に，

　　明治七年之九月　蘭荘晋書

とある。

　〔雅俗一新要文　全〕　上54丁　下49丁
　　　〈扉〉　高畠藍泉先生著・岸田吟香先生閲・佐瀬得所先生書
　　　　　　東京三書房（武田伝右衛門他）合梓

やはり往復書簡集である。賀新年文・誘友盆梅を観る文・蔵幅縦観を乞ふ文・隠宅之花を贈る文・書画帖揮毫催促の文・経二古戦場一示レ友文・暑中見舞に魚を贈る文他合計44例を収めている。

　〔作文通書　完〕　全69丁
　　　〈扉〉　西野古海著　〈奥付〉　版権免許明治九年十二月二十八日，同年三月刻成
　　　　　　東京文江堂蔵梓　　　　　出版兼発兌人，木村文三郎

やはり往復書簡集。全27種81通の文例があり，行書草書混用。それに片仮名をふり，類語も集めてある。旅行為知之文，医師頼之文，開店為知之文，品類相違問合ノ文，縁組為知文等

　　〈36オ〉 卅四 家作売却頼之文
　　芥室　幣居　林下同上　不慮同上　不思寄同上　物入ニ付兼而之
　カイシツ　　陋栖　寒舎　白屋同上　フリヨ　　　　　　　　モノイリ　カネテ
　　　　　　　　　　　　　　　　　　　　豊料同上

家作
鬻売(ヒツバイ)　鬻却譲与　売却授与　耀売同上(テキバイ)　仕度至急御周旋(シキフ)(シフセン)世話トモ　ヲ以仕埒相成候様奉ㇾ頼(シラツ)候頓首

〔小学開化用文〕　全85丁
　〈扉〉　川島健二著
　　　　明治九年十二月・五鳳楼蔵
　〈奥付〉　明治九年十二月廿三日出版御届・明治十年一月三十日版権免許
　　　　出版人大沢金蔵

黙堂金識・掘口亀水書(ママ)の序文によれば，「童蒙之を以て手書の標釣となさも縦横進歩の方を得て二途祀弊ょ陥らさるに庶幾らん乎」(明治九年成冬日)とあるから，教科書であるか，あるいは啓蒙書であるか不明であるが，児童向の著作であるに相違ない。「二途」とは，前文によるに，雅に偏することと俗に堕することをいう。

全巻が2部から成り，初めの44丁に第一月から第六月まで，終わり41丁に第七月から第十二月まで，各月2，3編の往復書簡文例48編があげられている。各月から1例ずつを抜くと，

　　第1月　雪中ノ啓　　　同後
　　第2月　紀元節ニ人ヲ招ク文　同
　　第3月　説教聴聞ニ人ヲ誘フ文　同
　　第4月　賀人娶文　　　同
　　第5月　贐巡拝山陵人文　同
　　第6月　梅雨中招人文　同
　　第7月　湊川神社参拝ニ誘文　同
　　第8月　約乗涼文　　　同
　　第9月　賀得子文　　　同
　　第10月　吊喪文　　　　同
　　第11月　天長節啓　　　同
　　第12月　慰火災文　　　同

すべて漢文臭の濃厚な行書体候文で，巻末に「波山老人書」とある。上欄には「漢語略解・イロハ引」として，栄枯，鋭意，営業，英断，英俊(38丁オ，ウ　ヱ部)などの漢語が列挙され，音と義とが付けられている。

〔私用文語　全〕　全78丁
　〈扉〉　槇村正直著・京都羽仁謙吉版

400

〈奥付〉　明治十一年五月十一日版権願・六月十日免許・六月刻成
　　　　　発兌御用書林村上勘兵衛
〈巻尾〉　「明治十一年五月龍山述，平井義直謹書」。凡例に「小学生徒ノ為ニ編ス云々」とある。「一等加入」の行草体書式類語集で，簡単な注が入れてある。本書も書牘教科書である。

　以上の数例に徴して，当時の書牘教科書の概要を知ることができる。
　次に，作文の教科書を概観する。これに2類が認められる。1類は，漢学の徒が漢文法（文章法）を筋として説く作文教科書であり，1類は，東京師範学校で考案実験した作文教授の教材を，その教官が著述した作文教科書である。もちろん，作文教科書の正統は後者にあるのであるが，漢学復興の気運を迎えた明治10年ごろには，前者のものも世に行われた形跡がある。まず，前者の主要な例を示す。

〔官許作文階梯〕　　上巻，47丁　　下巻，46丁
　〈扉〉　金子清三郎著，明治七年八月，石川県学校蔵梓
　〈奥付〉　欠く

「凡例」に「余録スル所ノ体格纔ニ七品ニ止ル者ハ初学ノ為メ其法ノ瞭然知リ易キモノヲ掲ルナリ其余抑揚頓挫開闔間架等ノ法ニ至テハ之ヲ略ス初学ノ急務ニ非レバナリ」と述べるところによれば，本書が初学向の述作であり，しかも，著者金子清三郎は金沢学校の教官であって（冒頭自序），そこから出版されているから，当時教科書として使用されたものであろう。内容は，凡例にも七品の体格と言い，また，上巻にその四品，

　　一正一反格　〈各品2文例ずつあげる，他略〉
　　　　　　　　君之視臣如手足章　孟子
　　　　　　　　上張僕射書　韓昌黎
　　重層格　　　夫子当路於斉章　孟子
　　　　　　　　晋文公問守原議　柳柳州
　　雙扇格　　　夫子加斉之卿相章　孟子
　　　　　　　　与陳給事書　韓昌黎
　　立柱分応格　天時不如地利章　孟子
　　　　　　　　論仏骨表　韓昌黎

下巻にその三品,

　　　策論体　　論修河第三状　欧陽六一
　　　　　　　　与青山総裁書　藤田東湖
　　　議論体　　管仲論　蘇老泉
　　　　　　　　新田氏正記叙論　頼山陽
　　　叙事体　　送水陸運使韓侍郎帰治所序　韓昌黎
　　　　　　　　送石処土序　韓昌黎

および附録の一品

　　　譬喩格　　斉人有一妻一妾章　孟子
　　　　　　　　決壅蔽　蘇東坡

などとあり，その文例の行間に評語を付して，文の「段落結構及ヒ上下過渡等ノ語ヲ一段毎ニ」(凡例)記述している。すなわち，漢文の文章法を筋にした作文教科書と認められるのである。

〔初学文範　全三冊〕　巻之一43丁，巻之二55丁，巻之三42丁
　　　〈扉〉　岡松甕谷先生著・紹成書院蔵　　(巻之一)
　　　　　　　明治九年十月廿四日版権免許
　　　〈奥付〉明治九年十月廿四日版権免許　著者兼出版人
　　　　　　　同　十年一月廿七日剞劂　　　岡松甕谷

すべて岡松甕谷撰，奥並継，野中準編并評となっており，巻頭の「序」(丙子冬日・藤野啓)では，これまでの西学(洋学也)の盛行を述べ，漢字廃止論や節減論が巾をきかせたが，外国語の翻訳に際して文辞の必要をさとり，漢文が復興したといっている。

距ㇾ今七八年，西学大興，海内靡然従之，於ㇾ是乎欲㆘廃㆓漢字専用国語㆒，㆓㆒西文体者有矣，欲㆘仍用漢字㆓限㆓其数㆒，以便㆓㆒乎習学者有矣，(中略)蓋知㆓，空言無ㇾ施不ㇾ久而自熄㆒也，然是言一出，後進之士不㆔復用㆓力於文辞㆒，世之以㆓俗文㆒訳㆓西籍者㆒，(中略)皆鹵莽減裂，無㆓能挙㆓其要㆒，於ㇾ是於初知㆓漢文之不ㇾ可以已，稍々舎㆓西籍㆒而学焉，(下略)

序につづいて奥並継の「題言五則」がある。それによると，岡松が近いころ作文法を説いた小冊があり，これを理解するための教材集が本書であるという。すなわち，巻一に常山紀談，巻二，三に武将感状記などを使い，各篇とも平かな書下しの原文，つづいて翻訳漢文を掲載して圏点を付け，上欄に短評を施している。

第4章　国語科各種目の教授法と教授資料

〔育英文範　二冊〕　巻一，32丁（本文）巻二，49丁
　〈扉〉　亀谷省軒評点，明治十年九月版権免許，東京光風社
　〈奥付〉　巻一版権免許明治十年九月七日　出版同年十月二十日
　　　　　巻二　同　　年九月廿日　　同年十一月廿五日

「例言」によれば，

　一今ノ所謂片仮名文ハ，其源漢文ニ出ツ，故ニ法ヲ漢文ニ求メザルヲ
　　得ズ，漢文ノ物タル，字法アリ，句法アリ，章法アリ，篇法アリ，
　　而シテ之ヲ評スル則ハ抑揚，頓挫，起伏，開合等ノ名アリ云々

とあり，やはり漢文法に依存するものであることが明らかである。したがって，「初学ニ示ス」といい，対象は児童であるが，用語は難解である。ただ巻一「読本一則」などは，小学読本を使った文章解剖であり，小学教科書をめざしたらしい。書名も，「此書原名小学文範後小学ヲ改メテ育英トス」（例言）といっている。

　　読本一則耳目口鼻
　人ニ耳目口鼻アリ，第一節　　　　　提綱
　鼻ハ香ヲ嗅ギ，耳ハ声ヲ聞キ，口ハ食ヲ味ヒ，又思フコトヲ言ヒ，目
　ハ見ルモノナリ第二節　上文ヲ承ケテ作用ヲ叙ス
　鼻ト口トハ，只一ツニシテ，目ト耳トハ，二ツアリ第三節　多少ヲ比較
　シテ下文ヲ起ス
　耳ト目トハ，二ツアリテ，口ハ一ツナレハ，見聞ク如クニ，言語ヲ多
　クスベカラズ第四節　多言ヲ戒ム
　又人ニハ二ツノ手ト二ツノ足トアレドモ，口ハ，只一ツユヱ，話ヲ少
　クシテ，業ヲバ多クスベシ第五節　此文只一段，凡五節，　○四節五節，
　尤妙ナリ

およそ，どの文章も上記のような要領で文章を段落に区分している。「紀事」（6丁ウ）では，北条時頼紀事・青砥藤綱紀事・匡衡紀事・孔融紀事・墨蘭古敦紀事（メラングドン）・華盛頓紀事など和漢洋の説話を文章解剖し，巻二では，林鶴梁（石巻山記），塩谷宕陰（遊墨水記），頼山陽（千破城記）等名儒の文章を解剖している。

〔初学作文指掌　壹貳編〕　全105丁
　〈扉〉　喰代豹蔵・小方孝j専編輯，明治十一年三月十八日版権免許（壹編）
　　　　明治十二年四月七日免許（貳編），友仁社蔵版，合綴
　〈奥付〉　編輯人兼出版　発兌
　　　　　喰代・小方　　岡村庄助

403

「凡例」によれば,「世間文材ノ書多シト雖ㇳ,多クハ皆漢文ヲ作ルタメニ設クルモノニシテ,今体文ヲ学フニ便ナラズ,此書前人ノ集中ニ就テ,務テ平易ニシテ雋集味アルモノヲ択テ訳載ス,且左右ニ傍訓ヲ付シ,其煩擾ヲ厭ハザルモノハ,原ト児童ノタメニ謀レバナリ,」とあり,従来の漢文法作文を排するような口調であるが,各編文話・熟語の2部に分けた内容は,やはり漢文一辺倒の著作である。文話では,漢土文章の沿革を論じ(弐編),古文・散文・駢体・四六・制芸・時文・八股・古文辞を説き,文章の「体裁」を論じ(壹編),論,辨,書,序の議論文,記,伝,碑,銘の叙事文を説き,作例には,菊池三渓(七福神図記),斎藤拙堂(梅渓遊記三),野田笛浦(観碁記)その他儒家の文章を列挙している。

〔記事論説文例　壹貳〕　四六判　壹 46丁,　貳 59丁
　　〈扉〉　東京田中義廉閲　発佛
　　　　　　大阪安田敬斎著　前川書屋
　　〈奥付〉明治十二年三月廿九日蒙版権免許　　鐫主
　　　　　　同年五月刻成,明治十三年九月再版,　前川善兵衛

さきの漢文法を筋にした作文教授に対して,日本文法を筋にしたものが本書である。著者安田敬斎は,すでに明治10年1月,日本小学文典(巻上,田中義廉閲)を発刊している。しかし,本書冒頭の「作文大綱」の各項をみると,

　　○助動詞　　○動詞ノ法　　○文体段調　　○文識体略

とあり,後半2項は漢文法を借りている。

巻一は,時候門,四季附属日用尺牘に分かれ,巻二は,記遊門,雑編門,記事門,紀戦門,慶賀門他3門に分かれて,文例,類語,熟字の3段に各丁を分けている。内容からみて,教科書というよりも啓蒙書とすべきであろう。

2類として挙げる教科書は,師範学校教官が実験教授した結果をまとめて刊行したものである。文部省第四年報(明治九年)(P. 418附録第一)に収載する「小学教科書一覧表」に,

　　小学作文階梯　大野徳孝(著者)
　　　浅井吉兵衛(出板者)　　大坂　　三(冊)

があがっている。

〔下等小学作文階梯　岡本則録閲　大野徳孝編纂〕　全29丁
　　〈扉〉　大阪師範学校長岡本則録　　明治九年三月
　　　　　　同校一等訓導大野徳孝編纂　　龍章堂梓

〈奥付〉　明治九年二月廿七日版権免許
　　　　出板人浅井吉兵衛

　巻頭の序には,「予菲才謬リテ命ヲ文部ニ拝シ任ヲ訓導ニ辱フス　曩日東京師範学校ニ奉職シ今ハ大阪師範学校ニ転任ス云々」と述べているように,東京,大阪の両師範学校の在任者大野が,その実践を述べたものである。巻頭には,「教師記念」6か条をあげ,教授法を説き,指導順序などを明らかにしているから,教科書と年報に出ているけれども,教師用書というべきである。全体は2巻に分けられ,第一巻は単語につき100題を綴り,第二巻は文題を与え,談話を筆記させるなどをしている。その教材が具体的に現列されているから,教科書としても使用されたかも知れない。

〔小学作文軌範二冊〕　$^{巻}_{一}$36丁,$^{巻}_{二}$39丁
〈扉〉　田中義廉閲,金子尚政・高橋敬十郎著
　　　　明治九年三月青雲堂蔵版
〈奥付〉　版権免許,明治九年二月廿三日
　　　　出版人,竹内禎十郎

　金子尚政は東京師範学校教諭,高橋敬十郎は筑摩県師範学校教諭である。「凡例」には「此書ハ,下等小学第五級以上ノ生徒ニ,作文ノ軌範ヲ,示スモノニシテ,小学日本文典ニ基キ,各家ノ言ニ,斟酌シテ,七品詞ヲ分チ,作例ヲ掲ク,且師範学校教則ニ拠リ,単語ヲ与ヘテ,題トナシ,先ツ一句ヲ綴リ,一章ヲナシ,漸ク級ヲ追テ,篇ヲナサシムニ至ルヲ,要ス」と書かれたとおりの述作である。なお,「小学日本文典」は,明治7年1月,田中義廉の著作である。

〔訓蒙作文軌範　二冊〕　$^{巻}_{一}$28丁,$^{巻}_{二}$32丁
〈扉〉　明治九年十二月廿日版権・田中義廉閲・内藤伝右衛門蔵版
　　　　免許同　十年一月出版・金子尚政著
〈奥付〉　発兌文会社

　巻頭に校閲者「源義廉」が,「題作文軌範」の一文を草し,

　　嚮金子高橋二氏著_作文軌範_予阮_閲其書_矣,今金子氏又著_此書_,予亦閲_之,其体大同而小異,竊惟,前者編_綱領_,後者記_細目_,盖両編相俟而為_全璧者_乎（下略）

と述べたとおり,本書は,下等小学五級以上の「生徒ニ作文ノ軌範ヲ示スモノニシテ」（凡例）,小学教則の順序に従い,巻一は第三級まで,巻二は下等第二,一級まで,後者は主として書牘日用文を,すべて具体的に示している。まずは,書牘作文の新教授用教科書ということができる。

〔小学作文書　三冊〕　$^{首}_{巻}$42丁,　$^{巻}_{一}$35丁,　$^{巻}_{二}$39丁,

〈扉〉　稲垣千頴著　明治十年第一月出版
　　　　原　正義校　土方氏蔵版
〈奥付〉　明治九年第十二月廿日版権免許　　出版者　土方幸勝
　　　　明治十年第十（ママ）月三十日刻成発兌

　首巻の「自序」に「予以 ₌菲才 ₋，忝 ₌職於東京師範学校教員 ₋」と述べ、「時到 ₌附属小学 ₋，屢験 ₌授業之得失 ₋」としるしている。「例言」によれば、「首巻ハ専ラ教師先ツ知ル可キノ数件ヲ挙ケテ以テ実地授業ノ予科ニ供ス」るものである。巻一は下等小学第五・四級、巻二は第三・二・一級の書牘・作文教科書となっている。同じく東京師範学校の附属小学の教授にもとづいているから、前掲金子の教科書と大同小異である。

⑩　習字教科書

　上述検討した教科書類は、学制以来新粧を凝らし、時には海外の直輸入に近い姿をもって登場したのであったが、旧態をもっとも多く残存したのは習字科の教科書であった。さきに引用した東大文書南校教育史料、明治五年含要類纂巻之卅三の資料、辻新次書簡中には、米国へ注文して取寄せ、本邦中小学の教科書を編修するよう、大木文部卿に建言された書目および絵図等の末尾に、

一　スペンセリアン加字絵図
一　スペンセリアン習字本

があり、これは、

Spencerian Letter Chart

Spencerian System of Penmanship

P. R. Spencer; New York, Chicago　　　　　　　　（後出）

であったが、文字の彼我相異のため、直ちに範としがたく、書字法そのものの革命を見るまでに至らなかった。したがって、学制教則期の習字教科書は、主として教材（文章）の革新をねらったものと、時勢の進展をよそに寺子屋そのままの旧教材を盛ったものと、これら2類があることとなった。まず、前者の類型に属する、主要なものから検討してみる。

　〔啓蒙手習の文　一冊〕　上，54丁，　下，35丁
　　〈扉〉　明治四年辛未初夏
　　　　　慶応義塾出版・福沢諭吉編　〈奥付〉　欠く
　〔啓蒙手習の文　改正版〕　上，56丁，　下，36丁
　　〈扉〉　明治六年五月・福沢諭吉編
　　　　　再版増補改正

明治四年辛未三月，福沢諭吉の自序によれば，

　　（前略）然ルニ従来手習師匠ノ教ハ実学ノ切要ナルニ眼ヲ着セス唯冠婚葬祭探花観月ノ文和歌唐詩等ノ外ナラスシテ方今文開ノ世ニ在テハ或ハ迂遠ノ譏ヲ免レス由テ私ニ社中ト謀リいろは四十七文字ヨリ国尽ヲ始トシ傍ヲ西洋諸書ヲ意訳シテ通俗ノ文章ヲ作リ上梓シテ習字ノ手本ニ供セリ

とあり，冠婚葬祭の書簡文や花鳥風月の創作を楽しむ習字から，「文開」（文明開化の意）の世にふさわしい実学を教材内容としたので，そこには教材の革新が期せられていたと思われる。その内容は，

　　平仮名いろは，片仮名イロハ，数字，十干，十二支，大日本国尽，天地の文，地球之文，窮理問答之文，執行相談之文，同返事，洋学ノ科目

となっている。書は内田晋斎で，楷行草書体にわたり，大字から小字まで網羅している。これが新しい習字教科書の走りであって，各地で使われた形跡がある。

〔習字初歩　完〕　全24丁
　　〈扉〉　編輯寮撰，明治五年壬申孟秋刻

明治5年7月に文部省編輯寮から出版されたのであるから，学制頒布の直前ということになり，官版習字教科書の初発である。各丁小口には「文部省」と刻まれている。22丁までは，各丁4字の大字で，いろは，アイウエオ，数字，度量衡，貨幣，十干十二支を配列し，あとは，中小字で，いろは（別体かな付）アイウエオ，合字，濁音，半濁音，拗音，数字，度量衡，貨幣の単位が書かれている。筆者名は記載されていない。教材は，さきの福沢の『啓蒙手習の文』に類似している。

〔習字乃近道〕　本文40丁
　　〈扉〉　菱潭先生著　　〈奥付〉　書学教館蔵
　　　　　　明治六春発兌　　　　　　発兌書肆　文苑閣・文宝堂

前書きに「初学の児童之為よ。さとりやすき。先人菱翁の遺法をそのままに記しぬ。」とある。菱翁は筆者菱潭の父，巻菱湖（天保14没。1777～1843）の尊称で，その菱湖流の筆法は，幕末を風靡した。本書冒頭に，「筆の執りやう」が大きく図解され，次いで永字八法が説かれて，別体仮名を小さく添えた，いろはとアイウエオ，合字のほか，ほぼ単語篇の中のと思

407

われる単語が20丁から巻末まで配列してある。

〔小学習字帖〕　全12巻　（ただし,参照した東書文庫本は,）
〔必用習字帖〕　　　　（第五・九・十一・十二欠）

　　　〈扉〉　渋谷良平編　　晩翠堂・日進堂・貞文堂
　　　　　　 深沢菱潭書，　合梓

巻一，26丁；　巻二，26丁；　巻三，36丁；　巻八，36丁；　巻九，欠；　巻十，36丁

　　　　以上　明治七年八月刊

巻四，36丁；　巻五，欠；　巻六，36丁；　巻七，36丁；

　　　　以上　明治七年五月刊

巻十一，巻十二　欠　（刊年未詳）

内容

巻一　下等八級　片仮名五十韻　附略用片仮名，
　　　　　　　　平仮名五十韻　附略用平仮名，

巻二　下等七級　萬葉仮名五十韻，数字，附大数小数
　　　　　　　　干支，七曜，度量衡，貨幣，田尺，時序，方形，采色

巻三　下等六級　名字尽

巻四　下等五級　苗字尽

巻五　下等四級　五等親，勧学御告諭

巻六　下等三級　官省寮司使附官職，三府六十県，締約国名，三大地，六大州，五大洋，五人種，人品，支体，天文，地理，禽獣，鱗甲，同字弁画

巻七　下等二級
巻八　下等一級　｝私用文

巻七　上等八級　反対語彙，分毫撮字，二十四節，皇朝沿革略，内国物産略，

巻十　上等七級　各国政体，御誓文，御宸翰，三枚御高札面，三条教憲，各国教法，古今撰語前

巻十一　上等六級；　巻十二　上等五級
　　　　　　　　開化三民往来，諸証券，古今撰語，銘箴，公用文，

これまでになく豊富な教材内容で，寺子屋の教材もあるが，新教材も少なくない。「凡例」（巻一所収）によれば，楷行草の順序は全く小学教則に

拠るという。本書は，いずれかといえば小字主義を採用し，

　　旧来坊間ノ習字本多クハ大書ヲ要スレ圧大字ハ華ニシテ実少シ故ニ今
　　追級漸次日用ノ必需タル細字ヲ習熟セシム

と，その理由を述べ，また，「因襲ノ久シキ，日用ノ文字男女各其体裁ヲ異ニス」るが，これは「男女同権ノ旨趣ヲ失フノミナラス迂遠陋習ノ極」であるから，男女同様にしたという。また，学校備品あるいは「教員所有」とした場合以外は，冊に製せず，浄書の時に1枚ずつ与えるのを法としている。なお，教材に傍訓も施した上下両巻本を近日発行するともいっている。

本書巻一には，「愛知師範学校長伊沢修二選并書」の序文を掲げている。文部省第4年報（明治9年）附録第一（P. 418）所載の「小学教科書一覧表」に，

　　習字帖，渋谷良平，三盟舎，愛知
　　　十二（冊）

とあるのは，本書であると推定する。

　〔大字習字手本〕　全11丁
　　〈扉〉　師範学校編　滋賀県下書林　翻刻
　　　　　　文部省刊　主意堂，五車堂

教材は，いろはとアイウエオ（五十音）である。末尾に「明治八年七月村田海石書」とある。

　〔習字手本〕　全13丁
　　〈扉〉　師範学校編，明治七年八月改正・文部省刊行
　　〈奥付〉　官許翻刻　越前武生幸町　千秋慎一

前小口に「文部省」，各丁3行，各行6字（3語）。行書体の書簡用語集である。

　　〈1オ〉　書状芳簡啓上　貴意尊堂去歳
　　〈13オ〉　器械百般備具　整頓家族一統
　　〈13ウ〉　鶴聲伝言万端　百字頓首敬白

　〔習字手本〕　全27丁　　〈扉〉　欠

奥付が前掲の習字手本と同じであるから，同一叢書内の一冊であると思われる。全巻楷書，各丁12字で，いろは・五十音（片かな），数字，時令等である。察するに，以上の3冊は，いずれも師範学校編文部省刊行「習

409

字手本」で，同一叢書の内の本であろう。これは，前記「小学教科書一覧表」に，

　　習字本，東京師範学校(編)，文部省(刊)　東京(出版)，五十九(冊数)

と掲示されているものと関係があるように思われる。ただし，ここでは「習字本」とあり「習字手本」とはない。

〔習字臨本〕　全54丁

　　〈扉〉　明治八年一月，文部省
　　〈奥付〉　官版御書籍発兌
　　　　　　山中市兵衛，稲田佐兵衛，出雲寺万次郎

筆者は内田嘉一（24丁裏記載）である。全体が中字で，前半楷書，後半行書となっている。

　　〈1オ〉　伊呂波四十七文字
　　〈1ウ〉　五十音
　　〈2オ〉　かな　此条俚語ヲ雑フルハ濁音次清音ヲ綴リ易カラシメンカタメナリ　〈いろは順〉
　　　　　　いとぐるま（絲車）　ろくかく（六角）　はまぐり蛤　にじ虹
　　　　　　ほだはら（海藻）　へび蛇（下畧）
　　〈5オ〉　カタカナ　〈五十音順〉
　　　　　　アンナイ（案内）　インギヤウ（印形）　ウチユウ（雨中）　エムセウ（炎硝）
　　　　　　オンガク（音楽）（下畧）
　　〈8オ〉　方位
　　〈8オ〉　東西南北上下左右前後
　　〈8ウ〉　数　一二三四五六七八九十百千萬億零
　　　　　　形　方圓平直斜曲高低厚薄廣狭長短大小太細（中略）植物
　　　　　　葉茎

以上単語篇の目に従い，単語を取捨して編集，以下は同じ教材を行書にして提出（25ウ〜43ウ）。それから末尾（54ウ）までは，次のような書簡用語を中字行書体で示す。

　　先　追　愈　益　偏　幸　漸　稍　未　聊　更　尤　…
　　陳者　別而　…無変　差支　健康　壮健　養生（下畧）

この一冊は楷行本で，当時の教材をもっともよく整理した例になるであろう。

〔小学習字本　第四級〕　全38丁

〈奥付〉　明治十年八月廿九日版権免許　書者長英
　　　　出版人児玉少介　製本所稲田佐兵衛，稲田源吉

扉に，第一級から第七級までの題字筆者を麗々しく掲示，三条実美・岩倉具視・木戸孝允・大久保利通・伊藤博文・土方久元・野村素介など，当時政界の名士をあげている。筆者長英には，「修史館一等編修官兼宮内省文学御用掛従五位」という肩書を冠して，官臭粉々である。長英は三洲と号し，序（近藤芳樹・宮内省文学御用掛）には「今上$\overset{ミカド}{ろ}$御$\overset{オホムテ}{手教}$へらる、博士ま て。$\overset{}{ろめ}\overset{}{祀}$したまならぶものゝき人ましろきバ。」とあり，かつて学制取調掛も勤めた書家である。製版人児玉少介の序には，「製ニ法帖一倣ニ文部省小学読本一自ニ七級一至ニ二級一而更加ニ千字本一級一為ニ七本一」とあるから，全7冊であったようである。本書は，官版書牘（前出）の巻之一であるが，「正院」を「太政官」，「陸運」を「通運」と変更して書いている。

〔小学習字本　名字盡〕　全19丁
　〈扉〉　小林義則編輯，巻菱潭書　丸家蔵版
　　　　　明治十二年三月六日版権免許
　〈奥付〉　出版人
　　　　　　丸家善七

各丁2行4字ずつ行書体。名字尽は，人名用漢字集である。
　　伊今幾市糸稲石岩磯六録魯（下畧）
本書末尾の広告欄に，
　$\overset{神奈川県}{師範学校}$小林義則編輯書目
　　小学習字本　　全四冊
　　　　一いろは五十音日用字之巻　前半冊八級
　　　　一同　兼テ六級分前ノ部ヲ授ク　　　後半冊七級
　　　　一容易口上書類及受取送リ届之巻　　　　六級
　　　　一名字尽ノ巻　兼テ小学書牘一，巻三分，一ヲ授ク　　五級
　　　　一苗字抄ノ巻　同上　　　　　　前半冊四級
　　　　一同　　　同　　　　　　　　　後半冊三級
　　　　一小学書牘二ノ巻　　　　　　　前半冊二級
　　　　一同　　　　　　　　　　　　　後半冊一級
とみえるが，これで下等小学の習字教材がうかがえる。
　以上，学制頒布以降の新習字教材の配列をした教科書であるが，これに対して，寺子屋時代の往来物や何々経，千字文の類があり，依然として新教育にも使われているが，ただ，形は旧態を存していても，内容的には新

411

教材を盛ったものも出版されている。ここにはそのような特徴的な教科書の例をあげることにする。

〔御布告往来(維新)〕　全35丁　（四六判）
　〈扉〉　「童蒙必読」を冠している。　東京　思明楼蔵版
　〈奥付〉　明治五年辛未九月
　　　　　沖志楼主人著

右旁平がなで音，左旁片かなで訓を付け，新時代の覚悟を叙したもので，やはり語句教授の意が寓されている。行書体。

　　抑，皇政復古，綱紀御維新，御大政，万機御更張，
　〈5ウ〉　御廟算，天意，聖慮，叡慮，素志，素望を遂げ，撥乱反正，不凡之偉績，抜群之所行，超越之偉功，卓越之勲功に依て非常之，蒙御抜擢，意外之，御登庸抔辱し，出仕拝命，勅任，奏任，判任，叙位，任官，御雇，徴士，貢士，俸禄，世禄云々，

〔開化童子往来〕　全30丁，　12.3cm×18.0cm
　〈奥付〉　明治六年第三月御免許　著述　松川半山
　　　　　同　　　第五月上梓　　書肆　群玉堂岡田茂兵衛

「例言」に「是迠(ママ)幼童の習字なす商賣往来ハ古く世に行われて其益大ひありしも日新開化の時勢に趣き諸物品の名目変革ありして聞慣ざる唱へ多し今此書専ら新奇の通話を輯録して童蒙の便利を備へんと欲す　云々」と述べたように，商売往来が時変に応じられなくなったとして編まれた新語辞典で，全体が行書体，習字書としての往来物が同時に単語書の意味をも兼ねている例になる。各行10字，半丁4行で書き挿絵も入れて，右左に読法と注解をそれぞれ付している。

　〈3オ〉　萬国交際，方今，條約有而，貿易盛大に行き，其開港之場所者，神な川，箱舘，大坂，神戸，新潟，長崎，輸出輸入異船入港之国々者，英吉利，魯西亜，佛蘭西，荷蘭（下畧）

〔三字経(改点)〕　全23丁
　〈扉〉　米山堂　　〈奥付〉　明治六癸酉歳五月吉日

三字経は，宋王応麟（1223～1296）の原撰と伝えられ，中国童蒙の教訓書であり，代表的な文字教授書であった。一句を3字とし隔句毎に韻をふみ，人道，歴史，学問等の儒教的に説いたもので，広く世に用いられ，この註釈類も少なからず出版された(注36)。本邦近世において，村塾等の習字および読書教科書として愛用されていたことは既述のようであるが，そ

412

れが学制期においても引き続き使われた。本書は改点され，楷書体，送仮名返点付の教科書で，前小口に「沖学校」と刻まれている。冒頭の箇所を示す。

　　人之初〆　性本ト善　性相ヒ近シ　習ヒ相ヒ遠シ
　　苟モ不レ教ヘ　性乃チ遷ル　教之道チ　貴トフニ以専ススルヲ一
　　昔孟一母　擇鄰ヲ處ル　子不レハ学ハ　断ッニ機一杼一
　　竇一燕山　有リニ義一方一　教二五一子ヲニ　名倶ニ揚ル
　　養テ不レ教　父之過チ　教ヘテ不厳ナラ　師之惰タリ（下畧）

隔句に押韻とは，（善・遠）（遷・専）（處・杼）（方・揚）（遁・隋）の同韻なるをいう。

　本邦においては，中国の三字経に模して，次のようなものも作られ，やはり広く用いられた。

　〔本朝三字経〕　全41丁　（本文39丁）
　　〈扉〉　柳田貞亮書　明治壬申歳鐫　東京文苑閣発行
　　〈41丁オ〉　明治五年壬申暢月（11月也）　蘭渓確識併書
　　我日本　一称和　地膏腴　生嘉禾　人勇敢　長干戈　衣食足　貨財多
　　昔神武　闢疆域　一天下　創建国

本書は大橋正順（号訥庵）の作。

　〔皇朝三字経〕　全43丁
　　〈扉〉　撰者鴬鶴斎春水　嘉永六年癸丑三月　京都三条通堺町　地
　　　　　画工葛飾為斎　　　　　　　　　　　出雲寺文次郎
　　〈6オ〉　爾童子　凝ニ我思一　皇朝事　須ニ先知一　我邦初　国常立
　　諾冊尊　陰陽翁　天神降　地神紹　天照皇　照二四表一　瓊々杵　降二
　　日州一　都西偏　三世流　神武帝　親征東（下略）

本朝三字経，皇朝三字経ともに国史をもって作った叙事詩風である。

　千字文は，梁の周興嗣の撰した1巻，250句から成る四言古詩で，
　　天地玄黄　宇宙洪荒　日月盈昃　辰宿列張　寒来暑往　秋収冬蔵

とつづき，焉哉乎也に終わる。これが本邦でも用いられたが，維新以後にも用いられ，さらに次のようなものも出版された。

　〔傍訓註釈西洋千字文〕　全32丁
　　〈扉〉　村井清著　紀元二千五百卅六年　明治丙子（9年也）四月出版　会粋堂蔵梓
　　〈奥付〉　明治八年十月十五日　村井清著蔵版
　　　　　　版権免許

```
                  西-洋太-古   遼-邀難ㇾ辨
                       アダム     エ ワ
                  亜-咤, 夏-娃   人類鼻祖
                                   ノ ア
                  第-二-世-界    諾疋始生
      〈2オ〉      嘗臨ニ洪水一    泛ㇾ家委ㇾ漂
                  苗-裔漸栄     遷ニ欧阿洲一   （中略）
      〈32オ〉     及ㇾ時当ㇾ習    光陰叵ㇾ再
                  可ㇾ勉幼稺     勿ㇾ諼ニ国-恩一  〈終〉
```

要するに，世界古代史から始めて現代まで至り，本邦にも及んで，

```
                  百-屢ち捧ㇾ翰   訂ニ交本-朝一   （中略）
                   ベリー
                  嗚吁楽哉    逢ニ文-化秋一
```

などと述べている。やはり4語ずつまとまり，2句ごとに「註釈」が付いている(注37)。

```
      〔小学単語千字文〕   全24丁
       必読
           〈扉〉   赤松千春編輯
                   官許宇都宮二書房蔵梓
           〈奥付〉  竹斎藤田安利書    編輯赤松定七   宇都宮
                   出版 斎藤朝吉    田野辺忠平
           〈凡例〉  明治十とを三月   赤松千春しるゐれ
```

行書体。要するに単語篇中の単語を集録したもの。

```
       記録算盤衡    秤金銀貨幣    交易繁昌貫    目分厘永鐚    朱兩完
       釣期    限貸借確証
```

これは，習字教科書であるが，同時に単語教科書としても使ったことが明らかである。単語教科書として前出の「皇朝単語字類」なども，巻末広告をみると，「小学教則素読本習字兼，大字ニテ読易キ書ナリ」とあり，単語・習字兼用書であることがわかる。当時は木版であるから，すべて習字用に供することが可能であったとも見られる。

⑪ **文法教科書**

　文法を教科名に掲げたのは，文部省制定小学教則であった。そこには，下等小学第四級以上の各級に文法科を配し，「詞ノ種類」から始めて各級の教授内容を示し，上等第八級において「作文ノ活用ヲ授ク」と出して，第一級まで「前級ノ如シ」でおし通した。しかしその計画も「当分欠ク」であったことは，前述のとおりであった。なぜ欠課したのか，理由は明ら

かでないけれども，その教授内容の設定に自信がもてなかったこととともに，それを盛った適当な教科書が，他の教科では掲げられたにかかわらず，文法科の場合，何も掲げられていないことからも，当時皆無に等しい状況であったからであろう。そして，師範学校の制定小学教則では，文法科が設定されなかった。当時のものでは，官版単語篇の巻頭に「四種活用図」が掲載されたくらいで，単行の文法書さえほとんど出版されていない実情では，洋学の語学で grammar を掲げていたとしても，これだけでは直ちに模倣しがたかったのである。したがって，地方の小学で文部教則を模したものがあったとしても，文法科は設けられず，まして，師範教則に模したものには，それが設けられなかったとしてもふしぎではなかった。

明治10年4月19日，東京で開催された「第一大学区府県第二回教育会議」の日誌(注38)によれば，「小学作文授業ヲ一定スル事」(栃木県提案)の「決議」として，「我国未タ完備ノ文法書ナシ故ニ良書ノ出ルヲ待テ審議セントス」と見えるから，文法書は使われなかったと思われる。そして，文法科は設定されなくても，文部省上等小学教則上等8級の文法に「作文ノ活用ヲ授ク」とあり，上記教育会議に作文教授で文法書の件を決議していることなどから推定して，当時の文法は作文において取扱われる姿勢を持していたことがわかる。すなわち，明治初期の文法は，後年の解釈文法でなく，むしろ表現文法であったと思われる。

そして，文法は断片的に作文科あるいは諳誦科などで，取扱われることがあった模様で，たとえば岐阜町の義校開業願書(注39)の諳誦科第11級に「四段活用」と掲げたものも見られる。

そして，さきに引用した文部省第4年報（明治9年）所収の「小学校教科書一覧表」のうち，文法書には次のものが掲載されている。

〈書名〉	〈著名〉	〈出板者〉	〈出板地〉	〈冊数〉
○△日本小文典	中根　淑	中根　淑	東京	二
○△日本文典	中根　淑	中根　淑	東京	二
○△小学日本文典	田中義廉	田中義廉	東京	二
○　智恵ノ環	古川正雄	佐久間嘉七	東京	八
○　詞ノ八衢	本居春庭	伊丹屋善兵衛	大阪	二

（○印は第5年報（10年），△印は第6年報（11年）にも所収）

上記書目には,文法の専門書でないものがあり,小学教科書として難解なものもある。小学師範学校の文法教科書もまじっている(注40)。本項においては,小学校児童の使用に供したと思われる文法教科書の主要なものを掲げる。しかし,凡例などで児童用の明記されている場合は別として,その他の著書においては,児童専用の教科書か,教師用教科書か,あるいはその両用なのか判別しがたいものも混入してくるのは,やむを得ない。

〔絵入知恵の環〕初下20丁,二下19丁,三下21丁,四下25丁

初下〈奥付〉 明治三年庚午八月 内田楓山書・八田小雲画 官許古川氏(正雄)蔵版、売弘所岡田屋嘉七

二下〈奥付〉 明治四辛未年二月官許 三下〈奥付〉 明治五壬申年春刊 四下〈奥付〉 明治壬申五年五月

本書は全巻4冊,各冊上下に分かれる8冊本で,そのうちの下はみな「詞の巻」である。

〈初下詞の巻〉

〈5オ〉 されど ことず よも まさ ふ ある ことを しれる ひと ぞ いと まれ なる いざ ことば 乃 ふ を と尓 志ら せん

〈5ウ〜6オ〉 第一 なことば (名詞 とも いふ)

〈7オ〉 第二 かへことば (代名詞 とも いふ)

〈7ウ〜8ウ〉 第三 さまことず (形容詞 とも いふ)

〈9オ〉 第四 はさらきことば (動詞 とも いふ)

〈9ウ〜10オ〉 第五 そひことば (副詞 とも いふ)

〈10ウ〜11オ〉 第六 ゐとことば (後詞 とも いふ)

〈11ウ〉 第七 ほふぎことば (接続詞 とも いふ)

〈12オ〉 第八 ふげきことば (歎息詞 とも いふ)

〈二下詞の巻〉

〈1オ〉 母韻子韻 の こと

〈2ウ〉 かぎりな かよひ の こと (国有名詞・普通名詞也)

〈3オ〜11オ〉 ことば の もちまへ 人称・性・単複・格

〈三下詞の巻〉

〈1オ〉 複音 の かさなれる わけ

〈3ウ〜8ウ〉 かへことば (代名詞) の わかち

416

第4章 国語科各種目の教授法と教授資料

　　となへ＿かへことば　（人代名詞）　単複・格
　　とひ＿かへことば　（疑問代名詞）　単複・格
〈四下詞の巻〉
　〈2オ〉　音のくどり　ア行・ヤ行の音
　〈5オ〉　はたらき　ことば　の　くだり
　　ものモる　はたらきことば　（他動詞）
　　ものせらるゝ　はたらきことば　（所動詞）
　　おのづからなる　はたらきことば　（自動詞）
　〈7ウ〉　たすけことば　（助詞　とも　いふ）
　〈8オ〉　はたらきことば　の　とき　動詞の時制
　　第一・二過去・第一・二未来
　〈10ウ〉　てよをは　の　と、のへ
　〈16ウ〉　はたらきことば　の　いひあこ　の　こと
　　つねの　いひあこ（直説法），つふぐ　いひあこ（疑問法），いひつけの　いひあこ（命令法），つきぬ　いひあこ（不定法），うちけモ　いひあこ
　〈20オ〉　正格　の　はたらきことば　ふらび　に　変格　の　はたらき　ことば　の　こと

学制頒布の直前に，これだけの洋式文法を学び得た著者に敬意を表したい。全巻が平がなの分かち書きである点も，間接に品詞意識を養ったであろう。同じ著者は，さらに次の一冊を出版した。

〔ちゑのшとぐち〕　全35丁，四六判
　〈扉〉　明治四辛未十一月　〈奥付〉　明治四年初版　同五年増
　　　　古川正雄著　　　　　　　　　補再版印売所　雁金屋清吉
　〈14オ〉　じうし　よみきり　〈代名詞〉
　　巳たくし　巳れ　аなた　おまへ
　　これ　それ　かれ　аれ　аのひと　(下畧)
　〈17ウ〉　じうしち　よみきり　〈形容詞他〉
　　お不　をとこ，お不きい・をとこ，お不きな・をとこ，お不いなる　をとこ，(下畧)
　〈20オ〉　じうむち　よみきり　〈常体，敬体〉
　　よむ，巳たくし　あ　よむ，аなた　あ　およミ　なさる

417

〈23オ〉　まじういち　よみきり　〈助詞〉
　　をとこ　と　をんな，阿め　や　ひられ，ね　て　おきる，不ん
　　を　さらへず　すもれ　ぬ
〈24オ〉　まじうに　よみきり　〈独立語〉
　　ほゝ　かなしや，　おゝ　こすや，やれゝゝ　ごくらう，なまと
　　まあ　うつくしい　すな　で　ござい　ましよう
〈32オ〉　まじうむち　よみきり　〈口語体〉
　　ひつじ　ず　どこま　たくさん　ゐ　ます　ず　と　不い　まし　の
　　くまぐま　ま　（他畧）

全巻30読切（課の意欤）のうち，半数の読切は文法であった。

〔だいよよみほん　かみのまき〕　全26丁　13.3cm×18.2cm
〈奥付〉　官許明治六年七月　　大坂南久太郎町
　　　　同年九月発兌　　　　布目雄蔵
〈扉〉　　だいよの　よみほん
　　　　かふぶみしやちゆう　ざうはん（仮名文社中蔵版）

○ことば　の　はたらき　（注41）

本書はすでに触れたとおり，全巻かな文の教科書である。「だいによみほん」上巻に文法（動詞・形容詞の活用）が見える。

〔小学日本文典〕　一冊　（巻二）31丁；二冊（巻三）36丁
〈扉〉　田中義廉　貓窠書屋明
　　　　治七年第一月

「凡例」に，「此書は，初学の生徒に授くる為，著はせるものな里，専ら日常普通の詞を挙げて，其用法変化等を示す。」とあるとおり，学童教授用の教科書として作成され，前掲文部省年報にも記載されている。しかし，かなり細論されているから，どの程度の理解が，児童に与えられたのか，一概には言えない。内容の大略は次のとおりである。

第一冊　巻之一・第一編（6章）
　　総論，字学，長呼及び畳音の符，仮名用格，音便の事，言語の種類
　　　　　　巻之二・第二編上（17章）
　　詞学，七品詞の名目，名詞の性，種類・集合名詞・格，形容詞の語尾，数形容詞，
　　代名詞　人──，復帰──，不安
　　　　　　疑問──，指示──
第二冊　巻之三・第二編下（20章）
　　動詞の種類・活用，分詞，助動詞，動詞の法・時限・配合他，副

詞，接続詞，感詞，習煉（品詞分析他）
かなり整理された文法書で，広く使用されたようであった。

〔大日本詞の梯〕　上，21丁　　下，13丁
　　〈扉〉　　関治彦先生著，一名五十音詞の糸口
　　　　　　　明治七年一月発兌　文明書楼蔵
　　〈奥付〉　明治六年十月官許
　　　　　　　兵庫県下書肆　鳩居堂梓

「端文」に「本居翁の著し，紐鏡てふ書まくハしけきハ其書につきて知るべし此書ハ唯童の詞の糸口にとて吾皇語の活キ状のミを記しつ」とある。著者は本居学派の国学者で，上巻に四段・上一段の活用，下巻に中二段（上二段也）・下二段・変格の活用というように動詞だけを扱い，しかも図式で示した。

〔日本文典諳誦動詞〕　帙入　18.4cm×12.2cm

　初篇15丁，　二篇41丁，　三篇23丁
　　〈扉〉　片岡正占編述　　　　〈奥付〉　明治八年五月十五日官許
　　　　　東京玉山書屋発兌　　　　　　　発兌大阪柳原也

本書初篇の「凡例」によれば，「今コノ篇ヲ著ハシテ日本文典暗誦動詞ト名付ケタルハ元来童蒙ノ為ニシテ大人ノ関カルモノニ非ズ」と述べ童蒙用書であるとしている。なお本書は「吾師大国氏ノ神理入門用語訣トイフ書ヲ和解セルモノニシテ」ともあり，大国（野々口）隆正（1792〜1871）の著に拠ること明らかであるから，これも国学流文法である。

　初篇
　　一二三三四の活　　（四段活用也）
　　二二三三三の活　　（上二段活用也）
　　四四三三三の活　　（下二段活用也）
　　一二二三四の活　　（ラ変也）
　　一二三三三の活　　（ナ変也）（他署）

三篇の末尾を「嗚呼童蒙の輩此文典を暗記誦読して怠ること勿き」と結び，徹底した暗誦主義の文法教科書であった。かなり詳細を示しているから，どの程度教授されたかは疑問である。

〔日本小文典〕　上巻21丁，　下巻25丁
　　〈扉〉　明治九年八月上梓　　〈奥付〉　中根淑蔵版
　　　　　中根　淑著　迷花書室蔵　　　　森屋治兵衛兌

本書「叙」に「小学童生先此ノ書ニ由リ，文法ノ大綱ヲ領シ，而後其ノ細目ヲ求メバ，豈解シ難キノ文法アランヤ」と自ら述べている。本書は田

419

中義廉の「小学日本文典」と共に広く用いられた。内容がよく整理された教科書である。

　　巻之上
　　　文字論　　伊呂波，五十音，五十音ノ図，子母音，濁音，半濁音，仮名遣ヒ，漢字ノ用ヒ
　　　言語論　　名詞〜普通・固有・無形・数・性・動詞状，異体，合成，代名詞〜人・真称・仮称・人称・数・性・普通（他畧）
　　巻之下
　　　動詞〜単用・重用・自動・他動，順動・逆動，規則・不規則動詞，助動詞〜過去・現在・未来（他略），副詞，後詞，接続詞，感歎詞，冠詞（枕詞也），複語，熟語
　　　文章論　　起語・結語，転語略語，変格
　　　音調論　　緩急音，曲直音，熟語音，漢字音，約音助音，他

〔小学利用日本文典〕　第一冊　巻二／巻二上　21丁／29丁　50丁　第二冊　巻二下58丁
　　〈扉〉　春山弟彦著　明治十年二月十三日免許兔龍章堂　〈奥付〉　巻二下　出版人　浅井吉兵衛

　　巻之一　　字法
　　巻之二上　詞法，名詞，形容詞，代名詞
　　巻之二下　動詞，副詞，後置詞，接続詞，感詞

に分かち，すべて洋式文法である。本書は「小学科用」と冠したとおり，全巻問答体の記述に従っている。

　　〈1オ〉　問　語字は何の為めに設くる。
　　　　　　答　我日本国同言種の人といへども山河をへだて境界をわかつにしたがひて土音方言いさゝか訛譌なきことを得ず（下畧）
　　　　　　問　語学は共ま幾類ま分つ
　　〈1ウ〉　問　字法とは
　　〈4オ〉　問　半濁音は
　　〈4オ〉　問　鼻音は

などのように，問に対し懇切に要領よく答えている。

〔日本小学文典〕　巻上，23丁
　　〈扉〉　明治十年一月出版，田中義廉閲　安田敬斎著併蔵版　〈奥付〉　発売　柳原喜兵衛

420

著者は「緒言」において,「未ダ此書ヲ以テ文法ヲ教フベシト云フ書ナシ,呼嗚,斯ノ如キ一大緊要ノ学業ト雖モ,未ダ小学生徒ニ,文法ヲ学バシムルヲ聞ズ,元ヨリ此学ハ予科学ニ附スベシト雖モ,絶テ此書ナシ」と,田中義廉の「小学日本文典」出現以前の状を叙し,田中の偉業を「賞歎」した後,「之ヲ児童ニ授ルト雖モ,其文語精詳ニメ初学ノ者,容易ニ記臆シ難ク」,そこで西洋諸国の書により本書を編し,田中に校閲を請うたという。内容は田中本よりも簡略に改められている。大した特色はない。

〔国語教授式〕　全16丁　　版権免許明治十年三月卅一日
　〈扉〉　吉川楽平編輯　　　編輯並出版人吉川楽平
　　　　明治十年丑三月　　　販売書肆　擁書域,林安之助

本書扉に「此書ハ原本五巻なれともいたくいそきて要用たるをのミぬき云々」とあるし,自序に,明治9年2月学校生徒の為に編修し皇后宮へ建白,宮内省を経由して「文部省へ申上げし授業捷径の新式なり」とあるから,五巻の文法書をこの一冊に抜粋したことがわかる。

内容は,

　母音父音,（五十音図）,言詞吏言三種差別
　　　　　　　　　　　　（コトコトバテニヲハミクサノケヂメ）

　言ニ五種ノ差別アル事,活語自他差別アル⏌ヲ知ルベキ⏌

　吏言動不動二種差別,四ヒビキノ詞（四段活也）,一ヒビキノ詞（上一段活也）,伊字ヒビキノ詞（上二段活也）,衣字韻ノ詞（下二段活）,

　変格詞,行雑詞,動辞（助動詞也）,係結
　（コトサダマリ）（ギヨウマジリ）（ウゴキテニヲハ）

〔小学単語活言甲号〕　全22丁
　（五十音）
　〈扉〉　吉良義風者,揚図七枚添　〈奥付〉　著者兼出版人吉良義風
　　　　東京,金花堂中外堂発兌　　　　　　発売書肆中村佐助也
　　　　明治十年十月新鐫

「緒言」に「本書ハ五十音の活用四種及ひ受音の例を示し」とあり,冒頭に,教授法がある。あるいは教師用書とすべきかと思われる。
　　　　　　　　　　　　　　　　　　　　　（うたこゑ）

〔日本詞学入門〕　巻上27丁,巻下33丁
　〈扉〉　旗野十一郎編纂・全二巻　〈奥付〉　同十一年一月出版
　　　　明治十年十二月,事貴明堂　　　　　出版人漆山大愚

「凡例」に「此書元より小学生徒のいまゝ日本文典を学ばざる前ゝ授くるためなれバ専ら解し易きを旨とす。故ゝ編輯の規律もたてず,或わ英文典,或わ日本文典,及ひ古人ゝ詞書等,雑籍ゝよりて,字音詞意の容易く悟得せむことを冀ふなり。」とある。内容は,巻之上に口律学（発音）,文字学（韻法・仮名用格・音便）,詞学（七品詞）を説く。巻之下に八衢五種

活用図,綴文字(文章論)を説く。

〔日本文法問答〕　全30丁,四六版
　　　〈扉〉　明治十一年三月上梓　　　　　〈奥付〉　出版人片山武兵衛
　　　　　　物集高見著　東京書林松悦堂　　　　　　発売人出雲寺万次郎

「例言」によれば,「児童ノ為ニ俗談平話ヲ以テ其別記〈自著,初学日本文典,日本大文典等近刊広告が巻尾にある〉ヲ綴ル即チ是篇ナリ」とある。本書は全五冊中の初編であり,この余は追々続刊と巻末にあるが,本書の内容は,次のとおり。

　第一回　文法総論
　第二回　文字論　音標字,平仮名　扉旁仮字(カタ),五十音,母音,子音,濁音
　第三回　言語論(ゲンギヨロン)ノ上　体言,体言ノ種類,用言,用言ノ種類,作用言,活辞ノ種類,形状言,接辞

〔文典初歩〕　二冊　乾24丁,坤59丁(通し丁数)
　　　〈扉〉　阿保友一郎述,生川正香閲
　　　　　　明治十一年四月出版,桂雲堂梓
　　　〈坤巻奥付〉　著者　阿保友一郎,出版人　豊住伊兵衛

「自叙」に「十四種活用ハ乃チ用言ノ謂ヒナリ今之ヲ上等小学科ニ置キ幼年生徒ニ授クルニ用言ヨリ始メムトス」とあり,上等小学文法教科書として編集されている。この十四種活用は,さきに東京師範学校において,稲垣千頴が生徒に伝えたものを「同友床井氏」を通して知り,これを阿保が学んで,それを添削したのが本書であると述べている。なお,「凡例」によれば,「先覚物集大人,堀氏語学階梯」をも参考にしたという。

〔語学訓蒙〕　巻之上31丁,巻之下33丁
　　　〈扉〉　加部巌夫著并蔵版,探古堂発売
　　　　　　明治十二年二月刊行
　　　〈奥付〉　明治十二年二月二十五日出版,発売人　探古堂西口忠助

国学者(宮内省出仕)近藤芳樹(1801〜1880)の序があり,著者の「緒言」に「童蒙海外ノ学ニ入ル者ヲシテ。先ヅ斯ノ書ヲ読ミ。然後彼ノ文法ニ及サシメントス。」(注42)と述べている。「凡例」で,「書中問ヒヲ設ケテソレニ答フルモノハ。幼童ヲシテ了解シ易カラシメンコトヲ欲スレバナリ。」と述べたとおり,さきの春山の「小学科用日本文典」などと同様,問答形式で書かれている。

　〈1オ〉　凡皇国(ミクニ)ノ人ノモノイフ音(コヱ)ニ。イカナル種類ノタガヒアリヤ。

第4章　国語科各種目の教授法と教授資料

　　　答。音ノ数ニ五十ノ種類アリ。
また,「書中オホムネ。英吉利文法コトバノ種類ニ比較シテ類ヲワカツ。敢テ彼ニ擬スルニアラズ。ソノ便ニ拠ルモノナリ。」と述べ,英文法の品詞論に準じている。内容は次のようである。
　　第一篇　発音,子母音之別,重音,濁音,弾音,余音
　　第二篇　体言,統括（他略）
その説くところは,従来の書とそれほどちがっていない。ただ特色とすべきは,それまでの細密な分類を「語符」（単語符号の意）によって符号化し（注43）第45章用法指掌において,小学読本の文章を次のように品詞分類している点である。
　　人ノ稽古ニ種々アリトイヘドモ。

しかし,児童が,この46種の語符を使いこなすまで習熟することは,おそらくきわめて困難であったであろう。
〔小学文法書解剖法〕　全36丁
　〈扉〉　中島操編輯　　　　〈奥付〉　明治十二年一月廿日出版
　　　　下野朽木町万象堂蔵版　　　　　　　出版人菅谷甚平
本書辞学第一篇に八品詞を説き,「練法」を各項に付している。第二篇でさらに深める形をとった。解剖とか練法（練習）とかいう一例。
　　　　　　　　　　　　　持主格
　　硝子ハ,紀元前六十年,羅馬人ノ発明ニ出シモノナリ,
　　主格　　　　　普名　　　物体格　主格
本書の解剖は,小学児童には困難なようであるから,教師用書かも知れない（注44）。
　以上,学制教則期における掛図および教科書類の概観を終わる。検討した教科書の種類は次のとおりであった（引用した教科書は除く）。
　　　国語科目掛図類　　　　　20面
　　　国語科目教科書類　　　　130種
　　①　入門教科書　　3種
　　②　綴字教科書　　5〃
　　③　単語教科書　　16〃
　　④　連語教科書　　2〃
　　⑤　会話教科書　　7〃

423

⑥　読本教科書　官版28〃　私刊8〃
　⑦　書取教科書　　3〃
　⑧　諳誦教科書　　4〃
　⑨　書牘作文教科書　20〃
　⑩　習字教科書　　18〃
　⑪　文法教科書　　16〃

注1　文部省雑誌第6号所載，明治6年11月27日発行；「文部少丞西洿訥第六第七学区巡視功程開申ニ付之ヲ左ニ記ス」の第三則

注2　学監米人博士ダウキッド，モルレー；文部省第一年報（明治6年）143丁オに所収。モルレーの着任した年月は，文部省第二年報（明治七年）P.458,「文部省沿革概旨」に所収。

注3　文部省第一年報（明治六年），177丁オ〇「編輯事務」の欄

注4　文部省布達全書，明治六年

注5　内閣文庫府県史料，千葉県史料の内，千葉県歴史，政治之部　学校，第一学事大概及民心向学ノ景況　附諸方法ノ事（橋本）

注6　内閣文庫府県史料；栃木県史料のうち，明治七年栃木県史，政治部学校三

注7　学監ダビット，モルレー申報；「千八百七十五年二月十九日（8年也）学監ダビット，モルレー謹白，文部大輔田中不二麻呂殿」；文部省第二年報（明治七年）P.24～26収載。

注8　新刋書目便覧（明治7年4月刊，前出）一オには，『官板小学教授書』師範学校出版・九銭九厘　一〈冊〉，とある。

注9　以上のほか，新刋書目便覧（一オ前出）には，「官板色之図　師範学校出版　一円　一枚」；小学教授本（前出）には，附録として「体操図」2面も末尾に収載されている。

注10　小学教授書につきての論；洋々社談　第三号（明治8年6月刊）5ウ～6イ所載；黒川真頼，原書（東京都立日比谷図書舘蔵）に黒川頼とあるのは誤植であろう。洋々社談には，第1号（8年4月刊）以来しばしば黒川真頼が執筆している。

注11　文部省出版書目（旧上野帝国図書館所蔵本，現在国立国会図書館本）には，「小学課業書」の部に，
　　　　小学入門　甲乙号　各一冊　七年十二月　金弐拾壱銭　榊原芳野編
　　と見える。

注12　文部省第七年報（明治十二年）P. 478所載
　　小学教科書一覧表（此表ハ明治十二年中府県伺出ノ教則中ヨリ採録セシモノタルヲ以テ固ヨリ小学教科書ノ一斑ヲ示スニ過キサルナリ）の中に，「連語図，改正連語図」とある。明治12年になっても，改正前の連語図が地方で使われていた証である。

注13　翻刻兼出版人　荒川藤兵衛；明治十年四月廿八日翻刻御届，明治十年六月十五日　成発定価金拾五銭；東書文庫所蔵；全30丁（**Page** なく，丁数）

注14　明治15年10月翻刻本による。翻刻人石塚徳次郎，発閲人弘文社。東京学芸大学図書館本。

注15　New York D. Appleton & Co. 1857, Revised Edition　；国立国会図書館本。

注16　本篇に「小学第一教」と冠したのは，文部省小学教則において，下等八級の冒頭に「綴字」科が位置しているからであろう。

注17　文部省出版書目（前出）には，
　　　小学綴字書　全一冊　七年九月　金拾銭　同人編
　　とある。「同人」とは右隣行「榊原芳野」を受けている。

注18　明治文化資料叢書，第7巻書目篇（昭和38年2月刊，風間書房　全P. 596）所収；村上勘兵衛発閲；P. 35

注19　本居宣長全集（昭和2年7月増訂刊，P. 646）第十一巻「本居春庭全集・本居大平全集」P. 4所収。

注20　明治6月4月，文部省布達により東京小学校用書として，「教学之部五巻附五巻」が指定されているから，単語之部習字之部ともに，このころの出版であろう（倉沢剛談）。

注21　本書巻末広告欄に「皇朝単語類　五冊　小学教則素読本習字兼大字ニテ読易キ書ナリ」とある。また，巻尾に「萩原乙彦補訂」とみえる。

注22　東京学芸大学望月文庫本に，「単語読本　巻之一・二」と題した写本がある。謹直な筆になる稿本。これを熊谷県本と対比すると，酷似しているが部分的な相異がある。文部省准刻書目，癸酉四月（15オ）に，「単語読本　出板群馬県」とあるが，それかも知れぬ。それだとすれば，群馬県本が先にあり，熊谷県（隣接県）が摸したことになる。

注23　「単語拾遺」序　向者文部省有単語篇之著………而恨其過簡而有闕頗者浅野子行………子行尾張人客歳来為本県管下脩徳義校教員今又入我師範研習学校伝習方法而其余暇有此著可謂勉矣………

注24　著者勝浦靹雄は，九州宮崎県士族であった。本項末尾参照。

注25　昭和9年12月10日11日12日，千葉県図書館新築落成記念，第一部　宮本宥弌氏出品；本目録は国立国会図書館所蔵，四六判　全P. 36

注26　海後宗臣；「文部省刊行の『小学読本』について」；明治文化研究会（代表　蛯原八郎）編，季刊明治文化研究　第一輯所収P. 143；昭和9年2

月書物展望社刊
注27　学習院大学図書館所蔵本,
　　　〈扉〉　PUBLISHED BY, HARPER & BROTHERS, NEW YORK; TOKIO;
　　　REPRINTED BY T. T. ITTO. 12th year of meiji.
　　　〈巻末〉明治十一年十二月五日　翻刻御届,　翻刻出版人　伊藤徳太郎
注28　田中義廉一二
　　　8月・9月（16巻177号・178号）
注29　古田東朔；田中義廉二；実践国語昭和30年9月号（前出）；明治六
　　　（1873）一二月　文部省退官；歿年までの略歴がある。
注30　明治文化研究会編,季刊明治文化研究第一輯所収,（昭和9年2月）；海後
　　　宗臣「文部省刊行の『小学読本』について」
注31　奥付によれば,田中義廉の住所が「東京麻布新網町一丁目廿四番地」と
　　　なっている。現制区画によれば,新網町は狸穴町（まみあなちょう）に隣
　　　接している。（まみたぬき）の（あな）は,町名から得た書斎の屋号であ
　　　ろう。
注32　前出,古田東朔,田中義廉一,実践国語,昭和30年8月号・9月号
注33　東京学芸大学附属図書館　望月文庫所蔵資料
注34　前記愛知県下学校用本は,各巻とも扉に,明治7年8月とあるが,これ
　　　は,巻一の扉をいずれも踏襲したもので,巻二以下が翌年の出版であるこ
　　　とは,文部省年報に詳示されている。
注35　東書文庫所蔵；各丁7行縦罫紙,小口「文部省」,明治14年
注36　註釈例；明陳翰「三字経註解」,清王相「三字経訓話」等；また,三字
　　　経に対し,明の蕭良有は「四字経」を作り,やはり古代から趙宋までの歴
　　　史を叙した。これも本邦に伝わり用いられた。善庵先生校閲,四字経,江
　　　戸書林西宮弥兵衛板,文化丁卯（4年也）五月の大窪暉の序があり,大判
　　　24丁,小口に「学古塾蔵」とある。
注37　註釈例,「亜-咤,夏-娃,人-類　鼻-祖」〈1ウ〉
　　　古史ニ曰ク天地未ダ就ラザルノ始メ造物主アリ亜,夏ノ男女二人ヲ造ル是
　　　ヲ人ノ始トナスト然レモ一説ニハ亜細亜州ノ西「チグリス」河ノ辺ニテ
　　　寂モ早ク人種昌ヘシト云孰レカ是ナルヲ知ラズ（西洋ノ古史ハ摩西ノ遺
　　　書ヲ以テ最トス）
注38　内閣文庫所蔵,府県史料（稿本）のうち東京府史料26所載
注39　仲新著『明治初期の教育政策と地方への定着』昭和37年2月講談社刊；
　　　P.349資料70,明治6年2月岐阜町の義校開業願書,教則　小学校本支合
　　　表
注40　内閣文庫所蔵,府県史料（稿本）のうち東京府史料26；
　　　東京師範学校学則,明治10年2月8日制定,小学師範学科および女子師

範学科の教科要（用）書　第4級に，「日本文典　中根　淑著」があり，女子師範学科には「詞八衢」もある。

注41　○<u>か</u> <u>き</u> <u>く</u> <u>け</u>　と　はたらく　ことば，
　　　以下，さ・た・は・ま・ら行の四段活用
　　　○<u>き</u> <u>きる</u> <u>きれ</u>　と　はたらく　ことば，
　　　以下，な・は・ま・わ行の上一段活用
　　　○<u>き</u> <u>く</u> <u>くる</u> <u>くれ</u>以下各行上二段活用および形容詞活用

注42　本書は句読点共に「○」を用いている。また分かち書きである。

注43　語符46種を定めている。次はその一例。
　　　○名詞ノ附　ⓑ統括　㋐普通　⊕独立　㊀第一人称
　　　㊁第二人称　㊂第三人称　⊕無形体　㋟単数　◎復数（ママ）
　　　㊉主　㋣物　①独立　●目的格

注44　明治12年3月刻成，假字用格異同辯，全10丁
　　　上記，京都府蔵版，（発売人　村上勘兵衛）の本は，「凡例」によると作文の際に初学に便するとある。むしろ綴字に属するものであるが，広義の文法（字学・辞学）でもある。

第5章　国語学力の評価(試験)とその方法

　維新後の藩校や郷校，規模の大きい私塾や寺子屋などは，近代的教育の新粧を凝らすにつれ，教材の選択と配列，教授法などの改善を急速に促進していた。教授期間に等級を刻むようになったのが，その一つである。すると，その等級を決定するために，習得した学力を適当な時期に試験することが必要になった。

第1節　学制前の国語学力試験

　学力試験の事例を学制頒分前に徴すると，京都小学の「検査」がある(注1)。京都小学は，明治2年5月から京都市中各組に創設を見たが（既述），同3年11月，「小学中学五科規則」を告示し，小学規則二十一章を制定した。
　　第一章，普通学ヲ修ムルニ四項ヲ立ツ，之ヲ経トス。
　　　一，句読。二，諳誦。三，習字。四，算術。
　　第二章，四項ヲ修スルニ各順序アリ五等ヲ分ツ，之ヲ緯トス。
　　　第五等，第四等，第三等，第二等，第一等。
　　第三章，四経ニ難易アリ，五緯ニ深浅アリ，易ヨリ難ニ就キ，浅ヨリ深ニ入ルヲ順トス。等ヲ蹈ヘ順ヲ紊ル(ママ)ヲ得ス，順序小学課業表ニ具ス。
　　（中略）
　　第七章，検査既済ノ証憑ヲ得テ初テ等級中ニ名ス。
　　第八章，四項検査ノ法ヲ設ク。
　　　　　　⎧上，音訓一失ナク唔咿朗暢,
　　　句読 ⎨中，随失随得唔咿揚ラズ,
　　　　　　⎩下，忘失過多思テ得ズ,
　　　　　　⎧上，随問随答一ノ誤脱ナシ,

第5章　国語学力の評価（試験）とその方法

諳誦 ｛ 中，誤脱アリテ思テ之ヲ得，
　　　 下，誤脱アリ思テ之ヲ得ズ，

習字 ｛ 上，字画端正運筆巧活
　　　 中，字画端正運筆不活，
　　　 下，字画不正運筆粗笨

算術 ｛ 上，即題即等遺算ナシ，
　　　 中，遺算アリ，再勘之ヲ得，
　　　 下，遺算アリ，再勘シテ得ズ，

（下略）

　上文によれば，新入者は学力「検査」を受けて，四科五等級中に定位する規則となっている。また，進級は「等ヲ右ヘ順ヲ紊ルヲ得ズ」と厳重に警告している。
　こうした等級尊重の傾向は，学制頒布直前に太政官から文部省に発せられた指令「後来ノ目的ヲ期シ当分着手之順序ヲ立ル如左」とある9箇条中にも，それを見ることができた。その第5条を見ると（注2），
　　一生徒階級ヲ踏ム極メテ厳ナラシムベキ事
　　　従来之弊生徒規則ヲ不踏近下ナルモノヲ以テ卑シトシ動モスレバ高
　　尚ニ馳ストイヘトモ其成就スルモノ幾希ナリ不知近下ハ高尚ノ基タ
　　ルコトヲ故ニ生徒ヲシテ必ス其成スヲ期セント欲ス毫モ姑息ノ進級
　　ヲセシムベカラザル事
とある。上文末尾「毫モ姑息ノ進級ヲセシムベカラザル事」という表現の警告はきわめて厳しいものであった。

第2節　諸府県制定国語学力試験法

　やがて頒布された学制では，「生徒乃試業ノ事」の条が設けられた。
　　第四十八章　生徒ハ諸学科ニ於テ必ス其等級ヲ踏マシムルコトヲ要
　　ス故ニ一級毎ニ必ス試験アリ一級卒業スル者ハ試験状ヲ渡シ試験状ヲ
　　得ルモノニ非サレハ進級スルコトヲ得ス
から始まり，大試験（小学から中学へ，中学から大学へ進む際）実施，私学

429

私塾生徒も同断のこと，その他，9章にわたる制定が行なわれていた。したがって，各府県制定の試験法は，形式的にも整備されて，それぞれ定法が作成されたのであった。
次に数例を挙げる。
　東京府は，明治3年2月大学制定中小学規則を範とし，同年9月「仮小学校規則」を定めた（注3）。その後，師範学校制定小学教則が明治6年2月創定，同年5月改正されるに及び，これを範とし「東京府小学定則」を施行した（注4）。その末尾に上下等試験科目が掲載されている。

　　　下等定期試験科目
　　　　八　　級
　　読物　　単語図
　　　　　　連語図
　　摘書　　単語　　一個
　　講義　　連語　　二章
　　問答　　単語　　二個
　　綴字　　　　　　四個
　　算術　　命位　　一ヨリ　　四個
　　　　　　　　　　百マテ
　　習字　　五十音　四字
　　　　七　　級
　　読物　　小学読本　　六行
　　摘書　　小学読本　　二個
　　講義　　小学読本　　三行
　　問答　　色ノ図・人体ノ図　各一個
　　　　　　通常物
　　書取　　単語本字　　四個
　　算術　　加法　暗式　各一個
　　習字　　楷書　　四字
　　　（六級以上省略）
　定期試験は，各級（半年）終末に施行する試験である。
　　　下等卒業試験科目
　　読物　　日本地誌略・万国地誌略　各五行
　　　　　　日本略史・小学読本
　　摘書　　同　　　各二個
　　講義　　同　　　各三個

書取　　小学読本　　二行
作文　　記事文・日用文ノ内　　一題
問答　　日本地誌略・万国地誌略　　　　　　各二個
　　　　日本略史・日本及万国暗射図・小学読本　各四個
算術　　分数　暗式問　各一個
習字　　楷書行書　各五字
　　右試験ノ上及第ノ者ハ卒業証書ヲ渡シ上等小学ニ入ルヲ法トス
　　上等卒業試験科目（省略）
　　右試験ノ上及第ノ者ハ卒業証書ヲ渡シ中学ニ入ルヲ法トス

　下等小学第一級，上等小学第一級には，各等4年間の全級を対象として卒業試験が実施された。各教科について施行され，その問題数が予想以上に少なく思われる。

　　小試験点数
　　　小試験ハ其試験点ニヨリ坐次等ヲ上下スルモノナリ
　　　但日課表ヲ参考シ斟酌スルコトコレアルヘシ
読書　　二十点　　摘書講義　十点
問答　　十五点　　書取作文　二十点
算術　　二十点　　習字　　十五点
　　惣計百点トス
読物　本字ノ読方及ヒ仮字ヲ誤ルモノ各一点ヲ減ス
摘書　読方及ヒ意義ヲ誤ルモノ各一点ヲ減ス
講義　一字ヲ誤リ一熟語ヲ誤解スルモノ各一点ヲ減ス
問答　一失一点ヲ減ス
　　但一案尽ク失スル者ハ五点ヲ減ス
書取　本字ノ書キ方及仮字ヲ誤ル者各五点ヲ減ス
　　但一熟語及一句以上ヲ失スル者ハ五点ヲ減ス
作文　評ヲ分ツテ大佳佳々佳ノ三等トス大佳ハ十五点以上二十点ニ至ル佳々ハ十点以上十五点ニ至ル佳ハ五点以上十点ニ至ル其余ハ評ヲ与ヘス
算術　　（略）
習字　評ヲ分ツテ大佳佳々佳ノ三等トス大佳ハ十点以上十五点ニ至ル佳々ハ五点以上十点ニ至ル佳ハ二点以上五点ニ至ル其余ハ評ヲ与ヘ

ス

定期試験点数

定期試験ハ其試験点ノ半数以上ヲ得ルモノハ及第セシメ其以下ハ其級ニ止メテ及第スルヲ許サス

但日課表ト小試験トヲ参考シ斟酌スルコトコレアルヘシ

読物摘書　四十点　講義　二十点　問答　三十点　書取作文　四十点
算術　四十点　習字　三十点　惣計　二百点トス

試験ノケ条小試験ニ倍スルニヨリ点数モ従ツテ倍スト雖モ其減シ方ハ小試験ニ異ナラス

上下等卒業大試験点数

卒業大試験ハ其試験点ノ半数以上ヲ得ルモノハ及第セシムルコト定期試験ニ異ナラス

但日課表ト小試験点定期試験点トヲ参考シ斟酌スルコトコレアルヘシ

読物摘書　百点　講義　五十点　作文　百点　問答　七十五点
算術　百点　習字　七十五点　惣計五百点トス

但二百点ヲ以テ其居ル所ノ級ニ配シ三百点ヲ以テ既ニ経ル所ノ級ニ配スヘシ

試験ノケ条定期試験ニ増加スルヨリ点数モ従ツテ増加スト雖モ其減シ方ハ定期試験ニ異ナラス

日課点数増減規則

日課点数

復読　五点　読物　五点　作文書取問答　五点　算術　五点
習字　五点　行状　五点

該日生徒学術行状等ノ得失可否ヲ判シテ定点ヲ増減ス其法左ノ如シ

復読　読書

既ニ授クル所ニ就テ衆生ニ優ル者ハ一点ヲ増ス既ニ授クル所ニ就テ衆生ニ劣ル者ハ一点或ハ二点ヲ減ス

問答　義理明了ニシテ一モ誤謬ナキ者ハ一点ヲ増ス

作文　行文法アリ文章巧ナル者ハ一点ヲ増ス文意貫徹セサル者ハ一点或ハ二点ヲ減ス

書取　字形正シクシテ誤謬ナキモノハ一点ヲ増ス誤謬多キ者ハ一点或
　　　ハ二点ヲ減ス
　　算術　（略）
　　習字　衆生ニ優ル者ハ一点ヲ増ス　衆生ニ劣ル者ハ一点ヲ減ス
　　行状　（略）
　以上かなり精細に考慮した試験法である。日々の日課点，月末の小試験，各級の定期試験，各等終末の卒業試験というように，一つの組織的な構想にもとづいて実施され，その相互の関係を参考斟酌して評価した。きわめて詳しく整備された試験法が成立したということができる。
　次いで明治9年4月，東京府は小学校則および小学校則の改正を実施し，「公私立小学教授之則」を施行したが，その末尾にも「小学試験法」が掲載された。下等小学科の場合だけであったが，その大綱は前述「東京府小学定則」末尾の試験法のままであり，局部的に修正された程度であった。
　つづいて明治10年2月，さらに小学試験法の大改正が行なわれ，形式的にいっそう整備されるに至った。従来の試験法と相違した部分を抄出すると，
　　第一章　通則
　　第一条　試験ヲ分ツテ五トナス　一ヲ小試験ト曰ヒ　一ヲ定期試験ト
　　　曰ヒ　一ヲ大試験ト曰ヒ　一ヲ臨時試験ト曰ヒ　一ヲ集合試験ト曰
　　　フ
とあり，新たに臨時試験と集合試験が加わった。
　　第五条　臨時試験トハ抜群俊秀ノ生徒アルトキ及他校ヨリ転セシ者ニ
　　　定期ヲ待タスシテ試験ヲ行ヒ等級ヲ定ムルモノヲ曰フ
　　第六条　集合試験トハ期限ヲ定メス臨時諸公立小学校優等ノ生徒ノミ
　　　ヲ東京府師範学校ヘ集合シテ之ヲ試験シ各校生徒ノ優劣ヲ比較シ褒
　　　賞物ヲ与フルモノヲ曰フ
とあり，定期を待たずに昇級できるようにしたり，各学級間の格差にも関連するコンクール式の試験を実施したりするようにした。また，定期試験の節は試験掛を派遣し，当該学校教員と協議して問題を作成したり（第八条），卒業証書の授与に，試験掛はもちろん，学区取締，学校雑務掛も臨席させたり（第九条）した。それから定期試験，その他の試験では上中下

三等の成績区分をすることとし（第十，十三条），上等はさらに甲乙丙の三等に分けた（第十四条）。大試験の会場には東京府師範学校を使い，問題作成を師範学校長および教員と，生徒を教授した教員とで合議の上実施するという慎重さであった（第十一条）。（全文26条）
　　第二章　諸試験評点附与規則
　　　　読書以下各科の評点法を記述。
　　第三章　日課優劣表評点附与規則
　毎日学術行状等で「優劣可否著シク他生徒ニ異ナルモノ而已ニ限」って，優点・劣点を与えた。これは小試験・定期試験の優劣参考資料とした。以上に，
　　　下等・上等小学定期試験科目
　　　下等・上等小学卒業大試験科目
が表示されている。
　さらに翌11年9月には，これに局部修正を施した「小学試験改定」（稿本77枚綴）が公布されている。以上は学制教則期における東京府制定試験法の変遷概況であるが，地方府県の試験法も，これによってほぼ推定されるであろう（注5）。
　次に，埼玉県制定試験法の中，国語関係科目の学力試験を参照する。
　　　　生徒試験ノ法並進歩ノ状況
　　一，課業順序　読本　問答　書取　作文　算術　習字
　　　　但五級以上ハ作文有テ書取ナシ　六級以下ハ書取有テ作文ナシ
　　一，毎課其優劣ヲ判シ以テ其進級落階ノ分位ヲ定メ　且平生授業ノ序叙ヲ定ム　但教場区々ニ分カル，トキハ授業随テ精密ナリ難シ　故ニ大抵皆同時ニ進級セシムルヲ要ス　其優劣懸隔ノ甚シキモノニ非サルヨリハ落階セシメス
　　一，当日立合ノ役員
　　　視察掛一人　学区取締一人　検査人一人　記録人一人
　　　　但検査人　記録人ハ其校ノ教員タルヘシ
　　一，其生徒ヲ一場ニ羅列セシムルコト平生授業ノ序ノ如シ
　　一，其文題算題等ノ如キハ視察掛ヨリ臨時ニ択出スヘシ
　　　読本課

第5章　国語学力の評価（試験）とその方法

一，生徒ヲシテ一人ツ、順次ニ之ヲ読マシムヘシ　且其書モ亦順次ヲ追フヘシ　譬ハ甲ノ生徒之ヲ読テ第五行ニ至レハ乙ノ生徒第六行ヨリ之ヲ読ムノ類ノ如シ　但視察掛ヨリ臨時ニ指図アリテ之ヲ読マシムルコト生徒ノ甲ニ始テ乙ニ回リ，末ニ始テ上ニ遡ル等ノコト並其書巻首ニ始テ巻尾ニ至リ

巻尾ニ始テ巻首ニ返リ　第一ニ始テ第二ニ転スル等ノコトアルヘシ

一，記録人ハ其名簿ヲ按シ視察掛ノ側ニ在テ其優劣ヲ判シ記スルニ上中下ヲ以テス音訓一失ナキヲ上トシ，随テ失シ随テ得ルヲ中トシ，忘失多ク思テ得サルヲ下トス

　　第八級　連語篇全一冊ノ中一章ツ、一回　地理初歩全一冊ノ中五行位ツ、二回
　　第七級　日本地誌略第二ノ中七行位ツ、二回　小学読本第四ノ中同
　　第六級　日本地誌略第二ノ中七行位ツ、二回　小学読本第五ノ中同
　　第五級　史略会四冊ノ中半枚ツ、二回
　　第四級　五洲記事初篇二冊ノ中半枚ツ、一回　地学事始三冊ノ中同
　　第三級　五洲記事二篇二冊ノ中半枚ツ、一回　啓蒙智恵ノ環全三冊ノ中同
　　第二級　内国史略一二ノ中半枚ツ、一回　西洋事情初篇三冊ノ中同　天変地異全一冊ノ中三四行ツ、一回
　　第一級　内国史略三四ノ中半枚ツ、一回　西洋事情二篇四冊ノ中同　窮理図解三冊ノ中同

問答課

一，生徒一人ニ一ケ所ツ、順次ニ之ヲ問答スヘシ　但其書モ亦順次ヲ追フヘシ　譬ヘハ其央ヨリ之ヲ始ムレハ漸々其末ニ至ルノ類ノ如シ　但其順叙並其指図アリテ之ヲ行フコト猶読本課ノ如シ

一，記録人之ヲ録スルコトモ亦猶読本課ノ如シ　即問答一ノ謬誤ナキヲ上トシ　謬誤アリ思テ之ヲ得ルヲ中トシ　謬誤アリ思テ得サルヲ下トス

　　第八級　連語篇一ケ所ツ、三回　地理初歩同
　　第七級　日本地誌略第一同　小学読本第四同
　　第六級　日本地誌略第二同　小学読本第五同

435

第五級　史略四冊一冊ノ中一ケ所ツ、各二回
　　　第四級　五洲記事初編二冊一冊ノ中一ケ所ツ、各二回　地学事始三冊同
　　　第三級　五洲記事二編二冊同　啓蒙智恵ノ環三冊同
　　　第二級　内国史略一二回　西洋事情初篇三冊同　天変地異一ケ所ツ、一回
　　　第一級　内国史略三四一冊ノ中一ケ所ツ、各二回　西洋事情二編四冊同　窮理図解三冊一ケ所ツ、二回
　　書取課
一，書取ノ文字ハ其教課書中ヨリ撰フヘシ　但此書ニ択テ彼書ニ然セス　彼書ニ密ニメ此書ニ疎ニスル等視察掛ヨリ指図アルヘシ
一，其序ヲ甲乙二箇ニ分チ生徒ヲメ互ニ相窺ヒ得ザラシム　其次第ハ検査人ノ右ノ方ニ在ル第一ノ生徒ヨリ其後ヘ二列スル者ハ悉之ヲ甲トナシ　第二ヨリ其後ヘ二列スル者ハ悉之ヲ乙トナシ　第三ハ復甲トナシ　第四ハ復乙トナス　全皆如是
一，書取ノ次第ハ生徒ヲメ各其筆硯ヲ出サシメ罫紙或ハ白紙一枚ツ、ヲ与ヘ検査人ハ其文字ヲ甲ハ某字，乙ハ某字ト一々高唱シテ暗書セシメ　終テ紙尾ニ各其姓名ヲ記セシメ　検査人ハ之ヲ取纏メ記録人ニ托ス
一，記録人モ亦其甲乙ノ文字ヲ一々書取置ヘシ　而ノ之ト照準シ其誤字脱字等ヲ点検シ記スルニ上中下ヲ以テス
一，其文字ノ数ト　其上中下ヲ品スルコト級ニ従テ差等アリ後ニ詳ニス
　　　第八級　全単語中ノ文字ヲ書取ラシム　〇二十字ノ中誤字脱字ナクシテ全キモノ二十字ヨリ十五字迄ヲ上トシ　〇十四字ヨリ十字迄ヲ中トシ　〇九字ヨリ以下ヲ下トス
　　　第七級　日本地誌略第一　小学読本第四ノ中緊急ノ文字ヲ書取ラシム　〇四十字ノ中誤字脱字ナクメ全キモノ四十字ヨリ三十字枚ヲ上トシ　〇二十九字ヨリ二十字迄ヲ中トシ　〇十九字ヨリ以下ヲ下トス
　　　第六級　日本地誌略第二　小学読本五ノ中緊要ノ文字ヲ書取ラシム

○六十字ノ中誤字脱字ナクノ全キモノ六十字ヨリ五十字迄ヲ上トシ　○四十九字ヨリ四十字迄ヲ中トシ　○三十九字ヨリ以下ヲ下トス

作文課
一，序ヲ甲乙ニ分ツコト書取ノ如シ
一，其文ニ題ヲ出シテ之ヲ其両席ニ分与ス
一，罫紙ヲ与ヘ之ヲ記セシメ　記録人之ヲ点検スル等書取課ノ如シ
　第五級　兼テ授クル所ノ手紙ノ文二十四章ノ中ヨリ題ヲ抜キ盤上ニ掲示シ生徒ヲシテ各其一章ヲ書キ来ラシム　○文字誤リナク全ク一章ヲ成スモノヲ上トシ　○略章ヲ成シ往々誤字脱字アルモノヲ中トシ　○文字誤リ多ク章ヲ成サ、ルモノヲ下トス
　第四級　其ノ択フ所ノ二三句ノ手紙ノ文ヲ検査人ハ言辞ニテ之ヲ述ヘ　生徒ヲシテ之ヲ文章ニ書キ綴ラシムルコト凡テ二章　○意義通シ語熟スルモノヲ上トシ　○意義通シ語澁フルモノヲ中トシ　○意義通セス語ヲ成サ、ルヲ下トス
　第三級　前級ノ如シ
　第二級　手紙ノ文一章ヲ綴ラシム　但検査人ハ其題ヲ盤上ニ掲ケ略其趣向ヲ述テ之ヲ綴ラシム　其品評前ノ如シ
　第一級　前級ノ如シ
　算術課　（略之）
　習字科
一，先其文字ヲ盤上ニ掲ケ之ヲ生徒ニ知ラシメ　各其習字本ヲ見テ之ヲ書セシム
一，白紙ヲ与ヘ其姓名ヲ記セシメ之ヲ点検スル等如前　字画正フシテ運筆活ナルヲ上トシ　運筆活ナレトモ字画正シカラス　或ハ字画正シケレトモ運筆粗ナルヲ中トシ　字画正シカラス運筆粗ナルヲ下トス
　第八級　単画ノ楷書一紙ニ四字習字初歩ヲ用ユ
　第七級　楷書一紙ニ四字　楷書習字本ヲ用ユ
　第六級　楷書一紙ニ六字　楷書習字本ヲ用ユ
　第五級　第四級　行書一紙ニ六字　行書習字本ヲ用ユ

第三級　第二級　第一級　草書一紙ニ六字　草書習字本ヲ用ユ
　　明治７年３月臨時試験施行ニ付各区学校ニ達，管内学校追々盛大ヲ加ヘ教育普ノ御趣意粗貫徹候ニ付　猶又学業為振起　各区本校ニ於テ臨時大試験施行当日令参事ノ内臨学相成候条別紙規則相添此段相達候也
　　試験法ヲ分テ第五科トス　則読本・問答・書取・算術・習字ナリ五科ノ内各優劣アリ　之ヲ判シテ上中下等トス　其法左ノ如シ
読本　上・音訓一矢ナク唔咿朗暢　○中・随失随得唔咿揚ラス　○下・忘失過多思テ得ス
問答　上・随問即答一ノ謬誤ナシ　○中・謬誤アリ思テ得之　○下・謬誤アリ思テ得ス
書取　上・応声即写字画不謬　○中・応声即写字画謬多シ　○下・応声写シ得ス
算術　（略之）
習字　上・字画端正運筆巧活　○中・字画端正運筆粗笨　○下・字画不正運筆粗笨
　　試験優劣ヲ判シテ五等トス　則左ノ如シ
一等科　科目中，毎科上等ヲ得ル者
二等科　科目中，四科上等ヲ得，余ハ中下認ニ当ル者
三等科　科目中，二三科上等ヲ得，余ハ中等下等ヲ得ル者
四等科　科目中，一科上等ヲ得ル者，毎科中等ヲ得ル者
五科等　科目中，一二中等ヲ得ル者及毎科下等ヲ得ル者
一等二等ニ当ル者ハ褒賞ヲ与ヘ，三等四等ニ当ル者ハ褒詞ヲ与フ，右ノ如ク規則ヲ施行シ，四月二十日ニ始試シ　五月十七日試閲ス，受験生徒五千四百七十二人，内一等科合格ノ者千五百三十六人，二等科合格ノ者二千百十四人，三四五等科ニ当ル者千八百二十二人ナリ，是ヨリ民心大イニ学事ニ帰向シ，教員亦随テ訓育ニ勉励ス　生徒互競相励欠席スルモノ甚少ニ至ル　七年中試験ヲ経卒業進級スル生徒ノ全数一万九千三百二十四人栗橋学校ノ如キハ既ニ上等小学ニ昇レリ

第3節　大学区議定学力試験法

　府県制定の試験法は，やがて大学区府県教育議会（会議）に持ち寄られ討議された。そこでの「成議案」は督学局に開申され，督学局がこれを文部省に廻付して広報した。これは，府県ごとに自由に制定していた試験法を標準化すという意義があるので，次に概観する。

　第一大学区府県教育議会成議案
　明治9年1月10日から2月3日まで，東京府下昌平館において開催され（明治9年6月9日発行，文部省「教育雑誌」第六号附録収載），「生徒試験法ノ議」（全文15条）が議定された。定期試験（この名称を用いず），臨時試験，小試験（月例）に分けて，試験法と評点法，及落第限度などが，ほぼ前掲東京府制定に類似して定められた。末尾に次のような雛形が示されている。

試験表雛形

等級	摘読書物	講義	暗記	問記答	記数簿学	作書文取	綴字	罰画	習字	点数	得平点時	成点	落及第第	優等	姓名
何級	10	10	10	10	4	4	48							優	年何月誰
何級	4	6	4	4	2	2	22							及	年何月誰
何級	4	2	2	2	0	2	12							落	年何月誰

　第七大学区教育会議成議案（該書ハ督学局申報ノマ，記載スルモノニシテ文部省ノ検査允准ヲ経タル決議ニハ非サルナリ）
　（明治9年12月23日発行，文部省「教育雑誌」第二十二号附録収載）
　「生徒成育之方法」
　第二条　生徒ノ優劣ヲ比較シ奮発勉励ノ念ヲ生セシメンカ為メ日課表ヲ製シ一日ノ点数ヲ三十点ト定メ之ヲ六課復読・読物・書取問答・算術・習字・行状，ニ分チ毎課五点ト為シ学業及ヒ行状ノ可否ニヨ

リ定点ヲ増減シ月末ニ至リ点数ヲ統計シ之ヲ小試ノ優劣点ニ加算シ
　　　黜陟ヲ行フベシ

上文では日課表を設定し，その点数評価法を述べた。このことは，東京府におけるように優点・劣点としか評価しなかったのに比べて，さらに細かく考量したものである。

　　　第二大学区教育会議成議案　督学局申報（明治10年1月27日発行，文部省「教育雑誌」第二十五号収載）
　　　乙第二号　小学試験規則（全文21条）内容は小試験・定期試験・大試験に分けられた東京府試験法と同様。
　　　第四大学区教育会議成議案（本年一月に於当県…開場，一部進達候　以上　明治十年四月二十七日，広島県，文部省御中）
　　（明治10年6月15日発行「教育雑誌」第三十六号附録収載）
　　　第三章　試験規則

月例試験・改級試験・進級試験に分けているが，これも東京府制定の小試験・定期試験・大試験と同断である。

　以上，東京府制定試験法の変遷を概観し，それにほぼ類した大学区制定試験法を抄出した。これだけの資料によっても，当時の学力試験が極めて重視され，詳細な試験法（制定）が設定されて，さきに等級の厳正を指令した太政官の趣旨に応じていたことが知られる。

　なお，試験の実施に当っては，実施する教師に，当然試験技術が要求される。上掲の試験法には，それを加えたものもあったが，次の文献（著者は東京師範学校教官）が，この面に触れている。

　〔小学授業要論〕
　　　〈扉〉諸葛信澄閲・安場正房著　榧木寛則校；雄風館蔵板
　　　〈奥付〉明治八年十二月廿二日，明治八年五月十四日官許　版権免許
　　　　　　榧木寛則蔵版　発兌書肆　江嵩喜平衛；　全24丁・教科書判
　　　　　　黄表紙
　　　○試験ノ節教師心得ノ要件（四条）
　　　　第一条　尋ル箇条区々ニナリ或ハ問ヒ振リノ違フコ有ルベカラズ
　　　　第二条　試験ノ節ハ坐上甚ダ改マルモノナレバ教師ハ成ル可キ丈ケ和
　　　　　　容柔声ニシテ平常談話スルガ如クニシテ問ヒ小児ヲシテ毫モ畏縮ノ

心ヲ懐カシメザルヲ要ス
　第三条　既ニ試験済ノ小児ヲシテ他方ヨリ帰ラシメ他ノ小児ニ伝話セ
　　シムベカラズ
　第四条　教師始メハ鋭気ニシテ終ハ退出ノ弊アルモノナレバ中途ニテ
　　必ズ休息ヲナシ更ニ気ヲ新ニシテ後又試験スベシ
僅々4箇条で，試験実施上の注意の域を出ないけれども，これも当時としては必要な技術的教章であったのであろう。

注1　京都小学五十年誌，大正7年12月，京都市役所編並刊，P.167
注2　大木文書所収，明治文化資料叢書　第八巻教育篇（P.41）「学制」制定資料第七号所載
注3　東京府史料26，第3章学則，内閣文庫所蔵　稿本
注4　「東京府小学定則」施行年月未詳，ただし，読物科教材に「改正伊呂波」「改正小学読本」が掲載されている。これらの改正は明治7年8月であるから，それ以後に施行されたと推定。
注5　各府県の試験規則の創始は，文部省第二年報（明治7年），同第三年報（明治8年）の府県学事年報に掲載されている。
　　次に参照した埼玉県制定試験法は，文部省第二年報（明治七年）所載埼玉県学事年報に拠る。

第6章　学制期の国語教授実施に伴う諸問題

　第1章等において，まず本期の直前における近世の国語教育がいかなる伝統を形成していたか，寺子屋を中心的な対象として，その教師・教科目・教科書・教授法などの諸点から考察し，その特質4条に帰結を求めた。次いで以降諸論において各章にわたり，学制の頒布・文部省小学教則の制定を契機とし，国語教育の近代化がいかなる経過をたどって創始せられたか，当たり得る文献・資料を博捜して，その様相を把捉しようとした。そのために，近世の伝統的教授に対置せられる海外言語教授説摂取の経緯を明らかにすることを努め，まず洋学履修のための洋語学習を通して養われた国語観の形成と，それにもとづく学制教科目の成立，および小学教則の施行，ならびに海外言語教授法に直接関連した教科書・教授法の成立を期した師範学校小学教則の施行など，創始から本期終末までの考察を重ねた。さらに国語関係の入門期教授・教科教授が海外言語教授説を根拠として，わが国情に適応せられつつ，形成されていった過程について，比較的詳細な考察をとげたのであった。
　ところで，こうした中央文教機関の動向は，地方府県にどのように受け入れられたのであるか，寺子屋や私塾や藩校やであった教育機関の国語教授が，一度発せられた学制や教則に対処して，どのような変容を示したのであったか，本章は地方の実情を中心として，資料に徴して明らかにしていきたいと思う。以上が本章の趣旨である。本章は，次の四節から成り立つ。

　1．国語教師（小学）の問題
　2．府県小学教則編成と簡易化の問題
　3．地方巡視実情の問題
　4．教授法研究発足の問題

第6章　学制期の国語教授実施に伴う諸問題

第1節　国語教師（小学）の問題

　府県小学の創設は，明治5年8月の学制頒布に応じて着手され，翌6年の一年間に公私立12558校を数え，さらに逐年増加する情勢となった。(文部省第一年報《明治6年》1オ「全国教育ノ概略」)。それら小学には，まず教員が用意され，当然教則が編成されて，そこに国語諸科目が設定されたと言うまでもない。

　「東京師範学校沿革一覧」(前出)によれば，これより先，明治5年4月22日，文部省から発せられた「小学教師教導場建立伺」の允可を経て，「師範学校」が創始せられ，M. M. Scott も招聘して開業したのが同年9月であった。その当時の教則は，それらしいものもなく，同書(注1)によれば「(甲) 開校前創定教則其撰定月日不詳」は，「雇教師スコット等カ開校前ニ協議撰定」したのであり，「其条目ハ一ツ書ヲ用ヰ而シテ学科ナク課程ナク校則ニ類似シ又伝習法ニ彷彿タリ」であった。「一ツ書」とは，前述のように，N. A. Calkins : "NEW PRIMARY OBJECT LESSON" であったと思われる(注2)。察するに，Scott は Object-teaching の書を講じつつ，自らはその授業を演出し，生徒もこれに模した授業をして，本邦教授の考案と習熟に努めたのが，創設期師範学校の実情であった。したがって，その卒業生の教職教養は，各自蓄積した和漢の教養を別にすれば，前述した問答教授に関するものであった。そして，後の師範学校に見るような，生徒に対する一般教養の教授は考慮されていなかったようである。

　ところで，このような師範学校卒業生の赴任先は，府県師範学校や大都市に限定され，相前後して創設される個々の小学への赴任は期待できるものでなかったから，やはり町村の郷校や私塾・寺子屋の教師，あるいは近在の徳望家などが，新制小学教師の要員であった。たとえば，東京府の場合について検すれば，次のようであった(注3)。明治6年2月2日，第一大学区督学局から発せられた「委託金ノ儀ハ当一ケ年分両度ニ下ケ渡候事」という達示に対し，「一時費用モ難弁ニ付」「御定額ノ扶助金即今一時ニ御下渡被下度」き旨，府知事大久保一翁から督学局に願書を差出した。願書

443

中の小学設立計画は，第一大区は丸の内以外の各区が取設けたき旨，有志から申出があり，第二大区の育英舎と第五大区の習成舎は，従来からあったが，これを改制して12～13校に分け，第六大区は従来有志の立てていた11舎を改制すると，大略40校は引続き落成するはずであるとしている。明治6年2月の小学創設の進捗は以上のようであった。このころ，「東京府管下中小学創立大意」が定められ，

　　第六条　教授人員毎校ニ
　　　訓導一名　授業生二名
　　　此三名ノ内筆道算術ノ教官相撰可申事
　　第七条　訓導分テ三等トシ授業生分テ二等トス
　　　一等訓導　読書筆算三科ヲ兼ルモノ　　　　　月給二十円
　　　二等訓導　二科ヲ兼ルモノ　　　　　　　　　同　十五円
　　　三等訓導　一科ニ達スルモノ　　　　　　　　同　　十円
　　　一等授業生　二科ノ教ヲ補助スルモノ　　　　同　　八円
　　　二等教業生　一科ノ教ヲ補助スルモノ　　　　同　　六円
　　　但当分諸科兼達ノ教官ハ得難カルヘキニ付本科ニ練達老成ニシテ生徒ノ引立世話向行届候者ハ一二等ニモ進マシムル事
　　第十五条　教官撰定ノ法ハ府県ニテ教官相勤シモノ或ハ有名ノモノヲ
　　　訓導トス　其他習字指南洋算書生等試験ノ上授業生ニ撰用可致事
以上のとおり，3Ss兼達の教師が理想であったが得がたく，習字指南でも洋算書生でも採用して，それぞれ段階を分けたのであった。当時の教師の閲歴の実情を示す事例をあげる。

　　区内幼童学所設立願
　　第一条　学校位置
　　　第一大区五小区本町一丁目十三番地
　　第二条　学校費用（略）
　　第三条　教員履歴
　　　第一大区四小区　神田塗師町六番地　山本高朝方同居
　　　　木更津県貫属士族
教師
　　　　　　　　　　　　　　　　　　　　　柴　田　信　好

　　　　　　　　　　　　　　　　当三月二十四年六ケ月
支那学安政元年木更津県海野当一ニ従学慶応元年茨木県士族島田静六
二従身同三年平田一郎ニ入学修業仕候

　　第四大区五小区　神田大神下
　　　正三位伏原誼諭邸内
　　　東京府貫属士族
　　助教師　　　　　　　　　　　　　　　　　　青　木　祥　紹
　　　　　　　　　　　　　　　　当三月十八年十ケ月
支那学ハ文久元年六月ヨリ桜井譲八郎ニ句読相受其ヨリ相生橋学問所
ヘ入学其後平田一郎ニ学ヒ中学御開校ノ節入塾仕候英学ハ明治元年二
月ヨリ福地源一郎ニ句読相受同三年四月米国ブラウンニ学ヒ従学其ヨ
リ同国人ロゼットニ従学罷在候
　　第一大区五小区　本銀町一丁目十二番借地
　　助教師　　　　　　　　　　　　　　　　　　片　桐　包　雄
　　　　　　　　　　　　　　　　当三月三十八年十一ケ月
弘化三年八月ヨリ慶応元年五月迄坂川素石ヘ従学同三年二月ヨリ桑野
松霞ヘ転学修業罷在候

　　第一大区五小区　本銀町一丁目十六番地
　　助教師　　　　　　　　　　　　　　　　　　高　橋　秀　雄
　　　　　　　　　　　　　　　　当三月十八年七ケ月
明治二年十月ヨリ同五年正月迄大学南校ヘ入学同年二月ヨリ大学少助
教小宮山昌寿ヘ転学同年七月ヨリ測量司ヘ転学修業罷在候

学科　読書　習字　算術
教則　下等生徒教科・上等生徒教科〈学制教科目〉
余科　四書・五経・国史略・日本外史ノ類，又ハ洋学綴字・リートル・(ママ)
　　文典地理書・万国史ノ類
授業時間ハ総テ小学教則ニ従ヒ相定候事
塾則（略）

右之通開学仕度此段奉願候事

　上記書類は，第一大区五小区の町年寄松田喜右衛門他4名，同区戸長舘奥敬他1名の連名で「東京府御庁」宛の小学設立願書で，6年3月の発信であり，これが学校位置から見て常盤小学となったと思われる（倉沢剛博士推定）。いずれも志を立てて諸所の家塾で修学，または大学南校（年号から普通科〈中学相当〉と推定）に在学，漢学（支那学）や洋学を身につけたものであった。

　明治6年7月，「師範学校沿革一覧」（前出）によれば，校名を東京師範学校と改めたが，その前月，初めて師範学校の教則が撰定された。この時から修業年限が2年と定まった。

　　　初等一級
　　一算術　大ロビンソン
　　一地理書　モンテース
　　一字義論
　　　初等二級
　　一代数　ロビンソン，エレメンタリー
　　一幾何学　マークス
　　一生理書　カヅトルス
　　一本国歴史
　　一記簿法　ペーソン単記
　　一物理書　スチール
　　右ヲ一ケ年ノ課程トス其間又左ノ諸科ヲ兼習ス
　　一習字　一学校規則　一教授法　一画法　一作文　一制度法令
　　　　　　　　　　　　　　　　　　　　　　但シ本県及太政官
　　　上等一級
　　一代数　一生理学　一物理　一記簿法　複記
　　　上等二級
　　一算術複習（ママ）　一幾何　三角法　測量　一植物学　グレー　一地質学　オーレン
　　一文学　一化学

　すなわち，国語関係では最初1学年に字義論・習字・作文が，2学年に文学が履習された。

446

次いで明治7年4月の改正教則では第四級が6科，週30時中習字が3時，第三級が7科，週30時中習字3時のほか，文章学（正編文章軌範）3時，第二級が5科，週30時中授業法が15時，文章学（八大家文格）が不定時で，第一級には国語学関係がない。これで見ると，漢文中心の教義であり，国文と作文と文法とは課されなかった。

それから，同年11月に改正された教則では，第四級，4科，週30時中漢学（文章軌範・八大家文格）12時，習字6時があり，第三級に国語関係なく，第二級に語学（詞八衢・詞瓊縋・詞通路）が6時となって，国学派の文法が課されたのが注目される。

同校教則は，その後8年3月，同9月，10年7月（修業年限2年半），11年7月（修業年限3年）と，実に頻繁に改正を重ねていたが，漢文・習字・作文・文法という教科に落ちついていった。

中学師範学科が設置されたのは9年4月で，「仮定教則」によれば第四級に文章（作文・文章軌範・ピ子オ氏文典）第三級に文章（文章軌範），第二・一級に文章（作文・文章軌範）があり，時間数を記載せぬままに示されていた。

10年7月に修業年限が3年半となって改正教則があり，さらに11年7月の改正学科表では，小中両師範学科を通して6年半で学ぶよう掲げられたが，「実際拠行シ得ヘキニ非レハ間モナク之ヲ改メタリ」と記述されている。

当時の私学家塾の状況は，文部省第一年報（明治六年）「各大学区府県学事ノ景況」，第一大学区東京府の条によれば

　　蓋当時私学ノ数五十二所家塾千百二十八所アリト雖モ私学ハ大抵皇漢洋ノ三学各自教科ヲ異ニシ其正則ヲ踏ムモノ十ニ二三ナク家塾ハ従来ノ習字師ノ如キ者ノミ〈同書2オ〉

とあり，いずれも学制の正規に合わぬものが多く，特徴はあっても義務教育としての標準的な性格に乏しかった。それはすべて経営者である教師の教職的教養に左右されたのであった。上文につづき，

　　依テ四月府庁内ニ小学講習所ヲ設ケ之ニ区内ノ教員ヲ集メ教授ノ方法ヲ伝ヘシム

とある講習所は，前記東京府史料二六によれば，

第一章 成規

　　明治六年四月十四日 <small>各区戸長</small><small>学区取締</small>ヘ達，講習所規約

が定められ，小学教則の解説，教授法等が講習されていた。

　そして，同史料二八によれば，「府庁構内へ小学師範学校設立ノ儀御届」が大久保府知事から内務卿大久保利通宛提出されたのが，明治8年8月9日で，同年12月12日指命をもって許可されている。この書類中に，「登第生徒試験規則」が収載されているからほぼ入学生徒の教養（学力）をうかがうに足りる。

　　登第生徒試験規則

　　読書<small>講義</small><small>作文</small>算術習字ノ三科ヲ得ル者ヲ以テ登第セシム其法左ノ如シ

　　一講義　日本政記綱鑑易知録博物新編等ヲ試ム

　　一作文　問題ヲ出シ支那文及翻訳体ノ文ニテ綴ラシメ或ハ支那ノ古文ヲ和解セシム

　　一算術　問題七八条ヲ出シ諸等ヨリ幾何マテヲ試ム

　　一習字　楷行草ノ三体ヲ試ム

ということであった。なお年令は「満十八歳ヨリ満三十五才マテヲ限トス」（通則第一条）とあるから，中学卒業程度の学力の所有者を入学せしめたと推測できよう。

　東京府小学師範学校の開校式が施行されたのは，同9年3月10日であり，教則が制定されたのは，同年10月27日であった。教則は設立申請書に，

　　文部省師範学校ノ綱領ニ従ヒ其細目差斟酌スル所アルヘシ

とあったのを，さらに検討して制定したのであろう。教則中注目される点は，

　　第四条　文法ハ未タ完全ノ良書ナキヲ以テ当分文章軌範ノ類ヲ用テ之ニ充テ傍ラ作文ノ課ニ於テ其概略ヲ習熟セシム

　　第六条　習字ハ授業ノ余暇ヲ以テ習熟セシム故ニ時間ヲ設ケス

とある2箇条である。文法に漢籍（文章軌範）を用いるとあるのは，既述した漢文法式教授であり，作文と結びつけて文章法を習得せしめようとしていた。習字を余暇における自修に委せたことは，これまでの教則に見られない例であろう。第十三条の「学科課程」を検すると，修学年限2年，4級に分かち，各級に「文学・文法及作文」が週3時（第三級だけ6時）

第6章　学制期の国語教授実施に伴う諸問題

ずつ課されている。「教科用書」では，十八史略・文章軌範等の漢籍のほか，小学読本が挙がっている。卒業後3月間附属小学の実習を経て卒業証書が与えられた。総じて師範学校における国語的教養は浅く狭くて，特に東京師範学校が国文法を課したのと比べれば，文法力が不足したのではないかと思う。

　栃木県師範学校は，明治7年8月8日に従来の「類似師範学校」を改称した（注4）。類似師範学校は同6年4月の設立で，その「条例」第十四条には，

　　教授書中漢籍ヲ用ヒ又ハ試問ノ節等漢文ヲ作為シ或ハ詩歌ヲ詠スルノ
　　類ハ堅ク禁戒ヲ加ヘ毫モ旧習ニ依著セシムヘカラス

のように，文人的な趣味に溺れることを戒める余り，漢文の排撃にまで進んだ事例も見られる。

　とにかく地方としては，この際新教育を受けた東京師範学校の卒業生の配当を得て，いわばその新知識によって府県師範学校の充実を期し，管下小学の導標たらしめようと待望していた。栃木県においても，同7年9月12日，教員派出方を文部省に申請している。

　　管内小学教員養成中ニハ候得共目今要衝ノ地ニ設立有之候小学校逐次
　　生徒進歩イタシ授業差支候ニ付於東京師範学校上等学科卒業ノ者三名
　　程至急御下シ相成候様仕度此段奉願候也
　　　明治七年九月十二日

　　　　　　　　　　　　　　　　　　　　　　　栃木県令鍋島　幹

　　　　　　　(ママ)
　　文部省輔田中不二麿殿

　　指令アリ
　　書面之趣当時卒業ノ者無之候条出来次第可指遣候事
　　　明治七年九月二十三日

文部省第一年報（明治六年）の「各大学区府県事ノ景況」に記載された府県記事中，その教員を東京師範学校に派出して，その教授法を「熟観」せしめ，帰って管下教員に伝達せしめたというもの，埼玉・静岡・兵庫・新潟・磐前・青森等々枚挙の煩に堪えないほどである（注5）。同年報東京師範学校の条〈150丁〉に，

　　各地学制ノ旨趣ヲ体シ小学ヲ設クル〕日一日ヨリ多シ而シテ其教員ニ

449

置シキヨリ地方ノ之ヲ申請スル渇者ノ水ニ於ルカ如シ

とあるのは，決して誇張した記述ではなかった。だから，全国からの要求は，大部分応じられぬままに終わったと考えられる。同7年までに設置された，愛知・大阪・広島・長崎・新潟・宮城の官立師範学校も，いずれも東京師範学校の卒業生を迎えて教員の席の大半を満たしたのである。卒業生の来任を望めなかった府県では，前述のように，自家教員を東京師範学校に派出して教授法を「熟観」せしめ，これを管下に伝達せしめたのである。

　それから，府県師範学校の卒業生の，管下小学への派出も，やはり一度には望めなかったのであるから，各小学では府県師範学校の伝習を受けるために出張する必要があった。僻遠の岩手県などでは，その事情がさらに深刻を加えたようであった。

　　　（前略）然ルニ当地方教育ノ情況タル，明治九年始テ師範学校ヲ設立シ，教員ノ養成年尚浅ク，学校二ケ年ヲ卒業スル者漸ク当春ニ至リ廿四・五名ニ不ｚ過。管内五百余校アリト雖，四・五校ヲ除クノ外ハ之レガ教員タル者率ネ従前ノ村学究或ハ士族等糊口ノ為メニ・三円乃至五・六円ノ月俸ヲ以テ雇入ラレ，師範学校ニ於テ纔（ママ）カニ教授法ノ一端ヲ伝習シ，一時承乏ニ充ツル耳。数月ナラザルニ甲校ヨリ乙校ニ転ジ，屢其所ヲ換フル者，所在皆是ナリ。（下略）（注6）

という実情であった。大都会は別として，地方の小中都市でも良教員を得ることに苦しんでいたのである。明治10年ころの教育の大勢を批判した福沢諭吉が，すべてその帰結を，教師に人を求めても存せざることとしたのは，正に的中した観察であったと思われる。すなわち，

　　　今の小学校にて其教則十全ならず唯字を教へ数を知らしめ一定の規則を以て恰も之を指揮号令して嘗て教育の循々然たるを見ざるは盖し教員の其人を得ざるが為なり其人を得ざるに非ず之を求めて其人なきが為なり（中略）然ば則ち今の小学教育の不十分なるは特に教則の欠に非ずして其罪多くは教員の不良に在ることを以て知る可し之を維新以来教育の大勢と云ふ（注7）。

とあるとおり，教員の不良は師範学校や文教政策に問題を投じたのであった。しかし，教員養成の創始を勘案してみれば，当局に対し経営の責任を

問い得るほどの歳月がまだ経過していなかったとも言えるのであった。

　要するに，学制教則期における現場小学の教員には，師範学校卒業生が漸増しつつあったけれども，高低雑多な教養を有する者が混在した。都市と僻地との教員の質的な格差が甚大であった。したがってこれに差等をつけ，訓導と助教授業生を分け，さらに一等・二等・三等などの差等を与えていた。この場合，さきにあげた東京府などのように，読書算の3科・2科・1科と，担任科目数に応じて等級を与えたものと，島根県などのように，各科目内の教養の高低に応じて等級を与えたものとがあった(注8)。すなわち島根県を例示する。

講読師
- 一等　和漢洋ノ三学ニ通シ和漢ノ文章ヲ能クスル者
- 二等　和漢書籍ノ講義ニ略通スル者
- 三等　句読ヲ能クシ音訓誤リナキ者

習字師
- 一等　和漢洋ノ諸体ヲ能クシ書法精審筆力遒勁ナル者
- 二等　和漢真行草ニ体ヲ能クシ字画端正筆致秀潤ナル者
- 三等　和漢内一体ヲ能クシ字画誤リナキ者

算術師
- 一等　代数学方程式測量等ノ大意ヲ領会スル者
- 二等　分数比例雑問等ノ解義ヲ能スル者
- 三等　諸等乗除加減法ヲ能クスル者

　ただし，こうした科目担任制は，小学教師像の良善を考慮した教師養成法から，やがて全科担任制へ移行することとなった。その点，東京府の場合のような，担任科目数による差等付与が合理的であったのであり，当時からその文化的地域差が現われていると思われる。

　ところで，待望された官公立師範学校の卒業生についてみると，師範学校入学前の教養には，漢文・漢字・習字・国文・珠算・洋学，さては茶道・画道などと，八宗兼学の傾向があり，やがて師範学校に入学する機縁をつかんだという者が多かったようである。そして師範学校に入学後は，前述の海外教授説による新教育の授業法の伝習を受けることが，中心的な教養を形成したと思われる。こうした当時の教師の，教養的な遍歴を示す事例として，広島県尾道市久保小学校所蔵の教師藤田久治郎の履歴書を挙げる（広島県教育委員会編「広島県教育八十年誌」P. 140所載）(注9)。数個の学塾に人を求めて勉強し，いわば和漢洋の雑学を習得して，やがて師範学校

を卒業して教職に就くというコースが，当時の定例に近かったのである。
　㈣　履歴書の類　　　　尾道市久保小学校蔵
　　　　　　　住所　　愛媛県温泉郡松山古町
　　　　　　　住所　　広島県御調郡尾道久保町千七百三拾八番屋敷
　　　　　　　　　　　広島県平民　　藤　田　久治郎
　　　　　　　　　　　弘化元年甲辰五月六日生

年　月　日	合年月数	学業　学科階級幷ニ用書	位置校師名
自　嘉永　三年 　　　正月廿一日 至　仝　四年 　　　十二月廿五日	二ケ年	習字修業ス	尾道久保町　亡 　平民　　高木　龍蔵
自　嘉永　五年 　　　正月廿一日 至　仝　六年 　　　七月　五日	一年七ケ月	習字　道春点　四書　素読 漢学　自大学至孟子　二ノ巻	御調郡木門田村　亡 　平民　　村井和次郎
自　安政　元年 　　　二月　三日 至　仝　三年 　　　八月　廿日	二年七ケ月	習字　後藤点　四書 漢字　後藤点　詩経　素読	尾道十四日町　亡 　平民　　吉井　儀造
自　安政　三年 　　　九月　一日 至　仝　五年 　　　八月十八日	二ケ年	漢学　後藤点　易経　書経 　　　春秋 小学句読　詩作　唐詩選	尾道土堂町 　平民　　福原　栞堂
自　安政　五年 　　　十月十五日 至　万延　二年 　　　八月十四日	二年十一ケ月	漢学　一斉点　礼記　素読 受読　十八史略　箋註蒙求 詩作　唐詩選　三体詩	佐伯郡草津村　亡 　平民　　西　達三郎
自　万延　元年 　　　一月十八日 至　文久　三年 　　　十一月　三日	四年十一ケ月	皇学幷歌学幷和歌三代集 俗神道大意　古道大意 神文作　講義 必定笑語　古訓古事記	尾道久保町　亡 　平民　　土屋　正臣
自　文久　三年 　　　二月十八日 至　明治　八年 　　　十一月　三日	十三年十ケ月	茶礼式　自薄茶手前　相伝 　　　　至濃茶式	尾道土堂町　亡 　平民　　天野半次郎

452

第6章　学制期の国語教授実施に伴う諸問題

年　月　日	合年月数	学科階級幷ニ用書	位置校師名
自　慶応　二年 　　　三月十二日 至　仝　　年 　　　五月　三日	三ケ月	全　速見流小習伝　相伝	京都府　亡 　平民　速見　宗筧
自　文久　四年 　　　正月十八日 至　明治　九年 　　　十一月　八日	十二年十一ケ月	漢学　孟子　論語　左伝　受講 漢文　文章軌範正篇 　　　陸放翁詩集欧蘇質問	岡山県備中川辺村 　士族　加藤　又斉
自　慶応　三年 　　　十一月十一日 至　明治　二年 　　　十月廿五日	二ケ年	珠算　自加減乗除 　　　至容術截術 　　　自算籌法加減 　　　至天元傍書術	愛媛県越智郡今治村　亡 　平民　河上　量太
自　明治　三年 　　　五月十八日 至　仝　　四年 　　　七月　六日	一年三ケ月	漢学　日本外史　質問受義 　　　史記評林	尾道十四日町　亡 　士族　日高得一郎
自　明治　四年 　　　六月廿一日 至　仝　　年 　　　九月廿二日	四ケ月	変則英学ピネオ氏単語篇綴 全　小文典受講	尾道土堂町　亡 　士族　土居　笑吾
自　明治　四年 　　　九月廿三日 至　仝　　五年 　　　二月三十日	六ケ月	正則英学　スペリング　ウキルアン氏　リーダー　巻ノ一 　　　巻ノ二	静岡県府中　亡 　士族　本田　静一
自　明治　五年 　　　二月　七日 至　仝　　年 　　　九月　二日	八ケ月	筆算　自加減乗除 　　　至比較術	愛媛県越智郡今治村　亡 　平民　河上　量太
自　明治　八年 　　　三月　十日 至　仝　　九年 　　　二月廿八日	一ケ年	画学　四条派写真画	尾道久保町　亡 　平民　平田　玉圃
自　明治　八年 　　　一月十五日 至　仝　　九年 　　　一月廿一日	一年一ケ月	下等小学正科授業法伝習候事	改正小学派出教師 　三村慎一 　佐々木佐一 　三上主一
自　明治　六年 　　　四月 至　仝　　年 　　　六月	三ケ月	下等小学師範学科修業	広島県広島遷喬舎

453

年　月　日	合年月数	学科階級幷ニ用書	位置校師名
自 明治　九年 　　　　六月 至 仝　　十年 　　　　六月	一年一ケ月	上等小学師範学科修業	広島県立広島師範学校
自 明治廿一年 　　　　四月 至 仝　　年 　　　　七月	四ケ月		広島県広島尋常師範学校

（下略）

第2節　府県小学教則編成と簡易化の問題

　明治5年に文部省の学制頒布および，小学教則の公布があり，翌6年2月師範学校創定下等小学教則が，その月創立された同附属小学に施行され，さらに同年5月にその改正が実施された。他方府県では担当官が鋭意努力して，当該府県の教員養成機関と，教則にもとづく公私立小学の開設に着手した。この場合，東京師範学校は唯一の模範とされて府県師範学校（またその前身）の創立となり，また，一方には文部省制定小学教則がありながら，むしろ直接的に模倣の対象となった師範学校制定小学教則があった。後者は，その卒業生の来任，管下教員の東京師範学校への派出伝習等の関係から，地方府県にとって比較的身近な存在であったと思われる。しかし，文部教則に準拠する教則の採用も少なくなかったから，両者はそれぞれ用いられ，またその折衷による教則も散見される情況であった。文部省第五年報（明治十年）の冒頭「小学」には「曩時各府県ニ於テ制定スル所ノ教則学期等ハ率子皆官立師範学校ニ準拠シ且勉メテ之ヲ一軌ニ帰セシメシヲ以テ」〈P．1〉とあるより察すれば，やはり東京の師範学校の教則に準拠する学校が多く，さらに，中央部から，その他の学校にも師範学校教則に改めて準拠するよう勧奨したということがわかる。以下に府県小学教則施行情況の概略を述べ，そこにおける国語科目に注意を払いたいと思う。まず，東京府を事例として考察する。

　東京府は，「明治三庚午九月仮小学校規則」を「東京府小学定則」に改

正した。それは，句読科・解読科・講究科という近世的な規則から，師範学校制定小学教則そのままの近代的教則への進展であった（注10）。上等小学教則が 6 年12月に「督学局経伺」をもって制定された。これには，「読本解義」科という独特の教科名（輪講科に該当）があり，師範教則と同様に，第三級以上習字科を置かず，「科目ノ書ハ必ス暗記問答ス故ニ別ニ其課ヲ置ス」とて，問答科を置かず，文部省教則のように第四級まで細字速写科を置き，全般的には師範学校教則に類似していた。やがて，それが局部修正されて 9 年 4 月の教則となった。

　そして，10年 1 月に「各小学校学則ヲ定」として，下等上等小学科教則が，師範教則に酷似して編成された。ただし，習字科の名称が「書取科」と呼ばれている。上等小学科の教則は，男女別に立てられ，女子に「手芸科」が第七級から第一級まで置かれて「裁縫術」が授けられ，その他，読物科（第一級）に「上下小児養育談家政要旨」などが挿入されている。この教則にもとづく時間表を次に示す。

文部省第二年報（明治七年）所載督学局年報は，大督学野村素介から田中文部大輔に宛てた進達であるが，その「東京府下学校巡視状況」によれば，

　　生徒ノ学業ハ湯島番町ノ両校ニ於テハ已ニ上等小学科ヲ卒業スルモノアリト雖ヒ教授ノ方法未タ精密ナラサル所アルカ故ニ果シテ其学力ニ達セシヤ否ヤ確然之ヲ保證スルヲ得ス（下略）

と述べ，創立 2 ～ 3 年で上等小学を卒業させてしまった場合の学力に疑義を懐いたようである。また，文部省第四年報（明治九年）所載学区巡視功程に中視学加納久宜・少書記石川浩両名の第一大学区巡視功程があり，その末尾が東京府管内（武蔵国五郡）の巡視であったが，

　　生徒ノ学業ハ已ニ上等小学ニ進入スルモノ少ナカラス今其進歩ノ一点ニ就テ之ヲ論セハ教員授業ノ巧拙生徒学業ノ精粗校トシテ小異同アラサルナシト雖モ概スルニ各校殆ト同一ノ進歩ヲナシ其学業ノ優劣大参差ナキニ至テハ或ハ全国ノ学校ニ対シテ誇ル可キモノアリ

と最大の讚辞を受けたようである。

　こうして，明治 6 ～ 9 年までの 4 年間ほどは，ひたすら所定の教則に随順する情況を有したが，明治10年に及ぶと，それまで強行無理をした欠陥が暴露され，学則やその教則に対する批判が全国的に表面化して，東京始

下等小学科時間表

	月曜	火曜	水曜	木曜	金曜	土曜
従九時 至十時	復読	復読	復読	復読	復読	復読
従十時十分 至十一時	読物	読物	読物	読物	読物	読物
従十一時十分 至十二時	問答	作文 書取	問答	作文 書取	問答	修身課 養生課
従十二時 至一時	体操	体操	体操	体操	体操	体操
従一時 至二時	珠算	筆算	珠算	筆算	珠算	筆算
従二時十分 至三時	書法	書法	書法	書法	書法	書法

上等小学科時間表

	月曜	火曜	水曜	木曜	金曜	土曜
従九時 至十時	読物	読物	読物	読物	読物	読物
従十時十分 至十一時	輪講	輪講	輪講	輪講	輪講	輪講
従十一時十分 至十二時	諳記	作文	諳記	作文	諳記	修身課 養生課
従十二時 至一時	体操	体操	体操	体操	体操	体操
従一時 至二時	珠算	筆算	珠算	筆算	珠算	筆算
従二時十分 至三時	罫画	書法	罫画	書法	罫画	書法

女児上等小学科時間表

	月曜	火曜	水曜	木曜	金曜	土曜
従九時 至十時	読物 輪講	読物 輪講	読物 輪講	読物 輪講	読物 輪講	読物 輪講
従十時十分 至十一時	諳記	作文	諳記	作文	諳記	作文
従十一時十分 至十二時	手芸	手芸	手芸	手芸	手芸	修身課 養生課
従十二時 至一時	体操	体操	体操	体操	体操	体操
従一時 至二時	珠算	筆算	珠算	筆算	珠算	筆算
従二時十分 至三時	罫画	書法	罫画	書法	罫画	書法

め各地でかなり自由な教則の編成をすることの端を発した。とにかく，明治10年の記事を収めた文部省第五年報には，すでに改革の機運が熟していることに気づかれる。それは，かって強迫に出た文部当局を逆襲する民衆の醸成した機運であるとともに，画餅にも等しい教則の実況をしばしば見聞した当局および地方官等の反省，自己批判が蓄積され，自身から発せられた改革の機運であったと思わざるを得ない。

すなわち，同年報冒頭「小学」〈P.1〉の条に，

> 曩時各府県ニ於テ制定スル所ノ教則学期等ハ率子皆官立師範学校ニ準拠シ且勉メテ之ヲ一軌ニ帰セシメシヲ以テ其施設ノ実際ヲ察スレハ往々甲区ニ適スルモ乙区ニ適セサルモノアルヲ免レス故ニ其誤謬遺欠ノアル所ニ就テ之カ釐正拾補ヲ要セントスルハ曽テ識者ノ熱心企図スル所タリキ

上文の表現では，今日の事態を予見していたことになる。昨日の口を拭って「識者」をもって任じているとも読み取れるであろう。

> 然ルニ明治十年各府県学事ノ状況ヲ審按スレハ漸ク曩時ノ誤謬ヲ釐正シ遺欠ヲ拾補スルモノ踵相接クニ至ラントス今試ニ其梗概ヲ摘示スレハ或ハ卑近ノ教則ヲ設ケテ之ヲ村落学校ニ頒布シ或ハ学期ヲ減縮シテ民間業務ノ妨礙ヲ為サシメサル等之ヲ要スルニ教育者ノ経験ニ因リ土地ノ便宜ニ随テ其施設ヲ殊別シ以テ普ク教育ノ利益ヲ人民ニ与フルニ外ナラサレハ亦以テ地方学事ノ漸次其面目ヲ更メタル者アルヲ徴スヘシ

こうして結論は，改革に踏み切った現状を是認しているのである。さらに「小学教科書」〈P.31〉の条においても，

> 曩時各地方小学校ニ於テ一定ノ教則ヲ株守セルノ日ニ方リテヤ教科書モ亦一定ノ制ニ偏倚シテ深ク其意ヲ土地民情ノ適不適ニ留メサルモノ、如クナリシモ目下漸ク其旧見ヲ改メ（下略）

と述べているが，上文の「一定ノ制」とは，文部省や官公立師範学校の制定した小学教則の指定した教科書の意であろう。

さらに，「学区巡視功程」の条，文部少輔神田孝平「第六大学区新潟長野両県巡視録」にも〈P.13〉

> 教則ハ両県共ニ師範学則ノ定ムル所ニ遵拠シ之ヲ奉スル律令ノ如ク寒

村僻地ニ在テ樵漁ノ子弟ヲ教フルモ都会大邑ニ在テ士族豪富ノ子弟ヲ教フルト少シモ異ナルコトナシ是レ亦頗ル穏当ヲ欠ク者トス

とあり，文部権大書記官中島永元「第七大学区内秋田県第六大学区内山形県巡視功程」にも，「女子教育」の項に〈P. 20〉，

（前略）仮令学ニ就カシムルモ未タ下等小学科ヲモ卒業セサル間ニ笄期已ニ迫リテ退学セシメサル了ヲ得ス而シテ其学習スル所ヲ験スレハ或ハ欧羅巴ノ地理ニ通スルモ却テ己レノ衣服タモ裁縫スル事能ハサル者アリ故ニ世ノ父母タル者或ハ今日ノ学則ハ実際ニ迂ナリト誹議スル有ルモ豈其理ナシト為ンヤ

と述べ，いずれも文部官員に共通する主張が認められる。一度は，官公制定教則一辺倒の感を抱かせながら，この時点においての発言を検すれば，前言を翻して教則の自由化を唱道していると受取られることである。さきに神田孝平などは，教則の画一的適用を難じた後「之ヲ県官教員ニ質スニ皆云其弊ヲ知ラサルニ非スト雖軽易成法ヲ改正セハ一般教則ノ之カ為ニ瓦解ニ至ランコト恐ルト」を記述しているが，地方官や教員から忠勤を励まれた文部当局者として，この場合どんな指導が可能なのであったろうか。それにもかかわらず，いずれの官員も教則の自由化を主張したとすれば，やはり文部省の政策転換と見るほかなく，転換の理由は，自由主義のアメリカ教育法に私淑する田中文部大輔（注11）の政見や，折から自由民権の思想その他（注12）をあげるのであるがもっとも直接的な理由は，画一的に強行した学制や教則の実情が，全国的に見て理想から遠く，これ以上の強制に堪えがたいという認識が深められたことにあると思われる。以上のような情況であったから，東京府の例に見ても，あるいは村落小学，あるいは商業夜学校などの設置に踏み切った。

同年報所載東京府年報は，

　　七月（十年）　商業夜学校ヲ開設シ昼間習業ニ暇ナキ者ニ商業学科ノ大意ヲ教授ス入学ヲ請フ者四八二人

　　八月……先是郷村教則ノ未タ当ヲ得サルヲ以テ尋常教則ノ外別ニ村落教則ヲ布ク是ニ至テ尚風俗ト人情トヲ察シ便宜之ヲ行ハシム

とある。

内閣文庫所蔵東京府史料二六に徴し両校の教則類を参照する。

458

明治十年三月二十一日 商業夜学校則ヲ定ム

校則（抄出）

第一条　本校ハ商業ヲ営ント欲スル者ニシテ昼間習学休暇ナキ者ニ商業学科ノ大略ヲ教授スル処ナリ　但シ便宜ニヨリテハ臨時増減スルコトアルベシ

第六条　課業時間ハ毎夜三時間ト定ム　但シ起業時間ハ夜ノ長短ニヨリ斟酌スルコトアルヲ以テ其時々校中ニ掲示スヘシ

教則（抄出）

一科程ヲ分ッテ大人童子ノ二科トナス童子科ハ大凡十歳ヨリ十四歳迄大人科ハ大凡十五歳以上ノ者ヲ入ル、モノトス

　　伯シ学力ノ優劣ニヨリテハ本条ニ拘ハラス二科ノ内ニ編入スヘシ

一大人童子ノ二科各前後二期ニ分チ毎期六ケ月ノ習業ト定ム

　　但シ学術ノ進否ニヨリ斟酌増減スルコトアルヘシ

特に教科書について

一読物ニ用ユル書籍ハ生徒ヲシテ聴録ノ法ニ因テ謄写セシムルヲ要ス又之ヲ授クルニハ熟語等ノ意味ヲ委ク説明シ其要処ハ事跡ヲ挙ケ口授スヘシ

とあり，聴写を重視しているが，これは実用的な書写技能をねらったと思われる。科目は，国語関係で読物・習字・書取・問答・口授の類・他は算術・数量の２科である。

　大人科では，習字科を書字科と改めて細字速写法を教え，書取問答科が廃され，帳合法・質問の２科が設置された。要するに商業夜学校は，午后七時から十時までの３時間，３Rsを中心に，書取・問答などの新味を加え，昼間小学では中途退学する者をつなぎ止めようと図った制度である。

明治十年五月村落小学々則ヲ制定ス

校則（抄出）

第一条　町落学校ハ生徒在学期限ヲ五ケ年トシ満六年ヨリ満十四年迄ノ中ニ於テ簡易ノ小学科ヲ修メシムル所ナリ

教則条例第二条　下等小学ハ之ヲ五級ニ分チ上等小学モ亦之ヲ五級ニ分ツモノトス

第六条　読書筆算トモ一般小学ニ比スレハ其度ヲ卑クスルモ妨ケナシ

童子科	前　　期	後　　期
読　物	単語図・連語図 日本国尽・世界国尽	商業熟語篇＝東京府師範学校編纂 日本地誌略・生産道案内
習　字	片仮名・平仮名・名頭 東京町名等ノ手本・運筆	商売往来・消息往来・十二月帖等ノ手本 運筆法
書取問答	読物ノ要処	前級ニ同ジ
口　授	童蒙教草・窮理図解 天変地異類・博物図	勧善訓蒙・新貸条例違式註違条例ノ類及ヒ新聞紙ニ中外物価表其他商業ニ関スル部ヲ用フ
作　文		書状封方普通手紙ノ文　受取書式諸証券文願書認方等ヲ授ケ且綴ラシム

　　ト雖モ日常普通ノ事ニ習熟セシムルヲ要ス可シ
　　但シ算術ハ珠算ヲ用ヰルモノトス
国語教科は，読物・書取・習字の3科，他に口授・算術の2科，上等第4級以上に作文科（手紙文・公用文・証券文）が配された。読物は掛図および小学読本その他地歴書であり，書取でもそれを扱う。上等科第三・二級の読物科で究理図解巻ノ三農業問答ノ巻一・二・三を与え，上等科第一級で初学須知農業部巻ノ十一商業篇などを与える点，村落小学らしい教材の選択である。

　文部省第六年報（明治十一年）所載「学事巡視功程」に「学監大闕莫爾矣東京府下公学巡視申報」があり，「其任ニ適セル教師卜其当ヲ得タル教科書トノ欠乏スル所アルニ因リ」また「差別アル両種ノ人民」すなわち武士と平民とを同時に教授することの困難により，文部省の教則は管下の人民と学校の状況に適当せしめる必要を生じた。「終ニ本来ノ教則ハ全ク之ヲ廃棄シ更ニ各府県ニ於テ各自ニ其教則ヲ編制シ特ニ文部省ノ裁許ヲ経テ之ヲ実行スルニ至レリ」と説いた。東京府も他地方と同じ困難に遭遇したので，「平民」が私学校を設立して年限を短くし，日用に適する教材を使用したため，公立小学の不振を来した。そこで，府学務課は11年3月2日小学簡易科教則を布き，同15日男女尋常科教則を発して，前者は4年，後

者は6年の就学年限とした。この挙に対して学監は，同申報中の意見第二に「十分ナル小学期ヲ区分シテ教種ノ短学期トナスハ毫モ障碍アル﹅ナシ」と述べ，「初級ノ学期四周年中級ノ学期二周年上級ノ学期二周年」という解釈をして，簡易科と尋常科とを認定したと考えられる。そして，意見の第三に「初級ノ学期ニ於ケル教科ハ普ク各種ノ生徒ニ適スル様ニ制定セスンハアルヘカラス故ニ後来ノ教科ニ属スル所ノ者ハ一切之ヲ除キ去リテ最モ緊要ナル初歩ノ学科ノミヲ以テ編制スヘシ」と，簡易科の性格を明らかにし，

　読書，初歩ノ日本読書・日本地誌及ヒ歴史並ニ外国ノ地誌
　習字，草書ト行書トヲ主トス然レトモ常ニ楷書ニテ用フル文字モ亦之ヲ教
　　ヘ以テ日用文及ヒ消息文ヲ習ハシムヘシ

とし，中級学期には，

　読書，日本及ヒ外国ノ地誌及ヒ歴史併ニ日本雅文ノ初歩
　習字，楷書ヲ教ヘ兼テ書簡論文等ヲ作ラシム

とし，上級学期には「完全ナル初歩ノ教則ヲ践修セシメ以テ中学校ニ入ルノ予備ヲナサシムヘク」と述べたが，東京府教則は，この上級学期に触れていなかった。

　学監は，さらに当時の公学教師717人中，官公立師範学校卒業証書の所有者は「僅ニ四十人ナリ」とし，「苟モ目下良教員ヲ得ルノ困難ナル点ヨリ思想ヲ下ストキハ方今府下学校ノ授業ハ概子皆完全ナリト云モ亦過賞ニハ非サルヘシ」と述べて満足の意を表した。水準をさげて現状を認めねばならなかった学監の心中は，忖度するに余りあると言うことができる。

　中学校則が定められ，東京府第一中学校が創立されたのは，明治十一年東京府年報によれば，その8月26日のことで，本郷元町公立玉藻小学校を仮校舎として発足した。校則によると，正則中学が在学4年で，邦語をもって高尚なる普通科を授け，その中に「文学」があり，変則中学が在学3年で，英語をもって普通学科の端緒を授け，綴字・習字・読方・書取・訳読・会話・綴文・文法等があり，洋学履修の階梯を教え，傍ら「和漢学」を授けるとした。これが大学予備門にはいるコースである。

　明治十二年東京府年報によれば，同年9月29日教育令の公布があり，学区制は「全ク消滅ニ帰シ」た。

数月前の3月には，学事定則を廃して学業雑則を定め，公立学校を漸次「人民ニ委シ，自任ノ精神ヲ誘起セシメンカ為，此挙アル所以ナリ」と述べた。「公立小学試験掛ヲ廃シ各校教頭ヲシテ定期試験ヲ行ハシム」としたのも3月である。7月には商業夜学校を廃し「之ヲ普ク府下十五区ニ及ボシ，一区ニ一校ヲ設ケ，其名称ヲ庶民夜学校ト改」めた。2月に府庁内に設立された府立第二中学は「官立並ニ公立小学校ニ於テ尋常ノ教科ヲ卒業セシ者ハ，試験ヲ経スシテ入学スルコトヲ得」とした。また，東京府師範学校(在学2年)には，二期速成生(在学1年)と一期速成生(在学6月)を併置していた。こうして，さしも厳正に励行された学制や文部省制定教則は，万事万端簡易化の一途をたどり，数年にして瓦解崩壊の情況に立ち至ったのであった。以上が「東京府ハ第一大学区本部ニシテ，最モ衆庶ノ瞩目スル所ナレバ，教育ノ事亦宜シク其標準ヲ期セザルベカラズ」(注13)と期待せられた東京府教育の，学制頒布後数年の実情であった。そしてこれは，単に東京一府の事例であるばかりでなく，他府県における実情も大同小異で，教則の自由編成による簡易化の現象が，相次いで見られるに至った。

ここに他府県の事例を逐一引用する煩を避けるため，明治9年の大学区教育会議において討議制定された小学教則（文部省「教育雑誌」所載）を検討し，もってそれが，逐年推移していく大勢を察知することとする。

明治9年第一大学区府県教育議会成議案(明治9年1月10日ヨリ2月3日ニ至ルマデ東京府下昌平館ヲ借テ之ヲ開ク)「教育雑誌」第六号付録9年6月9日発行

「教則ノ議」に掲載された下等小学教則は，「東京師範学校沿革一覧」(前出)によれば，東京師範学校で当時使用していた教則，同書〈P.62〉(t)明治七年一月改定下等小学教則と酷似し，それを局部的に修正した程度であり，上等小学教則は，同書〈P.54〉(丙)明治六年五月創定上等小学教則に類似し，局部的には使用教科書に加除を施した程度である。たとえば，読物科第四・三・二級に「初学須知」巻1～5に加えられ，罫画科は，習字科と一連視されて画学科となり，第一級図法階梯につづいている。

明治10年第二大学区教育会議成議案「教育雑誌」第二十五号付録10年1月27日発行

「乙第一号小学教則」に制定された教則は，文部省制定教則にかなり準

拠した形跡が認められる。すなわち，師範教則に設けられなかった綴字科や口授科があり，師範教則の特徴である復読科は廃され，読物科が読法科と呼ばれている（注14）。すなわち，綴字科は第八級（文部省教則では第七級にも設置）に「最初仮字ニテ普通ノ言辞ヲ綴ラシメ漸次小学綴字書ニヨリテ授ク」とある。読法科は，内容を師範教則の読物科のままで，名称が変更され，それも第二・一級では廃止され，「生徒ヲシテ独見シ来リテ自読セシメ或ハ自ラ之ヲ講セシム」とある。復読科を設けぬ理由は「総テ前日授クル所ノ学課ハ必ス後日授業ノ始ニ於テ復習セシムルモノトス故ニ別ニ其課ヲ設ケス」と，むしろこれを設けた師範教則に批判的であった。それから，文部教則には「修身口授」（八～五級），「養生口授」（五～三級）があったが，この教則では第八級から第一級まで貫通し，第八級口授が，「実物課・修身談・養生談」と三分されている。実物課には「単語図等ニヨリテ諸物ノ性質及ヒ用語等ヲ問答ス」とあり，師範教則の問答科を吸収している。第七級口授には，その他，地理談「学校或ハ近傍ノ市街村落等ノ名称ヨリ漸次境界風土等ニ及ホス」が加えられ，現在の社会科初歩の観があると同時に，卑近な実学主義がうかがわれ，後の簡易教則の先鞭をつけたことになる（簡易教則では，郷土府県地誌が必らず課されている）。第五級口授にはさらに歴史談も加わっている。こう見ると，この成議案の教則は，文部教則の旧態を保存しつつ，なお師範教則をも吸収した跡が認められる。すなわち，文部省年報で教則批判が起こるのが明治10年からであったが，この第二大学区教則も，10年初頭のものであって，その傾向を示していると見られる。

　明治10年第四大学区教育会議成議案「教育雑誌」第三十六号付録10年6月15日発行

　第四大学区広島県からの進達で，「本年一月於当県」とある。

　第二章小学教則をみると，師範教則に準拠した第一大学区成議案と類似している。ただし，第一大学区案になかった「口授」が，下等小学第八級から第一級まで設けられ，この点第二大学区案に酷似している。すなわち，第八・七級で物品談・修身談・養生談を，それに第六級で地理談，第五級で歴史談，第一級で博物談を追加した。さらに，この口授科が上等小学にまで継承され，第八級で文法談，第四級で生理談・第二級で化学談，第一

463

級で地質談・天文談・経済談などが追加された。これは，読物科の博物誌・物理書（第四・三級），化学書（第二級），経済書・生理書・農業・漁業・漁猟・商業・職工篇の中一部（第一級）などと並行して口授される。文部教則中の口授科新設は，師範教則への批判的処置であると思われる。また下等小学読物科の第八・七級に「及ヒ綴字書ヲ加フ」と補訂されたが，これは文部教則綴字科を吸収した例となる。

　以上明治10年ごろの3大学区教育会議の成議案中，小学教則として討議された案文につき考察を加えた。さきに述べたように，明治10年ごろが学制の原形に忠実を期した傾向の頂点であって，そのころから学制は崩壊の一途をたどり始めたのであるから，この成議案教則の意味は，上下等各4年制教則の内容がどのように批判され，変貌させられたか，その大勢が察知できるということにある。すなわち，現場側が文部教則あるいは師範教則の一辺倒から脱出して，自由に「一種良善ナル」教則（注15）を樹立したこととなるであろう。そして，民権の拡大が，中央教権を圧倒する時代思潮は，年が改って明治11年を迎えるといよいよ急迫を加え，各府県は自由に簡易教則を構想し，文部省はすべて允可を与えたから，要は下等小学科中心の3年あるいは4年就学制が燎原の火の観を呈して全国に広まった。

　実に，明治十一，二年文部省日誌（内閣文庫所蔵）は，各府県から提出された，「簡易教則に改正の伺」をもって埋められたとしても過言ではない。明治十一年文部省日誌から，その概要を次に抄述する。

〔日誌第二号〕
　①和歌山県伺〈3月9日〉上等・下等各3年（6級）
　　　　　　　　　　　　村落小学3年（上中下級）
　　下等小学の問答課は「教師誘致ノ巧拙生徒年令ノ長少或ハ土地ノ情況ニ由リ大ニ其ノ利弊ヲ異ニスル恐ナキニアラス故ニ之ヲ実地ニ施行スルトセサルトハ一々教師ノ斟酌ニ任セ必シモ一般ニ施行セシムルノ主意ニアラス」
という理由で設置しない。

〔日誌第三号〕
　②堺県届〈1月11日〉下等　2年6月制（4級）
　　　　　　　　　　　上等　3年制　　（6級）
　　下等第四級が毎日3時間1年間，あとは6月ずつ3級とする。

③静岡県伺〈3月6日〉

　三等教則　4年制（8級）
　　いろは図・五十音図・濁音図・単語図3-6・連語図2-7，読本1-2，地理初歩県地誌，日本地誌略，日本略史，農書

　二等教則　6年制（上下等各3級）

　一等教則　8年制（上下等各8級）

〔日誌第三号〕

④愛媛県伺〈3月15日〉

　下等甲種・乙種　4年制（8級）

〔日誌第四号〕

⑤東京府伺〈3月27日〉

　簡易科　4年制（8級）

〔日誌第五号〕

⑥東京府伺〈4月9日〉

　尋常科　6年制（1年前後期，全12期制）

　「文法……姑ラク之ヲ欠クト雖モ作文ノ課ニ於テ……」

〔日誌第八号〕

⑦東京女子師範学校伺〈6月22日〉

　附属練習小学校規則　6年制（12期）

⑧愛媛県伺〈6月20日〉

　下等小学教則丙種　4年制（4級）

　「問答ハ別ニ科目ヲ掲ゲズ，読物口授ヲ教授スル時間ニ於テ読物中ノ要所ニ就キ問ヲ発シテ答ヲナサシムルコトアルベシ」

さらに明治十二年文部省日誌を検し，特に注目すべき諸項を抄述する。

〔日誌第一号〕

①大阪府伺〈11年12月27日〉

　下等小学教則　2年制　（毎級4月／全6級）

　毎級4か月，満2年で卒業となるもので，読物科第六級は「仮字」第五・四級は「素読」（読本ヲ以テ単ニ句読ヲ授ケ敢テ字義ヲ要セス音節ヲ正シテ誦読セシメ兼テ其意中ニ在ル所ノ本字ノ字形ヲ記セシム），第三級は「訳読」（読本ヲ読マシメ其大意ヲ簡略ニ口授シ且之ヲ問答ス）とある。第二・一級は読物科が廃され，史学科となる。第三級まで

に綴字科があり，第二・一級は作文科となり日用徃復の容易な手簡文を作らせる。

〔日誌第四号〕
②秋田県伺〈1月24日〉
問答科につき「村落小学ニハ別ニ此課ヲ置カス読物時間ノ余ヲ以テ適宜ニ教授スヘシ」とある。

〔日誌第十二号〕
③愛媛県伺〈3月8日〉
和気温泉久米郡下等小学教則
口授課につき「別ニ時間ヲ設ケスト雖モ教師ノ見込ヲ以テ時ニ課業ノ余暇或ハ授業ノ前後ニ於テ」
「説話シ兼テ問答ヲモナスヘシ」とある。中等小学教則には，これを設けている。

〔日誌第十四号〕
④兵庫県伺〈6月23日〉
簡易小学教則（乙部）
「書取科ハ作文ノ階梯トナルヘキ要課ナレモ今煩ヲ厭フテ之ヲ省ク故ニ作文科中ニ於テ作文上要用ノ文字ヲ書取ラシメ」と，作文課の中に吸収せしめた。

こうして，全国府県の小学教則の簡易化は，止まるところを知らざるほどに流れて行ったのである。そこには，寺子屋に見る3Rsに，小学読本や地誌の類，掛図教授などを附加した極端に走る例も指摘され，特に郷土地理や珠算の教授が目立ち，教科としては問答科が廃され口授科に吸収され，さらにそれをも廃する場合が出現している。師範教則の問答科，文部教則の口授科，いずれも本期教則の特質を形成する教科である。これを廃するとしたら，学制以前の教育体制に逆行する疑すら出てきたと見られる。

ここまで変革された教育事情は，支部当局の画一的強制に対する民衆の反撃，同時に当局自身（田中文部大輔）の自由教育思想への接近によって醸成された。

そして，ついに12年9月29日の太政官布告第四十号教育令公布となった。
　第三条　小学校ハ普通ノ教育ヲ児童ニ授クル所ニシテ其学科ヲ読書習

字算術地理歴史修身等ノ初歩トス土地ノ情況ニ随ヒテ罫図唱歌体操
等ヲ加ヘ又物理生理博物等ノ大意ヲ加フ殊ニ女子ノ為ニハ裁縫等ノ
科ヲ設クヘシ

　本条文は，明治10年以降2年間ほどの地方の実情が，しかも簡易村落学校の情況が，そのまま成文化されたと言ってよい。しかし，内容的に是認した当局も，就学期間については最少限度の制約を付した。

第十三条　凡児童六年ヨリ十四年ニ至ル八箇年ヲ以テ学齢トス

第十四条　凡児童学齢間少クトモ十六箇月ハ普通教育ヲ受クヘシ

第十六条　公立小学校ニ於テハ八箇年ヲ以テ学期トス土地ノ便宜ニ因リテハ此学期ヲ縮ムルコトヲ得ヘシト雖モ四箇年ヨリ短クスヘカラス此四箇年間ハ毎年授業スルコト必四箇月以上タルヘシ

第十七条　学校ニ入ラスト雖モ別ニ普通教育ヲ受クルノ途アルモノハ就学ト做スヘシ

第十八条　学校ヲ設置スルノ資力ニ乏シキ地方ニ就テハ教員巡回ノ方法ヲ設ケテ児童ヲ教授セシムルコトヲ得ヘシ

　本文に徴すれば，前出文部省日誌中大阪府伺の満2年制下等小学などは，第十六条に牴触する疑があるが，第十七条を適用すれば救われたであろう。期限に釘を挿したようでも，結局緩和できるだけ緩和した結果になったと思われる。だから，安易な民心に妥協したと後世の評を浴びても止むを得ないであろう。

第3節　地方巡視実情の問題

　学制頒布，小学教則施行と相次いで発せられた中央文教政策に応じ，明治6年から7年にかけての地方諸府県の小学建設は着々進捗していた。しかし，文部官や地方官の意図が人民に通達するのは容易でなかったから，種々の啓蒙的な言説が行われた（注16）。

　学制取調掛の一員文部少丞西渾訥が「第六第七学区巡視功程開申に付」述べた「説諭」十二則も，そうした啓蒙的な行動の一例であった。

　　説諭第一則　人皆小学ノ教育ヲ受ヘキ事

説諭第二則　人員ニ因テ其区ヲ分チ小学ヲ設立スルノ趣旨
説諭第三則　小学教科書斟酌ノ事
説諭第四則　小学ノ課業ニ多ク漢文ノ書籍ヲ用フヘカラサル事
説諭第五則　小学設立ノ措置ニ大異同アル事
説諭第六則　小学教科ヲ以テ洋学ト称スヘカラサル事
説諭第七則　正則変則ノ事
説諭第八則　学問ノ順序階級ヲ乱ルヘカラサル事
説諭第九則　小学教師心得ノ事
説諭第十則　会話ノ事
説諭第十一則　曚昧ノ人民尤モ教育ヲ急ニスヘキ事
説諭第十二則　小学設立ニ弊害アルヲ論ス（注17）。

　要領よく懇切に説諭した文章で，特に第一則と第十則が国語科目の解説に役立っている。第四則と第六則は，従来の漢文からの訣別，および当時の洋学との混同を戒め，「其字ハ国字，其文ハ国文，其語ハ則チ国語ナレバ，科目ノ似タルヲ以テ誤認スヘカラス」としたのは肝腎を抑えたと言えよう。しかし，人民の学制・教則に対する理解が低く，直接間接の反対妨害が少なくなかった。それまでの郷校が新教則に切換えたところ，生徒が激減，教師も退校といった事態に至った例さえあった。

　三河国豊橋義校は明治5年秋設立されて，生徒は600名に達した（注18）。

　　当明治六年一月以来悟真寺竜拈寺之二校ニ相纏メ，御規則之学課ヲ践ミ単語暗誦綴字速写修身口授等ヲ授ケ課業ヲ進マシメ候処，生徒自然ニ減少シ或ハ疾病事故ニ託シ退校スル者不少，隆盛之勢漸々相挫ケ教師モ亦随テ退校仕リ候。是全ク未タ学課ノ土地ニ適合セサル歟ト存候

という次第であった。このような民度の間に，新教科書，新教授法の未熟に苦しみつつ，とにかく小学を建立し教則を布き，教科教育を創始したのであった。

　本節は，国語関係の諸科目が，そうした事態の中に教授せられ，それがどのような批判を受けることとなったのか，文部省雑誌・教育雑誌・文部省日誌・文部省年報等の文部資料や，府県史料（内閣文庫所蔵）その他によって，考察を試みようと思う。

　明治6年8月，David Murray が来朝して学監に就任した。そして同年

第6章 学制期の国語教授実施に伴う諸問題

末，長崎県・兵庫県・京都府等を巡視し，1875年2月19日，田中文部大輔に宛てた申報が，文部省第二年報（明治七年）〈P. 24〉に掲載されている。着任早々の学監には，未開曚昧の島国の教育は，思ったより上等な情況として受取られたのであろうか。概して満足すべき印象を与えていたようである。長崎県では「斯クノ如ク文部省発告ノ授業方及等級設置法等ハ大ニ小学校ニ行ハレタリ，予輩ノ巡視シタル学校中文部省発行ノ懸図地図教科書等ヲ用キルモノ勘シトセズ（下略）」（第二章）〈P. 26〉を述べ，兵庫県では「斯ク事業益進歩スルヲ以テ文部省発行ノ書籍懸図并ニ地図等モ亦大ニ行ハレタリ」と述べている。京都府では，習字科および読書科について，次の感想を述べた。紅毛異人の眼に映じたそれが，どの程度の信頼性を持つか疑いなしとしないが，当時の実状を見る資料となろう。

　　京都学校ハ習字ノ科ニ注意スル｣尤深シ予輩日本博雅ノ学生ノ常ニ誇ルトコロノ習字ノ臨本ヲ多ク見タリ又読書ノ科ニハ地理書歴史理学書等ノ大略ヲ以テシ俗話ヲ以テ生徒ノ習読セシトコロヲ解明シテ生徒ヲシテ其事ニ注意シテ楽ミ学ハシムルノ方法ハ真ニ確実ナリト云フベシ（ママ）

　文部官員の地方巡視は，おそらくはこの申報あたりが初見で，その後は，巡視功程として多くの申報が見られ，それらは文字通り巡視して賛否賞罰の見解を表した記述となっている。

　文部省第三年報（明治八年）には，第三・第六・第七大学区巡視功程が収載されている。明治八年といえば，ひとしきり騒がしかった学制への抵抗もようやく収まり，師範学校卒業生がしだいに増加し，各地小学では教則の実施が軌道に乗り出した時点であった。「各府県ニ於テ用フル所ノ小学教科書ハ専官板ニ係ルモノニシテ私板ノ書ヲ雑ヘ用フルモノハ僅ニ数地方ニ過キス」〈同年報P. 11〉とあるように，地方官の努力が実って文部行政が着々効を奏していたようであった。しかし，その反面，実施して初めて露呈された欠陥に気付くことも，同時にこのころから指摘される現象であった。大坂府・京都府（第三大学区巡視功程P. 47）において，

　　蓋シ下等ノ教則ト上等ノ教則ト其難易頓ニ異ナルヲ以テ自然ノ進歩ニヨッテ漸ク高尚ノ科書ニ進入セルモノト大ニ異ナリ故ニ此ノ上下転換ノ際ニ於テ教員ハ之ヲ教授スルニ非常ノ精神ヲ労シ且ツ児童亦大ニ其脳力ヲ苦ムルニ至ル可シ

469

と述べた。下等小学を卒業し，このころには上等小学に進学する者が増加して来たので，机上で立案された上等小学とのarticulationが問題となっている。しかし，これも大都市のことで，滋賀県〈P.52〉の場合は，「明治七年ノ秋ニ当リ一定ノ教則ヲ制シ管内ニ頒布セシカ科目高尚ニ過キテ児童ノ脳力ニ適セス且教員モ亦教授ノ方法ニ通セザルノミナラス一人ニシテ二科ノ業ヲ兼ヌル者ナシ」という情況も無視できないことであった。ところで，大坂・京都などでは〈P.47〉

　　此諸学校ニ就テ生徒ノ学力ヲ平均シ各科ノ優劣ヲ通視スルニ男女共ニ甚タ習字ニ妙ヲ得タリ次ニ和式算術ハ殊ニ明敏軽捷ナルヲ覚エタリ唯読本ハ下等教則ノ用書児童ノ教育上ニ適切ナラサルノ類多クシテ尤モ其学力ノ薄キヲ覚ユ

習字科・算術科・読本科について以上のような評が試みられた。今，「京都府下小学下等課業表」（明治7年1月改正）〈注19〉を検すると，干支，内国名，府県名，万国名，小学子弟心得草，帝号，官等誌，年号，戸籍法，日本国尽が読本科教科書のすべてであり，上等課業表（同上）を検すると，地理初歩，三史略，内国史略，五洲記事，西洋事情がそのすべてである。官版小学読本を採択したのは，明治8年7月の教則改正からであった。「教育上適切ナラサル」と評されたのも当然であった。

　関西の習字科が定評を得たのは学監の巡視以来（明治6年末，前出）であるが，明治8年7月，教則改正の条に〈注19，P.178〉

　　当時小学校生徒の習字拙劣に赴くを以て，之が救済の為左の旨達示あり。
　　　近来各校生徒習字追々拙劣ニ流ル、ヲ以テ，以後教師協力不都合無キ様注意スベク，毎月一度教師学区取締筆道引立方立会，生徒ニ別格清書セシメ，批評ノ上学務課ニ差出スベク，又筆道取締時々出張監督スベシ（下略）

とある。これは世評と逆の方向を物語る資料で，「筆道引立方」「筆道取締」などの役名も物々しいことであった。また，同じ箇所〈P.179〉に作文の成績に関し，

　　又作文の成績不良にして，上級に至るも私用文の活用に乏しく甚しきは首尾齟齬更に体裁をなさざるものあるを認め，私用文語（槇村正直著，平井義直書）を習得せしめたり，（私用文語は作文に必要なる用語用

辞と作文範例とを示し頗る実用的なる書物なり）(注20)。
という記事がある。京都府では8年7月改正以前は，文部省制定小学教則に準拠しており，下等小学教科に綴字・会話・単語・読本・習字等を挙げ，上等小学において綴字・単語の代わりに書牘・輪講が挙げられた。書牘は，第六級から第四級までが私用文，第三・二級が公用文，第一級が「即題手束」となっていた。「上級に至るも私用文の活用に乏しく」とは，ここに対する評価であった。そして，今期の改正から師範学校制定小学教則に転換したので，作文科が設置されたのである。

　当時一般に速成的に施策された事情から推測しても，教授法を自主的に研究する暇とてなく，すべては官公立師範学校の教授技術の伝達を受け，これを模倣することに努めた。その結果は，教授自体が形式に流れ，画一的に扱われる傾向を生ずるに至っていた。中でも問答科は，師範学校新案の教科であったから，その取扱いの吸収が形式的に流れ，知識の拡充を図るという Object Lessons の精神は理解されにくかったかと疑われる。前記第三大学区巡視功程中，奈良県・堺県「第四教員授業ノ景況」〈P. 59〉を見ると，特にその感を強くする。一斑を引用すると，

　　問答ニ属スルモノハ教師其物名又ハ科目ヲ唱ヘ鞭ヲ挙クルキハ児童石筆ヲ執テ右手ヲ挙ケ其能ク記憶スルヲ表ス此時教師鞭ヲ下セハ児童一斉ニ石板ニ答詞ヲ書シ一辺ニ在ル所ノ尺ヲ取テ之ヲ掩ヒ手ヲ拱ス教師各児童ノ掩ヒ了ルヲ視テ取ツテト号令スル時児童先ツ手ヲ尺ニ措ク鞭ノ挙ルニ応シ高ク尺ヲ捧ケ鞭ノ下ル、ニヨリテ一斉ニ石板ノ右方ニ安放ス（取テノ号令ニヨツテ直ニ石板ノ右方ニ置クモノアリ）教員其物名又ハ其事由ヲ口誦シテ鞭ヲ挙クレハ誤ル者ハ稽首シ否ラサレハ一斉ニ右手ヲ挙ケ違ハサルヲ表ス是ニ於テ教員各児童ノ正誤ヲ認メ然後次ノ号令ヲ発ス此ノ如ク号令ノ数多ク且ツ甚厳明ニシテ迅速ナルヲ以テ児童他事ヲ慮リ又ハ倦怠スルノ暇ナシ（下略）

とあり，授業形式化の両目躍如としている。これは，文部省制定教則中の「単語問答」「単語書取」の実況である。

　なお，本年報第七大学区巡視功程においては，秋田県について，「小学読本及単語篇（県製）ハ生徒ヲシテ譜誦セシムルノ弊アリ」と述べている。文部教則に「単語譜誦・会話譜誦」の教科があり，師範教則にも上等小学

の各級に毎週2時の「諳記」があったにかかわらず，巡視官が「諳誦ノ弊」を指摘したのは，その後の海外教授説の学習による進歩であったのであろう。たとえば，「文部省雑誌」第五号（明治八年三月十日発行）には，

　　独乙教育新聞抄訳
　　　独乙小学校教授ノ景況及び論説
が掲載されており，諳誦に関する次のような文章がある。
　　　　第三　教授方法ノ種類
　　（前略）其方法ニ又種々アリ仮令ハ教師生徒ノ目前ニ於テ一綴ノ文章一句ノ語言或ハ談話詩歌等ヲ反復読誦シ生徒ヲシテ之ヲ諳誦セシムルモノアリ之ヲ諳誦ノ教授法ト云フ（中略）就中諳誦ノ教授法ハ其最モ易キモノニシテ昔時ハ何レノ学校ニ於テモ通例此法ヲ採用シテ一千六百年ヨリ八百年ノ頃マデハ之ヲ一ノ良法ト思ヘリ
　　○此教授法ハ全ク器械ヲ使用スルト同一ナルヲ以テ之ヲ機械ノ教授法ト云ヒ之レニ反スルモノヲ理解ノ教授法ト云フ是生徒ヲシテ専ラ理解セシムルヲ要スルモノナリ蓋昔時ノ学校ニ於テハ此諳誦法ヲ専用シテ教師ハ生徒ノ諳誦セルヲ聴キ其誤ヲ正スヲ以テ務トシ素読，算術，習字，唱歌等ニ至ルマテ亦コノ機械ノ教授法ヲ用キタリ然レドモ当時名声アル学者中ニ於テ已ニ此法ヲ不可トナスモノアリシガ他ノ固陋ナル者ハ其当時流行セルヲ以テ猶此法ヲ固守セリラチチウス（理学者一千六百三十五年ニ死セリ）云ク諳誦ノ法ハ人ノ性ヲ束縛シテ強テ理会セシムルト云ベシ故ニ諳誦ヲ以テ学バントスルモノハ其諳誦ノ言語ニ固着スルカ故ニ却テ理会スルニ疎ク遂ニ物理ヲ推窮熟考スルノ念ヲ失スルニ至ルト其他後世ノ教育家此ノ教授法ヲ不可トナスモノ亦多シ

ドイツ教育学説の流入による諳誦排撃論である。しかし，一方反訳アメリカ教育学書として，Charles Northend；"Teacher's Assistant"が文部省なら印行された，翌9年7月であり，D. P. Page；"Theory and Practice of Teaching"が同じく印行されたのが9年12月のことであった。そして，前書に「第九書諳誦」，後書に「第七書諳誦ノ方法ヲ論ス」がそれぞれ詳述されていた。したがって，本邦における諳誦教授の採用が，このあたりで決せられたことと察せられる。

　文部省第四年報（明治九年）所載巡視功程には，学制教則期を通じて，

きわめて重要な反省や批判が,文部官自身の筆で公表された。特に西村茂樹・九鬼隆一の両大書記官から,詳細な功程附録が添付されて,問題を投じたのであった。

まず,少書記石川浩・中視学加納久宜は,本年12月17日付をもって,「第一第二大学区内甲豆相武巡視功程」を野村中督学に申報した。

文部大書記官西村茂樹は,静岡・愛知・三重・岐阜・石川の諸県にわたる「第二大学区巡視功程」と,「同附録」を申達した。この附録は,新制教則に対する正面からの批判となった。現行の教則と教授法については「茂樹久シク疑団ヲ懐キ居タリシカ」という切出しで,「方今ノ教育法ハ法ヲ欧米ニ取ル者トイヘトモ是ヲ日本ニ施行スルハ二ニ学士ノ所見ヲ以テ定メタル者ナルヘケレハ」新法悉く是というわけでもなかろうと述べ,何か穏当を欠くとも思われる論法であった。そして「普通教育ノ病ト称スヘキ者四」を挙げ,そのうち,

　　第三条　教則ト教授法トニ迂闊固陋ノ所アルハ小学病害中ノ主眼ナレハ学科ノ目ニ従ヒ遂一ニ之ヲ論挙セサルヘカラス

として,教科につき「改正点」を述べている。まず,五十音は簡易な日本文法書を作って教授する際の入口に学ばせ,入門期には伊呂波を学ばせる。単語問答は全廃し,単語図・連語図を廃止し,掛図にあった物名と物形とを知らしめ実物示教(オブゼクト・レッソン)を実物によって二三級まで実施する。書取は従来の法を廃し,未知の文字を板書してこれを書取らせる。習字は行草楷書の順に学ばせ,あるいは楷書は廃し,手本には日用の徃復文,受取書,送状,証文,願届等日用親切の文を使う。作文は日用徃復の書牘又は簡易な公用文を作らせ,用語平易に浮華に流れず,上等小学の記事文も平易簡直にすべきであるとする。こうして教則を簡易化し,浮いた時間に読本の教を増して課し,各種の言語を学ばせ,もって読書力の増大を図るべきであるとした。

また,大書記官九鬼隆一は,10年5月8日から同7月8日まで,滋賀・京都・兵庫・堺・和歌山・大坂の各地,「第三大学区巡視功程」を進達,同時に「手箚」を添えた。

九鬼も西村同様,教則の画一的適用を非難し,「今ノ普通教育ハ全国人民ノ現状ニ於テ能ク其程度ニ適セルカ然ラサルカ又実際上ニ於テ能ク幾分

473

ノ利益ヲ与ヘタルヤ否ヤ」ほとんどが明言できないと，一種悲痛な歎辞を発した。そこで諸科の教育につき改革意見を表明した。まず，文典は「適切ナル利益アルコトヲ知ラス」，五十音は文典上に有用であるが，諳読にはいろはが便であり，楷書は日用的でなく，入門第一歩の単語図・連語図の用字用語はきわめて困難で，それの次に学ぶ小学読本の方が容易である。教科書編集の順序を立てて頭尾を合すべきである。

大略以上のような要旨である。そして，両大書記官の意見は，ほぼ類似しており，要約すれば，師範教則に準拠した画一性を打破し，立地条件に応じた教則を編成すべきであり，しかも日用有益な観点を第一にして，その教科目，教科書，教授法等を思いきって改廃すべしということであった。

文部省第五年報（明治十年）所載，文部権大書官記中島永元「第七大学区内秋田県第六大学区内山形県巡視功程」は，9月8日から10月27日に至る巡視の申報である。特に教授法に関する注目すべき所見が集録され，いわば東北僻遠の実情をうかがうに足りる。すなわち，次のようである。

読本教授の所見。「年少ノ教員等其器ニ乏シキモノ」多く，教則墨守で，「常ニ目ヲ自ラ携フル所ノ小学教授本ニノミ注キ」，「教員ハ唯其課業書ヲ読過スル」に過ぎない状態であるとし，教師の教養の未熟を指摘した（秋田県）。また，「読方ノ主旨タルヤ幼年生徒ニ文章ノ読例ヲ教へ其理義ヲ解明セシムル」ためなのに，「夫ノ記憶ヲ主トスル」地理学・歴史学が多く採用されているから，小学読本を「加用」すべきであると，読本科の主旨と教材について説述した（山形県）。

習字教授の所見。「悉ク楷書ヨリ始ムルノ法」は導入上困難で「昔日ノ習字師ノ教授法ニ及ハサル⌒遠」い。運筆拙劣で，二字にイ字を付けて仁字を書く例も見たほどである（秋田県）。また，秋田・山形ともに事理を学ぶ科を重んじ，習字科を「蔑視」している。山形でも楷書先習であるが，「現今民間日用ノ尺牘証券」は行草体であり，楷書を学ばなくも不便を感ぜず，多忙な小学では行草体を課すべきであるとした。

習字科の字体学習順序は，文部教則・師範教則ともに楷書からはいって行書・草書に及んでいるが，これは寺子屋の，行草から楷へという順位と逆であるため，試行した結果は文部官もこれに反対するようになった。もっとも福沢諭吉は，その実学主義から楷書先習を排撃し，楷書は骨，草書は

肉で，骨を作ってから肉を付けるという書家の説を否定して，「世間日用の文書は悪筆にても骨なしにしても草書ばかりを用る(ママ)を如何せん」，「貧民は俗世界の子なり先づ骨なしの草書を覚えて廃学すれば夫れ切りと明らめ都合よければ後に楷書の骨法をも学び文字も俗字を先きにして雅言を後にし先づ大根を知て後に蘿蔔に及ぶ可きなり」などと述べた(注21)。

明治11年7月，学監 David Murray 申報第五教則の条に，同じく習字字体教授順序の問題がとりあげられて，次のように記述されている。

東京府ノ教則ニ於テハ四周年（簡易科のこと）ノ学期中ニハ楷書ヲ教フルコトナク且ツ六周年（尋常科のこと）ノ学期ニ於テハ習字ヲ教フルニ必ス先ツ楷書ヨリ始ム　余嘗テ有識者ニ聞ケルコトアリ曰ク先ツ楷書ヨリ始メテ之ニ次クニ草書及ヒ行書ヲ以テスルハ盖シ習字ノ順序ナリ然レトモ先ツ生徒ニ教フルニ草書及ヒ行書ヲ以テシテ而シテ後ニ尚ホ前途ニ進達センコトヲ欲スル者ニ楷書ヲ教フルモ亦不都合ナカルヘシト(注22)。

彼此折衷した言説というべきである。

さらに文部省「教育雑誌」第九十二号（明治12年3月14日発行）所載「石川県臨時講習会例」の書牘の条には，

書法ハ日用ニ通ジ易キヲ主トシ或ハ楷体ヲ用ヰ或ハ高尚ノ草略ヲ用ヰシメザルヲ要ス

とあり，行書を先習すべしと断定している。結局楷書先習論は皆無なのであった。

書取について。小学読本の書取を見ると，「読本中ニ̇あ̇トアリテ生徒ヲヲニ写スキハ教員之ヲ認メテ誤写トナスノ類」が多く，書取は「死法ニ属セリ」という（秋田県）。

作文教授の所見。尺牘作文が多く「理論記事体ノ文」が少ない。「熟語ノ用法助字ノ配置等」よくその法にかなっているが，シ̲とス̲との二字混用があるのは当地方の「一癖」である（秋田県）。

問答教授の所見。掛図を使っての問答が詳密に過ぎている。「通常実地ニ適切ナル物品」について，その「大意ノミヲ知ラシ」める程度でよい（山形県）。

なお，本年報の府県年報には，「石川県小学授業法活用例」〈P. 159〉

475

が主意・条例とともに掲載されている。復読・授読・書取・習字・作文・読本・講義・素読・発音などの諸項につき「実力付与法ノ参考」として，授業技術面の解明をしたものである。教則批判ではないが，当時実施の情況をうかがうことができる。その1項である習字について見ると，

　　習字ノ時生徒硯ノ中央ノミヲ磨シ硯画凹形ヲナスニ至ルモ之ヲ意トセス或ハ顔面手足等ヲ汚穢スルモ之レヲ正サヽルハ頗ル注意ノ疎ナルモノニシテ教育ノ旨趣ヲ詳ニセサルモノナリ。

と，用具と児童管理の注意を喚起した。磨墨は習字科の特徴的操作であるだけに，その取扱いも容易ではない。明治9年4月，「東京府公立小学教授之則」習字の条には（注23）

　　先ツ令シテ筆硯等ヲ机上ニ列子シメ次ニ生徒一名ヲ呼ビ衆生ノ硯ニ水ヲ注カシメ而シテ墨ヲ磨レ等ノ令ヲ下スヘシ
　　但幼稚ノ生徒ハコノ際或ハ水ヲ翻スノ患アルヘシ故ニ教師自ラ注クヲ宜シトス（ママ）

としている。他の府県いずれも同様の配慮を払っていたのであるが，10年4月19日，第一大学区府県第二回教育会議（前出）の開催があり，

　　公立小学校ニ液墨ヲ用キルコト

の題が，栃木県から提出されていた。4月30日第八日の会議に

　　　小学習字課ニ墨汁ヲ用フル事
　　　　　決　議
　　磨墨ヲ廃シ墨汁ヲ用ユレハ第一労ヲ省キ且児童衣服ヲ汚スノ弊ナクシテ最モ宜シトス然レ共未タ粘着ヲ除キ染浸ノ害ナキ善良ノ製ナシ殊ニ盛夏ノ候ニ至テハ腐敗臭気ニ堪ヘス為メニ生徒ノ健康ヲ害スルノ弊ナキヲ保シ難シ且ツ筆ハ獣毛ヲ以テ製スルモノナレハ墨汁固着シ易ク従テ運筆ニ便ナラス故ニ最良ノ製アルマテ磨墨ヲ用キルヲ宜トス（ママ）

と見える（前出東京府史料二六）。この決議どおりに学区内府県が実行したかどうかは詳かではないが，磨墨問題の重大さが知られる。

　文部省第六年報（明治十一月）は，まず前出「学監東京府下巡視功程」を掲載，つづいて文部権大書記官辻新次「福島宮城両県下巡視功程」（同年10月進達）を掲載している。辻功程においては，次の教科目につき教授法の論評を掲げた。

476

作文，誤文を与えて訂正せさる等をして「教授ノ方法頗ル宜キヲ得ルニ似タリ」

書牘，上等小学では「男女其体（文体の意）ヲ異ニスル者多シ」

習字，臨本が大体楷書であるから「或ハ実際ニ適応セサルノ嫌ナキヲ保シ難シ」また，父母は，小学校において単語図等の文字を教え，従来使用した三字経等のような「簡易ナル文句ヲ授ケサルヲ嫌忌シ作文譜記等ニ至テハ都テ之ヲ好メリト云」（以上福島県）

書取，「生徒ノ悟了セシヤ否ヲ問ハス直ニ書取ラシムル者アリ」不注意な授業である。

問答，「各自己レノ思フ所ヲ問フ所ニ非ラズ答フルニ非ラズ　問答ノ際終始平常ノ言語ヲ用キズ課業書ニ記載セル文字章句ニ依リ教員生徒相互ニ読問誦答セル者ニシテ教員生徒共ニ其言語皆同一ニ似タル者アリ，是レ全ク教員授業ノ方法ニ拘泥セル者ニシテ活用ノ力ナキモノト云ヘシ」（ママ）

実に当時の問答書の問答例は，ほとんど例外なく文語体で示されている。これに「拘泥」し「活用ノ力」なき教員は，そのまま文語で問答したのである。しかし，明治11年刊行千葉師範学校編「小学問答法」（前出）のように，すべて日常の談話語で問答すべきであると説くものもあったので，辻新次の所見もこれと同じであったことがわかる。（以上宮城県）

つづいて，文部大書記官西村茂樹「第七大学区内岩手青森二県巡視功程」（同11年進達）が掲載されている（注24）。西村は末尾に「付録」を付し「全国学事ノ状ヲ通論」した。そこでは，小学教育の今後のため「論ゼザルベカラザル者数件アリ」として，

其一ハ教育ヲ掌ル者深ク教育ノ道理ヲ究メズシテ教育ノ規則ニ泥ムニ在リ

ほか5件を論じたが，その第三に次のように述べているのは注目に値する。

第三条　目今小学ノ授業法ヲ見ルニ迂遠ニシテ実用ニ切ナラザル者アリ

其一二ヲ挙グレバ単語図ノ書取ナリ習字ノ方法ナリ　（中略）

作文ノ浮華ニ流レテ実用ニ疎キナリ　（中略）

然レモ此授業法ヲ行ヒシハ其初メ東京師範学校卒業生徒ニ起リシ者

ナルベケレバ文部省モ亦自ラ其責ニ任ゼザルベカラザルナリ今日ニ
　　至リテハ努メテ此ノ如キ迂遠疎濶ノ授業法ヲ除キ専ラ親切実用ヲ主
　　トシ無益ニ生徒ノ記憶力ト時間トヲ費サシメザラン亅ヲ希望スルナ
　　リ

　非実用的授業法として，上文に挙げたものは，その見地からは批判される
べきであった。単語図中には日常使用しない単語，使用したとしても表記
されない文字（竃・蝶・蜆・慈姑・酸漿・燕子花その他）も少なくなかった。
習字の方法としては，日常使っている書体が行草であったから，楷書から
導入する方法は実用的でなかった。作文が浮華に流れたというのは，日常
徃復の書簡以外に記事論説等の作文に力を入れ過ぎた結果であろう。
　以上文部省年報所載の巡視功程につき，その巡視中の見聞，教則や授業
に関する巡視官の見解を考察した。小学教育発足後僅々数年に過ぎない本
邦の教育界にあって，特に授業研究層と云えば，中央および地方の師範学
校教官と，府県学務担当官のほかは，これら文部省巡視官ではなかったか
と思う。その意味において，巡視功程は尊重されるべき資料たるを失わな
い。その記述中には，散発的な言説に終わっていて，これを教授学的な論
説と見にくい場合もなくはない。しかし，その多くは当時海外の教育説を
背景とし，当面する本邦社会思潮を基盤としての論述となっていたように
思う。特に本期末年の明治10・11・12年ごろの，教則自由化，簡易化の動
向からは，3Rs中心の，ある場合には寺子屋復帰の時代錯誤的な教育思
想，それは観点を変えれば実用主義思想に帰結される面がうかがえる。そ
れを辻新次や西村茂樹の功程中の論述に指摘することが可能なのである。

第4節　教授法研究発足の問題

　ところで，純粋な教授学研究は訳述書としてすでに中央から印行され，
また文部省の「教育雑誌」の類に数は少ないが紹介され始めていた。これ
らが動因をなして，教育・教授に関する論考が，ようやく世間の耳目を引
く形勢にもなったようである。邦人のそうした教授書は，主要な国語教授
関係につき，これまで本稿で参照引用した文献も少なくはなかった。ただ，

研究論文を発表する雑誌類は，これもすでに参照した「明六雑誌」・「洋々社談」・「文部省雑誌」等，きわめて乏しかったし，前二者はそれぞれ結社組織内の執筆条件が課せられていた。ただ文部省「教育雑誌」のみは，その表紙裏に次のような「例言」が掲載されていたことは注目に値する(注25)。

　　一此冊子ハ内外教育ニ関スル方法論説等ヲ輯メテ刷出スルモノトス
　　一此冊子ハ逐号刷出シテ遍ク公衆ノ神益ヲ謀ラントス四方ノ教育家実
　　　際ニ就テ見ル所アラハ其論説等ヲ寄付スルヲ吝ムコトナク以テ文部
　　　省採輯ノ料ニ資セヨ
　　一此冊子ニ登記スル論説等ハ雑ヘ採テ汎ク世ニ示スモノナレハ固ヨリ
　　　瑕瑜互見ヲ免レス其可否ノ如キハ観者コレヲ(ママ)取舎セヨ

当時の教育界に何よりも必要であった米英仏独等の教育説を，翻訳紹介する最大の窓口であったこの刊行物の位置は，今日から見てもきわめて高い価値を与えられるであろう。明治も10年となると，文部省の意図に沿って寄稿される論文が散見できるようになった。それは科目別にみると，やはり国語関係が目に着く，次に本期における国語関係論文を挙げる。

　〔同誌第36号・10年6月15日発行〕
　　小学課疑問ノ一
　　「此篇ハ例言ニ拠リテ和歌山県下寓下村房次郎郵スル所ニ係ル」
と冒頭に前置きがある。前記例言に応じた投稿第1号であった。
　　習字ハ学課中ニ就テ最緊要ナル芸術ナリ凡百ノ事業ニ通渉シテ其用太
　　博シ蓋シ本邦旧来ノ風習ニ小児ノ教育ヲ挙テ之ヲ習字ノ一科ニ委属セ
　　シハ文化ノ未開ナルニ由ルト雖モ直接ニ民間必用ノ業ナルヲ以テノ故
　　ニアラサルヲ得ンヤ（下略）
上文の要旨は実用習字尊重論であって，取り立てて研究と言うほどではないが当時としては一家の見解を示した論考であった。さらに数号遅れて，同人の論考がもう一篇収載されている。

　〔同誌第40号・10年8月20日発行〕
　　小学課疑問之二　　下村房次郎稿
　　児童軟弱ノ脳裏ニ記憶ヲ強任(ママ)セシムルハ大ニ理会ノ才力ヲ障害シ遂ニ
　　心志ノ研究ト思想ノ暢発ヲ妨害スルニ至ル之ヲ西史ニ徴スルニ第十六
　　世紀ニ当リ学士路惕ナルモノ出テ其考求ノ精覃ト畢生ノ志力トヲ振テ

欧洲従来記憶ヲ首トシテ理会ヲ後ニスルノ学弊ヲ説破シ勉メテ思想ノ
　　　智ヲ開発シ論説ノ力ヲ養成スルノ学風ヲ更張セリ天下共ニ之ヲ称シテ
　　　欧洲教育進歩ノ新紀元ト為セリ

記憶（暗記）だけに頼る弊害につき述べ，これをもって当時の師範教則に見られた「単語問答」の教授が，正に理解なき記憶の教授に終わっていると批判した論説である。

　　　「即チ下等八級課ノ単語問答是ナリ」「試ニ思ヘ二百有余件（注26）ノ事物何ゾ容易ニ六年〈6歳〉孱弱児ノ理会シ得ルモノナランヤ」「教師ガ山村ノ児女ニ櫂〈第一図の単語〉ハ如何ナル物カト問ヒ海郷ノ児童ニ熊〈第八図中の単語〉ハ如何ナル物カト問ンニ」「丁寧コレニ説与スルモ領会スルノ知識ナク」「故ニ其性質有用ノ理会ヲ欠キ百方苦心シテ教師ノ演説ヲ記憶セン｝ヲノミ勉強シテ遂ニ理会ノ活知ヲ得サルノミナラス」

抄述すると上記のようである。
　　明治11年にはいると，
　　〔同誌第68号・11年6月3日発行〕
　　　　教育小言抄 仏人密査児邇列亜耳氏著　浅岡一訳
　　　　国語ノ授業及ビ其用語ノ如何ヲ論ズ
という仏人国語教授説も訳述され，国語科目研究の参考に供せられた（注27）。

　本文中には，特に文法教授につき注目すべき，次の論述があった。
　　　　今余ヘルデー氏ノ言ヲ引援シテ以テ文法ヲ教フルノ要ヲ証セントス同氏ノ言ニ曰ク文法ヲ以テ言語ヲ教フル勿レ言語ヲ以テ文法ヲ教フベシト

上記の要旨は，今日の機能的文法指導として実践されている方法の原理である。しかし，文部教則に「当分欠ク」と摘記されていた文法科の時代であるから，この名言も耳目にはいらなかったであろう。
　　明治11年の同誌には，坪井仙次郎という者の習字1篇，作文1篇および高野隆という者の作文1篇の投稿が収載された。
　　〔同誌第72号・11年7月8日発行〕
　　　　日用習字ノ説　坪井仙次郎　寄稿

480

（前略）夫レ習字ノ本旨ハ明カニ日用ノ事ヲ書スルニ在ルノミ

（中略）今習字ノ術ヲ視察スルニ大書ニハ指骨ノ活働ヲ要セズシテ偏ニ臂骨ノ運用ヲ要シ小書ニハ臂骨ノ活働ヲ要セズシテ偏ニ手腕骨及ビ指骨ノ運用ヲ要シ而シテ日用ノ書ニハ手腕骨，指骨及ビ臂骨ノ同時ノ運用ヲ要ス故ニ児童習字ノ初メニ於テ世ノ所謂筆法ナル者ニ拘泥シテ指ヲ用ヒズ手ヲ動カサズ唯上臂ヲ活用スルヿノミヲ学バシメバ大書ニハ差支ナキモ習字ノ本旨タル小書ニハ甚ダ不如意ニシテ殆ド曽テ習字セザルニ異ナラズ（中略）今ヨリ習字ヲ修ムルニハ一字ヅ、別ニ小書シテ指及ビ手腕ノ働キヲ訓練シ漸ク熟スルニ及ビ之ヲ連書シテ以テ臂力ヲ慣錬スルノ法ヲ遵守シ以テ明ニ日用ノ事ヲ書スルノ本旨ヲ速カニ達スベキナリ而シテ余暇ノアルアラバ大書ヲ学ビテ雅遊ノ具ト為シ或ハ額ヲ書シ看板ヲ書シテ生計ノ業トセンモ亦可ナリ何ゾ必ズシモ常ニ大書スルヿヲ用ヒンヤ

以上は書写に際して必要な骨骼の運動を根拠として，大書と小書おのおのの場合にはたらく骨骼を区別し，大字を練習しても日用必要な小字の書写力は向上せぬから，最初から「小書」に努めるべきであるとした。実用習字を強調し，文部教則や師範教則の大字楷書主義を批判した論考である。つづいて2篇の作文論を参照する。

〔同誌第69号・11年6月11日発行〕

小学作文ノ説　坪井仙次郎　寄稿

（前略）故ニ例ヘバ香馥郁ト云ハサルモよき香ト云ヘバ足ラン月玲瓏ト云ハザルモよき月ト云ヘバ可ナラン若シ此よき香よき月ナル辞ナキ時ハ大ニ世間ノ不都合ヲ生ゼンモ香馥郁月玲瓏ノ如キハ之ナシト雖モ差支ナシ辞句ノ贅沢ナリ（中略）是故ニ小学ノ文章ハ可成丈普通ノ辞ヲ取リテ其意味ヲ明カニシ心ニ思フ所ノ事ヲ間違ナク他人ニ伝フルヲ目的トスベシ苟モ辞句ノ巧拙ニ拘々トシテ心ヲ苦マシムルコトナカレ

これも実用性尊重の作文論である。さきの巡視功程の所論と同一轍で，「浮華ニ流」れた名文調を推重する作文教授への批判である。なお，寄稿者坪井は，同誌に次の訳文3篇も投稿，掲載された。

「サイフェル氏教授法提要地理学教授法ヲ論ズ」（第70号）

「ガヨット氏地理学教授新論抄」（第74号）

「米国新英蘭教育新誌抄　普通学校ノ学問ハ教育ノ一小部分タルニ過ギザルヲ論ズ　ウヰリアム・エ・エールス氏著」(第75号)
〔同誌第74号・11年7月31日発行〕

小学作文ノ説　千葉県　高野隆　寄稿

　凡ソ文ヲ作ルハ字ヲ綴ルニ始マリ章ヲ成スニ終リ其用タルヤ意ヲ達シ事ヲ明ニシ以テ日用ニ供スルニ在リ而シテ其巧ト称スルモノハ奇句難字ヲ用ヒテ其意旨ノ深広ナルノミ非ズ能ク事物ヲ形容シ情態ヲ詳悉スルノ謂ナリ是レ之ヲ能クセザレバ十分ニ事ヲ明ニシ意ヲ達シテ日用ニ供スル﹆能ハザレバナリ故ニ作文ヲ学ブニハ勤メテ巧ナランヲ求メザルベカラズ且既ニ文ト言ヘバ字句モ亦選バザルベカラズ故ニ小学ニ教フル簡牘文ニ於ケルモ既ニ御出下サレト云フヲ能クセバ尚来臨､枉駕等ノ字ヲモ用フベク善キ月又ハ善キ花ト云フモ基形容ヲ記スルキハ月ハ清クシテ明ナリ花ハ色モ好シ香モ好シナド記セザルヲ得ズ然ルキハ時アリテ月玲瓏､香馥郁等ノ文字ノ如キモ亦之ヲ用ヒザル﹆能ハズ此ノ如キ文字ヲ用フルハ好ムベキ事ニハ非ルベシト雖其脩学スル所ノ書中往々是等ノ文字アリ生徒既ニ其辞句ノ義理ヲ通解シタル後ハ其勢其辞句ヲ用ヒザルヲ得ズ故ニ本邦ノ言語文章ハ漢語ヲ廃シ語法ヲ一定セザル以上ハ漢語文字ヲ廃スル﹆能ハズ（中略）今小学作文ノ順序ヲ言ハンニ綴字及書取リヲ始メトシ次ニ記事文及簡牘文ヲ教ヘ終リニ論説文ヲ作ラシメ易ヨリ難ニ至リ粗ヨリ精ニ及フベシ例ヘバ記事ニハ善キ月､善キ花ト記シ簡牘ニハ御出下サレノ類ヲ用ヒ論説ニハ博奕ハ家産破リヲ終ニ盗ヲナスニ至ル故ニ悪事ナリト云フガ如ク（中略）故ニ作文ヲ教フルニ其順序ヲ誤ラズ易ヨリ難ニ至リ粗ヨリ密ニ及ビ高尚ニ過ギズ無用ヲ勤メズ事ヲ明ニシ意ヲ達シ以テ実用ニ供スル﹆ヲ得セシムルニ至ラバ初メテ真ニ教授ノ活法ト称スベキナリ

上記論旨は，坪井が漢語名文調の作文を難じたのに対する反論であって，実用性が尊重されるべきはもちろんのことながら，作文に巧妙を求め用語の選択をする必要を考慮して，易きより難へ粗より精へ進むべきであるという「教授ノ活法」を主張した論説である。

第6章　学制期の国語教授実施に伴う諸問題

△　児童の作文他

　当時の作文論考の動向として，実学主義，実用から非実用への見解などが認められ，用語（漢語）の難渋，浮華な表現への批判などが挙げられているが，児童生徒はどのような作文を書いていたのか，二三の事例を列挙してみよう。

① 東京市鞆絵小学児童呉秀三の作品（明治10年ごろ）（注28）

　　作文簿四　　　呉秀三

　　記事躰作文

　　昔シ小亜細亜ニ「ヘェニシャ」ナン云ツル国在ツルニ女王シドーノ時トカヤ，国中乱レテ干弋止ム時無クシドーモ従者十人程召連舟ニ乗ジテ遙々ト雨ノ降ル夜モ風ノ日モ辛ジテ亜弗利加「カルテージ」（今ノチュニス国）トナンイ、ツル国ノ港ニゾ到着シケル　港ノ吏人ニ面会シ牛皮一枚程ノ地面ヲダニ貸シ被下バイト難有キ事ニナンサブロウト誠シヤカニ述ケルニ吏人モ其位ノ事ナレバイシクモ許シ遣シケル　然ルニ女王一旦舟ニ立戻シ牛皮千抜ト無繋ギ来リ是丈ノ地面約束ノ通貸シ給ハレカシト申セシニ吏人モ今更変約モナリ難ク許シケルニ遂此地ニ據テカルテージ国ヲ亡シタリトナンイト恐ル可キ事不成也

　　正文某ガ入学スルヲ祝ブ文

　　恭シク惟ミレバ人ノ智識ヲ長ズルバ学ニ非レバ能ハズ，而ノ之ヲ学ブハ学校ニ通学スルニ依ルナリ，千里ノ道モ一歩ヨリ始ム，魯公ノ山モ一畚ヨリナル，惟耐忍勉励ニアル也　今足下某校ヘ入学スルヲ聞ニ僕寐欣喜ニ堪ズ，足下必刻苦勉読其業ヲ成シ遂ニ千里ノ道魯公ノ山モ成就スルニ至ランヲ爰ヲ以テ聊カ祝詞ヲ密ブ

　　炎海之温泉誘引

　　本邦炎海之温泉者古来浴而沈痾固疾立愈矣　頃者僕宿疾発動願赴彼地一浴顧單身抱身病而投于長途心思甚惑請君以奮知之好俱與勞扵王趾幸亮察諸

483

獨ヲ慎ム説
　　　獨リトハ人ノ知ラサル処ナリ慎トハ和語ニツ︑(ママ)ミシメルト云フニテ何事モ心ノ内ニテ勘弁イタシ假令バ心ノ内ニ思フタフヲコレハ致テモ善キフカ悪キカトーニ吾ガ心ニ尋ネルフ也　故ニ人ノ知ラザル所ト雖ヘドモ能ク心ヲトメテ慎ムフヲ云ナリ
　　　獨トハ獨坐瞑目(ママ)シテ心志ヲ動カサヾル前ナリ　一念フト思ヒツキタルハ心ノ動キハジメナレバ其心ノ動キハジメヲ一々念頃ニ慎デ悪イ念ガ動イタナラバ己レガ心デ心ヲメク(ママ)、リコレハ悪シト改メカクノ如クスル久シケレバ遂ニ賢哲ト称セラルヽニ至ル
　　〈以下文題のみ抄出〉
　　聴講・談論・尋思・讀書・視覚・檀道済ノ沙ヲ量ルハ如何・想像力・記臆力・確察力(ママ)・新田義貞藤島社号ヲ賜ハリシヲ賀スル文・書ヲ読ムー全副ノ力ヲ用ユル説・面色ヲ和グル説・智ノ説・筆ト剣ト何レカ勝レリヤ・欧洲人ノ発明多キハ忍耐力アルニ由ル論・青砥藤綱之論〈20題〉

以上は謹直な楷書毛筆である。文体は，記事・書簡（祝賀・漢文誘引文）・論説で，上等小学時代の作品であろう。誤字も時に散見しているが，漢文体にほぼ習熟し，思想も堅確である。範例があったとしても，応用して功を成していると思われる。実用的観点からは逸脱していると評されるかも知れないが，「浮華」と評するほどではなく，むしろ当時としては質実な標準作文の例であろう。

② 　学庭拾芳録第二号・坂本学校　一月試験（注29）・明治10年2月
　　　第一大区十五小区亀島丁二丁目二十六番地
　　　下等第二級生徒　平民志村宇平長男志村源太郎　九年十一ケ月
　　○東京日々開化ニ趣ク景況ヲ遠国ノ人ニ報知スル文
　　　前略御尋ニ従ヒ東京ノ日々ニ開化ニ趣候景況ノ一二ヲ申上候定テ貴君御伝聞モ可有之候ヘ共当地ハ天下各人ノ注目スル処ニシテ頗ル繁昌ノ地ニ候横浜東京ノ間ニ鉄道アリ甚タ便ニ市街清潔ニシテ道路洞通シ瓦石屋ヲ列子人烟稠密車馬群集致シ皇宮官署ヨリ寺院学校病院製造場博物館公園等ニ至ル迄其結構ノ美麗ナル万国第三ノ大都会ナルハ実ニ

諛言ニ非ルヘシ何レ尊君御閑暇モ有之ハ実地経験ノ為御游覧可被成候　草々拝白

　　第一大区八小区鎗屋丁四番地
　　　下等第四級生徒　平民渡辺鉦七長男渡辺隆太郎　七年二ケ月
　　〇空気説
　　　空気ハ其質透明ニメ見ル﹇能ハサレ圧所トメアラサルハナシ其万物ヲ生長セシメ又能ク人畜ノ呼吸ヲ助ク然レ圧他物トモニ一処ニアル﹇能ハス試ニ水ヲ満テタル鉢ノ中ヘ急ニ鐘杯ヲ倒入スルニ鉢中ノ水鐘杯ニ底ニ達セス是其一証ナリ

　当時の優秀作品であろうが，7歳・9歳の児童の作とは思えないほどしっかりしている。書簡と論説であり，候文体と漢字書下し体が幼稚な面はあるが，簡潔にまとめられている。

③　同誌第四号・桜池学校一月試験
　　第一大区十二小区馬喰町四丁目二十番地
　　　下等第三級生徒　平民高橋正兵衛三男高橋忠三郎　十年七ケ月
　　〇年始状
　　　改暦之慶賀目出度申納候先以闔家愈御多祥被成御迎歳奉遙賀シ候随而弊舎打揃重歳致シ候間御肖念(ママ)可被下候先ツ者年首之御祝詞申上度如斯ニ御座候猶期暖和芳草之時ヲ候恐惶謹言

　下等小学第三級の10歳児の作品，この程度の年始状に習熟せしめることが当時の理想ではなかったかと思う。これが10歳児の作品であると思えば，真に隔世の感が深い。

④　同誌第六号・常盤学校二月試験（明治10年3月）
　　第一大区五小区本丁四丁目十一番地
　　　上等第七級生徒　平民星野清左衛門方寓星野慎之輔　十五年二ケ月
　　〇観梅記
　　　某月某日天気快晴ナルヲ以テ友人数名ト約シ亀井戸ニ行キ臥竜梅ヲ観ル到レハ則チ古木蜿蜒トシテ地ニ伏シ其形実ニ竜ノ園中ニ偃臥スル

カ如シ此レ其名ヲ得ル所以カ左ニ折レテ行ク数歩小茶店アリ須更ク之(ママ)レニ息フ園中ノ梅花已ニ開クモノ唯数枝ノミ然レㇳ香気鼻ヲ衝キ麗色目ヲ掠ム而テ時尚早キヲ以テ来リ訪フモノ甚タ少ナシ嗚呼繁華ノ都会ニシテ如此キ閑静ノ地ヲ得ル実ニ難ヒカナ是ニ於テ酒ヲ飲ミ楽ム甚タス(ママ)覚ヘス一日ヲ消シ帰後燈下ニ記ス

上等小学第七級の記事文である。一種の文人趣味がうかがわれ，実用主義者からは批判されたであろう。

⑤　同誌第十一号・番町学校三月試験（明治10年3月）
　　上等第三級生徒　福岡県士族広津弘信三男広津武人　十三年六ヶ月
　　○自力ヲ以テ小学校ヲ建立スルノ緊要ナル論

　　　人智ヲ開発シ自由ヲ発生スルハ何等ニ因テ之ヲ得ルカ曰ク小学校建立ノ一点ニアリ，何トナレハ夫レ学校ハ人民ヲ教育シ人才ヲ繁殖セシムル根本ナレハ是ヲ建立シテ其益アルハ素ヨリ吾曹鄙人井蛙ノ管見ヲ以テ論スルヲ待タザル也然リ而シテ吾曹世上ヲ通覧スルニ其公立ノ多クシテ私立ノ少ナキハ吾曹痛惋慨歎ニ堪ヘサルナリ，抑人ノ生ル、ヤ天ヨリ之ニ与フルニ精神ヲ以テシ之ニ附スルニ性質ヲ以テシ人々必ズ自主自由ノ権利アリ，此権利タルヤ政府ノ容ルスヲ竢ツニ非ス，此重大ノ権利ヲ有シテ徒ニ政府ノ愛恵ヲ仰クハ豈理ノ本然ナランヤ，今ヤ吾曹ハ同胞諸兄ニ懇請スル所アラントス，抑兄等ハ政府ノ愛恵ニノミ是依頼シテ其下ニ屈下スルヲ欲スルカ　将タ自由ノ精神ヲ啓発シテ自主スルヲ欲スル乎　兄等自由ノ精神ヲ啓発シテ政府ニ依頼セサルヲ欲スルハ吾曹カ深ク信スル所ナリ，誠ニ見ヨ　彼ノ欧洲人民ノ如キ各自共同会社ヲ創立シテ弘ク外国ト交易シ少シモ政府ノ助力ヲ恃マズ国益ヲ計ルヲ其源皆教育ノ至ルニヨル兄等其レヲ猛省セヨ　彼レ何人ゾ我何人ゾ唯人種ノ差異アル而已，造化豈彼ニ善良ノ精神ヲ与エテ我レニ授ケザルノ理アランヤ　吾儕ト雖ㇳ共心同力勉励琢磨シテ怠ラズンハ豈彼ノ赤髯者ニ譲ンヤ故ニ吾儕人民ハ毫モ政府ノ助力ヲ仮ラス専心ヲ小学校建立ノ一点ニ注シ孜々怠ラズンハ彼ノ英米各国ト対峙シテ文明ノ名ヲ東洋ニ逞フスルハ刮目シテ待ツ可キ也

本誌作品中最高学年である上等小学科第三級，13歳の生徒の論説である。

当時の小学校の最高水準がほぼうかがわれる。叙述・構想・主題とも満足すべき成績を示していると思う。自我の表現を作文教育の目標に掲げることは，さらに降って大正期を待たなければならぬとする作文教育史の通説も，このような文章に接すれば再考を要するかも知れない。同誌第十二号も番町学校三月試験の作品で，

　　徳川氏ノ政権ヲ奉還スルヲ論ス
　　　　　　上等第七級生徒　群馬県士族芝塚総平　十三年四月
　　西班牙王査斯一世ノ記
　　　　　　上等第八級生徒　庭田重文弟庭田重直　十四年十一月
　　風ノ起ル所以ヲ論ス
　　　　　　上等第八級生徒　高知県士族多田正英
　　　　　　長女多田幸猪子　九年六月

など，上等小学児童の記事・論説が見られるが，やはり実用一辺倒の考え方からすれば，多少の批評は免れないであろう。

　以上の作品は，月末に実施した「小試験」の際のものであり，優秀作を選抜して掲載したと思われるが，中に下等小学第五級の作品が２篇ある。第五級はすなわち師範教則において設定された作文科の最初の学期に相当する（文部教則では第三級書牘から）。次にその作品を引用する。

⑥　同誌第八号・柳北学校三月試験（明治10年３月８日出版届済とある）
　　浅草新細井町一番地寄留
　　下等第五級生徒　千葉県士族大須賀朔妹大須賀てつ　十二年
　　○梅
　　夫レ梅花ハ春ノ温暖ナル気候ニアリテ諸花ニ先キダチテ開キ其芳香ヲ薫スル事他ニ比スヘキモノナシ

⑦　同誌第九号・柳北学校三月試験
　　向柳原町一丁目十五番地
　　下等第五級生徒　遠藤与八郎長女遠藤やす　九年十ケ月
　　○桜
　　桜花ハ皇国第一ノ名花ニシテ三四月頃花ヲ開クモノナリ

当時小学の作文力は，この程度から発足して，前掲上等小学科のような作品に到達したと認められる。

　以上，本期における教則の，明治6・7年の交にわたっての府県の編成事情と，教師の実情について，東京府や大学区会議成議案を中心資料として考察した。やがて明治10年のころには，前掲番町学校児童の作文にもあるように，

　　「人々必ズ自主自由ノ権利アリ　此ノ権利タルヤ政府ノ容ルスヲ竣ツ(ママ)非ズ」
　　「兄等自由ノ精神ヲ啓発シテ政府ニ依頼セサルヲ欲スルハ吾曹カ深ク信スル所ナリ」

という自由民権思想が教則の自由編成，しかも教育費負担の問題とも関連してその簡易化が図られた。それが11・12年の交には全国的な風潮を醸成して，ついに教育令の公布を見るに至った。その間における国語関係科目の内容も，一度は官公制定教則に準拠しながら，簡易化のための修正が施されていった。

　すでに簡易教則に関する実情は考察したが，次に抄出する滋賀県第五課発行の資料は，「抑教育ハ活用ヲ主トシ日常百事ニ応用セザル可ラズ」という冒頭の文からも察せられるように，当時の教育思想ヲ如実に反映している。

　　滋賀県ニ於テ管下ニ報告セシ小学教則改正法案要略（注30）。
　　明治十一年七月四日
　　改正法案撮要　滋賀県　第五課

　まず，管内諸校の景況を見て，その普通教育が「高尚ニ過ギ猶旧套ヲ脱セズ曽テ実事ニ応用セザルノ弊」がある。「教則階級」「科書」などは大体を示せば足りるのであって，重要なのは「教法ノ如何ト主務者注意ノ着実」であることを「教員宜ク反顧」すべきである。習字を学ぶ順序は，下等第八級は「生徒甚ダ妙齢ナルニヨリ楷書ニ非ザレバ」学べないが，それにしても第三級でないと行書が学べず，上等小学に至らないと草書が学べないのでは（当時の同県教則歟）中退児童に役立たない。教材は「町村郡国名・家号(イヘナ)・人名・招牌(カンバン)・器物名・受取諸券等都テ便宜」である。「唯日常実地

ニ応用スルヲ主トシ或ハ三体ヲ混ジテ交々教授スルモ可ナリ」。また，従来の作文教授の方法が「概子教場ノ雛形トナリ書式体裁ヲ教ヘザルモノ」である。私用文は「当時教フル所巧ナリ，然レモ殊ニ難字ヲ用ヒ或ハ珍奇ノ熟字ヲ用ヒ世俗ニ通ジ難キモノ少カラズ」。つまりは，「貴重ノ教育ヲシテ空文虚飾タラシメメザラン〔ヲ要ス」。

というのであった。やはり習字と作文の両科に批判の重点が向けられ，小学は実学を教授すべきで，教則や等級の形式などは重視する要がないとしている。

ところで，読本教授に対する反省は，当時の論説中多く目に触れないが，次の論説はその事例になる(注31)。

　　下等小学生徒ノ書籍授業法（節略）　　和田鋭夫記

本論文の要旨は，下等第三級以下の読本の講述を廃止し，重要字句の問答くらいに止めるべきで，講述は年齢的にも無理であるというにある。

　　（前略）自今県下ノ小学生徒ニハ其下等三級以下ハ生徒ニ書籍ヲ講述セシムルヲ止メカヲ読方ニ専ラニシ且熟語或ヒハ緊要ナル字句ノ意味ヲ問答スルニ止マリ二級以上ニ至レバ初メテ講述ヲ学バシムベシ

二級以上の講述にも「章句ノ緊要ナル活用ヲ専ラトシ」高尚に渉る箇所は「責メザルヲ要ス」る。これが「小学生徒ノ年齢ニ適応セシ授業法ナラム」というのであった。

なお，厳重であった学力試験に関する論説には，同じく第86号の「教育雑誌」に，

　　杞憂論　　　　　　　　　　松山　亮記

が見える。本論には「和歌山県教育雑誌第十号鈔録」という副題が付いている。要旨は，形式化した当時の試験に対する批判である。要所を抄出すれば，

　　若シ過激ノ論者アリテ今ノ教育ハ試験ト名クル一場ノ演劇ノ下稽古ニシテ今ノ教師ハ試験褒賞ノ為ニ駈役セラル、奴隷ナリト暴言ヲ吐クモ余ハ唯恐クハ明確ナル弁解ノ辞ニ乏キヲ苦マン〔ヲ

試験演劇論ともいうべき痛罵であった。

同誌のもう1篇の論説に，

　　教師諸君ニ諮ル（節略）　　　勝浦鞆雄記

があり，
　　○作文ハ高尚ニ過ギザルヤ又果シテ日常ニ応用スベキヤ
　　○口授ハ器書ノ及バザル所ヲ教フル緊要ノ科ナリ之ヲ施為スルノ方如何スベキヤ
　　○学制頒行以前ノ授業法ト今日ノ施為ト其結果及得失如何ナリヤ
等々の条項が挙げられた。学制教則期と一線を画した12年9月27日，教育令公布直前までの教育界の様相で，その学制教則に対する徹底した反省であり批判であったということができる。

注1　「東京師範学校沿革一覧」（明治13年3月，同校編，本文P. 43，附録P. 111，前出）第二章教則及校則ノ沿革　一款教則　第一節小学師範学科
注2　金子尚政訳，高橋敬十郎編「小学授業必携」，明治8年12月慶林堂蔵版（本文41丁）の凡例に
　　　一，此書原本ハ千八百七十一年鏤板米人何爾京氏著ス所ノ「ニュープライメリーヲブジュクトレススン」（物体教授ト訳ス）ト題セル泰西小学授業ノ方法ヲ載スル書ニシテ東京師範学校ノ創業ニ際シ此書ヲ以テ授業ノ範則ト為セリ　故ニ目今皇国小学普通ノ授業方ハ皆茲ニ基セリ云々
注3　内閣文庫所蔵　東京府教育史料二六　明治六年（稿本）
注4　内閣文庫所蔵　府県史料　栃木県資料，明治七年　栃木県史，政治部学校三
注5　ただし，第四大学区（中国，四国），第五大学区（九州）には，東京派出の記事がない。
注6　明治13年2月，「岩手県令　島惟精」から「文部大書記官　九鬼隆一」に宛てた「御回答案」，岩手県公文類纂第六冊所載；明治十三年岩手県教育史資料第三巻(1)；昭和35年11月，長岡高人編並刊，P. 119
注7　福沢諭吉著　福沢文集　全二冊，明治11年1月発兌松口栄造版；大正14年12月刊　福沢全集第四巻，時事新報社編並刊P. 593「中村栗園先生に答」
注8　文部省第一年報（明治六年），各大学区府県学事ノ景況，第四大学区島根県（86丁オ）
注9　昭和29年3月，広島県教育委員会事務局調査課刊，A5判　462PP.
注10　前出　東京府史料二六，内閣文庫所蔵稿本．
注11　公文録，文部省之部八年六月所載，文部大輔田中不二磨の教則観；倉沢剛博士の教示に拠る。

注12　尾形裕康著「学制実施経緯の研究」昭和38年11月，校倉書房刊，結論P. 275
注13　文部省第三年報（明治八年）督学局申報「東京府下学校巡視状況」「総論」所載。
注14　明治10年8月，師範学校改定小学教則において読物科の名称が読法科と変わった。この第二大学区教育会議教則で読法科の名称を使用したのは，それより早く，10年1月以前のことであった。
注15　（前出）東京師範学校沿革一覧，第一節小学師範学科（甲）開校前創定教則。
　　　※「開校前創定教則」には「師範教則考究の目標」は記述されていない。「一種良善ナル」の文言は「(辛)明治十一年七月改定学科表」の中にある。
注16　尾形裕康著,「学制実施経緯の研究」；昭和38年11月，校倉書房刊，第六章学制時代教育の実態，学校体系P. 144
注17　文部省雑誌，第七号，明治六年十一月二十七日発行所載，内閣文庫所蔵
注18　仲新著,明治初期の教育政策と地方への定着；昭和37年2月，講談社刊；第三章学校の設立，P. 473。「明治初期に於ける豊橋地方の初等教育」この引用は，同書中，石川鴻斉「豊橋義校学則建言」に拠る。なお，倉沢剛著,小学校の歴史；昭和38年12月，ジャパン・ライブラリー・ビューロー刊；第九章第1節民衆の不満と抵抗の激化，P. 1002をも参考。
注19　京都小学五十年誌；大正七年十二月，京都市役所発行，P. 175～189
注20　槇村正直著「私用文語」，出版人羽仁謙吉，発兌人村上勘兵衛，明治11年5月11日版権願・同年6月10日版権免許・同年6月刻成，教科書判全78丁；平井義直書；書簡用書式類語等集録
注21　福沢諭吉著，福沢文集巻之一「小学教育の事二」；明治十一年一月発兌，松口栄造版；福沢全集第四巻所載・P. 560・大正十四年十二月発行，時事新報社
注22　東書文庫所蔵写本；「千八百七十八年七月日学監大鬪莫爾矣謹ミテ白ス」「文部卿西郷従道公閣下」宛；文部省名入箋赤茶色縦罫紙に毛筆書写。なお本文は，内閣文庫所蔵東京府史料二六の中に「学監大鬪莫爾矣東京府下公学巡視申報」と題して所載，また文部省第六年報（明治十一年）巡視功程の条にも収載。
注23　内閣文庫所蔵府県史料，東京府史料二六所載
注24　本文の付録のみは，文部省「教育雑誌」第八十八号（明治12年1月24日発行）にも収載されている。上掲の引用文は，「教育雑誌」に拠る。
注25　文部省「教育雑誌」は明治9年4月17日に第一号を発行した。それ以前は，「文部省雑誌」（第一号は明治6年3月発行）と称した。一般の投稿が

できたのは,「教育雑誌」となってからである。
注26　師範学校制定単語図第一から同第八までの単語総数210語である。
注27　従来紹介された米独の論文に加えて,仏国教育関係の翻訳が掲載され出したのは,明治11年9月ごろからであった。
注28　鞆絵小学は,当時「第一大学区東京府管内第二中学区西久保巴町第一小学」で,明治4年創立,現在の東京都港区立鞆絵小学校の前身。呉秀三は,明治7年11月（9歳・5月）下等小学第六級卒業証書,明治10年11月8日（12歳9月）上等小学第四級卒業証書など9枚の証書と共に,作文集（毛筆20題）を,卒業後母校へ寄贈,保存されている。呉は「教員文庫教育学本領」〈明治29年刊〉叢書中の1冊「生理学・医学士呉秀三」とある医学者である。
注29　学庭拾芳録；跋文「全国各学校生徒ノ進歩ヲ奨励セシメン為ニシテ私館ノ鴻益ヲ計ラス（中略）且純益ノ内ヲ以テ各学校ノ一助ニ献納セントノ微志」とある。明治十年二月,東京小網町四丁目九番地　聚星館長吉岡保道,編輯兼出版人山本園衛；全5枚10名の活版作品集。本誌の学校はすべて東京市内設置のものである。
注30　文部省「教育雑誌」第76号（明治11年8月31日発行）所載。
注31　文部省「教育雑誌」第86号（明治11年12月27日発行）所載。

第7章　小学校教則綱領期

第1節　学制教則期の後退

(1)　学制以前における国語科目（第1章）

　明治初期国語教育は，近代国語教育における開花への初発に比せられる。その苗床になった近世の国語教育界は，内に私営の寺子屋・家塾，公営の藩校があり，外に蘭学を初めとする欧米諸学の新風が押し寄せ，その教授内容の中心が洋学と称された。明治頭初，学制直前には諸学校が建立され，海外の言語教育が輸入され，わが国語教育も改新の一途をたどって営まれた。維新前後に見られた官民諸学校の国語科目は，すべて，米英仏独諸国の言語教育に準拠していたと言えよう。

(2)　学制小学国語科目の制定（第2章）

　まず，学制国語科目および文部省小学教則国語の授業時数・教授法・教科書・学校教則の変遷および師範学校附属小学教則国語を調査して，近代化への出発としての頭初開花の状況を捕捉した。いずれも海外言語教授に端を発する。

(3)　学制期における国語教授法の開発（第3章）

　教育実施上の眼目の一つである教授法は，入門期に端を求め，庶物指教・掛図および入門期読本およびこれを手本とした『小学教授書』『小学入門』の政府刊行資料が，まず往時の国語教育の大任を担った。

(4)　国語科各種目の教授法と教授資料（第4章）

　ここにおいて，当時国語関係各科，仮名・発音，漢字・語句，談話語，文章読解，作文・書牘，習字，文法の7項について，その取り扱いの方法

を明らかにした。

(5) 国語学力の評価（試験）とその方法（第5章）

学制前・諸府県制定・大学区議定等の学力試験法3例に代表を求め，往時国語教育学習の要点を逆に見ることにした。したがって，その特徴的な資料である掛図類や教科書類に対する試験の方法としての質問の実例を捉えた。

(6) 学制期の国語教授実施に伴う諸問題（第6章）

まず，国語教師の問題　小学校は全科教育制であるけれども，それは師範学校が成果をあげてからのことであって，学制期においては，限定された訓導以外の大多数は，国語・習字・算術ほか各科目の研究者であったから，適正教師の確保が最大の重点であった。それと共に，維新直後の国情は，経済事情の不如意から，地方教育の運営は思うに任せず，教員・教材・校舎・運動場等，父兄から月謝を徴収しての義務教育の重圧に堪えられず，また新教育の実践に困難が重なり，小学教則の編成上に支障を来し，思い余って簡易化に及ぶ風潮がきざした。官辺の地方巡視関係申報の実情によれば，一方では教師の教授力への不満，師範学校教授法の困難，および教育督励に真剣な官僚の過度な要請などは，民間からの不評を買い，教則簡易化の方向を生み出したとも言えよう（注1）。終わりに，明るい面として，作文・習字等の科目を中心として，教授法の研究が，教師相互の間にようやく活発化する傾向が見られるに至った（注2）。

第2節　小学校教則綱領期への転換

明治12年9月，すでに根回しの完了を見てか,教育令の公布が実現した。明治13年文部省第8年報に「該令発行ノ為ニ従来漸ク緒ニ就キシ学事モ一朝俄然退縮ノ兆ヲ見ルニ至リシハ」と述べられ，教育令第三条によれば，国語科目は読書・習字の2科目となって，従来の読物・習字・作文・書取・問答・誦記などと比較すれば，数的に極度に減少してしまった。その

第7章 小学校教則綱領期

　原型は「学監考案日本教育法」による少視学江木千之の翻訳である。教育令公布前の元老院原案審議の折，議員佐野常民は修身と作文の挿入を提案したが，否定されている。その改正案は明治13年12月28日，太政官布告第五十九号をもって公示された。教育令第三条と同じで，佐野常民案は修身科が採用され，作文の挿入は実現しなかった。明治14年文部省第九年報によれば，「改正ヲ距ル日尚ホ浅シト雖モ本邦教育ノ大体斯ニ定マリ地方人心ノ向フ所一変シ，前年教育令誤解ノ余弊ヲ掃蕩シテ殆ド其蹟シ残サヾルニ至レリ」と記している。「小学校教則綱領」が定められ，「第三章小学各等科程度」が決まった。その第十一条が「読書　読書シ分テ読方及作文トス」で，注目すべきはそこに，「中等科ニ於テハ近易ノ漢文ノ読本若クハ稍高尚ノ仮名交リ文ノ読本ヲ授ケ」・「高等科に至テハ漢文ノ読本若クハ高尚ノ仮名交リ文ノ読本ヲ授クベシ」とあり，「漢文」が必修として設定された。
　要するに，僅々7年をもった学制教則が，朝野共々これを廃棄して教育令に移行し，さらに改正に踏み切り，「小学校教則綱領」を制定して，しかも国語関係科目の筆頭に「漢文」を位置づけ，やがて国漢併行の時代を表現する基礎を築いたのであった。しかし，顧れば，文明開化の波に乗り，洋学を踏まえた流れに心身をゆだねた10年間の航海から，官民相たずさえて反省に立ち，方向を転じて前進したことの意義は，思えば甚大であったと考えられよう。
　学制および小学教則に盛られた国語科の目標は，洋学履修に際して学習する外国語学の体系を本邦言語に適用し，国語を綴字・習字・単語・会話・書牘・読本・文法等の観点から捕捉して，これを教授する中に存したと思われる。しかし，これは直ちに師範学校制定小学校教則によって批判せられ，綴字・単語・読本・文法等は読物に一括され，綴字・書牘は作文・書取の中に埋没せられ，会話が問答に位置を譲ることとなった。地方府県の制定した教則は，主としてこの師範教則に準拠して編成されたけれども，やがて自由編成の風潮に流されると，地方府県は，さらに準拠した中央の教則を批判する立場を取り，科目の改廃，教授内容の改定を断行していた。こうして教育令の公布となり，やがてその改正，つづく小学校教則綱領の施行となり，約5年間の教則綱領期を迎えた。そして師範学校制定小学教則を初め，地方小学教則の改正実施となった。

(1) 教育令公布

　文部省第七年報（明治十二年）に収載する文部権大書記官中島永元の長崎熊本両県下巡視功程〈同書附録 P. 13〉は，12年3月奉命，4月11日出京，6月5日帰京，8月（日欠）申報とあるから，すべて9月29日教育令公布の直前の事に属する。前述のように，このころすでに各地の教則改編の業は進行していたのであった。したがって，この功程は教育令公布前夜の混乱した様相を伝えることとなった。
　　（前略）其已ニ改正セシモノハ之ヲ要スルニ多クハ学期ヲ短縮シ教科
　　中従来ノ単語ニ換フルニ村名等ヲ以テシ筆算ヲ後ニシテ珠算ヲ先ニ
　　シ色図形体線度図物品問答等ノ課目ヲ軽クシ読書算術ノ実力ヲ付
　　スルニアリ然レ㆑体育ハ之ヲ度外ニ置キ各地共ニ其設アルヲ見ス〈長
　　崎県総論〉
　　小学ノ読書課ハ多少斟酌アリテ（単語図ノ一二及小学読本ノ四以上ヲ闕
　　クカ如キノ類）且下等五級ニ通常書牘文ヲ読マシメ色図形体線度図ノ
　　如キハ闕テ教ヘス算術ハ先ツ珠算ノミヲ教ヘ上等小学ニ至リテ始テ
　　珠筆両算ヲ兼習セシメ習字ハ概子郡町村名等ノ適切卑近ナルモノヲ
　　教フ〈熊本県下天草〉
という事情で，科目の改廃があり，科目内容の簡易化が行われている。その観点は日常生活の実用に適することであったから，国語科の目標は生活に有用な読み書き能力の習得に存したということができる。
　こうした傾向が，長崎・熊本両県下に限らず，ほぼ全国的に認められたことは，同年報記載の府県年報の進達を通覧すれば明らかである。したがって，12年9月29日の教育令の公布は，この傾向を強化する結果となった。
　　明治13年全国教育ノ状況ヲ審按スルニ前年教育令発行以来深ク其影響
　　ヲ地方ノ学事ニ及ホシ教育ノ事業稍々頽弛ノ機ヲ現ハセリ
文部当局は，教育令の発布が教育事業に頽弛の方向を与えたという概括をしているのである（注3）。
　　該令発行ノ為ニ従来漸ク緒ニ就キシ学事モ一朝俄然退縮ノ兆ヲ見ルニ
　　至リシハ全ク是レ世人ノ教育令ノ真旨ヲ了悉セサルニ渕源セリト謂ハ

496

サル﹂ヲ得ス盖シ教育令ノ精神タルヤ固ヨリ政府学政ノ大綱ヲ放縦シテ之ヲ綜摂統理セサルモノニ非ス (注3)。
教育令ハ，数年来緒に就きし学事を「俄然退縮」に導くこととなった。

すでに前章末尾で触れたように，教育令の第三条を検すると，国語科目は読書・習字の2学科となった。読物・習字・作文・書取・問答・諳記・復読などとあった従来の科目と比較すれば，数的に極度に減少してしまっている。これは，時勢に順応した科目の節略と見られる。そして，その原型は，教育令起草に際して参考された「学監考察日本教育法」にあり，David Murrey によって考案されていた (注4)。学監の日本教育法起草，およびその翻訳については，江木千之 (少視学) がこれに当たったのであるが (注5)，その翻訳清書によれば (注6)，

　　第三篇　学校ノ区別及其編制
　　第廿三章　小学々科左ノ如シ
　　　読，書，話
　　　作文
　　　和算，洋算
　　　地理
　　　国史，外国史
　　　植物，動物，生理，及物理学ノ初歩，修身，作法，及体操
　　　　女子ニハ裁縫及ヒ斉家法ヲ加ヘ教ルコトアルヘシ

とある。この「読，書，話，作文」は「読方・書方（習字）・談話・作文」の意であろう。そのうち，談話は従来の会話・問題・口授などの集約である。内容的に見て，会話・問答は，その資料を読物から仰ぐのであるから，読物すなわち読書の中に集約することもできる。口授は修身口授が従来とも中心であったから，修身科が独立してしまえば，口授科は不要となる。その他口授内容は，地理・歴史・物理・生理等であって，それが各独立教科になってしまえば，もはや口授科特設の意味が失われるのである。それで，教育令では「話」を落とし，作文を含めた読書と習字の2学科に集約したのであろう。

ところで，教育令公布前，元老院で原案審議が行われた。明治12年6月17日，第136号議案 教育令布告按　第二読会，議長は熾仁親王，出席議官は，一番

497

東久世通禧他17名であったが，午後の会議において，佐野常民議官は，修身および作文について次のような発言をして注目を引いた（注7）。

　　○二十番佐野常民　本条修身ノ字ヲ課程ノ冒頭ニ置キ竝ニ作文ノ二字ヲ挿入セント欲ス欧洲ニ於テハ修身ハ即チ道徳ノコトニシテ欠ク可ラサルモノト為セリ又作文ハ読書ノ科内ニアラスト雖モ其教科ニ適用ノ文字ヲ作ルヲ教フル有益ノ事業ト為スナリ

修身を課程の教科配列に際し筆頭に位置せしめよ，読書・習字に作文を追加せよという主張である。これに対し，七番斉藤利行，二十六番伊丹重賢の両氏賛成，議長は「問題ト為ス」（議案として採択するの意欤）と宣した。すると，二十五番田中不二麿（文部大輔）は，

　　原案ニテ可ナリ修身ノコトハ小学ニ於テモ緊要ナリト雖モ亦以テ読書算術習字ノ如キニアラス畢竟家庭ノコトナルヲ以テ之ヲ末段ニ掲ケ小学亦之ヲ疎略ニセサルヲ示スノミ又作文ノ事タル各校ノ教則ニ掲クル諳誦問答等ノ如キモノニシテ是亦本按ニハ掲クルヲ要セサルノ細目ナリトス

作文は細目であって，諳誦・問答などと同じである。つまり，それらは読書に附属する細目だから，教育令の学科には掲げるに及ばないというのであった。すると，二十番佐野常民は，

　　作文モ亦問答ノ各箇ニ附属スルカ如キニアラス故ニ特ニ之ヲ加ヘンコトヲ欲スルナリ

と述べ，作文は，諳誦・問答とはちがった重要性があると言っている。つづいて四番福羽美静の発言があり，修身は後に置くべし，「作文ノ如キハ」と軽視し，「全ク茲ニ掲クルヲ要セス」と反対，議長が賛否を問うたところ，僅々4名の起立であったため，佐野常民議官の提案はすべて潰されてしまった。しかし，この発言により，田中文部大輔の，作文や諳誦・問答などに対する考え方が明らかにされ，それらは附属的な教科であるから，これらを根本的な教育法規に記載する必要はないが，さればとて教則にまで廃止する意図はないというのであった。これは重要な点である。しかし，公布された教育令の理解が浅ければ，その附属教科などは廃止されたと合点した地方もあった。

　たとえば，埼玉県の場合（注8），明治十二年十一月改正（教育令公布後）

の教則を小学教科と小学高等教科の二となし,「問答復読ノ科ヲ廃シ更ニ地理歴史修身等ノ学科ニ就キテ之ヲ別テリ是教育令ノ発行ニ際シ従来ノ面目ヲ一新スルハ実ニ好機会ニ属スレハナリ」とあり,「学規」（P.103）が掲載されている。それから,岩手県の場合（注9）県甲第147号をもって布達した小学教則は,「教育令第三条ノ旨趣ニ遵ヒ」改正したというが,上下等とも八級に分かれ,書取・作文・問答・脩身・口授の教科があり,果たして教育令の旨趣に沿うたのか,あるいは田中答弁の意図に従ったのか否かを疑わせるけれども,下等第八・七級が1箇年で第六級から第一級まで,および上等小学が各2箇年とあり,年限が短縮されている。ただ,下等小学読物科第二・一級に「孝経」,上等小学読物科第八・七級,聴講科第八級から第三級まで,輪講科第四級以上に「小学外篇」がそれぞれ課されている（注10）。このように,漢籍が小学教科書に登場したのは,学制前の小学,あるいは私塾などに逆行した観がある。また,習字科で楷・行・草書の順に課しているのは当初の文部教則のままで,すでに日常に迂遠であると批判されたところであった。

　こうした変動期に際して,これまで全国教則の標準を示してきた師範学校の態度がどうであったか,もっとも注目されなければならない。「従明治十二年九月至明治十三年八月東京師範学校第八学年報告」（内閣文庫・東書文庫所蔵）に徴すれば,

　　第二章第一款　諸則ノ改正
　　（前略）明治十年八月以来実行シ来ル所ノ附属小学教則ハ其教科ノ
　　秩序課程ノ区分等教育ノ理ニ適応セサルカ為ニ（中略）十二年十月
　　ニ至リ大ニ教科ヲ更定シ課程ヲ整理シ尋テ十三年二月ヲ以テ改正
　　ノ教則ヲ刊行シ加ルルニ課程一覧表ヲ以ス（ママ）（下略）

とある。結局改正した12年10月は,教育令布告の翌月であるから,改正は文部省の動きに応じた挙であるに相違ない。それから,内閣文庫所蔵本に「明治十三年二月文部省上申」と朱書してあるから,この年月を正式の改正時期とすべきであろう。

　その課程一覧表を検すると,下等小学・上等小学両科各8級にわたることは従前のままである。次に下等小学第八級を引用すると,

　　　　第八級〈全三五課〉

499

読書
　　　　読法　伊呂波・五十音・次清音・濁音ヲ教授ス　　　　一週四課
　　　　作文　仮名ニテ人工物ノ記事ヲ作ラシム　　　　　　　一週二課
　　　　習字　片仮名・平仮名ヲ教授ス　　　　　　　　　　　一週三課
　　　実物
　　　　数目　　　　　　　　　　　　　　　　　　　　　　　一週四課
　　　　色彩　　　　　　　　　　　　　　　　　　　　　　　一週二課
　　　　位置（諸物ノ位置ノ関係ヲ教授ス）　　　　　　　　　一週二課
　　　　動物（人体各部ノ名称・位置・効用ヲ教授ス）　　　　一週二課
　　　　人工物（全体及ヒ部分ノ名称・位置・効用ヲ教授ス）　一週二課
　　　　脩身（小説寓言等ニヨリテ勧善ノ大意ヲ口論ス）　　　一週六課
　　　　罫画　　　　　　　　　　　　　　　　　　　　　　　一週二課
　　　　唱歌　　　　　　　　　　　　　　　　　　　　　　　一週三課
　　　　体操　　　　　　　　　　　　　　　　　　　　　　　一週三課
　　　　　　　　　　　　　　　　　　　　　　　　　　　　　（以上）

と記載されている。教育令の読書・習字2科が，読書1科となり，読法・作文・習字の3分野が附属せしめている。第七級も同様であり，第六級以上は読書（読法・作文）と習字となっている（これは第八・七級で「習字」と記載する高さの揃え方を誤ったとすべきであろう）。実物科が数目等数分野を附属せしめているのは偉観とも言うべきであり，また，脩身科が堂々と掲げられている。

　次に主要教科別に考察してみる。

　　　　　　　　　読書科（下等小学科）

	8級	7	6	5	4	3	2	1
読　法	4	6	4	6	4	6	4	6
作　文	2	2	2	2	2	2	2	2
習　字　科	3	3	3	3	3	3	3	3
計	9	11	9	11	9	11	9	11
級全体	35	40	40	40	40	40	40	40

読書教材は第一級までに小学読本巻一から巻七までを課す。作文教材は単語の記事文と書牘や請取書等を課す。習字教材は仮名から行書にはいり，第四級から楷書，第二級から草書にはいる。楷書より行書を先習するように改めたのは実学的見地からである。読書・習字両科が全教科中に占める割合は，約30％となっている。

読書科（上等小学科）

	8級	7	6	5	4	3	2	1
読　法	4	6	6	6	6	6	6	6
作　文	2	2	2	2	2	2	2	2
習字科	3	3	2	2	2	2	0	0
計	9	11	10	10	10	10	8	8
級全体	42	42	42	42	42	42	43	43
随意科読書	0	0	3	3	3	3	3	3

　読書科読法教材は，第八級から第一級までに読本巻一から巻五までを用い，作文教材は，単語記事文・書牘・届書・願書・証券類，習字科教材は，行書からはいり，第六級から楷書，第四級から草書にはいって第三級までとする。特筆すべきは，第六級以上に毎週6課（時）ずつ「随意科」が設けられ，読書の漢文および英文，3課ずつがあり，漢文教材は蒙求の上中下巻・十八史略の巻一から巻七まで，英文教材は綴字・読方・文典等を課すとあることである。漢文が，その姿を教則中に表わしたのは学制以前の事であり，逆行したのであるが，正科ではなく量的にも少ない。英文を課したのは，漢文の逆行とは反対に，前進と見ることができる。なお，上等小学科の国語科目が各級に占める割合は約25％で，下等小学科より0.5％ほどの減少となっている。

　次に実物科について考察する。

実物科（下等小学校）

	8級	7	6	5	4	3	2	1
数 目	4	6						
色 彩	2	1						
位 置	2	2	2	2	2	2	2	2
人工物	2	2	2	2	2	2	2	2
形 体		2	2	2	2			
動 物	2		3		3		3	
植 物		2		3		2		3
礦 物			2		2		2	
度 量				3	2	2	2	2

実物科（上等小学校）

	8級	7
礦 物	3	
動 物	3	
植 物		4

　実物科は下等小学科第八級から上等小学科第七級までとする。第六級以上には，博物科（金石学・植物学・動物学），第二級・第一級は物理科・化学科・生理科の3科が設けられている。実物科による問答教授（口授も含まれたであろう）が，自然科学への導入となり，やがて各科に独立して，それぞれの初歩教授に発展させられている。

　以上，下等小学から上等小学まで各級毎週6課（各級15％程度）の修身科（口授）が貫き，習字科に見るように実学的色彩を強化しながら，しか

502

し，学制当初からの実物科（問答），罫画・唱歌・体操等の諸教科があり，さらに学制以前の漢文教材が随意科に復活するという新しい性格が，教育令公布を契機として編制された教則の中に，一つの調和を見いだしているということができる。ところで，文部省第八年報（明治十三年）に徴すると，教育令布告後の学事巡視功程が2件掲載されている。文部大書記官野村素介「広島山口両県下巡視功程」は13年2月の申報であり，

　　小学教則ハ明治十一年九月改正県庁ニヨリ示達セル画一教則ニ拠リテ施行シ各自編制セルモノハ幾ント罕ナリ〈広島県〉

とあり，広島県の場合，意外に古い教則に拠っている。これは，同年報所載静岡県年報の学規概略〈P.190〉の小学の項に，

　　教育令ノ改正以前小学教則ハ各校各自ニ取捨改正ヲ謀リ已ニ経伺ノ向モ之アリト雖モ認可ノ上施行シタルハ僅々ニシテ大体改正セント欲シテ終ニ之ヲ果サス故ニ教則校則共ニ先ツ従前ノモノトナス

とあるのと類似した情況であろう。すなわち，府県教則の改正伺は輻湊したけれども，允可された教則にもとづいてさっそく改正実施する小学校数は，静岡県では僅少であったというが，これはひとり静岡県だけの事情ではないように推測する。たとい簡易化されるにしても，従来の教則を廃して新規に出直すということは，決して容易の業ではなかったはずである。学制以来の歴史を持つ問答科など，埼玉県のように「好機会」として削除した地方のある反面，京都府のように，なお問答科を置き，明治十三年四月制定（前出，「京都小学五十年誌」，P.191，教科書及参考書目録）

　　○問答　読書ニテ学ヒシ外通常物，色ノ名，管内地理，府県名，地球儀，暗射地図（小学問答科書参考用）

のように，問答科書まで用意した地方もあった。

　本年報所載の他の巡視功程は，文部権少書記官久保田譲「東京府下学事巡視功程」で，13年10月10日の進達であった。この申報は，私立小学を巡視して，その実情を明るみに出している点，特徴があると思われる。8私立小学巡視の結論は，

　　一ニ日ク生徒ヲ毒室ニ幽スルナリ

で，児童が「平方六尺間ニ五六或ハ七八人ヲ容レ」て授業をし，室内の悪臭に堪えていなければならず。

二ニ曰ク生徒ヲシテ時刻ヲ徒費セシムルナリ
とは「一夫妻ニシテ六七級ヲ併セ百数十名ヲ教授スルモノアリ」で，寿司詰教室に教師の手が回りかね，児童は遊ばされている。
　三ニ曰ク学科ノ権衡ヲ誤ルナリ
で，手不足の教師が教えやすいのは，「教師ノ学力浅劣ナルニ出ルカ将タ生徒ノ父母ノ希望ニ出ルカ習字ノ一科ヲ以テ学期ノ大半ヲ経過セシメ普通学科中他ノ学科ノ如キハ之ヲ緊要トセサルニ似タリ」という情況であった。また，当時府下公立小学の数は，私立の$\frac{1}{4}$に過ぎない。かような不振の原因は「教員授業ノ不良ト学術上所用ノ器械ニ乏シキト書籍ノ不善ナル」にあるという。いずれにせよ，私立変則小学の繁盛を来したが，その実質は寺子屋程度のものであったろうと想像される。安直な私立小学で済ます傾向は，東京だけに限らず，各地に認められた当時の情況であった。次に岩手県の場合を示す(注11)。

　九，学事報告（P. 177）
　⑸6　南北岩手・二戸三郡視学復命〔等外二等田丸十郎〕
　○南岩手郡学事景況概記
　　（前略）尤雫石村ニ於ケル，現時閉校且学資徴収ノ至難ナルヲ口実トシ，旧来ノ公立学校ヲ廃シテ私学即旧寺子屋流ヲ興サントノ協議過半決定セリト聞ケリ。（下略）
　○二戸郡学事景況概記（P. 178）
　　（前略）就レ中福岡ノ如キハ，郡内一等ノ地位ニ在リナガラ学資ヲ厭ヒ，該費負担ノ及バザルヲ口実トシ，私学ヲ開キ擅ニ在来ノ公立小学ヲ閉校セシメタリ。（下略）

父兄経費負担の軽減，教育の簡易化などの理由で，私立変則小学の盛行を見るに至った。10中6，7の村が私立に転換する形勢を示し，二戸郡視学復命には「到底一ノ御諭達ヲ仰ガザレバ公学恢復ノ運ニ到リ難カラン」と悲痛の叫びを挙げているほどである。こうして，13年3月12日には文部大輔田中不二麿が司法卿に転じ，河野敏鎌が文部卿に就任し文教一新に発足した。

(2) 教育令改正と小学校教則綱領制定

　改正案は13年12月9日成案を得て元老院に上呈され，同28日太政官布告第五十九号をもって布告された。
　第三条の学科は教育令と同じである。そして，さきに佐野常民の提案した修身科を学科の筆頭にせしめる件は，この改正に際して採用されているが，同時に提案した「作文」の挿入は実現しなかった。
　　是ニ於テ本年十二月政府更ニ該令ヲ補訂シテ以テ大ニ学政ヲ革新シタ
　　ル所アレハ次年ニ於テ文運振張ノ効績ヲ見ルハ期シテ疑ハサル所ナリ
　　（注12）
と述べているのは当時の観測であったが，1年後にはそれが適中して，
　　明治十三年十二月現行教育令ノ頒布アルヤ（中略）改正ヲ距ル日尚ホ
　　浅シト雖モ本邦教育ノ大体斯ニ定マリ地方民心ノ向フ所一変シ前年教
　　育令誤解ノ余弊ヲ掃蕩シテ殆ト其蹟ヲ残サヽルニ至レリ（注13）
のように述べている。けれども，文部省第九年報に収載する静岡・石川・鳥取等各県年報を検すると，小学校教則綱領・小学校生徒試験法等が施行されたが，当県はまだ実施しないから影響はないという記述が散見する。しかし，即刻実施されないでも，文教行政の方向が明らかにされ，機会をもって逐次新法の線に沿って歩調を整えることで，新法発布の意義は大であったと思われる。
　明治14年5月4日，文部省達第十二号をもって，小学校教則綱領が定められた。第一章小学科ノ区分に初中高等科各教科の詳述がある。中に，読書・習字の2科は，修身につづいて各学科中に位置している。
　　第三章　小学各等科程度
　　第十一条　読書　読書ヲ分テ読方及作文トス
　　　初等科ノ読方ハ伊呂波，五十音，濁音，次清音，仮名ノ単語，短句
　　　等ヨリ始メテ仮名交リ文ノ読本ニ入リ兼テ読本中緊要ノ字句ヲ書取
　　　ラシメ詳ニ之ヲ理会セシムルコトヲ務ムヘシ
　　　中等科ニ於テハ近易ノ漢文ノ読本ニ若クハ稍高尚ノ仮名交リ文ノ読
　　　本ヲ授ケ高等科ニ至テハ漢文ノ読本若クハ高尚ノ仮名交リ文ノ読本

ヲ授クヘシ

凡読本ハ文体雅馴ニシテ　学術上ノ益アル記事或ハ生徒ノ心意ヲ愉ハシムヘキ文詞ヲ包有スルモノヲ撰用スヘク之ヲ授クルニ当テハ読法，字義，句意，章意，句ノ変化等ヲ理会セシムルコトヲ旨トスヘシ

初等科ノ作文ハ近易ノ庶物ニ就テ其性質等ヲ解セシメ之ヲ題トシ仮名ニテ単語，短句等ヲ綴ラシムルヲ初トシ稍進テハ近易ノ漢字ヲ交ヘ次ニ簡短ノ仮名交リ文ヲ作ラシメ兼テ口上書類ヨリ日用書類ニ及フヘシ　中等科及高等科ニ於テハ日用書類ヲ作ラシムルノ外既ニ学習セシ所ノ事実ニ就テ志伝等ヲ作ラシムヘシ

第二十条　習字

初等科ノ習字ハ平仮名，片仮名ヨリ始メ行書，草書ヲ習ハシメ其手本ハ数字，十干，十二支，苗字，著名ノ地名，日用庶物ノ名称，口上書類，日用書類等民間日用ノ文字ヲ以テ之ニ充ツヘシ　中等科及高等科ニ至テハ行書，草書ノ外楷書ヲ習ハシムヘシ

以上が小学校教則綱領における国語関係科目の詳細である。読書科読方として注目すべきは，中高等科の漢文教科書の採用である。特に上記の文章表現から見ても，中高等科において，「漢文ノ読本若クハ仮名交リ文ノ読本」であって，漢文の読本が第一に推されている点である。国語科において，仮名交り文より先に漢文の読本が推されていることは，学制以前の学校か寺子屋でないとうかがえない情況であった。このような時代思想については，すでに12年夏「教学大旨」が示され，儒教的反動教育ノ動向が感ぜられたことを挙げなければならない。そして，同年公布の教育令はその事に触れなかったが，それに応じて編成された岩手県小学や，東京師範学校附属小学の教則には，すでに漢文教授への動きが見られたことは既述したとおりである。そして，今次改正の読書科における教科書採用には，その動きが前より明瞭に表われてきた。なお，習字科は，かねて一般に批判されたとおり，きわめて実学的な色彩が濃厚で，実用に遠い楷書が後回しにされたのは当然であった。

末尾第27条の終わりに課程表の1例が出ている。そこに示された，全学科教授時間通計を百とした，各学科との比率を見ると，読方21.90％，作

文12.11％となっている。また，女児には裁縫を課するため，中等科は習字・作文・図面毎週1時ずつを削り，高等科は習字毎週1時，作文毎週2時ずつを削る，としている。

〔補説〕　府県小学教則と東京師範学校小学教則改正

　文部省第十年報（明治十五年）について大勢をうかがうに，前年の5月に教則綱領が布告されながら，なお旧規を守った例が多いが，一方では，新教育の示達が本年1月以降逐次行なわれてもいる情況である。そして新教則と称しても，ほとんど文部省制定教則と同様である。たとえば千葉県は，14年10月10日に小学校教則及同生徒試験規則を定めた（注14）が，それも，文部省の綱領末尾の課程表に，初等科の初学読本・小学読本，中等科の漢文一斑，高等科に十八史略などの書名を挿入した程度であった。
　埼玉県年報（同年報P.244）に「該教則（14年10月改正）ハ文部省小学校教則綱領ニ依リ各郡長及師範学校教員等ニ諮詢シテ之ヲ定メタル者ニシテ学期及各学科の程度等ハ教則綱領ニ大逕庭ナシト雖（下略）」とあり，
　　読書ハ小学読本家道訓三字経大統歌古文孝経及論孟古文真宝等ノ諸書
　　ニ就キ級ヲ逐テ順次之ヲ講読セシム抑本県ノ三字経以下論孟古文真宝
　　等漢文ノ書ヲ加ヘタルハ畢竟管下民情喜旧ノ情況ヲ斟酌シテ之ヲ定メ
　　タル者ナリ
と述べている。漢籍を大量に用意した理由を「民情喜旧ノ情況」に帰しているのは事実であろうが，最大の理由は教則綱領中高等科に「漢文若クハ仮名交リ文」として規定されていたからにほかならない。
　文部大書記官西村茂樹「徳島愛媛二県下学事巡視功程」は，15年5月10日から7月5日に至る巡視の申報である（注15）。その徳島県教則は，「大概文部省ヨリ頒行セル小学教則綱領ニ準拠シタル者」だけれども，「其中少シク斟酌シタル所ハ初等科ニ於テ読書ヲ読方問答作文ノ三科ニ分チ」「中等科ニ於テ読本ハ専ラ仮名交リヲ用ヒ」しめた諸点であった。しかし，この数点の相異は教則綱領が，問答を欠くこと，漢文を中等科読方用書に指定したことを批判した措置と認められる。田中文部大輔の元老院会議における答弁（既述）は別として，学制期からObject-teachingとして摂取した

問答科を欠くこと，国語科目でありながら，主として漢籍を使用させることの不合理に，素直に承服しかねたのであろう。いわば，反動に対する反撃を試みたわけであろう。

14年5月4日，教則綱領を示達した文部省は，学事諮問会（注16）を東京神田の昌平館を会場として開催した。「学事諮問心得」によれば，本会は府県学務課長・府県立学校長に親しく地方学事の実況を諮問するために開かれ（第一条），11月21日に始め，1日4府県ずつ割当て，12月4日まで，凡2週間で終わる予定（第七条）で，その他第十九条まで定められている。

　　　諮問ノ事項〈抄出〉
　　第一　改正教育令発行後教育上民心ノ傾向
　　第二十　公立私立小学校新教則施行ノ実況及実施ニ付諸般ノ影響
　　第二十一　府県立師範学校中学校新教育施行ノ実況及若シ未タ之ヲ実施セサルモノハ其理由
　　第二十四　公立私立小学校修身科用書ノ儒教主義ニ非サルモノハ既ニ改良ニ着手セシヤ将タ何ノ方法ヲ以テ之ヲ改良スル哉
　　第二十五　従来採用セシ教科用書等文部省調査ノ上禁止セラレタルトキ如何ノ順序ヲ以テ他書ト交換スル哉

等々，第四十までの事項が用意されていた。教科書に特別の注意が寄せられ，儒教主義の徹底が図られていたと思われる。

今期中の12月5日には「示諭」が文部省から行なわれ，6・7日に渡ってその問答が行われた。示諭の内容は，「文部卿代九鬼文部少輔口述扣」（稿本）〈中判，P. 268〉として，諮問会要項とともに内閣文庫に所蔵されている。その示諭内容は，学校等設置廃止，教則（小中学校・師範学校その他），教科用図書及器機など，13項目にわたっている。要するに，改正教育令と教則綱領の解説，補説である。教則の項〈P. 56〉中，修身・読書・習字・算術の4科を「品行正シク書ヲ読ミ文ヲ属シ字ヲ写シ数ヲ計フルコト」と述べた箇所がある。「読書科」の呼称は「どくしょ科」であったろうが，内容的には，「よみかき科」であったことが明らかである。

ところで，小学校教則綱領の施行に伴い注目すべきは，官立東京師範学校がいなかる措置を講じたかである。「自明治十六年九月／至仝十七年九月 東京師範学校一覧第

一冊」(内閣文庫所蔵稿本) 所載「沿革略」によれば,

　　高嶺秀夫校長兼教諭ニ任ス　尋テ本省新タニ頒布スル所ノ師範学校教則大綱及小学校教則綱領ニ拠リテ本校及附属小学校ノ諸則ヲ改正シ特ニ本校ノ如キハ中小学師範学科ノ聯合ヲ分離シテ其諸則ヲ別ニス　而シテ小学師範学科ノ諸則ハ十五年三月附属小学校規則改正案ト共ニ之ヲ本省ニ禀議シテ十六年七月ニ至ルマテ之ヲ実地ニ仮行シ同年八月共ニ允可ヲ得タリ

とある。すなわち，15年3月改正案上申，試行し，16年8月允可，翌9月から正式に施行したのであった。それは，教則綱領に準拠し，初等・中等・高等の3科に分かち，学科の配列も，ここに至って実物科が削除され，次のような割合が示されている。これによれば，読書・習字の国語関係科目の教授時間合計は39.41，すなわち全体の約4割に及んでいる。

学科課程表
全学科教授時間　通計ヲ百トシ各学科教授時間通計ノ比例

修身	9.78	読書	読方 19.55 作文 9.88		
習字	9.98	算術	14.46	地理	3.05
歴史	1.22	図画	2.85	博物	2.65
物理	1.63	化学	1.63	生理	1.22
幾何	1.63	経済	0.81	唱歌	9.78
体操	9.78			通計	100.000

次に「授業ノ要旨」が示されている。ほぼ教則綱領と同じであるが，それと比較すれば，次のような相違が見られる。なお，「教科用図書表」が等科・学年別に付けられているから，教則綱領の当該箇所と教科書を文中括弧内に挿入しておく。

　　読書　読書ヲ分ケテ読方作文トス

　　読方ハ先ツ伊呂波五十音濁音次清音仮名ノ単語（小学指数図文部省），短句等ヲ授ケテ仮名ノ応用ノ大略ヲ知ラシメ（連語図文部省），次ニ仮

509

名交リ文ノ読本ヲ授ケテ略々普通ノ文章ニ通セシメ（師範学校編輯小学読本一～三・文部省小学読本四・五），漸ク進ミテハ（中等科），漢文ノ読本ヲ授ケテ一層文章ヲ解読スルノ力ヲ鞏固ナラシム（近易ノ漢文ノ読本若クハ稍高尚ノ仮名交リ文ノ読本ヲ授ケ）（中等読本小学文編羽山尚徳編輯・小学中等科読本笠間益三編輯・刪修近古史談大槻磐溪著大槻修二大槻文彦刪修・和文読本稲垣千頴編輯）

　　凡ソ読方ヲ授クルニハ先ツ文字ノ音訓ヲ正シ　初メハ務メテ実物或ハ絵図ヲ示シテ正当ノ観念ヲ得セシメ（単語図），読本ヲ授クルニ及ヒテハ兼テ声音ノ抑揚句読ノ断続ヲ明ニシ句章ノ意義ヲ理会セシム　又初等科ニ於テハ読本中緊要ノ字句ヲ書取ラシム

上文で注意すべきは，中等科読方において，教則綱領では「近易ノ漢文ノ読本若クハ稍高尚ノ仮名交リ文」という表現，つまり漢文を主とし仮名交り文を従としているのに対し，師範教則は「漢文ノ読本ヲ交ヘ授ケテ」という表現，つまり初等科から教授してきた仮名交り文を主とし，それに漢文を加味してとなっている。この点は，歴史的な発展から見て師範教則の方が適切である。それから，初歩教授として「実物或ハ絵図」を使って，たとい問答科（実物科）は削られても，問答による入門教授を守ろうとした意図がうかがわれる。次に作文を考える。

　　作文ハ先ツ仮名ノ単語短句ヲ綴ラシメ以テ普通ノ文章ニ入ルノ端緒ヲ開ク（小学作文稽古文若林虎三郎辻敬之著）普通ノ文章ニ於テハ事実ヲ記述スルノ文及日常往復ノ文其用最モ広シトス故ニ記事文及書牘文ヲ授ク（小学文林早川光蔵編・作文自在高橋謙三郎編・文証大成原田道義編輯）凡ソ作文ヲ授クルニハ初メハ先ツ事物ニ就キテ観念ヲ得セシメ次ニ之ヲ言語ニ表シ後之ヲ文字ニ綴ラシメ漸ク進ミテハ（中等科）既ニ得タル観念ヲ整ヘ之ヲ文章ニ表彰スルコトヲ習ハシム　其文題ハ務メテ児童ノ理会シ易ク且ツ実用ニ適切ノモノヲ撰ヒ文理ハ簡明着実ナランコトヲ旨トス

上文によれば，庶物指数の原理を踏まえて作文に導入し，単語問答により明らかにされたところを文字に綴り，やがて実用性に重点をおいて作文を教授することで，この趣旨は教則綱領に「近易ノ庶物ニ就テ其性質等ヲ解セシメ之ヲ題トシ」「口上書類ヨリ日用書類」に及ぶとすることと同じで

ある。ただ，教則綱領の高等科では，「已ニ学習セシ所ノ書実ニ就テ志伝等ヲ作ラシムルヘシ」として，漢文は範例を求めた作文を示唆したのがちがっている。次に習字について考える。

> 習字ハ仮名ヨリ始メ（平仮名習字本・片仮名習字本東京師範学校）楷書行書草書ノ三体ヲ授ク就中行書草書ハ日用緊功ノモノナレハ其訓練最モ意ヲ致サンコトヲ要ス（行書習字本・草書習字本東京師範学校）（初等科ノ習字ハ平仮名・片仮名ヨリ始メ行書，草書ヲ習ハシメ）凡ソ習字ヲ授クルニハ姿勢ヲ整ヘシメ執筆運筆ノ法ヲ教ヘ　初メハ字形ヲ正シクシテ後筆意ニ及ハシム　其手本ハ務メテ民間日用ノ文字ヲ撰ヒ楷書行書ハ数字干支苗字地名日用庶物ノ名称普通ノ熟字等ヲ以テ之ニ充テ　草書は口上書類・日用書類等ヲ以テ之ニ充ツ（中等科及高等科ニ至リテハ行書，草書ノ外楷書ヲ習ハシムヘシ）

上文習字の項，師範教則ハ，楷行草書で書き分ける場合を手本により区別して，行書・草書を主としながら楷書も併行して教授するのに対し，教則綱領は，楷書を中高等科になって教授することとしている。

以上要するに，教則綱領がきわめて敏感に時勢を反映したのに対し，師範教則はあくまでも歴史的な立場から，新旧両面の要求を調和しているように思う。

新教則がようやく地方に普及した明治17年，文部省第十二年報は全国教育の実情につき〈P. 9〉

> 然ルニ比年民力困弊ノ余勢延キテ教育上ニ及ヒ本年ニ至リテ大ニ趨赴ノ状ヲ現シ教員ヲ除クノ外ハ概子其数ヲ減少セリ

と悲痛な報告をした。すなわち前年と比して，小学校数923箇減，小学校在籍生徒4281名減，小学校出席生徒28380名減ということであった。すべては経済的な窮迫に原因が存したので，18年8月12日太政官布告第二十三号をもって，教育令は改正され，小学教場の設置をも認め教育費の節減を図るのに至った。教則は従来の綱領があったが，実施に大巾の配慮がなされ，読書算の3 Rs中心にしぼる例も多かったのである。このような状況は，花やかな開幕による教育の舞台が，一見暗転したことになるが，よく考察すれば直輸入的カリキュラムが国情に密着され，洋化思想は「教学大旨」の下付によって中和され，国民生活の実際的に内容に適合を図り，近

代化が地に付いて，学校令・小学校教則大綱への地盤が準備されたと見られる。

注1　「文部省雑誌」第七号（明治6年11月27日発行）所載，文部少丞西㳍訥説諭第六則（前出）
注2　萱生奉三「変則小学読本」巻之一序，明治11年4月出板，今矣書屋存板，丸屋善八兌（前出）
注3　文部省第八年報（明治十三年）所載P.1全国教育概略
注4　「教育令」制定関係資料，大久保利謙解題，明治文化資料叢書第八巻教育篇；P.7～8；昭和36年12月風間書房刊P.507
注5　江木千之翁経歴談；上巻　昭和8年11月　同刊行会編並刊，A5判，全P.610　非売品（下巻同12月刊）；P.33
注6　東書文庫所蔵，文部省美濃罫紙91枚，「同説明書」は60枚，楷書体清書本。
注7　元老院会議筆記抄；明治文化資料叢書第八巻教育篇P.124所載
注8　文部省第七年報（明治十二年）所載　埼玉県年報，P101
注9　「巖手県布令書」自明治十二年一月十日，至明治十二年十二月廿八日；望月文庫所蔵
注10　「小学外篇」，「小学」は，宋朱熹撰，実は門人劉子澄の編で古来の嘉言善行を類輯し，内外両篇に分かつ（簡野道明，字源P.521）。
注11　明治十三年　岩手県教育史資料　第3巻(1)；昭和35年11月，長岡高人刊
注12　文部省第八年報（明治十三年）「全国教育概略」条所載P.1
注13　文部省第九年報（明治十四年）「全国教育概略」条所載P.1
注14　内閣文庫所蔵；府県史料の内，千葉県歴史原稿　明治十四年ノ部
注15　文部省第十年報（明治十五年・二冊）P.67所載。同じ申報が，文部省教育雑誌第173号（明治16年3月15日発行）にも掲載されている。
注16　文部省，「学事諮問会全」内閣文庫所蔵稿本　大判P.14，明治15年11月

結　語

　明治初期は，近世封建社会における武家と町人との文化の爛熟時代が退潮し，天皇制への基本的転機を迎え，開国の一大変革に踏み切った当初であった。すなわち，鎖国中にも来航を許されたオランダのほかに，新たに来港を認められたアメリカ合衆国は，教育文化への積極的な刺激に，本邦からの要請に対応する発端を示すこととなった。それは，寺子屋・私塾・藩校から抜け出て，学制の小学・中学・大学への転回を導くものであったとされる。事態は学制以前，維新前後の諸機関に見る国語科目，伝来した蘭学・洋学がこれをもたらし，幕府の蕃書調所・開成所，大学校・南校・東校，慶応義塾その他は，洋学の先導として，国語観の形成をうながした。学制直前のそれら諸学校の国語科目は，「小学教師教導場」の建立と相待って形を整え，古典と漢籍が姿を消すに至った。こうして，小学校の礎石が急速に定められた。

　学制小学国語科目は，前記「小学教師教導場」が洋学科目に学んだ最初の資料で，頒布された学制第二十七章の内容と大同小異であった。習字以外の科目名は新しく，綴字・書牘・文法・単語・会話その他である。国語は他教科と比べて最も多く，重視されている。

　師範学校は明治5年9月開校し，諸葛信澄が校長，M. M. Scott および坪井玄道が教員で，助教生徒24人，普通生徒90人，「一切西洋小学ノ規則」に従った。

　学制期における国語教授法は，ウェブスターの綴字書，シェルドンやカルキンの庶物指教，及び掛図によった。それから，入門期国語教授は，アルファベット・メソードが中心で，その他数種があった。明治6年5月文部省刊『小学教授書』の掛図集が使われ，後に改題された『小学入門　甲号』『同　乙号』が利用された。

　また，国語科教授の取り扱いとして，内外の教科書が参考された。仮名・発音，漢学・語句，談話・問答，文章読解，作文・書牘，習字などの教科

書が刊行され販売された。ただ文法は「当分欠ク（学制）」とされていた。国語関係科目の教授資料について，学制取調掛西潟訥は，小学教則に掲載した以外でも教科書として適当なものは用いて差支ないと述べ（地方巡視功程），学監 David Murray は，欧米に模して編集することの急務を述べた。掛図は『小学教授書』に使用され，ほとんどが文部省編であり，また西字図（ローマ字図）が5面，その他も文部省から出版され，総計30面にものぼるであろう。その『小学教授書』は教師用に作られ，やがて改訂した『小学入門　甲号』が，児童・父兄用教科書としての第1号であった。教科書類の筆頭は「綴字書」で，アルファベットを五十音に引き当て，かなづかいを記述したもので，明治6年，片山淳吉の著書であった。単語教科書は「単語篇」，連語教科書は「連語篇」，会話教科書は「会話篇」などと，それぞれ呼んだ。文章の読解を教授する資料が「読本」で，初めは，物理訓蒙その他洋学資料に関連するものを用いたが，やがて Marcius Willson による reader を田中義廉に訳述させた。その他発行事例も見られたが，本書が他を厭して明治20年の改正版までも現存する。小学教則中の「書取」は，単語・会話等で，『小学入門』などのものが用いられた。「書牘」は教科書として使われたが，「作文」には使われなかった。「習字」だけは，幕末からの連続であり，官民共に刊行が盛んであった。「文法」は「当分欠ク」であったが，田中義廉の「小学日本文典」が明治9年に登場し，いくつかの教科用書が出てきたが，学制期が過ぎて低調となった。

　学校教育における国語学力の評価（試験）は，明治2年創立京都小学などの進級の事例を見ても，きわめてきびしく扱われた。学制頒布のころには，太政官から文部省に「生徒階級ヲ踏ム極メテ厳ナラシムベキ事」の指令があったほどである。頒布された学制には，「生徒及び試業の事」が定まり，「東京府小学定則」に「上下等試験科目」があり，大学区議定学力試験法の制定にまで進んだ。

　学制期の国語教授実施は，次の諸問題を伴うに至った。まず，国語教師（小学）の問題である。教師は一日にして出来ないので，師範学校の設立と共に，教師の養成を主眼としながら，それ以外の当座の教師にかかわる問題がある。明治6年東京府小学講習所が設立されたり，地方から上京して師範学校卒業者の授業の「熟観」などが実施された。府県小学校教則が

編成され，簡易科の性格が吸収されるのが見られるに至った。地方巡視の申報によれば，新教育の理解が不足していた。また，「文部省教育雑誌」の投稿を見ると，そこにも教則簡易化の胎動がうかがわれた。

　そして，学制教則期の後退から，小学校教則綱領期が次のように展開した。学制が実施となり，教育の経費は，父兄の月謝納入にまで及び，自治体の財政を圧迫した。教師養成のための学校建設と生徒募集や，その他の地方の窮状もあり，往年近世の寺子屋の安易さも懐しまれて，ついに教育令に転換した。明治12年9月の公布で，国語科目は7科から読書・習字の2科目に減じられた。翌年文教行政の面で河野文部卿となり，教育令改正を実施，小学校教則綱領が明治14年制定された。そこに注目すべきは，「中等科ニ於テハ近易ノ漢文ノ読本若クハ稍高尚ノ仮名交リ文ノ読本ヲ授ケ」「高等科ニ至テハ漢文ノ読本若クハ高尚ノ仮名交リ文ノ読本ヲ授クベシ」とあり，中等科・高等科に漢文を導入し，小学校に漢文教育を設定したことがわかる。明治12年夏「教学大旨」が示され，儒教主義の尊重が復活したのであった。欧米文化中心の学制教育思想は，大きく動揺したのである。この弁証法的進展は，小学校はやがて漢文の削除となったものの，中学校以上は実に今日にまで至るのである。

　以上は，7章にわたる本論の内容を主とし，簡明に要約したものである。それを通して，近代国語教育の発足と成立の事情を明らかにするとともに，学制期国語教育の実態を捉え，教則上の国語教育への実際的転進を跡付ける努力をした。これをもって，明治初期の国語教育に見る全体像を総合的に捉えて，初等国語教育の研究に，新しい成果をもたらそうと志向した次第である。　　　　　　　　　　　　　　　　　　　　　　　　　　　　以上

国語教育参照文献資料

1 参照文献資料年表

自　1783年（天明3年）
至　1982年（昭和57年）

架蔵欄略符解

モ	東京学芸大学附属図書館　望月文庫
マ	東京学芸大学附属図書館　松浦文庫
ガ	東京学芸大学附属図書館
ナ	宮内庁内閣文庫
コ	国立国会図書館
コキ	国立教育研究所附属図書館
ヒ	東京都立日比谷図書館
ト	東京書籍株式会社附属・東書文庫
ソ	大日本小学教科書総覧上下
家	家蔵

刊月欄略符解

欠　原著に月日の記載を欠くもの
免　版権免許を受けた月（出版月日不詳）
識・序・凡　識語・序文・凡例に記載の月，（出版月，版権月不詳の場合），「出版御届」とあるものは「届」とした。

編　著	書　名	巻	出版・発兌	刊月	架蔵
江　村　北　海	○1783（天明3）年 授　業　編	10	私　　　刊	6	モ
大　槻　玄　沢	○1788（天明8）年 蘭　学　階　梯	2	群　玉　堂	3	モ
未　　　　　詳	○1755（宝暦5）年 寺　子　式　目	1	写　　　本	6	モ
未　　　　　詳	○1791（寛政3）年 寺　子　式　目	1	写　　　本	3	モ
善庵先生校閲 蕭　良　有	○1807（文化4）年 四　字　経	1	西　宮　弥兵衛	5識	モ

国語教育参照文献資料

編　著	書　名	巻	出版・発兌	刊月	架蔵
	○1832（天保3）年				
佐　藤　　　担	初学課業次第	1	私　　　　刊	6	モ
	○1853（嘉永6）年				
春　水　　　撰	皇朝三字経	1	私　　　　刊	3	モ
未　　　　　詳	実　語　教	1	麟　形　堂	欠	モ
	○1866（慶応2）年				
福　沢　諭　吉	西洋事情	10	尚　古　堂	7	ト
開　　成　　所	英吉利単語篇	1	開　成　所	欠	ト
開　　成　　所	法朗西単語篇	1	開　成　所	欠	ト
	○1867（慶応3）年				
開　　成　　所	英仏単語篇注解	1	開　物　社	5	ト
阿　部　為　任	英学捷径七ツ以呂波	1	播　磨　屋	8	モ
片　山　淳之助	西洋衣食住	1	慶　応　義　塾	12	モ
柳　河　春　三 訓点	智環啓蒙塾課　初歩	1	大　和　屋	秋	コ
柳　河　春　蔭	うひまなび	1	紀伊国屋兌	欠	コ
柳　河　春　三	洋学指針　英学部	1	（鵝　鶏　桜）大　和　屋　兌	欠	ト
開　　成　　所	法語楷梯	1	開　成　所	欠	ト
	○1868（慶応4／明治元）年				
小　幡　篤次郎	天変地異	1	慶　応　義　塾	7	ト
桂　川　甫　策	英仏単語便覧　上	1	理外無物楼	欠	ト
	○1869（明治2）年				
江藤弥左衛門筆	皇学所規則	1	写　　　　本	3	マ
慶　応　義　塾	芝新銭座慶応義塾之記	1	慶　応　義　塾	8	モ
	○1870（明治3）年				
田　中　大　介	天然人造道理図解	3	橋　爪　刊椀　屋　兌	3	ト
市　野　　　蒙	地方往来	1	青　松　軒	4	ト
桂　川　甫　策	英仏単語便覧　下	1	理外無物楼	6	ト
古　川　正　雄	絵入智慧の環　初上，二上	3	岡　田　屋	8	モ
大　学　南　校	大学南校舎則・規則		大　学　南　校（木　　版）	10	倉沢剛
沼　津　学　校　用	洋学単語	1	沼　津　学　校	欠	ト

519

編　著	書　　名	巻	出版・発兌	刊月	架蔵
橋　爪　貫　一	童蒙必読，皇諡之巻	1	青　山　堂	欠	モ
橋　爪　貫　一	童蒙必読，年号之巻	1	青　山　堂	欠	モ
	○1871（明治4）年				
古　川　正　雄	絵入 智慧の環　二下，三上	2	岡　田　屋　兌	2・6	モ
福　沢　諭　吉	蒙 啓手習の文	1	慶　応　義　塾	4	ト
橋　爪　貫　一 校訂	英学 捷径 九体以呂波	1	青　山　堂	8	ト
梅　浦　元　善	通俗英吉利単語篇　上	1	択　善　居	9	ト
橋　爪　貫　一	世界商売往来	1	伊　丹　屋　他	9	ト
編　輯　寮	語彙活語指掌	1	文　部　省	11	ト
編　輯　寮	語彙別記	1	文　部　省	11	ト
編　輯　寮	語彙　阿之部	1	文　部　省	11	ト
古　川　正　雄	ちゑのいとぐち	1	雁　金　屋	11	モ
志　水　洋　遊　訳	挿訳綴字書　第一篇	1	便　静　居	12	ト
吉　田　賢　輔　訳	物理訓蒙	4	共　立　舎	欠	ト
	○1872（明治5）年				
雪外逸人　校正 岸野　復　序	童蒙 英学手引草	1	宵　山　堂	2	ト
瓜　生　政　和	西洋新書	4編 8巻	宝　集　堂　兌	2	ト
瓜　生　　　寅	啓蒙知恵乃環	3	私　　　刊	3序	ト
石　川　　　彝	西洋夜話	2	養　愚　堂	3〜6M₃	ト
古　川　正　雄	絵入 智慧の環　三下　四上下	3	岡　田　屋　兌	春	モ
市　川　央　坡	英国単語図解	1	従吾所好斎	5	ト
島　　　一　悳	挿訳　英吉利会話篇	4	東　生　亀次郎	6	ト
後　藤　達　三	訓蒙 窮理問答	6	東　生　亀次郎	6	モ
編　輯　寮	習字初歩	1	文　部　省	7	モト
内　田　晋　斎	窮理 捷径 十二月帖	2	万玉蘊堂養堂　兌	7	ト
沖志楼　　主人	維新 御布告往来	1	思　明　楼	9	モ
弘　成　堂　書　屋	英会話独学	1	椀　屋　兌	10	モ
都城県小学館	英綴字	1	都　城　県	10	ト
柳　田　貞　亮	本期三字経	1	文　苑　閣	11	モ
橋　爪　貫　一	童蒙必読，州名之巻	1	青　山　堂	欠	モ

国語教育参照文献資料

編　著	書　名	巻	出版・発兌	刊月	架蔵
小林好謙訳	通俗英吉利会話篇	1	宝文堂	欠	ト
文部省	単語篇	1	静岡県重刻	欠	モ
山梨県	小学字類	1	山梨県	欠	モ
白里外史	窮理用文章	1	玉養堂　万蘊堂	欠	モ
巻菱潭	文章早綴	1	文宝堂	年月欠	モ
\multicolumn{6}{l}{○1873（明治6）年}
志水洋游訳	挿訳綴字書　第二集	1	便静居	1	ト
片山淳吉著 横山由清閲	小学綴字篇・同附説 上下 第一教	3	万蘊堂　玉養堂	1	ト ト
辻氏	小学諳誦十詞	1	私刊	2	ト
市野嗣郎校訂	増訂農業往来	1	青松軒	2	ト
上羽勝衛	童蒙読本	1	惺々軒	3	ト
広瀬渡 長田知儀訳述 （無記名）	智環啓蒙咏解	3	石川県学校	3	ト
文部省	小学読本	2	師範学校	3〜	コ・キ ト
小室樵山	皇朝単語字類	5	万青堂	3免	モ
巻菱潭	習字乃近道	1	万苑閣兌　文宝堂	春	モ
東京府	小学教授書　単語之部……　習字之部……	2 1	東京府	4歟	ト・モ
未詳	改点三字経	1	米山堂	5	モ
吉水良祐	説教訓導道志留倍	2	酉山堂	5	モ
松川半山	開化童子往来	1	群玉堂	5	マ
福沢英之助訳	初学読本	1	私刊	5	マ
文部省	小学教授書	1	師範学校	5	家
市岡正一	童蒙読本会話篇	1	雁金屋兌	5	ト・モ
文部省	単語篇	1	石川県学校	5	ト
文部省	単語篇	1	栃木県	6	モ
橋爪貫一	単語略解	5	江藤喜兵衛兌	6	モ・ト マ
山梨県	学制解訳	1	私刊	6識	モ ト
市野嗣郎校訂	農業往来　二編	1	青松軒	7	ト
市岡正一	童蒙読本続会話篇	1	青山堂	8	ト
太田随軒	太田氏会話篇	2	万笈閣兌	8	ト
福沢諭吉	文字之教	3	慶應義塾	8 第3(11)	カ

521

編　著	書　　名	巻	出版・発兌	刊月	架蔵
チエンバー原著	百科全書教導説	1	文　部　省	8	マ
土方幸勝輯録 田中・諸葛閲	師範学校小学教授法	1	須原屋兌他	8	モ
島　治　三　郎 藤　川　晋　斎　校	通俗単語図解　上	1	仙　　鶴　　堂 冨　　山　　堂	9	ト・マ
かなぶみ 　　しゃちゅう	だい、ちよみほん・だい1よ みほん各上下	4	布　目　雄　蔵　兌	9	ナ
諸　葛　信　澄	小学教師必携	1	烟　　雨　　楼	12	モ・ト
田　中　不二麿	理事功程	14	文　部　省	12 ～8M9	マ
勝　浦　鞆　雄	連語篇	1	万　笈　閣　兌	12	ト
高　田　義　甫	官許小学教則問答	1	北　畠　千　鐘　房	12	モ
文　　部　　省	単　語　篇	3	文　部　省	欠	家
文　　部　　省	単　語　篇	3	山　形　県 活　版　社	欠	ト
文　　部　　省	単　語　篇	1	千　　葉　　県	欠	モ
文　　部　　省	単　語　篇	3	宮　　城　　県	欠	マ
河　邨　貞　三	単語国字解　初上	1	松　柏　堂 文　石　堂	欠	マ・ナ
小　　川　　悦	譜誦独稽古	1	松　村　九　兵　衛	欠	ナ
森　　有　　礼	EDUCATION IN JAPAN (尾形裕康著「学制実施経緯の研究」)		NEW YORK 私　　　　刊	欠	
馬　場　辰　猪	AN ELEMENTARY GRAMMAR OF THE JAPANESE LANGUAGE	1	LONDON 私　　　　刊	欠	コ
山　　梨　　県	仮字単語篇	1	山　　梨　　県	年次欠	ト
江藤弥七原撰 萩田篠夫補刪	改正農業往来	1	文　繡　堂　兌	年次欠	ト
文　　部　　省	文部省第一年報	1	文　部　省	欠	家
	○1874（明治7）年				
伊　藤　信　平	筆のはじめ	1	甘　　泉　　堂	1	マ
久　保　扶　桑	初学会話読本	2	甘　　泉　　堂	1	ト
関　　治　　彦	大日本詞の梯	2	鳩　　居　　堂	1	モ
高　木　真　蔭	ヨミコヱノシルベ	1	桃　　之　　堂	1	モ
大須賀龍潭新撰 吉田庸徳校正	女小学読本上下	2	耕　　養　　屋	1	コキ
総　生　　　寛	洋学道案内	1	文　　正　　堂	1	ト
若　林　長　栄	学校入門譜誦心の種	1	広　瀬　藤　輔	1	ヒ
田　中　義　廉	小学日本文典	2	雁　金　屋　兌	巻一二1 巻三7	家
黒　田　行　元	小学会話編　第一	1	正　宝　堂 瑞　巌　堂他	2	ト
上　羽　勝　衛	続単語篇	2	大　　観　　堂	2	モ

国語教育参照文献資料

編　著	書　　名	巻	出版・発兌	刊月	架蔵
吉岡孝始編 村田海石書	単語五千字	1	積種玉圃堂 種玉堂	2	モト
浅野明道	単語篇拾遺	2	皓月舎兌	3序	トコ
箕作麟祥訳	学校通論	9	文部省	4	コ
島治三郎	通俗単語図解　下	1	仙鶴堂 冨山堂	4	マ マ
榊原芳野	小学読本 首巻・1～3	4	文部省	5	キ コ
那珂通高 稲垣千穎	小学読本　4～5	2	文部省	5	マキ コト
渋谷良平編 深沢菱潭書	小学習字帖 ア巻4～7 必要習字帖 イ巻1～3,8～10	10	晩翠堂 日進堂他	ア5 イ8	ト
富岡貴林	小学勧善読本	2	奥付欠	6	ト
井出猪之助	小学会話之捷径一名作文初歩	3	文敬堂	6	コキ
文部省	書牘 日用文	4	文部省	8	家
金子清三郎	作文楷梯	1	石川県学校	8	モト
師範学校	習字手本　改正本	2	文部省 千秋翻刻	8	モト
榊原芳野篇 黒川 真頓・木村正辞訂	小綴字書	1	文部省	8	ト
鳥海弘毅	飾磨県下等小学教授法	1	柳影軒	9	ト
筑摩県師範学校	上下小学授業法細記全	1	筑摩県師範学校	9	モ
千秋慎一	書牘階梯	1	慶応義塾他	9	マト
文部省	小学入門　甲号	1	文部省	10	ト
松川半山	童蒙画引単語篇 巻之一	1	梅原亀七	11	マ・ト
橘慎一郎	師範学校小学教授書図解	1	木村文三郎	11	モ
伊藤信平	音訓両点小学読本一	1	文江堂	11	コキ
本多栄雄	童蒙必読単語往来	1	思明桜	12	モ
山下厳麗	小学懸図詳解巻之二	1	青山清吉	欠	モ
文明堂	假名付単語篇	1	文明堂	欠	モ
松井惟利	単語篇診解	1	小松園	欠	モ
名和謙次	小学授業次第	1	集義社	欠	モ
熊谷県	単語読本	1	博文堂 須原屋	欠	モ・ト
市岡正一	童蒙読本会話篇　二篇	1	伊丹屋他	欠	ト
文部省	文部省第二年報	1	文部省	欠	家
	○1875（明治8）年				
文部省	小学入門　乙号	1	文部省	1	ト

523

編著	書名	巻	出版・発兌	刊月	架蔵
ドラパルム原著 和田順吉訓訳	勧懲雑話	1	文部省	1	モ
内田嘉一	習字臨本	1	文部省	1	マ
榊原芳野	小学綴字翼	1	温古書屋	1	ト
文部省	小学綴字書	1	長野県反刻	1	ト
小倉庫二	小学教方筌蹄	2	和泉屋	2	モ
田中芳男訳 成島謙吉 ベレエズ著	学業捷径 初篇	1	田中氏	3	モ
井出猪之助 天野皎	師範学校掛図童子訓	1	文敬堂	4	ト
片岡正占	日本文典暗誦動詞	3	玉山書房	5免	コ
村田海石書	習字本 苗字略・単語	1	和歌山県 学務課	5	ト
本木貞雄	小学読本 5.6	2	小学舎	5	マ
田中義廉閲 田中芳男 師範学校編 村田海石書	小学読本 5.6	2	貂寋書屋	6	マ
	大習字手本	1	文部省 圭章堂・五車堂	7	ト
水溪良孝	小学入門便覧	1	田中治兵衛	7	モ
竹内布久	五十音分生図	1	竹内・矢田	7	ト
佐野常民	澳国博覧会報告書	1	同会事務局	7	ト
小林義則	小学書取本	1	飯田陽	9	モ・ト
佐瀬得所	集俗単語篇	2	須友軒	9	ト
藤井惟勉	小学教授本	1	私刊	9	ソ
東野新三郎	教科書字引 二編	1	伊丹屋その他	10	コキ
伊沢修二	教授真法 初編	1	田中稔助	10	ト
渡辺栄八	小学読本字引	1	水野	10	モ
高畠藍泉・岸田吟香閲・佐瀬得郎書	雅俗一新要文	1	武田伝右ヱ門	11	モマ
若林徳三郎	連語図解	1	赤志忠七	11	マ
西村茂樹訳 Philobibleus著	教育史	1	文部省	11	ガ
斎藤幸直	絵本単語図会 巻一	1	暢発学校	11	モ
大久保忠保	字音仮字便覧	1	恪堂	12	モト
安場正房著 諸葛閑・椛木校	小学授業要論	1	雄風館	12	モ
金戸尚政訳 高橋敬十郎編	小学授業必携	1	慶林堂	12	モ
未詳	小学入門図解	1	児玉弥吉	欠	モ

524

国語教育参照文献資料

編　著	書　　名	巻	出版・発兌	刊月	架蔵
文　部　省	文部省第三年報	2	文　部　省	欠	家
	○1876（明治9）年				
渋　江　　　保	小学入門授業法	1	一　貫　　社	1	ト
小　林　正　雄　訳	米国教育年表	4	文　部　　省	1	ト
水　溪　良　孝	改正小学読本便覧	1	田　中　文　求　堂	2	モ
丹　羽　適　斎	小学読本字解	1	慶　雲　　堂 文　光　　堂	2	ト
田中義廉閲・金子 尚政・高橋敬十郎	小学作文軌範	2	青　雲　　堂	3	マ
山　梨　　　県	改定下等小学教授法	1	山　梨　　県	3	ト
大　野　徳　孝　編 岡　本　則　録　閲	下等小学作文階梯	1	龍　章　　堂	3	モ
吉　見　重三郎	学校必用連語解	1	花　説　　堂 尚　古　　堂	3	ト
水　口　龍之助	小学読本　片仮名付	1	文　泉　　堂	4	コキ
城　谷　　　謙	小学女読本一	1	村　上　勘　兵　衛	4	コキ
村　井　　　清	西洋千字文	1	会　粋　　堂	4	マ
平　田　　　蘂	小学入門図解	1	山　中　鉄　造	5	モ
市　岡　正　一	女学読本　巻1.2.3	3	錦　耕　　堂	6	コキ
生　駒　恭　人	小学授業術大意	1	鈴　木　吉兵衛	6免	ト
ノルゼント著 漢加斯底爾訳	教師必読	1	文　部　　省	7	ガ
浅　野　明　道	標記諺解小学読本	2	文　会　　堂	7	コキ
小　林　鉄五郎	五十韻図解	1	私　　　　刊	8届	コキ
杉　浦　朝次郎	傍訓小学読本	1	私　　　　刊	8届	コキ
中　根　　　淑	日本小文典　上下	2	森　屋　治兵衛	8	モ
川　井　景　一 大　槻・小　林　閲	改正小学読本要解	1	金　港　　堂	8	モ
青　木　輔　清	師範学校改正小学教授方法	1	東　生　亀次郎	8免	マ・モ
石　川　東　崖	小学教授書類読鍵	1	尚　古　　軒 盛　秀　　堂	8免	モ
速　水　岩　吉	画引小学読本	1	川　勝　徳次郎	8	モ
埼玉県改正局	改定連語篇　初篇	1	埼玉県改正局	11	ト
市　岡　正　一	文部省掲図小学連語問答	1	錦　耕　　堂	11	コキ
横　枕　清　七	小読本　仮名付	1	美　玉　堂　兌	12	コキ
西　野　古　海	作文通書	1	文　江　　堂	12免	モ
川　島　健　二	小学開化用文	1	五　鳳　　桜	12	モ

525

編　著	書　名	巻	出版・発兌	刊月	架蔵
ペイジ著 漢加斯底爾訳	彼日氏教授論	1	文部省	12	ガナ
東京開成学校	東京開成学校一覧	1	東京開成学校	欠	ナ
文部省	文部省第四年報	2	文部省	欠	家
	○1877（明治10）年				
稲垣千頴著 原　正義校	小学作文書 首1.2	3	土方幸勝	1	マ
金子尚政著 田中義廉閲	訓蒙作文軌範 上下	2	内藤伝右ヱ門	1	モ
岡松甕谷	初学文範	3	紹成書院	1	モ
稲垣千頴編 榊原芳野閲	東京師範改正小学読本字引	1	浦野浅右ヱ門	1	コキ
安田敬斎	日本小学文典 上	1	柳原喜兵衛	1	ト
岡三慶	開巻驚新作文用字明辨　一名漢文典	1	晩成堂 豊文堂	2序	ト
春山弟彦	日本文典 小学科用	2	龍章堂	2免	コ
吉川楽平	国語教授式	1	林安之助	3	ト
モルレー著	慕邇矣稟報	1	写本	3	ト
ノルゼント著 小泉信吉 四屋純三郎訳	那然小学教育論	1	文部省	1	ガ
赤松小春編 藤田野安利書	小学必携単語千字文	1	斎藤朝吉 田野辺忠	3凡例	モ
三瀬貞幹編 内田赫一郎校	下等小学問答書	1	金港堂	4免	モ
弘田均	小学問答全書	1	金港堂	4	モ
東京府	小学授業法	1	東京府	4免	モ
三瀬貞幹編	小学読本要解	1	金港堂	5	モ
柾木正太郎	画引小学読本便覧	1	岡田茂兵衛	5	コキ
カルキン著 黒沢寿任訳	加爾均氏庶物指教 上下	2	文部省	5	ト
遠藤宗義編 田口小作校正	小学綴字書	1	山梨県	6	マ
荻島光享編 田口小作校正	小学書取語類	1	山梨県	6	ト・モ
千田一十 高橋恕	小学綴字初学	1	私刊	7	コキ
長芡	小学習字本　第四級	1	児玉少介	8免	モナ
大阪師範学校	大阪師範学校一覧	1	私刊	9	ナ
堀秀成	語学階梯	2	永井尚眼	9	モ
川上広樹編 田中義廉閲	小日本文典略觧 上下	2	甘泉堂	9	家
亀谷省軒	育英文範	2	光風社	10 11	モ

526

国語教育参照文献資料

編　著	書　名	巻	出版・発兌	刊月	架蔵
吉　良　義　風	小学五十音単語活言　甲号	1	金　花　堂 中　外　堂	10	ト
小　林　菊三郎	通常物図解問答	1	文　明　書　楼	10	家
文　　部　　省	文部省第五年報	2	文　部　省	欠	家
	○1878（明治11）年				
旗　野　十一郎	日本詞学入門	2	事　貴　明　堂	1	マ
大　場　助　一	小学教授本	1	山　中　孝之助	2免	家
ヘプン　著 西　周　訳	奚般氏著心理学	2	文　部　省	2	モ
チエムバー著 箕作麟祥訳	百科全書第十八冊教育論	1	文　部　省	2	マ
喰　代　豹　蔵 小　方　孝　溥	初学作文指掌		友　仁　社	3免	モ
物　集　高　見	日本文法問答	1	松　悦　堂	3	ト
阿　保　友一郎 生　川　正　香	文典初歩	2	桂　雲　堂	4	ト
萱　生　奉　三	変則小学読本　巻一	1	兮　矣　書　屋	4	ト
千　葉　師　範　学　校	小学問答法	2	博　物　社	5	モ
永　島　福太郎	教草単語図解	2	加　々　吉　寿	5届	モ
志　爾　敦　編 横　尾　東　作　訳	童蒙教育問答	3	好　音　舎	5免	ト
池　田　　　観	女子読本	5	俵・辻　本	1.2(6) 3.4(10) 附(12)	コキ
槙　村　正　直	私用文語	1	羽　仁　謙　吉	6	家
カルデルウッド著 甲　斐　織　衛　訳	加氏教授論	1	文　部　省	7	ガ
佐　伯　義　門 岡　　　三　慶	初学文法図解	1	豊　文　堂	7	ト
モ　ル　レ　ー　著	学監大闘莫爾矣申報	1	写　　　　本	7	ト
小　林　義　則	改正小学書取本	1	飯　田　暢	7	ト
師　範　学　校　編	小学書取本	1	茨　城　県　蔵　版	10	◎
シェルドン著 永　田　健　助　訳 関　藤　成　緒	塞児敦氏庶物指教上	1	文　部　省	12	ガ
大　月　疇四郎	通常物懸図教授法	1	川　又　定　蔵	12	ト
文　　部　　省	文部省第六年報	1	文　部　省	欠	家
	○1879（明治12）年				
中　島　　　操	小学文法書解剖法	1	万　象　堂	1	モ
新　岡　久　頼	点画三十八法	1	奥　並　継	1	モ
小　川　　　亮	中根淑著日本文典考証	2	日　新　堂	1	モ

527

編　著	書　　名	巻	出版・発兌	刊月	架蔵
加部巌夫	語学訓蒙	2	探古堂	2	マト
三吉艾	談話作文初歩　初編 書取	1	錦花雨説楼堂	2	ト
三浦淳一 神矢・土屋閲	下等小学綴字編	1	鳩居堂	3	ト
ホルブルック著 山成哲造訳	和氏授業法	1	文部省	3	ガ
小林義則 巻菱潭書	小学習字体	1	丸善七	3	モ
京都府	仮字用格異同弁	1	村上勘兵衛	3	ト
帰震川原 岡三慶補	文法七十七則指南漢文法	1	晩成堂	5	ト
安田敬斎 田中義廉	記事論説文例	2	前川善兵衛	5	モ
桑名清内	漢史一斑字引	1	松林堂	6	モ
佐藤誠実 黒川真頼閲	語学指南	4	容月楼	7	ト
大条三治	小口授叢談　巻之三	1	原亮三	11	モ
岡本懐徳	千字弁解	1	東洋堂	11	モ
篠田仙果	明治英銘百詠撰	1	文泉堂	11	モ
岩手県	岩手県教育史料布令書	1	岩手県	欠	モ
文部省	文部省第七年報	1	文部省	欠	家
	○1880（明治13）年				
久松義典	新撰小学読本	3	金港堂	2.6	マ・ト
ツェ・ケール著 村岡範為馳訳	平民学校論略	1	文部省	2	マ
伊沢修二	東京師範学校沿革一覧	3	東京師範学校	第六学年 3	モ・ト
青木輔清 安井乙熊	小学作文全書　1.4	2	集英堂	3免	モ・ト
スペンサー著 尺振八訳	斯氏教育論	1	文部省	4	ト
青木栄次郎	小学教授本	1	能勢嘉左衛門	6	モ
内海共之	日常有用小学書取本	1	三友舎	6	コキ
チェンバー著 菊地大麓閲訳	百科全書第二十冊脩辞及華文	1	文部省	9	マト
北山径乗 小川安村編	群馬小学通常問答	1	金港堂	10	ト
伊藤有隣	小学読本　上	1	蜂谷才次郎	10	コキ
久保田梁山	上等紀事論説文叢上下	1	水野慶次郎	11	モ
文部省	文部省第八年報	2	文部省	欠	家
	○1881（明治14）年				
未詳	英名百人一首	1	錦松堂	2識	モ

528

国語教育参照文献資料

編　著	書　名	巻	出版・発兌	刊月	架蔵
辻敬之・小池民次・稲垣千頴閲	初等小学読本　正篇・続篇	2	博　文　堂	3.4	コキ
吉　川　楽　平	子守うた文典ち可道	1	山　中　市兵衛	3届	ト
小　川　伊　典	鼇頭評点上等漢文軌範	2	東　生　鉄五郎	3	家
学務課編纂菱潭書	簡易科手習の文商売往来	1	万　笈　閣	4	モ
編　輯　局	語彙　伊之部・宇之部	2	文　部　省	5	コ
木　沢　成　肅	小学中等読本　和文	3	阪上半七兌	6免	マト
稲　垣　千　頴	小学用語格	1	文　会　舎	7	ト
林　甕　臣本居・小中村閲	文場必携仮名遣早引	1	九　春　堂　兌	7	ト
西　村　貞　訳述	小学教育新編	5	金　港　堂	9免	モ
文　　学　　社	小学読本　首巻	1	文　学　社	9	コキ
若　林　虎三郎辻　　敬　　之	小学作文稽古本	2	辻　　　　氏	10緒	モ
中　島　　　操伊　藤　有　隣	小学　読本	5	集　英　堂	12	モ・キ
青　木　輔　清	小学初等科作文法	1	同　盟　舎	12	モ
西　村　致　忠	小学入門Z号	1	大野・富田・中山翻	12	モ
巻　　菱　　潭	初等　二三年後期	2	原　　喜三郎	欠	モ
文　　部　　省	文部省第九年報	2	文　部　省	欠	家
○1882（明治15）年					
木沢成肅閲・関口直吉・小俣孝太郎	小学初等作文教授本　巻下	1	阪　本　半　七	1	モ
竹　内　禎十郎衣笠弘・小林常男稲　垣　千　頴閲	初　等　入　門	1	私　　　　刊	1序	ト
中　島　　　操伊　藤　有　隣	小学読本　巻六・七	2	集　英　堂	2	コキ
鳥　　山　　啓	小学中等科読本	6	久　栄　堂	2免	コキ
内　山　作　信	大統歌字解	1	白　玉　堂	2	モ
王　伯　原　著高　木　弘　平訓点	三　字　経	1	長　嶋　為一郎	4	モ
未　　　　詳	連語図読本	1	文　泉　堂	5	ガ
木　沢　成　肅	小学中等読本字解　漢文	1	阪　上　半　七	5	モト
文　　部　　省	小学指教図　翻刻	1	室　直　三　郎	5	ト
中　沢　箭　一	初等小学指教図教授方法	1	有　斐　閣	6	ト
戸　川　新太郎	初等小学文章読本	6	文　栄　堂	6	コキ
那　珂　通　高石　川　倉　次	初学読本　一名学のはしご	6	弘　書　堂	6	コキ

529

編　著	書　　名	巻	出版・発兌	刊月	架蔵
塩　谷　世　弘	大　統　歌	1	鈴　木・鬼　頭	7	モ
宇田川準一訳 小笠原東陽校	小 学 読 本	5	文　　学　　社	1(8) 2-4(9) 5(10)	コキ
長　　野　　県	小学各等科試業法	1	長　　野　　県	8	モ
文　　部　　省	小学指教図	1	石塚徳次郎翻刻	10	ガ
伊　沢　修　二	教育学(上)-(下)16年4月	2	丸　善　商　社	10	ガ
文　　部　　省	学事諮問会	1	文部省写本	11	ナ
林　　松　　山	中等科小学書字帖	1	原　　　亮三郎	11	モ
稲　垣　千　頴	和 文 読 本	4	普　　及　　舎	12	マ
文　　部　　省	九鬼文部少輔口述扣	1	写　　　　　本	12	ナ
亀　田　一　純	小学中等科読本　和文	3	拡　文　館	12	コキ
文　　部　　省	文部省第十年報	2	文　部　省	欠	家
	○1883（明治16）年				
木下邦昌著 塩谷吟策校正	小学教授新法	1	国　松　惣次郎	1	ト
茨城県豊田岡田 二郡教員集会所	初小学読本書取本	1	荻野・高橋・増田	1免	コキ
笠間益三編巻一、 三島毅校巻二以上 平井正、稲垣千頴校	小学中等科読本	6	文　　学　　社	2	マ
平　井　　　正	校本新編小学読本　巻二	1	石　塚　徳次郎	2	マ
曽我部信雄編 錦織精之進閲	小初等女子作文稽古本	2	梅　原　亀　七	3	マ
栗　野　忠　雄　訳	ウ井ルソン氏第一リードル直訳　全	1	私　　　刊	3	家
小　池　民　次	初学第一、第二、第三読本	3	千葉県教育会 石川治兵衛	4免	ト
稲　垣　千　頴	新撰小学読本	9	普　　及　　舎	首上(4) 他(5)	コキ
鈴木弘恭口述 小中村清矩閲	初学速成文法口授	1	城　　慶　　度	5	ト
羽山尚徳編 亀谷省軒閲	中等読本小学文編　和文	3	光　　風　　社	5	マ
若　林　虎　三 白　井　　　毅	改正教授術	3	普　　及　　舎	6	マ
井上幾次郎編 明　石　全　澄	初学書取本	4	岡　本　思　古　堂	6	コキ
文　　学　　社	小学作文全書	16	文　　学　　社	7	マ
稲　垣　千　頴	小学読本　3.4.5	3	文　　学　　社	巻3 (17/1) 4.5(7)	コキ
文　　部　　省	小学指教図読本	1	北　沢　伊　八	9	ト
内　田　嘉　一	小学読本　中等科	4	金　　港　　堂	9	マ

編　著	書　　名	巻	出版・発兌	刊月	架蔵
原　　亮　策	小学読本	6	金　港　堂	9	マ
戸　川　新太郎	中等小学文章読本	6	文　栄　堂	10	コキト
西　山　義　行訳	ウキルソン氏第二リードル　独案内	1	開新堂三省堂	10	ト
添　田　寿　一抄訳ベ　　イ　　ン著	倍因氏教育学　全6冊中	巻1	酒　井・岩　本	11	カ
文　　部　　省	文部省第十一年報	2	文　部　省	欠	家
	○1884（明治17）年				
内　田　嘉　一	かなづかひはやまなび	1	私　　　刊	1	ト
山　田　邦　彦岡　　五　　郎校	うひ万那備続編	1	徳　島　県	1	ト
学　　務　　課	小学公文要語	1	京　都　府	2	ト
小　中　村　清　矩中　　村　　秋　　香	日用文鑑　上下	2	不　二　書　屋	2	モト
大　窪　実　閲三　　　吉艾	小学初等読本　3.4	2	福　井　源次郎	3晩	ト
編　　輯　　局	読方入門	1	文　部　省	3	ト
小　　倉　　鍛	中等小学文林　巻1	1	石川・吉川・長島	4	マ
岡　本　賢　蔵	小学中等科読本	6	奎　文　堂普及社（ママ）	4巻6(6)	コキ
編　　輯　　局	小学読本　高等科一・二	2	文　部　省	5	コキト
若　林　虎三郎白　井　　　毅	改正教授術続編	2	普　及　舎	5	ト
若　林　虎三郎	小　学　読　本	5	嶋　崎　礒之丞	6	ト・マ
編　　輯　　局	語彙　衣之部	1	文　部　省	7	コ
中　西　範訳	ブラウン氏　英文直訳	1	開新堂三省堂	8	ト
添　田　寿　一抄訳ベ　　イ　　ン著	倍因氏教育学　巻2・巻3・巻4・巻5	4	酒　井・岩　本	2(3)3(6)4(9)5(11)	ト
平　井　義　直	新撰読本　小学中等	6	杉　本　甚　介	9	ト
稲　垣　千　頴	読本中等科　6冊中3.4	2	普　及　舎	11	ト
稲　垣　千　頴	訂正読本　高等科	6	普　及　舎	11	コキ
文　　部　　省	文部省第十二年報	2	文　部　省	欠	家
	○1885（明治18）年				
添　田　寿　一抄訳	倍因氏教育学　巻6	1	酒　井・岩　本	1	ト
塩　谷　吟　策編稲　垣　千　頴閲	小学作文指南	6	青　雲　堂	2	マガ
有　賀　長　雄訳述ジョホノット著	如氏教育学	2	牧　野　書　房	上(3)下(7)	ガ
中　村　愿抄訳	ウェブストル氏　スペリングブック	1	中　村　順三郎	4	ト

531

編 著	書 名	巻	出版・発兌	刊月	架蔵
田中鬼武見 音訳	ウヰルソン氏 第一リードル かな附	1	大橋吉五郎	4免	ト
稲垣千穎閲 普及舎	校訂読本	6	普及舎	5	ト
高嶺秀夫訳 ジョホノット著	教育新論 巻一・二	2	普及舎	6	ガ
河村・乙骨・海老名訳 トラ・メイヒュウ著	眛氏教育全論	1	文部省編輯局	8	モ
津田唯雄稿	記事論説志伝文例	1	橋本	8	家
井上蘇吉	小学読本	6	沢屋	9	ト
津谷政栄	読方初歩	2	石川教育書房	11免	コキ
文部省	文部省第十三年報	2	文部省	欠	家
	○1886（明治19）年				
新保磐次	日本読本	6	金港堂	1	コキ
本居閲 平井正	小学普通科第一〜六読本	6	山中孝之助	1	コキ
新保磐次	日本読本初歩	2	金港堂	1	コキ
三尾重定	新編小学読本	9	教育書院	1免	コキ
阿部弘蔵	小学読本 高等科	6	金港堂	2	マ
久保田貞則、堤駒二、高橋熊太郎	普通小学読本	6	集英堂	3	コキ
津田唯雄稿	諸作文集	1	稿本	3	家
斎藤真英	新刻小学作文書 2上	1	吉川・牧野	4	マ
平井参閲 山中英二郎	小学国民読本	8	錦森閣	4	ナ
竹下権次郎	小学読本	5	中近堂	4	ト
井田秀生	国民読本	4	長島為三郎他	4	コキ
塚原苔園	新体読方書	8	石川教育書房	6免	マ
三宅米吉	小学作文書 第二	1	金港堂	8免	マ
工藤精一	新読本入門	2	大倉保五郎	9	マ
工藤精一	新読本	6	大倉保五郎	9	マ
編輯局	読書入門	1	文部省	9	ト
高嶺秀夫訳述 ジョホノット著	教育新論 巻三、四	2	普及舎	三(9) 四(11)	ガ
森修一訳著	ニューナショナル 第一リードル獨案内	1	吉岡平助	9	家
物集高見	てにをは教科書	1	十一堂	10	モ
寺田鍛	小学高等科読本	4	教育書房	10免	コキ

国語教育参照文献資料

編　著	書　　名	巻	出版・発兌	刊月	架蔵
本居豊頴閲 吉田賢輔閲	初学読本	8	阪上半七	10	コキ
塚達閲 佐沢太郎	尋常小学第一、二、三、四読本（上下）	8	文栄堂	10・11	コキ
高橋熊太郎	普通読本	8	集英堂	11	コキ
西村貞・大槻文彦 日下部三之介	小学読本	6	金港堂	11免	マ
阿部弘蔵	小学読本 1. 2. 6	6	金港堂	11免	マ
島田奚疑	尋常小学読本　温習科	1	嘉瀬喜兵衛	12	マ
国府寺新作講述	独乙聯邦普魯西国教育新史	1	博文堂	12	ト
文部省	文部省第十四年報	1	文部省	欠	家

○1887（明治20）年

編　著	書　　名	巻	出版・発兌	刊月	架蔵
林英吉	尋常小学読本	8	村瀬・鬼頭	1	ト
辻敬之 西村正三郎	尋常読本	8	普及舎	2・4・5	ソト
如安諾・塞児敦著 高木怡荘訳	明治十九年改正教授術　巻2	1	奎文堂	3	ト
稲垣千頴	訂正読本 高等科 巻7.8	2	普及舎	3	コキ
チェンバレン著 編輯局	日本小文典	1	文部省	4	コ
ローゼンクランツ著 国府寺新作訳	魯氏教育学	1	牧野善兵衛	4	ガ
林甕臣	五十音の発音法	1	大日本文章改良会　金港堂兌	4	モ
編輯局	尋常小学読本	8	文部省	5	ト・マ
編輯局	高等小学読本	4	文部省	5	ソ
池永暑 西村正三郎	高等小学読本	8	普及舎	5	マ・ソ
下田歌子	国文小学読本　第6	1	平尾鏘蔵	6	モ
青木港三郎	普通読本字引	1	集英堂	9	モ
岡邨増太郎	小学高等読本　2下	1	阪上半七	10	マ
菊地三渓校 池田蘆洲	天下無雙文法独案内	2	嵩山堂	10免	家
植村善作	尋常小学温習読本　上下	2	普及舎	11	マ
白井毅	学級教授術	1	普及舎	11	コキ
東京府庁	小学読本　第5〜8	4	東京府文海堂他兌	12	トソ
日下部三之介	新撰小学読本	8	田沼氏	欠	ソ
文部省	文部省第十五年報	1	文部省	欠	家

○1888（明治21）年

編　著	書　　名	巻	出版・発兌	刊月	架蔵
日下部三之介	森子爵之教育意見	1	金港堂	3	ナ

533

編　著	書　　名	巻	出版・発兌	刊月	架蔵
編　輯　局	尋常小学作文授業用書　巻1	1	文　部　省	3	ト
未　　詳	小学尋常科読本	8	金　港　堂	欠	ソ
中　原　貞　七	高　等　読　本	4	文　学　社	欠	ソ
文　部　省	文部省第十六年報	1	文　部　省	欠	家
田　中　登　作 杉　尾　太　閲 杉　上　文　郎 　　　　　悟	○1889(明治22)年 尋常 小学作文　一、三	2	普　及　舎	4	マ
田　中　登　作 西　村　正　閲 杉　山　文　三 　　　　　悟	尋常 小学作文　三	1	普　及　舎	5	マ
編　輯　局	小学よみかき教授書　上	1	文　部　省	5	ト
文　部　省	文部省第十七年報	1	文　部　省	欠	家
文　部　省	○1890(明治23)年 日本教育史資料	壹 弐 (四・九)	文　部　省 冨　山　房　兌 (24／5・25／9)	7 10	ト
(同　　上)	(同　　　上)				
津　田　石　径　稿	作文　稿集	1	稿　　本	4	家
文　部　省	文部省第十八年報	1	文　部　省	欠	家
ペ　ロ　ー　フ　著 高　須　治　輔　訳 田　中　登　作　閲	○1891(明治24)年 露国教育法	1	普　及　舎	8	ト
文　部　省	文部省第十九年報	1	文　部　省	欠	家
久　米　幹　文　閲 小　谷　一　馬	○1892(明治25)年 国語教授問答	1	博　文　館	3	ト
今　泉　祐　善	読書作文教授法	1	博　文　館	4	家
普　通　学　務　局	仏国小学法令類纂	1	文　部　省	4	モ
高師附属小 学校附属小	高等師範 学校附属小学教授細目	1	東京茗渓会	7	ガ
学　海　指　針　社	帝　国　読　本	6	集　英　堂　兌	9	家
杉　浦　重　剛	維新前東京市私立小学校教育 法及維持法	1	大日本教育会	10	ト
文　部　省	文部省第二十年報	1	文　部　省	欠	家
崎　山　元　吉	○1893(明治26)年 英語教授書　第一巻	1	私　　刊	6	モ
山　県　悌三郎	小学国文読本	8	文　学　社	9	マ

国語教育参照文献資料

編　著	書　名	巻	出版・発兌	刊月	架蔵
山　県　悌三郎	補習読本	4	文　学　社	9	マ
田　中　登　作	尋常小学　新読本	8	普　及　舎	11	マ
山　県　悌三郎	高　等　読　本	8	文　学　社	12	マ
プリンス原著 江　口　高　邦　訳 町　田　則　文　校	独逸学校教授法	1	金　港　堂	12	ガ
文　部　省	文部省第二十一年報	1	文　部　省	欠	家
	○1894（明治27）年				
内　閣　官　報　局	送仮名法	1	八　尾　版	5	ガ
金　港　堂	尋常小学　新体読本	8	金　港　堂	9	マ
金　港　堂	訂正　新体読本　高等小学	8	金　港　堂	9	マ
今　泉　定　介 須　永　和三郎	尋常小学読書教本	8	普　及　舎	11	マ
文　部　省	文部省第二十二年報	1	文　部　省	欠	家
	○1895（明治28）年				
上　田　万　作	国語のため	1	冨　山　房	6	コ
井　上　毅	梧陰存稿　一、二	2	小中村　義象	6 識	コ
文　部　省	文部省第二十三年報	1	文　部　省	欠	家
	○1896（明治29）年				
神　戸　直　吉	ENGLISH READERS	3	神　戸　書　店	11	モ
上　田　万　年	国　語　論	1	教　員　文　庫　8	欠	モ
文　部　省	文部省第二十四年報	1	文　部　省	欠	家
	○1897（明治30）〜1911（明治44）年			(年月)	
槇　山　栄　次	新説　教授学	1	金　港　堂	30/7	ガ
上　田　万　年	再版　作文教授法	1	冨　山　房	30/11	借用
片　山　潜	実践英文法会話	1	大　倉　書　店	31/6	コ
小　山　忠　雄	理論実験　読書作文教授法	1	東海林　六　郎	31/7	ガ
樋　口　勘次郎	統合主義新教授法	1	同　文　館	32/4	家
木　村　匡	森　先　生　伝	1	金　港　堂	32/9	コ
森　岡　常　蔵	小学教授法	1	金　港　堂	32/10	ガ
神　田　乃　武	小学英語読本　三訂	1	三　省　堂	34/3	ガ
田名部　彦　一	小学国語教授実施法	1	文　学　社	34/6	ト

535

編　著	書　名	巻	出版・発兌	刊月(年月)	架蔵
大瀬甚太郎 中谷延治	教授法沿革史	1	育　成　会	34／9	ガ
棚橋源太郎	小学各科教授法	1	金　港　堂	35／1	ガ
芦田恵之助	小学校に於ける今後の日用文及教授法	1	村　上　書　店	35／3	ガ
上田万年	国語のため　第二	1	冨　山　房	36／6	コ
日本書籍Ｋ・Ｋ	国語綴方教法及教授案	1	日本書籍Ｋ・Ｋ	37／9	梶原勝氏
神田乃武	改正小学英語読本	2	三　省　堂	37／10	ト
芦田恵之助評 倉田八十八著	綴り方教授法	1	中井真三 山本良助	42／7	ト
五十嵐力	新文章講話	1	早大出版部	42／11	ガ
編輯局	日本教育文庫　学校篇・教科書篇	2	同　文　館	44／3.4	ガ
益軒全集刊行部	益軒全集　巻之三	1	刊　行　部	44／3	ガ
文部省	文部省第二十五～三十年報	6	文　部　省	欠	家
文部省	日本帝国文部省第三十～四十年報	18	文　部　省	欠	家

○1912（大正元）～1925（大正14）年

編　著	書　名	巻	出版・発兌	刊月	架蔵
京都市役所	京都小学五十年誌	1	京　都　市	7／12	ト
尾佐竹猛	新聞雑誌の創始者柳河春三	1	名古屋史談会	9／2	コ
吉田熊次	本邦教育史概説	1	目　黒　書　店	11／4	家
坂手英雄	慶応義塾誌	1	坂　手　英　雄	11／9	ト
文部省	学制五十年史	1	文　部　省	11／10	ガ
国民教育奨励会	教育五十年史	1	民　友　社	11／10	ト
ペスタロッチ著 田制佐重訳	新訳世界教育名著双書第2 ゲルトルードは如何に其の子を教ふるか	1	文　教　書　院	12／7	ガ
時事新報社	福沢全集　第3巻・第4巻	2	時　事　新　報　社	14／12 15／4	ガ
村岡典嗣	吉利支丹文学抄	1	改　造　社	15／5	ガ
文部省	日本帝国文部省第四十一～五十四年報	30	文　部　省	欠	家

○1926（昭和元）～1935（昭和10）年

編　著	書　名	巻	出版・発兌	刊月	架蔵
刊行会	本居宣長　本居春庭全集 全集11　本居大平全集	1	刊　行　会	2／7	家
木下一雄訳	ヒュエイ読方の心理学	1	モ　ナ　ス	2／10	家
水木梢訳	ヒュエイ読方新教授法	1	日　東　書　院	2／10	家
吉野作造	明治文化全集　教育編第10巻	1	日　本　評　論　社	3／3	コ
橋本進吉	文禄元年天草版吉利支丹教義の研究	1	東　洋　文　庫	3／1	コ

536

国語教育参照文献資料

編　著	書　名	巻	出版・発兌	刊月(年月)	架蔵
石　川　　　謙	日本庶民教育史	1	刀　江　書　院	4／4	ガ
乙　竹　岩　造	日本庶民教育史下	1	目　黒　書　店	4／9	ガ
刊　　行　　会	文学博士三宅米吉著述集　第1.2	2	目　黒　書　店	4／10	コ
丸　山　林　平	国語教育学	1	厚　生　閣	7／11	家
日下部　重太郎	現代国語思潮	1	中　文　館	8／6	家
飛　田　　　隆	国語科学講座Ⅺ・国語教育科学史	1	明　治　書　院	8／7	ガ
日下部　重太郎	現代国語思潮続編	1	中　文　館	8／10	家
渡　辺　　　茂	国語科学講座Ⅺ・国語教育史	1	明　治　書　院	8／11	ガ
江木千之翁経歴談刊　行　会	江木千之翁経歴談　上下	2	刊　　行　　会	8／11・12	コ
米　山　梅　吉	幕末西洋文化と沼津兵学校	1	三　省　堂	9／4	ト
佐々木　一　二	国語科学講座Ⅺ・国語教材の変遷	1	明　治　書　院	9／4	ガ
長　田　　　新	ペスタロッチー教育学	1	岩　波　書　店	9／6	ガ
垣　内　松　三	国語教育論史(独立講座国語教育科学五)	1	文　学　社	9／11	家
石　山　脩　平	国語科学講座Ⅺ・国語教育学	1	明　治　書　院	10／3	ガ
○1936（昭和11）～1945（昭和20）年					
海　後　宗　臣	岩波講座国語教育Ⅳ・国語教育問題史	1	岩　波　書　店	12／1	家
石　山　脩　平	現代教育学大系各科　第七　国語教育論	1	成　美　堂	12／2	コ
石　川　　　謙	中世以降に於ける国語教育の発達　岩波講座国語教育5	1	岩　波　書　店	12／2	ガ
安　藤　正　次	岩波講座国語教育・国語国字問題	1	岩　波　書　店	12／3	ガ
文部省内教育史編　纂　会	明治以降教育制度発達史　第1巻	1	龍　吟　社	13／7	コ
海　後　宗　臣	日本教育家文庫　第3巻　杉浦重剛・西村茂樹	1	啓　文　社	13／10	ガ
豊　田　　　実	日本英文学史の研究	1	岩　波　書　店	14／2	コ
櫻　庭　孝之進	ローマ字論文集	1	帝国ローマ字クラブ	14／8序	家
海　後　宗　臣	日本教育先哲叢書19・元田永孚	1	文　教　書　院	17／9	コ
大久保　利　謙	日本教育先哲叢書18・森　有礼	1	文　教　書　院	19／7	コ
稲　富　栄次郎	明治初期教育思想の研究	1	創元社福村改訂	19／12　31／7	家
日本教育史学会	紀　要　第一巻	1	講　談　社	20／2	コキ
○1946（昭和21）年以降					
渡　辺　　彰　訳	米国教育使節団報告書	1	目　黒　書　店	22／6	
仲　　　　　新	教育文庫11・教科書の発達	1	河　出　書　房	22／12	

編　著	書　名	巻	出版・発兌	刊月(年月)	架蔵
梅　根　　　悟	初等理科教授の革新	1	誠文堂新光社	23／12	
高　羽　五　郎	SANCTOS NO GOSAGYEO サントスの御作業	1	私　　　　刊	24／3	
仲　　　　　新	近代教科書の成立	1	講　談　社	24／7	
高　羽　五　郎	言葉の和げ	1	私　　　　刊	27／6	
唐　沢　富太郎	教職教養シリーズ 第15巻 日本教育史	1	誠文堂新光社	28／4	
海　後　宗　臣	学制八十年記念教育資料展覧目録	1	東　京　大　学	28／5	
福　井　久　蔵	増訂日本文法史	1	風　間　書　房	28／10	
唐　沢　富太郎	中世初期仏教教育思想の研究	1	東洋館出版社	29／2	
広 島 県 教 委	広島県教育八十年誌	1	広　　島　　県	29／3	
文　　部　　省	学制八十年史	1	大蔵省印刷局	29／3	
唐　沢　富太郎	教師の歴史　教師の生活と倫理	1	創　文　社	30／4	
東 京 学 芸 大 学	昭和29年度特別研究報告 明治初期における初等中等教育研究	1	東京学芸大学	30／3	
唐　沢　富太郎	学制の歴史　学制生活の社会史的考察	1	創　文　社	30／6	
村　上　俊　亮 坂　田　吉　雄	開国百年記念文化事業会 明治文化史 第三巻　教育・道徳編	1	洋　々　社	30／6	
唐　沢　富太郎	教科書の歴史	1	創　文　社	31／1	
唐　沢　富太郎	日本人の履歴書	1	読売新聞社	32／7	
文　　部　　省 （古　田　東　朔）	教科書から見た明治初期の言語 文字の教育（国語シリーズNo.36)	1	光　風　出　版	32／9	
石　戸　谷　哲　夫	日本教育史研究 （野間教育研究所紀要）第19集	1	講　談　社	33／12	
石　川　　　謙	日本歴史新書 寺　子　屋	1	至　文　堂	35／2	
石　川　　　謙	日本学校史の研究	1	小　学　館	35／5	
沼　田　次　郎	日本歴史新書 洋学伝来の歴史	1	至　文　堂	35／6	
尾　形　裕　康	西洋教育移入の方途 （野間教育研究所紀要）第19集	1	講　談　社　兌	36／3	
編　纂　委　員　会	原田実博士古稀記念教育学論文集 「人間形成の明日」	1	同　委　員　会	36／11	
文　　部　　省 （古　田　東　朔）	続・教科書から見た明治初期の言語 文字の教育（国語シリーズNo.50)	1	光　風　出　版	37／4	
松　木　賢　治 鈴　木　博　雄	原典近代教育史	1	福　　　　　村	37／5	
吉　田　澄　夫 井之口　　　有　一	明治以降国字問題諸案集成	1	風　間　書　房	37／7	
刊　　行　　会	明治文化資料叢書 第7巻 書目編	1	風　間　書　房	38／2	
井　上　久　雄	学制論考	1	風　間　書　房	38／11	
尾　形　裕　康	学制実施経緯の研究	1	校　倉　書　房	38／11	

国語教育参照文献資料

編 著	書 名	巻	出版・発兌	刊月(年月)	架蔵
大久保利謙刊行会	明治文化資料叢書 第8巻 教育編	1	風間書房	38/12	
倉沢 剛	小学校の歴史 Ⅰ	1	ジャパン・ライブラリー	38/12	
文部省 (西原慶一)	国語改善と国語教育 (国語シリーズNo.55)	1	教育図書	38/4	
坂東藤太郎	ペスタロッチー運動の発展	1	協同出版	39/3	
倉沢 剛	小学校の歴史 Ⅱ	1	ジャパン・ライブラリー	40/3	
飛田多喜雄	国語教育方法論史	1	明治図書	40/3	
山根安太郎	国語教育史研究	1	溝本積善館	41/3	
小泉信吉	福沢諭吉	1	岩波書店	41/3	
仲 新	明治の教育	1	至文堂	42/5	
井上久雄	近代日本教育法の成立	1	風間書房	43/12	
中島太郎	近代日本教育制度史	1	岩崎学術出版	44/4	
倉沢 剛	小学校の歴史 Ⅲ	1	ジャパン・ライブラリー	45/3	
倉沢 剛	小学校の歴史 Ⅳ	1	ジャパン・ライブラリー	46/3	
野地潤家編	作文・綴り方教育史資料(上下)	1	桜楓社	46/5	
海後宗臣他	日本近代教育史事典	1	平凡社	46/12	
倉沢 剛	学制の研究	1	講談社	48/3	
野地潤家	世界の作文教育	1	文化評論社	49/2	
野地潤家	国語教育学史	1	共文社	49/9	
野地潤家	国語教育通史	1	共文社	49/9	
倉沢 剛	教育令の研究	1	講談社	50/3	
望月久貴他 注解	近代国語教育論大系 明治期Ⅰ	1	光村図書	50/3	
井上敏夫他 注解	同 上 明治期Ⅱ	1	光村図書	50/11	
野地潤家他 注解	同 上 明治期Ⅲ	1	光村図書	50/3	
黒田・土田	明治学制沿革史 (明治39年初版)	1	岩崎学術出版	50年復刊	
滑川道夫	日本作文綴方教育史 明治編・大正編	各1	国土社	52/8 53/11	
井上敏夫他	国語教育史資料	6	東京法令出版	56/4	

○各府県教育史　福島・山形・長野・新潟・石川・富山・静岡・愛知・徳島・高知・福岡・大阪・長崎・千葉・埼玉・群馬・栃木・熊本・大分・神奈川・兵庫・岡山・広島・山口等

539

2 参照原著文献一覧

凡　例

○ 文献の配列順序は出版年にもとづく。
○ 記載内容項目は，著者（編者），書名，出版地，出版社，出版年，ページ数，体裁（縦横の長さ）等で，原著の扉の記載に準拠した。
○ 出版年は，初版年を採用することに努めた。そのためには Preface の末尾記載年を記した場合もある。
○ 文献分類項目は次のとおり。
　　Method〈 P. 540～ 〉　　・Spelling〈 P. 542～ 〉　　・Word〈 P. 543～ 〉
　　Speaking〈 P. 544～ 〉
　　Reading〈 P. 545～ 〉　　・Writing (Composition)〈 P. 548～ 〉
　　Penmanship (Hand Writing)〈 P. 549～ 〉　　・Grammar〈 P. 550～ 〉
○ 記載文献は主として国立国会図書館所蔵の旧上野帝国図書館架蔵本である。

○ Method

① David P. Page:
THEORY AND PRACTICE OF TEACHING: OR, THE MOTIVES AND METHODS OF GOOD SCHOOL-KEEPING; NEW YORK, A. S. BRANES & CO., 1847 (PREFACE) (1876) 358PP.

② John F. Shaw:
LIVE AND LEARN, A GUIDE FOR ALL, WHO WISH TO SPEAK AND WRITE CORRECTLY, ... GRAMMAR, COMPOSITION, PUNCTUATION; LONDON, JOHN FARQUHAR SHAW, 1856 154PP.

③ Charles Northend:
THE TEACHER AND THE PARENT; A TREATISE UPON COMMON-SCHOOL EDUCATION, CONTAINING PRACTICAL SUGGESTIONS TO TEACHERS AND PARENTS; NEW YORK, A. S. BARNES & CO., 1853 (PREFACE), 1867 348PP.

④ Charles Northend:
THE TEACHER'S ASSISTANT, or Hints and Methods In School and Meth-

ods; BEING A SERIES OF FAMILIAR LETTERS TO ONE ENTERING UPON THE TEACHER'S WORK; NEW YORK, A. S. BARNES & CO., 1859 (PREFACE), 1870 316PP.

⑤　Alfred Holbrook:

THE NORMAL: OR METHODS OF TEACHING THE COMMON BRANCHES, ORTHOEPY, ORTHOGRAPHY, GRAMMAR, GEOGRAPHY, ARITHMETIC AND ELOCUTION; NEW YORK, A. S. BARNES & CO., 1859 456PP.

⑥　Herbert Spencer:

EDUCATION: INTELLECTUAL, MORAL, AND PHYSICAL; NEW YORK, D. APPLETON & CO., 1860 (1875) 283PP.

⑦　N. A. Calkins:

Calkins's New Object Lessons. PRIMARY OBJECT LESSONS, FOR TRAINING THE SENSES AND DEVELOPING THE FACULTIES OF CHILDREN. A MANUAL OF ELEMENTARY INSTRUCTION FOR PARENTS AND TEACHERS; NEW YORK, Harper & Brothers, 1861 (PREFACE) 1876 442PP.

⑧　E. A. Sheldon:

LESSONS ON OBJECTS, GRADUATED SERIES; Designed for children between the ages of Six and Fourteen Years: containing also, INFORMATION ON COMMON OBJECTS; NEW YORK, CHARLES SORIBNER & CO., 1871 407PP.

⑨　Arinori Mori:

EDUCATION IN JAPAN: A Series of Letters ADDRESSED BY PROMINENT AMERICANS TO ARINORI MORI; NEW YORK, D. APPLETON AND COMPANY, 1873 250PP.

⑩　Marcius Willson:

THE DRAWING GUIDE; A MANUAL OF INSTRUCTION IN INDUSTRIAL DRAWING SERIES; NEW YORK, HARPER & BROTHERS, 1873 (1881) 205PP.

⑪　James Johonnot:

International Education Series PRINCIPLES AND PRACTICE OF TEACHING REVISED by SARAH EVANS JOHONNOT; NEW YORK, D. APPLETON AND COMPANY, 1878 (Copyright), 1896 334PP.

⑫ Alexander Bain:
THE INTERNATIONAL SCIENTIFIC SERIES. EDUCATION AS A SCIENCE; NEW YORK, D. APPLETON & CO., 1878 (1884) 453PP.

⑬ N. A. Calkins:
MANUAL OF OBJECT-TEACHING WITH ILLUSTRATIVE LESSONS IN METHODS AND THE SCIENCE OF EDUCATION; NEW YORK, HARPER & BROTHERS, 1881 (PREFACE), 1885 469PP.

⑭ Edmunde Burke Huey:
THE PSYCHOLOGY AND PEDAGOGY OF READING WITH A REVIEW OF THE HISTORY OF READING AND WRITING AND OF METHODS, TEXTS, AND HYGIENE IN READING; NEW YORK, THE MACMILLAN COMPANY, 1908 469PP.

○ Spelling

① Loomis J. Gampbell :
WORCESTER'S PRIMARY SPELLING-BOOK, ILLUSTRATED; BOSTON, BREWER & TILESTON, 1835 96PP.

② John Comly:
BONSAL'S EDITION
COMLY'S SPELLING AND READING BOOK. WITH NOTES FOR PARENTS AND TEACHERS, adapted to the use of Public Schools, AND Private or Family Instruction;
PHILADELPHIA, J. B. LIPPINCOTT & CO., 1842 (1871) 169PP.

③ Noah Webster:
THE ELEMENTARY SPELLING BOOK, BEING AN IMPROVEMENT ON "THE AMERICAN SPELLING-BOOK." ; NEW YORK, D. APPLETON & CO., 1857 170PP.

④ Marcius Willson:

WILLSON'S PRIMARY SPELLER, A SIMPLE AND PROGRESSIVE COURSE OF LESSONS IN SPELLING, WITH READING AND DICTATION EXERCISES, AND THE ELEMENTS, OF ORAL AND WRITTEN COMPOSITION; NEW YORK, HARPER & BROTHERS, 1863 80PP.

⑤ Marcius Willson:

WILLSON'S LARGER SPELLER, A PROGRESSIVE COURSE OF LESSONS IN SPELLING. arranged according to the Principles of Orthoepy and Grammar, with exercises in SYNONYMS, for Reading, Spelling, and Writing; and a new system of Definitions; NEW YORK, HARPER & BROTHERS, 1864 168PP.

⑥ Marcius Willsons:

WILLSON'S NEW SPELLER AND ANALYZER. ADAPTED TO THOROUGH ELEMENTARY INSTRUCTION IN THE ORTHOGRAPHY, ORTHOEPY, FORMATION, DERIVATION, AND USES OF WORDS; NEW YORK, HARPER & BROTHERS, 1870 152PP.

○ Word

① A Literary Association:

THE AMERICAN SYSTEM OF EDUCATION. A HAND-BOOK OF THE ENGRAFTED WORDS OF THE ENGLISH LANGUAGE, EMBRACING THE CHOICE GOMIC, CELTIC, FRENCH, LATIN, AND GREEK WORDS ON THE Basis of the Hand-Book of the Anglo-Saxon Root-Words; NEW YORK, D. APPLETON & CO., 1854 355PP.

② J. Willis Westlake:

THREE THOUSAND PRACTICE WORDS, WITH AN APPENDIX CONTAINING RULES For Spelling, RULES For Capitals, etc.; Philadelphia, Eldredge & Brothe, 1874 75PP.

③ W. & R. Chambers:

THE SPELLING VOCABULARY, A COLLECTION OF CURRENT ENGLISH WORDS LIABLE TO BE MISSPELLED; LONDON AND EDINBURGH, W. & R. CHAMBERS, 1885 本文 80PP. 165mm × 110mm

④ SHELDON'S WORD STUDIES; CONTAINING GRADED LESSONS IN THE ORTHOGRAPHY OF WORDS, AND THEIR CORRECT USE IN SENTENCES; NEW YORK AND CHICAGO, SHELDON & CO., 1887 196PP.

○ Speaking

① Henry Coppee:
THE SELECT ACADEMIC SPEAKER:FOR PROSE DECLAMATION, POETICAL RECITATION, AND DRAMATIC READINGS. Carefully Selected from the Best Authors, American, English, and Continental. SCHOOLS, ACADEMIES, AND COLLEGES; PHILADELPHIA, E. H. BUTLER & CO., 1860 (1872) 572PP. 大型判

② Charles Northend:
THE CHILD'S SPEAKER, BEING A COLLECTION OF PIECES FOR RECITAL IN PRIMARY SCHOOLS; NEW YORK, A. S. BARNES & CO., 1870 178PP.

③ Joseph Alden:
THE NATURAL SPEAKER BEING SELECTIONS TO AID THE STUDENT IN ACQUIRING A SIMPLE, NATURAL, BUSINESS-LIKE STYLE OF SPEAKING, WITH A PREFATORY NOTE BY JAMES MCCOSH; NEW YORK, D. APPLETON & CO., 1870 302PP.

④ Bellenger:
NEW GUIDE TO MODERN CONVERSATIONS IN ENGLISH; TOKIO, FOURTH YEAR OF MEIJI (1871) 250PP.

⑤ R. Van Der Pyl:
CONVERSATION OF ENGLISH LANGUAGE; FOR THOSE WHO BEGIN TO LEARN THE ENGLISH; NUMADZ, WATANABE & CO., FOURTH YEAR OF MEIJI, 50PP.

⑥ S. R. Brown:
PRENDERGAST'S MASTRY SYSTEM, ADAPTED TO THE STUDY OF JAPANESE OR ENGLISH; YOKOHAMA, F. R. WETMORE & CO., 1875

213PP.

⑦ W. B. Powell:
HOW TO TALK OR PRIMARY LESSONS IN THE ENGLISH LANGUAGE ILLUSTRATED WITH OVER 200 ENGRAVINGS; PHILADELPHIA, COWPERTHWAIT & CO., 1882 208PP.

⑧ Sen Joseph Katayama:
A PRACTICAL COURSE IN THE ENGLISH CONVERSATION AND COMPOSITION; TOKYO, M. OKURA, 31 YEAR OF MEIJI (1898) 235PP.

○ Reading

① John W. S. Hows:
THE SHAKSPEARIAN READER, A COLLECTION OF THE MOST APPROVED PLAYS OF SHAKSPEARE carefully revised with INTRODUCTORY AND EXPLANATORY NOTES, AND A MEMOIR OF THE AUTHOR; NEW YORK, D. APPLETON & CO., 1849 (1872)

② W. & R. Chambers:
LESSON BOOK OF COMMON THINGS AND ORDINARY CONDUCT; LONDON, EDINBURGH, W. & R. CHAMBERS, 1854 74PP. 165mm × 110mm

③ John W. Snows:
THE LADIES' READER: DESIGNED FOR THE USE OF LADIES' SCHOOLS, AND FAMILY READING CIRCLES, comprising choice selections from Standard Authors, in PROSE AND POETRY, with the essential rules of elocution simplified and arranged for straight practical use; PHILADELPHIA, E. H. BUTLER & CO., 1859 (1870) 425PP.

④ Marcius Willson:
THE School and Family PRIMER: INTRODUCTORY TO THE SERIES OF SCHOOL AND FAMILY READERS; NEW YORK, HARPER & BROTHERS, 1860 (PREFACE), 1872 49PP.

④′ THE SAME READER; 1860 (PREFACE), 1872 1st Reader 48PP. 2nd 〃 82PP. 3rd 〃 154PP. 4th 〃 216PP. 5th 〃 312PP. 6th 〃 372PP.

⑤ Charles W. Sanders:

SANDERS' UNION SERIES. SANDERS' UNION READERS; NEW YORK, IVISON BLAKEMAN, TAYLOR & CO., 1861 (1871) 96PP. (NUMBER ONE) ; 208PP. (TWO) ; 1862 (THREE) 264PP. 1863 (FOUR) 408PP. 1867 (FIFTH) 480PP.

⑥ John W. S. Hows:

PRIMARY LADIES' READER: A CHOICE AND VARIED COLLECTION OF PROSE AND POETRY, ADAPTED TO THE CAPACITIES OF YOUNG CHILDREN; PHILADELPHIA, E. H. BURLER & CO., 1864 264PP. 155mm × 100mm

⑦ Charles W. Sanders:

SANDERS' UNION PICTORIAL PRIMER. introductory to the Union Readers; NEW YORK, IVISON, BLAKMAN, TAYLOR & Co., 1866 (1871) 48PP.

⑧ Holmes:

UNIVERSITY SERIES HOLMES' PICTORIAL PRIMER, FOR HOME OR SCHOOL; NEW YORK, UNIVERSITY PUBLISHING CO., 1867 36PP.

⑨ William and Robert Chambers:

SIMPLE LESSONS IN READING; LONDON AND EDINBURGH, W. & R. CHAMBERS, 1869 95PP. 165mm × 110mm

⑩ Robert Kidd:

A RHETORICAL READER, FOR CLASS DRILL AND PRIVATE INSTRUCTION IN ELOCUTION; CINCINATI, WILSON, HINKLE & CO., 1870 384PP.

⑪ E. A. Sheldon:

SHELDON'S PRIMER, ADAPTED TO THE PHONIC, WORD, AND ALPHABET, Modes of Teaching to Read; NEW YORK, SCRIBNER, ARMSTRONG & Co., 1871 60PP.

FIRST READING BOOK: IN EASY AND FAMILIAR WORDS. DESIGNED TO ACCOMPANY THE PHONIC READING CARDS; NEW YORK, CHARLES SCRIBNER & Co., 1871 72PP.

SHELDON'S SECOND READER; 190PP.

SHELDON'S FOURTH READER; 336PP.
SHELDON'S FIFTH READER; 432PP.
⑫ W. & R. Chambers:
SELECT POETRY FOR HOME AND SCHOOL READING; LONDON AND EDINBURGH, W. & R. CHAMBERS, 1872 200PP. 46判型
⑬ W. & R. Chambers:
CHAMBER'S LITERARY READER 2nd Part; 同上 1872P. 177-P. 324（1st Part から通し）46判型
⑭ THE HOME AND COLONIAL SCHOOL SOCIETY:THE NEW READING SHEETS OF THE HOME AND COLONIAL SCHOOL SOCIETY IN BOOK FORM, FOR USE IN PRIVATE FAMILIES; LONDON, 1872 66PP.
⑮ William Swinton:
LANGUAGE PRIMER: BIGINNERS' LESSONS IN SPEAKING AND WRITING ENGLISH; NEW YORK, HARPER & BROTHEWS, 1874 102PP.
⑯ W. & R. Chambers.
CHAMBER'S STANDARD READING BOOKS; LONDON AND EDINBURGH, W. & R. CHAMBERS,

PRIMER-PART I	1873	36PP.	
PRIMER-PART II	1874	64PP.	150mm × 150mm
BOOK I	1873	112PP.	
BOOK II	1873	160PP.	
BOOK III	1873	208PP.	165mm × 110mm
BOOK IV	1873	280PP.	
BOOK V	1873	320PP.	

⑰ James S. Laurie:
THE NEW STANDARD PRIMER; LONDON, THE CENTRAL SCHOOL-DEPOT. 64PP. 151mm × 105mm
THE FIRST READER IN TALES AND RHYMES 64PP.
THE SECOND READER IN EASY STORIES 96PP.
THE THIRD READER IN MORAL TALES 128PP.〔注〕
THE FOURTH READER IN STORIES OF ANIMALS 160PP.

THE FIFTH READER IN POETRY AND ADVENTURE 256PP.
THE SIXTH READER IN DESCRIPTIVE SKETCHES 320PP.
〔注〕刊年はすべて未詳，ただし本文の手紙文例に Jan. 1875 とある。
⑱　著者刊年不詳：
THE FIRST (SECOND) PICTURE PRIMER; LONDON AND EDINBURGH, WILLIAM BLACKWOOD AND SONS 32PP. (each vol.)

○　Writing (Composition)
①　Richard Green Parker:
AID TO ENGLISH COMPOSITION, prepared for Students of All Grades, EMBRACING SPECIMENS AND EXAMPLES OF SCHOOL AND COLLEGE EXERCISES AND MOST OF THE HIGHER DEPARTMENTS OF ENGLISH COMPOSITION, BOTH IN PROSE AND VERSE; NEW YORK; HARPER & BROTHERS, 1845 (1872) 429PP.
②　G. P. Quackenbos:
FIRST LESSON IN COMPOSITION in which the Principles of the Art are developed in connection with the Principles of GRAMMAR; EMBRACING FULL DIRECTIONS ON THE SUBJECT OF PUNCTUATION; NEW YORK, D. APPLETON & Co., 1851 (1872) 182PP.
③　G. P, Quackenbos:
ADVANCED COURSE OF COMPOSITION AND RHETORIC: A series of Practical Lessons. Adapted to Self-instruction, and the Use of School and Colleges; NEW YORK, D. APPLETON & Co., 1854 (1875) 454PP.
④　Simon Kerl:
ELEMENTS OF COMPOSITION AND RHETORIC. Practical, Concise, and Comprehensive; NEW YORK; IVISON, BLAKEMAN, TAYLOR & Co., 1869 (1871) 407PP.
⑤　R. G. Parker: <Revised and Enlarged by James H. Hamilton>
PROGRESSIVE EXERCISES IN ENGLISH COMPOSITION; BOSTON, Robert S. Davis & Co., 1872 240PP.
⑥　J. M. D. Meiklejohn:

DR. MORELL'S ENGLISH SERIES. THE FIRST STEP IN ENGLISH COMPOSITION ON A NEW PLAN. with one hundred and eight exercises; LONDON; LONGMANS, GREEN, READER & DYER, 1872 165mm × 105mm 96PP.

⑦　William Swinton:
SCHOOL COMPOSITION, BEING ADVANCED LANGUAGE-LESSONS FOR GRAMMER SCHOOLS, NEW YORK, HARPER & BROTHERS, 1874 (1876) 151PP. 170mm × 115mm

⑧　Richard Whately:
ELEMENTS OF RHETORIC; LONDON, LONGMANS, GREEN READER, AND DYER, 1877 319PP.

⑨　J. S. Laurie:
Laurie's Sixpenny Manuals. FIRST STEPS IN ENGLISH COMPOSITION IN A SERIES OF EASY AND INTERESTING EXERCISES; LONDON, THE CENTRAL SCHOOL-DEPOT, 刊年未詳 88PP. 160mm × 105mm

〇　Penmanship (Hand Writing)

①　H. C. Spencer, Platt R. Spencer:
SPENCERIAN KEY TO PRACTICAL PENMANSHIP PREPARED FOR THE "SPENCERIAN AUTHORS"; NEW YORK; IVISON, PHINNEY, BLAKEMAN & Co., 1866 176PP.

②　D. Appleton Co.:
Guide To WILLIAMS & PACKARD'S System of Penmanship For TEACHERS AND ADEPTS; NEW YORK, D. APPLETON & Co., 1869 本文 62PP. 26 図付 195mm × 265mm

③　P. R. Spencer:
American Educational Series, Spencerian SYSTEM OF Penmanship; NEW YORK, CHICAGO, Ivison, Blakeman, Taylor & Co., 1873

④　J. M. Payson, S. Dunton, W. M. Scribner, G. H. Shattuck, A. S. Manson:
THE PAYSON, DUNTON, & SCRIBNER Manual of Penmanship; NEW YORK, CHICAGO, POTTER, AINSWORTH, AND Co., 1873 112PP.

⑤　DON Felix de Salamanca:

THE PHILOSOPHY OF HANDWRITING; LONDON, CHATTO. & WINDUS, PICCADILLY, 1879 153PP.

⑥　J. L. Burritt:

HOW TO Teach Penmanship IN PUBLIC SCHOOLS; SYRACUSE, N. Y., C. W. BARDEEN, 1885 (1886) 62PP. 195mm × 130mm

○　Grammar

①　G. B. Quackenbos:

AN ENGLISH GRAMMAR; NEW YORK, D. APPLETON & Co., 1862 (1871) 288PP.

②　G. B. Quackenbos:

FIRST BOOK IN ENGLISH GRAMMAR; NEW YORK, D. APPLETON & Co., 1864 (1867) 120PP. 小型本 (EDITED BY YAMADA OF KASEW MEIJI III)

③　Tatui Baba: 馬場辰猪

AN ELEMENTARY GRAMMAR OF THE JAPANESE LANGUAGE, with Progressive Exercises; LONDON, TRÜBNER & Co., 1873

④　G. B. Quackenbos:

ILLUSTRATED LESSONS IN LANGUAGE; OR HOW TO SPEAK AND WRITE CORRECTLY DESIGNED TO TEACH ENGLISH GRAMMAR, WITHOUT ITS TECHNICALITIES; NEW YORK, D. APPLETON & Co., 1876 (Preface) (1882) 180PP.

⑤　Willson Swinton:

LANGUAGE LESSONS: AN INTRODUCTORY GRAMMAR AND COMPOSITION FOR intermediate and grammar grades; NEW YORK, HARPER & BROTHERS, 1876 177PP. 四六判型

3　引用年報雑誌類掲載資料

① 文部省年報掲載資料　551ページ　　　　（内閣文庫所蔵）
② 文部省雑誌・教育雑誌掲載資料　553ページ　（　同　　上　）
③ 「大日本教育会雑誌」掲載資料　554ページ　（国立国会図書館蔵）
④ 「東京教育新志」掲載資料　555ページ　　（　同　　上　）
⑤ 「教育報知」掲載資料　555ページ　　　　（　同　　上　）
⑥ 「教育時論」掲載資料　556ページ　　　　（　同　　上　）

① 文部省年報掲載資料（要署）

項　　目	主　　題	年報号数	発行年	備　　考
学　　事	各大学区府県学事ノ景況	1	6	全国七大学区
申　　報	学監米人博士ダウキッド・モルレー申報 東京	1	6	教科書編成ト教師養成 第二年報ニツヅク
沿　　革	大阪師範学校沿革 宮城	1	6	
〃	東京開成学校沿革	1	6	
〃	東京外国語学校沿革	1	6	
〃	編輯事務	1	6	編輯寮・師範学校編
〃	文部省沿革概旨	2	7	
図　書　目	文部省編纂図書目	2	7	
〃	〃	3	8	小学入門乙号　懸図
教　科　書	府県教科書ノ情況	3	8	
巡　　視	第三大学区巡視功程	3	8	教則・崩壊・教授法ノ形式化
教　　則	飾磨県下等小学科凡例	3	8	教則
巡　　視	第七大学区巡視功程	3	8	教授法批判
〃	第一第二大学区内伊豆相武巡視功程	4	9	石川少書記・加納中視学
〃	第二大学区巡視功程及附録	4	9	西村大書記官 教則及教授法ノ意見
〃	第三大学区巡視功程	4	9	九鬼大書記官 九鬼手剳具陳
埼玉県令白根申報	将来教育進歩ニツキ須要ノ件	4	9	言文一致促進論
石　川　県　年　報	師範学校小学授業品評法	4	9	各科目別授業品評
教　科　書	小学教科書一覧表	4	9	第五・六年報（明治10・11）ニツヅク

551

項　　目	主　　題	年報号数	発行年	備　　考
教　　　　則	小学（ノ景況）	5	10	核一的教則ノ崩壊
巡　　　　視	第六大学区巡視功程	5	10	神田少輔 師範教則ヲ模倣
巡　　　　視	第七大学区巡視功程	5	10	中島大書記官 教則・教授法批判
石川県年報 （授　　業）	石川県小学授業法活用例	5	10	各科目
巡　　　　視	学監東京府下巡視功程	6	11	
〃	福島・宮城両県下巡視功程	6	11	辻権大書記官
〃	第七大学区内岩手青森二県巡視功程	6	11	西村大書記官 言語ノ訛語
教　　　　則	中学ノ情況	7	12	
巡　　　　視	第五大学区長崎熊本巡視功程	7	12	中島権大書記官
年　　　　報	神奈川・埼玉県年報	7	12	共ニ教則ノ簡易化
〃	滋賀県　学規	7	12	教則改正
〃	各県新教則	7	12	東学年限区々
〃	和歌山県小学課程	7	12	新教則
教　科　書	小学教科書一覧	7	12	
教　　　　則	全国教育概略	8	13	新教育令施行ノ景況
巡　　　　視	広島山口両県下巡視功程	8	13	野村大書記官
〃	東京府下巡視功程	8	13	久保田少書記官 私学公学
年　　　　報	大阪府学規概略	8	13	年限圧縮教則制定
〃	茨城県公立小学模範教則	8	13	
教　科　書	小学校教科書表	8	13	
教　　　　則	全国教育概略	9	14	改正教育史実施ノ景況
教　科　書	教科書調査表	9	14	
巡　　　　視	和歌山高知両県下巡視功程	10	15	伊沢修二少書記官 教授法批判
教　科　書	小学校教科書調査一覧表	10	15	
巡　　　　視	鹿児島県巡視功程	11	16	吉村権少書記官 教授法批判
〃	大阪府管下巡視功程	11	16	安東権少書記官 教授法批判
教　科　書	調査済教科書表	11	16	
〃	埼玉県・福島県年報	12	17	埼玉－三字経・大統歌ヲ除ク
巡　　　　視	福島県巡視功程	12	17	佐沢太郎権少書記官 教授法批判
教　　　　則	全国教育総論	13	18	新教育令施行

552

国語教育参照文献資料

項　　目	主　　題	年報号数	発行年	備　考
視　　　　学	地方視学制度制定	13	18	
教　科　書	各府県年報教科書ノ景況	13	18	
試　　　　験	各府県年報　試験制	2	7	

② 文部省雑誌・教育雑誌掲載資料（要署）

筆　者	題　目	号	発行年	発行月日	備　考
西　潟　訥	第六・第七学区巡視功程	7	6	11.27	文部省雑誌
第一大学区府県教育議会	教場指令規則	6附録	9	6.9	教育雑誌ト改称第一号4月17日
〃	生徒試験法ノ議	〃	9	6.9	
〃	教則ノ議	〃	9	6.9	
第七大学区教育会議	督学局申報	22附録	9	12.23	
第二大学区教育会議	督学局申報	25附録	10	1.27	小学教則ソノ他
山成哲造訳	米国ホルブルーク氏授業要旨抄序論	32	10	4.17	「和氏授業法」ノ初見
第四大学区教育議会	成　議　案	36附録	10	6.15	広島県ヨリ文部省へ進達
下村　房次郎	小学課疑問之二	40	10	8.20	「単語問答」批判
文　部　省	独逸小学校教授ノ景況及論説	5	8	3.10	文部省雑誌独乙教育新聞抄訳教育小言抄
浅岡　一訳	国語ノ授業及其用書ノ如何ヲ論ズ	68	11	6.3	仏人密査児邇列亜耳著
坪井　仙次郎	小学作文ノ説	69	11	6.11	
坪井　仙次郎	日用習字ノ説	72	11	7.8	
高野　隆	小学作文ノ説	74	11	7.31	
滋賀県第五課	滋賀県ニ於テ管下ヲ報告セン小学教則改正法案要略	76	11	8.31	国語関係科目改正
松山　亮	杞　憂　論	86	11	12.27	和歌山県教育雑誌抄試験制度批判
和田　鋭夫	下等小学生徒ノ書籍授業法	86	11	12.27	
西村　茂樹	第七大学区岩手・青森巡視功程節略	88	12	1.24	単語図書取・習字指導法ヲ批判
正木退蔵訳	口述教授法	91	12	2.28	英・トーマス・モリソン学校管理法抄
野村　彦四郎	石川県講習臨時会例	91	12	2.28	
野村　彦四郎	単語図等授業心得要略	92	12	3.14	
山田　行元	文学教授論	126	13	7.19	文字トハ伊呂波・作文読本等
山田　行元	庶物指数	129	13	9.4	

553

筆　者	題　目	号	発行年	発行月日	備　考
山　田　行　元	各国教育ノ進歩 第三篇カリキュラム	137	14	1.31	欧州・南北米州
荒　野　文　雄	小学授業法論　1	163	15	4.8	読書・字義授業法
荒　野　文　雄	小学授業法論　2	166	15	7.8	作文問答, 口授即 庶物示教　授業法
伴　　　正　順	宮城・福島両県下巡視功程	168	15	9.16	
伴　　　正　順	〃　　　　　続キ	169	15	10.9	
西　村　茂　樹	徳島・愛媛ニ県下巡視功程	173	16	3.15	
西　村　茂　樹	〃　　　　　続キ	174	16	4.28	

明治17年1月7日　告示第1号
文部省教育雑誌自令廃止　文部卿大木喬任

③　「大日本教育会雑誌」掲載資料（要署）

筆　者	題　目	号	年	備　考
伊　沢　修　二	今日我輩カ所謂教育トハ何ソヤ	1	16	近代以前教育形態
那　珂　みちよ	文学の授業法	6	16	書写, 作文, 国語問題, 読本第七号ニ亘ル
山　田　行　元	小学教科ノ撰択	13	17	国語問題, 作文, 文法
吉　村　寅太郎	小学校読書科用書ニ就テ	15	18	読方, 作文教科書論 大意見
片　山　淳　吉	かなのけういく	16 17	18	
エフ・シロダ 高　橋　達　郎　訳	日本国語論	26	18	
野　呂　邦之助	我小学習字法ノ改良ヲ論ス	29	19	楷体基本主義
飯　尾　悰太郎	常用文字ノ書体ヲ一定スル事ノ 必要ヲ論ス	35	19	
阿　保　友一郎	日本文典論	39	19	
阿　保　友一郎	普通ノ文章ヲ一定シ文法書ヲ編 纂スベキ論	44	19	
阪　本　　　龍	日本ノ習字ニ就テノ意見	52	20	
西　邨　　　貞	日本普通文ノ前途	71	21	
はうすくねひと 堤　　駒　二　訳	如何セバ能ク読書ヲシテ訓練教 授ニ効果アラシムベキヤ	73	21	四段教授法

国語教育参照文献資料

④ 「東京教育新志（誌）」掲載資料（要署）
　　　　　主幹　松　原　善　蔵

筆　者	題　目	号	年	備　考
社　　説	歳末ノ一顧	51	17	不景気ト教育
〃	地方過半ノ教育者ハ稍古風ノ学ヲ脱セリト雖ドモ未ダ新学ニ指ヲ染メズ	52	18	
社　友　某	独逸人「ヘルテル」氏「フィーベル」（小学入門ノ類）	65	18	教授法紹介
湯　本　武比古	方言取調仲間ノ主意書	68	18	69号ニツヅク
矢田部　良吉 神田　乃武	羅馬字会の書状	69	18	3号連載
社　　説	習字教授法改正セサルヘカラス	85	18	3号連載
江　東　処　士	初等作文論	101	18	
飯　田　龍　涯	教授上ノ事ニ付キ教員諸君ニ御相談	131	19	読方科・習字科
雑　　報	小学校批評会	134	19	東京府南足立郡各公立小学校ノ例
高　垣　剛	我国将来ノ文章	140	19	
社　　説	教科書ノ性質及関係	148	19	国定論ニ対スル意見
社　　説	文字教授ノ一法	153	19	

⑤ 「教育報知」掲載資料（要署）
　　　　　主幹　鶴　松　国太郎

筆　者	題　目	号	年	備　考
	小学校教科書発行一覧 金港堂，文学社，石川，坂上，普及舎	1	18	
生　駒　恭　人	教授術・帰納的教授法	1	18	以下連載
加　藤　駒　二　訳	シューマン氏教育学抄訳	1	18	以下連載　ドイツ官立師範校長ブットローズシューマン著「レールブッホデル・ペダゴギック」上下ノ抄出
〃	ペスタロッチ氏ノ略伝	1	18	
〃	ペイン氏心理学抄訳	2	18	
山　路　一　遊	今ノ教育ハ事実ノ暗記タルヲ免レス	3	18	
土　屋　政　朝	教授法	5	18	教授法ト教授術
生　駒　恭　人	教授法（術）　第二読書課	13	18	第14，16号ニツヅク
生　駒　恭　人	教授法　第二章文章	16	19	綴字，作文
生　駒　恭　人	教授法　第三章習字課	17	19	

555

⑥ 「教育時論」掲載資料（要署）

主幹　西　村　正三郎

欄	題　　目	号	年	備　考
時　　　　論	新令小学校学科程度解説	41	19	読書
時　　　　論	〃	42	19	作文，習字
輿　論　一　斑	小学習字ノ改良案	42	19	茨城教育協会誌 名越時孝
〃	読方教授法	47	19	大日本教育会常集会 黒田完治
学　　　　術	作文教授一斑	52	19	H・S在信濃
論　　　　題	小学校ニテ書牘文ヲ教授スルニ男女文体ヲ同一ニスルト之ヲ区別スルトノ得失	55	19	全国各地カラノ投稿一括
輿　論　一　斑	習字教授ヲ論ズ	59	19	
内　外　雑　纂	言語ノ練習	61	19	

4 引用参考資料

題　　目

① 日本教育文庫教科書篇収載　寺子屋教科書目録
② 維新前東京市私立小学校教育法及維持法取調書収載　教授ノ方法
③ 蘭学楷梯収載ローマ字五十音図・濁音半濁音図
④ 福沢全集収載三田演説第百回の記
⑤ 福沢全集収載学者の三世相
⑥ 啓蒙手習の文収載執行相談の文
⑦ 玉勝間収載がくもん
⑧ 前島密建白書三通
⑨ 南部義籌建白書　修国語論
⑩ 福沢全集収載　文字之教端書
⑪ 明六雑誌収載　西周「洋字ヲ以テ国語ヲ書スルノ論」
⑫ 明六雑誌収載　西村茂樹「開化ノ度ニ因テ改文字ヲ発スベキノ論」
⑬ 明六雑誌収載　清水卯三郎「平仮名ノ説」
⑭ 明六雑誌収載　阪谷素「質疑一則」
⑮ 旧福山藩啓蒙社大意・学制論
⑯ 官立広島師範学校資料
⑰ 文部省雑誌・教育雑誌所載国別一覧
⑱ 学制取調掛任命書
⑲ 智環啓蒙（**A CIRCLE OF KNOWLEDGE**）
⑳ 茗渓会誌「教育」第344号創立40年記念号収載・辻新次「師範学校の創立」等

① 日本教育文庫教科書篇収載
　　　寺子屋教科書目録　明治44年同文館編輯局刊行
　　　　　　　　　　　　付　解題大略
　　1　実語教　　1巻　　伝弘法大師作
　　2　新実語教　1巻　　天明元年手島堵庵著
　　3　童子教　　1巻　　伝五大院安然著

番号	書名	巻数	備考
4	孝子教	1巻	天明8年 天保補刻 秋葉忠和著
5	本朝三字経	1巻	大橋順（号訥庵 文久2年歿）著
6	大和小学	1巻	山崎闇斎著 元文3年版
7	武教小学	1巻	山鹿素行門弟等編輯 文政2年版
8	古状揃	1巻	

今川制詞・初登山手習教訓書・腰越状・義経含状・西塔武蔵坊弁慶最期書捨之一通・熊谷状・経盛返状・大阪状・同返状・曽我状・同返状・正尊敬白起請文之事等

9	女実語教	1巻	
10	女訓孝経	1巻	奥書云，北越芝藩尾本先生著 文政5年版
11	女小学	1巻	一本云，京師之人宇保某書
12	女中庸	1巻	植村玉枝子著
13	女大学	1巻	益軒著童子訓抄出
14	女論語	1巻	同上
15	女古状揃園生竹	1巻	高井蘭山著 文政5年版
16	女子手習状	1巻	一名女手習教訓書 文政12年版
17	難波津浅香山の歌		
18	いろは歌		
19	名頭字	1巻	
20	国尺	1巻	五畿内七道
21	雲州消息	3巻	出雲守藤原明衡著 後冷泉朝，大学頭，文章博士
22	十二月往来	1巻	中山内府作歟 群書類聚本
23	新十二月往来	1巻	藤原良経著 群書類従本
24	貴嶺問答	1巻	中山内府忠親著 群書類従本
25	庭訓往来	1巻	伝玄恵法印著 自正月至十二月消息往来文集
26	異制庭訓往来	1巻	伝虎関師錬著 群書類従本
27	遊学往来	2巻	玄恵法印著 寛文二年版
28	喫茶往来	1巻	玄恵法印著 群書類従本
29	釈氏往来	1巻	守覚法親王著 群書類従本
30	山密往来	1巻	実厳僧正著 群書類従本
31	雑筆往来	1巻	奥書云，永正元年 群書類従本

32	新札往来	1巻	奥書云,康歴2年眼阿著歟
33	尽素往来	1巻	関白兼良著 群書類従本
34	新撰類聚往来	3巻	丹峯著 慶安元年版
35	富士野往来	1巻	置散子著 延宝7年版
36	坂田金平往来	1巻	
37	諸職往来	1巻	元禄版増補版
38	増字番匠往来	1巻	鈴木驥園著 安政3年版
39	名産諸色往来	1巻	松葉軒龍水著 鱗形屋本
40	諸国名物往来	1巻	文政7年版
41	謹身往来	1巻	寛政2年版
42	家宝往来	1巻	天保5年版
43	百姓往来	1巻	
44	商賣往来	1巻	
45	消息往来	1巻	高井蘭山著
46	続消息往来	1巻	
47	女消息往来	1巻	高井蘭山著
48	女庭訓往来	1巻	
49	京都往来	1巻	鈴鹿定親著 延宝2年版
50	東海道往来 (一名都路往来)	1巻	
51	吾妻路往来	1巻	渚梅園船盛著 嘉永7年版
52	自遣往来 (一名江戸往来)	1巻	
53	江戸方角	1巻	
54	隅田川往来	1巻	
55	駿府往来	1巻	間宮嘉平治著 慶長17年版
56	仙府年中往来	1巻	燕石斎薄墨著
57	真間中山詣文章	1巻	寛政2年版
58	塩竈詣文章	1巻	
59	湯殿山詣文章 (一名三山詣文章)	1巻	葎堂著 文政12年版
60	靖献遺言	8巻	浅見安山編 元治版
61	弘道館記述義	2巻	藤田東湖著
62	大統歌	1巻	塩谷世弘著

② 　維新前東京市私立小学校教育法及維持法取調書収載　教授ノ方法
（注1）

　　習字科ノ教授法ハ毎日（生徒多数ナレバ隔日交代ニ教授ス）生徒三四名若クハ五六名ツヽ、師ノ面前ニ呼ビ出シ、交々筆法ヲ授ケ兼テ手本ノ読方ヲ教ユ、其五六名ヲ同時ニ教授スルガ如キハ煩労ナリト雖モ老練家ハ敏捷ニ教フルヲ以テ、生徒モ手ヲ空フスルニ至ラザルハ太古、厩戸皇子ノ同時ニ八人ノ訴訟ヲ聴断セシト云フノ観アリト謂ハンモ過誉ノ言ニハアラザルベシ、尚ホ茲ニ奇談トスベキハ師タルモノ往々倒マニ文字ヲ書スルニ熟達スルコトニテ今ノ教師ノ企テ及ブベカラザルモノアリ、是レ常ニ生徒ニ面シ（師ニ対シテハ文字倒トナル）筆法ヲ授ケ即チ倒書スルヲ以テ知ラズ識ラズ此ニ至レルナリ故ニ三四時間ニシテ少キモ三十人、多キハ五六十人ニ筆法ヲ授ケ終フベシ、若シ師ニシテ倒書ニ未熟ナランカ到底斯ク多数ノ生徒ヲ教授シ能ハザルハ勿論タリ

　　然リ而シテ師ノ面前ニ呼出シテ筆法ヲ授クルハ多ク双紙ニ手習シ居ル者ヲ限レリ、是レ白紙ニ手習シ居ルモノハ字数モ多ク、随テ長キ時間ヲ費セバナリ、故ニ白紙ニ手習スル者ハ時ニ「御直シ」ト称ヘ之ヲ差出サシメ朱筆モテ筆法ヲ授ク即チ拙字、誤字等ヲ正スナリ

　　又或ハ前条ニ拠ラズ、師タル者終日或ハ佇立、或ハ巡回殆ド絶間ナク、一隅ノ生徒ヨリ順次筆法モ授ケシモアリト云フ、此際往々師ハ鞭ヲ携フルモ或ハ身体ノ疲労ヲ防グガタメ、之ガ杖ノ代用ヲナセシヤモ亦未ダ知ルベカラズ

　　要スルニ教授ノ方法ハ家々其異同アリシハ勿論ト雖モ専ラ筆跡教授ニ意ヲ用ヒシニ至リテハ一ナリ

　　眼ヲ転シテ習字ト密接ノ関係アル手本ノ順序及ビ字体如何ト云フニ整然トシテ卑キヨリ高キニ及ビ、共ニ間然スベキアルナシ、（書ノ巧拙ハ別問題ナリ）是レ師ノ手本ヲ認ムルニ際シ、個々生徒ノ之ヲ模倣スルノ難易ヲ察シ（仮名交リ文ナレハ稍々難キ文字ハ仮名トナス等渾テ字体ハ生徒ニ適スルコトヲ務ム）斟酌スル所アルヲ以テナリ、サレバ今日動モスレバ習字帖中、巧ハ即チ巧ナリト雖モ児童ノ模倣スルニ適セザル文字ノ散見スルガ如キニアラズ、此事ヤ習字ノ進歩ヲシテ一層速ヤカナラシムル一原因タラスンバアラズ

③　蘭学楷梯収載ローマ字五十音図・濁音半濁音図

34
a	ka	sa	ta	na	fa	ma	ja	la	wa
ア	カ	サ	タ	ナ	ハ	マ	ヤ	ラ	ワ
i	ki	si	ti	ni	fi	mi	ji	li	wi
イ	キ	シ	ティ	ニ	ヒ	ミ	キ	リ	ウィ
u'	ku'	su'	tu'	nu'	fu'	mu'	ju'	lu'	wu'
ウ	クュ	スュ	テュ	ヌ	フ	ミュ	イュ	ルュ	ウュ
e	ke	se	te	ne	fe	me	je	le	we
エ	ケ	スェ	テ	ネ	ヘ	メ	エ	レ	ウェ
o	ko	so	to	no	fo	mo	jo	lo	wo
オ	コ	ソ	ト	ノ	ホ	モ	ヨ	ロ	ウォ

ga	za	da	ba	pa
ガ	ザ	ダ	バ	パ
gi	zi	di	bi	pi
ギ	ジ	ディ	ビ	ピ
gu'	zu'	du'	bu'	pu'
グュ	ズュ	デュ	ブュ	ピュ
ge	ze	de	be	pe
ゲ	ゼ	デ	ベ	ペ
go	zo	do	bo	po
ゴ	ゾ	ド	ボ	ポ

④　福沢全集収載三田演説第百回の記

　　（前略）抑も我日本に洋学の行はれし始は概皆医学に限て旁ら究理天文地理本草学等に及ぶのみ。其始祖先中に就て最も有名なる者は前野蘭化・桂川甫周・杉田鷧斎等の諸先生にして読む所の書は悉皆蘭書なりしが（事の由来は慶応義塾の旧記にあり、近日これを出版するに付爰に略す）、嘉永年間「アメリカ」の人渡米して和信貿易の条約を結ぶに及て有志の士は皆蘭学を以て足れりとせず専ら英書に由て西洋諸国の事情に通ぜんことを熱心すれども世上一人の教師なく又一冊の英書なし。一年を過ぎ二年を経て安政六年の頃横浜に二三の外国商館を開きたるに由り，此外人より僅に英蘭対訳の会話書等を得て苦学する者ありき。福沢諭吉も安政五年大阪緒方先生の門より始て江戸に来り横浜にて英蘭対訳の一小冊子を買ひ辞書に由て之を研究したり。其苦心は今に至て自から忘るゝこと能はず。万延元年，諭吉は旧幕府の軍艦奉行某氏の従僕と為り，「アメリカ」の「サンフランシスコ」に航して在留二，三箇月の間，英語を学び且数冊の書を携へて帰国したり。此時に同航中浜万次郎と諭吉と各「ウエヴストル」の大辞書一冊づゝを買ひ，其悦は天地間無上の宝を得たる

561

が如し。(中略)慶応二年には英蘭の諸書を抄訳し傍に欧行中(文久二年)聞見する所を記して西洋事情の初編を編輯したり。之を日本国中英書翻訳の始とす。

其以前より幕府にも開成学校を設けて洋学を聞きたれども所続の書は多くは物理本草学に過ぎず。(下略)

⑤　福沢全集収載学者の三世相

昔し鎖国の世に外国へ漂流して帰朝する者あれば船頭舟子下賤の身分にても物珍しく持てはやされ，大名高家の御奥に召されて御馳走戴きしこともあり。今の学者も十年以来は恰も此漂流人に類し，洋学者とあれば政府に用ひられ諸藩県に雇はれ，啻に御馳走のみが多分の御金を戴き，居は志を移し銭は鼻を高ふし，裕一枚の虱書生が一夜作りの若旦那に変化し，バラ緒の下駄は足に痛く，ネギマの鍋は口に旨からず，西洋料理金時計意気揚々として巻烟草吹かしたる是れ其始にしてよし学者の第一世漂流人の時代なり。(下略)

⑥　啓蒙手習の文収載執行相談の文

拝啓愈御清適奉拝賀。偖近来は洋学頻りに流行翻訳書も夥多出板追々熟覧いたし或は外国人の話等承り候処至極面白説も有之方今の時勢，洋学は急務と存候得共(中略)悴当年十三才に相成候処(中略)先づ五六年の間は和漢の書を為読，追て自身の志も立候上にて洋学執行可為致哉に奉存候。(下略)

　　　　　　同　　返　　事

(前略)和漢洋三学緩急先後の御議論御尤の儀に候得共，人生学問の時節は十才より二十才までの間に有之，才智日々発生，記憶の力将に盛なるのとき，何学にても此時限を失ふては生涯取戻の不出来事に付，三学共前後の別なく一時に執行可然，且又洋学といひ和漢学と申，文字に縦横の差別はあれど之と紙に記したる字を読み其義を解す迄の業にて，格別六ヶ敷事にもあらず。限なき人類の知識にて，僅に日本，支那，英仏等，二，三ヶ国の語を学ぶとて，さまでおそるゝに足らず，兎角勉強第一の事なれば，何れを先にし何れを後にする等の御議論は

562

国語教育参照文献資料

姑く擱き，御令息様御事も丁度勤学の御年齢，此時を失はず諸学同時に御入門可然,追々御勉強の内には学流の得失も自然に御分り相成（下略）

⑦　玉勝間収載がくもん（注2）
　　世ノ中に学問といふは，からぶみまなびの事にて，皇国の古へをまなぶをば，分て神学倭学国学などいふなるは，例のから国をむねとして，御国をかたはらになせるいひざまにて，いといとあるまじきことなれ共，いにしへはたゞから書学びのみこそ有けれ，御国の学びとては，もはらとする者はなかりしかば，おのづから然いひならふべき勢ひ也，しかはあれども，近き世となりては皇国のをもはらとするともがらもおほかれば，からぶみ学びをば，分て漢学儒学といひて，此皇国のをこそ，うけばりてたゞに学問とはいふべきなれ，仏学なども，他よりは分て仏学といへども，法師のともは，それをなむただに学問とはいひて，仏学とはいはざる，これ然るべきことわり也，国学といへば，尊ぶかたにもとりなさるべけれど，国の字も事にこそよれ，なほうけばらぬいひざまなり，世の人の物いひざま，すべてかゝる詞に，内外のわきまへをしらず,外ッ国を内になしたる言のみ常に多かるは，からぶみをのみよみなれたるからの，ひがことなりかし，

⑧　前島密建白書三通
　1　漢字御廃止之儀
　　国家の大本は国民の教育にして，其教育は士民を論ぜず国民に普からしめ，之を普からしめんには，成る可く簡易なる文字文章を用ひざる可らず，其深邃高尚なる百科の学に於けるも，文字を知り得て後に其事を知る如き艱渋迂遠なる教授法を取らず，渾て学とは其事理を解知するに在りとせざる可らずと奉レ存候。果して然らば，御国に於ても西洋諸国の如く，音符字（仮名字）を用ひて教育を布かれ，漢字は用ひられず，終には日常公私の文に漢字の用を御廃止相成候様にと奉レ存候。漢字御廃止と申候儀は，古来の習用を一変するのみならず，学問とは漢字を記し漢文を裁するを以て主と心得居候一般の情態なる

563

に，之を全く不用に帰せしむると申すは，容易の事には無レ之候ども，能く国家之大本如何を審明し，御廟儀を熟せられ，而て広く諸藩にも御諮詢被レ遊候はゞ，其大利益たること判明せられ，存外難事に非ずして御施行相成り得べきやと奉レ存候，目下御国御多端にして，人々競て救急策を講ずるの際，此の如き議を言上仕候は，甚迂遠に似て，御傾聴被レ下置候程も如何有ニ御座ーー歟と憚入奉レ存候得共，御国をして他の列強と並立せしめられ候は，是より重且大なるは無レ之やに奉レ存候に付，不レ顧ニ恐懼ーー敢て奉ニ言上ーー候，（中略）漢字を普通一般の教育上に廃することは，素読習字即ち文字の形画呼音を暗記し，之を書写するの術を得る為めに費す時間を節減仕候に付，一般学年の童子には，少くも三ケ年，専門高上の学を修むる者には，五六乃至七八年の時期を節省せしむべく，此節省し得べき時間を以て，或は学問に，或は興業殖産に，各其所望に任じて用ひしめなば，勝て算すべからざるの利益なるは，毫末疑を容れざる事と奉レ存候。（下略）

　慶応二年十二月

　　　　　　　　　　　　　　　　　　　　　　前　島　来　輔

2　国文教育之儀ニ付建議

　（前略）国民ノ智度開進ノ事，之ヲ単言スレバ教育普及ノ一ニ有レ之，別ニ改革ノ要ハ之無レキ如ク，縦シ何等改革スル所アリトスルモ，亦別ニ難事ハ有ラザル如ク候得共，野生ガ教育普及ト申スハ，漢字ヲ廃シ，仮名字（平仮名字）ヲ以テ国字ト定メ，古来ノ教育法ヲ変ジ，新教育法ヲ以テ，倫理・物理・政理・法理等ヨリ，日常万般ノ事ニ至ルマデ，其仮名字ナル簡易ノ国字ヲ以テ教育スル儀ニ有レ之，再言スレバ，幾年ノ後ハ官私一般普通ノ用ニハ漢字全廃ノ利ヲ爰ニ企画致サルベキ大改革ヲ意味スル事ニ御座候。故ニ此改革ハ，或ハ他ヨリモ尚一般ノ難事ナルベクカモ知ルベカラズト奉レ存候。乍レ去，漢字ヲ用ヒテ古来ノ教育法ニ依ルトキハ，否，教育法ヲ変ズルモ，漢字ヲ用ヒテスルトキハ，学童ノ神脳ヲ苦シメ，霊知ノ発達ヲ害スルノミナラズ，体質ノ発育ヲ妨ゲ，遂ニ国民総テノ体格ヲ弱劣ナラシメ，彼欧米ノ知識健剛ナル人民ト並行スルコトハ，望ムベカラザルニ至ルベシト奉レ存候（下略）

明治二年　　月　　日
　　　　　　　　　　　遠州中泉処士　　前　島　　密
3　学制御施行ニ先タチ国字改良相成度卑見内申書
　先般文部省ヨリ相伺候学生ハ，漸次御施行ノ運ヒニ相成候趣，而テ其学制ハ，国内ヲ分チ大中小学区ト為シ，五万三千余ノ学校ヲ設ケ，七才以上ノ男女子ヲ課シテ，皆其程度ノ学ニ就カシムルニ在リト伝承仕候。実ニ善美ノ制，盛大ノ挙ニシテ，国家ノ慶事之レニ過ギズト奉レ存候，（中略）今ハ幸ニ明時ノ徳ニ依リ，此善美ナル学制ヲ施行セラル、ニ於テハ，国民ノ普ク学ニ就キ，其状態ヲ減ジ得ベキモ，彼ノ歎ズベク，痛ムベキ，大毒物タル漢字ヲ用テ教授セバ，彼等ニシテ開明富強ノ真境実域ニ達セシムルハ，万能ハザルベシト存候。然ラバ之レヲ何トカスル。西洋諸国ニ於ケル如ク，音符字ヲ専用シ新文法ヲ立ルニ在リ。本邦ハ固有ノ言辞句法アルヲ以テ之ヲ礎トシ，必要ニ応ジテ広ク文明国ノ辞ヲ移入シ，新文法ヲ以テ百事百物ヲ書記スル，其音符字（仮名字）ヲ用テスルニ在ルベシ。願クハ，二十六字ノ音符ヲ用フル西洋ノ国々ト，数万ノ景象字（漢字）ヲ用フル東洋ノ国々ト，文明富強ノ度ニ大差ヲ生ジタル事例如何ヲ篤ト御賢量奉レ願候。（中略）而テ又此事タル，元ヨリ容易ノ業ニハ非ルモ，施行ノ方法順叙ヲ誤ラザルニ於テハ，必ス難事ニ之レ有ルベカラズト奉レ存候。因テ其方法順叙ノ卑見モ，併テ御参照ノ為メ，左ニ記載シテ台覧ニ供候。恐懼謹言。
　　　　明治六年　　月　　日（注3）

⑨　南部義籌建白書　修国語論
　（前略）是以国語日失，而海内異辞，言語殆不相通。是語学不明之由，豈可謂文明国哉。加此而不止，則堂々皇国之語，或変為漢，或為英，為仏，為蘭，混雑磨滅，将至不可分辨。可堪慨哉。然則深察此理，而不可不起易学之学而立令先務修国学之策也。苟欲成之，莫如仮洋字而修国語也。（下略）
　〈読解〉是ヲ以テ国語日ニ失ハレ，海内辞ヲ異ニシ，言語殆ンド相通ゼズ。是語学明ラカナラザルニ由ル，豈文明国トイフベケンヤ。此

ノ如ク止マザレバ，則チ堂々タル皇国ノ語，或ヒハ変ジテ漢トナリ，或ヒハ英トナリ，仏トナリ，蘭トナリ，混雑磨滅シ，マサニ分辨スベカラザルニ至ラントス。慨クニ堪フベケンヤ。然レバ則チ深ク此ノ理ヲ察シ，学ビ易キノ学ヲ起シ先ズ務メテ国学ヲ修メシムルノ策ヲ立テザルベカラザルナリ。苟モ之ヲ成サント欲セバ，洋字ヲ仮リテ国語ヲ修ムルニ如クハナシ（注4）。

⑩　福沢全集収載　文字之教端書
　一　日本に仮名の文字ありながら漢字を交へ用ゐるは甚た不都合なれども，往古よりの仕来りにて全国日用の書に皆漢字を用ゐるの風と為りたれば，今俄にこれを廃せんとするも亦不都合なり。今日の処にては不都合と不都合と待合にて，不都合ながら用を便ずるの有様なるゆへ，漢字を全く廃するの説は願ふ可くして俄に行はれ難きことなり。此説を行はんとするには，時節を待つより外に手段なかる可し。
　一　時節を待つとて唯手を空ふして待つ可きにも非ざれば，今より次第に漢字を廃するの用意専一なる可し。其用意とは文章を書くに，むづかしき漢字をば成る丈け用ひざるやう心掛ることなり。むづかしき字をさへ用ひざれば，漢字の数は二千か三千にて沢山なる可し。此書三冊に漢字を用ひたる言葉の数，僅に千に足らざれども，一と通りの用便には差支なし。これに由て考れば，漢字を交へ用ゐるとて左まで学者の骨折にもあらず。唯古の儒者流儀に倣て妄に，難き字を用ひざるやう心掛ること緊要なるのみ。故(こと)さらに難文を好み，其稽古のためにとて，漢籍の素読などを以て子供を窘(くるし)むるは，無益の戯と云て可なり。
　一　医者，石屋などの字は，仮名を用ゐるよりも漢字の方，便利なれども，上る，登る，昇る，攀るなどの字を一々書き分るは甚た面倒なり。猿が木に攀るも，人が山に登るも，日本の言葉にてはノボルと云ふゆへ，漢字を用ゐるよりも仮名を用ゐる方，便利なり。都て働く言葉には成丈け仮名を用ゆ可し。
　一　易き漢字を見分けて素読するはあまり難きことに非ざれども，唯字を素読するよりも，文章の義を解すことに心を用ひざる可からず。

即ち此書は子供をして文章の義を解さしめんがための趣向にて作りたるものなり。其教授の法，左の如し。

一　書中文字の大なるものを題字と名け，細なるものを文章と名く。即ち題字は文章を作るたねの言葉なり，子供へ先づ題字の素読を授け，次で其字義を教へ，細字の文章をば，子供の考にて自から素読し自から義を解かしむるなり。或は学校などにては，教授の席にて子供の書物を取上げ筆紙を渡し置き，教師一人書物を見て黒板へ其題字のみを写し，大勢の子供への其字義を解き聞かせ，然る後に細字の文章を読て，其読む音の通りに文章を書かしむるなり。譬へば，第四教の処に，男，女，父，母等の題字を黒板に書て其義を解き聞かせ，然る後に，男，犬を打つと，細字の文を読むとき，子供は其音を聞て黒板を見れば，男と云ふ字と打つといふ字はあれども，犬と云ふ字なし。記憶よき子は第二教の犬の字を覚へて其文章を書き，記憶なき子は犬の字を知らず。これに由て子供の学力を試み黒白の点を附く可し。

一　此書，紙の数を増すときは本の価を増して小学の読本に用ひ難し。故に細字の文章を少なくして紙数を省きたるは，敢て著者の骨折を愛むに非ず。本を買ふ者のために銭を愛みたるなり。斯く細字の文章は少なしと雖ども，書中既に題字の順序仕組あるゆゑ，文章は教授の即席にて作るも可なり。譬へば，第二教の文章「人，犬を見る」までにて教授に不足なることあれば，其席にて文章を工夫し，「犬と猫とを見る」「牛は車を見れども車は牛を見ず」など、様々に考へ，腹の中に文を作てこれを口に唱へ，稽古人をして其音の通りに書き記さしむること，前の法の如くす可し。但し第二教の日には，第一教より二教までの題字を用ひ，第三教の日には，三教までの字を用るのみにて，決して他の字を用ゆ可らず。若し止むを得ずして用るときは，これを別段の題字として，其日其席の黒板に記す可し。

一　右の法に従て次第に進むときは，漢籍の難文に窘めらるゝこともなく，所謂四書五経の素読をも止めにして，別に読書作文の手掛りを得べし。著者の深く願ふ所なり。

　　　　明治六年八月　　　　著者記す（注5）。

⑪　明六雑誌収載　西周「洋字ヲ以テ国語ヲ書スルノ論」
　（前略）曰ク，然ラバ則チ吾子ノ洋字ヲ用フル，其説如何。曰ク，洋字ヲ以テ和語ヲ書シ，呼法ヲ立テ，以テ之ヲ読ム，如_レ_此キ耳。然ルニ其事タル，厳令シテ行ハルベキニアラズ，禁罰シテ習ハシムベキニアラズ。習フニ漸次ヲ以テシ，行フニ歳月ヲ以テシ，寡ヨリ衆ニ及ボシ小ヨリ大ニ至ラシム。同志社ヲ結ビ，同好相投ズルニアラザレバ能ハズ。是其以テ社ヲ結ブノ要アル所ニシテ，又諸先生ノ名望ヲ仮ルニアラザレバ，成スベカラザル所ナリ。
　曰ク「利ナラザレバ事ヲ変ゼズ。害百ナラザレバ法ヲ更メズ」ト。今，洋字ヲ以テ和語ヲ書ス。其利害得失果シテ如何。曰ク，此法行ハルレバ，本邦ノ語学立ツ。其利一ナリ。童蒙ノ初学，先ズ国語ニ通ジ，既ニ一般事物ノ名ト理トニ通ジ，次ニ各国ノ語ニ入ルヲ得，且同ジ洋字ナレバ，彼ヲ見ル，既ニ怪ムニ足ラズ。語種ノ別語音ノ変等，既ニ国語ニ於テ之ニ通ズレバ，他語ハ唯配性ヲ労スル耳。是入学ノ難易，固ヨリ判然タリ。其利二ナリ。言フ所書ク所ト其法ヲ同ウス。以テ書クベシ，即チ<u>レキチュアトースト</u>ヨリ会議ノ<u>スピーチ</u>，法師ノ説法，皆書シテ誦スベク，読ンデ書スベシ。其利三ナリ。<u>アベセ二十六字</u>ヲ知リ，苟モ綴字ノ法ト呼法トヲ学べバ，児女モ亦男子ノ書ヲ読ミ，鄙夫モ君子ノ書ヲ読ミ，且自ラ其意見ヲ書クヲ得ベシ。其利四ナリ。方今洋算法行ハレ，人往々之ヲ能クス。之ト共ニ横行ス。其便知ルベシ。而テ大蔵・陸軍等既ニ<u>ブックキーピング</u>ノ法ヲ施行ス。之ト共ニ横行字ヲ用ユ。直ニ彼ノ法ヲ取ルノミ。其利五ナリ。近日<u>ヘボン</u>ノ字書，又仏人<u>ロニ</u>ノ日本語会アリ。然レドモ直チニ今ノ俗用ヲ記シ，未ダ其肯綮ヲ得ズ。今此法一タビ立タバ，此等亦一致スベシ。其利六ナリ。此法果シテ立タバ，著述・翻訳甚便利ヲ得ン。其利七ナリ。此法ニシテ立タバ印刷ノ便悉ク彼ノ法ニ依リ，其ノ軽便言フ計リナカルベシ。彼国ニテ此術ニ就テ発明スル所アレバ，其儘ニテ之ヲ用フベシ。其便八ナリ。翻訳中，学術上ノ語ノ如キハ，今ノ字音ヲ用フルガ如ク，訳セズシテ用フベシ。又機械・名物等ニ至テハ，強ヒテ訳字ヲ下サズ，

原字ニテ用フベシ。是其利九ナリ。此法果シテ立タバ，凡ソ欧州ノ万事，悉ク我トナル。自国行フ所ノ文字ヲ廃シ，他国ノ長ヲ取ル，是瑣々服飾ヲ変フルノ比ニアラザレバ，我ガ国人民ノ性質，善ニ従フ，流ルヽガ如キノ美ヲ以テ，世界ニ誇リ，頗彼ノ膽ヲ寒ヤスニ足ラン。其利十ナリ。此十利アリ，而テ之ヲ行フ，亦何ヲ窮シテ決行セザル。

曰ク，然ラバ果シテ害アルナキヲ得ンヤ。曰ク，筆墨肆其業ヲ失フ。其害一ナリ。然ルニ筆墨ハ三都其他僅々ノ数ノミ。且行フニ漸ヲ以テス。彼亦業ヲ転ズルノ暇アリ。固ヨリ顧ルニ足ラズ。紙ノ製改メザルベカラズ。其害二ナリ。然ルニ近日既ニ洋紙製造所ヲ建ルノ設アリ。漸次ノ製ニ依テ，推シテ之ヲ全国ニ及ボス。而シテ我ノ紙真ニ多ク，我ノ障子ガラストナラバ，以テ世界ノ用ニ供スベシ。是害ヲ転ジテ利トナスナリ。唯漢学者流・国学者流，此説ヲ伝聞セバ，頗ル之ヲ厭ヒ嫉ム者アラン。是其害三ナリ。

然ルニ所謂国学ヲ以テ視レバ，之ニ依テ国語ノ学始テ立ツコトヲ得ベシ。是悦ブベクシテ，悪ムベキニアラズ。況ヤ，我ヨリ漢ト洋トヲ視ル，素ヨリ差別ナシ。而テ洋字ハ音語ニシテ，漢字ノ画字タルヲヤ。故ニ彼レ真ニ其利便ヲ知ラバ，真ニ服スベキナリ。漢学ノ如キ，我国ニ在テ猶洋ノ，拉丁ノ如シ。児童初メ国語ヲ学ビ，次ニ漢学ニ従事セシム。是中学以上ノ科トナル，其分界自ラ判然タリ。所謂漢学者流モ中学以上ノ教師トシテ，猶彼ノ拉丁語・希臘語ノ学師ノ如シ。是其ノ学ノ級従テ登ルナリ。亦患フベキノ事ニアラズ。唯，村学窮・手習師匠・俗吏・里胥ノ類，之ヲ聞カバ甚悦ビザルアラン。然レドモ是之ヲ令スルニアラズ。且施行上漸ノ一字，彼ヲシテ窘窮スルニ至ラザラシム。故ニ卒然ノ患ナキ，知ルベシ。是ヲ以テ三害既ニ害ノ害タル者ニアラズシテ，所謂十利ナル者ハ利ノ真利ナル者ナリ。焉ゾ十真利ヲ以テ一虚害ニ適スベケンヤ。(下略)(注6)

⑫　明六雑誌収載　西村茂樹「開化ノ度ニ因テ改文字ヲ発スベキノ論」
　西先生ノ改文字論ヲ再三塾読スルニ，其論説痛快精到，少シモ遺憾ナシ。果シテ此言ノ如クナルコトヲ得バ，実ニ文運ノ大進歩ニシテ，吾儕操觚者ノ最モ愉快トスル処ナリ。唯方今人民愚昧，学問ノ何事タ

ルコトヲ知ラズ。旧来ノ文字ヲ学バシムルダニ，許多ノ説諭ヲ労セザレバ，行ハルルコト能ハズ。況ヤ是マデ国字トセシ四十八字ヲ棄テ，視テ蚓行蛇歩トセシ外国ノ文字ヲ学バシメントスルハ，難中ノ難事ト云フベシ。西先生ノ説ニ曰ク，文字ヲ改メテ民ノ愚見ヲ破ルト。僕謂ヘラク，民ノ愚見破レサレバ，文字ヲ改ムルコト能ハズト。（中略）然ラバ方今我国ニ於テ文字ヲ改メントセバ，其手ヲ下ス卜順序イカン。日ク，方今ノ急務ハ，国学・漢学・洋学ノ差別ナク，唯国民ヲシテ，一人モ多ク学問ニ志ザシムルニ在リ。已ニ学問ニ志ストキハ，自ラ本朝文字言語ノ窒礙多キコトヲ知ル。已ニ之ヲ知レバ，必ズ之ヲ改メントスルノ念ヲ生ズベシ。是ニ於テ和漢ノ文字ヲ廃シ，洋字ヲ用フルノ説ヲ発セバ，流ニ順テ舟ヲ下スガ如ク，力ヲ労セズシテ其功ヲ奏スルコトヲ得ベシ。是僕ガ，民ノ愚見破レザレバ文字ヲ改ムルコト能ハズト言ヒシ者ナリ。既ニ文字ヲ改ムルニ至ラバ，夫ヨリ文字ノ歩ヲ進ムルコトハ，西先生ノ論ノ如クナルベシ（注7）。

⑬　明六雑誌収載　清水卯三郎「平仮名ノ説」

　維新ノ際論者，文字ヲ改メテ通用ニ便セント欲シ，或ハ平仮名ヲ用ヒント云ヒ，或ハ片仮名ヲ用ヒント云ヒ，或ハ洋字ニ改メント云ヒ，或ハ新字ヲ作ラント云ヒ,又邦語ヲ廃シテ英語ニ改メント云フ者アリ，又従前ノ如ク和漢雑用ニ従ハント云フ者アリ。而シテ之ヲ問ヘバ，各其説アリ。然モ天下ノ事，通用便利ヲ欠クトキハ，其用ニ適セズ。其用ニ適セザルトキハ，教化訓導ノ術ヲ損ス。蓋邦語ヲ廃シテ英語ニ改メント云フ者ハ，固ヨリ論ヲ待タズ。和漢雑用ハ，古来已ニ用フル所，大ニ其用ニ適スト雖モ，天下之ヲ読ム者幾何人。将タ字書アリト云フト雖モ，早行ノ体ニ至リテハ又如何セン。（中略）又洋字ニ改ムル者ハ，猶米飯ヲ以テ麺包（パン）ニ代ヘ，味噌ヲ以テ酥酪（バタ）ニ代ルガ如シ。其滋養ハ勝ル，ト雖ドモ，現ニ其不便ヲ観ル。然ドモ別ニ新字ヲ作ル者ニ勝ル、コトアリ。（中略）

　凡ソ読易ク解リ易ク，言語一様ノ文章ヲ記シテ，以テ天下ニ藉キ，民ノ知識ヲ進マシムル者ハ，固ヨリ学者教師ノ任ナリ。然ルニ之ヲ捨テ，其ノ習フ所ニ慣レ，奇字新語ヲ挿ンデ以テ誇ル者ハ，大ニ其職ヲ

怠ル者ナリ。謹ンデ顧ミズンバアル可カラザルナリ。又片仮名ヲ知ル者モ，亦天下多シトセズ。是ヲ以テ余ハ只平仮名ヲ用フルコトヲ主張ス。凡，平仮名ノ通常タル，招牌・暖簾・裏帖・稗史ノ類，観テ見ルベシ。則，余ガ「舎密ノ階」ヲ訳述シテ同志ニ謀ル所以ナリ。（下略）
（注8）

⑭　明六雑誌収載　阪谷素「質疑一則」

　（前略）日本文字言語改定ノ説，先年来文部省及世上諸君子，紛々立論，諸新聞紙中毎ニ見受タリ。（中略）然モ実施ニ於テ行ヒ難ク，或ハ百年ノ後ヲ期スルモ交際ノ国各殊ニシテ，英・仏ニハ英・仏ノ言語文字ヲ用ヒザルヲ得ズ。魯西亜・独逸ニハ魯西亜・独逸ノ文字言語ヲ用ヒザルヲ得ズ。支那・朝鮮ニハ支那・朝鮮ノ文字言語ヲ用ヒザルヲ得ズ。一ニ順ヘバ二ニ逆ヒ，一ニ便ナレバ二ニ不便ナリ。各国ノ於レ我，亦然リ。既ニ皆用ヒザルヲ得ザレバ，勉強努力シテ習学セザルヲ得ズ。嗚呼実用ノ道豈ニ文字言語ノ異同ニアランヤ。而其異同ニヨリ，多少ノ精神・光蔭ヲ消費ス。実ニ五大州中，開化ヲ妨グルモ亦大ナリ。豈ニ可レ歎ノ甚ニ非ズヤ。然則如何。曰ク，万国文字言語ヲ一ニセン而已。（中略）其策ヲ立シ，イカン。曰ク，万国普通ノ公理ニヨリ，各国合議・論定スル而已。然レドモ其事ノ大ニシテ難ヤ，欧米文明ノ国モ，イマダ此案ニ及バズ。今，明六社首唱ノ旗皷ヲ建テ，毎社其規則次序ヲ討論シテ，各国文字言語ノ長ヲ取リ短ヲ舎テ，混一ニ帰スルノ基本ヲ開キ，各国ニ諮詢シ，勉強・忍耐・百折不レ撓，天地間同文同語ノ大益ヲ成ス，豈万古ノ大愉快ニ非ズヤ。（中略）因テ又思フニ，其初公用・私用ノ別ヲ立テ，各国旧習ノ字語ヲ私用トシ，新定ノ字語ヲ公用トシ，著書及交際ノ簡牘，必公用字語ヲ用ヒ，漸々公用字語盛ニシテ，私用字語衰フル様ニセバ何如。如レ此ニシテ，公用字語ハ魯・漢トカ英・仏トカ，一ニ帰スル。帰スル所ノ国，独，公私同用ノ益ヲ受クルモ，天下ノ公議ナリ。又各交際学問ノ大益タレバ，是不レ論シテ可ナラン（注9）。

⑮　旧福山藩啓蒙社大意・学制論

　　啓蒙社ハ明治三年十二年（月の誤）粟根村窪田次郎ノ建議スル所ニシテ校務掛大属横山光一一等教授佐沢太郎等大ニ其議ヲ賛成シ明治四年正月横山光一佐沢太郎校務掛少属杉山新十郎建議者窪田次郎等発起人トナリ誠之館ニ於テ始テ会議ヲ開キ地方有志者ヲ会合シ周旋方ノ任ヲ托シ実施ノ方法ヲ議定シ直ニ着手スルニ及ヒ未タ半年ヲ出テスシテ啓蒙所ノ設立殆ド百ケ所ノ多キニ至ル（注10）。

　　　　　　　　学　　制　　論

　　（前略）千言万語之ヲ記スルハ四十七字ノ仮字ニシテ足ラサルナシ仮字用法及語法ハ西洋各国ト大略符合スルニ似タリ，恐クハ万国普通天然ノ語法ニシテ各国小異同ナル而已，本邦如此用ユ可キ言語アリ仮字アリ用法語法アリ用ヒテ尽キス，奚ソ必ス異邦ノ言語文字ヲ用ヒ奇険困難ヲ学フヲ要センヤ凡ソ著書訳書ヨリ日用文章物名姓字等ニ至ル尽ク仮字ヲ用ヒ漢字ヲ雑用セス……各科ノ書ヲ全備スヘシ（中略）活版漢字ヲ雑用セス字数大ニ省キ加之洋法ヲ用ヒ速ニ刊行スレハ新著速ニ世間ニ布達シ（中略）平々学ヒ易ク困苦ヲ覚ヘス人々得テ読ミ家々得テ蔵シ天下又書ヲ読マサル民ナキニ至リ天下ノ智識長スルナリ（下略）

　　附言　将来ノ目的本篇論スル所ノ如シト雖モ漢字仮名雑用ノ沿習既ニ
　　　　久シケレハ迅速改換セント欲スレハ阻格ノ弊ヲ免レス故ニ目今ノ訳
　　　　書ハ世上普通ノ漢仮雑用ノ文体ニ倣ヒ人情ニ通徹シ易キヲ要ス

学制ハ明治三年七月福山藩議員大参事岡田吉顕太政官ヘ建言シ其冬遂ニ福山藩ノ学制ヲ改革ス

⑯　官立広島師範学校資料
(1)　文部省第2年報（明治7年）附録，広島師範学校年報収載「将来学事進歩ニ付須要件」

　　　　（第四）国語学科ヲ設クル事
　　我国ニ生レテ我国語ヲ知ラサルベカザル丁固ヨリ論ヲ待タサルナリ而〆今人ノ言ヲ見ル丁猶外国ノ語言ニ於ルモノ、如シ蓋シ古言ニ通セサレハ則チ国語ヲ明ニスル能ハス本校羅馬字ヲ用テ五十韻ノ発音ヲ

数フルノ意徒ラニ此字ヲ生徒ニ知ラシムルヲ以テ足レリトスルニ非ス乃チ彼ノ文字ヲ以テ我国語ヲ書シ之ヲ来世ニ遺サント欲スルナリ而〆羅馬字ヲ以テ我言語ヲ書セント欲セハ先ツ我古言ヲ学ヒ国語ヲ誤用スルナカラン┐ヲ要ス是レ国語学ノ設ケナカルヘカラザル所以ナリ
（注11）

(2) 内閣文庫所蔵府県史料・広島県史料収載官立広島師範学校資料

　　第三章　教則
　　　第五条　生徒ヲシテ修業ノ順序目的ヲ知ラシメンカ為メニ其経歴スベキ学科ヲ表示スル┐左ノ如シ
　　　　　学科表

本科	予科	第三級	第二級	第一級
文学	文法 習字	羅馬綴字 作　文	作　文	記簿法

　　　附録　仮課程「本科第三級」

　　　　　　羅馬綴字
　　　　　　同習字　（注12）

⑰　文部省雑誌・教育雑誌所載国別一覧

号	発行年月日	米　国	独　乙	英　国	其ノ他
四	八3／8		○教育論摘訳		
五	3／10		○教育新聞抄訳　ドイツ小学校教授ノ景況及論説 ○同ドイツ中学校教授方法　フォン、グルーベル		
六	3／14	○教育年報摘訳国民犯罪	○教育論抄訳姦詐ヲ戒メテ云 ○教育論抄聾唖院		
七	3／29	○教育新聞抄訳婦人公用スクールボールド ○教育新聞抄訳ジェー・エ・クープル	○教育論摘訳盲院		
八	4／19	○教育新聞抄訳活教授論	○教育新聞摘訳－教員ノ集会 ○ドクトル・リケ教育論摘訳		
九	5／9	○紐育改良院規則 ○普通教育論抄－児童就学	○教育論適訳－教育史中ローマ		

573

号	発行年月日	米　国	独　乙	英　国	其ノ他
一〇	6／4	○教育寮報告書抄訳　コンネチカット強促就学	○教育論適訳　癲狂院		
一一	6／14	○教育新聞抄訳学制学監	○教育論抄訳数学教方 ○教育新聞抄訳	○教育新聞抄訳　大学院学徒称号	
一二	7／8		○教育書適訳小学校新築		
一四	8／8	○合衆国教育理論拓			
一五	8／31	○教育雑誌学制改正	○教育新聞中学校学制改正 ○捨児院論 ○教育新報　学制改正		
一七	10／5	○教育新誌抄デキストル エ ホーキンス ○新英欄教育雑誌抄バックハム	○教育論抄　平民学校		
一八	11／9	○教育月報抄児童恐怖	○教育論抄　教授ノ方法 ○教育論抄　薄命児		
一九	12／12	○教育新聞抄　百年博らん会　ジョージ・イートン	○教育月報抄　教則論 ○教育論抄十八号続キ		
二〇	12／27	○教育月報抄師範講習所 ○教育月誌抄婦人ノ事業 ○同　幼女教育			
教育雑誌一	九4／17				○ロンヤ・グリーヅェフより田中大輔宛書簡
二	4／28	○教育月報抄 　教育ノ原始・教育方法 　　　その他一			
三	5／8		○教育書抄　女子校	スペルセン氏教育書抄	
四	5／15		○山林学校制 ○トゥァイ氏幼稚園論 ○フレーベル氏幼稚園論		
五	5／25	○教育議会日誌抄			
六	6／9	○教育会議日誌抄（右続）	○ケンネル氏教育書抄 　詐欺及其誠論化		

国語教育参照文献資料

号	発行年月日	米　国	独　乙	英　国	其ノ他
七	6/17	○教育新報抄 　ヘンリ・キッドル口授論	○教育新報第九号抄 　小学教員ヲ中学ニ選用		
八	6/26	○新英倫教育雑誌抄 　教師論	○教育書抄就学督促報		
九	7/3	○教育局年報書抄教育ト貧乏			
一〇	7/17		○教育書抄継子教育	○香港官立学校一八七五年報告書	
一一	7/31		○教育書抄教育養成等 ○ケンネル教育書抄児童ノ悪習		
一二	8/7		○教育書抄男女童ノ別他 ○別林府内学校委員規則		
一三	8/23	○教育局年報抄 　罪区ト教育マンスフィールド			
一四	9/2	○紐育州オスウィーゴー師範学校一覧 　物体示教　其他	○カールビンソ氏教育書抄 　童児家訓		
一五	9/16	○ブリッヂウォートル師範学校一覧 ○マサチュセッツ州立師範教論	○ヘンネ氏近世文明史抄		
一六	9/27	○紐育州ヲルバニー師範学校一覧			○龍動タイムス新聞抄訳魯西亜教育 ○同右　埃及教育
一七	10/10		○ドクトル・リーチ氏教育学摘抄 ○教育書抄　人魂作用	○倫敦ウィークリタイムス新聞抄仏国教育進歩	
一八	10/17	○マンスフィールド氏教育論抄 　教育の意義　其他 ○ベエジ氏教授ノ理述抄			
一九	10/28	○教育雑誌抄　学校管理 ○同　　学課論	○ヘンネ氏近明史摘抄		
二〇	11/13	○教育局雑報勤労ノ浪費			
二一	11/25	○教育局年報抄盲者教育	○教育書抄 　　新聞紙及人民ノ集会		
二二	12/23	○教育雑誌抄修身教育 ○アボット氏強促教育論			

号	発行年月日	米　　国	独　　乙	英　国	其ノ他
二三	12／27	○教育局年報抄女子教育 ○同　書籍館	○教育書抄 　　ペスタロッチ氏ノ略伝		
二四	一〇1／20	○教育雑誌抄 　　教育トハ何カ	○教育書抄商業学校論		
二五	1／27	○紐育ヘラルド新聞抄 　　シュルワ氏演説			
二六	2／13	○マサチュセッツ州工業進歩 ○夜学校論 　　　伊沢修二 　　　秋津寺三郎 ○ウェルス著有級学校論			
二七	2／19	○教育書抄　学政論 ○スカマホルン氏教育月報抄 　　教育ハ何オカラ	○教育論証 　　レアルシュール実　　学校		
二八	2／26	○ウエルス氏有級学校論抄	○教育書抄 　　エステチークノ教育 ○ピルツ氏教育論授業全		
二九	3／10	○スカマホルン氏教育月報抄 　　技芸教育 ○桑方済各府　小学規則	○教育書抄　幼稚園		
三〇	3／17	○エフ・エス・ジュウェル氏 　学校　統治法			
三二	4／17	○ホルプルーク氏授業要旨抄			
		50.	45.	英3. 仏1.	魯1. 埃1.
	以下、国語関係ノミ摘出ス				
三六	6／15	△小学課疑問㈠習字 　　下村房次郎			
三九	7／30	△監督雑誌　第六号 　リーディング 　　読　方　　目賀田			
四〇	8／20	△小学課疑問㈡単語問答 　　下村房次郎			

⑱　学制取調掛任命書

　　　文部少博士兼 司法中判事　　　　　箕　作　麟　祥（文部大教授／文部権少丞）

　　　従五位（文部省／五等出仕）　　　　岩　佐　　純（文部大丞兼／文部中教授）

　　　編輯助　　　　　　　　　　　　　内　田　正　雄（七月／文部中教授）

従六位	長	芡
文部少教授	瓜生	寅
編輯権助	木村 正辞	（文部少教授）
正七位	杉山 孝敏	（文部省七等出仕）
従七位	辻 新次	（文部省七等出仕）

右学制取調掛被　仰付候事　辛未十二月二日
　　文部大助教　　　　長谷川　泰
　　　　　　　　　　　西潟　訥
　　文部少録　　　　　織田　尚種
右学制取調掛申付候事　辛未十二月二日
右之通候条此段及御達候也　辛未十二月三日
　　編輯助　　　　　　河津 裕之（文部中教授）
学制取調被　仰付候事　辛未十二月九日（注13）

⑲　智環啓蒙（A CIRCLE OF KNOWLEDGE）
　　　　GRADUATED READING;
　　　　　　COMPRISING
　　　A CIRCLE OF KNOWLEDGE,
　　　　　　IN 200 LESSONS
　　　　　<u>GRADATION　1.</u>
　　　SECOND EDITION IMPROVED.
　　　　　　HONGKONG;
　　　PRINTED AT THE LONDON MISSIONARY
　　　　　　SOCIETY PRESS.
　　　　　　　1864

　本書は，瓜生寅訳述啓蒙智恵乃環の原著である。そして，この書を本邦に紹介したのは，柳河であって，慶応3年に大和屋喜兵衛発兌を以て，その訓点本が，「智環啓蒙塾課初歩」と題して刊行されている（注14）。本書跋によれば，
　　西儒理雅各先生耶蘇教会之牧師，英華書院之教授也。余自ニ甲寅歳一，忝居ニ西席一……

577

茲訳有二智環塾課一巻一以授二生徒一……
　　　　　　　丙辰冬西樵任瑞図氏識
とあり，表紙2に，
　　　同治三年活板印刷
　　　香港英華書院従英文訳出
　　　慶応二年江戸開物社翻刻
とあり，奥付に，
　　　柳河春三訓点
　　　慶応三年秋　中橋東中通下槇町発兌大和屋喜兵衛
とみえる。
　本書は，尾佐竹猛編述柳河春三略年譜（注15）によれば，柳河が慶応3年（36歳）の著書として，
　　　智環啓蒙，全国字解，うひまなび
とあげたもののうち，国字解に相当するのであろう。
　この著書の訳述は，柳河春三・瓜生寅のほかに，明治6年3月,広瀬渡・長田知儀の両名によっても行なわれている。「智環啓蒙和解」3冊で，発行は「石川県学校」である（注16）。その凡例に，
　　　一此書原本ハ英人理雅各氏著ス所ノ智環啓蒙ナリ其書タルヤ同氏自カ
　　　ラ漢文ヲ以テ英語ニ対訳セシ者ニテ其訳ノ巧妙ナル┐固ヨリ論ヲ待
　　　タス然レトモ其文支那ノ通語多キカ故ニ我童蒙ニ在テ容易ク読了シ
　　　難シ因テ今更ニ仮名ヲ以テ漢文ヲ和解ス……
とある。
　要するに，"A CIRCLE OF KNOWLEDGE"の一書は，キリスト教会牧師で，香港の英華書院の牧師であった理雅各氏により漢訳されたことは,「香港英華書院，英文ヨリ訳出ス」でも明らかである。そして，ロンドンのキリスト教会で印行された英文までも，理雅各氏の著述であるかどうか，明らかに断定はできない。漢訳本が，"A CIRCLE OF KNOWLEDGE"を智環啓蒙と訳したことがわかる（注17）。
　次に柳河春三訓点本により，英漢対訳の目次を示す。
　　　SECTION
　　　　I　　INTRODUCTION　　　　　第一篇　小　引

II	THE BODY AND ITS PARTS	第二篇	身体論
III	OF FOOD	第三篇	飲食論
IV	OF CLOTHING	第四篇	服飾論
V	OF HABITATIONS	第五篇	居住論
VI	OF EDUCATIONS	第六篇	教学論
VII	OF THE MAMMALIA	第七篇	生物哺乳類論
VIII	OF BIRDS	第八篇	飛禽論
IX	REPTILES AND FISHES	第九篇	爬虫与魚論
X	OF INSECTS AND WORMS	第十篇	虫類蚓類論
XI	OF PLANTS	第十一篇	草木論
XII	OF THE EARTH	第十二篇	地　論
XIII	OF SUBSTANCES	第十三篇	緒物質体論
XIV	THE AIR AND THE HEAVENS	第十四篇	天気緒天論
XV	OF TIME	第十五篇	時節論
XVI	OF CLIMATES, ETC.	第十六篇	地球分域等論
XVII	OF SOCIAL LIFE	第十七篇	人生会聚同居等事論
XVIII	OF GOVERNMENT	第十八篇	国政論
XIX	OF OTHER NATIONS BESIDER BRITAIN	第十九篇	大不列顛以外別国論
XX	OF TRADES AND COMMERCE	第二十篇	通商貿易論
XXI	OF MATTER MOTION, ETC.	第二十一篇	物質及移動等論
XXII	THE MECHANICAL POWERS	第二十二篇	力借匠器論
XXIII	OF THE SENSES	第二十三篇	五官論
XXIV	ATTRIBUTES OF GOD	第二十四篇	上帝体用論

次に，訓点対訳の一部分を引用する。

LESSON 34. Building Materials.

The materials used in building are timber, stone, bricks, tiles, slates, lime, iron, lead, and glass. Timber grows in woods and forests. Stone and slate are dug from quarries. Bricks and tiles are made of clay. Iron and lead are got from mines. Lime is made of limestone, or of oyster-shells. Glass

in manufactured at the glass-house.
　第三十四課　建ㇾ屋材料論。
木，石，磚，瓦，石板，灰，鉄，鉛，玻璃等，及建ㇾ屋之料。木出ニ樹林ー。石与ニ石板ー，由ニ石礦ー打取。磚瓦以ㇾ坭焼成。鉄鉛取ㇾ自ニ金鑛ー。灰則煅ニ灰石ー，或焼ニ蠔殻ー為ㇾ之。
　この原著と比較してみると，瓜生寅訳述啓蒙智恵乃環は，最後の第24篇"ATTRIBUTES OF GOD"上帝体用論が省略され，他はそのまま訳述されていることがわかる。したがって，原著は正に200LESSONSに分かれているのであるが，そこには8課分だけが省略されている。

⑳　茗溪会誌「教育」第344号創立40年記念号収載・辻新次「師範学校の創立」等
　我が茗溪会は母校東京高等師範学校が本日をトし創立四十年記念式を挙行せらるゝに当り満幅の誠意を以て過去の健全なる発達を祝し併せて将来倍々校運の隆昌ならんことを祈る。
　　　　　明治四十四年十月三十日　　　　　茗　溪　会（注18）
　論説〈P. 395〉　母校の功績と将来の規箴とを論じて記念号発刊の辞に代ふ　　　　　　　編輯主事　　馬　上　孝太郎
　記念号発刊につきて〈P. 399〉
　　　　　　　　東京高等師範学校長　　嘉　納　治五郎先生
　我が国に於ける師範教育の発達〈P. 400〉　勝　島　林　蔵
　母校の過去　師範学校の創立〈P. 420〉
　　　　　　　　　　　　　　　　　　　男爵　辻　　新　次先生
　……創立当時には，師範学校と云ふ名称は余程変挺な名であると云ふので，其の師範学校と云ふ名すら大変，八釜しい議論があつた位ゐである。
　……〈P. 422〉所で小学校の教則と云ふものはどう云ふものが出来たかと云ふと，昔に日本ばかりでない世界に通ずると云ふ様の小学校の教則が出来た，それですから欧米の善き小学校の教則を斟酌をして，編成された，それは先づ欧米で行はれて居る所の小学校の，教則を其儘に用ゐたと云つても宜い，とにかく小学校の教則と云ふものが

出来ましたのです, それを全国一般に実施すると云ふことになつた。

　……それから先づ欧米の小学校教師を養成する所の教則等を調べ其の教授法を調べて愈々師範学校と云ふものをこしらへることになつたと思ひます, 其場処は昌平校の校舎を充てゝ彼処にこしらへた, 其時はどうしても実地に師範学校の教育を受けた人を頼んでやらんければならぬと云ふことになつた, 丁度其の時分大学南校の英語教師に亜米利加人でスコットと云ふ人が来て居つた, 此スコットと云ふ人は亜米利加の師範学校を卒業したと云ふことを聞き先づ此の人に一つ創業のことをさしたら宜からうと云ふことになつて, 大学南校の教師を罷めまして専ら師範学校の方に使ふことになりました, 其の時には諸葛信澄が専ら校務を執ることになりまして, それからスコットの通訳には坪井玄道氏が専ら当ることゝなりました, ソコで小学校の教員になる志望者を集めて教員養成の途を開いたのであります, それで其の内容のことで私の覚えて居ることだけを御話するのでありますが, 其の時には文部卿は大木喬任であつた, 大木文部卿の考案は, 先づ以てスコットが亜米利加で師範学校へ入つたからして, 其学校を卒るまで総て其の師範学校のやつた通りを少しも変更することなくやれ, それを能く受取つて仕舞つた以上は宜いが, 初めは少しも取捨斟酌してはいかないと云ふことを申し論されてスコットに総ての事をやらせられた, それですから先づ教場は総て板の間にして机と腰掛を置いて, それからスコットの命ずる通りの黒板をこしらへ, それから教師が教鞭を持つと云ふやうなことも総てのことが少しも此方の流儀でなく彼の国の事をそつくり取つてやると云ふことになつた, 先づ教場の組立はさう云ふことであつたが, それから教具なども彼の国のabcの掛物をアイウエオ, いろはの掛物に直して, やつた, 其の掛物の製へ方でも又大きさでも文字の大きさに至るまで彼れの式の通りにした, 唯abcと書いてあるのを日本のいろはに直した, 其の他, 植物の掛図とか動物の掛図とか云ふものも彼れの式の通りにして, 唯日本の柿だとか栗とか云ふようなものを画くことにし, 動物であれば日本の犬とか日本の猫とか熊とか, さう云ふものを画くことにして唯図面を変へただけで之もすつかり彼れ式の通りで其絵画も成るたけ彼の国のものに類するも

のを入れる，さう云ふ趣向にしまして，又読本などでも彼のリーダーを翻訳したと云ふものに止まるのであつて，文字の数も文語の難易のやうなことも，本の製らへ方も総て彼れを真似て，それを片つ端から造り出したのです，……総てスコットが彼の国の師範学校でやつた通りをその儘教へた，……スコットに於ては幾分か斟酌をするやうな考案がありましても少しも斟酌なくやれと命じて些細なことも彼の国の通りに強いてやらしたのでありました，それが却つてなかなか大した効績があつた，

　　四十年前の師範教育〈P. 423下段〉　　　坪　井　玄　道
　　……一番初めにやつたことの学科は何かと云ふと，小学校に適当な者を造らへると云ふことであつたので，向ふの掛図或はリーダーなどを翻訳してそれを生徒に授けたのであつた，（下略）

注1　原拠　維新前東京市私立小学校教育法及維持法取調書　大日本教育会編　委員長　杉浦重剛，委員　井上行信・金子治喜・丹所啓行・田中正兄・梅沢親行，小西金次郎　明治25年刊　P. 24〜25
注2　本居宣長全集　第八玉勝間（初若菜一がくもん）　大正15年　増訂再版　吉川引文館刊
注3　以上建白書三通，日下部重太郎著　現代国語思潮　P. 60，P. 68，P. 70から転載。
注4　日下部重太郎著　現代国語思潮 P. 76から転載。原文は白文。
注5　福沢諭吉著　文字之教端書；福沢全集　第三巻から転載。
注6　明六雑誌　第1号（1オ〜10オ）から転載。明治7年3月刊
　　明六雑誌は，(118mm×68mm)。全12丁；「売捌所　報知社；売弘所　和泉屋荘蔵」；第40号末尾8丁ウに「編輯森有礼」とある。；東京都立日比谷図書館所蔵
注7　明六雑誌　第1号（10ウ〜12オ）から転載。原文濁点なし。
注8　明六雑誌　第7号（全10丁，8丁オ〜10丁オ）明治7年から転載
注9　明六雑誌，第10号（7ウ〜9オ）明治7年6月刊；全9丁
注10　文部省編　日本教育史資料四，明治24年　冨山房刊　P. 335〔第二十号〕啓蒙社大意；P. 332〔第十九号〕学制改革告示，学制論
注11　文部省第2年報　369丁　直轄学校年報の中，広島師範学校年報　明治8年3月9日付　文部大輔　田中不二麻呂宛　中村六三郎

注12　広島県史料11　学校　官立師範学校
注13　東京大学文書；「文部省及諸向往復」甲；明治文化資料叢書　第八巻教育編P.23；昭和36年　風間書房刊
注14　国会図書館蔵　183mm×125mm　全53丁
注15　新聞雑誌の創始者　柳河春三；名古屋史談会，大正9年2月20日刊；編輯兼発行人　代表者　箕形哲太郎；執筆者　尾佐竹猛；A5判　P.45
注16　「智環啓蒙和解」；明治6年3月上梓，広瀬渡・長田知儀訳述，加藤良孝　模画；石川県学校蔵版；売弘所　加賀国金沢上堤町　中村喜平　他2人；四六判，上33丁，中36丁，下37丁；序「明治六年六月藤田惟正識」東京文庫所蔵本
注17　古川正雄の「絵入　智恵の輪」の題名は，上述柳河本の題名から示唆されたかも知れない。しかし内容までその影響をはっきり受けたとは言えないようである。
注18　「教育」第344号；明治44辛亥10月30日刊，茗溪会所蔵

著者紹介

望 月 久 貴（もちづき ひさたか）

大正2（1913）年8月～平成5（1993）年1月
　埼玉県生まれ
昭和18（1943）年9月　東京文理科大学文学科国語学・国文学専攻卒業
　東京府西多摩郡五日市尋常高等小学校訓導，東京府青山師範学校付属小学校訓導，東京第一師範学校助教授を経る
昭和24（1949）年6月　東京学芸大学助教授
昭和39（1964）年8月　同大学教授
昭和42（1967）年4月　同大学院教育学研究科教授
昭和52（1977）年4月　創価大学教育学部教授
　東京学芸大学名誉教授，教育学博士（広島大学）
専攻
　国語教育学――国語教育理論・国語教育史
主な役職
　全国大学国語教育学会理事長
　日本国語教育学会理事
　日本読書学会理事長
　文化庁国語審議会委員（第11, 12, 13, 14期8年）
主著
　『かんがえことば（思考語）と国語教育論』（刀江書院　昭和26）
　『国語指導過程』（明治図書　昭和33）
　『国語科読書指導の理論』（明治図書　昭和46）
　『国語科論集』全5巻（学芸図書　昭和59）

明治初期国語教育の研究

2007年2月10日　発　行

著　者　望　月　久　貴
発行所　株式会社　溪　水　社
　　　　広島市中区小町1－4（〒730－0041）
　　　　電　話（082）246－7909
　　　　FAX（082）246－7876
　　　　E-mail：info@keisui.co.jp

ISBN978－4－87440－956－5　C3081